陈华彬（一九九四年于中国社会科学院研究生院）

陈华彬（一九八九年于西南政法学院）

陈华彬（左）与李开国先生（中）在一起（一九九一年于西南政法学院）

陈华彬（三排右一）与学生在一起（一九八八年于四川省仁寿县汪洋镇中）

　　陈华彬（中）与四川省仁寿县汪洋区教育办公室（汪洋教办）领导在一起
（一九八八年）

　　陈华彬（后排左三）与乐山师范专科学校政史系84级2班部分同学在一起
（一九八七年）

作者简介

陈华彬，我国当代著名民法学者，中央财经大学教授、博士生导师、博士后合作导师，法学博士，教育部新世纪优秀人才支持计划入选者（2008年），最高人民法院案例指导工作专家委员会委员，中国法学会保险法学研究会副会长。

陈华彬作品系列

民法
总则

第二版

陈华彬　著

中国政法大学出版社

2023·北京

图书在版编目（ＣＩＰ）数据

民法总则/陈华彬著. —2版. —北京：中国政法大学出版社，2023.8
ISBN 978-7-5764-1016-7

Ⅰ.①民…　Ⅱ.①陈…　Ⅲ.①民法－总则－中国　Ⅳ.①D923.1

中国国家版本馆CIP数据核字(2023)第134031号

出 版 者	中国政法大学出版社
地　　址	北京市海淀区西土城路 25 号
邮寄地址	北京 100088 信箱 8034 分箱　邮编 100088
网　　址	http://www.cuplpress.com (网络实名：中国政法大学出版社)
电　　话	010-58908441(编辑室)　58908334(邮购部)
承　　印	北京中科印刷有限公司
开　　本	720mm×960mm　1/16
印　　张	45.25
字　　数	700 千字
版　　次	2023 年 8 月第 2 版
印　　次	2023 年 8 月第 1 次印刷
定　　价	159.00 元

万锤千炼，勇毅笃定，玉汝于成

这部《民法总则》（第二版）历经辛苦、困顿而实属不易的修订，今已大体完成，即将交由中国政法大学出版社付梓。回想自己对民法总论（如今我国《民法典》制定施行后大抵应多称为"民法总则"）的研习、教学，迄今已有近三十年。1994 年 7 月，我于中国社会科学院研究生院博士毕业后，接受恩师梁慧星先生等老师的建议（甚至挽留），留在中国社会科学院法学研究所民法研究室工作，从事民法研究，从那时起我大抵就给当时的中国社会科学院研究生院的法学系（由中国社会科学院法学研究所派老师授课）的在职研究生班的同学们讲授民法总论的课程，而且每次上课通常要连续上几天。虽然苦，但感到甘甜。其时所使用的教材主要就是梁慧星老师所著的《民法总论》。依凭这样的教材与自己的悟性、热情乃至对民法的热爱和个人的个性，以及对学术的热爱，自己自信心满满。也就是说，自己那时上课的感觉甚好，且教学效果也还甚好，受到各位同学的褒扬、赞许。如今想来，自己现今对于民法总论或者说民法总则的基本功乃至兴趣就是主要在那时打下与奠定的啊！感谢岁月赐予的恩惠、磨炼，感谢曾给予我帮助、给予我恩惠的恩师，以及自己所遇到的各位好友和当时的同学们！

2006 年本人因身体健康原因赴上海师范大学法政学院工作，2008 年复回到北京，于中央财经大学法学院任教授［本人的职称评定是 2002 年 8 月，于中国社会科学院（法学研究所）被评定为研究员］。尤其是得益于在中央财经大学法学院工作时郭锋院长的宽容、信任与爱护，自己也不时给法学院的学生们上民法总论的课程。这期间，因自己的健康状况和环境的改变（改变的更适合自己的性情），自己的学术研究得到发展，因而身心是愉悦的、谐适的。这种状况大体上迄于现今。由此之故，借此时机，谨感念我在中央财经大学法学院迄今工作整整十五年来给予我恩赐、恩惠乃至恩德的领导、同事，以及所遇到的朋友、学生们。应当说，或者打心眼里说，是你们成就了如今的我，这不仅包括我如今出版、发表了较多、较大量的学术成果，还包括我自己对生活的感悟、感觉乃至对生命的体认及状态都达到了一个新高度、新体验、新认识！

另外，还有必要提及的，是1996年1月至6月以及1997年10月至1998年6月二次赴日本研修对于自己的包括民法在内的学术成长、开阔视界和增加人生经历、人生阅历所具有的重大影响。1996年1月至6月，我受日本学术振兴会之邀请赴日本东海大学师从日本著名民法学家铃木禄弥先生（当时在该大学法学部任教授的刘得宽先生也给予我诸多重要帮助，其情其景，如在目前，当永远感恩、铭记与怀念）研习民法，同时自己也游学日本各大学，如日本的东京大学、早稻田大学、神户大学、名古屋大学、名城大学以及爱知大学等，我都在朋友（如季卫东先生、渠涛先生、白国栋先生等，曾受到的这些先生们的帮助、恩惠、恩赐、恩德，迄今难忘，永记感念、铭记）的帮助下有所前往，或在这些大学的图书馆复印、收集日本民法著作、资料，或感叹于这些大学的神奇！我的恩师铃木禄弥先生及其夫人待我甚好，我迄今收藏在家里的诸多日文复印资料就是用铃木禄弥先生的复印资料卡而得以复印的，也就是说，是用铃木禄弥先生的研究经费而得以复印带回国的啊！另外，我还受铃木禄弥先生及其夫人之邀，赴日本仙台他们的家中和仙台的酒店做客、住宿、吃饭。铃木禄弥先生已于早些年仙逝，难以报先生之恩德于万一，人天相隔，实不甚感到凄凉、凄苦啊！

1997年10月至1998年6月，我受日本国际交流基金的邀请，于日本国际交流基金关西国际中心［位于日本（大阪）关西国际机场的对面］研习日本语（即所谓的"研究者日本语研修"）。我所在的"研究者日本语研修"班共有来自世界各地的同学13人，其中我们中国人有3位。其余10位同学是来自于其他国家的学者。在这期间，自己的日语水平得到较大提升；在这期间的生活，因日本方面提供的优良条件，所以自己也是感到惬意的，其当也可以算是自己人生中过的充足、充满自信，以及不断应对困难、充满勇气的难忘生活。自己如今忆想起来，仍然觉得收获满满，仍然感到美好、开心及快乐呀！在这里，尤其要提及并感念教我日本语，给予我重要帮助，至今忆想起来仍温馨不已的浜田盛男老师、金秀芝老师、阿部秀夫老师、笠松瑞子老师、川崎美佐子老师、盐谷国治老师、下桥美和老师、高桥薰老师、竹内康惠老师、前田里佳子老师、宫本洋子老师、藤村修治老师、正野直美老师等，以及日本国际交流基金关西国际中心的领导、其他老师和工作人员（职员）。我国近现代著名学者吴宓先生在1930年访学牛津时曾有诗云："半载匆匆往，终身系梦魂"。[1] 我在该中心虽待的时间不止"半载"而有近9个月，但这些老师乃至领导、工作人员（职员）的面貌仍不时让我在甜梦中见到啊，平时也不时地忆想起他们！就让我在心中默默地记住他们吧，在我的心中实为他们矗立起一座无字的丰碑！今年恰值我自日本国际交流基金关西国际中心回国的第25个年头，谨借此时机，写上这些话语，供作忆念！

另外，这里还有必要提及，我在日本国际交流基金关西国际中心研修期间曾给予我恩惠、帮助的其他中国同学或朋友（含日本友人）。他们的音容笑貌，对我的友情，以及我们共同所经历的向日本学者请求给予书籍等，都令人难以忘怀。让我们中国人之间所经历的这段美好、纯真情谊永远留在我们的记忆深处，化作对美好未来的向往与憧憬吧！回忆总是美好的，或许它也可以带上这些经历所给予我们的祝福而飞向世界呀！

这部《民法总则》的修订过程中，为谨严、审慎、细致及慎思，曾反复校对、核实有关民法规范，尤其是有关域外民法典的规定。在这一过程中，看到很多老牌的大的民法典，如《德国民法典》《法国民法典》乃至《日本民法》，甚或作为民法特别法的商法典（如《日本商法典》）中的诸多规定，甚至数十条的规定都被删除，而只留卜条文数（条文的内容已然被删除，不复存在），不禁心生喟叹，唏嘘不已。这些民法典乃至商法典大多有百年以上的时间（《法国民法

---

[1] 参见刘仁文：《远游与慎思》（增订本），商务印书馆2020年版，第3页。

典》迄今已有200余年的时间），如今世易时移，"物是人非"，一个国家乃至人类的国家生活、社会生活以及民族生活发生急剧变迁，科技、互联网、数字经济、空间技术等所带来的对一个国家乃至人类的改变真是巨大啊！我们今天生活的环境、生态乃至人们的心理和观念意识等，都已发生或出现重大变化呀！这样想来，100年甚或200多年前制定的民法典乃至商法典怎能不变化？其不合时宜，不合时代与不合历史需要的规定怎能不被剔除呢？应当说，今天的包括我国在内的世界共同体正面临或出现深刻、复杂乃至空前的前所未有的变化，生于这种变迁、变化中的学术研究者，乃不能不慎思或担忧我们的包括民法在内的法制度与法规范等应如何予以因应、如何予以对处啊！一言以蔽之，我们或者说人类今天的生活或生存的生态业已发生了重大变化了呢！我们的人类怎么了呀，这实在是不能不激起我们的思忖的！

这部《民法总则》（第二版）的修订系秉持严格、严谨的方法而逐字逐句地进行和展开，由此可以因应和经受未来时代和社会可能对于它的大浪淘沙般的洗涤与洗礼。学术为天下之良知。尽管现今时代与社会（环境）发生极大变迁，然依循民法的精神将本《民法总则》（第二版）做好、做踏实，仍然是本书作者在修订这部《民法总则》（第二版）的过程中所始终坚守和不能忘却的初心。

以上数言是为序。

陈华彬

二〇二三年四月六日清明节之后于北京大钟寺寓所

目 录
CONTENTS

第一章

民法概说

第一节 民法的语源、调整对象与分类

一、民法的语源

民法（Zivilrecht）一词由来于古罗马的市民法（ius civile），意指"罗马国民的特有的法"。而"ius civile"（市民法）一语与适用于"一切人民的共通的法律"的万民法（ius gentium）则是一个对应的概念。对于罗马人来说，市民法就是罗马法或为 Quirites（罗马人，Romani）的法律（ius Quiritium）。及至公元 3 世纪初，随着罗马领域内的全体居民原则上均被赋予"罗马市民权"，在罗马领域内，市民法与万民法于理论上的对立亦就失去了意义。往后至中世纪时期，市民法一语被作为广义的罗马法的称谓而使用。当提及市民法或《罗马法大全》（《民法大全》《国法大全》，Corpus iuris civilis，本书以下同）时，就意指优士丁尼（Iustinianus）编纂的法典，并与教会法（ius canonicum）[1]形成对照。本来，《罗马法大全》的内容不完全为私法，也包含了公法的内容。但是，在神圣罗马帝国灭亡之后，有关罗马帝国行政事务的规定也就变得并无价值、并无效力了。于

---

[1] 教会法，亦称寺院法，系欧洲中世纪教会制定的所有法规，包括法王命令、宗教会议的决定等，此等"命令"和"决定"等曾汇编成书，被称为《寺院法会典》（corpus iuris canonici）。参见温丰文：《现代社会与土地所有权理论之发展》，五南图书出版公司 1984 年版，第 25 页注释 13。

是，学者们乃仅注重或寻求优士丁尼的《罗马法大全》中的私法的内容规定，这样逐渐地，市民法一语也就被人们理解为私法了。往后，欧陆各国接踵继受罗马私法，相继承袭市民法的名称，于是市民法一语成为私法的总称。[1]

近代以来，民法对应的法语为"droit civil"，德语为"Bürgerliches Recht"，英语为"civil Law"，荷兰语为"Burgerlyk Regt"。日语汉字"民法"一词，系由日本近代启蒙思想的先驱津田真道（1829—1903 年）于庆应四年（1868 年，戊辰之年）在其所著《泰西国法论》（1868 年 9 月版）一书中由荷兰语翻译而来。[2]在法制史上，今日的法律译语多为近代诸前辈始创，几度变更方才固定，但唯独该"民法"一词自始至终从未变化，也未有其他译语。[3]

需注意的是，上述关于民法的名称的德语和荷兰语中皆有"Burg"一词，并且在今日以德国为中心的中欧地区，其城市名称中存在"Burg"的并非少数。例如，德国的 Humburg、Augusburg、Würzburg、Rothenburg、Freiburg 等古老而美丽的城市名称中皆有"Burg"；在中欧的其他地区，如 Strassbourg、Wissenbourg、Lauterbourg、Sarrebourg 等亦复如此；此外，在英语中也存在与"Burg"类似的 borough、burgh 等，著名的 Edinburgh 就是适例。并且，在英国，其地方县名中比都市名称中存在更多的"borough""burgh"。[4]

上述情况出现的原因，系在于"Burg"即是指欧洲中世纪的城市，"Bürger"则指城市中居住的人。其中，居住在城市中心地区的是贵族等所谓"城主"，而农民、商人、手艺人等则居住在城市的外围。整个城市被环绕的围墙（Mauer）包围，以便与乡村社会相区隔。在法国，所谓"Bürger"，系指居住在城市中的有产阶级，称为"第三阶级"（bourgeoisie）。1789 年，该阶级与资产阶级联合发动大革命，革命后建立的新社会称为"市民社会"；在德国的中世纪时期，曾流行

1　[日] 松坂佐一：《民法提要（总则）》（第 3 版），有斐阁 1975 年版，第 6—7 页。

2　[日] 穗积陈重：《法窗夜话》，岩波书店 1980 年版，第 180 页（1916 年刊）；[日] 本城武雄、目崎哲久编著：《民法总则》，嵯峨野书院 1996 年版，第 3 页及该页注释 1；[日] 松坂佐一：《民法提要（总则）》（第 3 版），有斐阁 1975 年版，第 7 页。

3　[日] 穗积陈重：《法窗夜话》，曾玉婷、魏磊杰译，法律出版社 2015 年版，第 148 页。

4　[日] 本城武雄、目崎哲久编著：《民法总则》，嵯峨野书院 1996 年版，第 3 页。

"城市中吹拂自由的风"（"城市的空气使人自由"，Stadt Luft uns frei machen）的法谚。[1] 这些情况表明，在欧洲封建的农业社会中，其城市中已经生长出了自由平等的规则。这些最初仅适用于一部分人的法律之后向适用于全体人民的方向发展，但人们既没有把它叫作"城市法"，也没有把它叫作"臣民法""国民法""人民法"，而是简单、明快地把它称为"民法"。[2]

我国法律近代化的最主要进程，起于 20 世纪之初的法制变革。在此之前，我国的法制传统为独树一帜的中华法制（中华法系），其特征是诸法合体、民刑不分，因而并无近现代意义上的民法概念与民法法典。光绪皇帝于 1902 年颁布诏书，宣布实行"新政改革"，并于 1907 年委派沈家本、俞廉三、伍廷芳等修律大臣聘请日本当时的大审院［1875—1947 年，日本现今的最高裁判所（即最高法院）的前身］法官松冈义正与志田钾太郎参与起草民律草案（当时并不称为"民法"，而是称为"民律"）。清末宣统三年（1910 年）9 月 5 日完成该草案，史称《大清民律草案》（《民律第一次草案》）。[3] 但草案尚未成为法律而实施，清朝即已覆灭。民国政府建立后，于当时的司法部设"修订法律馆"对《大清民律草案》进行修订，于 1925 年完成，史称《民国民律草案》（《民律第二次草案》，此时仍称"民律"，而不称为"民法"）。[4] 1927 年南京国民政府成立后，继续进行未竟的民法编纂事业。1929 年 1 月 29 日，南京国民政府立法院设立民法起草委员会，不久于同年 5 月公布"总则编"，11 月公布"债编""物权编"。翌年（1930 年）12

　　1　自由是典型的欧洲中世自治城市的重要特征。1200 年的王室法律规定，若农奴在自由城市里住满 1 年零 1 天，就可以按照惯例取得自由身份。获得了居民身份，也就意味着获得了在城市共同体中的特权。进入城镇成为农奴获得解放的一个重要途径。"城市中吹拂自由的风"（"城市的空气使人自由"）这句古老的谚语说明了城市赋予居民自由身份。这些市民在城市发展进程中不断壮大力量，成为日后资产阶级的基础。参见武寅主编：《简明世界历史读本》，中国社会科学出版社 2014 年版，第 226 页。

　　2　［日］本城武雄、日﨑哲久编著：《民法总则》，嵯峨野书院 1996 年版，第 3 页。

　　3　该草案分为如下 5 编：总则编、债权编、物权编、亲属编及继承编，共 36 章，总计 1569 条。

　　4　该草案采德国潘德克吞（Pandekten）体系立法方式，分为总则、债、物权、亲属及继承 5 编，计 1522 条。唯该草案并未完成立法程序而成为正式法典，仅由当时的司法部于 1926 年通令各级法院作为条理引用，而未正式公布施行。参见郑冠宇：《民法总则》（第二版），瑞兴图书股份有限公司 2014 年版，第 12 页。

月公布"亲属编"和"继承编"。此5编合在一起，取日本的称呼，以"民法"命名，称为《中华民国民法》，完成民法法典。至此，"民法"一语乃正式见诸中国的立法文献上。1949年新中国成立后，尽管废弃了该《中华民国民法》，但自那时起迄至现今一直使用"民法"一词，并于1986年制定了原《民法通则》、1999年制定了原《合同法》、2007年制定了原《物权法》、2009年制定了原《侵权责任法》、2017年制定了原《民法总则》，且于2020年在这些单行法的基础上编纂完成了《民法典》。[1]因此可以明了，"民法"一语现今业已在中国的土壤上定着下来，并已获得重大发展。毋庸置疑，我国的民法制度不独将成为中华法制文明的重要组成部分，而且也将构成中华文明的重要因素，进而对人类文明作出积极贡献。

二、民法调整的社会关系

何为民法？这是研习民法总则时需首先作出回答的问题，对这一问题的回答将涉及众多方面或众多领域，但是，如果从民法调整的对象是什么的视角加以说明，则可获得直接的理解和把握。

（一）民法是调整一定社会关系的法律

与其他法律部门一样，民法是调整一定社会关系的法律。所谓社会关系，即人群共处所形成的人与人之间的关系。社会关系的范围十分广泛，民法并非对之全部进行调整，而是仅调整其中之一部。具体而言，民法主要调整社会关系中的平等主体之间的财产关系和人身关系。所谓"调整"，是指运用民法的基本原则和各项具体规定，对现实生活中发生的属于民法调整范围的各种财产关系和人身关系分别予以确认、保护、限制，旨在保障民事主体的合法权益，建立和维护竞争、公平、统一的经济生活秩序，及和睦、健康、亲情的家庭生活秩序。[2]

受民法调整的社会关系具有两项特性：一是当事人之间需存在"法律关系"

---

[1] 《中华人民共和国民法典》《中华人民共和国合同法》等中华人民共和国的法律名称，以下为行文方便，除必要者外，均使用其简称，即《民法典》《合同法》等。谨此说明。

[2] 梁慧星主编：《中国民法典草案建议稿附理由》（总则编），法律出版社2013年版，第8页。

（权利义务关系），因此"好意施惠关系"、[1] "罚款合同"[2]等均不受民法调整。二是当事人之间的法律关系需为"私法关系"，即当事人双方皆为私人，且居于平等地位；受民法调整的权利仅指"私权"（权利，right），不包含"公权"（权力，power）。国家公务员执行职务行使公权力因故意或过失不法侵害公民的权利时，公务员本身的责任可认为属私法关系，可以以民法规范（比如原《民法通则》第121条规定："国家机关或者国家机关工作人员在执行职务中，侵犯公民、法人的合法权益造成损害的，应当承担民事责任"[3]）予以解决，但国家赔偿责任就不得认为属私法关系，从而不得适用民法规范，而应依国家赔偿法的规定加以解决。

（二）民法调整人身关系

民法首先调整人身关系，亦即身份关系。民法上所谓"身份"，特指夫妻、亲子、家庭成员和近亲属的身份。对这些关系，民法予以调整。调整的方法主要是通过民法上的亲属关系（婚姻家庭）制度为之。此外，民法中的继承规则也多具有调整身份的继承关系的特性。

1　甲的好友老王前往瑞士游玩，甲遂委托老王买瑞士手表一只，结果老王却忘记买，甲不能对老王主张民法上的损害赔偿责任，因为甲与老王间并未成立委托合同（《民法典》第919条规定："委托合同是委托人和受托人约定，由受托人处理委托人事务的合同"），也就是说可认定老王并无与甲订立委托合同、受其拘束的意思或意愿，双方之间仅为一种"好意施惠关系"或好意情谊关系、好意恩惠关系。

2　甲是书店老板，其在墙上张贴"凡偷窃书籍经查获者，一律罚款书款的百倍"的告示，惯窃乙虽看到告示仍然去偷窃，不幸被捉到。甲不得向乙依据所谓"罚款合同"请求书款百倍的给付，因为即使乙已经看到告示，客观上也足以认定乙没有与甲订立此显然不利于他自己的合同。参见廖毅：《民法（总则编）整合式案例研习》，新保成出版事业有限公司2007年版，第3页。

3　行政机关行使职权侵害民事权益是否属于侵权责任法的调整范围，存在争议。有见解认为，从一些国家的立法来看，以前国家赔偿包含在民事赔偿里，目前有些国家还是这样做。但是，随着经济、社会的发展，有的国家单独制定了国家赔偿法，专门调整行政侵权和刑事赔偿。我国1994年通过的《国家赔偿法》规定了行政侵权责任。从理论上讲，《国家赔偿法》应当是民法的特别法，然随着国家赔偿制度的进一步发展，于一些重大问题上其乃与民事赔偿存在差异，比如归责原则、赔偿程序、赔偿标准、救济途径等。这些重大问题与民事赔偿相比较，是共性大，还是差异性大，需进一步研究。故此，我国原《侵权责任法》既没有明确行政侵权责任包括在该法里，也没有明确将行政侵权责任从该法中排除出去。对此，请参见全国人大常委会法制工作委员会民法室编：《中华人民共和国侵权责任法条文说明、立法理由及相关规定》，北京大学出版社2010年版，第8—9页。

（三）民法调整自然人、法人和非法人团体之间的财产关系

民法也调整平等主体即自然人、法人和非法人团体之间的财产关系。民法调整的财产关系的范围甚广，包括物权关系、债权关系、知识产权关系、遗产继承关系。需注意的是，法人、非法人团体因不能参加家庭生活，故不能成为遗产继承关系的主体。

值得指出的是，在现今，"财"或"财产关系"的范围发生了极大的扩张或变得多样化，较之往昔出现了一些新的"财""财产""财产关系"。比如，金融财产、金融产品、理财产品、信用财产（货币、有价证券、可交易的债权和股权、金融衍生品等）、虚拟财产、特许经营权、商业秘密、新型知识产权、人格标志利用权、[1]大数据财产权、信息财产等，即属之。而传统民法，尤其是其中的物权法关于"财产"（物）的规定，所主要指向的是不动产与动产。由此，民法如何予以应对，无疑值得重视和慎思。[2]尤其值得提及的是，有学说认为，现代（当代）的物权法，有以面向"财的多样化"而构筑（新）物权法的必要，也就是说展望（现代乃至未来的）物权法乃以"财的法"而加以构筑或展开。[3]

将民法调整的上述三方面的关系归结起来，也可以说民法是调整生活关系的法律。其内容包括如下四个方面。

第一，关于在市民社会（民法社会、民间社会或公民社会，本书以下同）中从事民事活动的主体的规则，例如关于"自然人""法人""非法人组织""民事能力"等的一系列规则。

第二，关于在市民社会中，自然人、法人和非法人组织相互进行交易、缔结合同而从事民事活动的规则。我国《民法典》就买卖合同等各种典型合同作出了明文规定，提供了交易所需要的基本规则。也就是说，民法提供了经济交易活动的

1　参见王卫国："现代财产法的理论建构"，载《中国社会科学》2012 年第 1 期，第 161 页。

2　关于这方面的最新研究成果，请参见［日］吉田克己、片山直也编集：《财的多样化与民法学》，日本商事法务 2014 年版，第 1 页以下。

3　［日］吉田克己编著：《物权法的现代课题与改正提案》，成文堂 2021 年版，"前言"（吉田克己执笔），第 i 页。

基础。

第三，在市民社会中从事民事活动的自然人、法人和非法人组织，如果因为自己的行为给他人造成了损害，则通常需向受害人进行赔偿。此即民法中的侵权责任法制度。我国《民法典》中的侵权责任编系这方面的专门规定。

第四，关于支撑市民社会中从事民事活动的前提的秩序的规则。这些规则主要包括：关于物、财产的归属和物权的利用秩序的规则，以及关于婚姻、家庭成员、亲子乃至继承这样的生活基础的家族秩序的规则。前者系指我国《民法典》物权编中的规则，后者主要指《民法典》婚姻家庭编和继承编中的规则。

以上民法调整的生活关系乃多姿多彩，但基本上或主要的是私人与私人间的关系。除民法的规则外，还存在关于国家的行为或行政组织的法律规则，其被称为"公法的世界"。"宪法是国家的构成原理"（constitution）和公法体系的枢纽，与之对应的民法则被认为属于"私法的世界"，是"社会的构成原理"。[1]在民法的"私法的世界"中，作为普通民法的民法典规制的关系，可以以下图予以表示[2]：

```
┌─────────────────────────────────────┐
│            关于主体的规则             │
│  （自然人·民事能力·法人·非法人组织）   │
│             （民法总则）              │
└─────────────────────────────────────┘

  ┌───────────────────────────────────────┐
  │    关于交易的规则·关于损失承担的规则      │
  │ （意思表示·合同等）（不当得利·侵权行为）  │
  │         （民法总则）（债法）            │
  └───────────────────────────────────────┘

┌──────────────────────┐  ┌──────────────────────┐
│ 物权的秩序（所有权等）（物权法）│  │ 家族的秩序（婚姻·亲子·继承等）│
│                      │  │  （婚姻家庭法·继承法）  │
└──────────────────────┘  └──────────────────────┘
```

1　[日] 星野英一：《民法劝学》，张立艳译，北京大学出版社 2006 年版，第 161 页。

2　[日] 四宫和夫、能见善久：《民法总则》（第九版），弘文堂 2018 年版，第 2 页。

三、民法的分类

（一）实质意义的民法与形式意义的民法

民法可分为实质意义的民法与形式意义的民法。所谓实质意义的民法，又称"实质的民法"或"广义的民法"，指规定人民的日常生活与私权关系的法律。简言之，凡具有民法特性的法规或习惯，皆属于实质意义的民法。按照德国、法国、日本等采民商分立国家的认识，其范围主要包括三类：其一，指民法典；其二，指具有私法特性的本应规定于民法典中的法律，如日本的《不动产登记法》《遗失物法》《关于寄存的法律》《户籍法》等；其三，指具有私法特性的不便规定于民法典中的法律，如日本的《关于失火责任的法律》《关于年龄的计算的法律》《工厂抵押法》《关于树木的法律》《信托法》《关于身份保证的法律》《机动车抵押法》《利息限制法》《机动车损害赔偿法》《建筑物区分所有权法》《关于假登记担保契约的法律》《租地租屋法》（《借地借家法》）等。[1]

形式意义的民法，又称"形式的民法"，指一个国家制定的关于民事关系的根本法（普通法）——民法典。

应指出的是，在我国，自 1929—1930 年南京国民政府编纂民法典以至今日，一直采行民商合一的立法体制，只制定一部民法典而不认可有制定商法典的必要，以传统商法典的内容即公司法、票据法、保险法、证券法、破产法、海商法等为民法的特别法，因此所谓实质意义的民法，还应包括传统商法中的各项法律。另外，我国现今已有《民法典》，其与其他民事法或具有民事法属性的其他法，如《著作权法》《产品质量法》《消费者权益保护法》等，共同构成我国实质意义的民法系统的主要内容。

（二）普通民法与特别民法

普通民法即有关民法的最一般、最普通的民事法律规范，在制定了民法典的

---

[1] ［日］石田穣：《民法总则》，悠悠社 1992 年版，第 1 页。

国家系指民法典，在我国即指《民法典》。特别民法是规范一定特别民事关系的民事法律规范，如《消费者权益保护法》《产品质量法》。普通民法与特别民法的关系是：于特别民法就某一民事事件有规定时，应适用特别民法的规定，无规定时方可适用普通民法的规定，即采特别民法优先于普通民法适用的原则。

（三）大陆法系民法与英美法系民法

民法就其本来意义而言指的是大陆法系民法，英美法系在过去一个漫长的时期中至少在形式上并不存在像大陆法系那样的民法典。并且，英美法系在其原初理论上也不存在民法这样一门学科。不过，随着第二次世界大战结束以来大陆法系和英美法系的不断融合、交流及发展，两大法系之间出现相互借鉴、渗透、参照的趋势，使英美法系也有了民法理论之研究乃至形式意义的民法——民法典，如加拿大的魁北克省就有《魁北克民法典》。大陆法系民法也不断吸收英美法系民法中涌现出来的好的成分或优良的制度，比如20世纪60年代我国台湾地区制定"动产担保交易法"时对美国法的信托占有、附条件买卖及动产抵押的借鉴，我国《民法典》物权编吸收英美法系的经验而规定浮动抵押（floating charge）制度，以及因对英美法系先期违约（预期违约、期前违约、提前违约）的重视而规定不安抗辩权制度，皆为英美法系民法对大陆法系民法之发生影响的有力证明。随着人类文明的不断演进、全球化趋势的日渐深入，大陆法系民法与英美法系民法的融合和交流还会不断加深，并不断相互借鉴，相互渗透，取长补短。

第二节　法律体系——公法、私法与社会法

自近代以降，法律有公法（öffentliches Recht）与私法（Privatrecht）之分别。依照一般的见解，规范自由、对等的私人间的法律关系的法，为私法。在实行民商分立体制的国家，私法主要指的是民法和商法；我国从清朝末年进行法制改革以来，尤其是自新中国成立以来，系采民商合一的立法体制，因而所谓私法，实质上就是指民法，包括现今的《民法典》与各项民事特别单行法或特别法，此点应予注意。

公法，一般认为是规律国家机构与国家机构，以及国家机构与公民之间的关系的法，宪法、刑法、行政法、刑事诉讼法、民事诉讼法、行政诉讼法系其典型。另外，需注意的是，在此公法与私法两类法律之外，于现今的法律体系上，还有一种介于公法与私法之间，或者说兼有公法与私法双重特性的法律规范，其被称为"第三法域"，即社会法。公法、私法及社会法，共同构成当代法律体系的总体。以下我们将首先分析和考察公法与私法，然后分析和考察社会法，也就是公私混合法。

一、公法与私法（民法）区分的源起

公法与私法（民法、商法等）之区分，依今日学者的通说，系起于罗马（法）时代。但是，终罗马（法）时代，公法与私法这一对立的术语还未能用来自体系上区分全体罗马法律。也就是说，有罗马一代，人们还没有从体系上对法律作公法与私法的二分法区分。需注意的是，于公元 1 世纪至 3 世纪的古典罗马法时期，有学者曾尝试从理论上对公法和私法加以区分。不过，在这些学者看来，"公法作为法律，是表示国家的问题，私法是表示个人的问题"。例如，乌尔比安就指出："公法是涉及罗马国家地位的法，私法则是涉及个人利益的法"（Ulp. D. 1，1，1，2）。[1] 乌氏的这种认识，从远处上说，可以追溯到"国家结合"与"家族结合"之间的十分古老的对立。但无论如何，我们可以断言，有罗马一代，人们还没有从法律体系之构成的分野上启用公法与私法这一对对立的概念，而在此意义上使用这一对对立的概念的，是在欧洲进入近代时期以后。[2]

　　1　参见罗智敏译：《学说汇纂》（第一卷），[意] 纪蔚民校，中国政法大学出版社 2008 年版，第 7 页。

　　2　关于公法与私法区分的历史背景，参见 [日] 村上淳一："德国'市民社会'的成立"，载《法学协会杂志》第 86 卷第 8 号（1969 年），第 21 页以下。另外，该氏所著《近代法的形成》（岩波书店 1979 年版）第 130 页以下也有涉及，请参考之。应注意的是，关于与公法对立的私法，过去比较有力的见解是：封建社会中，个人的生活关系被纳入封建的身份制中，由此私法未能从公法中分化出来，但近代市民革命（资产阶级革命）确立和宣扬人的自由、平等，确认自由的所有权，同时为保护市民社会而限制国家权力的行使，其结果是私法和公法分立了。之后，伴随资本主义的高度发展，资本主义的矛盾、弊端暴露出来，为了对之进行矫正，国家对个人的生活关系也予以干涉，由此私法的尤其需要指明的是，在欧洲的中世纪时期，实行单一的法律制度（Einrechtsystem），并无私法与公法之分野。公法层面的关系以私法的方式处理。例如，当时的裁判权属于领主，该权力可以移转、买卖、交换和继承；王权、服兵役的义务、纳税的义务和官职等，皆可依契约而定并可继承。即使在当时的重要教会法令集《格拉蒂安教令集》《官刊教令集》中，也无公法与私法区分之踪影。一言以蔽之，在欧洲的中世纪时期，正如德国学者奥托·冯·基尔克（Otto von Gierke，1841—1921 年）所指出的那样："未认识公法和私法在观念上的区别，一切人与人之间的关系，从交易关系以至国王和国民间的忠诚关系，都被认为包括于一个相同的单一种类的法律中。"不过，在中世纪后期的注释法学派和注解法学派学者如阿佐（Azo Portius，约 1150—约 1230 年）、巴托鲁斯（Bartolus，1314—1357 年）等人的著作中，仍可窥见承袭古典罗马法时期的法律学者之进行公法与私法的二分法区分的踪迹。

在法国，随着中央集权主义国家的形成和确立，公法与私法之区分的基础也就奠定了。在绝对君主制统治下，立法权、行政权和司法权均属于君主一人，其发布的敕令、命令、指示就创造出（形成）公法这一特别法。行政的职能虽然由自司法机关分离出来的独立机关承担，但一般的司法机关皆可干涉行政事务。不过，于 1789 年法国大革命以后，按照孟德斯鸠的严格区分行政权与司法权的理

（接上页）公法化现象发生了。然而，对于上述考量方法，最近出现了再度强调私法秩序乃至民法的意义的见解和主张。简言之，其强调和主张将民法作为社会生活中的行为规范，以私人的权利义务为中心来建构社会及认可自由与平等的价值。尽管如此，也应看到民法在经济交易中的重要作用，尤其应当重新认识民法规范对于交易活动具有怎样的意义。尽管存在合同自由原则，但对于私人的经济活动，很多行政的、公法的规制被正当化（私法的公法化），妨碍个人的自由活动。另外，为了进行创造性的交易或生产活动，即使在应当进行自由竞争的企业经济活动中，行业规则（行业法）、行政命令等也有对其进行规制。若排除这些公法的规制，在私法的世界中，重要的就是按照私法的规则展开自由的交易。此时提供基本的交易规则的就是民法。从这样的视点来检视民法的规则时，可以看到现行民法规则未必是最适合的，关于很多重要问题的民法规则的内容并不明确，也无判例可以依循。而且，尽管可以事前预测和评价自己行为的利点和风险，但并不充分。由此，对于今日的民法规则予以检视，就是一项必要的工作。参见 ［日］四宫和夫、能见善久：《民法总则》（第九版），弘文堂 2018 年版，第 2—4 页。

论，法国 1790 年制定的法律遂禁止法官染指行政权，从而实现了行政权与司法权的分离。

在德国，现代意义的将法律区分为公法与私法，是 19 世纪肇始以后的事。在此之前，德国因长期处于封建割据状态，地方分权炽烈，中央集权的国家权力难以形成。地方封建领主保有各种权力，这些权力不时出现对人民的私生活加以干涉的情况。例如，某一家族可以雇用多少佣人乃至可以消费多少啤酒等，由封建领主依其权力而明定。"警察权"由封建领主依自由裁量行使。总之，行政权从司法权中分离出来，在整个 18 世纪还未曾发生。在普鲁士，虽然自较早的时期起就尝试将司法权与行政权加以分离，但设立了处理私人诉讼的"司法部"和处理公益事务的"皇家机构"，像法国那样的私法与公法的严格分离并没有发生。自 1863 年起，德国巴登地区创设行政法院，造成行政权与司法权的分离，以及私法与公法的区分。

以上考察表明，公法与私法的区分，虽然可以追溯到罗马时代，但对二者特别明确地予以区隔的，是在近代资本主义时期及其以后。换言之，公法与私法之区分，是以国家与市民社会的明确分立为前提的，没有这样的前提性区分，就没有公法与私法的真正区分。也就是说，在欧美国家，市民社会的出现，是公法与私法区分的首要基础。在罗马法时期，学者中虽已有人倡导公私法之区分，但因那时并未出现真正的市民社会，所以其对公私法的区分是不具有典型意义的。据此推论，在市民社会还没有出现的日耳曼社会中，也是看不到公私法之区分的踪影的。事实上，即使是侵权行为与犯罪行为的差异，在日耳曼法上也是看不到的，它们实际上是粘连在一起而未加区分的。在英美法中，从遥远的古代迄至今日，皆不对公法与私法作出区分，这大抵是由于威廉一世〔1066—1087 年为英国国王，威廉（征服者）（William Ⅰ the conqueror，约 1027—1087 年）〕[1]将诺曼底人的习惯引入英国所造成。在东方的中国古代法上，刑罚（刑法）从很早的时候起就具有公法的性质，被认为是"公刑罚"，但由于人民没有独立、自由的作

1　《世界历史词典》编委会编：《世界历史词典》，上海辞书出版社 1985 年版，第 480 页。

为"市民"的法律地位，公法与私法的区分也是没有的。中国古代"律令"中的
"令"字，指的就是刑事法规和民事法规的集合，而该集合体的公法规范的特性
是尤其浓烈的，现代意义的"私法"由此被湮灭了。概言之，公法与私法真正得
以区分，是以国家和市民社会的相对独立的存在为首要前提的。没有这一点，就
没有真正意义或近现代意义的公私法之区分。进而言之，只有在国家与市民社会
发生了分立，国家独占政治权力，并从市民社会的外部维持作为经济社会的市民
社会的秩序时，关于国家的法律的公法，与关于市民社会的法律的私法，才有可
能发生真正的分立。

应当注意的是，公法与私法，是关于法的分类，与之并立的还有公法关系与
私法关系、公物与私物、公权与私权、公法人与私法人等分类。这些分类，系关
于"公"与"私"这一对立概念的分类。以下我们仅分析公法与私法这一对立法
律制度的分类，其他的则不涉及。此点于此加以说明。

二、公法与私法区分的标准及其评析

（一）公法与私法区分标准的多元性

将法律区分为公法和私法，乃法学理论上的传统分类。虽有学者反对此种二
分法，但终究未能从根本上实现，所以此二分法乃系今日的通说，以及各国家和
地区立法政策的前提和基础。唯公法与私法区分的标准，迄无定论。瑞士学者荷
灵加（Hollinger）在论文《公法与私法的区别标准》（Das Kriterium des Gegensatzes
zwischen dem öffentlichen Recht und dem Privatrecht, Inaugural Dissertation 1904）中
曾列举 17 种不同的标准加以区分，德国马尔堡（Marburg）的私法学者华尔兹
（Walz）在"关于公法的本质"（Vom Wesem des öffentlichen Rechts, 1928）的演
说中列举 12 种标准予以区分。[1] 此外，学者哈勒尔（Haller）甚至列举 27 种标准
对二者加以区分，足见二者区分标准之繁复，并表明公私法区分标准的多元性。

1　[日] 美浓部达吉：《公法与私法》，黄冯明译，台湾商务印书馆 1974 年版，第 22 页。

以下我们将考察和分析有关公私法之区分的几种主要学说。

1. 主体说

德国的耶利内克（G. Jellinek）、英国的荷郎德（Holland）倡导此说。此说以法律规定的主体作为区别公法与私法的标准。凡法律规定的主体，一方或双方为国家或公法人的，为公法。简言之，规律纵向的关系，即上下垂直性的关系的法律，为公法。也就是说，公法是规律国家与个人之间的关系的法律，包括宪法、选举法、行政法、刑法、诉讼法。若法律规定的主体，双方均为私人或私团体，则为私法。简言之，规律横向的关系，即水平线上的左右的生活关系的法律，为私法。也就是说，私法是规律私人相互之间的关系的法律，民法、民事单行法、民事特别法属之。进而言之，依主体说标准，凡规定国家或公法人与公民之间或私法人之间的关系的法律，为公法；而规定公民相互之间或私法人相互之间的关系的法律，为私法。例如，刑法是规定国家机关对公民犯罪的处罚的，其法律关系主体的一方是国家，所以是公法；而民法则是规定私人间的权利与义务关系的，其法律关系的双方通常都是私人，所以是私法。

2. 权力说（从属规范说、支配服从说、意思说）

此说又称从属规范说、支配服从说、意思说，德国学者保罗·拉班德（Paul Laband，1838—1919年）、奥托·迈尔（Otto Mayer，1846—1924年）及日本学者穗积八束（1860—1912年）等倡导之。该说以权力关系作为区分公私法的标准。公法为规定不平等的权力关系的法律，具有强制人民服从的特性，人民并无决定自己意思的自由，如刑法即属之；私法为规定平等关系的法律，不包含权力服从的特性，私人可依自己的意思自由决定，如民法即属之。概言之，规定权力者与服从者之间的不平等关系的，为公法；规定当事人间的平等法律关系的，为私法。亦即，规范上下隶属关系者为公法；规范平等关系者，为私法。公法所规范的意思为权力者与服从者之间的意思，私法所规范的意思为对等者之间的意思。一言以蔽之，国家依刑法对犯罪者加以处罚，国家与公民间是立于上下的服从关系，所以刑法是公法，而私人间适用民法解决民事纠纷，并无上下服从关系存在，所以民法是私法。[1]

3. 利益说

此说又称"目的说"。此说以法律保护公益或私益作为区别公私法的标准。凡以保护公益为目的者，为公法；以保护私益为目的者，为私法。如前述，罗马法学家乌尔比安所称的"公法是涉及罗马国家地位的法，私法是涉及个人利益的法"就是此说的代表。另外，德国近代新黑格尔派法学家阿道夫·拉松（Adolf Lasson）也倡导此说。其大抵谓，刑法是以维护国家与社会秩序的公共利益为目的的，所以是公法，而民法是以保护私人利益为目的的，所以是私法。

4. 法律关系说

此说将法律规定的关系作为区别公私法的标准。公法是规定公的权力关系，即规定国家机构与国家机构间，或国家机构与公民间的公的权力关系的法律；另外，规定国家机构与公法人之间、公法人相互之间或公法人与公民之间的权力关系的法律，其性质上也属于公法。至于私法，则是规定私的权利关系，亦即是规定个人相互间或国家与个人间的私权关系的法律，如民法、公司法等皆为规定个人相互之间的关系的法律，为私法。

5. 应用说

此说以法律的应用作为区别公私法的标准。凡法律规定的权利，不允许私人的意思自由抛弃者，为公法；其可自由抛弃者，为私法。

6. 构成员说

该说认为，规范国家或公共团体与国家或公共团体的构成员的关系的法律，为公法；规范私人相互关系的法律，为私法。前者是规律全体与个体的关系，后者是规律个体相互之间的关系。德国学者古斯塔夫·拉德布鲁赫（Gustav Radbruch，1878—1949 年）谓，前者即公法，应受分配正义的支配；后者即私法，应受平均正义的支配。

---

[1] 郑冠宇：《民法总则》（第二版），瑞兴图书股份有限公司 2014 年版，第 6 页。

7. 特别法规说（新主体说）

该说认为，国家或其机关以公权力主体地位作为法律关系的主体者，适用的法律为公法；法律对任何人皆可适用者，则为私法。[1]

8. 日本学者美浓部达吉的公私法区分观点

日本学者美浓部达吉著有《公法与私法》一书。其在该书中指出，公私法的区分是现代法的基本原则。他首先分析了公私法的共同点，然后指明了二者的不同之处。依其分析，公私法的共同点有四：其一，公法关系与私法关系皆为权利义务关系，将公法关系理解为权力关系是错误的；其二，公法关系与私法关系在权利义务的内容、种类上是共同的，公法上的物权和公法上的债权，与私法上的物权和债权，没有任何差异；其三，公法关系与私法关系的发生原因，要么为当事人的意思，要么为法律的规定，此点也是共同的；其四，无论公法关系抑或私法关系，在关于"人""物""利益"等方面，都是共同的。另外，虽有公法人、私法人、公益、私益、公物、私物、公企业、私企业的分类，但这些分类与公私法的区分不一致，它们系依各自的目的而进行的区分。在作了这样的说明后，美浓部达吉指出，公私法的区分也是不容否定的、客观的。归纳言之，二者的区分及其差异有下列各点。

（1）公法上的权利义务与私法上的权利义务存在差异。公法关系，因为是团体与其成员的关系，所以团体与其成员的利益是相同的，即便权利与义务处于对应的情形，权利也未必是为了权利人本人，而是为了保护对象方的利益。例如，参政权、自治行政权以及受教育的权利，不仅是权利人的权利，还是其义务，国家与社会的公共利益因此而受到保护。

（2）国家与公民的法，与个人相互之间的法，于法律性质上是不同的，即在公法关系中，国家无须获得对象方的承诺即可形成法律关系。

（3）在公法关系中，义务人违反所承担的义务时，国家可依强制力使之实现。

1　王泽鉴：《民法总则》，北京大学出版社 2009 年版，第 10 页。

（4）在公法关系中，于发生涉及私人利益的纷争时，公民为保护自己的权利，只能向行政法院提起诉讼，而不能像私法的场合，向普通法院提起诉讼。[1]

（二）对上述公法与私法区分标准各说的评析

以上关于公私法区分标准的诸说，系各有所长，但亦皆有其缺点。就主体说而言，国家或公法人与私人间的法律关系虽属公法关系，但并非不适用私法的法律关系，当国家或公法人为财产权的主体时，就将无可避免地适用私法，如公法人与私人间的买卖合同、承包合同。也就是说，政府从事私法行为（如向私人承租房屋、购买物品）时，应属私法关系；刑法虽为公法，但对私人相互间的法律关系，如侮辱、诽谤等行为，也有处罚规定；民法虽为私法，但国家与私人间的买卖行为，仍需适用民法中关于买卖的规定。

权力说（从属规范说）也有缺点。因为公法中也有规定平等关系者，理论上也存在并无权力服从关系的情形，如国际公法。另外，今日所谓的行政合同也有基于平等关系者。私法中也有规定权力及服从的不平等关系的情形，例如民法中关于亲权（家长权）的行使的规定，就涉及权力服从关系。

就利益说而言，因为国家不仅是公益的保护者，还是私益的保护者，国家的重要任务之一就在于保护公民的生命、财产、自由和安全，所以公法上也有不少规定涉及私益的保护，如宪法关于保护公民财产权的规定即是。另外，在涉及私人相互间关系的情形，也有需不损害公共利益方能生效者。例如，我国《民法典》第 8 条规定：民事主体从事民事活动，不得违反法律，不得违背公序良俗，否则所为的民事法律行为无效。

应用说也有不妥。例如，有关选举的法律是公法，但公民可以自由抛弃投票选举的权力（或权利）；又如民法是私法，但依民法规定，自然人的民事权利能力、行为能力及自由，均不得抛弃。就特别规范说而言，其旨在克服以上各说的缺点，如政府向私人承租房屋，因非基于公权力的地位，所以属于私法行为。行

1　［日］美浓部达吉：《公法与私法》，黄冯明译，台湾商务印书馆 1974 年版，第 1 页以下。

政合同的订立，因一方的主体系基于公权力的地位，所以具有公法性质。[1]

就法律关系说而言，自法理上言之，较为妥当。法律所规定者，不问其主体为谁、意思何在及利益属谁，凡规定公的权利关系者，即为公法，因此不仅国家得为公法的主体，私人也可为公法的主体。凡规定私的权利关系者，即为私法，因此不仅私人为私权利义务的主体，得适用私法，即使国家为私权利义务的主体时，也应适用私法，如国家租赁房屋、雇用工人、买卖物品等行为，皆为私法上的权利义务，其与私人在私法上的权利义务关系并无差异，也需适用私法的规定。

综上所言，可知规定行使公权力的法律为公法，其规律的关系为公法关系，否则为私法，其规律的关系为私法关系。公法主要规定国家机关的组织与权限，国籍的取得、丧失、回复，选举事务，税收稽征，诉讼程序，刑事处罚等事项。公法关系原则上为不平等的权力服从关系，而私法主要规定人格（权）、所有权、用益物权、担保物权、占有、买卖、赠与、租赁、借贷、结婚、离婚、父母子女、收养、继承等事项，私法关系与公权力的行使无关，原则上为平等的权利义务关系。另外，需注意的是，国家机构等公法上的主体有时也以私法主体的身份从事买卖、租赁、建造等私的经济活动，这些行为属于私法关系，应适用私法。[2]

三、公私法区分反对论

应注意的是，晚近日本学者中有认为公法和私法的区分并无法律意义者。持这种观点的人认为，提倡公法和私法的区分，其实益主要是决定某种法律关系是依行政诉讼法处理，还是依民事诉讼法处理。公私法区分的这一实益，是在决定某一关系是公法关系还是私法关系之后进行的逻辑推演。某一法律关系是应当依行政诉讼法还是民事诉讼法处理，宜在具体考察该法律关系的利益状况，以及与该法律关系相粘连的有关法律规定的旨趣后确定。应适用民事诉讼法的就是私

1　王泽鉴：《民法总则》，北京大学出版社 2009 年版，第 10 页。
2　施启扬：《民法总则》（修订第八版），中国法制出版社 2010 年版，第 2—3 页。

法，应适用行政诉讼法的就是公法，其间的分际一目了然。因此公私法区分的意义荡然无存，且变得并无价值可言。

以上日本一些学者的观点是可以理解的，实不足为怪。如所周知，日本于1868年实行明治维新标志着其进入近代社会，并确立了近代国家的基本经济体制。日本废除"德川幕藩体制"，采行"王政复古""天皇统治"的政治体制，同时引进与日本国情相似的德国普鲁士的法制，实行立宪君主主义的中央集权的国家体制。在这样的体制下，强调公法关系的优位和特殊性，实属当然。私法仅具有补充和次要的地位。尽管如此，于诉讼体制上，日本除了创设私法法院外，也创设了行政法院。由行政法院处理的案件适用公法，而民事案件则适用私法。公法和私法的区分由此发轫。如果从此时算起，则日本之区分公法和私法的历史业已百余年。百余年来，在日本，与政治国家分立的市民社会得到了发展，公私法的区分也得到了完善。但是，自20世纪60年代以降，随着战后经济恢复的完成，日本开始进入经济起飞（take off）时期，法律观念及其制度也发生了重大变化，私法中不断渗入公法的因素（私法的公法化），公法中也渗入了私法的因子（公法的私法化），特别是由于各种各样的社会保障制度的建立，出现了既不属于公法，也不属于私法的第三法域——社会法，之前有关公法与私法的二分法区分变得与新的法律情况不相符合。于是，否定公私法之二分法区分的观念也就变得日渐炽烈，此种情况于日本进入20世纪90年代之后较为明显。由此，今日日本一些学者主张公私法无区分的必要也就实不难理解。

四、我国区分公私法的必要性、实益与民法的地位

（一）我国区分公私法的必要性及其实益

我国是合与日本相同，即依一些日本学者所言，并无区分公私法的必要呢？回答毋庸置疑是否定的。如所周知，我国在清季实行法制改革以前，一直实行独树一帜的中华法制，而中华法制为诸法合体，并无公私法之区分。新中国成立初

期，我国法学理论受苏联和列宁关于民法不是"私法"的论断的影响，[1] 认为公私法之区分掩盖了法律的阶级本质，是资产阶级学者的分类，而我国业已建立起社会主义经济制度，因此不宜采取此种分类。

事实上，在我国这样的社会主义国家，尤其是在社会主义市场经济体制之下，对公法与私法进行区分，不仅有其必要，而且有特别重大的意义。自 1949 年至 20 世纪 80 年代中期，在我国的法律生活中，可谓是"公法优位"，以致在 1986 年才颁布了统一适用于全国范围的私法的一般法（gemeines Recht）——原《民法通则》。于我国社会生活中，客观上存在着两类不同性质的关系，即政治国家中的政治生活关系与社会生活中的民事生活关系，后者包括全部经济生活关系与家庭生活关系。其中，作为民事生活关系的经济生活关系和家庭生活关系，是最重要的关系，被称为"经济基础"或"市民社会"，政治生活关系则存在于此种关系之上，被称为"上层建筑"或"政治国家"。此两类不同性质的关系，客观上决定了必须用不同的法律规范予以调整，即国家的组织、国家的活动（立法、司法、行政）及公民政治权利的行使，由宪法、刑法、行政法、诉讼法等法律规范调整，属于公法；而民法则是民事生活领域的法律规则，是调整包括全部经济生活和家庭生活的民事生活的法律，属于私法。于今日，强调公私法的划分，在我国法律观念乃至实务上具有如下实益。

1. 区分公法和私法，除有助于认识二者的特性，易于确定法律关系的性质、应适用何种法律规定、应采用何种救济方法和救济手段外，还在于诉讼时的法院管辖与救济程序的不同 [2]

首先，公法与私法区分的实益，特别见于对法律事件的救济途径上的差异。

---

[1] 值得提及的是，列宁所谓民法不是"私法"的论断，其根据是 1956 年翻译出版的《列宁全集》，对此已有学者撰文指出列宁该论述的译文本身有错误，其中关键的"私的"一字被误译为"私法"。1987 年 10 月新版本的《列宁全集》中译本已经纠正了这一误译。对此，参见梁慧星、雨默："公法与私法划分之争"，载郭道晖、李步云、郝铁川主编：《中国当代法学争鸣实录》，湖南人民出版社 1998 年版，第 472 页。

[2] 在英美法上，正是由于并未有此救济途径与管辖法院的区别，才无公法、私法区分之必要。参见郑冠宇：《民法总则》（第二版），瑞兴图书股份有限公司 2014 年版，第 5 页注释 1。

当人民在私法领域遭受侵害时，其救济方式通常为向加害人请求损害赔偿、请求返还利益等，但对于公法上受国家机关侵害的人，法律所给予的救济方式，则是请求撤销处分、国家赔偿等。各级学校依有关学籍规则或惩处规定，对学生所为退学或与此类似的其他处分行为，足以改变其学生身份并损及其受教育的机会，对公民宪法上受教育的权利有重大影响。此种处分行为属于行政诉讼法上的行政处分，受处分的学生于用尽校内申诉途径未获救济时，自可依法提起行政诉讼。[1]

我国《民事诉讼法》第 4 条规定："凡在中华人民共和国领域内进行民事诉讼，必须遵守本法。"此所称"民事诉讼"，指私法案件而言。至于公法上的争议，《行政诉讼法》第 2 条第 1 款规定："公民、法人或者其他组织认为行政机关和行政机关工作人员的行政行为侵犯其合法权益，有权依照本法向人民法院提起诉讼。"该法第 4 条 2 款规定："人民法院设行政审判庭，审理行政案件。"可见在我国，作为民事案件的私法案件，由人民法院的民事审判庭负责审理，而作为行政案件的公法案件，则由人民法院的行政审判庭审理。我国现在尚无独立的行政法院，将来在建立起行政法院后，行政案件等公法案件即应由行政法院审理。

其次，公法与私法区分的实益，尚见于案件的法院管辖上的不同。换言之，区分公法和私法，还可明了法院管辖的差异。人民在私法上的权利，乃私人相互间的权利，为私权，国家对之处于第三者的地位；反之，人民在公法上的权力（或权利）是对国家或公共团体所得主张的权力（或权利），国家或公共团体本身实居于当事人或义务人的地位。因此，认为国家或公共团体的地位具有优越性的一些国家，对于公权、私权的保护就采不同的程序，如法国、德国设有特别法院（如行政法院），关于公权的争讼不得向普通法院起诉，必须向行政法院起诉加以保护；而私权则不论何种案件，皆可向普通法院提起诉讼，以获得国家的救济。

2. 区分公法和私法，可以使我们正确认识我国的民事法律属于私法，而不是公法，从而为社会主义市场经济法律体系的建立奠定坚实的理论基础

我国的民事法律属于私法而非公法，明了这一点我们才可以提倡私权神圣，

1　参见郑冠宇：《民法总则》（第二版），瑞兴图书股份有限公司 2014 年版，第 7—8 页。

即人民的权利、个人的权利、民事权利不可侵犯，非有重大的正当理由并依法定程序不得予以限制或剥夺；明了这一点，我们才可以提倡私法自治，即在民事生活、经济生活领域，遵循私事由自己决定原则，由当事人自己协商决定他们之间的权利义务关系，原则上国家不直接干预，仅在当事人之间发生纠纷不能协商解决时，国家才出面进行干预，由司法机关（如法院）以裁判者的身份对当事人之间的纠纷作出裁判。

自改革开放以来迄今的时间里，我国的法治建设取得了长足进步。如今，我国已经基本建成具有中国特色的社会主义法律体系。这个法律体系应当是一个金字塔形的结构，最上层是作为国家根本大法的宪法，其次是民法、刑法、民事诉讼法、刑事诉讼法等各基本法，再其次是各特别法，下面则是国务院制定的行政法规。现在，宪法、民法、刑法、民事诉讼法、刑事诉讼法等各基本法均已较为完善和发达。其中，民法已经制定《民法典》。

3. 只有区分公法和私法，才能明了公法领域的"权力"与私法领域的"权利"的差异

权力，英文为 power，是公法领域的概念，是作为主权者的国家所保有的一种公共统治、管领、控制的力量，它最主要的作用对象为社会成员，即"国家→社会成员"；而权利，英文为 right，是私法领域的概念，是自然人、法人、非法人组织之间的一种受国家公权力（power）保护的利益，它作用于平等社会成员之间。只有区分公法和私法，才能明了国家公权力之设立（建立）目的在于保护人民的私权利，除此之外，别无其他目的。由此出发，才可能正确认识国家的公权力与人民的私权利、国家与人民、政府与社会、经济基础与上层建筑、市民社会与政治国家等重大关系。以国家为公，则人民为私；以政府为公，则社会为私；以上层建筑为公，则经济基础为私；以政治国家为公，则市民社会为私；以团体为公，则个体为私。

4. 区分公法和私法，才能明了公法领域以"国家的意思决定"（上下服从关系）为原则，私法领域以"意思自治"（私法自治）为原则

所谓"国家的意思决定"，即上下服从关系原则，指公法以强制或拘束为其内容；而私法的意思自治原则，又称私法自治（Privatautonomie）、自主的意思决定、私事由自己决定抑或个人自主原则等，指经济生活和家庭生活中的一切民事权利义务关系的设立、变更和消灭，皆取决于当事人自己的意思，国家原则上不作干预，只在当事人之间发生纠纷不能通过协商解决时，政治国家中的法院等才以裁判者的身份出面加以裁决。意思自治或私法自治的实质，就是由社会生活中的自然人、法人和非法人组织自主决定自己的权利（包括设定、变更、消灭自己的权利）义务。有双方当事人的情形，由双方当事人通过协商自由决定相互间的权利义务关系。

私法的规范，是就私人间的权利与义务的规定，通常不涉及公共利益，由此国家机关无须为过多的干预，而应任由私人间自行安排各自的私生活领域，透过私人的自由意思决定私人间的权利义务关系。此为私法自治的真义。具体言之，私法自治表现于如下场合中：①结社自由。任何人均有结社的自由，此为我国《宪法》第 35 条所明定的基本权利。由此，任何人欲根据民法设立（成立）法人，仅需符合民法所规定的成立（设立）要件并向登记机关登记即可，法律不宜进行其他过多的干预。②合同自由，即私人间出于自由意思所为的约定，只要不违反法律的强行性或禁止性规定，不违背公序良俗，国家就应加以尊重，使之于当事人之间发生应有的效力。③所有人的权利。所有权为对物予以全面支配的权利，所有人对其所有物，可依其自由意思，按照生活所需予以积极支配，并消极排除他人干涉。《民法典》第 240 条规定"所有权人对自己的不动产或者动产，依法享有占有、使用、收益和处分的权利"，即在明揭斯旨。④婚姻自由。婚姻是男女双方以终身共同生活为目的的约定，自应充分尊重当事人双方的自由意思，以双方的自由意思为基础，经由双方自行约定，达成共同生活目的的结合。⑤遗产自由处分。基于对所有权人自由处分其财产的尊重，所有权人生前可自由

安排死后财产的归属，因此透过立遗嘱的方式处分生前财产，系为民法继承法关于私法自治的具体表现。换言之，遗嘱人于不违反关于特留份（应继份额）规定的范围内，可以以遗嘱自由处分其遗产。[1]

5. 区分公法与私法，可以使我们明了公法领域实行职权主义，私法领域实行不告不理主义

职权主义，即在公法领域，政治国家依法律赋予的权限而主动履行自己的职务和责任。例如，作为公权力机关的公安机关和人民检察院，在掌握了某人涉嫌犯罪的证据后，即使该人不主动向公安机关交代或自首，公安机关或人民检察院也可依我国《刑事诉讼法》等法律赋予的权限，对其进行拘押、提起公诉等。在私法的民事领域则实行不告不理的原则。此所谓"告"，指向人民法院或人民检察院的民事抗诉机构提出要求裁判的请求；"理"，指办理、审理。例如，甲、乙为一对夫妻，即便夫妻感情确已破裂，除非甲或乙向法院提起诉讼，要求判决离婚，否则管辖法院不能主动介入，判决甲、乙解除或依旧维持婚姻关系；另外，在合同责任、侵权责任的损害赔偿责任场合，法院判决的赔偿数额原则上也不能超过当事人在民事诉状中提出的赔偿数额。此系民事领域实行不告不理原则的当然结果。

6. 区分公法和私法，可以明了当事人双方的意思的效力强弱

在私法上，当事人双方的意思具有相同的效力，双方意思不能达成一致时，任何一方均无不顾他方的意思而单独决定双方关系的力量；反之，在公法上，国家或公共团体对于所属社会成员（人民）或构成员个人具有公定力，其意思较对方的意思为优越，得不顾对方的意思而单独决定双方的关系，此时，对方不得对抗或否认其效力。

7. 公法与私法的不同，还表现在权利人（权力人）有无强制力上

在私法上，权利人对于不履行或违反义务者，除法律特别许可自力救济者外，不得以私力强制实现义务或加以制裁，只能请求国家公权力机构予以强制实

1　郑冠宇：《民法总则》（第二版），瑞兴图书股份有限公司2014年版，第8—9页。

现或制裁；反之，在公法上，国家或公共团体得居于权力人的地位，以自己的强制力量对不履行或违反义务者施以强制或制裁。

8. 公法和私法的不同，还表现在当事人享有的权利和承担的义务的性质上

在典型的私法关系中，权利人与义务人的利害关系为相反而对立，权利人所享有的权利，对权利人固为一种利益，而对于义务人则为负担而不利；反之，在公法上，当事人的一方为国家或公共团体，他方为其社会成员（人民）或构成员，双方具有共同利害关系，其权利义务的性质具有相对性。因为国家或公共团体的权力，不但为其本身的利益而存在，同时也为人民或团体的构成员的利益而存在，所以公法上的权力以不能放弃或移转于他人为原则，其能移转者也规定有相当的限制。

（二）民法是最重要的普通私法，系私法的一部分

私法规定的范围十分广泛，其中规定人民日常生活中的权利义务的，为普通私法；规定特殊事项或仅适用于一定地域或一定对象的，为特别私法。[1] 民法是关于私人间权利与义务的基本规范，系私法的一部分，也是最重要的普通私法。人的一生从出生（权利主体）、成长（亲权、监护）、就业（合同关系）、置产（财产变动）、结婚生子（亲属身份关系）、死亡（继承）以至死亡后的安息之所（埋葬）等，均与民法紧紧相系，民法由此为最基本的私法，乃私法之母，所有关于私人间权利义务关系的法律，皆系以民法作为基础。[2] 至于特别私法，又称为特别民法，包括如下一些。

第一，属于商事性质的特别法，如公司法、保险法、票据法、海商法、破产法、证券法。在民商分立体制下，这些法律均属于商法的范围，在我国则合称为商事法而属于民事特别法。

第二，为特殊事项或对象而规定的特别民法，如土地管理法、矿业法、渔业法，其中大部分是有关民事的规定，故而具有特别私法的性质。

1　施启扬：《民法总则》（修订第八版），中国法制出版社 2010 年版，第 3 页。

2　郑冠宇：《民法总则》（第二版），瑞兴图书股份有限公司 2014 年版，第 11 页。

第三，为保护劳动者并维护经济秩序，劳动法和经济法，尤其是一些国家或地区制定的劳动基准法、劳资争议处理法、劳工安全卫生法、工厂法、公平交易法，其中有关民事部分的规定，属于特别私法的范围。[1]

五、公私法区分的法律效果

法律经区分为公法和私法后，除具以上实益外，于适用上也将产生不同的法律效果，由此更证立二者的区分确属必要。公法和私法区分后，其适用将产生下列法律效果。

（一）对于违反规定行为的制裁

公法上的规定，系国家基于公权力对于人民的命令，人民对于国家负有遵守、执行的义务，违反者将受国家的制裁，或为刑罚（如徒刑、罚金），或为行政处罚（如罚款、吊销执照）；私法上的规定，则涉及私人间的权利义务，违反者将构成对相对人的侵权行为或违约行为，负损害赔偿责任，国家并不另外实施制裁。例如，当代医事法通常规定：医生对于危急的病患，不得无故不应招请，或无故迟延。如此规定属于公法规范，则意味着国家命令医生须应危急病患的请求而实施诊治，其所生的法律效果，为医生对国家负担义务，并非病患对医生有何权利，从而医生违反该规定时，只受到国家的惩罚，对于危急的病患不构成侵权，病患不得向医生请求损害赔偿；反之，如该规定属于私法规范，则在于赋予危急病患以请求诊治的权利，违反该规定的医生就构成对病患的违约，病患可向医生请求损害赔偿。

（二）私人行为的法律效果

公法所规范的私人行为，是事实上的实有的行为，因此行为人一有公法所命令或禁止的行为，该行为就成立，而得适用该公法的规定；反之，私法规定的私人行为，常为得发生私法上法律效果的行为，需符合法律规定方认为该行为成立

---

[1] 施启扬：《民法总则》（修订第八版），中国法制出版社 2010 年版，第 3 页。

而赋予其相应的法律效果。因此，一行为同时违反公法和私法的规定时，在公法的处理上，可以认为其违法行为成立而加以处罚；但在私法的处理上，可能认为其违法行为不成立而不产生相应的法律后果。例如，拐卖人口，皆为公法与私法所不容许，一旦发生拐卖人口的行为，在公法上即应以其行为事实上已经存在而依刑法的规定予以处罚；在私法上，行为虽事实上已经发生，但因该行为违反合同法有关违反公序良俗的行为系无效的规定，所以该买卖人口的行为不成立，不能发生买卖合同的效果。

（三）违反公法的行为在私法上的效力

公法与私法的目的不同，违反公法而受制裁的行为，未必均为私法上无效的行为，其可能在私法上有效成立。易言之，私人之间的行为在私法上能够发生何种法律效果，与公法规范无涉。例如，未依法领取营业执照而营业，固然系触犯公法而需予以取缔和受处罚的行为，但若不违反公序良俗，其营业行为在私法上仍有效成立，所发生的债务于私法上自应清偿、履行。

六、公法与私法的关系

私法与公法有不同的规范原则：私法以个人自由决定为特征，公法则以强制或拘束为内容；前者强调自主决定，后者需有法律依据与一定的权限。任何社会在决定如何以公法或私法形成人民生活时，对于此种区别均应有清楚的认识。基于对个人自由权利的保障，应遵循"有疑义时为自由"（in dubio pro libertate）的原则，以私法为优先，或者遵循"法无禁止即自由"的原则。于私法上之所以如此，其主要的因由系个人乃自己事务的最佳判断者和照顾者，选择的自由有助于促进社会进步及经济发展。国家必须保障私法制度能有发挥其功能的条件，并排除合同自由的滥用。国家为了更高的价值或公益而实施强制行为或干预行为时，应有正当的理由，乃属当然。[1] 私法与公法依其不同的规范功能，协力保障人民权

---

[1]　王泽鉴：《民法总则》，北京大学出版社 2009 年版，第 12—13 页。

益，维持社会秩序。二者的关系如下图所示 1：

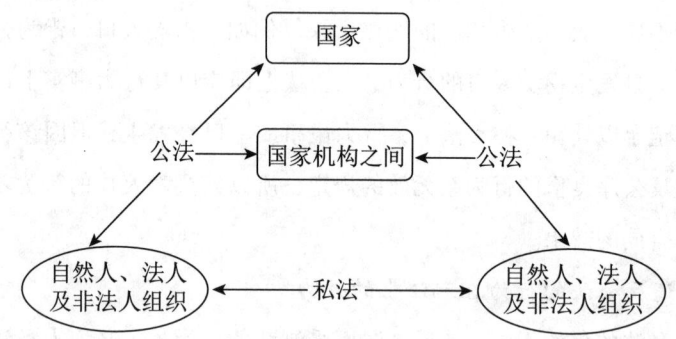

七、兼有公法规范与私法规范的公私混合法：社会法的形成

（一）由近代民法到社会法——公私混合法（社会法）的形成

社会法（Sozialrecht），既非公法，也非私法，而是属于兼有公法规范与私法规范的双重性质的第三法域。它是为了实现个人的实质上的平等，保护经济上的弱者，从社会本位（团体本位）的立场对近代资本主义的民法原则——所有权绝对、契约自由及自己责任（过错责任）原则——进行修正后形成的法律部门。晚近有人认为，"社会法"一语的涵义较窄，主张以"公私混合法"代之。

事实上，社会法一语，乃是由近代民法而化出。众所周知，在资本主义初期，实行所谓自由竞争的资本主义经济政策，其特征是亚当·斯密（Adam Smith）在《国富论》中所描绘的"看不见的手"。所谓"看不见的手"，其实质也就是自由放任的经济政策。2 这种自由放任、自由竞争的经济政策，需以法律这只"看

1　［日］加贺山茂：《民法体系 1 总则·物权》，信山社 1996 年版，第 14 页。

2　自由放任的经济政策、市场经济是相对比较近的历史时期的产物。根据亚当·斯密的理论，人的自然倾向是互通有无、物物交换和相互交易。据此假定，在 19 世纪欧陆大规模的法典化运动中，商品流转（交换）问题支配了私法。参见 Luca Nogler, "The concept of 'Subordination' in European and Comparative law", University of Trento Italy, 2009, 第 21 页。粟瑜、王全兴："《意大利民法典》劳动编及其启示"，载《法学》2015 年第 10 期，第 123 页注释 50。

得见的手"加以规制，而所谓法律，系主要指当时的民法。依民法的基本原则，财产的所有及其交易关系，完全在私法自治原则下进行，排除国家权力对市民社会内部的法律秩序的直接介入，国家只从外部间接地维持市民社会的秩序，即政府只扮演"夜警国家"[1]的角色，因而单个的个人可以在自由、平等、独立的前提下，按照自己的意志追求利益，于追求利益时，即使给他人造成损害，如自己并无过错，也不负责任。易言之，此时的民法是受所有权绝对、契约自由及自己责任（过错责任）原则支配的市民法，与受上下服从关系原则支配的公法形成对照。

不过，及至 19 世纪中期，因推行自由竞争的经济政策，导致资本主义高度发展，产生了劳动者和企业主的劳资对立、无产阶级和资产阶级的对立，社会出现了贫富不均的现象。具体而言就是：一方面出现了一边是财富的积累，一边是贫穷的积累的现象，在自由竞争中失败的人成为社会的弱者，他们强烈要求"过人一样的生活"。为了维持整个社会的存续，政府必须考虑他们的要求和利益。另一方面，社会生活中的每一个成员并非从出生时起就在体力、智力、社会背景等方面相同，而是在这些方面存在先天的差异。因此，如将规范经济生活关系的法律规范完全委诸个人的意思而形成，则会使社会成员之间的差距越来越大。在这种背景下，并依当时流行的公共福祉的观念，国家通过立法对民法的三大原则加以修正，于其中渗入诸多公法的因素，以维持社会弱势群体的生存利益，实现社会成员间的实质平等，其结果就是产生了既有私法规范的内容，也有公法规范的内容的公私混合法（社会法）。至此可见，社会法是在资本主义得到充分发展以后对市民社会的法律原则进行修正中产生的法律部门。当然，随着资本主义的不断发展，也出现了阶级的分裂。因此，如果说民法的基本原则是资产阶级的法律原则的话，那么社会法的原则则是无产阶级的法律原则。当站在这一立场上审视

---

[1] 此所谓"夜警国家"，德文称为"Nachtwächterstaat"，乃与"社会国家"（Sozialstaat）相对应的一个概念，由著名政治学家萨孟武（1897—1984 年）于其所著《政治学》一书（三民书局 1988 年版第 34 页以下）中所提出，系指国家的职能仅限于国防、治安与秩序等最低范围之内。若认为国家的职能不仅于此，而是扩大到经济、社会和文化等领域，则为"社会国家"。

时，也可以说社会法并不单纯是对民法基本原则的修正，而是反映了十分尖锐的阶级对立，从而对于社会法的理解，也就需要随着社会的发展、变迁而与时俱进地加以把握。

综合上述，我们可以明了，社会法是一个与民法相对应的概念，民法是从形式的视角反映社会各构成员的自由、平等的，而社会法则是在市场经济条件下具体、现实地反映社会成员之间的自由、平等的。同时，社会法也承认社会各成员间的不平等，且对此种不平等加以改善，以确保社会生活中的弱者可以"过人一样的生活"。一言以蔽之，社会法是以保护社会生活中的弱者的生存权为旨趣的。

（二）社会法的内容

社会法的内容包括如下三方面：

第一，按照国家福利、社会福祉的理念，以确保国家经济的正常运转为目的的经济立法，如反不正当竞争法、公平交易法、土地法、工厂法、水利法，甚至商标法、专利法等皆属之。

第二，为实现社会成员的实质上的平等，以保护经济上的弱者为目的的社会立法，如社会保障法、社会保险法、消费者保护法、环境保护法等属之。

第三，以维护劳工权益为目的的劳工立法，如劳动基准法、工会法、劳资争议处理法及其他保护劳工的特别法等属之。

（三）公法、私法及社会法并存的格局

公法、私法、社会法是当代各国家和地区法律体系的基本分类。这三种法律规范在一个国家或地区的法律体系中的顺位，或者孰先孰后，或者孰优位孰次要，乃间接地反映一个国家或地区经济、文化乃至社会福利程度的发展水平。就我国目前的情况言之，应当说是公法最发达，在社会生活中最优位，其次是私法，最后才是社会法。随着我国经济发展水平的不断提升，社会福利程度的日益提高，各种社会保障制度、安全制度乃至无过失补偿制度等的建立，我国社会法也会获得进步，并在法律体系中占据越来越重要的地位。西方一些国家（如德国、瑞士、法国乃至一些北欧国家），其社会法规范已是相当发达，社会法规范较公法规范、私法规范居于更重要的地位。我国和西方一些国家的此种差异，是不同的经济发展历程与不同的社会福利、社会安全、社会保险制度的发展水平所决定的，于此谨值得特别指出。

总之，在当代，一个国家或地区的法律体系可区分为公法、私法及社会法三种法域。[1]其中公法为第一法域，私法为第二法域，社会法为第三法域。在第三法域中，劳动法、经济法兼具有浓厚的公法、私法色彩，为典型的社会法。公法、私法、社会法三者如下图示[2]：

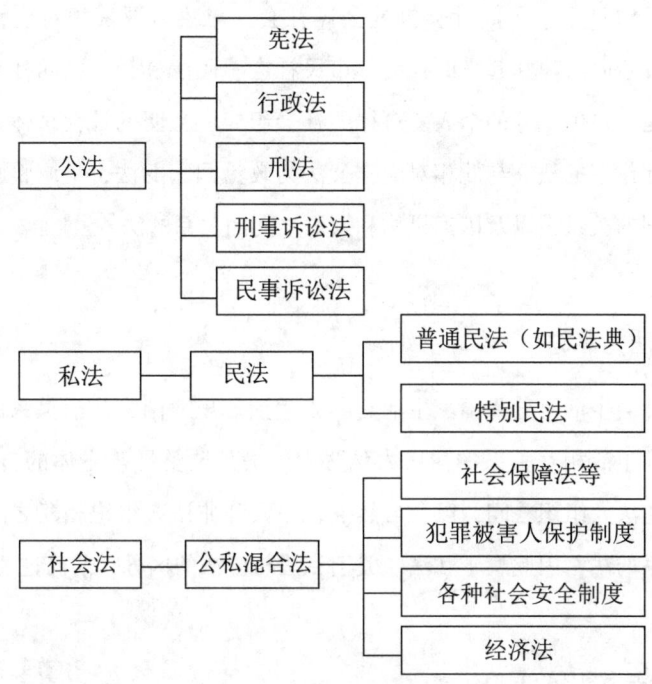

1　此三分法最早由帕夫洛夫斯基（Pawlowski）所提出。参见 Larenz/Wolf, Allgemeiner Teil des Bürgerlichen Rechts, Aufl., 2004, S. 9.；施启扬：《民法总则》（修订第八版），中国法制出版社 2010 年版，第 3 页。

2　［日］加贺山茂：《民法体系 1 总则·物权》，信山社 1996 年版，第 14 页。

第三节 民法的特性

民法的特性，即民法的本质属性，所反映的是民法最本质、最具特征性的因素。归结起来，民法具有如下一些方面的特性。

一、民法为市民社会的法

民法是于市民社会、民法社会、民间社会抑或公民社会发生作用的法。所谓市民社会、民法社会、民间社会抑或公民社会，与政治国家相对应，于欧洲大陆，是近代肇始以后建立起来的社会。市民社会、民法社会、民间社会抑或公民社会的特征是：自由平等的个人、自律的社会组织、文明的社会个体。民法正是在此领域内起作用的法。与此相对应，公法为政治国家的法，是调整政治国家的国家机构之间的关系，以及国家机构和人民之间的关系的法。

二、民法为私法

人类的社会生活可分为国家生活与私人生活。规律国家生活关系的法，为公法；规律私人生活相互关系的法，为私法。民法是调整平等主体的自然人之间、法人之间、非法人组织之间，以及自然人、法人和非法人组织相互之间的人身关系和财产关系的法，因此属于私法。关于私法与公法的区分，前已论述，兹不赘。

三、民法为实体法

依法律规定的具体内容，法律可以分为实体法与程序法。实体法，是规定权利义务之所属、权利义务的性质、权利义务的范围的法，如海商法、保险法等属之；程序法，是规定行使权利和履行义务的程序，或权利被侵害时请求救济的程序的法，亦称手续法，如民事诉讼法、民事强制执行法等属之。民法是规定民事主体相互间的权利义务的实体内容的法，故此属于实体法。

民法规定的权利义务，当事人如能自动实现其内容，民法的规定就已达成规范社会关系的目的，无待于程序法的适用；反之，当事人间如出现争执或不履行，就应依程序法的规定，请求法院审判与执行，以国家强制力为后盾，促其实现。[1]

四、民法为普通民法

法律以适用的范围、时间、对象、事项之有无限制为标准，可以分为普通法与特别法。普通法，是无限制地适用于全国领域、全体人民及一般事项，且无适用的时间限制的法律，如宪法、刑法等即是；特别法，则是仅适用于特定区域、特定时间、特定人及特定事项（如票据法、保险法）的法律。民法施行于全国、适用于全体人民及一般民事事项，且无适用时间的限制，故相对于其他民事法而言，系属普通民法。换言之，民法的规定，适用于私人间的权利与义务关系，不因当事人身份的不同、不因适用的时间差别，以及不因适用事项的不同，而区分不同的法律效果。至于有些法律，仅适用于具有特殊身份的人、特定的时间或事项，而具有特别法的性质，例如公务员法，其仅适用于具有公务员身份的人。现行法律体系中也有关于私权利义务关系的特殊事项的法，称为民事特别法（特别民法）。例如，公司法、票据法、保险法、海商法、证券法，学理上合称为商法，是关于商业活动上一些特殊事项的规定，凡涉及这些特殊事项时，皆应优先适用这些特别法的特殊规定，仅特别法未规定的事项，方适用普通法的规定。[2]

需指出的是，普通民法与各特别民法（尤其是商法）的相互渗透、彼此交流的关系也是不容忽视的。此正如德国学者李塞耳（Riesser）和哥德休米特（Goldschmidt）的名言尝谓："商法在交易错综的里程上，常作为民法之向导，且为勇敢之开路先锋。亦即成为民法吸取新鲜思想而借以返老还童之源泉。""民商两法

1　施启扬：《民法总则》（修订第八版），中国法制出版社 2010 年版，第 4 页。
2　郑冠宇：《民法总则》（第二版），瑞兴图书股份有限公司 2014 年版，第 13 页。

之关系，譬之冰河，在其下流之积雪虽渐次消融，而与一般沉淀物混合，但其上流却渐次形成新的积雪。"[1]

界分普通民法与特别民法的实益，主要有下列 4 点：

第一，特别民法的适用优先于普通民法，即有特别民法时，应先适用特别民法，无特别民法时，方才适用普通民法。

第二，法律之为普通民法，固然可以以其适用的地域及于全国、人可及于全体人民、施行时间无限制，且规定者为一般事项而非特定事项等因素论定，唯普通民法与特别民法之区分的实益，既然在于决定优先适用的次序，即应有两个以上的法律相比较方有意义，仅就一种法律而论其为普通民法抑或特别民法，实质上并无意义。既然是比较，则所规定的事项应为同类，因不同类事项的法律将无法比较。比如，民法与刑法，铁路法与电信法，其相互间无法比较，因而不能区别孰为普通法、孰为特别法；反之，民法有关于法人的规定，公司法所规定者为公司法人，而公司法人乃法人之一种，民法规定事项较公司法规定事项具有一般性，故而民法对于公司法而言，系属于普通法，公司法则为民法的特别法。

第三，普通民法与特别民法的区别，是相对的，而非绝对的。例如，土地管理法对民法而言是特别法，但对城市规划法而言，则为普通法。之所以如此，系因土地管理法仅就土地事项进行规定，对于规定一般民事事项的民法而言，自然为特别民法；而城市规划法所规定者，则为土地中有关城市规划的部分，故而城市规划法为土地管理法的特别法，土地管理法则为城市规划法的普通法。

第四，同一法内的规定，彼此间也可能有普通民法与特别民法之分别。例如，《民法典》第 17 条规定："十八周岁以上的自然人为成年人。不满十八周岁的自然人为未成年人。"第 18 条第 1 款规定："成年人为完全民事行为能力人，可以独立实施民事法律行为。"此为普通民法。同条第 2 款又规定："十六周岁以上的未成年人，以自己的劳动收入为主要生活来源的，视为完全民事行为能力

1　郑玉波：《民法总则》，中国政法大学出版社 2003 年版，第 43 页注释 10。

人。"此相对于第 18 条第 1 款而言，系特别民法，因为其所规定者，系特殊的完全民事行为能力人。不过，一般指称民法为普通法，是就其与其他民事法规相比较而言的，而不就其内部的个别规定相互比较。

五、民法为行为规范兼裁判规范

法律规范有行为规范与裁判规范之分。行为规范，指自然人、法人及非法人组织从事民事活动所应遵循的规范；裁判规范，指法院裁判案件所应遵循的规范，例如，刑法、刑事诉讼法、民事诉讼法皆属于裁判规范。民法是为一切民事主体规定的行为规则，无论企业法人、其他组织以及自然人，从事民事活动，如订立合同或过家庭生活（如结婚、离婚、收养），均应遵循，因此属于行为规范。此种行为规范，是以国家强制力作为保障其实现的力量，如不遵守此行为规范，发生民事纠纷而诉请法院等裁判时，法院应以该行为规范作为裁判的基准，所以民法也为法院等裁判案件的裁判规范。

六、民法为任意法兼强行法

以法律效力的强弱为标准，法律可区分为任意法与强行法。凡法律规定的内容，不许当事人以意思变更适用的，即不问当事人的意思如何，当事人必须遵守的法律（规范），为强行法；反之，允许当事人以其意思确定、认可或适用法律所规定内容的，为任意法。可见，任意法不过是当事人意思的补充、指引（导引）或解释。民法，尤其是其中的婚姻家庭法、物权法，属于强行法；至于债法中的合同法，则主要或基本上为任意法。

对于任意法与强行法，需补充说明如下二点：

第一，强行法包括强制性规定（条文中多用"应""须""必须"等字样）、禁止性规定（条文中多用"不得"字样），以及说明性规定（即说明意义以确定界限）；任意法包括补充性规定（补充当事人意思欠缺的规定）与解释性规定

（解释当事人的意思，使真意欠明的意思表示归于明确）。

第二，任意法虽允许当事人以自己的意思变更或拒绝适用，但一经适用，当事人就不得变更，应受其拘束。其与强行法的不同，仅在于未适用时，当事人可自由决定是否适用。

七、民法为国内法

民法是国内法，也就是说民法主要适用于一个国家之内。民法的效力主要在一个国家之内发生。唯根据我国目前的情况，台湾地区虽是中国的一部分，但其现今适用的是台湾地区"民法"，香港特别行政区因实行高度自治，所以其实行的主要是英美法系的民事规则等，澳门特别行政区也因实行高度自治，所以实行的主要是属于大陆法系的澳门民法规则等。期待在不遥远的将来，上述三个地区与大陆地区可以实行全中国的一部统一的中华人民共和国民法（典）。

八、我国民法为继受法兼固有法

依法律规定的内容的来源之不同，法律可分为固有法与继受法。固有法，是指基于本国的历史、风土人情、习惯以及固有规范，自然发展而形成的法律；反之，将他国发生、发达的法律移植为本国的法律，称为继受法，如德国继受罗马法即属之。中国于1929—1930年制定的《中华民国民法》，就兼有固有法与继受法的内容。其中，物权编的典权与亲属编、继承编的内容，大多系中国的固有法，其余则多为继受法。具体言之，该法"采德国立法例者，十之六七，瑞士立法例者，十之三四，而法日苏联之成规，亦尝撷取一二，集现代各国民法之精英，而弃其糟粕，诚巨制也"。[1]

---

[1]　梅仲协：《民法要义》，中国政法大学出版社1998年版，"初版序"。

九、民法大多为原则法，少数为例外法

法律依规定事项的普遍与否，分为原则法与例外法。原则法，指其所规定的事项适用于一般情形的法；例外法，指规定遇到特别情形时得排除原则规定而适用的法。民法规范，大多为一般情形适用的原则法。不过，因应实际的需要，也有少数例外法，这些例外法，或以专条或专款独立规定，或以但书附带规定。例如，民法关于自然人的民事权利能力的规定，为原则法，而关于胎儿的保护的规定，则属于例外法。需指出的是，区分原则法与例外法，应注意二点：一是，原则法与例外法区别的实益，在于解释法律时，原则法需从宽，得为类推或扩张的解释，而例外法则需从严解释。当然，此为原则，实际个案的场合仍需视具体情形，进行合理解释。二是，但书尽管大多为例外法，但属于原则法者也有之。

十、民法为关于人的法

民法为关于人的法，此首先表现在民法规定了人类最基本的东西——法律人格。没有法律人格，不能称之为人，而是人以外的其他事物。所谓法律人格，是指人之所以成为人的资格，在民法上又称为民事权利能力或民事主体。《民法典》第13条规定："自然人从出生时起到死亡时止，具有民事权利能力，依法享有民事权利，承担民事义务。"因此，自出生时起到死亡时止的期间称为"人"或"民事主体"，但在死亡后，因民事权利能力丧失（终止），当然不能复称为"人"或"民事主体"，而是称为"死人"。

其次，民法是关于人的法，还表现在作为人的集合体的人类，无时无刻不处在民事关系中。一个自然人，从出生到死亡，一个企业，从登记到宣布解散，皆无时无刻不处在民事法律关系中。自然人一出生，就和父母发生监护和受扶（抚）养的关系；成年后具有民事行为能力，为取得住宅同他人发生租赁、借用或买卖关系，对自己劳动所得的财产发生所有权关系，将自己的财产赠与他人发

生赠与关系，上班乘公共汽车与公交公司间发生运送关系，为取得生活所需的生活资料而受雇于他人时发生雇佣关系，与保险公司发生保险关系，工作受伤到医院治疗需要住院时，与医院发生住院合同关系，以及与自己的配偶发生夫妻关系等。再就企业而言，其为了取得生产所需的原材料和机器设备，与他人发生购销关系；生产出产品而在市场上销售时，与他人发生销售关系；将销售产品后的金钱存入银行时，发生储蓄关系；向银行借贷金钱时，发生借贷关系；为扩大再生产而兴建厂房时，同建筑施工单位发生建设工程承包关系；委托他人代购代销，发生委托代理关系。可见，民法与自然人或自然人的人合组织体的企业具有多么密切的关系！一言以蔽之，民法是关于人的法。对生活在人世间的人来说，民法须臾不可或缺。自此意义上说，民法乃是人民生活的基本法，其与每个人的日常生活息息相关。

再其次，民法是关于人的法，还表现在民法是原始和现代意义上的人权的基础、前提和保障。所谓人权，有原始意义上的人权与现代意义上的人权之分别。[1] 唯无论何种意义上的人权，皆与民法不可分离，民法为其奠定根基和提供保障。简言之，人权，是指人之作为人所应享有的最起码、最基本的权利。其中主要的是人格权，如生命权、身体权、健康权、名誉权、隐私权等，然后是身份权和财产权。这些权利是民法上最重要的民事权利，由民法加以明定和保护。尤其是人格权，是人之享有其他权利（如其他民事权利和政治权利）的前提和基础，没有人格权，甚至不能称之为人！由此可见民法与人权关系之密切：没有民法，可以说难谓有真正的人权，民法不发达，人权的保护也不会很充分、发达和完善！反之，对人权的保护充分、完善了，也会推动民法事业的进步。从此意义上说，宣传和普及民法理念，切实遵循民法规范，以及切实施行《民法典》，无不具有十分重大的意义。

最后，民法是关于人的法，还表现在近现代民法是以"人"为本位的。前引

---

[1] 关于人权概念的起源，参见夏勇：《人权概念起源》，中国政法大学出版社 1992 年版，第 1 页以下。

《民法典》第 13 条规定人的权利能力始于出生，终于死亡，明定人的权利能力（人格）的存续期间，并将"人""权利主体""权利能力"三者等同视之，其伦理基础在于人与人的相互尊重，即每个人得要求他人尊重其存在和尊严，而此更须以尊重他人为前提。此正如黑格尔（Hegel）所云，"法的基本命令是：自以为人，并敬重他人为人"。人及人的尊严，是整个法律秩序的最高原则。因此，维护人的个体性、保障人的自由和尊严不受非法侵害，系民法的首要任务。[1]

此外，民法是关于人的法，还表现在民法对人的关怀上。民法自罗马法发其端，中经欧洲中世纪民法、19 世纪民法、20 世纪民法以至今日的当代民法，在观念上虽然先后经历了权利本位、社会本位以及权利本位与社会本位协调发展的变迁历程，但可以肯定，无论在哪个时期，通过民法来赋予人民以民事权利，通过民法来肯认人之为人的价值，以及通过民法来彰显人性的尊严，是始终不渝、一以贯之的。正是透过这些方面，民法实现了对人的关怀；并且，当人们按照民法关于这些方面的规定去实践、去行为时，也就变成一个理性的、有尊严乃至生命有意义的人。

十一、民法为权利法

民法为权利的法，民法的本旨就是确认人民享有的民事权利。民法的规范绝大部分是授权性规范，与行政法、刑法的规范多为禁止性规范不同；另外，民法制度的设计，包括民法规范的编、章、节的名称，也都是从权利的角度进行规定的。例如，《民法典》总则编第 5 章的章名就是"民事权利"，然后于其下的各条分别规定各种人身权和财产权益。具体言之，明定自然人的个人信息权受法律的保护（第 111 条），明定民事主体依法享有物权（第 114 条）、债权（第 118 条）、权益受到侵害时的损害赔偿请求权（第 120 条）、无因管理场合的必要费用偿还请求权（第 121 条）、不当得利返还请求权（第 122 条）、知识产权（第 123 条）、

1　王泽鉴：《民法总则》（增订新版），2014 年自版，第 33 页以下。

继承权（第 124 条）、股权和其他投资性权利（第 125 条），以及其他民事权利和利益（第 126 条）。另外，《民法典》总则编还对数据、网络虚拟财产的保护作出规定（第 127 条）。此外，其对于民事权利的取得途径，也作出了规定（第 129 条）。

《民法典》物权编自第二分编起，分别规定"所有权"（第二分编）、"用益物权"（第三分编）、"担保物权"（第四分编）以及"占有"（第五分编），也都在权利[1]的名义下规定各项具体制度。此外，民法自近代以来被称为市民社会的"大宪章"，是人民的"权利宣言"，无不表明民法是权利法。

第四节　民法的编纂

一、概要

如前述，民法有形式民法与实质民法之分别。形式民法，于有民法典的国家系指民法典，在我国，系指 2020 年通过、自 2021 年起施行的《民法典》；实质民法，指具有民法特性的法律规范。在民商分立的法律体制下，民法（典）是一个与商法对应的概念，并被认为是私法的一般法，其与私法的关系，系其为私法之一部，而非全部。1907 年《瑞士民法典》颁布以前的德国、法国、日本等为民商分立，在这些国家，所谓民法（典），乃是与商法（典）相对应的概念，属于私法之一部；而自 1907 年《瑞士民法典》颁布始，瑞士、泰国、苏俄、中国等，为民商合一。在这些国家，民法典与特别民法的集合，构成民法的总体。此所谓特别民法，除商事法，如公司法、票据法、保险法、海商法、破产法、证券法之外，还大体包括土地管理法、消费者权益保护法、产品质量法、矿业法、渔业法、

---

[1]　占有为一种近似于物权的权利。我国台湾地区"民法"第 943 条第 1 项规定："占有人于占有物上行使之权利，推定其适法有此权利。"此意即人对物的占有受法律的保护，保护占有就是保护社会的和平与秩序。一般认为，要改变占有的现状，通常只有通过本权之诉或占有之诉方可实现。任何人不能以私力改变占有的现状被认为是一项重要的私法原则。参见陈聪富主编：《月旦小六法》（第十七版），元照出版有限公司 2014 年版，第叁—114 页。

水法等。

采民商合一的法律体制，面临着如何处理民法（典）与所谓商法的关系的问题。在这里，"商法"已不是一个立法上的术语，而是一个学术和法教义学上的术语，称为商事法学。亦即，基于传统和沿革上的理由，通常仍然将公司法、票据法、保险法、破产法、海商法、证券法称为商事法。我国所规定的大学法学教育课程，仍列有"商事法"，坊间以"商事法"命名的教科书仍随处可见。[1]

另外，在同时启用民法典与特别民法的术语时，民法典被称为普通民法。此盖因民法典适用于全国人民及一般事项，对于人、地域等不作限制，规范一般的民事生活关系，故为普通法（一般法）；而特别民法，其主要是针对某一领域的特殊关系进行的立法，其仅规范该特殊领域的关系。我国采民商合一体制，《民法典》系为普通民法（也称形式民法），而公司法、票据法、海商法、保险法、破产法以及证券法则属于特别民法。区分作为普通民法的《民法典》与特别民法的法律上的实益，主要见于，对于同一事项，法官在裁判案件时，特别民法有规定者，应优先适用特别民法，其无规定时，方可适用《民法典》的规定，此在学理上称为特别民法优于普通民法的原则。

二、民商分立与民商合一

（一）民商分立

私法于编纂体制上有民商分立与民商合一之分别。其中，民商分立为旧制，为1907年《瑞士民法典》颁布以前进行民法（私法）编纂的国家所采用。在这些国家，民法（典）所规定的范围仅局限于民事，而就商事另行制定独立的商法（典），譬如德国、法国及日本等均是。需指明的是，近代商法的前身是中世纪欧洲商人团体的习惯法（亦即商人的法），欧陆一些国家之采民商分立体制，相当程度上系渊源于此一法律背景。另外，主张民商分立的学者，还举出了采取它的

---

[1]　譬如我国学者王保树主编的《中国商事法》（人民法院出版社1996年版），就是其中的重要代表。该著作于我国学界曾产生积极、深入的影响。

技术上的理由：其一，商法富于技术性，并具国际性，为适应时代的进步与世界的发展，需随时修改；反之，民法重国内固有习惯，求稳定，不宜经常修改，故二者实不应强求合一。其二，民法、商法各有基本原则，若强求合一，适用上容易产生混乱。其三，民商分立使商人和商事行为适用不同的法律，较能符合商事情况。

归纳言之，民商分立系将民事（法律）行为与商事行为分开，分别立法，各自赋予不同的法律效果，体制上民法与商法体系并存。民商分立体制下，民法（典）大体上有总则（Allgemeiner Teil）编和各编的规定，将有关民事（法律）关系规定于民法（典）中；商法也有总则编和其他各编的规定，将有关商事关系集中规定于商法（典）中。同为买卖商品或消费借用，在一般人间为民事（法律）行为，适用民法合同（契约）法有关买卖和借用的规定；而于商人间为商事行为，适用商法有关买卖、借用的规定。需指出的是，民商分立的缺陷是，法律关系复杂，商人和非商人、商事和非商事行为的区别，常常为一般人所不能正确理解。[1]尤其是在今日，商人与非商人（普通人）的界分与区隔，已不严格、明确、重要、清晰，故而区分何为商人，何为非商人（普通人），已几无必要和实益。

（二）民商合一

如前所述，民商合一主义是 1907 年《瑞士民法典》颁布以后（《瑞士民法典》本身也系采民商合一主义）进行私法（民法）编纂的国家所采用的体制。依此主义，不分民事、商事，合而成一法典，故此只有民法典而无商法典，瑞士、中国及泰国等均属之。学理上，民商合一理论最早系由意大利学者摩坦尼利（Motanelli）于 1847 年所倡导，其一经提出就受到积极赞同。它的主要观点与内容如下：其一，若依不同的职业而制定特别法，不仅职业种类繁多，不能均予制定，还违背人民于法律上平等的原则；其二，民法、商法共通之处甚多，如果勉强分立，适用上反感不便；其三，即便将民商法合编为一法典，必要时仍可修

1　施启扬：《民法总则》（修订第八版），中国法制出版社 2010 年版，第 15 页。

改；其四，多数交易行为，不易确定其为民事或商事，因此如分开制定，则其应归于民法或商法，颇有困难；其五，当代社会，商人这一特殊的阶层已不复存在，甚至特殊的商行为也已丧失其特殊性，例如票据、保险制度在过去仅系商人利用的制度，而现今已广泛适用于社会生活的各个方面，为全社会的人所利用。

我国清季进行法律改制，接受大陆法系民法时，聘请日本学者松冈义正等起草"民律"，本采民商分立主义，后南京国民政府制定民法，由立法院院长胡汉民、副院长林森向国民党中央政治会议提议，请订民商统一法典。不久，提议获得通过，于是改变立法方针，采民商合一主义，于1929—1930完成了民商统一的《中华民国民法》。大体自20世纪50年代起，我国转而继受苏联的民法立法和理论，而苏联亦系民商合一。1978年改革开放以后制定的民法，如1986年制定的原《民法通则》、1999年制定的原《合同法》、2007年制定的原《物权法》、2009年制定的原《侵权责任法》，以及2017年制定的原《民法总则》，乃至2020年颁布的《民法典》，均为民商合一的立法。至于改革开放以后制定的《海商法》《票据法》《破产法》《保险法》《证券法》《公司法》等传统商事法中的法律，则属于民事特别法。需指明的是，采取民商合一，绝不是轻视商法，其实质不过是将民事生活和整个市场经济共同适用的规则集中规定于民法典中，而将适用于特殊情形或特殊关系的规则，规定于各民事特别法，如公司法、票据法、证券法、破产法、海商法中。应当肯定，我国现在及将来，都将继续采行民商合一的立法体制。

综合以上所述，可知民商合一系不区分民事与商事，于立法体例上只有民法而无商法，其以《瑞士民法典》为代表。[1]《瑞士民法典》包括人法、亲属法、继

1　我国台湾地区"民法"也采民商合一体制，包括总则、债、物权、亲属、继承5编。其中，债编已将一般性的"商法"规定，如经埋、代办商、交互计算、行纪、仓库、运送营业和承揽运送等，容纳于"各种之债"中。此外，又另制定重要的"商事法律"，即"公司法""票据法""海商法""保险法"。尽管严格而言，在我国台湾地区"立法"体例上并非没有"商法"，但在"法律"的适用上并无民事行为与商事行为的区别，而统一适用相同的"法律"；在制度上也不区分一般人与商人，"商人"仅是社会称呼。参见施启扬：《民法总则》（修订第八版），中国法制出版社2010年版，第16页。

承法及物权法 4 编，另有《瑞士债务法》（Obligationenrecht），计有总则，各种之债，商事公司与合作社，商业登记、商号和商业账簿，以及有价证券 5 部分，特性上系为民法的债编而予以扩充者。此外并无"商法"或"商事特别法"之类的商法规定。原则上，无论一般人还是从事商业者，都适用同一规定。可见，民商合一体制下，法律关系简单，容易适用，其缺点是将民事与商事不作区分而统一适用，有时不能符合实际情况。[1]另外，需提及的是，英美法中，商法与民法也不作区别，两者融合，故此也不存在商人的法与非商人的法的分隔。[2]

三、民法的编纂（一）：罗马式

民法自罗马法以来大体或主要有二种编纂体例，其中之一是罗马式，称为 Institutionen System。它是取法作为罗马五大法学家之一的盖尤斯（Gaius）的法学教科书《法学阶梯》的体系，即第 1 卷为人法，第 2 卷与第 3 卷为物法，第 4 卷为侵权行为与诉讼关系法。盖尤斯《法学阶梯》的这一体例，之后被优士丁尼编纂的《法学阶梯》依循。1804 年《法国民法典》的编纂采此体例，唯将诉讼法排除在外，形成如下体系：第 1 编"人法"，第 2 编"财产以及所有权的变更"，第 3 编"取得财产的各种方法"。罗马式编纂体例的最大特色，是并不存在像《德国民法典》那样的总则。日本旧民法（含"人事编""财产取得编""债权担保编""证据编"）等系采此体例。

一般认为，罗马式编纂体例的缺点有五：其一，无全部民法共通适用的总则；其二，婚姻家庭法（亲属法）与关于人格和民事能力的事项相混淆；其三，仅将继承视为取得财产的一种方法；其四，未区别特性完全不同的债权与物权，将二者的规定相混淆；其五，将程序法纳入民法中，导致程序法与实体法相混淆。依循罗马式编纂体例的 1804 年《法国民法典》，其虽将诉讼法剔除并凸显债法的地位，然罗马式编纂体例的其他不足或缺憾，乃大体不可避免。

1　施启扬：《民法总则》（修订第八版），中国法制出版社 2010 年版，第 15—16 页。
2　[日] 四宫和夫、能见善久：《民法总则》（第八版），弘文堂 2010 年版，第 8 页。

四、民法的编纂（二）：德国式

（一）概要

德国式编纂体例，又称潘德克吞（Pandekten）式编纂体例，是德国学者古斯塔夫·胡果（Gustav Hugo，1764—1844 年，以下仅称"胡果"）、格奥尔格·阿诺尔德·海泽（Georg Arnold Heise，1778—1851 年，以下仅称"海泽"）等于自己的著述中采用的体例。潘德克吞一语，来源于拉丁文 Pandectae 一词，而 Pandectae 是指罗马法《民法大全》中的《学说汇纂》，[1] 称为"Digesta"。[2] 将此"Digesta"（《学说汇纂》）予以体系化的法学，称为 Pandekten（潘德克吞）法学（Pandektenwissenschaft），[3] 其所确立的体系称为 Pandekten system（潘德克吞体系）。

近代潘德克吞体系，是 19 世纪德国学者构筑的关于民法学的体系，以及依该民法学的体系而创制的各民法典，这一体系的最初发轫可以追溯到德国启蒙主义哲学的领袖人物克里斯蒂安·沃尔夫（Christian Wolff，1679—1754 年）（以下仅称"沃尔夫"）的弟子约阿希姆·格奥尔格·达尔耶斯（Joachim Georg Darjes，1714—1791 年）和丹尼尔·诺伊布朗特（Daniel Nettelbladt，1719—1791 年），以及萨缪尔·普芬道夫（Samuel Pufendorf，1632—1694 年，以下仅称"普芬道夫"）以来的自然法体系那里。[4] 他们将共通的事项整理成为"总则"并置于民法典（或民法学）之首（第一编），其余各编（或章）依次为"物权法"、"债法"（抑或"债法""物权法"）、"亲属法（婚姻家庭法）"与"继承法"。1863 年的德国《萨克森民法》完全采用了这一体例，而 1756 年的德国《巴伐利

1　［日］柴田光藏：《法律拉丁语辞典》，日本评论社 1985 年版，第 254 页。

2　［日］柴田光藏：《法律拉丁语辞典》，日本评论社 1985 年版，第 102 页。该第 102 页对 Digesta（略：Dig）的释义为：学说汇集、学说集、学说类集、学说法集成、集录、法令汇纂、法令大全。

3　［日］山田晟：《德国法律用语辞典》（修订增补版）（第 3 版），大学书林 1994 年版，第 471 页。

4　萨缪尔·普芬道夫将契约置于中心，并为此作了体系上的整理，故被称颂为"民法总则之父"。参见［日］远田新一：《代理法理论的研究》，有斐阁 1984 年版，1985 年第 2 刷发行，第 50 页。

亚民法草案》，以及 1896 年制定的《德国民法典》，则将物权法和债法的次序颠倒，即债法在前，物权法在后。现行（1898 年施行）《日本民法》，大体系采德国式编纂体例中的《萨克森民法》的体例。

需指出的是，近现代民法学理乃至法理大多认为，德国式编纂体例较罗马式编纂体例乃更有优势，具体为：其一，设"总则编"，并将其作为全部民法共通适用的通则；其二，根据权利的学理的分类，将财产权区分为物权与债权，并使之各自成为一编；其三，将"人格"与"民事能力"的事项规定于"总则编"中，亲属（婚姻家庭）则独立作为一编，使财产法与身份法有别；其四，由于根据继承而取得财产较财产的其他取得方式具有特殊性，故设专编予以规定。应值提及的是，我国的《民法典》，其主要或大体上系采取此体例。

（二）潘德克吞式编纂体例的基本特色与进路

潘德克吞式编纂体例的基本特色与进路大体如下：其一，将民法区分为财产法与家族法；其二，财产法以物权和债权的区分为基点，被区分为物权法和债法；其三，家族法，依循罗马式编纂体例关于"人"和"物"的区分，被区分为亲属法和继承法；其四，将私法世界的民事关系中共通的规则提取出来（即所谓提取"公因式"），规定为"总则"，并将其置于民法典之首。[1]

（三）近代潘德克吞体系的形成 [2]

1. 概要

在整个 18 世纪和 19 世纪初期，关于民法的体系应当怎样构成这一问题，涌现出了各种各样的构想。此点可从这一时期的《普鲁士普通邦法》（1794 年）、

---

[1] ［日］四宫和夫：《民法总则》（第四版），弘文堂 1986 年版，1995 年第 22 刷发行，第 13 页注释 1。

[2] 本部分系参考、依据赤松秀岳《十九世纪德国私法学的实像》（成文堂 1995 年版）第 261—290 页的内容而写成。另外，本书作者所著《潘德克吞体系的形成与发展》（载《上海师范大学学报（哲学社会科学版）》2007 年第 4 期）一文也系依据、参考赤松秀岳先生的该书所载的该内容而写成。谨此释明，并向赤松秀岳先生致以谢忱。本书作者于 1997—1998 年在日本研修期间，获得赤松秀岳先生的该赠书及另一赠书——《物权·债权峻别论及其周边：以二十世纪德国的展开为中心》（成文堂 1989 年版），如获至宝，将永久珍藏，以供忆念。

《法国民法典》（1804年）与《奥地利普通民法典》（1811年）所采取的不同的体系构成获得证明。至19世纪后半期，潘德克吞体系被普遍认可，其因由依学者施瓦茨（A. B. Schwarz）的分析，可从历史法学派和往后潘德克吞法学的巨大影响力中得到释明。潘德克吞体系，是1807年由海泽在《普通民法的体系概要》一书中正式创立的，他因此被称为潘德克吞体系的鼻祖（创始者）。[1]之后，弗里德里希·卡尔·冯·萨维尼（Friedrich Carl von Savigny，1779—1861年，以下仅称"萨维尼"）于兰茨胡特和柏林作讲座时，皆以海泽的这一著作作为讲学的基础，而且他还不时受到该书的激励。于萨维尼的鼓动下，该书曾被数次重印。

需指出的是，海泽上述著作中采用的潘德克吞体系，完全是自然法与罗马法的混合物。具体而言，自体系上思考法学或曰给法学灌注一个体系的思想，即所谓法的体系思考，乃是自然法理论的产物。自16世纪前后起，无论在德国还是于法国，皆没有采取优士丁尼的《学说汇纂》的体例，而是可以看到采取理性的体例的倾向。这一时期，在德国，自然法思想重新以特殊的方式出现。例如，施瓦茨、普芬道夫均提出了有关"体系"的思想，尽管每个人提出的"体系"的思想不尽相同。概言之，自17世纪到18世纪，各种各样的"体系"的思想涌现出来了。前已述及，这一时期的《普鲁士普通邦法》《法国民法典》《奥地利普通民法典》采取的不同的立法体例即是其明证。及至18世纪后半期，抛弃《法学阶梯》的体系的倾向异常炽烈。这种倾向，在沃尔夫影响下的自然法思潮甚嚣尘上时，尤其明显地得到了认可。潘德克吞体系的显著特色就是将共通的事项整理成为"总则"，设立"总则"的规定，而这一思想，系起于自然法学。

不过，民法的"总则"究竟应当包括哪些内容，则是自然法与罗马法综合作用的产物。首先，"总则"中先规定"法人格"（自然人、民事主体）的内容，

1　海泽创立的潘德克吞体系，自1866年的《萨克森民法》到1896年的《德国民法典》、1907年的《瑞士民法典》、1911年的《瑞士债务法》，都大体上得到了采纳和贯彻。

就是罗马法的结晶。其次，对于"物"，自16世纪到18世纪，一直依循罗马法的做法将其置于物权法之首，这也是一项普遍的做法。这种做法，不独在19世纪的潘德克吞法学者和《德国民法典第一草案》中被采纳，在今日也依然得到支持。再其次，物权法与债法的区分及其对应的把握与处理，系由来于罗马法，尤其是受到了《法学阶梯》的影响的结果。最后，在物权法与债法之后设立"亲属法"和"继承法"的做法，系受到自然法理论影响的结果。

"亲属法"于古罗马《法学阶梯》上系作为"人法"的一个部分来对待和处理，《法国民法典》和《奥地利普通民法典》依循之。但是，在近代潘德克吞体系中，它与"人法"分离，且被置于"债法"之后，此点系受自然法理论的影响。自普芬道夫以来，自然法体系由"个人的法"开始而渐次向"大的集合体的法"升进，即沿着"个人、夫妇、家庭、奉公人（Gesinde）（服务人员）关系、国家及国际社会"的法的顺序递进。依此顺序，"家庭法"自然而然地被置于财产法之后处理。由此，胡果、海泽将亲属法（婚姻家庭法）置于债法之后处理，是不足为怪的。

至于继承法，其在罗马法中被置于最开头处理；在《法学阶梯》上，继承法系作为取得财产的一种方法被对待。《法国民法典》与《奥地利普通民法典》追随之。不过，海泽则是依据自然法的理论，使继承法被家庭法吸收，其显然是着重于将继承法置于亲属法（婚姻家庭法）的侧面考量。

至此，可将以上所述归纳如下：近代潘德克吞体系是自然法理论与罗马法学的混合物。从体系的视角，或曰以体系的思维认识法律世界的观念和做法，是起于自然法的；同时，将适用于全体私法关系的通则的事项规定为"总则"，并将之规定于民法（典）的最前面的思路，也是受到了自然法影响的结果。不过，民法的总则的内容，除受到了自然法的因素的影响外，也受到了罗马法的因素的影响；至于物权法和债法的区别和对应，则主要是受到了罗马法影响的结果；关于亲属法（婚姻家庭法），特别是将亲属法和继承法置于最后处理，则是受到了自然法影响的结果。可见，近代潘德克吞体系乃是自然法因素与罗马法因素交互作用的混合物。潘德克吞体系并不仅仅是受某一理论（自然法理论）或学说（罗马法学说）影响的结果，而是一个混合的东西。

2. 萨维尼为近代潘德克吞体系奠定基础

前已述及，近代潘德克吞体系得到了萨维尼的积极支持。他不仅曾以海泽的"体系"的思想作为自己讲学的基础，还使海泽的《普通民法的体系概要》一书重印了数次。与此不同的是，学者格奥尔格·弗里德里希·普赫塔（Georg Friedrich Puchta，1798—1846 年）在 1820 年反对海泽的体系；安东·弗里德里希·尤斯图斯·蒂堡（Anton Friedrich Justus Thibaut，1772—1840 年）一方面坚持自己构筑的体系，另一方面也受到萨维尼的影响。19 世纪 20 年代末、30 年代初，德国的私法（包括地方私法）大体上已然接受了海泽的"体系"的思想；另外，在 1819 年至 1820 年的冬期讲座中，萨维尼在讲授《普鲁士普通邦法》时，也是按照海泽的"体系"的思想进行的。及至 19 世纪后期，海泽的"体系"的思想被作为近代潘德克吞体系思想对待，亦即以海泽的体系为近代潘德克吞体系。奥地利民法也在 19 世纪的后半期，经由学者约瑟夫·昂格尔（Joseph Unger，1828—1913 年）的介绍，掌握和领会了潘德克吞体系。[1] 1840 年代以后，受到萨维尼支持的海泽的"体系"的思想，几乎被人们一致地接受了。海泽创立的民法体系，由 6 编构成：第 1 编"总则"（Allgemeine Lehren），第 2 编"物权法"，第 3 编"债务法"，第 4 编"物的、人的权利"（家族法，Dinglich persönliche Rechte），第 5 编"继承法"，第 6 编"原状回复"（In intergrum Restitutio）。不过，萨维尼认为，其第 6 编"原状回复"并不妥当，因此该编被后继者们剔除了。

需提及的是，对于海泽提出的如上潘德克吞体系，萨维尼在其所著的《当代罗马法体系》（第 1 卷）中为其奠定了学理基础。他说："每项权利，在法律关系上皆具有其深厚的基础。并且所谓法律关系，是指某人在不妨碍他人的情形下，

1　J. Unger, System des österreichschen allgemeinen Privatrechts. 1. u. 2. Bd. , 5. unveränderte Aufl. (1892). 在这里，他设计的"总则"系由 6 个部分构成：第 1 部分"私法"，第 2 部分"人"，第 3 部分"物"，第 4 部分"私权"，第 5 部分"法律关系的发生与消灭"，第 6 部分"法律关系的保护"。

可以为有意识的支配的领域，是由法律来规定的。在法律关系上，有意识的支配所及的领域，首先是自己的人格，其次是自己以外的外界。其中，自己，是所有的法与权利的基础，无须由实定法认可，或为其奠定基础。因而，自己对自己的人格的权利，便是‘根源性的权利’，无须受到承认、认可。这样一来，作为法律关系的客体，就只剩下‘外界’，即‘自然’（unfreie Natur）和‘他人’了。"

"其中，人，是不能支配自然的全体的，即不能支配世界的一切。从而，需对偌大的自然（世界）进行区分（划分）。而被划分（区分）开来的‘自然’，就是‘物’。对物进行的有意识的支配中，最单纯且最完全的是所有权。它与由实定法所规定的定限物权合而为一，合称为物权；对‘他人’的关系中，仅可支配对象方的行为，如请求他人为或不为一定行为的，是债权债务关系。支配对象方的人格，蔑视（无视）其自由，像支配所有物那样支配人，此在今日已不允许。应注意的是，对物的支配（物权）与对他人的行为的支配（债权），皆是向外界扩张个体的能力。因此，这两者的集合，被称为‘财产’（Vermögen），关于这方面的法律制度的总和，被称为‘财产法’。"

"‘人’这个东西，一如财产法，既是一个独立的个体的概念，也是一个有机体的全体构成员的概念，也就是说是一个社会的概念。因此，人是不完全的。例如，男性与女性，只有单个的一方，是不完全的，需依婚姻而结合。另外，人的存在也是有时间上的限制的，也就是人的生命有限。这一‘不完全性’需由繁殖来补充。为此而设立的法律制度，是‘父权’（väterliche Gewalt）制度。此外，亲属（血族，Verwandtschaft）制度，也是与父权制度类似的制度。这些法律制度，合称为家族法。唯家族法与债务法不同，因为在家族法中，与对象方的关系是全面而永久的。而且，家族关系受伦理规制的情形也不少。这些是所谓‘自然的家族法’，此外还有所谓‘人为的家族法’。"[1]

1　［日］赤松秀岳：《十九世纪德国私法学的实像》，成文堂1995年版，第269页以下。

针对"人为的家族法",萨维尼举出了监护
制度。在各项制度的编排顺序上,萨维尼认为,
家族法是"自己自身"的人格的扩大,因而应
置于最重要的"自己自身"之后处理,即应置
于财产法之前处理,其顺序是:家族法、物权
法、债务法。萨维尼也提出了家族法对财产法
产生影响的情形。例如,在"父权"(监护权)
之下的孩子的财产取得、亲属间的扶养和赡养
等被应用(适用)的家族法(angewandtes Fami-
lienrecht)与继承法。这样,萨维尼就做出了如
下的顺序安排:婚姻、父权、亲属、监护(此
四者合称为"本来的家族法")、物权法或所

弗里德里希·卡尔·冯·萨维尼 [1]
(Friedrich Carl von
Savigny,1779—1861 年)

有权与定限物权、债务、被应用(适用)的家族法、继承法。

另外,萨维尼还厘清了需要设立民法的总则的因由。他说:当从联系的观点
考察此法律制度与彼法律制度时,就会发现所有的法律制度的共通点。将共通点
与某一具体的法律制度的体系分开,且将共通点置于前面处理,这就是"总则"。
不过,他又指出:不应使共通点过分抽象化,为此应有"平衡的意识"。遵循此
原则,他在 8 卷本的《当代罗马法体系》中遂建立了如下的体系:第 1 编"法
源",第 2 编"法律关系",第 3 编"法规对法律关系的适用",第 4 编"物权
法",第 5 编"债务法",第 6 编"家族法",第 7 编"继承法"。

3. 温德沙伊得的《潘德克吞法教科书》与潘德克吞体系

自 19 世纪 40 年代起,由萨维尼为其奠定理论基础的海泽的潘德克吞体系,
被一般性地接受了。此间采纳海泽的潘德克吞体系而撰写的潘德克吞教科书不胜

1　本画像的出处请参见〔日〕胜田有恒、森征一、山内进编著:《概说西洋法制史》,ミネルヴ
ァ书房 2004 年版,第 27 页。

枚举。举其要者，有阿恩茨（L. Arndts）[1]、韦希特尔（C. G. v. Wächter）[2]和温德沙伊得等人撰写的著作。其中，温德沙伊得的《潘德克吞法教科书》[3]被誉为"19 世纪的标准注释书"（Glossa ordinaria des 19. Jahrhunderts），该书集中体现了他的潘德克吞体系思想。

温德沙伊得指出，所谓潘德克吞法，即起源于罗马法的德意志的普通的私法。它是适合于德意志全国的私法，其法源是优士丁尼的《民法大全》中的各个组成部分，即《法学阶梯》《学说汇纂》《优士丁尼法典》《新律》。在《潘德克吞法教科书》中，温德沙伊得简略地回顾了于意大利波伦亚大学兴起的罗马法复兴运动，与之后的罗马法学说史的变迁过程，即先后经历了欧洲中世纪后期的注释法学派、注解法学派，15 世纪以后的历史的倾向、体系的倾向、哲学的倾向（即所谓的自然法论），自 18 世纪后期到 19 世纪的历史法学派等。同时，温德沙伊得还分析了萨维尼的《当代罗马法体系》，认为萨维尼是历史法学派最伟大的代表。众所周知，德国历史法学派的重大贡献，是从现实的需要出发去探寻和"发现"罗马法的法律规则，努力赋予这些法律规则以内在的生命力，同时也为其具有内在的生命力奠定学理基础。并且，历史法学派的学者们还依自己的观察力进行严密的逻辑概念的推理，使罗马法的单个的、零星的规定成为逻辑缜密的、有体系的整体。历史法学派的此种方法，即便今日也为人们所采用，并处于有力地位。

在《潘德克吞法教科书》中，温德沙伊得指出，私法的调整对象有二：财产关系与家族关系。由此，私法可以分为财产法与家族法。至于继承法，其实质不过为财产法的一大分野。财产法的调整对象为：关于物的法律关系及关于人与人

1　L. Arndts, Lehrbuch der Pandekten 14., unveränderte Aufl. hrsg. v. L. Pfaff u. F. Hofmann（1889）. 该书系为献给萨维尼而作，但它所采取的体系是：第 1 编 "权利基本规定"，第 2 编 "对物的权利"，第 3 编 "债务"，第 4 编 "家族关系"，第 5 编 "继承"。

2　C. G. v. Wächter, Pandekten, hrsg. dch. O. v. Wächter. Ⅰ Allgemeiner Teil（1880），Ⅱ Besonderer Teil（1881）. 其构成体系是：绪论、潘德克吞法的一般理论、物权法、债务法、家族法、继承法。

3　B. Windscheid, Lehrbuch des Pandektenrechts 1. Bd. 9. Aufl., bearbeitet v. T. Kipp（1906）.

的法律关系，称为物权和债权关系；财产法也需对死者财产的归属进行调整。关于这方面的各项规范的总和，系继承法。并且，存在一个与权利的内容没有粘连的、有关一切权利的法律原则。此外，法律本身（客观意义上的权利，Recht）也存在一个与由它导引（或衍生）出来的法规（Vorschrift）粘连的法原则，它本身不属于私法，而是属于公法的东西，但应置于私法中论述，否则就会发生前后不一致和违反逻辑的问题。基于这些因由，他在《潘德克吞法教科书》中遂构筑了如下的体系：①关于法这个东西本身；②关于权利这个东西本身；③物权法；④债务法；⑤家族法；⑥继承法。他特别指明，①和②应称为"总则"，将家族法置于继承法之前处理，系一般性的做法。家族法与物权法、债务法相同，系调整关于"活着的人"的法律关系的法，故将它置于继承法之前处理是妥当的。

4. 世界各国尤其是北欧国家对潘德克吞体系的采用

迄今，肇源于近代德国的潘德克吞体系业已为大陆法系的德国法系支流的国家所大体采用。这些国家大抵包括：日本、瑞士、希腊、土耳其、韩国、中国等。此外，北欧国家也引入了该体系。因日本等国采用潘德克吞体系的情况已较熟知，故以下乃着重分析北欧各国之引入和采纳潘德克吞体系的情况。

北欧各国之采用潘德克吞体系，系起于对德意志法学，尤其是对概念法学的接受。例如，在挪威，哈格尔普（Hagerup）于1887年发表的论文中就已引入了德国的概念法学；在瑞典，于19世纪70年代，概念法学的影响盛极一时，例如温德沙伊得的学生阿夫纽斯（Afzelius，1848—1921年）便是其坚定的信仰者；于芬兰，也有概念法学的思想在传播。随着德国概念法学理论之被北欧国家接受，德国的民法体系也被北欧各国继受了。

19世纪的北欧各国，虽然对大学里的法律教育进行了改革，但各专业只有为数不多的研究人员，所以在各国家中难以形成独立的学说或学派。于是，北欧各国的法学研究者走出国门，寻求自己学问上交流、讨论的对象。去德国，是实现这一目标的最好选择。其后不久，北欧各国与包括德国在内的外国国家的交流变得十分容易，尤其是去德国留学几乎是一种义务。当时的温德沙伊得等接受了来自北欧各国的学者。另外，萨维尼的关于在欧洲的基督教国家间应成立国际法（Völkerrecht）的主张，以及"一个国家的法有两个要素，即个别的要素（尤其是归属于每个国民的要素），与基于人性的共通性而产生的普遍的要素"的思想，以及温德沙伊得的"罗马法是地地道道地表现人间的普遍关系的东西"的主张，皆为德国法学具有泛欧洲的普遍性奠定了基础。

于是，自19世纪中期以后，潘德克吞体系乃被北欧各国接受。当然，在此之前，曾有《法学阶梯》的编排体系传播到北欧国家。例如，在瑞典和芬兰，早在17世纪时，就已采用《法学阶梯》的体系。当时著名的乌普萨拉（Uppsala）和图尔库（Turku）大学，就规定用比较法的方法进行教学，而作为比较的基础的，就是罗马法的体系。18世纪时，一方面仍旧采用《法学阶梯》的体系，另一方面，在瑞典和芬兰，也可看到关于"总则"的思想的萌芽。此外，也有了认可物权和债权之区分的端绪。当然，与瑞典、芬兰相较，丹麦和挪威虽然也主要采用《法学阶梯》的体系，但在采用时考虑到了自己国家的情况。

如前述，潘德克吞体系是海泽在1807年于《普通民法的体系概要》一书中创立的，1840年萨维尼在《当代罗马法体系》中将其正当化，并在稍作更易后被北欧各国接受。在德国，潘德克吞体系思想于19世纪20年代广泛传布开来，而于北欧，有关潘德克吞体系的教科书之问世则稍晚一些，大约是在19世纪40年代。

具体而言，瑞典的罗伊柳斯（Schrevelius）的教科书（1844—1849年），先是"一般的概说"，其次是"财产法"与"家族法"，并从这三方面来论述本国的民法体系。其中，"财产法"由"物权法"和"债务法"构成，"家族法"由"本来的家族法"和"属于同一（相同）氏族（Sippe）的人的法律关系"——包括"继承法""监护法""关于继承债务的清偿的法律"（Erbablösungsrecht）——构成。

在丹麦，早在19世纪30年代，拉尔森（Larsen）就依照近代潘德克吞体系讲授民法课程。其创新之点仅在于，于"总则"之后是丹麦"人事法"（dänisches Personenrecht），即是"总则""人事法""物权法""债务法""家族法""继承法"的体系。及至19世纪50年代，潘德克吞在丹麦已然成为一个普遍性的概念。其后不久，吸取德国潘德克吞体系的精华，并进行了创新的丹麦自己的潘德克吞体系诞生了，此即"总则""人事法""家族法""物权法""债务法""继承法"。

挪威在继受德国潘德克吞体系的过程中也有新的认识，并根据自己的风土人情而有创新。例如，它认为"总则"是财产法的总则，而非其他法（如身份法）的总则。另外，在该国特有的自然环境和风俗的影响下，法定继承也比遗嘱继承具有更重要的意义与价值，故继承法被作为家族法的一部分来处理和对待。

5. 我国《民法典》总体或主要方面系采潘德克吞式编纂体例

考虑到潘德克吞式编纂体例的优势在于重视逻辑性和体系性，并虑及《德国民法典》的编纂体例与其所确立的概念、原则、制度、理论体系乃至（民事）权利体系等大体上已为我国所接受或继受，故而我国《民法典》的编、章、节的安排、所使用的概念术语以及所确立的（民事）权利体系，大体或主要的方面系采取了潘德克吞式编纂体例。唯基于百余年来世界民法理论、立法与实务的发展，我国《民法典》的体例安排又有创新和发展。总体上看，可以或者应当认为，我国《民法典》的总则编、物权编、合同编、人格权编、婚姻家庭编、继承编及侵权责任编的 7 编制体例，是应值肯定的。唯其所排定的 7 编的顺序是否完全妥当，则可作进一步的探讨与慎思。[1] 本书所关涉的内容，主要为该《民法典》结构体系中的总则编。

五、民法总则的构成

德国式编纂体例的显著特色在于设立民法的总则。民法的总则是所有民事关系（主要是财产关系，也就是说，民法的总则主要是财产法的总则）共通适用的原理、原则，将所有民事关系（主要是财产关系）共通适用的原理、原则规定于民法（典）的总则编，于立法技术上可以避免相关的规定在以后的其他各编一再

---

[1] 关于对我国《民法典》7 编安排顺序的讨论与思考，参见陈华彬：《民法的构筑》，中国政法大学出版社 2022 年版，第 39 页。

重复出现，并可建立民法适用的逻辑体系。例如，民法（典）的总则编规定的公共利益原则、禁止权利滥用原则以及诚实信用原则，均可适用于各编，而无须于各编重复规定。并且，由于总则编的规定是各编适用的基础，其规定不宜具体，以便符合各编的共通特性。例如，总则编关于自然人的权利能力始于出生、终于死亡的规定，即适用于所有的自然人。但于设有债（法）编的立法成例（比如我国台湾地区"民法"即设有"债"编的规定）中，编排于债编总则中的人，则非但包括自然人，且较具体地限于有互相约定的双方当事人；而编排于债编分则中的人，则更具体地限于具体的如买卖合同的当事人等；编排于物权编中的"不动产物权经登记者，推定登记权利人适法有此权利"，其所称"人"，就仅限于不动产登记的权利人。[1]

《日本民法》《韩国民法典》及我国台湾地区"民法"因采德国式编纂体例，故也都于开篇设有总则编；英美法无之，法国民法也不采之。如前述，设立民法的总则的思想最早可以溯源到19世纪以前的理性的自然法，正式见诸海泽1807年出版的《普通民法的体系概要》一书，为1756年的《巴伐利亚民法典》、1863年的《萨克森民法》以及1896年的《德国民法典》所采用，充分体现了德意志民族重抽象、重概念、重逻辑体系的思考方法，[2]以及一以贯之的"彻底性"精神。

民法（典）的总则（编）虽然系规定私法（主要是财产法）的基本规则和私法（主要是财产法）的共通事项，如期间、时效、住所等，但其主要内容则是围绕"权利的主体""权利的客体""权利"以及引起（民事）权利变动（即民事权利的取得、丧失与变更）的行为（"民事法律行为"）展开，归纳言之，也就是围绕私法的四个基本要素——"人""物""权利""法律行为"——而予以展开。这四个基本要素，是市场经济下进行市场交易不可或缺的要素。正因为如此，晚近以来，民法（典）总则的"总则性"乃不断受到人们的责难，即尽管它系私法的总则，但其规定的大部分内容并不是家族法（亲属法、婚姻家庭法）与

1　郑冠宇：《民法总则》（第二版），瑞兴图书股份有限公司2014年版，第25页。

2　王泽鉴：《民法总则》，北京大学出版社2009年版，第20页。

继承法的总则，充其量主要是物权法与债法这些财产法的总则。[1]

尽管如此，但民法（典）的总则中规定的权利和民事法律行为制度仍具有一定程度的普遍性，尤其是前者（即权利）当系整个民法领域重要的概念与制度或规则。至于民事法律行为制度，其以意思表示为其基础的要素。民法是"意思表示的法"，即民事生活领域实行意思自治或私事由自己决定原则，亦即系采私法自治或意思自治主义。民事法律行为被区分为债权行为、物权行为及身份行为，意思表示为其核心因素。[2]

《德国民法典》《日本民法》和我国台湾地区"民法"均在其开篇设立了"总则"。《德国民法典》的总则规定了如下内容：人、物（包括动物）、（民事）法律行为、期间、期日、消灭（诉讼）时效、权利的行使、自卫行为、自助行为及提供担保。《日本民法》的总则（编）以权利本位为其指针，于第1章"通则"中开宗明义地规定公共福祉原则、诚实信用原则及禁止权利滥用原则，然后规定民法解释的基准，即应以个人的尊严和男女两性实质上的平等为主旨而解释民法；第2章规定"人"，第3章规定"法人"，第4章规定"物"，第5章规定"（民事）法律行为"，第6章规定"期间的计算"，第7章规定"时效"。我国台湾地区"民法"的总则（编）共分7章：第1章"法例"，[3] 规定适用于所有民事

1　德国在第二次世界大战之前即有人持此种观点，认为债编、物权编系财产法（Vermögensrecht），亲属编、继承编系身份法（Standsrecht），总则系财产法的总则，对身份法不得适用，应另定身份法的总则，并以"民法再见"（Abschied von BGB！）的口号而主张分开。例如，施勒格贝格尔（Schlegel-berger）于1937年2月25日在海德堡（Heidelberg）大学的演讲中即作如是主张。参见台湾大学法律学研究所编译（梅仲协等编译）：《德国民法》，1965年5月印行，第24页。

2　王泽鉴：《民法总则》，北京大学出版社2009年版，第21页。

3　所谓"法例"，系指法律适用的通例，也就是法律适用的一般原理、原则，民法（典）总则编为各编适用的基本规定，而"法例"又为民法总则的一般原理、原则，故此"法例"可谓是总则中的总则［参见郑冠宇：《民法总则》（第二版），瑞兴图书股份有限公司2014年版，第38页］。1804年《法国民法典》在标题"前编：法律的公布、生效及一般适用"（6个条文）下，规定了近现代及当代民族国家一切法律的基本原则（这是该《法国民法典》对近代以前的封建法的否定、更易、改革或改变），《瑞士民法典》与《奥地利普通民法典》第1章称为"法例"（Einleitung），就法律的适用等加以规定。《意大利民法典》称为"序编"（16个条文）、《韩国民法典》称为"通则"（2个条文）、《葡萄牙民法典》称为"法律、法律之解释及适用"（65个条文）、中国《澳门民法典》称为"法律渊源"，加拿大《魁北克民法典》也有类似的关于法律适用等的规定。唯《德国民法典》未设类似的"法例"的规定。

法的"通例";第 2 章"人",第 3 章"物",第 4 章"法律行为",第 5 章"期日及期间",第 6 章"消灭时效",第 7 章"权利之行使"。

六、民法总则的优点与缺点

(一)优点

民法(典)的总则,是把民法中共通的、一般性的事项抽象、概括出来规定于民法(典)之始。从法史的维度看,此种立法技术要求立法者对法律材料做十分深入的研究,否则是难以进行的。比如,人们必须首先认识到买卖、租赁、放弃所有权、设定质权、设定抵押权、结婚、订立遗嘱、订立收养协议等行为在哪些方面具有共通性,经抽象、概括,认识到这些行为的共同点系在于:它们都是两个人或一个人对特定内容或事项表示的同意。认识到此点,就可以对这些行为的共通之处进行整理,经过理性的思维过程,就可以获得以意思表示为要素的、以发生私法上的效果为目的的民事法律行为这一上位概念。学理一般认为,设立总则(编)的优点,其主要见于民事法律行为制度上。民法(典)的总则(编)规定民事法律行为制度后,立法者就无须在民法乃至商事法等特别民法中规定民事法律行为制度。德国学者菲利普·黑克(Philipp Heck,1858—1943 年)将民法(典)的总则(编)的这一功能比喻为"列车时刻表符号说明"(Kursbuchschlüssel):前面说明过的东西,后面就没有必要再重复了[1],从而可以避免重复规定,节省立法成本。概言之,民法总则的优点有二:其一,将民法上的共通事项加以归纳、整理,具有合理化的功用,可以避免重复规定或作大量的准用性规定;其二,总则的抽象性、概括性特征有助于培养法律人归纳、演绎和抽象思考的能力,进而形成独立思考民法问题的方法。

---

[1] [德]迪特尔·梅迪库斯:《德国民法总论》,邵建东译,法律出版社 2000 年版,第 30 页。

（二）缺点

民法（典）的总则（编），也有如下缺点或不足 [1]：

1. 理论上的问题

日本学者松坂佐一认为，设立通用于财产法与家族法（身份法）的民法总则，理论上存在问题。因为，财产法（物权法、债法）规律的对象是财产关系，是以合理的思考为基础的有目的的结合，是属于有意志的、人为的东西；反之，身份法（婚姻家庭法、继承法）的规律对象则是身份关系，是基于人的本性所为的人格的结合，是属于给予的、自然的东西。二者的本质既然不同，其基本原则自应也不相同。[2] 学者刘得宽也谓：财产关系与身份关系在本质上有所不同，前者系由人类的思考、考量、选择而产生的关系，后者（如亲子关系）系由人类感情自然而生的关系。婚姻关系中虽然也难免有若干得失、考量等选择关系，但婚姻的真正本质乃是萌芽于自然而生的情爱关系。所以，民法（典）的总则（编），从一定意义上讲只能是财产法的通则。[3] 此也为近时的通说。[4]

2. 适用范围上的缺点

民法（典）的总则，依其固有性质，从其形式与名称上看，理应为全部民法的总则，其规定应具通则性，应适用于总则（编）以后的其他各部分（编）。但事实上并非如此。包括亲属法（婚姻家庭法）和继承法在内的身份法（家族法）就多不适用或较少适用总则（编）的规定。身份法中，尤其是亲属法设有不少特别的规定，自然优于总则（编）的规定而先予适用。此外，未设特别规定者，也

1　如下内容请参见陈猷雄著《民法总则新论》（三民书局 1982 年版）中的相关论述。应值释明的是，陈猷雄先生的该书对于本书作者的民法总则思想的形成以及本书的早期积累都曾产生重要影响。本书作者的《民法总论》（中国法制出版社 2011 年版）、《民法总则》（中国政法大学出版社 2017 年版）以及本《民法总则》（第二版）中的诸多内容或观点，譬如有关公法、私法及社会法，有关民法总则的优点与缺点，有关（民事）法律行为、有关民事权利能力与行为能力，有关民法法源，有关法人制度与规则等的论述都大体曾参考、依据了陈猷雄先生的前述著作。前辈学者之恩德耀后世，于此谨向陈猷雄先生表达敬意及谢忱。

2　［日］松坂佐一：《民法提要（总则）》（第3版），有斐阁 1975 年版，第 68 页。

3　刘得宽：《民法总则》（修订新版），五南图书出版公司 1996 年版，第 29—30 页注释 1。

4　［日］松坂佐一：《民法提要（总则）》（第3版），有斐阁 1975 年版，第 68 页。

因身份行为的特殊性，并不当然适用总则（编）的规定。故此，有学者认为，民法（典）的总则仅为财产法（物权法、债法）的总则，而与身份法无关，亲属法即婚姻家庭法的学者特别倡导这样的观点。[1]具体言之，民法总则的一些原理、原则于身份法中并不当然能够适用，而有如下限制[2]：①关于行为能力的规定。身份法上关于行为能力的规定，常排除民法总则关于行为能力规定的适用。②附条件的法律行为。法律行为可附停止条件或解除条件，但身份行为则禁止附条件。盖若附条件，则会影响到公共利益，比如结婚附条件者，其婚姻无效。③财产行为均可为代理，而身份行为原则上不得适用代理，应由当事人亲自为之。④财产权有诉讼时效制度，而身份权原则上则无。

身份法之所以不能适用（或不能完全）总则，其因由系在于：①人的亲属关系，其种类、内容，系由社会、法律客观规定，不能适用合同自由原则，任由个人随意变动；②身份上的行为，如结婚、收养、认领，只能对特定身份之人为一次，而经济行为，如买卖、租赁、借用、赠与、互易，则可对无数人反复为无数次；③亲属生活重感情，且不计较利益，而经济生活则以计较利益为其特性。[3]

3. 抽象与例外

为了使一项规则具有普遍的适用性，条文必须以抽象的方式表述。例如，在总则中不能使用买卖一语，而必须说"合同"，或更抽象地说成"民事法律行为"。因为，"合同"或"民事法律行为"概念必须涵括买卖、赠与、租赁、所有权放弃、结婚、遗嘱乃至解除合同等概念。这就需使总则中的概念具有高度的抽象性、概括性，但这也就给人们理解总则带来了困难。另外，抽象的规定具高度的概括性，但其缺点是必须创设例外，由此形成原则与例外的复杂关系。[4]

1　[日] 藤井俊二：《民法总则》，成文堂 2011 年版，第 10 页。

2　郑冠宇：《民法总则》（第二版），瑞兴图书股份有限公司 2014 年版，第 26—27 页。

3　施启扬：《民法总则》（第七版），三民书局 2007 年版，第 74 页。

4　对此，也请参见施启扬《民法总则》（第七版，三民书局 2007 年版）第 75 页的相关论述。

4. 理解上的困难

依认识规律，人们对事物的认识是由感性到理性，由简单到复杂，由个别、具体到一般。而民法总则的设立则要求人们由一般到具体去认识民法，违背人们认识事物的规律，使法律人尤其是刚刚接触民法的法科学生理解民法、研习民法产生困难。换言之，民法总则之设立，使学习民法的过程变成由一般而具体，即先学习民法总则，后学习物权；学习物权时，系先学习物权的总则，而后学习所有权、用益物权、担保物权、占有；学习债法时，是先学习债法通则（债总），然后学习各种之债（债各）。[1]

5. 查阅法典的困难

民法总则与民法其它各部分（编）的关系，犹如普通民法与特别民法的关系，因此在适用上，需先适用其它各部分（编）的规定后，再适用总则的规定。这样就使得人们在查阅法典时，要按从"后"向"前"的顺序为之，因为后面的特殊规定排除前面的一般规定的适用。易言之，只有在后面无法找到特殊规定的情况下，方能适用前面的一般规定。例如，买卖、租赁、承揽、建设工程、运输、借款等各种之债，应先适用合同法"分则"的规定，然后适用合同法"总则"的规定，最后才适用民法（典）总则（编）有关民事法律行为的规定。[2]

七、日本等大陆法系国家和美国等英美法系国家的民法典编纂或与民法典编纂有关的民事法律的制定

人类法制史上真正的近现代及当代意义的民法典的制定，始于近代。而近代各国制定民法典，除经济的推动力外，皆有其特殊的政治社会背景。1804 年的《法国民法典》是人类第一部近代意义的民法典，它开启了自近代起世界各国编纂民法典的先河，其制定的目的在于建构 1789 年法国大革命推翻封建政权后的法

---

[1] 施启扬：《民法总则》（第七版），三民书局 2007 年版，第 75 页。
[2] 施启扬：《民法总则》（第七版），三民书局 2007 年版，第 75 页。

律秩序，并贯彻自由（liberté）、平等（égalité）、博爱（fraternité）的理想。7 年之后的 1811 年，《奥地利普通民法典》问世，其旨在反映奥地利社会各阶级的平等关系，实现自由、平等和财产所有权的绝对保护[1]。1896 年 8 月 24 日公布，自 1900 年 1 月 1 日起施行的《德国民法典》则在实践"一个民族、一个国家、一个法律"（Ein Volk，eine Nation，ein Recht）的理念。[2]东方的日本是较早制定民法典的国家，该法典系明治维新的产物。1896 年，日本公布了民法典的前三编，即总则编、物权编、债权编，1898 年 6 月公布了后两编，即亲属编和继承编。民法典全体 5 编自 1898 年 7 月 16 日起施行。1947 年，第二次世界大战结束后不久，为了与日本新宪法的原则和精神相协调，日本着手对民法典的亲属编和继承编进行重大修改。[3]之后不久，日本又对最高额抵押权、禁治产及准禁治产制度进行修改。尽管如此，《日本民法》本身并未作大的修改，这种状况迄至 2004 年初。2004 年 12 月 1 日，根据日本法律第 147 号的规定，日本着手对其民法典进行修订，即对其民法典的第 1 编至第 3 编进行"现代语化"的修订，同时依判例和学界通说对民法典进行一些实质性的修改。[4]迄今，《日本民法》的债权编已完成重要修改。另外，其总则编、继承编等也有某些方面规定的更动（含增加规定某些制度，如日本于 2018 年对其继承法进行大改，此次修改涉及继承法中的许多条款，尤其是修改继承法后新设立"配偶居住权"制度[5]）。

《德国民法典》是潘德克吞法学的法典化。迄今，该法典并未进行单纯的所谓"现代语化"的修订工作，此与各国为实现民法典的"现代化"而展开的修订

1　［德］Hans Schlosser：《近世私法史要论》，［日］大木雅夫译，有信堂高文社 1993 年版，第 116 页。

2　王泽鉴：《民法学说与判例研究》（第五册），1992 年自版，第 4 页。

3　日本 1947 年法律第 222 号：《修改民法的一部分的法律》；［日］四宫和夫、能见善久：《民法总则》（第九版），弘文堂 2018 年版，第 6 页。

4　［日］四宫和夫、能见善久：《民法总则》（第八版），弘文堂 2010 年版，第 6 页。

5　这方面的详细情况，请参见［日］矢泽久纯："新生的日本配偶居住权制度评析：兼与 2020 年中国《民法典》居住权制度相比较"，载日本《比较法杂志》第 54 卷第 3 号（通卷第 195 号），2020 年，第 105 页以下。

活动相较实有寂寥之感，[1]但是，德国在 21 世纪初对其民法典进行的修订应被认为是一次重要的修改活动，其意义不可小觑。

　　试将东方的日本与西方的德国、法国、瑞士、意大利、葡萄牙、荷兰、奥地利、希腊等大陆法系国家和英美法系的美国的民法或重要民事特别法的制定的简要情况列表如下。[2]

年　份	日　　本	西方国家
1870 年	在太政官下设立制度取调局，由箕作麟祥进行《法国民法典》翻译等民法编纂的准备	1804 年，《法国民法典》制定 1811 年，《奥地利普通民法典》制定 1838 年，《荷兰民法典》制定
1875 年	设立大审院 太政官布告第 103 号裁判事务心得（法理）	
1879 年	以法国人波伦索那得（G. Boissonade）为中心开始进行日本旧民法的编纂	1884 年，瑞士旧《债务法》制定
1889 年	《日本帝国宪法》公布	1888 年，《德国民法典第一草案》公布
1890 年	日本旧民法公布，预定自 1893 年 1 月 1 日起施行；穗积八束等反对民法典施行（民法典论争发生）	
1891 年	第一次帝国议会	
1893 年	设立法典调查会，由穗积陈重、富井政章和梅谦次郎作为起草委员开始新民法典的起草	1895 年，《德国民法典第二草案》完成
1896 年	民法典第 1 编至第 3 编公布	1896 年，《德国民法典》公布
1898 年	民法典第 4 编与第 5 编公布 民法典全体施行（7 月 16 日）	1900 年，《德国民法典》施行 1907 年，《瑞士民法典》公布
1921 年	《借地法》《借家法》制定	1911 年，新《瑞士债务法》制定

　　1　《德国民法典》于 2001 年 11 月 26 日依《债法现代化法》被修订，自 2002 年 1 月 1 日起施行。

　　2　［日］四宫和夫、能见善久：《民法总则》（第九版），弘文堂 2018 年版，第 7 页。

续表

年　份	日　本	西方国家
1922 年	《信托法》制定	
1947 年	《日本宪法》施行（5 月 3 日） 对民法典进行修改（含亲属编、继承编的全面修改，及在总则编中新增诚实信用和禁止权利滥用的规定等）	1942 年，《意大利民法典》制定； 1946 年，《希腊民法典》制定； 1951 年，《美国统一商法典》（UCC）公布
1962 年	《建筑物区分所有权法》制定	1966 年《葡萄牙民法典》制定
1978 年	《假登记担保法》	《联合国国际货物销售合同公约》生效（日本未批准）
1991 年	修改《借地法》《借家法》，《借地借家法》制定	1992 年，新《荷兰民法典》施行
1994 年	《产品责任法》制定	
1999 年	修改与成年监护有关的规定，自 2000 年 4 月 1 日起施行	
2000 年	《消费者契约法》制定，自 2001 年 4 月 1 日起施行	
2001 年	《中间法人法》制定，自 2002 年 4 月 1 日起施行 《电子消费者契约·电子承诺通知法》制定，自 12 月 15 日起施行	2001 年，《德国民法典》修订，《债法现代化法》制定，自 2002 年 1 月 1 日起施行
2003 年	短期赁贷借制度的废止等担保法的修改	
2004 年	动产让与（转让）登记制度的新设（12 月 1 日公布） 《民法的现代语化、与最高额保证相关联的修改》（12 月 1 日公布）	
2008 年	批准《联合国国际货物销售合同公约》，对民法的法人制度作大改革，并制定《一般法人法》	
2017 年	完成民法债权关系法的修改	2016 年，《法国民法典》债权关系法修改

八、中国民法的沿革与发展

中国在清季进行法制改革以前，并不存在什么私法或民法。像婚姻、买卖等属于私法范围的事，是一部分归之于刑律，一部分归之于礼。[1] 今日所谓的私法或民法，是指以主体地位平等、意思自治、权利义务结构和民事责任为特征的近现代及当代民法。中国历代封建统治者虽重视法典编纂，产生过《唐律》《大明律》《大清律例》等杰出的法典，但都属于刑事法律。其中涉及民事生活关系的条文，如户、婚、钱债等，不符合近现代及当代民法的主体平等、意思自治、权利义务结构和民事责任等特征，实质上仍属于刑法规范。所以，应当肯定中国历史上不存在民法。[2] 今日中国民法，非中国所固有，而是清末从外国民法继受而来。[3]

（一）第一次民法编纂

1900 年，八国联军攻占北京，国家时局维艰，清政府深感中国要富强，非学习西方法律制度不可。1901 年，慈禧太后以光绪帝的名义颁布上谕，实行"新政改革"。1902 年，光绪帝下诏，"参酌外国法律，改订律例"。1907 年，清政府委派沈家本、俞廉三、伍廷芳为修律大臣，设立修订法律馆，并聘请日本大审院判事松冈义正和修订法律馆商法学者志田钾太郎来华协助起草民律草案，于 1910 年完成第 1 编"总则"（计 323 条），第 2 编"债权"（计 654 条），第 3 编"物权"

1　谢怀栻：《谢怀栻法学文选》，中国法制出版社 2002 年版，第 369 页。

2　梁慧星：《民法总论》（第四版），法律出版社 2011 年版，第 15 页。

3　我国与其他世界文明古国（如古巴比伦、古希腊）一样，都经历了一个漫长的习惯法时期。在中国古代，法与刑不分，论法即刑，刑与法的涵义相同。我国的法起源于夏代。《左传·昭公六年》记载："夏有乱政，而作禹刑。""禹刑"是夏朝法律的总称。但它并不完全是刑事方面的法律规范，有的史学家认为，它包含调整财产所有权关系、宗法关系、亲属关系和其他民事法律关系的规范。我国封建社会自春秋战国开始，礼治衰微，法治思想崛起。公元前 445 年，魏文侯即位，以政治家李悝为相，实行变法。李悝总结了新兴地主阶级在各个诸侯国中的立法经验，编了一部《法经》，这是我国历史上第一部比较系统的封建成文法典。在我国漫长的封建社会中没有一部完整的民法，而是重刑轻民，以刑代民。其原因主要有三：其一，自给自足的自然经济占统治地位，使民法发展缺少必要的经济前提；其二，封建主义的专制统治使民法发展缺乏必要的社会条件；其三，封建统治者以刑代民，用严酷的刑罚镇压人民，强化封建专制制度，维护其统治，民法根本没有发展的余地。参见凌湘权、余能斌：《民法总论》，武汉大学出版社 1986 年版，第 26—28 页。

（计 339 条），并于会商当时的礼学馆后编订第 4 编"亲属法"（计 143 条）和第 5 编"继承法"（计 110 条），共计 1569 条，是为《大清民律草案》，又称为《民律第一次草案》，为中国民法之始。该民律草案未及正式颁布生效，清朝即已覆亡。

（二）第二次民法编纂

民国政府成立后最初设法典编纂会，后更名为法律编查会，以后再改名为修订法律馆，又重新着手起草民律草案。1925 年，修订法律馆参照《民律第一次草案》完成《民律第二次草案》，共计 5 编 1522 条，各编分别是：第 1 编"总则"（计 223 条）、第 2 编"债编"（计 521 条）、第 3 编"物权"（计 310 条）、第 4 编"亲属"（计 243 条）及第 5 编"继承"（计 225 条）。该草案最终并未成为正式法律，1926 年民国政府通令暂行采酌"总则编"和"债编"，各级法院遂将该草案作为法理参考引用。[1]

（三）南京国民政府的民法编纂

南京国民政府成立后不久即设立法制局，着手编纂民法典。1928 年 12 月，南京国民政府立法院成立，取代法制局，负责法典编纂工作。1929 年初成立民法起草委员会，以傅秉常、焦易堂、史尚宽、林彬、郑毓秀（后改为王用宾）为委员，并聘请司法院院长王宠惠、考试院院长戴传贤及法国学者宝道（Padoux）为顾问，以何崇善为秘书，胡长清为纂修，自同年 2 月 1 日起开始起草民法各编。

民法起草委员会根据国民党中央政治会议议决的"民法总则编立法原则"起草完成第 1 编"总则"，南京国民政府于 1929 年 5 月 23 日公布，自同年 10 月 10 日起施行。《民法总则施行法》亦于同日施行。1929 年 6 月，民法起草委员会根据国民党中央政治会议议决的"民法债权编立法原则"和"民商统一法典案"起草完成第 2 编"债"，南京国民政府于 1929 年 11 月 22 日公布，自 1930 年 5 月 5 日起施行。《债编施行法》也于同日施行。民法起草委员会复自 1929 年 8 月起依据国民党中央政治会议通过的"民法物权编立法原则"起草完成第 3 编"物权"，经南京国民政府于 1929 年 11 月 30 日公布，自 1930 年 5 月 5 日起施行。《物权编

---

[1] 施启扬：《民法总则》（修订第八版），中国法制出版社 2010 年版，第 11 页。

施行法》亦于同日施行。"亲属编"与"继承编"因与中华民族固有伦理观念和社会习俗至为密切,民法起草委员会曾赴各地调查、研究有关习惯,作为起草的重要参考。第 4 编"亲属"和第 5 编"继承"于 1930 年 12 月 26 日经南京国民政府公布,自 1931 年 5 月 5 日起施行,此两编的施行法亦于同日施行。[1]

需特别提及的是,由于此前中国在传统上一直缺乏系统的民法典,在《中华民国民法》5 编中,除部分有关身份法的规定系基于中国固有伦理道德观念和习俗而制定外,其余部分可以说全盘继受了欧陆市民社会的现代法制思想。因此,《中华民国民法》之颁布可谓是中国法制史上的重要里程碑,在当时实为相当进步的立法。[2]

(四) 新中国成立后的民法编纂(1949—1977 年)

1949 年新中国成立后,中央人民政府立即废除了南京国民政府制定的包括《中华民国民法》在内的"六法"。1950 年颁布第一部婚姻法。1954 年,根据宪法规定,由全国人大常委会组织起草民法,至 1956 年 12 月完成民法草案,分为总则、所有权、债、继承 4 编,共 525 条。这一民法草案以 1922 年的《苏俄民法典》为蓝本。例如,它采用 4 编制的体例,将亲属法排除在民法之外,抛弃"物权"概念而仅规定"所有权",不使用"自然人"概念而用"公民"概念代替,仅规定诉讼时效而未规定取得时效,强调对社会主义公有财产的特殊保护,等等。这表明中国民法由此前继受德国民法转而继受苏联民法。[3] 1958 年,新中国出版第一部民法教材,即由中央政法干部学校民法教研室编写的《中华人民共和国民法基本问题》。[4] 这一民法教材,是在参考苏联民法理论的基础上编写的,表明中国民法学对苏联民法学的继受。

1　施启扬:《民法总则》(修订第八版),中国法制出版社 2010 年版,第 12 页。

2　施启扬:《民法总则》(修订第八版),中国法制出版社 2010 年版,第 13 页。

3　梁慧星:《民法总论》(第四版),法律出版社 2011 年版,第 19 页。需提及的是,虽然这一草案以《苏俄民法典》为蓝本,但该《苏俄民法典》本身乃是参考《德国民法典》制定的,这就决定了新中国第一个民法草案及此后的民事立法和民法理论仍旧与大陆法系民法尤其是德国民法相通,有着相同的基本概念、基本原则、基本制度及编纂体例。参见梁慧星同书,第 19—20 页。

4　中央政法干部学校民法教研室编:《中华人民共和国民法基本问题》,法律出版社 1958 年版。

1962 年，中国调整经济政策，强调发展商品生产和商品交换，并于当年开始第二次民法起草工作。至 1964 年 7 月，完成《民法草案（试拟稿）》，其结构分为 3 编：第 1 编"总则"、第 2 编"财产的所有"、第 3 编"财产的流转"。这一结构既不同于《德国民法典》的 5 编制，也不同于《苏俄民法典》的 4 编制，它一方面将亲属、继承、侵权行为等排除在法典之外，另一方面将预算关系、税收关系等纳入法典中，且一概不使用"权利""义务""物权""债权""所有权""自然人""法人"等法律概念，试图摆脱苏联民法的影响，并与资产阶级民法彻底划清界限。[1]

（五）改革开放以来的民事立法（1978 年至今）

中国自 1978 年起实行改革开放，将国家工作的重心转移到经济建设上来，民法的地位和作用开始受到重视。1979 年 11 月，国家成立"民法起草小组"，开始新中国第三次民法起草工作，至 1982 年 5 月起草了《民法草案（第一至第四稿）》，其编制体例和内容主要参考 1961 年的《苏联和各加盟共和国民事立法纲要》、1964 年的《苏俄民法典》和 1978 年经修订的《匈牙利民法典》。此后，考虑到经济体制改革刚刚开始，社会生活处在变动之中，一时难以制定一部完善的民法典，遂决定解散"民法起草小组"，暂停民法典起草工作，改采先分别制定单行法，待条件具备时再制定民法典的方针。[2] 1981 年颁布《中华人民共和国经济合同法》，1985 年颁布《中华人民共和国涉外经济合同法》。1985 年以《民法草案（第四稿）》的总则编为基础，起草《中华人民共和国民法通则》，并于 1986 年颁布，1987 年 1 月 1 日起施行，同年也颁布《中华人民共和国技术合同法》。1992 年，中国开始实行社会主义市场经济体制，遂于 1993 年开始合同法的起草工作；1995 年颁布《中华人民共和国担保法》；《中华人民共和国合同法》于 1999 年 3 月 15 日通过，自同年 10 月 1 日起施行，《中华人民共和国经济合同法》《中华人民共和国涉外经济合同法》《中华人民共和国技术合同法》同时被废

1　梁慧星：《民法总论》（第四版），法律出版社 2011 年版，第 20 页。
2　梁慧星：《民法总论》（第四版），法律出版社 2011 年版，第 21 页。

止。在《中华人民共和国合同法》的制定取得成功之后，为了对财产的归属关系和（物权的）利用关系进行调整，建立社会主义市场经济的基本法律制度，1998年开始起草物权法。经过全国人大常委会先后七次审议，《中华人民共和国物权法》于 2007 年 3 月 16 日经第十届全国人大第五次会议通过，同年 10 月 1 日起施行；2009 年 12 月 26 日，第十一届全国人大常委会第十二次会议通过《中华人民共和国侵权责任法》。2017 年 3 月，第十二届全国人民代表大会第五次会议通过《中华人民共和国民法总则》。如今，以上民事法律已丧失其法律效力，而我国于 2020 年业已完成集大成的《民法典》的编纂。在我国改革开放取得伟大成就和社会主义市场经济体制获得极大发展的今天，我国《民法典》的颁布和施行，尤具有重大与积极的意义。此正如有学者曾谓，只有颁布了一部科学、进步、完善的中国民法典，才能表明中华民族已经攀登上了法律文明和历史的高峰。[1]

第五节　民法的人的图像与基本原则的演进、变迁

一、民法的人的图像

各国家和地区民法大多以一定之人的图像（Menschbild）为规范基准。不同的时代、不同的国家或地区常以不同的"人的图像"建构不同的私法制度。[2]我国民法系以"人"为本位，《民法典》第 13 条规定："自然人从出生时起到死亡时止，具有民事权利能力，依法享有民事权利，承担民事义务。"不仅在立法上明定人的权利能力的存续期间，而且将人（Person）、权利主体（Rechtssubjekt）及权利能力（Rechtsfähigkeit）三者等同视之。其伦理基础系在于人与人之间的相互尊重：每个人得要求他人尊重其存在和尊严，而此更需以尊重他人为前提。正

1　梁慧星：《民法总论》（第四版），法律出版社 2011 年版，第 24 页；谢怀栻：《谢怀栻法学文选》，中国法制出版社 2002 年版，第 382 页；陈华彬：《民法典与民法物权》，法律出版社 2009 年版，第 78 页。

2　王泽鉴：《民法总则》（增订新版），2014 年自版，第 33 页。

如黑格尔所云，"法的基本命令是：自以为人，并尊重他人为人"。人和人的尊严是整个法律秩序的最高原则，其表现于民法上的，即是相互肯定为同享权利与承担义务的主体。[1]

民法的人的图像，本来是"平等且对等的人民"，因此民法规范的交易关系，也被认为是"对等的人民间的交易"。此点从一定的角度看，是正确的。在封建社会中，社会成员于身份上是不平等的，而打破这样的封建法统与秩序，建立自由对等的人民间的关系就是十分重要和必要的。法律上能实现这一理想的就是民法。这样，自确立"平等且对等的人民"这一人的图像的积极意义的视角看，否定封建的身份制法统与秩序，就成为建构民法社会（市民社会、民间社会或公民社会）的基础与前提。但是，在现实的市民社会中，其社会成员却是各种各样的：有些人有固定的职业，有些人却没有；有职业的人中，有商人、农民、手工业者的区别，即便同一类人中，也有知识和人生经验乃至资历等的不同。但是，对于市民社会中的人的这些差异，在法律上却没有作不同的对待和处理。在现今，尽管德国、法国和日本这些国家存在着独立的商法典，但在英美法中，却并不区分商法与民法，两者已然融合，区分商人的法与非商人的法并无必然的要求。[2]

值得指出的是，新近以来，市民社会的成员之间的差别益发扩大。随着社会经济的发展，市场交易的内容、交易的方法愈加复杂，造成掌握信息、具有经验的人（如法人、企业），与不掌握信息、没有经验的消费者之间的差别扩大。于此种情况下，民法的交易规则是否仍然以一般的市民（人民）为对象就不能不加以检讨。针对专家、企业与非专家、消费者之间的交易而设计特殊的规则，不仅不违反市民社会的平等性原则，而且是为了实现人与人间的实质上的真正的平等。也就是说，在当代，民法的人的图像必须由"平等且对等的人民"向"以多

1　王泽鉴：《民法总则》，北京大学出版社 2009 年版，第 28—29 页。

2　［日］四宫和夫、能见善久：《民法总则》（第八版），弘文堂 2010 年版，第 8 页。

样性为前提的实质的平等的人民"转换。[1]晚近德国修改其民法典，将保护消费者的有关法规纳入民法典中，就是有力的证明。

二、民法财产法的基本原则

(一) 近代民法

近代民法是指 19 世纪的民法，以 1804 年《法国民法典》、1811 年《奥地利普通民法典》、1896 年《德国民法典》及 1896 年《日本民法》为其代表。近代资产阶级革命即市民革命的结果，是打碎了封建制度（如封建的土地所有权制度）和封建的身份秩序，宣示所有的人皆自由、平等，并建立了个人主义的绝对的所有权制度。[2]并且，在这一时期，政治国家的公权力也只能为了确保市民社会的顺利运行而行使。至于个人的私的生活关系，则原则上由自由、平等的个人依自己的意思而为之。这样，权利能力平等原则、所有权绝对原则和私法自治原则就诞生了。这些原则奠定了近代市场经济进行商品交换的法律基础。另外，过失责任（自己责任）原则，也系近代民法的基本原则。在这些原则之下，作为生产资料的所有者的资本家，与作为劳动力的出卖者的劳动者，以商品交换的价值规律为媒介发生结合，推动资本主义市场经济的发展。

1. 权利能力平等原则

亦即，一切的自然人不因国籍、阶级、职业、年龄、性别等的差别，均有作为权利、义务的主体的资格（民事权利能力）。近代以来，民法规定私权的享有始于出生，其背后正是有此原则作为支撑。另外，称民法是超越特定的身份、阶级乃至国界的人类共通的法，实际上亦是此项原则的体现。权利能力平等原则和民法的平等适用原则，是市民社会中的人的图像于法律世界中的反映。不过，民

1　［日］四宫和夫、能见善久：《民法总则》（第八版），弘文堂 2010 年版，第 8—9 页。

2　例如，1804 年《法国民法典》第 544 条规定，所有权具有绝对性，所有权人甚至可以"滥用"所有权。如土地的所有权人即使让自己的土地撂荒、生长杂草，国家、社会或第三人也无权予以干涉。

法的平等适用原则，也意味着需对判断力并不充分的人设计特别的交易规则，对在信息的掌握、知识、经验等方面存在差别的人（包括法人、企业）与消费者之间的交易设计特别的规则。针对人的多样性和个性而制定相应的不同规则，乃系往后民法发展的课题。[1]

此外，权利能力平等，一方面意味着将个人从封建的身份制社会中解放出来，另一方面也意指市民社会中的人，其权利能力乃是一个舍弃了自然人的具体的个性的抽象的法律资格。此法律资格（民事主体、人格）的抽象性、观念化，将"人"自身也抽象化、观念化了，并将之推广到团体、财团领域，由此使自然人以外的权利能力人（法人与非法人组织）的成立也变成可能或成为现实。

2. 所有权绝对原则

所有权绝对原则，是近代民法的基本原则。近代的所有权，是不受任何人的拘束，对于天下任何人皆可主张的对物的完全的支配权。并且，在思想上，它作为先于国家的制定法而存在的自然权，被认为是神圣不可侵犯的权利。[2]所有权绝对原则的经典规定是 1804 年《法国民法典》第 544 条，其规定："所有权是指以完全绝对的方式，享有与处分物的权利，但法律或条例禁止的使用除外。"[3]

所有权绝对原则一方面表明，不受任何封建关系拘束的包括土地所有权制度在内的财产所有权制度业已确立，另一方面它也昭示，市民社会中的财产具有自由的特性，市场交易的主体要求对交易的财产予以法律上的支配。

3. 私法自治原则

私法自治原则，又称意思自治原则或私事由自己决定原则，系指个人基于自由的意思得形成自律性的法律关系的原则。私人间的法律关系的形成，原则上委诸各个人的自由的意思决定（称为"自由、自己决定"），其法律上最重要的表现是法律行为自由原则，尤其是合同自由原则。也就是说，合同当事人间若存在

---

1 ［日］四宫和夫、能见善久：《民法总则》（第八版），弘文堂 2010 年版，第 9 页。
2 ［日］四宫和夫、能见善久：《民法总则》（第八版），弘文堂 2010 年版，第 9 页。
3 参见罗结珍译：《法国民法典》，中国法制出版社 1999 年版，第 172 页。

一致的合意，则原则上得自由形成一定的法律关系，产生一定的权利、义务。或者任何个人皆可依自己的自由意思，经由与他人订立合同的方式，创造彼此间的权利义务关系，拘束彼此间的私生活领域。合同自由原则在内容上包括缔约自由、选择当事人自由、合同内容自由及合同方式自由。该原则是私法自治的高度表现，系现代市场交易的基础。另外，合同自由原则的另一具体表现是对无名合同的认可。立法者于立法时，无法就所有的合同类型预先于民法典内毫无遗漏地加以规定，法律上未明文规定的合同类型，如借名登记、加盟店合同、英美法上的用益租赁（Leasing），以及于餐厅用餐的混合合同，通常皆非立法者预先规定的合同类型，故称此类合同为无名合同，其系由当事人间依照自己的需求所订立的合同，属于为典型的合同自由原则所发展出的合同形态。当然，需指出的是，合同自由原则，是民法合同法上的原则，至于民法物权规范，则采物权法定原则。[1]

此外，还有根据一定的规则而自由设立法人与遗嘱自由原则。自己从事自由的民事活动，若因此遭受损害或损失，原则上需由自己承担；如果自己自由从事民事活动，由于自己的过错而给他人造成损害，则需对他人的损害予以赔偿，学理上称为过错责任原则或过失责任原则。[2]

私法自治原则表明，除违反法律有关公共秩序与善良风俗的规定的行为不能产生相应的法律效果（即无效）外，任何个人皆可依其自由意思而自律性地创设法律关系。

4. 过错责任原则（自己责任原则）

过错责任原则，也称过失责任原则，系近代民法的基本原则，指个人因其过错（故意或过失）而致他人于损害时，因该造成损害的行为系出于自己的故意或过失而实施，故要承担赔偿责任；反面言之，无故意、过失，即造成损害的行为与自己的意思无粘连，则不承担损害赔偿责任。据此原则，无过失即无责任，个

---

1 郑冠宇：《民法总则》（第二版），瑞兴图书股份有限公司 2014 年版，第 15—16 页。

2 ［日］四宫和夫、能见善久：《民法总则》（第八版），弘文堂 2010 年版，第 10 页。

人的行为自由由此获得保障。也就是说。自己的行为即使造成他人损害，若非因故意、过失而造成，则也不负损害赔偿责任。所谓过失，一般认为，系指应注意、能注意而不注意。至于行为人即使加以相当的注意而仍不免发生损害的，即所谓天灾或事变，其已超出行为人所得控制的能力范围，故并不要求其需对损害的后果承担责任。[1]

值得提及的是"与有过失"（contributory negligence）这一概念。其又称"过失相抵""被害人的共同行为或活动"（contributory conduct or activity of the victim），或"被害人之与有责任"（Mitverantwortung des Opfers），抑或"比较过失"（comparative negligence），系指行为人构成侵权责任，而被害人就损害事故也与有过失时，则被害人所得请求的赔偿，应依其过失比例而定之。抑或指损害事故虽非肇因于被害人的行为，但该事故的发生或扩大，却与被害人所从事的危险性活动相关者，也应使被害人承担赔偿金额减免的不利益。[2]

另外，和"与有过失"密切相关的"自甘冒险"（assumption of risk）概念也值得提及。自甘冒险，系指被害人明知危险存在，但仍自愿进入该危险领域，并于之后遭受该危险所生的损害。与有过失系欧洲各国皆设有明文规定的被告抗辩事由，而自甘冒险则否。荷兰曾发生如下案例：在一场足球赛中，一方球队的球员（以下称"加害球员"）由于不必要的侵略性动作，严重伤害对方球员（以下称"被害球员"）的脚部。加害球员于被请求损害赔偿的诉讼中辩称，其所属球队在比赛中不守球场规矩及侵略行径，系属恶名昭著，众所皆知，故被害球员于参与球赛时即已属自甘冒险。本案加害球员攻击被害球员脚部的行为，系属违法，被害球员也无与有过失可言。最后，在比较法与实证经验上，如下情形是否属于自甘冒险，值得斟酌：①同意接受医疗；②运动所生伤害；③搭乘便车；④内有恶犬。忽视内有恶犬的警语而进入他人住宅，致招狗咬伤者，并非自甘冒险，主人不得以其已竖立警语而主张不负侵权责任。然被害人忽视警语的行为构

1　郑冠宇：《民法总则》（第二版），瑞兴图书股份有限公司 2014 年版，第 19 页。

2　詹森林：《民事法理与判决研究》（六），元照出版有限公司 2012 年版，第 330 页以下。

成与有过失，其赔偿请求应予减免 1。2

（二）现代民法对近代民法基本原则的修正

现代民法的时期大约起于 20 世纪初，止于 60 年代，时间跨度约为 60 年。在这一时期，西方资本主义由自由竞争进入垄断，人类经历了两次世界大战，人类科学技术（如航空航天技术、电子技术）获得重大进步，日本、德国等一些国家完成了二战结束以后的经济起飞。这一时期，大陆法系国家制定的重要民法典有：1907 年的《瑞士民法典》、1929—1930 年的《中华民国民法》、1958 年的《韩国民法典》及 1960 年的《埃塞俄比亚民法典》。这一时期，民法的发展呈现出一些新的面貌。

1. 民法的人的图像的修正

不同时代、不同的国家或地区的民法常以不同的人的图像而建构自己的民法制度。近代民法所预想的人的图像是理性的、利己的"经济人"，认为一切的人皆为市场交易的适当的主体，并把一切的人抽象化，赋予其自由、平等的人格。然进入 20 世纪之后，此点即被证明只不过是一种纯粹的假象。对近代民法进行修正的社会法、经济法由此兴起，其不再将个人作为"自由人"把握，而是将其把握和理解为资本家或劳动者那样的"阶级人"。现代民法的人的图像，应当按照具体的形态予以把握或理解，或者说现代民法的人的图像乃是"多元化的具体的人"。

2. 所有权绝对原则的修正

如前述，近代民法实行所有权绝对原则，如 1789 年法国《人权宣言》宣示财产所有权神圣不可侵犯，《法国民法典》第 544 条也进一步确认了该原则。但是，进入 20 世纪的现代民法时期以后，此原则受到修正，所有权被认为基于其固有的社会性而应受限制。事实上，自 19 世纪末期起，所有权绝对原则即被反省。1896 年《德国民法典》第 226 条规定，"权利之行使，不得专以损害他人为

1　此为德国梅明根（Memmingen）地方法院案例。参见詹森林：《民事法理与判决研究》（六），元照出版有限公司 2012 年版，第 351 页及该页注释 54。

2　詹森林：《民事法理与判决研究》（六），元照出版有限公司 2012 年版，第 348—351 页。

目的";[1] 1919 年《魏玛宪法》第 153 条第 3 项更明文规定，"所有权负有义务，其行使应顾及社会公共利益"；1896 年《日本民法》对于所有权的内容，于第 206 条乃以"在法律限制的范围内"加以限定。二战结束后，日本于 1947 年修改其民法时，于第 1 条第 1 项追加规定："私权，应适合公共福祉。"[2] 另外，《日本宪法》第 29 条也明定：财产权的内容必须符合公共的福祉，于对私有财产进行正当补偿后，国家可以为了公共利益的需要而使用之。[3] 概言之，所有权社会化的实质，就是所有权人行使权利，应受到国家法律法规的限制，于不影响或损及公共利益的前提下，所有权人方可自由地行使其权利。

3. 合同自由原则的修正

合同自由原则的修正，又被称为法律行为自由原则的修正，此盖因合同为法律行为的典型、重要形态。合同自由，系 19 世纪近代民法的一项重要原则，其表现于经济领域即是自由放任的经济政策。该原则系奠基于人类对自己的行为具有合理的判断力，人类自由从事经济活动，社会将由此自然地获得协调发展的理论之上。此原则的采行，使人们尽其创造力谋求利益，其结果是使自己获得利益的同时，也给社会带来了活力，促进了经济发展。

唯合同自由原则于促进经济发展的同时，也使贫富差距愈拉愈大，甚至出现了穷者愈穷，富者愈富的局面。何以如此？本来，合同自由中所预想的人的图像，是具有理性或合理性的、作为自己利益的最佳判断者的抽象的人类，亦即，其乃以抽象的人的图像为着眼点，而非以现实生活中具体的人的图像为着眼点。现实生活中，每个人并不都是具有理性或合理性的，也并不都是自己利益的所谓最佳判断者。这是因为，每个人有能力、性别、智力、本身所拥有的财产以及自身所处环境等方面的差别，而绝非抽象的在这些方面完全相同。例如，拥有土地、工厂的人，往往利用自己经济上的优越地位与劳动者缔结对自己有利的劳动

1　参见台湾大学法律学院、财团法人台大法学基金会编译：《德国民法》（上，总则编、债编、物权编）（2016 年修订第二版），元照出版有限公司 2016 年版，第 228 页。

2　参见王融擎编译：《日本民法：条文与判例》（上册），中国法制出版社 2018 年版，第 10 页。

3　［日］四宫和夫、能见善久：《民法总则》（第八版），弘文堂 2010 年版，第 10 页。

合同。此劳动合同的订立，形式上虽系平等，但出卖自己劳动力的劳动者因受到失业的威胁而不得不委曲求全（如廉价出卖自己的劳动力），实际上反成了合同不自由。由此而产生贫富的对立，造成人与人之间的不平等。法律以维护公平正义为其旨趣，于社会中发生了实际的不平等时，国家就需采取适当的措施而限制合同自由，以确保人与人间的平等。为实现这一目的而采取的主要措施，就是通过制定各种特别法（如劳动法等）来修改近代民法的合同自由原则，以实现对经济上的弱者特别是劳动者的保护。

另外，随着市场经济的发展，垄断企业与各种各样的公益性事业企业涌现出来。它们的规模往往很大，需与大量的民事主体从事交易活动。在这种情况下，要求企业与每个民事主体分别商定合同的内容，殆不可能，由此产生通常由企业一方单独拟定合同条款的合同。此类合同尽管对定型的、大量的交易活动是必要的，但其通常是作为经济上的强者的企业立于对自己有利的角度而单方面拟定的，可能为不公平的合同，对于消费者未必有利。此表明，尽管存在形式上的合同自由，但实质上的合同自由已受影响或限制。尤其是企业与消费者之间的交易，双方于交易信息、知识、经验乃至交涉能力等方面皆存在重大差别。不顾这些差别而进行交易，其实质乃是否定合同自由或私事由自己决定原则的。为了保护消费者的利益，国家需对此类（格式）合同的订立予以干预，而这就是对合同自由原则的限制。限制的方法，除利用一般条款的公序良俗原则之外，还包括：①国家对企业单方面订立的条款（格式条款）加以监督；②为保护消费者的利益而否定合同条款的效力；③在某些特殊的场合（如水、电、煤气供应的情形），强制企业与消费者订立合同；④以诚实信用原则保护被经济上的强者（如垄断企业）剥夺了的经济上的弱者（如电信消费者）订立合同的自由。[1]

1　值得提及的是，美国学者格兰特·吉尔摩（Grant Gilmore）于 1974 年出版的 *The Death of Contract*（Ohio State University Press，1974）一书中谓："契约已经死亡"。对此"契约之死"的观点，日本学者内田贵于 1990 年出版《契约的再生》（弘文堂 1990 年版）、2000 年出版《契约的时代》（岩波书店 2000 年版）予以反击，主张契约于今日并未死亡，而是"再生"，且现今是"契约的时代"。

4. 过错责任原则的修正，无过错责任（不可抗力责任）原则的勃兴

（1）对过错责任原则的修正与无过错责任（不可抗力责任）原则的正当性。过错责任原则系 19 世纪近代民法的重要原则。然自 19 世纪末期起，特别是于 20 世纪，各国家或地区的大企业勃兴、工商业发达、各种危险产品增多，从事特殊危险行业的企业不断涌现出来，并产生了各种各样的损害。这些损害，即使企业方面与危险物的占有者、管理者、保有者尽其注意之能事，也难以避免。在此种局面下，如果依近代民法的过错责任原则，则受害人将得不到任何救济。这表明，以过错责任原则来处理企业与受害者的关系，以及危险物的占有者、管理者、保有者与受害者的关系，乃是不妥的。于是，无过错责任（No-fault liability），或严格责任（strict liability），抑或危险责任原则应运而生。企业和危险物的占有者、管理者、保有者冒致多数人受损害的危险来获取利益，乃与民法的正义观念相悖。为使受害人能够得到赔偿，无过错责任原则兴起。至于企业和危险物的占有者、管理者、保有者承担无过错损害赔偿责任的正当性基础，则主要有下列 5 点：

第一，报偿责任，也称利益主义，即"利之所在，损之所归"的原则。详言之，于取得利益的过程中予他人以损害者，自应由其利益中赔偿，方称合理。企业经营者雇用大量的劳动者从事经营活动获取利益，对于企业活动中所生的损害，应由企业经营者赔偿，实系理所当然。

第二，符合公平原则。若采过错责任原则，则会因受害方难以证明加害方有过错而使企业方免责，其有失公平，自不待言。

第三，危险责任。危险物的所有人（含占有人）对于危险物所生的损害，应无条件地负赔偿责任。这是因为，得拥有危险物（如各种高速运输工具、易燃易爆物品）者，乃是被国家和社会认可或承认的"特权"，由此，由拥有者负担相当于"特权"的责任，实为理所当然。一些企业保有高速运输工具或有爆炸可能性的设施，这些"物"本身即具危险性，由这些"物"所生的损害，当然应由企业方承担严格责任、无过错责任或危险责任。并且，拥有大量的劳动者的企业不

断地从事营业活动，这本身也免不了具有危险性。

第四，企业承担无过错损害赔偿责任后，可将损害赔偿额计入产品的成本而转嫁给消费者。

第五，企业可借保险制度来分担自己承担无过错损害赔偿责任的风险。

（2）中间责任与衡平责任。中间责任与衡平责任是与无过失责任类似的责任形态。前者的情形，是指损害的发生并非因行为人自己的行为直接造成，而是因其监督不周间接造成。至于后者，则是指行为人虽造成结果的发生，但无须负责，或无能力进行赔偿，受害人由此无法获得赔偿时，为使受害人受到保护，法律乃规定其他有能力的人应承担责任。[1]

（3）结果责任。结果责任，系指行为人无论是否有过失，皆需对行为的结果完全负责。所谓以牙还牙、以眼还眼，只要有损害的结果产生，就应该有应负责任的人。此责任形态源自报应主义的思想。此种思想已不符合现今的法治思想，现今的立法与司法多已不采取之。[2]

5. 强调并重视具体的人格

与近代民法之重视抽象的人格平等（亦即权利能力的抽象的平等）不同，现代民法实更加重视具体的人格平等，强调对一些特殊人群的保护，如对劳动者、消费者的保护。为了保护劳动者（受雇人），自民法中分离出单独的劳动法；为了保护消费者，自民法中产生保护消费者权益的特别规范，也就是对通常是弱者的消费者予以特殊保护。如果说近代民法重在强调形式正义，则现代民法乃系重视实质正义，尤其是注重对一些社会弱势群体的利益的切实保护。

三、民法身份法（婚姻家庭法与继承法）的基本原则

（一）个人的尊严与男女两性的实质上的平等

近现代家族法的根本原则，是个人的尊严与男女两性的实质上的平等。近代

---

[1]　郑冠宇：《民法总则》（第二版），瑞兴图书股份有限公司 2014 年版，第 20 页。

[2]　郑冠宇：《民法总则》（第二版），瑞兴图书股份有限公司 2014 年版，第 20 页。

以前的封建时期，家族尤其是大家族中，重家族轻个人，重亲（父母亲）轻子女，重夫轻妻，重亲子关系轻夫妻关系，将财产所有权归于家长名下，并原则上由长子继承。近代民法打碎了这种家族制度，将个人与财产从家族中解放出来。所谓家族，主要是由未成年子女和夫妻双方构成的小型家族，称为"近代的婚姻家族"。在这种家族关系下，家族的基础由亲子关系移向夫妻关系的同时，家庭成员间的相互关系也基于自由平等的个人相互间的爱情而产生；夫妻的地位完全平等，财产的继承由各个子女公平分配。

个人的尊严与男女两性的实质的平等作为民法身份法的基本原则，乃于《日本宪法》第 13 条、第 14 条第 1 项中定有明文，1947 年日本修改其民法时，将之追加规定于《日本民法》第 2 条，明定其为解释民法的主旨。应指出的是，近年来，个人的尊严日益成为保护人格权和其他人格利益的根据，彰显其与日俱增的重要性。特别是侵权行为法应保护的人格利益中，个人的尊严应当是最基本的个人利益，其受到侵害时，被侵权人（受害人）得对侵权人（加害人）请求损害赔偿。另外，个人的尊严因系人格利益的中心，故个人的尊严遭受侵害时，将作为人格权受侵害而主张禁止侵害请求权（即提起禁止侵害之诉）的根据。[1]

应值提及的是，男女平等新近以来也不断于民法上成为问题。首先，在法律的解释、适用场合，贯彻男女平等往往成为问题。其次，于雇佣合同场合，男女平等尤具必要性。最后，亲属、继承也是需要贯彻男女平等的领域。[2]

（二）家族法中的"小共同社会"

近现代身份法中，家族的生活关系与财产的生活关系相同，每个单个的个体（主体）分别享有或承担独立的权利与义务。近现代家族法是以具有"小共同社会"特性的家庭为主要规范对象的，这一点与财产法不同。财产法以财产为规范对象，故以财产法为基础而创制的民法（典）的总则的规定，是有很多不能适用于家族法的。不过，民法为了规范以个人主义为基础而构成的"小共同社会"的

1　［日］四宫和夫、能见善久：《民法总则》（第九版），弘文堂 2018 年版，第 12 页。

2　［日］四宫和夫、能见善久：《民法总则》（第八版），弘文堂 2010 年版，第 11—12 页。

家族，也创制了如下的统一规定：人格方面，对夫妻和亲子的姓氏[1]、住所[2]作同样的要求；经济方面，通过规定夫妻间的扶养义务、婚姻期间产生的费用的分担义务[3]、日常家事债务的连带责任[4]、夫妻财产系为共有的推定、离婚时的财产分割请求权、配偶死亡时的财产继承权、父母对未成年子女的监护义务等，把各个独立的个人、独立的个体以及其权利、义务又统一于小共同体之上。可见，近现代身份法中的家族的生活关系，是独立的个人、独立的个体及其权利、义务既"独立"又"统合"（"合一"）的关系。

四、当代民法面临的难题

当代民法是 20 世纪 60 年代迄至现今的民法，其时间跨度约为 60 年。这一时期，人类的社会经济生活发生重大进步，民法的社会、人文以及历史基础迭经变迁，科学技术获得突飞猛进的发展，然随之而来，民法也面临诸多难题。对此，可以简略地具出如下一些方面。[5]

（一）当代民法所内含的矛盾：对人性的尊重与对人性的威胁

一方面，当代民法依循近代民法原则，从尊重人性出发，每个人一出生就被赋予人格、权利能力、民事主体资格，对个人意思的尊重形成私法自治原则和自己责任原则；另一方面，当代民法所规定的人格平等和私法自治，造成经济上的强者对弱者的支配和自由竞争中的失败者被弃之不顾，各种各样的危险、风险增多，一些场合被侵权人不能获得法律上的救济。这些均使人强烈地感受到对人性的威胁。在当代，近现代民法的一些基本原则在某些方面起到了轻视人性的作

1　参见《日本民法》第 750 条，第 790 条第 1 项、第 2 项，第 810 条。

2　参见《日本民法》第 752 条、第 821 条。

3　参见《日本民法》第 760 条。

4　参见《日本民法》第 761 条。

5　本部分的内容（一）（二）（三）（四）（五）（六），乃主要依据、参考［日］北川善太郎："关于最近之未来的法律模型"，李薇译，载梁慧星主编：《民商法论丛》（第 6 卷），法律出版社 1997 年版，第 282—311 页；梁慧星：《民法学说判例与立法研究》（二），国家行政学院出版社 1999 年版，第 100—103 页。谨此释明，并致谢忱。

用，而劳动法、经济法、社会保障法、环境法、消费者权益保护法、产品责任法、各种无过失补偿制度、各种社会安全制度的建立正是为了克服近代民法所造成的非人性。事实证明，这些法律的制定对于在法律制度上恢复对人性的尊重起到一定的作用，当代民法也因此获得了新的生命力。但是，绝不能说人性已经得到完全的保护，此盖因当代民法面临多方面的、不断的挑战。

（二）人的物化现象

在当代，计算机的广泛应用使人的意思决定被限定在计算机程序当中，其选择只能在计算机程序的许可范围内。因此，作为人与人之间交流手段的意思，于计算机系统中只不过是程序化了的意思而已。人的物化现象，即人的意思形成和基于意思的活动——法学上所谓"基于人的精神作用"的人的行为，被物质性的过程部分替代。

（三）人与动植物的区别

当代民法因循近代民法的总则对权利主体人、权利客体物和引起权利变动的法律行为的规定。这些因素可进一步归纳为人与自然两个要素。法律关心的是人的精神、意思，赋予一切人权利能力和主体资格。人以外的不具有精神、意思的生物归属于物，是权利的客体，权利主体人与权利客体物（动物、植物）之间存在不可逾越的鸿沟。在当代，这个近现代法上理所当然的前提正在发生动摇。因为分子生物学的研究证明，人的遗传基因与动植物的遗传基因没有任何差别，人的生命现象是物质现象的一种。人、动物、植物都是通过DNA的遗传信息才得以繁殖，DNA本身无论于人、于动物、于植物都是无差别的。另外，如果一对夫妇立下遗嘱委托特定的人或机构在他们死后使其冷冻受精卵发育出生，则在继承法上应如何处理？近现代民法将冷冻受精卵作为物对待是不妥当的。现今，利用冷冻精子、冷冻卵子、冷冻受精卵问题，根据遗传基因诊断、预见、治疗遗传疾病问题，生物器官的移植、转让问题，DNA相关知识财产问题等，均已发生。当代民法如何在法律上应对这些问题，无疑是需要急迫研究的课题。

（四）大量拷贝与权利集中处理系统

数字技术与多媒体技术对法律制度产生极大影响。例如，数字技术使文字、语言、音乐、绘画、电影、电视、广播、通信之间的区别化为乌有；数字技术使人们可以大量、方便、廉价、迅速地复制他人著作物，严重威胁著作权法律制度的存在。大量拷贝随着复印机的发展而日益严重，因此出现了权利集中处理系统。根据规定，使用者支付私人转录录音、录像补偿金，就可以复制录音、录像。至于复制谁的著作、复制多少，并不规定。补偿金的支付对象是权利集中处理机构，而非著作权人。另一种方法是课税。瑞典、挪威于 20 世纪 80 年代初采取了对复制机器、磁盘课税的方式。这两种办法的推广应用，将导致以著作权为私权的著作权法的崩溃。为此，北川善太郎提出建立拷贝市场的构想，即由权利人将其著作进行登记、录入并提示其许可条件，如果出现愿按其条件进行交易的利用人，则该利用人将著作权许可使用费汇入权利人的账户。这种系统将保障作为私权的著作权的实现，而利用人于拷贝市场能够检索到各种著作权信息，并通过拷贝市场的网络与权利人进行直接交涉。

（五）信息产品的责任

信息既有财产性，又有流动性。由于数字技术的发展，其两面性正在发生变化。利用数字技术，文字、音乐、照片、影片均可以数字符号作为信息保存。信息与有体物并不相同。民法上的物主要是有体物，如产品责任法的适用范围限于动产。因信息缺陷产生的损害，无法以产品责任法调整。比如，按照烹调书介绍的材料和方法烹饪的食物使人中毒的情形，记载化学实验方法的教材有错误导致重伤的情形，如何追究著作人的责任？实际上，由信息缺陷造成的损害，其严重性并不亚于有体物造成的损害。

（六）大规模受害的救济

当代社会发生了大规模受害和对这种受害加以救济的问题，如"三鹿毒奶粉事件"使无数人受到损害。另外，大量的公害、药害，核电站泄漏事件、计算机信息网络因停电事故导致的大规模损害，无所不在且具国际性，随时可能造成严重损害。在信息化时代，计算机系统越普及，发生各种连锁性灾害的可能性就越高。大规模损害引发的连续性（继续性）的给付，如受害人将来的医药费、学费、生活费、教养费等，不适宜采用判决的方式，而适宜通过加害人与受害人协议的方式获得较妥当的解决。

（七）从"土地法"到"空间法"：空间权制度的生成与展开

在当代，土地空间权制度得以生成，成为民法尤其是物权法中的重要制度。近代民法与现代民法的土地法制度，主要是对土地的平面利用的制度。而自20世纪60年代以降，城市土地寸土寸金、地价高涨，城市土地空间具极大的经济价值与社会效用，土地空间权制度由此获得极大发展。此种制度为人类利用紧张的城市土地资源提供了法律途径。然由此产生的问题是：土地空间权制度应如何具体运作，譬如，应如何登记、如何确定其四至界限等。另外，空间役权的具体运作与涉及的法律关系等，也有自理论上予以厘清和厘定的必要。

第六节　民法的法源

一、法源的意义与民法的法源

"法源"一词，其义多歧，有学者认为是"认识法的手段"，或"法的表现形式"，或"法的成立方式"，抑或"法的成立形式"；也有学者认为是指"裁判规范或裁判的基准"，或"法律效力的根据"，例如神意、理性或国家等；更有学者认为系指"法令集、判决书和记录文书"等，不一而足。

民法的法源，其通常于两种意义上加以使用：其一，指法官裁判案件时的决定基准的法的命题，例如制定法、习惯法（Gewohnheitsrecht）[1]等是；其二，指"现实中对法官裁判案件的决定基准（力量）起作用的社会事实"，或指"法官的思想倾向、人格、人品等"，易言之，指现实中影响法官裁判案件的因素。此两种意义中，民法解释学指称的民法的法源，系指第一种意义；第二种意义的民法

---

[1]　参见［日］山田晟：《德国法律用语辞典》（修订增补版）（第3版），大学书林1994年版，第286页。该页对Gewohnheitsrecht（习惯法）的解释谓：指依长年的习惯而成立的法。

的法源，为社会学研究的对象。本书所称民法的法源，系指第一种意义，即法官裁判案件时的决定基准的法的命题。此种意义的民法的法源的涵义，乃系指实质意义的民法规范的存在形式。其中，以制定法为民法最主要的法源的观念及其做法，称为制定法主义，日本、法国、德国、中国采之；与此相对应，以判例法为民法最主要的法源的观念和做法，称为不成文法主义、非制定法主义或判例法主义，美国、英国等采之。应特别指出的是，无论制定法主义还是判例法主义，都只是制定法、判例法占民法的法源多少的问题，也就是说，即便在采制定法主义的国家也有判例作为民法的法源，于采判例法主义的国家也有制定法作为民法的法源。一言以蔽之，制定法与判例法，皆为重要的法源。中国民法的法源，主要系民法制定法，先前的民事判例对往后的同类民事案件在裁判上具有一定的指导或导引作用。概言之，制定法当是我国民法最主要的法源。

二、大陆法系国家和地区民法的法源

实质意义的民法规范的存在形式，在大陆法系制定了民法典的国家和地区系采取以民法典为首的制定法主义。也就是说，民法典是民法的主要法源。另外，习惯法、判例法、学说、行政法律中的民法规范、行政法规中的民法规范、条约、有解释权的机关对民事法律所作的有权解释及合同，也属之。需提及的是，一些国家和地区的民法（典）开宗明义地明定民法的法源。例如，《瑞士民法典》第1条就规定："法律问题，在文字及解释上，法律已有规定者，概适用法律。法律所未规定者，依习惯法，无习惯法时，法院应遵立法者所拟制定之原则，予以裁判。于此情形，法院务须恪遵稳妥之学说及判例。"[1]《韩国民法典》第1条（法源）规定："民事，法律无规定者，依习惯法；无习惯法者，依法理。"[2]我国台湾地区"民法"第1条规定："民事，法律所未规定者，依习惯；无习惯者，依

1　参见台湾大学法律学研究所编译（梅仲协等编译）：《瑞士民法》，1967年7月印行，第1页。

2　参见崔吉子译：《韩国最新民法典》，北京大学出版社2010年版，第135页。

法理。"[1] 于民事纠纷解决过程中，尤其是法官审理民事案件进行裁判时，可直接引用作为裁判依据的，称为直接法源，例如法律、习惯（法）及法理。间接作为引用依据的，则称为辅助法源，例如判例、学说及其他国家和地区立法成例等。[2] 本书如下拟分析大陆法系国家和地区尤其是中国民法规范的存在形式，也就是我国民法的法源。

（一）民事法律

在大陆法系国家和地区，民事法律是民法最主要的法源，包括民法典与民事单行法等。在中国，民事法律系由作为国家最高权力机关的全国人民代表大会及其常委会制定。中国的《民法典》于民事法律体系中居于基本法或基础性民事法律的地位。

（二）宪法中的民法规范

《宪法》是我国法律体系中位阶最高的法律，是国家的根本大法，其中也包含了民法性质的规范。例如该法第41条第3款"由于国家机关和国家工作人员侵犯公民权利而受到损失的人，有依照法律规定取得赔偿的权利"之规定，即属于民法中的侵权责任法规范。另外，我国《宪法》中还存在物权法规范、一般人格权法规范，它们均为我国实质意义的民法规范的重要存在形式。

（三）行政法律（法规）中的民法规范

行政法律或法规中也包含了民法规范，它们亦系我国民法规范的重要存在形式。例如，《产品质量法》中的"损害赔偿"的规定，《消费者权益保护法》中的民事责任的规定，《反不正当竞争法》中的实施不正当竞争行为的经营者应对受侵害的经营者承担损害赔偿责任的规定，以及《道路交通安全法》中的有关损害赔偿的规定，大抵皆为民法特性的规范。另外，国务院制定的行政法规中也有特性上属于民事法规的行政规范，例如《国内航空运输旅客身体损害赔偿暂行规定》《城镇国有土地使用权出让和转让暂行条例》《船舶登记条例》《物业管理条

1　参见陈聪富主编：《月旦小六法》（第十七版），元照出版有限公司2014年版，第叁—1页。
2　郑冠宇：《民法总则》（第二版），瑞兴图书股份有限公司2014年版，第40页。

例》等，也大抵都有民法特性的规范。

另外，我国国务院所属各部委和地方政府颁布的规范性文件中，也有民法特性的规范。例如，《土地登记办法》《房屋登记办法》《应收账款质押登记办法》，以及各省市人民政府颁布的物业管理条例中，也大抵存在民法特性的规范。

（四）有解释权的机关对民事法律所作的有权解释

按照我国法律的规定，我国有解释权的机关如全国人大常委会、最高人民法院有权对民法规范适用中出现的问题进行解释，甚至通过解释补充现行法的漏洞，具有创立规则的特性。其中较常见的是最高人民法院就审判工作中具体运用民事法律问题作出的解释。目前最主要者是如下一些解释：最高人民法院《关于适用〈中华人民共和国民法典〉时间效力的若干规定》《关于适用〈中华人民共和国民法典〉婚姻家庭编的解释（一）》《关于适用〈中华人民共和国民法典〉继承编的解释（一）》《关于适用〈中华人民共和国民法典〉物权编的解释（一）》《关于审理建设工程施工合同纠纷案件适用法律问题的解释（一）》《关于审理劳动争议案件适用法律问题的解释》《关于适用〈中华人民共和国民法典〉有关担保制度的解释》《关于适用〈中华人民共和国民法典〉总则编的解释》。

（五）习惯法

如前述，《瑞士民法典》第1条规定："法律问题，在文字及解释上，法律已有规定者，概适用法律。法律所未规定者，依习惯法，无习惯法时，法院应遵立法者所拟制定之原则，予以裁判。于此情形，法院务须恪遵稳妥之学说及判例。"《韩国民法典》第1条（法源）规定："民事，法律无规定者，依习惯法；无习惯法者，依法理。"我国台湾地区"民法"第1条也规定："民事，法律所未规定者，依习惯；无习惯者，依法理。"这些规定具有三个重要规范意义[1]：其一，规定民事（私法关系）的法源及其适用的次序；其二，这些规定于法律思想上综合汇集了分析法学派（法律）、历史法学派（习惯）以及自然法学派（法理）对法

1　王泽鉴：《民法总则》，北京大学出版社 2009 年版，第 35 页。

与法律的见解；其三，就法学方法论言之，它克服了 19 世纪的法实证主义之缺陷，[1]肯定制定法的漏洞，明定其未规定者得以习惯或法理加以补充，法院不得以法无明文规定或规定不明确为由拒绝裁判案件。

习惯法为民法的法源。所谓习惯法，简言之，系指由社会生活中的事实上的惯行发展而成的法律规范。应特别注意的是，事实上的惯行（习惯）与习惯法是两个不同的概念。前者仅是一种惯行（习惯），尚欠缺法的确信，社会一般人尚无"此种惯行必须遵从，若不遵从则大家的共同生活势将不能维持"的确信。事实上的惯行不具法源性，不得为民法的法源，从而也就并无补充民事法律的效力。《瑞士民法典》第 1 条明确指出是习惯法，而非事实上的惯行（习惯）。我国台湾地区"民法"尽管称习惯，但于比较法和法解释学上应解为习惯法。此盖因我国台湾地区"民法"的规定，系仿自《瑞士民法典》，其所称习惯，相当于瑞士民法中的 Gewohnheitsrecht。《瑞士民法典》除第 1 条使用 Gewohnheitsrecht 一语外，其余条文未再使用。我国台湾地区"民法"第 1 条以外的其他条文中所称的习惯，于《瑞士民法典》中多称为 Brauch、Ortsbrauch、kaufmännische Übungen 等，指交易上的惯行，并不具有习惯法的意涵。[2]

以上分析表明，习惯法必须以社会一般人的确信为其基础，称为习惯法成立的"确信说"（Überzeugungstheorie）。此点区别于事实上的惯行。日本学者松坂佐一认为，事实上的惯行要发展成为习惯法，最重要的是人们要有以之为行为规范的"效力意思"（Geltungswille, opinio necessitatis），称为"法的确信"。所谓"效力意思"，即一般人的确信，又称为"民族性的确信"（Volksüberzeugung）。此外，事实上的习惯要成为习惯法，还需该事实上的惯行的存在具有较长的时间。在英美法上，对于这一点，是要求事实上的惯行必须从人们没有记忆的时代

1　关于法实证主义，参见 Franz Wieacker, Privatrechtsgeschichte der Neuzeit, 2. Aufl. 1967, S. 468f.；颜厥安：《法与实践理性》，允晨文化实业股份有限公司 1998 年版，第 3 页以下、第 31 页以下、第 235 页以下；Ott, Der Rechtspositivismus, 2. Aufl. 1994；王泽鉴：《民法总则》，北京大学出版社 2009 年版，第 35 页注释 4。

2　王泽鉴：《民法总则》（增订版），2000 年自版，第 63 页。

（from time immemorial）就已存在，否则不得成为习惯法。[1]

但是，关于应当怎样认可习惯法的效力，则是受各个时代的法律思潮影响的。在法律尚未从道德、宗教和习俗中完全分离出来的欧洲古代法和中世纪时期，习惯法是重要的法源。但是到了近代，即在 18 世纪至 19 世纪初期，欧洲各国为了实行中央集权的政治体制，积极谋求国家法律的统一，将一切立法权限集中于中央政府手中。同时，这一时期盛极一时的自然法理论，被人们认为是一种超越时间与空间的永恒的法，而习惯法无论于实际上还是理论上都受到抑压，无足轻重。为此种潮流所挟，18 世纪末到 19 世纪初各国制定的民法典也就采取了否定习惯法的效力的态度，1786 年奥地利的《约瑟夫（Josef）法典》、1794 年的《普鲁士普通邦法》，以及 1804 年的《法国民法典》等莫不如此。但是，在迈入 19 世纪以后，倡导法的民族的、历史的性质的德国历史法学派崛起，并日益兴盛，自然法学说发生动摇。与此同时，所谓"成文法万能"的思想也被否定。于此背景下，19 世纪末期德国制定民法典时，即发生了围绕习惯法效力的论争。论争的结果是决定不在民法典中明文规定习惯法，而是委由学说决之。接下来，与《德国民法典》不同，20 世纪初期的《瑞士民法典》于第 1 条第 2 项明确承认习惯法的补充效力，明文规定习惯法为民法的法源。[2]

日本原《法例》[3]第 2 条规定："不违反公共秩序与善良风俗的习惯"，"依法令的规定，被认许的习惯"（如《日本民法》第 217 条、第 219 条第 3 项、第 228 条、第 236 条、第 268 条第 1 项、第 269 条第 2 项、第 277 条、第 278 条第 3 项、第 294 条等中所称的习惯），以及"有关法令中没有规定事项的习惯"（如关于流水利用权、流木权、温泉权的习惯），具有与法律相同的效力。依日本学者的通说，原《法例》所称习惯，指具有法的确信的习惯，即习惯法（惯行的法社会规

---

[1] ［日］松坂佐一：《民法提要（总则）》（第 3 版），有斐阁 1975 年版，第 17 页。

[2] ［日］松坂佐一：《民法提要（总则）》（第 3 版），有斐阁 1975 年版，第 17—18 页。

[3] 应提及的是，作为日本国际私法的主要法源的《法例》已被 2006 年新制定的《日本法律适用通则法》（2007 年 1 月 1 日施行）取代。

范)。可见，在日本法上，也认可习惯法为民法的法源。[1]

我国最高人民法院的"批复""解答"中有关于习惯（法）为民法法源的明文。例如，1951 年 7 月 18 日最高人民法院西南分院《关于赘婿要求继承岳父母财产问题的批复》就指出："如当地有习惯，而不违反政策精神者，可酌情处理。"我国《民法典》将习惯（法）明确规定为民法的法源，其第 10 条规定："处理民事纠纷，应当依照法律；法律没有规定的，可以适用习惯，但是不得违背公序良俗。"

综合上述，作为民事法源的习惯，非指一般人通常的习惯，而应指具有法律相同效力的习惯法。至于习惯法，则是指以多年惯行的事实与普通一般人的确信为基础，且具法律效力的习惯。此种习惯，通常均由法院的判决加以认可，并为一般人实际上所遵循。当然，习惯法仅在法律所未规定的情形下方有适用，也就是说，习惯法仅具辅助性质，系辅助法源，仅有补充法律效力的功能，而无废弃或变更成文法的效力。习惯法经法院确认后即成为广义的法律，但若习惯法经由立法确认，则成为成文法。民事所适用的习惯，需不悖于公共秩序与善良风俗，例如实务上有认为，民间关于不动产的近邻有先买权的习惯，或近亲有先买权的习惯，均有悖于公共秩序，不能认为其具有法的效力。[2]

（六）条约

所谓条约，指国际法主体间依据国际法所缔结的据以确定其相互权利与义务的协议。条约的特性有四：其一，缔结条约的主体只能是国际法主体，主要是国家；其二，条约应以国际法为依据，亦即必须符合国际法的基本原则和规范，否则就不具法律上的约束力；其三，条约规定了国际法主体间于某一问题或某些问题上的相互权利与义务；其四，条约通常采取书面形式，不论是一项单独的文件还是两个以上相互关联的文件，也不论其名称是条约、公约、协定还是议定书，都是书面形式的协议。应提及的是，条约规范国家与国家间的关系，国家应受其

1　[日] 松坂佐一：《民法提要（总则）》（第 3 版），有斐阁 1975 年版，第 18 页。

2　参见郑冠宇：《民法总则》（第二版），瑞兴图书股份有限公司 2014 年版，第 46—48 页。

拘束虽无疑义，但其对人民并无直接的拘束力。条约之要拘束人民，需经各该国制定为国内法律方可，否则人民即使有违反者，也应由国家承担责任。条约中有关民事的规定，为民法的间接法源。

（七）判例法

所谓判例，即裁判（含判决与裁定）的先例。在英美法系国家，判例为最主要的民法法源，判例即法律，称为"事件法"（Case Law）或"裁判官制定法"（Judge made Law），且奉行"遵循先例"（stare decisis）的原则。大陆法系国家则采制定法或制定法主义，法院判例虽然原则上不受先例拘束，但事实上，对于同一类型的案件，常有采用本院或上级法院的判例的情况。最高法院的判例，于法律上本无拘束下级法院的效力，唯下级法院裁判同类案件时，也多以最高法院的判例为圭臬或指导，我国实务称此为上级法院对下级法院的"案例指导"。另外，承认判例为民法的法源，也是法律安定性的要求所使然。尊重判例，是基于法律安定性的要求，因为人民于交易上多以判例为基础，预期法院对于同样的案件会作出同样的判决。如果判例动辄变动，必定影响交易安全与人民对法律的信赖。

在我国，民法学理原多不认可判例法的地位，但由于民事立法较不完善，给判例法的发展留下较大的余地。《中华人民共和国最高人民法院公报》中登载典型判例，这些判例成为下级法院裁判同类案件的先例，具有"指导"作用，事实上成为我国民法的法源。

另外，大体自 2015 年起，最高人民法院案例指导工作办公室不定期编著出版的《中国案例指导》更具及时、灵活、针对性强、易于把握的特点。最高人民法院以一个个具体案例来指导、规范众多类似案件的裁判，可以使广大法官审理同类案件的进程大大加快，为人民提供更为高效的司法服务，并可有效规范和限制自由裁量权，确保同类案件的法律适用基本统一，裁判尺度基本相同，处理结果基本一致。[1]

1　胡云腾主编，最高人民法院案例指导工作办公室编著：《中国案例指导》（总第 1 辑），法律出版社 2015 年版，第 3 页。

（八）法理

《瑞士民法典》第 1 条和我国台湾地区"民法"第 1 条明定法理为民法的直接法源。何谓法理？日本学者称为"条理"，即"有条有理"之意。有人认为，在现实社会生活中，凡应如此处置和当然如此遵循者即谓之法理。也有人认为，法理系依据良知或理性所推演的合理法则。甚至有人认为，法理乃通常的立法原理，亦即当时当地之人情道理也。各种界说，不一而足。

本书认为，所谓法理，顾名思义，指法律的原理。此法律的原理，为支配宇宙万物的道理或事物的原理，或者指自法律根本精神衍生出的一般法律原则，乃推定社交上必应的处置，为处理社会生活事务的当然之理，其与所谓条理、自然法、通常法律的原理，均为相同事物的名称。[1] 在比较实务上，更有人认为，其他国家和地区立法例也可作为法理，法官可用之作为裁判民事案件的依据 [2]。[3]

在德国和法国，也有类似于法理的东西，称为事物的本质，并认为法理系一切民法法源的基础，用以补充其他法源之不足。《法国民法典》第 4 条规定："法官借口法律无规定、规定不明确或不完备而拒绝审判者，得以拒绝审判罪追诉之。"[4] 是为著名的"民事案件法官不得拒绝审理"的原则。此原则的切实实行，正以认可法理为民法的法源为其前提或必要。易言之，因法理为民法的法源，所以任何民事案件皆可获得裁判。

法理具有二重功用与特性：其一，如前述，当成文法无规定且又无习惯法、判例法可作为裁判的依据时，法理可以基于法源的地位用以裁判案件；其二，当解释成文法、习惯法或合同时，法理可以作为重要的解释依据。有人认为，前者为法源上的法理，存在于成文法之外，与成文法并立，同为裁判的依据；后者为理念上的法理，存在于成文法之内，作为解释其他法源的依据，为其他法源的根本精神之所在。

1　参见王伯琦：《民法总则》，1994 年自版，第 6—7 页。
2　参见我国台湾地区 1970 年度台上字第 1005 号判决。
3　郑冠宇：《民法总则》（第二版），瑞兴图书股份有限公司 2014 年版，第 48 页。
4　参见罗结珍译：《法国民法典》，中国法制出版社 1999 年版，第 1 页。

这里有必要提及日本学者石田穰关于法理为民法法源的主张。他说，所谓法理，是指内在（内存）于实定法（制定法）秩序中的基本的法律的价值判断。民事法律、习惯法、判例法并非民法法源的全部，它们不能用来裁判所有的民事案件，因而必须存在法理，并以之为民法的一种法源。石田穰特别指出，日本 1875年太政官布告第 103 号第 3 条"民事裁判，于无成文的法律时，依习惯；无习惯时，应依推考法理加以裁判"的规定，与《瑞士民法典》第 1 条第 2 项"法律所未规定者，依习惯法，无习惯法时，法院应遵立法者所拟制定之原则，予以裁判"的规定具有相同的旨趣。[1]

法理的内容是什么？对此，石田穰说：法官在不能由民事法律、习惯法、判例法导出裁判案件的直接依据时，也应当作出与民事法律、习惯法、判例法相协调的裁判。并且，作出的裁判不能与这些法源尤其是与民事法律的根本精神相悖。自这样的视角看，所谓内在于实定法程序中的基本的法律的价值判断，也就不过是与民事法律、习惯法、判例法相协调的法律的价值判断的同义语。那么，与民事法律、习惯法、判例法相协调的法律的价值判断又是指什么呢？石田穰说：其一，是指对民事法律、习惯法、判例法进行类推解释所获得的法律的价值判断；其二，是指对民事法律、习惯法、判例法进行反对解释所获得的法律的价值判断；其三，是指依一般的法律原则所获得的价值判断；其四，是指依类推解释、反对解释和一般的法律原则不能处理案件时，法官依自己的裁量而进行的法律的价值判断。总之，在无民事法律、习惯法和判例法可供依循时，法理即成为民法的法源。由此也可明了，法理乃是民法的补充性的法源。[2]

综上所述，可知法理的运用，乃在于补充法律规定的不足，以使民事法官在无现行法律规定及无习惯法可为遵循，而仍必须就民事法律关系（民事案件）加以裁判的情况下，仅得本于其专业知识，衡诸事理，以为论断。因此，法理的运

1　［日］石田穰：《民法总则》，悠悠社 1992 年版，第 30 页。

2　［日］石田穰：《民法总则》，悠悠社 1992 年版，第 31—34 页。

用，实际旨在赋予民事法官独立审判与自行造法的权限，以适应成文法本身可能面临的法律漏洞。在比较实务上，对于运用法理而获得的裁判（判决）结果，有以判例而呈现，作为法院将来裁判可供遵循的依据。裁判（判决）一经最高法院选定为判例（尤其是指导性案例），即有事实上拘束最高法院及下级法院的效力，判决违背判例也属适用"法规"显有错误。不过，判例处于辅助法源的地位，立法者所制定的成文法始终具有优先性。[1]

（九）学说

学者关于成文法的解释、习惯法的认知、法理的探求所表示的见解，称为学说。学说本身并非法源，仅在被法官采为判决的依据时，方成为法源。在采成文法主义的国家，立法机关制定法律时，往往将当时占据主导地位的某一学说订入法律中，结果使该学说具有了规范社会关系的法效力。此外，有力的学说往往会成为习惯或法理，甚至将促进某一法律的制定。因此可以说，学说乃是民法的间接法源。需提及的是，20 世纪 90 年代以降，我国人民法院在裁判案件遇到疑难问题时往往征求学者的意见。此种场合，学者的意见大多成为人民法院裁判某一案件的直接依据。这种情况表明，在我国，学者的学说，于一定程度上或一定场合，也为民法的间接法源。

（十）民事法律行为规范特别是合同规范

法谚云：合同，乃当事人之间的法律。如果将民法的法源理解为"法官裁判案件时的决定基准的法的命题"，那么民事法律行为规范特别是合同规范也为民法的法源。盖私法上的合同是两个或两个以上的当事人的意思表示所达成的合致。根据私法自治原则，于当事人的意思表示有效，尤其是意思表示的内容不违反公共秩序和善良风俗时，当事人间的权利义务就因此而设定并具法律效力，各当事人于是得受自己所为的意思表示的拘束，进而也就等于在各当事人之间形成了一种特殊的规范——"法律行为规范"。其中尤以合同规范为最典型、最重要。于当事人就合同的履行发生纠纷时，法官得径以合同规范（合同条款）作为裁判

1　郑冠宇：《民法总则》（第二版），瑞兴图书股份有限公司 2014 年版，第 48—49 页。

案件的依据。并且，合同规范（合同条款）作为法官裁判案件的依据，要比制定法（如《民法典》合同编）中的任意性规定优先适用。

三、英美法系国家民法的法源

英美法系国家因采非成文法主义，故判例法、习惯法为其民法的基本法源。不过，晚近以来，于判例法、习惯法之外，英美法系国家又开始注意制定成文法（如加拿大的魁北克省即有民法典），由此使制定法成为英美法系国家的法源。

第七节　民法与邻近法律部门

一、民法概要

（一）民法是关于民事生活的法律

人类是以"类"的形式结合在一起过生活的，而人类的生活，不外乎政治生活、经济生活及伦理生活。其中，后二者的集合，称为民事生活。前已述及，公法是关于政治生活领域的法，以宪法为其代表；而私法，即广义上的民法，则是关于民事生活领域的法。民事生活是一个社会最基础、最根本、最重要的生活，因而作为调整这个领域的法律规范的民法也就十分重要。民事生活中产生的权利，称为民事权利，因此民法是赋予人民以权利的法；与此相对应，作为公法的宪法，则是赋予人民以基本权利的法。应指出的是，所谓民法是调整民事生活的法律，是指民法通过设立、变更、消灭民事权利义务来实现对社会关系的调整。

（二）民法是关于民事生活中的人身关系与财产关系的法律

民事生活，是一个范围甚广的领域。其中，社交、友谊、情感等关系不适宜由民法调整，而应由伦理规范、习俗等调整。民法所调整的是民事生活领域的人格、婚姻、亲子、继承等人身关系，以及人民的衣、食、住、行、买卖、借贷、担保等财产关系。其中，人身关系包括人格权关系和身份权关系，财产关系包括物权关系和债权债务关系。《民法典》第 2 条规定："民法调整平等主体的自然人、法人和非法人组织之间的人身关系和财产关系。"据此规定，我国民法的调整对象包括两类社会关系：其一，平等的自然人之间、法人之间、非法人组织之间，以及它们相互之间的财产关系；其二，这些主体的"人格"关系（法人、非法人组织的名称、商誉也为其"人格"的组成部分或内容），其中主要是自然人的人格关系。

二、民法与邻近法律部门

（一）民法与宪法

1. 概要

宪法是一个国家的根本大法，在法律体系的位阶上，它处于顶端，是第一位阶。民法属于国家的基本法，其各项规定不得与宪法相抵触，是第二位阶的法。在当代社会生活中，民法的适用经常需面临宪法的制约，此即宪法关于对人民基本权利的保障或规定是否也适用于私人间的法律关系的问题，也就是宪法对第三人的效力问题，[1]或"宪法司法化""宪法私法化"的问题。具体言之，民法与宪法的关系，其最重要者有二：其一，宪法规定的权利为基本权利，民法规定的权利为民事权利，基本权利对民事权利的影响，民事权利对基本权利的反射作用，均为二者之间的重要问题；其二，宪法关于公民的基本权利的规定对于第三人的效力，以及民事法官可否直接依据宪法的规定裁判民事案件。

对于宪法中有关公民的基本权利的规定对于第三人的效力，晚近以来主要有直接效力说与间接效力说两种主张。直接效力说认为，法院于裁判民事案件时，得直接引用宪法关于基本权利的规定，无须透过民事法律而使宪法关于公民基本权利的规定于民事个案中得以实现。例如，企业与女性工人约定，结婚时必须离

---

[1] 郑冠宇：《民法总则》（第二版），瑞兴图书股份有限公司 2014 年版，第 17 页注释 19。

职，称为单身条款。此单身条款因违反宪法保障公民的劳动权和婚姻自由的规定而无效。间接效力说认为，宪法关于公民的基本权利的规定，需透过民法的概括规定或不确定法律概念而实践之。此间接效力说大体于德国和我国台湾地区居于通说的地位。

采取间接效力说的理由，大抵可归结为如下 3 点 [1]：其一，宪法虽然规定，法律、条例抵触宪法者无效，但并无民事法律行为违反宪法者无效的明文；其二，宪法关于公民基本权利的规定的主要功能在于防御国家行为对公民的侵害，而非在于规范私人间的法律关系；其三，经由民法上的概括条款的适用，一方面可以实现宪法基本权利的价值体系，另一方面也能于法律体系和逻辑上保障私法的自主性，在完整体系之内解决民法的问题，并维持法律秩序的统一。本书认为，宪法是公法，民法为私法，宪法尽管有关于公民基本权利的规定，但它是从政治生活的立场来规定的，是用来表明政治国家对于公民基本权利的态度的，因此不宜直接引用这些规定来裁判私人间的法律关系。另外，如果采直接效力说，也会模糊公法（秩序）与私法（秩序）之界限，从而发生政治权利戕害民事权利的危险。所以，宪法关于公民基本权利的规定，应透过民法的规定而获得实现，即以间接效力说为妥当。

尽管如此，晚近以来，在日本、德国出现了将宪法条文直接引用到民事判决中的判例，值得注意。例如，日本早稻田大学于 1998 年 7 月下旬江泽民同志演讲会中，将与会者的名单秘密提供给公安（警察）。日本最高法院 2003 年 9 月 12 日第二小法庭判决的要旨如下：对于个人隐私权（自己姓名不愿意暴露）的期待应加以保护，判令提供者（校方）向被提供的原告负侵害人格权的损害赔偿责任「即废弃原高等法院维持地方法院裁判（驳回原告诉求）的判决」。其所引用的法条为：《日本宪法》第 13 条个人尊严，第 19 条思想、良心的自由，第 23 条学问

---

[1]　王泽鉴：《王泽鉴法学全集·第十一卷——民法总则》，中国政法大学出版社 2003 年版，第 297 页。关于不同意此间接效力说的意见，参见于飞："基本权利与民事权利的区分及宪法对民法的影响"，载《法学研究》2008 年第 5 期，第 55 页。

自由，及《日本民法》第 709 条侵权行为、第 710 条侵害人格权。又如，对于患者的肝脏手术，东京大学附属医院未遵守患者再三嘱咐：因为信仰，拒绝输血。但医院方面还是因非输血不可而输血，手术倒很成功。患者事后知情，非常难过，诉请医院方面赔偿损害。日本最高法院 2000 年 2 月 29 日第三小法庭判决的要旨是：医院对于本件手术，未尽告知（inform and consent）义务，判决医院对原告负精神上的损害赔偿责任。其所引用的法条为：《日本宪法》第 13 条个人尊严，第 20 条生命、自由、幸福追求权，以及《日本民法》第 709 条侵权行为、第 710 条侵害人格权。此外，在德国（1993 年）也有其联邦宪法法院（Bundes-verfassungsgericht）对于契约自由理念，以宪法替代民法，课予一定限制的判例。[1]

2. 法国的民法与宪法

1804 年制定的《法国民法典》是人类第一部近代意义的民法典。200 余年过去了，这部伟大的法典依然规律着法国人民的日常生活，其虽然有部分修改（特别是 1964 年至 1975 年的家族法大修改），但其基本的构架并无重大或特别显著的变化。该民法典对于法国近代社会的形成、发展产生了巨大的影响，它对"19 世纪法国的构成（constitution）做出了确定性的贡献"，被公认为"法国的真正的构成原理（constitution）"。因此，在法国，形成了这样的传统："我们的宪法（constitution），那就是民法典。"在今日，《法国民法典》被赋予了一种特别的地位，那就是像"宪法"（constitution）那样的地位。[2]

回顾法国大革命以后的宪法的历史，从 1791 年至 1875 年，法国有 11 部宪法，每部宪法的平均适用时间不满 10 年。这就与《法国民法典》的长久性形成了对照。不过，法兰西第三共和国成立后，其宪法相对安定的状态开始出现。如下对法兰西第三共和国成立以后的法国宪法的动向，尤其是"违宪审查革命"以

1　刘得宽："民法的世界与其展望"，载渠涛主编：《中日民商法研究》（第八卷），法律出版社 2009 年版，第 5—6 页。

2　［日］大村敦志：《法源·解释·民法学：法国民法总论研究》，有斐阁 1995 年版，1997 年第 2 刷发行，第 351—353 页。

前约 100 年的情况予以概观。

法国"违宪审查革命"以前、法兰西第三共和国成立以后，主要有 3 部宪法，它们是：1875 年宪法、1946 年宪法（法兰西第四共和国）及 1958 年宪法（法兰西第五共和国）。这三部宪法的特色如下。

（1）1875 年宪法的特色之一，是其关于宪法的概念和范围的有限性：它完全没有包含人权的条款。其另一个特色是，依照宪法的规定而存在的统治机构——议会多数派可以轻易进行宪法修改。

（2）第二次世界大战结束后的 1946 年宪法，其特色有：其一，安排有 1789 年的《人权宣言》；其二，确认了由法兰西共和国所认可的诸多原则；其三，追加规定了更现代的政治、经济、社会的诸多原则。这些特色大体上原原本本地为 1958 年宪法所承继。

（3）1958 年宪法的特色在于行政权的优位，亦即，其在强化总统的权限的同时，也对国会的权限作了限制。区别法律事项与命令事项，宪法列举的法律事项（第 37 条）以外的事项是命令事项。就私法关系而言，国籍、民事身份、能力、夫妻财产制、继承等是排他性的法律事项，财产、物权、债权等，依其固有原则，被认为是法律事项。另外，根据 1958 年宪法，法国设立了"宪法院"（Conseil consti-tutionnel），此系为了维持法律事项和命令事项的区分而设置的机构。[1]

自 20 世纪 80 年代以来，以一些博士论文的出版为契机，法国民法学者与宪法学者之间发生了讨论。一些宪法学方面的论文对民法学者提出了如下 3 方面的挑战：其一，主张宪法应当优位；其二，宪法对民法领域的侵入；其三，民法概念的变性。另外，也有人主张：其一，法院的法官应以宪法作为私法的解释原理；其二，即使在民法典中，也应探求"由法兰西共和国的诸多法律所认可的诸多原埋"。最后，也有人土张，并不是应当使私法"宪法化"，而是应当使宪法"民法化"（civilisation），家族、契约、财产等基本概念并不是由《人权宣言》规

1　［日］大村敦志：《法源·解释·民法学：法国民法总论研究》，有斐阁 1995 年版，1997 年第 2 刷发行，第 354 页。

定的东西，而是私法的传统中的东西，"宪法院"应尊重之，并且，这样做也正是使民法向市民社会的法回归。[1]

（二）民法与刑法

刑法是规定犯罪、刑事责任和刑罚的法律，具体言之，也就是规定哪些行为是犯罪和应负刑事责任，并给犯罪人以何种刑罚处罚的法律。狭义的刑法指刑法典，广义的刑法则指一切规定犯罪、刑事责任和刑罚的法律规范的总和。民法与刑法之差异，最主要者在于民法实行意思自治、私事由自己决定，以及凡民事案件法官不得以法无明文规定、法律规定不明确或法律规定不完备为理由而拒绝审理；而刑法则是实行罪刑法定主义，采法无明文规定者不为罪、疑罪从无等原则。另外，民法具有私法性的特征，刑法具有公法性的特征。

（三）民法与国际公法

国际公法，旧称"万国法"，主要是国家间的法律，即以国家之间的关系为主要调整对象的有约束力的原则、规则和制度的总和。国际法与民法的不同，主要见于法律主体上，即国际法的主体主要是国家，从而国际法是调整国家间政治、经济、文化交往关系的一切对国家有拘束力的原则、规则和制度；而民法则调整平等主体的自然人、法人和非法人组织之间的人身关系和财产关系（《民法典》第2条）。

（四）民法与行政法

一般而言，行政法是国家行政机关履行有关管理、监督、服务等职能的法律规范的称谓。履行管理、监督、服务等职能或职责的一方通常为国家行政机关。民法是调整平等主体之间的人身关系与财产关系的法律规范的称谓。民法与行政法系有区分或差异的。在我国，它们都是社会主义法律体系的重要组成部分。

（五）民法与劳动法

劳动法，即规范劳动者或劳动组织（受雇人）与雇用人之间的关系的法。大

---

[1] ［日］大村敦志：《法源·解释·民法学：法国民法总论研究》，有斐阁1995年版，1997年第2刷发行，第356—357页。

体而言，20 世纪 60 年代以前，劳动法乃系民法的一部分，其内容主要是调整劳动者与企业主、受雇人与雇用人之间的劳动关系。之后，由于保护劳动者这一特殊群体利益的需要，并尤其着眼于劳动者系弱者，其很难立于平等地位与企业主订立劳动合同，于是需要使劳动法独立成为一个法律部门，以实现对劳动者利益的特别保护。劳动法中，在我国最重要的是《劳动法》；在其他国家和地区，则有所谓的"劳动三法"，即"劳动基准法""劳动组合法""劳动关系调整法"。尤其值得提及的，是以此"劳动三法"为主要内容的劳动法于 20 世纪 60 年代以后获得了迅速发展，其基本点在于：通过认可劳动者的"团结权""团体行动权""劳动争议权"来强化对作为弱者的劳动者的保护，以有效调整劳资对立关系。显而易见，劳动法的这些内容或规定，完全是对近现代民法的自由、平等原则的修正，系落实对具体人格的保护以实现社会实质正义的重要表现。

在其他国家和地区，"劳动基准法"通常从受雇人（劳动者）较弱的地位出发，就劳动时间、工资、事故补偿和劳动条件等订立最低限度的基准；"劳动组合法"，实际上是对民法关于劳动（雇用）关系问题的规定所作的修正或补充，因此其与民法具特别密切的关系；"劳动关系调整法"主要就雇用人与受雇人之间产生的纠纷的处理程序与罢工等事项作出规定。

（六）民法与经济法

经济法（Wirtschaftsrecht [1]）之观念，大致最早出现于 1918 年第一次世界大战结束后的德国。一般认为，它是伴随资本主义的高度发展而出现的经济现象于法律上的反映，并且是对近代资本主义的民法原则进行修正的产物。学理多认为，经济法是介于公法和私法之间的一个混合性的法域，属于社会法或公私混合法领域。经济法之所以具有社会法的特性，系在于从资本主义的矛盾中产生出来的对人民利益的侵害，需以法律予以规制。概言之，经济法是国家介入经济的结

1　参见［日］山田晟：《德国法律用语辞典》（修订增补版）（第 3 版），大学书林 1994 年版，第 738 页。其对 Wirtschaftsrecht 解释谓：何为经济法，其大体上是未必明确的，然从广义上言之，其乃指关于经济的法规的全体（总体）。

果，是所谓的经济统制法。在当代社会，反不正当竞争法、反垄断法乃至计划法、国民经济稳定增长法等，系经济法的组成部分。

我国法学界对民法与经济法的关系问题曾有过 8 年（1979—1986 年）之久的论争，先后提出过"纵横统一的经济法论""纵向经济法论"等各种观点。原《民法通则》第 2 条规定，"中华人民共和国民法调整平等主体的公民之间、法人之间、公民和法人之间的财产关系和人身关系"，以立法的形式肯定了民法调整横向的经济关系和人身关系。经济法作用于纵向经济关系领域，经济行政法的主张由此应运而生。

（七）民法与社会保障法

社会保障法实质上属于社会法，也就是属于公私混合法的范畴。在法制史上，"社会保障"一语的使用，最早见于 1935 年美国的《社会保障法》（Social Security Act），该法在第二次世界大战后获得了广泛的运用。《日本宪法》第 25 条第 2 项规定："国家在关于一切的生活方面，必须努力增进和提高社会福祉、社会保障和公众卫生。"[1] 此处虽然使用了"社会保障"一语，但它与社会福祉、公众卫生并列使用，即系于狭义的意义上使用的。故此，在日本，一般而言，所谓社会保障法，乃是社会保险法与生活保护法的总称。

社会保障法与民法的关系也很密切。社会保障法是对民法的发展，是实现民法正义的延伸性规范，或补充性规范。社会保障法所追求和实现的正义，与民法所追求和实现的正义并无差别，二者于本旨上相同。在当代社会，建立各种完善的社会保障制度，是实现民法和谐正义，实现国家福祉、社会福祉乃至人民福祉的主要途径或渠道。

（八）民法与民事诉讼法

民事诉讼法是程序法，属于程序性、"手续性"规则，它主要规定民事诉讼的主体、民事诉讼的原则、民事审判及民事执行等。在当代，于民事实体法得到

1　参见［日］宇贺克也、佐伯仁志编集（代表）：《口袋六法》（2019 年版），有斐阁 2018 年版，第 12 页。

建立、完善后，强调并重视民事诉讼法的价值，进而完善民事程序法律规范乃具积极、重要意义。

第八节　民法的效力、适用与解释方法

一、民法的效力

（一）民法对事项的效力

所谓对事项的效力，指民法适用的事项范围。民法适用的范围，以民事事项为限。由于我国采民商统一制度，所谓民事事项，应包括商事事项在内，商事法为民法的特别法。

于民事范围内，民法典为普通法（一般法），依特别法优于普通法（一般法）的原则，就同一事项，特别法设有规定的，应优先适用特别法的规定，特别法未规定者，方适用普通法如民法典的规定。此际，民法典的规定仅具补充适用的效力。我国《民法典》第 11 条规定："其他法律对民事关系有特别规定的，依照其规定。"

（二）法律不溯及既往原则

民法从生效时起，对以后所发生的事项均应适用，对其生效前所发生的事项当然不得适用，此原则系为法治国家共同认可的原则，理论上称为法律不溯及既往原则。法律为社会生活的客观规范，若法律具溯及既往的效力，使某种行为发生当事人所不能预期的法律效果，则势必破坏法律的安定性，动摇对既存法律秩序的信赖保护，引起无止境的纠纷。[1]

不过，需指出的是，法律不溯及既往原则并非绝对的原则，它只是适用法律的原则，而非制定法律的原则。在例外的情形下，立法者可基于政策考虑，迪常于不影响当事人既得权益的前提下，明文规定法律具溯及效力，使较后制定的法

---

[1] 施启扬：《民法总则》（修订第八版），中国法制出版社 2010 年版，第 6—7 页。

律得适用于其公布施行前的事实。[1]

另外，关于同一事项，若有新法公布，即使无废止旧法的明文，旧法也当然自新法生效时起废止；或关于同一事项，新法规定与旧法某项规定不同，旧法虽继续有效，但该项规定也当然失效，而应适用新法相应规定。[2]

（三）民法对人的效力

关于民法对人的效力，系采属人主义与属地主义。依照属人主义，凡具有中国国籍的自然人、法人、非法人组织，均应适用中国民法。依照属地主义，凡在中国领域（包括领土、领空、领海）内从事民事活动的自然人、法人、非法人组织，无论是否具有中国国籍，均应适用中国民法。也就是说，在中国境内的外国人、无国籍人、中国人皆得适用中国民法。

（四）民法的地域效力

关于民法的地域效力，主要有6种立法模式[3]：①法国模式，于民法典序编规定民法的地域效力。②葡萄牙模式，民法的地域效力规则被规定于民法总则的第一编"法律、法律之解释及适用"。③俄罗斯模式，将民法的地域效力规则作为民法典的单独一编。④德国模式，将民法的地域效力规则置于《德国民法典施行法》中。⑤日本模式，将民法的地域效力规则规定于《法例》，与《日本民法》同日通过、同年施行。2006年，《法例》经重大修改后，改称《日本法律适用通则法》，自2007年1月1日起施行。⑥瑞士模式，将民法的地域效力规则与解决涉外民事争议的程序法规则融为一体，制定《国际私法法典》。我国《民法典》第12条规定："中华人民共和国领域内的民事活动，适用中华人民共和国法律。法律另有规定的，依照其规定。"

民法原则上应适用于我国的全部领域，然就目前而言，应注意：香港特别行政区、澳门特别行政区与台湾地区虽是中国领土的不可分割的部分，但现今并不

---

[1]　施启扬：《民法总则》（修订第八版），中国法制出版社2010年版，第7页。

[2]　梁慧星：《民法总论》（第四版），法律出版社2011年版，第284页。

[3]　梁慧星："民法总则立法的若干理论问题"，载《暨南学报（哲学社会科学版）》2016年第1期，第22页。

适用我国民法。[1]

二、民法的适用原则

民法的适用，是指在查清案件事实的基础上，正确引用法律规范，作出裁决。民法的适用原则如下。

（一）特别法优于一般法

在民法适用上，以特别法优先于一般法为原则，即对于某事项有特别法时，应适用特别法，而不适用一般法，仅在无特别法时方适用一般法，一般法起补充特别法的作用。[2]

应指出的是，特别法优于一般法，应以位阶相同为前提。另外，所谓特别法，其主要指的是特别规定。特别规定优于一般规定，意思是特别规定针对具体事情，一般规定针对一般事情。于这种情况下，特别规定具有特殊性，具体事情需要具体对待。[3]

（二）强行法优于任意法

强行法，因其所规定的事项涉及国家安全与公共秩序的维持或基于其他公益上的理由，不允许个人依自由意思予以变更，故而要求必须遵守；任意法因所规定的事项与公益并无直接影响，允许当事人予以变更，以意思表示排除其适用，也就是说任意法仅作为当事人意思的补充。民法的适用，强行法应优先于任意法。凡对某事项有强行性规范的，应适用强行性规范，而不能适用任意性规范。[4]

（三）例外规定排除一般规定

民法关于一般情形的规定为一般规定，而关于特别情形的规定为例外规定。

1　梁慧星：《民法总论》（第四版），法律出版社 2011 年版，第 285 页。

2　梁慧星：《民法总论》（第四版），法律出版社 2011 年版，第 286 页。

3　王胜明："侵权责任法的立法思考（二）"，载中国法学创新网 http://www.fxcxw.org.cn/dyna/content.php? id=10662，最后访问日期：2010 年 7 月 1 日。

4　梁慧星：《民法总论》（第四版），法律出版社 2011 年版，第 286 页。

无论普通民法还是特别民法，均包含有一般规定和例外规定。属于例外规定的情形，应适用例外规定，而不适用一般规定。仅在不属于例外规定的情形，方适用一般规定。

（四）无具体规定时方可适用原则性条文

民法由具体规定与原则性条文构成一个规范系统。凡有具体规定时，应适用具体规定，仅在无具体规定时，方能直接适用原则性条文。例如，诚实信用原则为原则性条文，但诚实信用原则的精神体现在诸多具体规定中。[1] 若在有具体规定时适用原则性条文，则会软化具体规范的效力，甚至使具体规定沦为一纸空文。

应指出的是，民法基本原则中的诚实信用原则、公序良俗原则及禁止权利滥用原则，可以用来补充法律漏洞。其他基本原则，如平等原则、公平原则、合同自由原则，不具有授权条款的特性，不得作为法院裁判的依据。也就是说，法院于审理案件时，若由现行法找不到相应的具体规定，可直接适用具有授权条款特性的前三项原则——诚实信用原则、公序良俗原则及禁止权利滥用原则——裁判案件。[2]

另外，法律无具体规定而适用不确定概念（其内涵和外延均不确定）的诚实信用原则、公序良俗原则及禁止权利滥用原则时，其较适用一般具体法律条文要复杂得多。就诚实信用原则而言，法院审理现行法律中并无具体规定的案件时，需优先采用包括类推适用、目的性扩张或目的性限缩等在内的各种漏洞补充方法，以填补法律漏洞。只在该法律漏洞不能依各种漏洞补充方法得到填补时，方可直接适用诚实信用原则。并且，还需正确处理适用诚实信用原则与适用指导性案例的关系：对于待决案件，如果适用诚实信用原则与适用指导性案例将得出同一判决结果，则法院应当适用指导性案例，而不能适用诚实信用原则；如果适用

1　梁慧星：《民法总论》（第四版），法律出版社 2011 年版，第 287 页。
2　梁慧星："民法总则立法的若干理论问题"，载《暨南学报（哲学社会科学版）》2016 年第 1 期，第 22 页。

诚实信用原则与适用指导性案例得出相反的判决结果，则应适用诚实信用原则，而不应适用指导性案例。[1]

三、民法适用的逻辑与民法解释方法

(一) 民法适用的逻辑

民法的适用，指将民法规范适用于具体案件以获得判决的全过程。包括民法在内的法律的适用，所启用的基本概念为 subsumtion（归摄或涵摄），指将待决案件事实置于法律规范构成条件之下，以获得特定结论的一种逻辑思维过程。若以法律规范（T）为大前提，以待决案件事实（S）为小前提，以特定法律效果的发生为其结论，则民法适用的逻辑思维过程如下 [2]：

$T \rightarrow R$（具备 T 构成要件者应适用 R 法律效果）

$S = T$（待决案件事实符合 T 构成要件）

——————————————————————

$S \rightarrow R$（该待决案件事实应适用 R 法律效果）

另外，民事诉讼法上将原告和被告的主张方法分别称为攻击方法和防御方法（Angriffs-und Verteidigungsmittel）。[3]具体如下图所示 [4]：

1　梁慧星："民法总则立法的若干理论问题"，载《暨南学报（哲学社会科学版）》2016 年第 1 期，第 22 页。

2　梁慧星：《民法总论》（第四版），法律出版社 2011 年版，第 287 页。

3　［日］加贺山茂：《民法体系 1 总则·物权》，信山社 1996 年版，第 23 页。

4　［日］加贺山茂：《民法体系 1 总则·物权》，信山社 1996 年版，第 24 页。

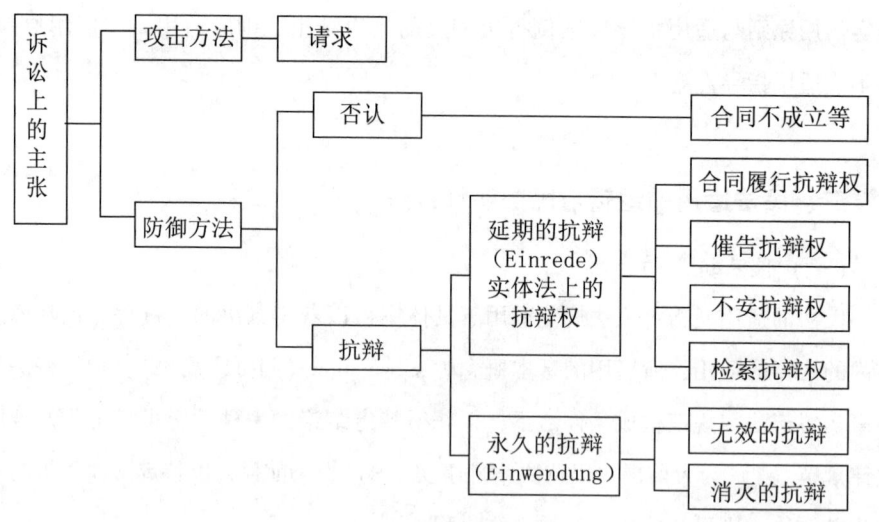

（二）民法解释方法

民法规范需作解释方可适用于具体的案件。民法规范的解释方法较多，举其要者主要有：文义解释、体系解释、扩张解释、立法解释（法意解释）、限缩解释、当然解释、规范目的解释、合宪性解释、比较法解释、社会学解释、经济分析方法解释以及法人类学解释。正确理解、把握及运用各种解释方法，对于研习民法、适用民法，乃至进行民法论文的写作和从事民法学术研究，均具重要意义。

第九节　民法学及其学习方法

法学是以法律为研究对象的学问，主要有：①法解释学，以对法条文字的涵义的解释为对象，法科学生主要的法学教育即在于此，传统的法学也主要指此；②法社会学，又称社会学法学，其主要任务在于释明法律现象的社会因果关系，也就是探求某种法律现象的发生、变更和消灭系起于何种社会因由；③法哲学，即以探求法律的本旨为目的的法学。另外，还有所谓法政策学（探求某法规的制定将会达成或实现某种社会目的的学问，如刑事政策学、劳工政策学、卫生政策学、交通政策学等）、法人类学（又称法民族学，主要是对各种人类社会尤其是对未开发社会的法萌芽状态的情况进行研究）；比较法学，以比较研究各国家和地区的法律制度、判例及学说为其任务。民法学，主要指的是民法解释学。

一、民法的解释论与立法论

民法解释学（Jurisprudenz），是使民法规范的意义、内容获得明确，且在理论上将之组织成一个未有矛盾的体系的学问，具实践的或实用法学（praktische Jurisprudenz）的特性。早在中世纪时，于意大利的阿马尔菲（Amalfi），6世纪时优士丁尼编纂的《民法大全》被重新发现。前期注释法学派（Glossatoren）遂从当时社会的需要出发，对《民法大全》的法源、条文、立法旨趣等进行注释，并从体系上予以把握。之后，后期注释法学派（Postglossatoren）兴起。该学派运用经院哲学的演绎方法构筑法律的体系，并鉴定各种法律问题或法院的实际案例，以此对法院的裁判实务产生影响。自此以后，法解释学成为一门独立的学问，并成为法学的主要部分。从而，一般所称民法学，也就专指以实定民法为对象的民法解释学。应提及的是，中世纪注释法学派的解释方法受到了当时的教士们解释圣经的影响，于解释《民法大全》时，犹如教士们解释《圣经》，将《民法大全》奉为金科玉律，社会上任何法律问题，莫不可以于其中找到正确答案。

成文法的理论体系通常由抽象的概念予以构筑。不能赋予法官自由裁量权的，是概念法学。易言之，概念法学认为国家制定的成文民法为唯一的法源，对于民法规范的解释，偏重于形式逻辑的操作，排除法官对具体案件的利益衡量与目的考量，并认为法律体系具有逻辑的自足性。然成文法并非由全知全能、先知先觉的人制定，故而绝不是完美无缺的，而是存在着缺陷或不足。不仅如此，社会关系是不断发展的，成文法不可能预测未来社会将要发生的问题，法律一旦被制定就成为凝固不变的东西，故而于法律和社会的需要之间难免发生龃龉。应指出的是，即使在此情形，于概念法学者看来，也可透过"成文法的完全性"（Lückenlosigkeit des positiven Rechts），依"概念的计算"，进行理论上的操作，从而导出解决问题的答案。但是，如果严格固守裁判案件的"三段论法"中作为大前提的民法规范的意义、内容（也就是将民法规范的意义、内容限定在圆心），则无论如何启用"三段论法"，也是有其不足，有其局限性的。概念法学无论如何自诩自己论理的精致，当它与作为法律的基础的社会关系脱离时，都会变成单纯的概念的空中楼阁，丧失作为解决问题的实用法学的价值。此种背景下，自由法学产生了。自由法学倡导法律的自由发现与"自由的科学的探究"（Ia libre recherché scientifique），肯定司法活动的造法功能。概言之，概念法学保障法的安定性，谋求实定法秩序的维持；与此不同，自由法学则保障法的妥当性，不通过立法程序而促进法律的发展。

另外，值得提及的是民法的立法论，它是从立法的视角，审视、评判、考量民法规范，以确定其是否科学、是否妥当的议论活动。对某一民法规范检讨其立法上的成功与过误时，一般会采用比较分析与立法政策考量的方法。

还需特别提及，对民法规范的解释，民法学者、民事法官、办理民事案件的律师乃至研习民法的法科学生，大抵无时不在进行中。

二、民法的学习方法

民法的内容博大，体系磅礴，其源起、形成及发展过程漫长而悠久，这其中，研习的方法较为重要。

研习民法的方法主要有两种：其一，从抽象到具体、从一般到特殊的学习方法，基本上按照民法（典）的结构顺序进行学习；其二，从具体到抽象、从特殊到一般的学习方法。第一种方法可使我们对民法实现整体的把握，掌握民法的概念、原则、制度和理论体系，为进一步学习、研究民法或者从事民法实务奠定知识基础。然这种学习方法，对初学者来说，要理解、掌握、记忆许多民法概念，乃有相当的难度。第二种方法从具体的案例入手，可以唤起对民法理论、概念、制度和原则等的兴趣，但仅靠这种学习方法不大可能准确理解和把握整个民法的结构、概念、原则、制度和理论体系。故此，通常多交替采用前述两种方法。[1]

另外，应提及的是，民法为万法之母，法条数千，各原则、各制度数百，理论构成较为复杂，故研习民法时对初学者来说，对名词概念、原则及制度的记忆是不可或缺的。尽管有可能对记忆的内容不能理解，但随着时间的推移，尤其是随着对法律知识的更多、更深的学习，以及生活阅历的增加，先前记忆中不能理解的内容也就容易理解了。

1　梁慧星：《民法总论》（第四版），法律出版社 2011 年版，第 56 页。

第二章

民法的发展史概览

　　当代民法迄今已有较为久远、悠久的历史。如果以公元前 753 年罗马建城为罗马民法的端绪，则大陆法系民法至今已有近 2800 年的历史。近 2800 年来，民法经历了一个形成、发展、完善，以至于蔚成体系的过程。对民法发展所经历的过程加以回顾和概览，有助于我们从整体和全局的角度把握民法的发展脉络，丰富我们的民法理论和知识，并有助于我们更好地预测和憧憬民法的未来与发展方向。

　　近代民法、现代民法和当代民法无不渊源于罗马民法，罗马民法因此成为各国家和地区民法（尤其是大陆法系各国家和地区民法）的滥觞。德国民法学者耶林在其《罗马法在其不同发展阶段的精神》一书中曾谓，"罗马曾三次征服世界、统一了诸民族：第一次是在罗马民族尚强健有力之时，使诸民族有国家之统一；第二次是在罗马民族业已衰败之后，使诸民族有教会之统一；第三次则是由于中世纪对罗马法的继受，使诸民族有法之统一。武力因罗马帝国的灭亡而消失，宗教随着民众思想觉悟的提高、科学的发展而减少了影响，唯有法律对世界的征服是最为持久的"。[1]晚近以来，有人认为，如果说人类世界于法律领域有什么共同语言的话，那么罗马法就是此共同的语

　　1　[德] 鲁道夫·冯·耶林：《罗马法在其不同发展阶段的精神》（第 1 编）（第 5 版），莱比锡 1891 年版，第 1 页；费安玲主编：《罗马私法学》，中国政法大学出版社 2009 年版，第 1 页。

言。[1] 近代民法、现代民法、当代民法无论多么错综复杂、变化多端，莫不可以由罗马民法中找到其最初的观念或雏形。[2] 并且，罗马法与古希腊的哲学、艺术和基督教一道，共同构成欧洲古代社会遗留给现代欧洲国家的三大精神遗产。[3] 根据民法发展的历史进程，大陆法系民法的发展先后经历了罗马民法、日耳曼民法、中世纪民法、近代民法、现代民法以及当代民法的不同发展时期或阶段。

　　需要释明或指出的是，本章对于民法的发展史概览，尤其是对近代、现代及当代各国家和地区民法的概观，主要系以其最初的样态而论述，它们于诞生或施行以后的有关发展、演变或演进，则多不涉及。谨此释明。

第一节　罗马民法

　　罗马于公元前 753 年建城，往后经过数个世纪的发展，至 1 世纪前后，成为一个以地中海为内海的，横跨欧、亚、非三洲的大帝国。这个帝国吸收、统一、综合欧洲古代各民族的文化，因此使自己于 1 世纪至 3 世纪获得了空前的繁荣。3 世纪之后，罗马帝国逐渐衰落，其原本广阔无垠的疆土被一分为二。395 年，罗马帝国分为东罗马帝国和西罗马帝国。476 年，西罗马帝国灭亡，东罗马帝国以巴尔干半岛为中心继续存在，直至 1453 年。

　　按照日本著名罗马法史家佐藤笃士的见解，罗马民法的历史可以划分为三个时期：第一个时期，公元前 753 年至公元前 202 年第二次布匿（Poeni）战争结束；第二个时期，公元前 202 年至公元 235 年塞维鲁王朝灭亡；第三个时期，235

　　1　罗马法是世界共通的语言，是欧洲法律文化的基础。特别是在欧洲各国，长期以来常常将罗马法予以现代化，以作为自己国家的法律而适用，此种现象被称为"罗马法的现代的惯用"（"罗马法的现代的适用"，usus modernus pandectarum）。

　　2　尽管罗马法的内容除市民法外还有万民法（现代国际法的滥觞）乃至自然法，但现代学者一般所称的罗马法，系主要指罗马私法，亦即罗马民法，至于其中的万民法，则不包括在内。本书所称罗马法，非有特别说明，乃主要指罗马民法或罗马私法。

　　3　[日] 船田享二：《罗马私法提要》，有斐阁 1941 年版，第 1 页。

年至 6 世纪中叶优士丁尼编纂《民法大全》[1]。[2]

一、公元前 753 年至公元前 202 年第二次布匿战争结束（第一个时期）

这个时期的罗马，基本上是一个以农业为中心的封闭的城市国家。由此，这一时期的罗马法，性质上属于城市国家的法、农业社会的法，[3] 法的渊源主要为固有法（罗马市民法），其特点是：拘泥于形式，呆板僵化，实行属人主义。执掌法律的人，是所谓的神官。据记载，王政时期的第六代国王塞尔维乌斯·图里乌斯（Servius Tullius，公元前 578 年至公元前 534 年在位）曾颁布过 50 条关于侵权行为和合同方面的法律；执政官卡西乌斯曾于公元前 486 年起草过土地法案，尽管它未能成为正式的法律。

当然，在这一时期，最具重要意义且在罗马民法的发展上有其里程碑意义的，当是《十二铜表法》（lex XⅡ Tabularum）这一成文法的颁布。此前的民法，皆为不成文的习惯民法。对这些习惯民法的解释权和根据它们而裁判案件的审判权，皆掌握在贵族之手，他们时常滥用职权欺压平民。平民为了保障自身的财产和安全，反对贵族司法上的专横行为，强烈要求编纂成文法。平民为实现此目的而与贵族进行的斗争长达数年。公元前 462 年，护民官（tribuni plebis）悌留士·

---

[1] 不过，按照罗马历史学家的意见，根据各个时期罗马统治形态的特点，罗马的历史可以划分为三个时期：王政时期、共和政时期及帝政（由元首政到专主政）时期。另外，在罗马法史的划分上，有学者以是否法典化、是否有成文法为标准，将公元前 753 年至公元 565 年的罗马法区分为"不成文法时代""成文法时代""成文法发达时代""法典编纂时代"。参见［日］佐藤笃士：《罗马法史》（Ⅰ），敬文堂 1982 年版，第 13 页。

[2] 唯关于罗马法学的历史，日本资深罗马法学者柴田光藏则将之区分为如下 7 个时期：①共和政初期的法学（公元前 600 年至公元前 202 年）；②共和政末期的法学（公元前 202 年至公元前 27 年）；③古典期前期的法学（公元前 27 年至公元 96 年）；④古典期盛期的法学（96 年至 193 年）；⑤古典期后期的法学（193 年至 284 年）；⑥古典期后的时代的法学（284 年至 527 年）；⑦优士丁尼时代的法学（527 年至 565 年）。对此，请参见［日］碧海纯一、伊藤正己、村上淳一编：《法学史》（柴田光藏执笔），东京大学出版会 1976 年版，1981 年第 5 刷发行，第 24 页。

[3] ［日］碧海纯一、伊藤正己、村上淳一编：《法学史》，东京大学出版会 1976 年版，1981 年第 5 刷发行，第 30 页。

亚尔撒提议由平民组成委员会起草法律，遭到贵族的拒绝。[1]尔后平民提议，立法委员由双方共同担任，贵族方面仍然拒绝。公元前454年，贵族、平民互相退让，终于达成协议，立法委员全部由贵族担任，但法律需经军伍会议（Comitia Centuriata）通过才能生效。公元前451年，军伍会议选举贵族10人，负责起草成文法，同时兼理国政，称"十人立法会"（decemuir Legibus Scuihendis），由亚标士、克老鸠士任会长，当年就制定了若干法律，经军伍会议通过，元老院批准，刻在10块板子上，公布在法庭的前面。这年年底，又另选10人，据说其中也有平民当选，于次年即公元前450年，补充了一些条文，又雕成两块板子，连前共12块，因此称《十二铜表法》。[2]

《十二铜表法》虽然涵盖了宗教法、世俗法、公法、私法、实体法和程序法的内容，但其中涉及民事关系的规范仍占大部分。从第3表至第8表，皆为成文的民事法律规范。第3表规定"执行"，实际上是关于债权债务关系的规范，特别提到了债务口约（nexum）和誓约（sponsio）；第4表规定"家长权"，实际上是关于亲权的规范；第5表规定"继承和监护"；第6表规定"所有权和占有"；第7表规定"土地和房屋"，实际上是关于相邻关系的规范；第8表规定"私犯"，实际上是关于侵权行为的规范。

应提及的是，于《十二铜表法》之后、公元202年以前，罗马还有一些涉及民事关系的法律规范，例如公元前445年公布的关于平民获得与贵族通婚的权利的《卡努列亚法》（lege Canuleja）；公元前347年关于削减利息的《布布里利法》（Lex Publilia）；公元前326年，颁布《关于废除债务奴役制的博埃得里亚法》（Lex Poetelia de nexis），该法废除了债务奴役制，并且解放了所有的债务奴隶，从而使罗马法中的债不再以债务人的躯体作为承担责任的保证；[3]公元前286年，颁布关于保护人格权的《阿奎里·加卢（G. Aquilius Gallus）法》；公元前

1　李雅书、杨共乐：《古代罗马史》，北京师范大学出版社1994年版，第72—73页。

2　法学教材编辑部《罗马法》编写组：《罗马法》，群众出版社1985年版，第362—363页。

3　黄风编著：《罗马法词典》，法律出版社2002年版，第164页。

204 年，颁布关于禁止赠与的《关于馈赠的琴其亚法》（Lex Cincia de donis et mu-
neribus）；[1]等等。

二、公元前 202 年至公元 235 年塞维鲁王朝灭亡（第二个时期）

这一时期，罗马成为一个以地中海为贸易中心的世界帝国。第二次布匿战争
的胜利，使大量的奴隶和廉价、便宜的谷物流入罗马。作为罗马城市国家的支柱
的中小农民没落，大土地所有制形成，奴隶制的生产方式获得发展。以贸易为中
心的商品交易，随着征服地域的扩大和生产力的发展，也得到了飞跃式的扩张，
促进了与外国进行交易的法律制度的发展，其结果是"万民法"（ius gentium）、
"法官法"、"荣誉法"、"裁判官法"（ius honorarium）产生，并成为与市民法并
驾齐驱的法律渊源。另外，这一时期，执掌法律的人是学者。他们受到希腊文化
的影响，并站在时代的前列，对罗马社会出现的法律问题进行深入的、前瞻性的
研究。[2]

这一时期也制定了大量的民事法律规范。例如，公元前 3 世纪初颁布了《阿
奎利亚法》（Lex Aquilia），该法系针对非法损害行为的法律，主要调整的是杀死
或者伤害他人或牲畜行为以及欺诈行为的责任。由该法产生出阿奎利亚法诉讼。[3]
公元前 200 年左右，有关于保护青少年的《关于欺骗青少年的普莱多里法》（Lex
Laetoria de circumscriptione adulescentium）；公元前 169 年，颁布限制妇女的继承权
的《沃科尼亚法》（Lex Voconia）；[4]公元前 210 年，颁布《阿梯里亚法》（Lex
Atilia），要求裁判官为没有监护人的未适婚人指派一名监护人，这种监护人后来

1　此为一项于公元前 204 年颁布的平民会决议，它对随意的私人赠与行为加以限制，针对非以
亲属为对象的赠与规定了最高限额。黄风编著：《罗马法词典》，法律出版社 2002 年版，第 157 页。

2　［日］佐藤笃士：《罗马法史》（Ⅰ），敬文堂 1982 年版，第 13—14 页。

3　黄风编著：《罗马法词典》，法律出版社 2002 年版，第 155 页。

4　该法一方面限制妇女根据遗嘱继承遗产的权能，另一方面规定继承人所取得的遗产不得少于
受遗赠人所接受的财产。黄风编著：《罗马法词典》，法律出版社 2002 年版，第 167 页。

被称为官选监护人或阿梯里亚法监护人（tutor Atilianus）；[1]公元前 81 年，颁布
《关于作假的科尔内利法》（Lex Cornelia de falsariis），规定丧失设立遗嘱的能力
的，不影响该人在有能力时所设立的遗嘱的效力；公元前 40 年，颁布《法尔其
第法四分之一》（Quarta Falcidia），规定，于任何情况下，遗产的四分之一必须保
留给继承人，为此目的，必要时应按比例削减超过四分之三限额的遗赠；[2]公元
前 18 年，颁布关于婚姻、通奸和裁判的《尤尼亚法》（Lex Iunia）；公元 9 年，
颁布《关于婚姻的巴比·波培法》（Lex Papia Poppaea nuptialis），该法与《关于
婚姻的尤利法》（Lex Iulia de maritandis ordinibus）一起对婚姻制度实行改革，
特别鼓励罗马市民结婚并且多生子女，对独身者采取某些限制其权能的措施 [3]
等。

三、235 年至 565 年优士丁尼编纂《民法大全》（第三个时期）

自 3 世纪起，罗马经济陷入危机，其农业衰落，并由此导致一系列的经济破
坏，如货币贬值、物价飞涨、投机成风、人口减少、土地荒芜；政治上则是外敌
入侵、内战频仍。自 238 年马克西姆被士兵杀死时起，到 284 年戴克里先继皇帝
位止，有三十几个皇帝上台、下台，且大都死于非命。政治、经济危机的交织，
使罗马帝国从此一蹶不振。[4]特别是这一时期，自共和政末期到元首政前期盛极一
时的高度发达的罗马"古代资本主义经济"日益衰微，面临前所未有的下降、衰
退。[5]此间，执掌法律的人是以皇帝为首的官僚。皇帝发布的敕令（"宪令"，con-
stitutio）与职权主义的特别诉讼程序（cognitio extra ordinem），皆为法律的重要渊
源。罗马法学，从总体上看步入明显的衰退期。造成这种情况的原因，是支撑官

1　黄风编著：《罗马法词典》，法律出版社 2002 年版，第 155 页。

2　黄风编著：《罗马法词典》，法律出版社 2002 年版，第 159 页。

3　黄风编著：《罗马法词典》，法律出版社 2002 年版，第 163 页。

4　马克垚：《西欧封建经济形态研究》（第 2 版），人民出版社 2001 年版，第 4 页。

5　［日］碧海纯一、伊藤正己、村上淳一编：《法学史》，东京大学出版会 1976 年版，1981 年第
5 刷发行，第 41 页。

学化了的法学的政治，业已丧失其稳定的局面。[1]313 年，米兰敕令允许基督教与其他宗教并存，承认基督教为合法宗教。自此以后，基督教神学获得极大的发展，许多有才能的人皆被它吸引。随着君主制下君主（即皇帝）的绝对权力的确立，此前作为法律的解释者、创造者的法学者的作用不复存在，转而由皇帝掌握（享有解答权的法学者至 3 世纪末期就不再享有此权限了）。法学者成为皇帝的单纯的工具，法学的魅力丧失殆尽，罗马元首政时代以来于一定程度上还继续存在的所谓"法律的统治"也崩溃了。并且，连法学本身存在的基础也丧失了。随着罗马帝国的中心移向东部（即东罗马帝国），支撑罗马古典法的地理的背景也丧失了，其结果是罗马古典法本身当然丧失了此前它对社会的适应力、领导力。[2]

于民法学的发展上，应当如何评价 235 年至 565 年这 300 余年间罗马民法学所发生的变易，从来就是一个激起人们热烈讨论的课题。这 300 余年间，民法领域的最重要的事件，乃是优士丁尼所为的《民法大全》的编纂。优士丁尼《民法大全》，是 528 年到 565 年所编纂的法律的总称。目前各国所使用的是德国学者特奥多尔·蒙森（Theodor Mommsen，1817—1903 年）整理的文本。

527 年，优士丁尼即位东罗马帝国的皇帝。翌年即 528 年，他召集 10 位国内著名的法学家，着手统一、整饬当时混乱的法律，以重现、恢复古典时代罗马法的光辉。[3]《民法大全》编纂事业的具体担当者，是当时君士坦丁堡高等学校的法学教授狄奥菲罗斯（Theophilus）、多罗塞乌斯（Dorotheus）、格拉丁（Gratinus）、阿那多利（Anatolius），以及当时的法制长官（相当于今日的司法大臣）特里博里安（Tribonianus）等。其中，由特里博里安负总责。

1　[日]碧海纯一、伊藤正己、村上淳一编：《法学史》，东京大学出版会 1976 年版，1981 年第 5 刷发行，第 41 页。

2　[日]碧海纯一、伊藤正己、村上淳一编：《法学史》，东京大学出版会 1976 年版，1981 年第 5 刷发行，第 41 页。

3　优士丁尼大帝是拜占庭王朝时期非常重要的君主，他原是出生于旧罗马省份中的农民之子，由于其叔父于 518 年被选为皇帝，他于 527 年继承帝位，于 565 年病死。其于 528 年组成一个 10 人的立法委员会，从事今天所称的《民法大全》的编纂事业。

（一）《优士丁尼法典》（Codex Vetus，简称"C"）

它是罗马历代皇帝的谕令的汇编，共 12 卷。编纂工作始于 528 年 2 月 13 日，次年 4 月 7 日公布，同月 16 日生效。这一部罗马皇帝的谕令大全，是在汇集和审订历代皇帝的谕令和元老院决议的基础上，保留其中继续生效的部分，删除不必要的、重复的、矛盾的部分，加入合乎时代需要的内容，进行有秩序的排列、取舍、整理而成。529 年，这个法典颁布后不久，优士丁尼发现还有许多新的谕令尚未纳入，于是又令编纂委员会继续整理，并于 534 年批准颁布新的修订版。这个修订版将原 529 年版的 10 卷扩大至 12 卷，包括哈德良皇帝以来的 4652 条谕令，每卷又分章、节，所有谕令一律按年、月、日顺序编排，并标出颁布各项谕令的皇帝名字。第 1 卷教会法、国家公职人员的权利义务、法源、官制，第 2 卷至第 8 卷私法，第 9 卷刑法，第 10 卷至第 12 卷行政法。[1] 新修订的 12 卷的《优士丁尼法典》，由 534 年 11 月 16 日的谕令公布，自同年 12 月 29 日起施行。

（二）《学说汇纂》（Digesta，简称"D"，亦称 Pandectae）

《学说汇纂》是对法学家们的具有法律效力的著作、学说和法律解答的汇编、整理。这一汇编、整理于 530 年 12 月 15 日正式开始，由 533 年 12 月 16 日的谕令公布，同月 30 日生效。负责这项工作的仍然是特里博里安，其组织了一个编委会，成员共 16 人，其中包括君士坦丁堡大学的狄奥菲罗斯和帝国设在东方的著名学院、古典法的研究中心——比利都（Berytus，即贝鲁特）——的多罗塞乌斯。特里博里安将这个委员会分成三个小组，分别阅读、处理他从自己的藏书中提供的珍藏品。优士丁尼指示：编纂委员会可以任意增损、修订各法律著作，以便适应时代的变化并易于阅读。编纂工作历时三载。在编纂期间，委员们博采 40 名法学者的学说，参考 2000 余卷、300 万行法学文献，最后将这些浩如瀚海的法学文献编纂成 50 卷、15 万行法学文献。除了第 30 卷至第 32 卷，其余各卷均分章，每

1　[日]碧海纯一、伊藤正己、村上淳一编：《法学史》，东京大学出版会 1976 年版，1981 年第 5 刷发行，第 46—47 页；法学教材编辑部《罗马法》编写组：《罗马法》，群众出版社 1985 年版，第 45 页；徐家玲：《早期拜占庭和查士丁尼时代研究》，东北师范大学出版社 1998 年版，第 232—233 页。

章之末都附有法学者的姓名、书名和卷数，以及编纂委员根据当时的社会情况对每段摘录进行删改的详细说明。

《学说汇纂》是古代罗马所有法律汇编中最为广博、最为重要的一部，是学说法的集大成者，它在帮助人们了解罗马法和对后世法学的影响上，堪称最重要的成果。它所汇编的 40 名法学者的学说中，以《引用法》所举出的五名法学者，即帕比尼安（Papinianus）、保罗（Paulus）、乌尔比安（Ulpianus）、莫德斯丁（Modestinus）及盖尤斯（Gaius），为最多，占法言总数 9142 条中的 6137 条。其中，乌尔比安的又占三分之一，保罗的占六分之一，帕比里安的占十八分之一。三者合在一起，占全部的二分之一以上。以时代而论，40 名法学者中，古典期的法学者占 35 名，共和政后期的法学者占 3 名，古典期后期的法学者占 2 名。《学说汇纂》50 卷的内容由下列 7 部分组成：第 1 部分《总则》，共 4 卷，第 1 卷为法的概念、法源、人的地位、政务官，第 2 卷至第 4 卷是关于私法（包括民事诉讼法）的内容；第 2 部分《关于裁判》，共 7 卷，即第 5 卷至第 11 卷；第 3 部分《关于物》，共 8 卷，即第 12 卷至第 19 卷；第 4 部分是最核心的部分，由 8 卷，即第 20 卷至第 27 卷组成，其内容包括买卖、利息、海上消费借贷、证书、证人、证据、婚姻和保佐；第 5 部分《关于遗言》，共 9 卷，即第 28 卷至第 36 卷，其内容包括遗言、遗赠和信托；第 6 部分由 8 卷，即第 37 卷至第 44 卷组成，其内容包括财产继承、占有、赠与、奴隶解放、所有权、占有的取得和关于诉讼的若干事项；第 7 部分由 6 卷，即第 45 卷至第 50 卷组成，其中，第 48 卷、第 49 卷是关于刑事法的内容，第 50 卷主要是关于行政法的内容。[1]

（三）《优士丁尼法学阶梯》（Justiniani Institutiones，简称"I"[2]）

在结束《学说汇纂》的编纂工作之前，优士丁尼又谕令特里波里安、狄奥菲罗斯、多罗塞乌斯等人为法学教学编辑一本教科书——《优士丁尼法学阶梯》，

---

[1] ［日］碧海纯一、伊藤正己、村上淳一编：《法学史》，东京大学出版会 1976 年版，1981 年第 5 刷发行，第 46—47 页。

[2] 在拉丁文中，"I" 和 "J" 是通用的。

主要讲述法律的要点，帮助初学者学习法律。《优士丁尼法学阶梯》主要以 2 世纪著名法学家盖尤斯的《法学阶梯》和《日常录》（Res cotidianae）为蓝本，并参照其他法学家的著作而得以完成。533 年 11 月 21 日，《优士丁尼法学阶梯》公布，同年 12 月，优士丁尼颁布一项命令，规定：大学的法学课程从第一年学习《优士丁尼法学阶梯》开始，从第一年第二学期起开始逐步地学习《学说汇纂》，直至整个第四学年。[1]

《优士丁尼法学阶梯》尽管是一部初习法律之人的入门书，但它同样具有法典的效力，其由 4 卷构成，卷下设章，章下设节：第 1 卷，关于人的法（人法，包括婚姻与家庭）；第 2 卷，关于物的法（物法），包括所有权及其他物权、遗嘱继承等；第 3 卷，无遗嘱继承、契约、债权总论；第 4 卷，不法行为，包括民事诉讼与刑事诉讼（诉讼法）的内容。

（四）《新律》（Novellae，简称"N"）

完成以上法典化编纂的工作之后，优士丁尼认为，通过上述活动就可将罗马法固定下来而一劳永逸了。但现实生活的发展迫使他改变以往的想法，需要不断用新的立法来调整和改进与私法有关的旧的法律规范，以适应社会经济发展的需要。据统计，从 534 年《优士丁尼法典》修订版颁布至 565 年 11 月 14 日优士丁尼去世的 31 年间，他总共颁布谕令 158 项。[2] 这些谕令因为是在《优士丁尼法典》颁布之后编纂的，所以叫做《新律》。应提到的是，此《新律》是在优士丁尼去世后由私人编纂的，其内容多数涉及亲属法、继承法。[3]

（五）小结

《优士丁尼法典》《学说汇纂》《优士丁尼法学阶梯》《新律》，自 16 世纪末

1　黄风：《罗马私法导论》，中国政法大学出版社 2003 年版，第 18—19 页。

2　［日］松坂佐一：《民法提要（总则）》（第 3 版），有斐阁 1975 年版，第 33 页。

3　［日］松坂佐一：《民法提要（总则）》（第 3 版），有斐阁 1975 年版，第 33 页。《新律》最全的汇编出现在提比留二世统治时期（578—582 年），共包含 168 项，其中有 10 项不属于优士丁尼发布的。在优士丁尼生前，也曾存在过一些非官方的新律汇编。对此，请参见黄风：《罗马私法导论》，中国政法大学出版社 2003 年版，第 19 页注释 52。

期起被人们统称为《民法大全》（Corpus iuris civilis）[1]，它系对经过千余年发展的罗马私法的全面总结，并且使前人的立法成果、司法经验和法学研究更加符合当时历史环境的要求，因而这一法典化工程不仅在法律创制上具有划时代的意义，也向人们展示了一种具有开创意义的立法方式和私法分类体系。[2]毋庸置疑，它是古罗马流传给今人的宝贵、重要的法律文献。

第二节　日耳曼民法

一、概要

根据考古学、语言学的研究，作为印欧民族（语族）之一族的日耳曼人的历史可以追溯到公元前 2000 年。[3]现今的欧洲中部是以法国、德国为中心的地域，曾经居住在这个地域的日耳曼人，由于其大迁徙，往后成为多数欧洲国家人民的祖先。[4]约自 3 世纪起，日耳曼人部落开始结成部落联盟，其中较大的部落联盟有法兰克人（Franken）、盎格鲁－撒克逊人（Angelsachsen）、苏维汇人（Sueben/sweben）、伦巴第人（Lombardei）、东哥特人（Goten）及西哥特人等。395 年，罗马帝国分裂为东、西两个帝国。西罗马帝国末期由于衰落和混乱，经常遭受法兰克人的侵犯。约 455 年，法兰克人被允许移居西罗马帝国境内，作为罗马人的同盟者。同时，居住在易北河（Elbe）以东、多瑙河（Donau）以北的东哥特人、西哥特人等日耳曼部落联盟，由于受到匈奴人和其他民族的威迫，也大举涌向西

1　准确地说，经优士丁尼确认的《民法大全》主要是指《优士丁尼法典》《学说汇纂》《优士丁尼法学阶梯》，《新律》不包括在其中。6 世纪时并没有"Corpus iuris civilis"这个名称，直到 1583 年才由法国人文主义法律学者狄奥尼修斯（Dionysius Godofredas）在他出版的书中用来总称优士丁尼的法典编纂。

2　黄风：《罗马私法导论》，中国政法大学出版社 2003 年版，第 19 页。

3　［日］林毅：《法史学方法论与西洋法史》，敬文堂 2000 年版，第 69 页。

4　［日］胜田有恒、森征一、山内进编著：《概说西洋法制史》，ミネルヴァ书房 2004 年版，第 39 页。

罗马帝国。476 年，在日耳曼人大举入侵和帝国境内奴隶起义的双重冲击下，西罗马帝国灭亡。在西罗马帝国的废墟上，日耳曼人建立了一些王国。486 年，克洛维一世（Chlodwig）统一了高卢北部部落，建立了法兰克王国（Frankenreich），其领土扩展到莱茵河（Rhein）和美因河（Main）汇合处，成为当时欧洲最强大的国家。至 9 世纪，法兰克王国的版图东起易北河和萨勒河（Saale），西到比利牛斯山，南至意大利北部，北达北海，成为一个帝国。[1]

751 年，法兰克王国宫相查理·马特（Karl Martell）之子矮子丕平（Pippin）被选为国王，建立了加洛林王朝（Karolinger）。该王朝的君主查理大帝（Karl der Große）先后征服了意大利、萨克森和巴伐利亚。800 年，查理应罗马教皇之请出兵意大利，平息了罗马贵族叛乱，教皇给他加冕称帝，号称"罗马人皇帝"。由于频繁的对外战争，沉重的赋税和兵役负担，至 814 年查理大帝去世后，帝国开始四分五裂。843 年，其三个孙子将帝国一分为三：罗退尔一世（Lothar）在北起莱茵河河口，向南延伸经洛林（Lothringen）、勃艮第（Burgund），直到意大利北部的帝国领土上建立了"中部王国"，后来发展成为意大利国家；查理在"中部王国"以西的帝国领土上建立了"西法兰克王国"，后来发展成为法兰西国家；路易（Ludwig der Deutsche）在"中部王国"以东的帝国领土上建立了"东法兰克王国"，后来成为德意志国家的核心。[2]

二、日耳曼民法的特性

所谓日耳曼时代（Germanische Zeit），是指法兰克时代（5 世纪至 10 世纪初）以前的德国。在此时代，日耳曼人还没有建立起国家，其各部落过着狩猎、农耕、畜牧的生活，同时也没有成文法，系依习惯法和当时日耳曼人的法律感情规律社会生活。[3]

1　吴友法：《德国现当代史》，武汉大学出版社 2007 年版，第 3 页。
2　吴友法：《德国现当代史》，武汉大学出版社 2007 年版，第 3 页。
3　［日］山田晟：《德国法律用语辞典》（修订增补版）（第 3 版），大学书林 1994 年版，第 270 页。

日耳曼法将家父对物的支配权称为占有（Gewere）。对物有占有就意味着对物的支配权。占有是"古代德意志物权法的基础"。[1]土地、奴隶、家中的财产，是占有的对象。占有就是对物予以占有、对土地予以利用的具象化的物权的表象形态，其实际上是与物理上进行支配的所有权一体化的东西。这就是，对于物而言，对之予以公然占有和支配的公示性，是不可欠缺的。尽管有对物的公示，但仅在没有挑战公示的情形时，该物才被视为属于占有该物的人所有。占有是与自力救济世界相应的物权概念。透过占有而保护的财产的所有（权），于古日耳曼时代，包括属于个人的东西和属于亲族的东西。具体而言，动产一般属于个人所有，金、银、宝石、家畜、可以搬动的一切物、衣服、武器、家财、日常用品，一般属于家父占有。人死后，对死者生前重要的东西，如对男人来说重要的武器，对女人来说重要的上衣，对孩子来说重要的玩具，有将之加以埋葬的习惯，这是当时将动产作为个人所有的意识的证据。[2]

日耳曼人的土地所有形态是总有（Gesamteigentum）或共有，个人的私有土地并不存在。即使有时个别地利用土地的特定部分，所利用的土地的特定部分也是不可分割的共有地，属于共同体，是为土地总有。[3]日本学者山田晟解释说：总有，是共同所有的一种形态。日耳曼时代的村落共同体所有的森林、牧场，其处分权（以及一部分收益权）属于共同所有者全体，其使用权则属于各共同所有者。[4]

需注意的是，新近有法制史家认为，日耳曼时代的土地，系由亲族集团以共同的方式所有之。不过，土地即使作为家的财产而在家父的支配权之下，其让与

1　此出自 W. E. 阿尔布雷希特（W. E. Albrecht）的著名研究成果《作为古代德意志物权法的基础的 Gewere》（1828 年）。详情参见［日］村上淳一：《日耳曼法史中的自由与诚实》，东京大学出版会 1980 年版，第 107 页以下。

2　［日］胜田有恒、森征一、山内进编著：《概说西洋法制史》，ミネルヴァ书房 2004 年版，第 45—46 页。

3　［日］胜田有恒、森征一、山内进编著：《概说西洋法制史》，ミネルヴァ书房 2004 年版，第 41 页。

4　［日］山田晟：《德国法律用语辞典》（修订增补版）（第 3 版），大学书林 1994 年版，第 270—271 页。

（转让），家父也不能自由决定之，至少需要获得各继承人的同意。于土地被让与（转让）的场合，需遵守严格的形式（系要式行为）。移转土地时，在西日耳曼诸族之间，作为移转占有的象征，需用手交付长矛。另外，即使在完成土地的让与（转让）后，按照中世纪法国北部的习惯法，于完成买卖后的 1 年零 1 天之内，亲族以同样数额的价额买回土地也是允许的。于其他一些地方，类似的习惯也是被认可的。[1]

第三节　中世纪民法（476—1500 年）

一、概要

（一）中世纪与中世纪民法的分期

如所周知，所谓中世纪民法，系指欧洲中世纪时期的民法。而所谓中世纪，一般而言，系指从 5 世纪到 15 世纪的历史时期，亦即从 476 年西罗马帝国灭亡到 1500 年前后哥伦布、麦哲伦、达伽马等人将整个世界连接成一个整体的伟大的地理大发现和大航海活动的时期。[2] 这一时期长达 1000 多年，在史学界曾有人称之为"黑暗的时代"或"黑暗的中世纪"。

中世纪时期的民法的发展，可分为三个阶段：①从 5 世纪到 9 世纪，是中世纪初期（早期中世纪，Frühmittelalter）；②从 10 世纪到 12 世纪，是中世纪中期（Hochmittelalter）；③从 13 世纪到 15 世纪，是中世纪末期（Spätmittelalter）。其中，于 5 世纪至 9 世纪的中世纪初期，民族迁徙运动的浪潮仍在进行中，日耳曼各部

1　［日］胜田有恒、森征一、山内进编著：《概说西洋法制史》，ミネルヴァ书房 2004 年版，第 46 页。

2　从历史的观点来看，"中世纪"一词，事实上是 16 世纪时，西方人文历史学家所发明的一个西方历史的分期概念，因为他们认为当时的西方正要进入一个新的时代（近代，Neuzeit）。尔后，"中世纪"这一概念又被分为中世纪初期（早期中世纪）、中世纪中期和中世纪晚期。中世纪的结束，是采邑时代的结束（Lehnwesen）。对此，请参见陈惠馨：《德国法制史：从日耳曼到近代》，元照出版有限公司 2007 年版，第 175 页。另外，日本学者栗生武夫于其所著《中世私法史》（弘文堂 1932 年版，第 1 页）一书中认为，中世纪是指从 476 年西罗马帝国灭亡至 1492 年美洲被发现的时期。

落在罗马帝国的废墟上创建新的国家。在中世纪中期，于政治上，封建君主以武力维持社会的稳定。在中世纪晚期，欧洲城市纷纷兴起，商业复兴，并迎来"文艺复兴"的文化之光。从另一个视角说，中世纪初期乃是一个动摇不定的时期，中期是一个压迫、沉寂的时期，末期则是一个焕然一新、朝气蓬勃的新时代。[1]

另外，于德国法制史的有关著作中，也有作者将中世纪时期分为法兰克帝国时期（Fränkische Reich）、中世纪中期和中世纪后期，甚至有人将中世纪分为法兰克时期（Fränkische Zeit）与中世纪时期（Mittelalterliche Deutsche Reich）。

这里还有必要提及法兰克王国（Das Frankenreich）时期。于德国，一些法制史的书籍是从日耳曼时期开始谈论德国法制的发展的，而讨论完日耳曼时期的法律后，就开始讨论法兰克王国时期。在法兰克王国时期，于民法方面，已经有关于身体伤害的损害赔偿的等级和关于杀人的赔偿金额的等级的记载，且十分详细。例如，它规定，如果有人将他人的大拇指砍断，则他要负担12先令的赔偿；如果有人第二手指被弄成无法运用，那么要赔他5先令。[2]

（二）中世纪私法的一般情况

1. 亲属法

在中世纪的私法世界中，亲族的力量是弱小的，家族发挥着中心的作用。但是，买卖作为重要财产的土地时，涉及亲族的情形也不少。此从11—12世纪土地的让与中经常可以看到。之所以如此，是因为人们具有土地归属于亲族集团的意识。关于继承，法兰克时代存在亲族继承权，有"财产按血缘流动"的做法，其继承的顺位是：儿子、女儿、父亲与母亲、兄弟与姐妹。妻子无继承权。关于婚姻，在教会的影响下，自12世纪起，开始尊重当事人的意思，实行"合意创造婚姻"的原则，自由婚得以普及，但禁止离婚。[3]

1　[日] 栗生武夫：《中世私法史》，弘文堂1932年版，第1—2页。

2　陈惠馨：《德国法制史：从日耳曼到近代》，元照出版有限公司2007年版，第181页。

3　[日] 胜田有恒、森征一、山内进编著：《概说西洋法制史》，ミネルヴァ书房2004年版，第98页。

2. *不动产*

中世纪时期，物被区分为动产与不动产。动产中，家畜、衣服、武器等受到重视，但不动产是最重要的财产，系不动产占有人的地位和身份的象征。所有与占有的关系并不明确。占有被认为是权利的外衣，它不仅意味着事实上的持有，还意味着用益权或占有权。有占有的人，对于来自他人的攻击，可在裁判上加以防御，于对物的占有被剥夺时，可以请求返还。不过，近代意义上的排他的所有这一考量观念仍不存在。所有权这一新概念的出现，是在13世纪以后，其与罗马法有关。

土地所有权依裁判的方式由所有人转让给取得人时，需通过判决。并且，所有的继承人需认可此移转。对此，《萨克森宝鉴》规定："无论何人，没有获得继承人的承诺，或未经正规的定期的裁判集会（echt dink），不能让渡其所有地（egen）或从属民（lude）。"即使继承人中的一人，于1年零1天内反对的，所为的土地处分也无效力。另外，在城市中，许可通过登记来确认土地的处分。不过，无论何者，只要1年零1天经过，取得者即获得正当的占有。[1]

3. *动产*

中世纪时期，在动产领域出现了"应以手护手"（Hand muss Hand wahren）[2]的格言：将占有的动产让与他人之人，仅能向其相对人请求返还，若受让人将之让与第三人并已交付，则不能对第三人请求返还。换言之，让与并交付动产者，应保护受让与者（受交付者）。[3]另外，中世纪时期并不存在基于所有权的诉讼，而只存在基于占有的侵害的诉讼。

向受委托对物进行占有的人请求返还，其理由与根据是契约。在法兰克王国时期，重视契约的形式，不履行债务系一种犯罪，为此需要支付赎罪金。不过，随着商业的发达，违反契约不再支付赎罪金，而是通过损害赔偿予以处理。公法

1　[日] 胜田有恒、森征一、山内进编著：《概说西洋法制史》，ミネルヴァ书房2004年版，第99—100页。

2　姚瑞光：《民法物权论》，吉锋彩色印刷股份有限公司2011年版，第106页。

3　姚瑞光：《民法物权论》，吉锋彩色印刷股份有限公司2011年版，第106页。

与私法开始分离，契约也变成诺成契约，当事人达成协议后的其他行为，仅被认为是附随的行为或方式。一般认为，不要求采取一定形式的诺成契约的发达，是受到教会法的极大影响的结果。[1]

二、中世纪初期：部族（Stamm）法时期（5—9 世纪）

中世纪初期的欧洲，处于自然经济的汪洋大海中。就经济而论，只有农业，商业尚未兴起，像往后才兴起的城市此时也未出现。无论在何处，呈现在人们面前的是这样一幅图景：寂寞的原野、茂密的森林和贫困的农村。每个人乃至一家一户，莫不过着自给自足的自然经济生活，普遍的、大量的产品交换是阙如的，充其量在一些个别的地方，存在一些少量的、稀少的产品交换关系。

此种各地方间的封闭的自给自足的经济环境，使各地方的共同社会的连带意识十分强烈。一个地方的人世世代代只和同一个村落的人交往，而与其他村落的人则不接触，"同伴""同伙""同类"的地缘意识、地缘观念十分浓烈。并且，这一时期，大自然的凶猛的力量摧毁了当时微弱的、稚嫩的农业生产活动，人民遭受饥荒，流落乞讨；热死病和各种瘟疫流行，且时间很长，导致无数人死亡。另外，在这一时期，一些国家内乱频仍，战事不断，平息这些持续不断的内乱的中央集权的政治体制尚未建立。并且，在这一时期，人们在孤立无援的情感生活中漂泊，人们之间唯一的依赖，仅仅是"同伙"（"同伴""同类"）之间的忠实和相互间的扶助。概言之，这一时期的人们，除了以血缘和地缘关系为纽带而结成坚实的共同体并进行互助合作的行动外，并无其他活动方式。

法律是经由立法的形式或程序来表达人们之间的社会关系的规范。法律的制定者受制定法律时的社会规范的意识或观念的影响，乃系不能不顾及或关注现实社会中何为"善"、何为"恶"的观念与意识的。故而，毋庸置疑，中世纪的立法者也当然是以当时社会生活中普遍认可的道德观念或意识来展开其各项立法活

1　［日］胜田有恒、森征一、山内进编著：《概说西洋法制史》，ミネルヴァ书房 2004 年版，第 100 页。

动的。也就是说，将"同伙"（"同伴"）间的忠实和相互间的扶助规定为根本的义务，破坏和平、背弃朋友等，皆会作为重大的违法行为而加以处罚。将"同伴""同伙"间的这些道德上的约束法律化，正是中世纪初期的立法所面临的首要任务。对此，可作进一步分析如下。

第一，中世纪初期的法律，将由共同的祖父生出的人们结成氏族的团体，对重要的事实或法律上的行为采取一致的立场。氏族中的某人受到外族人的侵害时，其他人会采取共同的行动予以报复；反之，如他们侵害外族的某人，则会共负其责。氏族中产生了生活上的困难者时，同族的人会共同扶养之。如果同族中某人扰乱和平、安宁，则同族的其他人也会采取一致的立场对之予以制裁。

第二，不仅存在血缘关系的个人之间，存在地缘关系的个人之间也有紧密的"同伴"或"同伙"关系。土地，系由各村落总有。宅基地虽然由各户所有，但耕地则是由村落管理（即村落保有所有权），并由它将土地分配给各家利用。至于森林、牧场、水流等，则由全村落的人共同利用。也就是说，这一时期并无个人的所有权及其观念，而只有对财富的村落的管理与村落的利用关系。

第三，即使在一个家庭中，"同伴"或"同伙"的观念与意识也是一以贯之的。以土地为例，即使家长对村落分给自家利用的土地保有相当大的权利，他也无自由处分权。进行处分时，需与家中成熟的男儿共同为之，并获得家中未成熟的人的同意。

第四，虽然也存在赋予一个人权利的情形，但其前提是以权利人不损害"同伴"或"同伙"的利益的方法行使该权利。[1]

另外，值得指出的是，在这一时期的德国，产生了所谓"部族法典"（Stammesrechte），它完全系为维持和平、维持治安而创制的成文法典，比如，在西哥特，475 年的《欧里西亚努斯法典》（Codex Euricianus）、506 年的《西哥特罗马

---

[1] ［日］栗生武夫：《中世私法史》，弘文堂 1932 年版，第 3 页。德国学者拉德布鲁赫谓：关于法的历史，真正具有划时代的东西，是对人的观念的变化。法，依其如何表达作为其规范对象的人和以什么样的东西为前提，从来就是区分法律史的各个时期的最鲜明的标志。中世纪的法，是以结成团体的人为前提并以之为出发点的，之后的近代的法，则是以追求利益的人为前提并以之为着眼点的。

法》（Lex Romana Visigothorum）；在勃艮第，501 年的《勃艮第法》（Lex Burgun-dionum）、506 年的《勃艮第罗马法》 （Lex Romana Burgundionum）；在东哥特，507 年的《狄奥多里克敕告》（Edictum Theodorici）等。此外，508—511 年的《萨利克法》（Lex Salica）、710—720 年的《阿拉马诺法》（Lex Alamanorum）、741—744 年的《鲍瓦里奥法》（Lex Baiuwariorum）、741—747 年的《卡马维法》（Lex Ribuaria）、802 年的《里布里亚法》（Ewa Chamavorum）、《撒克逊法》（Lex Saxo-num）、《弗里斯兰法》（Lex Frisionum）、9 世纪初的《盎格鲁和弗里诺法汇编》（Lex Angliorum et Werinorum id est Thuringorum），也属之。最后，于伦巴第，643 年的《罗塔里王法典》（Edictus des Königs Rothari），依然属之。[1]

三、中世纪中期：封建法时期（10—12 世纪）

中世纪时，不仅是小农感到不安，"权门势家"，即所谓的大地主，同样感到不安。之所以如是，系因为中世纪的乱局乃是以争夺土地为目的的，长期、持续不断的内乱使大地主们成为直接的受害者。所以，当时的各"权门势家"无不拥有自己的武装以保护自身的利益。并且，拥有小武力的"权门势家"仅将庄园的一部分保留下来供自己使用，而把其余的部分奉献给比其具有更大武力的"权门势家"，小"权门势家"与大"权门势家"从而结成受保护、服从与保护、"命令"、"统治"的关系。当然，拥有更大武力的地主仍然将自己庄园的一部分保留下来供自己使用，而将其余部分奉献给比他拥有更大武力的"权门势家"，由此也结成受保护、服从与保护、"命令"、"统治"的关系。如此一层一层的递升，最后形成拥有最大势力的国王。国王仅为自己留下庄园的一部分，而将其余部分分封给诸侯，诸侯也将庄园的一部分为自己留下，其余的分封给臣下。臣下进一步将一部分土地分封给陪臣，以此再进一步往下位阶的人分封。像这样的具有组织化、武力化的庄园制度，即被称为封建（Feudalismus）制度。[2]

---

1 ［日］林毅：《法史学方法论与西洋法史》，敬文堂 2000 年版，第 92—93 页。
2 ［日］栗生武夫：《中世私法史》，弘文堂 1932 年版，第 7—8 页。

由此之故，于有关中世纪社会状况的讨论中，最能代表当时社会的特色的就是"封建"一词。19 世纪时，马克思、恩格斯以"封建社会"一词将中世纪与奴隶社会和近代的资本主义社会加以区隔，此表明"封建"一词可以作为中世纪世界秩序的象征。不过，在德国，"封建"一词常被"采邑关系"（Lehnverhältnis）一词替代。所谓采邑关系，在德国，主要是通过土地的给予而建构起来的人与人之间的阶层关系（Herrschildstufe）。[1]例如，国王在第一顺位（König），他不是任何人的下属（Vasall），第二顺位为宗教界的诸侯（geistl Fürsten），第三顺位为世俗界的诸侯（weltliche Fürsten），第四顺位为伯爵（Grafen）或自由人（Freiherrn），第五顺位为具有审判或行政能力的骑士（Schöffenbare und Ministeriale Ritter），第六顺位为下级的骑士（niedere Ritter）。[2]

那么，上述封建制度对私法有何影响呢？事实上，这一时期的欧洲封建制度是建立在身份的严格区分基础之上的。最高者是大领主（即国王），其次是中领主（即诸侯），然后是小领主（即臣），以至更下一级位阶的人。日耳曼社会固有的团体主义传统，在此种局面下很难推行。中世纪初期的团体主义，是人民平等的团体主义；中世纪中期的团体主义，则转化为阶级人内部的团体主义。封建制度使每一个人对上变成奴隶，对下则是"君主"，只对同一身份的人，才成为"同伴""同伙"。不同身份的人之间发生排斥，是当然的事。当时的立法者以这些情况作为立法的基础，对身份高的人赋予各种特权，对身份低的人则课以各种义务。像重要的法律行为，特别是身份行为，认可只在相同身份的人之间才能缔结，否则无效；并且，规定身份低的人的服从和身份高的人的统治关系，以及农民对领主、臣对诸侯、诸侯对国王的忠实义务。在这一时期，土地业已由此前的村民总有的形态，转变为分割所有的形态：领主保有"上级所有权"，农民保有"下级所有权"，是所谓双重所有权制度。一言以蔽之，欧洲封建时期的法律，是

1　究竟阶层关系有多少层，当时的法律书籍中的记载有些不同。例如，《萨克森宝鉴》中记载的阶层关系有五个或六个，而在《史瓦本宝鉴》中记载的阶层关系则约有七种。对此，请参见陈惠馨：《德国法制史：从日耳曼到近代》，元照出版有限公司 2007 年版，第 188 页注释 3。

2　陈惠馨：《德国法制史：从日耳曼到近代》，元照出版有限公司 2007 年版，第 188 页。

统治与服从的法律。[1]

另外，这里还有必要提及欧洲中世纪的基督教。在中世纪的西欧，基督教会具有很大的势力，它有一套严密的组织，其触须伸及每个偏僻荒寂的乡村，而影响于贩夫走卒、妇孺老弱每一个人。中世纪的西欧人如果离开教会，就等于被宣判死刑，问题是十分严重的。[2]有人认为，正是基督教，才让中世纪的人们忘却中世纪的悲哀，基督教系其灵丹妙药。此一时期的法律，也深刻地受到了它的影响。教会法本身是这方面的一个巨大的"建造物"，而且世俗法的内容于教会的影响下也发生了很大的变化。例如，在人格权法领域，奴隶和外国人的地位较先前有了很大的提升；在法人制度领域，认可社团、财团的独立人格；在契约法领域，重视宣誓的效力；于时效制度领域，作为取得时效的要件的占有的合法性被特别强调；在物权法领域，土地所有权的转让成为可能；在继承法领域，特别强调遗嘱的效力等。这些皆系受教会影响的结果。当然，禁止暴力、禁止离婚，也系受到教会影响的结果。此外，中世纪的法律带有强烈的理想主义的倾向，当时的立法者不仅不认可民间的习惯具法律效力，还对其大加批判，这也系受到了教会法的影响。

四、中世纪末期：城市法（Stadtrecht）时期（13—15 世纪）

（一）中世纪欧洲城市的出现

在欧洲，最早的中世纪城市出现于地中海沿岸，之后逐渐向内陆深入。据估计，仅 1100—1300 年间，英国新增城市达到 140 座，德国则更多。至 14 世纪初，西欧城市、城镇总量已达万余座。新兴城市建立在西欧各地的道路交汇处、水路码头、交易中心、修道院、城堡等地方，这些地方交通便利，人员流动性强，当地教俗领主愿意提供安全保护，以此获取额外的收入。[3]

1　[日] 栗生武夫：《中世私法史》，弘文堂 1932 年版，第 9—10 页。
2　马克垚：《西欧封建经济形态研究》（第 2 版），人民出版社 2001 年版，第 182 页。
3　武寅主编：《简明世界历史读本》，中国社会科学出版社 2014 年版，第 223—224 页。

城市的兴建主要有三种方式：一类是在原来帝国废墟上重建的，比如巴黎、马赛等；一类依靠外来移民复兴或建立；一类由村庄和村民于原地发展而成。后两类城市皆以人口往来比较集中的市集为中心。[1]

城市兴起的根本动因在于农业的发展以及与此相联系的生产者要求自由劳动的解放运动。[2] 在 11 世纪时的欧洲，新的耕作技术与方法逐渐发展，生产力大大提高，新的城市不断增加。在 11、12 世纪，欧洲的人口大量增加，在 1150 年至 1250 年间大约增加了 40% 的人口，也就是从 5000 万人增加到 7000 万人，农民的生活也大大改善。另外，在中世纪后期，德国大约有 20% 的人口居住于城市，当时德国最大的城市为科隆（Köln）。在 1500 年时，科隆的人口约为 4 万人，而同一时期伦敦的人口约为 3 万人，巴黎的人口约为 10 万人。[3] 中世纪后期，在当时神圣罗马帝国境内，拥有 2 万人口的城市就有 8 个，包括不来梅（Bremen）、纽伦堡（Nürnberg）、斯特拉斯堡（Straßbourg）、科隆等，其中科隆因其居民数已有 4 万人而成为当时德国最大的城市。还有 12 个城市各拥有 1 万到 2 万居民，250 个城市拥有 2000 到 1 万居民，约 3700 个城市拥有约 2000 居民。这样的居民数今日看来也许不是很多，但它足以影响当时的社会经济：城市与农业间发生非常频繁的货物交换关系，原来劳役或以物易物的经济交易形态逐渐演变为货币交易的经济形态。[4]

需特别提及的是，于中世纪后期，大量城市兴起的现象，不仅发生在德国。11 世纪以后，法国的城市也迅速发展，巴黎、佛兰德尔、香槟、皮卡尔迪、马赛、蒙特利埃、波尔多、图卢兹等皆成为远近闻名的商业中心。12 世纪以后，城市纷纷用金钱从国王和领主手中购得特许状，获准自治。特许状于法律上确定领主征收固定的租税和罚金，限制领主对城市居民的专制特权，允许城市设防以及建立行政机关和司法机关。[5] 这些情况与德国的情况类似。

1　武寅主编：《简明世界历史读本》，中国社会科学出版社 2014 年版，第 224 页。
2　武寅主编：《简明世界历史读本》，中国社会科学出版社 2014 年版，第 224 页。
3　陈惠馨：《德国法制史：从日耳曼到近代》，元照出版有限公司 2007 年版，第 186 页。
4　陈惠馨：《德国法制史：从日耳曼到近代》，元照出版有限公司 2007 年版，第 216 页。
5　何勤华主编：《法国法律发达史》，法律出版社 2001 年版，第 23 页。

城市布局密集、规模偏小，如伦敦到 14 世纪中叶人口才达到 4 万左右，已经被称为巨型城市。75% 的小城市人口仅一两千。占绝大多数的是小城镇，市民来自周围农村，许多居民的老家不超过 6 英里。后来，居民来源范围逐渐扩大，例如 13 世纪时，英国的诺维奇市的市民来自周围地区不下 45 个村镇，中西部地区的城市市民来自 30 英里至 40 英里半径范围。13、14 世纪之交，西欧的城市、城镇总计达到 1 万多个，平均每 500 平方英里就分布一个。城市人口增加幅度不小，城区规模也在扩大。[1]

（二）城市的种类：以德国为例的分析

欧洲中世纪末期城市的种类，以德国的情形最具代表性。德国于中世纪末期所出现的城市，约可分为下列几个类型 [2]：

第一，帝国城市或国王的城市（Königliche Reichsstädte）。之所以被称为帝国城市，主要是因为它们处于帝国所在的地区，且其城市主为国王，这些城市有：法兰克福（Frankfurt）、纽伦堡亚琛（Nürnberg Aachen）、多特蒙德（Dortmund）、米尔豪森（Mühlhausen）、苏黎世（Zürich）。

第二，主教城市（Bischöfsstädte）。此等城市与教会和国家关系密切，主要有：科隆、美因茨（Mainz）、特里尔（Trier）、汉堡（Hamburg）、不来梅、萨尔茨堡（Salzburg）、帕绍（Passau）、巴塞尔（Basel）、洛桑（Lausanne）、日内瓦（Genf）。

第三，地方主的城市（Landesherrliche Städte）。此等城市属于世俗界诸侯，主要有：弗赖堡（Freiburg）、慕尼黑（München）、布拉格（Prag）、维也纳（Wien）、布伦瑞克（Braunschweig）、莱比锡（Leipyig）、伯尔尼（Bern）。

以上城市中，帝国城市和主教城市形成自己区域的法院，而地方主的城市也尝试取得下层法院的审判权。中世纪末期，德国的各城市间逐渐建立起一个交易圈，贸易和工商业的发达以及技术的新进步影响着城市中的经济。居民的经济力量使他们取得政治上较大的影响力，于是他们逐渐对抗城市主，逐渐取得订定城

1　武寅主编：《简明世界历史读本》，中国社会科学出版社 2014 年版，第 224—225 页。

2　陈惠馨：《德国法制史：从日耳曼到近代》，元照出版有限公司 2007 年版，第 217—218 页。

市自治规则的权利。城市中土地的使用也有别于农村，例如，城市中土地租赁关系存在的机会就较农村更高；新形式的夫妻财产制也逐渐出现，新的企业形式和土地信用借贷制度也逐渐在城市中建立。另外，由于城市的兴起，乃造成大量的人口流动。城市的居民来自各种不同的阶层，著名的谚语"城市的空气使人自由"，表示城市居民间有可能取得自由、平等的法律地位（即民法上的对等地位）。[1]

（三）城市法

1. 中世纪重要的城市法

（1）《纽伦堡市改革法》。纽伦堡于13世纪初期尚无自己的城市法。该市当时从皇帝处获得许多特权（Privileg）。13世纪末期，该市取得的特权逐渐发展成自治条例（Statuten）。自治条例包括警察法与民法。14世纪末期，该市聘用很多法律专家参与城市法的编纂工作，由于该市重视罗马法，有不少罗马法专家参与城市法的编纂，同时在内容方面也采用了不少罗马法的规定。[2]

《纽伦堡市改革法》共35节，每节包含若干条文。前11节以罗马法和教会法的诉讼程序为主，但也有少许实体法的内容；第12节至第21节是有关继承法和亲属法的内容；第22节至第34节规定各种契约、担保权、损害赔偿、农民法、物权诉讼、占有诉讼、本权诉讼、埋藏物的发现、裁判官的仲裁和渔业权；第35节的内容为建筑法。如前所述，《纽伦堡市改革法》中的民法规范采纳了不少罗马法的条文，特别体现在关于法定继承人和遗嘱的内容中。当然，就该法的整体来看，其仍不失为德国固有的立法。例如，关于夫妻财产制的规定，就全部为日耳曼民族的习惯法，罗马法的内容被完全排除。并且，即使采用罗马法，也已不是罗马人当时适用的罗马法，而是适合当时德国社会需要的注释罗马法。[3]

1564年，《纽伦堡市改革法》进行第一次重大修改，此次修改共计3章39节。其中涉及民法的是第2章共计16节，内容包括各种契约、担保权、破产法、

1　陈惠馨：《德国法制史：从日耳曼到近代》，元照出版有限公司2007年版，第218页。

2　陈惠馨：《德国法制史：从日耳曼到近代》，元照出版有限公司2007年版，第220页。

3　戴东雄：《中世纪意大利法学与德国的继受罗马法》，中国政法大学出版社2003年版，第297页；陈惠馨：《德国法制史：从日耳曼到近代》，元照出版有限公司2007年版，第220页。

农民的权利义务、渔业权、埋藏物的发现、损害赔偿和夫妻财产制等；第 3 章规定遗嘱和监护。[1]

（2）《弗赖堡市改革法》。该法是法学家乌尔里希·察修斯（Ulrich Zasius）编纂完成的。1502 年，该人将多年悉心收集的弗赖堡市法院的判决、自治法规、习惯法和法院实际适用的罗马法编纂成城市法典。该法公布时，被赞誉为因应该市人民生活而制定的不朽之作。该法共分 5 章，章下再分节。其中，涉及民法的是第 2 章和第 3 章：第 2 章以债法为主，规定各种契约类型和担保权；第 3 章以人身法为主，包括人格法、婚姻法和继承法。[2]

（3）《巴伐利亚改革法》。巴伐利亚邦的封建领主 15 世纪中叶、16 世纪初期，适应社会急速发展的需要，制定了一系列的单行邦法。例如，1474 年，封建领主制定了自己的邦法，其内容涉及民法者甚少。1518 年，巴伐利亚邦编纂完成改革法，共分三部分：民法、犯罪行为和诉讼程序。[3]

（4）《布尔登堡邦（Württemberg）改革法》。1555 年颁布的《布尔登堡邦改革法》，是德国 16 世纪最重要的法典。此邦法深受罗马法的影响，仅保留很少的德国固有法。该法的内容共分 4 编，除第 1 编规定诉讼程序外，其余各编均为关于民法的规定，即第 2 编为"契约与事实行为"，第 3 编为"遗嘱"，第 4 编为"法定继承"。[4]

（5）《索尔慕侯爵地域（Solms）改革法》。该法于 1517 年公布实施，共分二部分：第一部分为法院组织法，第二部分为民法。其中，民法的内容十分翔实、丰富，涵括债法、亲属法和继承法。债法包括借贷、寄托、互易、买卖、赠与、保证及和解等契约；身份法包括结婚、遗腹子平等继承、夫妻财产制契约、监护、

1　戴东雄：《中世纪意大利法学与德国的继受罗马法》，中国政法大学出版社 2003 年版，第 297—298 页。

2　戴东雄：《中世纪意大利法学与德国的继受罗马法》，中国政法大学出版社 2003 年版，第 298 页。

3　陈惠馨：《德国法制史：从日耳曼到近代》，元照出版有限公司 2007 年版，第 221 页。

4　戴东雄：《中世纪意大利法学与德国的继受罗马法》，中国政法大学出版社 2003 年版，第 303 页；陈惠馨：《德国法制史：从日耳曼到近代》，元照出版有限公司 2007 年版，第 222 页。

遗嘱、法定继承人的顺序、配偶、地役权、时效等。[1]

（6）《莫姆斯市（Worms）改革法》。该法制定于1498年，系受到《纽伦堡市改革法》的影响。该法共分6部分，涉及民法的是第4部分和第5部分：第4部分的内容为监护、赠与、遗嘱和法定继承顺序；第5部分为买卖，在不动产转让方面保留了德国固有法有关让与合意和法院证明的做法。此外还规定了租佃、借贷、永佃、使用借贷、寄托、保证、担保权、建筑条例、地役权和夫妻财产制。[2]

2.《马德堡城市法》（Magdeburger Stadtrecht）的内容

《马德堡城市法》的原文资料，可以从1188年维希曼（Wichmann）主教（Erzbischofs Wichmann）的特权状内容看出。其涉及民商法的有两方面的内容：一是"商人法"，主要规范商人对于货物的责任（Haftung für die Ware），商人结算账单（Rechnungslegungspflicht）的义务，以及关于公司资金的义务和信用行为的效果等。二是有关夫妻财产和继承的规定。根据该法，男性配偶是女性配偶的监护人（Vormund）。夫妻财产实行分别财产制，但是夫对于妻的财产有管理权。另外，虽然结婚的女性要由其配偶担任监护人，但是在法庭上，妻子已有独立诉讼的权利。[3]

（四）私人土地所有权制度的确立

中世纪末期仍处于中世纪时期，只不过它是中世纪的晚期。这一时期，在民法领域，私人土地所有权制度得以确立。另外，契约制度、使用租赁制度和夫妻财产制度也得到极大发展。

德国法制史学家普莱尼茨（H. Plänitz）于《德国私法》（1948年）的"土地所有权"一章中作如下记述："中世纪末期的城市法，区别了对不动产的领主

---

[1]　戴东雄：《中世纪意大利法学与德国的继受罗马法》，中国政法大学出版社2003年版，第304页；陈惠馨：《德国法制史：从日耳曼到近代》，元照出版有限公司2007年版，第222页。

[2]　戴东雄：《中世纪意大利法学与德国的继受罗马法》，中国政法大学出版社2003年版，第305页；陈惠馨：《德国法制史：从日耳曼到近代》，元照出版有限公司2007年版，第223页。

[3]　陈惠馨：《德国法制史：从日耳曼到近代》，元照出版有限公司2007年版，第225页。

支配权（Grundherrschaft）和私人所有权（Privateigentum）。并且，在城市中，特殊性质的不动产所有权获得发展，并赋予了对买得财产的无限制的处分权，这就为继受罗马法作了准备。"[1] 在中世纪末期的欧洲城市中，土地所有权出现了重大变迁，即用益权得以确立，个人所有权（Individualeigentum）获得发展。[2] 本来，中世纪的土地所有权，其私人所有权的特性并不明显、充分，而是更多的具有公法的因素。不久，城市的土地所有中的公法的因素被剔除，土地演变为一种纯粹的私人所有权，[3] 即土地所有权从共同体中被解放出来，成为一种个人性质的权利。[4]

在欧洲封建时期，具有代表性的土地所有制是封建的土地所有制，即所谓领主的土地所有。这种领主的土地所有，是和公法的支配权（领主权）结为一体的。并且，于封土的场合，以君臣关系为前提的封建领主将土地授封给臣子，而臣子的土地的支配权则由君主掌握。另外，在农民的场合，农民作为农奴而隶属于领主，农奴对土地只有单纯的保有权，而无自由使用、收益、处分的权利。但是，在莱茵河沿岸最先发展起来的商业城市科隆，市民尤其是商人从较早的时候起就获得了自由身份，摆脱了领主的支配。在12世纪时，一般的自由的土地所有权制度就得以确立了。

五、中世纪的法律书籍与《萨克森宝鉴》

在中世纪末期的欧洲，许多地区出现了各种不同且十分重要的法律书籍（Rechtsbuch）。这些书籍包括：1230年出现的、迄今最早且最完整的《萨克森宝鉴》（Sachsenspiegel），《戈力兹法律书籍》（Gölitzer Rechtsbuch），1265年的《德国宝鉴》（Deutschenspiegel），1275年至1276年的《史瓦本宝鉴》（Schwabenspiegel）。其

---

1 转引自［日］林毅：《西洋中世自治城市与城市法》，敬文堂1991年版，第163页。

2 ［日］林毅：《西洋中世自治城市与城市法》，敬文堂1991年版，第163页。

3 H. Plänitz, Deutsche Rechtsgeschichte, Graz, 1950, S. 152.

4 ［日］川岛武宜：《所有权法的理论》，岩波书店1949年版，第116页。

中最著名的是《萨克森宝鉴》。[1]

《萨克森宝鉴》的作者是艾克·冯·雷普戈（Eike von Repgow，约 1160—1190年），其在该宝鉴中提到许多有关民法的规范，但并无系统性的介绍，甚至也没有抽象概念的用语，其内容大多是生活化的德国民事习惯的呈现。例如，它记载当时的法律规定：某人若要处分自己的不动产（土地），则需获得其继承人的同意。对动产则无此规定。另外，该宝鉴还记载：一个人若能带着剑和盾（Schild），并在无人帮助的情况下骑上一匹马，那么该人无须经过其继承人的同意就可以将其所有的动产（Fahrende Habe）转让、出借；若不能做到此点，则他不能将其动产出卖或出借。此记载说明：当时的人们希冀通过对被继承人能力的测验，了解其是否有自由处分自己财产的能力。如果被继承人的能力、体力不能证明他能自由处分财产，则其对自己财产的处分将会侵害未来得继承其财产之人的期待权。而这一点，也可看成当时民事行为能力的一种确定标准。另外，从《萨克森宝鉴》的记载可以看到，当时民法的相当多的内容还未受到罗马民法的影响。例如，当时强调为一定的法律行为需要履行一定的形式或表征（Rechtsformalismus，Rechtssymbolik），即是德国固有法的切实体现。[2]

另外，在《萨克森宝鉴》第 1 编第 17 章第 1 条、第 2 条中记载："若一个人死亡时没有子女，则由他的父亲继承，如果他已经没有父亲了，则他的母亲的权利是大于他的兄弟的。父亲、母亲、兄弟或姊妹的继承人中，仅儿子可以继承，仅在没有儿子时，女儿才可以继承。如果一个人死后由较兄弟或姊妹更远的亲属继承，所有同一顺位得继承的人，不分其是男性或女性，都得到相同的数额。在萨克森我们称此为共同继承（Gesamterben）。"需提及的是，此关于继承的记载，后来为《德国民法典》所继受，其第 1924 条至第 1930 条至今仍沿用此继承规则。[3]

1　陈惠馨：《德国法制史：从日耳曼到近代》，元照出版有限公司 2007 年版，第 196 页。

2　陈惠馨：《德国法制史：从日耳曼到近代》，元照出版有限公司 2007 年版，第 213—214 页。

3　陈惠馨：《德国法制史：从日耳曼到近代》，元照出版有限公司 2007 年版，第 214 页。

六、中世纪德国继受罗马法

中世纪德国继受罗马法，主要是指在中世纪后期，德国的留学生到意大利北部波伦亚（Bologna）大学学习罗马法，并将所学到的罗马法知识带回德国，于行政和司法领域乃至法学教育中落实的过程。需提及的是，在中世纪后期，前往意大利学习法律的人（含法国人、德国人等），他们当时所学的法律乃是优士丁尼于6世纪时编纂的《民法大全》。[1]在德国继受罗马法的过程中，德国法律人前往意大利北部波伦亚大学学习的《民法大全》，基本上经历了两个阶段的学派继受，兹分述之如下。

（一）注释法学派（Glossatoren）

该学派出现于12世纪初，又称为波伦亚法学派，系由伊内留斯（Irnerius）创立。该学派的研究重点乃是尊重《民法大全》的权威，对于《民法大全》的全部内容进行类似经院哲学的解释，即逐字逐句训诂的注释工作，希望通过此注释工作使《民法大全》完美无缺。注释法学派所进行的注释工作虽能达到辩证性地注释《民法大全》，但因此一学派颇为简单，其与现代法哲学、法制史或比较法学的方法论并不能相提并论。此一学派没有建立起统一完整的法律体系，而只是进行一般总体性的注释。当然，从当时来看，这种注释研究工作已经是划时代的创举，其对于后世的法学研究仍有积极影响，尤其对于稍后兴起的疏证法学派的发展，发挥了积极作用。[2]

（二）疏证法学派（Kommentatoren）

继注释法学派之后，乃有疏证法学派之兴起。该学派的重点工作在于"疏证或评释"（Kommentaria），因此被称为疏证法学派或后期注释法学派（Postglossatoren）。此学派的形成时间大约是在13世纪中叶到16世纪初期，其专长在于鉴定各种法律问题或法院的判例（Gutachtertätigkeit），对于当时法院的实际裁判工作

---

[1] 陈惠馨：《德国法制史：从日耳曼到近代》，元照出版有限公司2007年版，第230页。

[2] 陈惠馨：《德国法制史：从日耳曼到近代》，元照出版有限公司2007年版，第232页。

具有很大的影响力，因此又被称为法鉴定家（Konsiliatoren）。该学派的两个重要学者是巴托鲁斯（Bartolus）和巴尔杜斯（Baldus）。[1]

在德国，由于在 10 世纪至 14 世纪初期，全德国并无从事法学教育的法科大学或大学法律系，当时德国人若欲学习法律，则必须前往意大利北部的波伦亚大学学习以《学说汇纂》为中心的《民法大全》。而据统计，在 14 世纪时期，于意大利北部波伦亚大学的外国学生中，以德国留学生人数最多。在该大学学习的德国留学生于 13 世纪约有 489 人，14 世纪约有 1650 人，15 世纪约有 1038 人。另据统计，自 1289 年至 1562 年期间，约有 4400 名德国留学生在波伦亚大学学习法律。这些在意大利学成回国的德国留学生，说服了他们所服务的教会主教与政治统治阶层，在德国筹设大学。因此于 1348 年，神圣罗马帝国的第一所大学在布拉格诞生，其后于 1365 年，维也纳大学也得以建立。[2]

中世纪末期以来，德国在继受罗马法、教会法的基础上，逐渐形成一种在全德国境内适用的法，称为普通法（Gemeines Recht）。与普通法相对应的是地方特别法（Partikular recht）。起初，普通法只居于补充地方法的地位。在普通法里，以罗马法为基础的私法占主要部分。由于这一部分主要来自《民法大全》中的《学说汇纂》，于是普通法中的私法部分又被称为潘德克吞。1495 年，德国设立了帝国宫廷法院（Reichskammergericht），作为帝国最高法院。法院法官依普通法裁判案件，于是构成潘德克吞的内容的罗马法，在德国取得了越来越重要的地位。这种情况，北部德国在 15 世纪末、南部德国在 16 世纪中期完成。[3]

1　戴东雄：《中世纪意大利法学与德国的继受罗马法》，中国政法大学出版社 2003 年版，第 101 页以下。

2　戴东雄：《中世纪意大利法学与德国的继受罗马法》，中国政法大学出版社 2003 年版，第 214 页以下；陈惠馨：《德国法制史：从日耳曼到近代》，元照出版有限公司 2007 年版，第 235 页以下。

3　谢怀栻：《大陆法国家民法典研究》，中国法制出版社 2004 年版，第 31—32 页。

第四节　近代民法的编纂

一、《巴伐利亚民法典》（1756 年）

在欧陆，作为一系列自然法的法典编纂的序曲和开端的是《巴伐利亚民法典》。在对启蒙主义抱有欢迎之情的马克西米利安三世·约瑟夫（Maximilian Ⅲ Joseph，1745—1777 年在位）统治时期，维尔茨堡（Wurzburg）的自然法和国际法教授约翰·亚当·冯·伊克斯塔（Johann Adam von Ickstatt，1702—1776 年）作为顾问官接受有关提案，决定实现法律的法典化。在分别于 1751 年和 1753 年实现刑法和诉讼法的法典化之后，1756 年《巴伐利亚马克西米利安民法典》（Codex Maximilianeus Bavaricus Civilis，简称《巴伐利亚民法典》）得以公布。该法典以优士丁尼的《法学阶梯》为蓝本，分为 4 编：第 1 编 "人法"，包括 8 章，依次为自然法与正义、法的分类、与人的身份有关的权利义务、家庭身份、父权、婚姻、监护、奴役；第 2 编 "物权法"，包括 11 章，规定所有权、时效、占有、抵押权、地役权、用益权等；第 3 编 "继承法"；第 4 编 "债务法"，包括 18 章，规定合同、无名合同、准合同等。[1]

《巴伐利亚民法典》是欧洲在启蒙时期最早的一部民法典。制定这部民法典的目的是统一巴伐利亚境内的法律（各种城市法、地方法、采邑法）。这部法典尽管是欧陆一系列自然法的法典编纂的序曲，但实际上它所受到的自然法的影响是微弱的。它所规定的私法制度中，包括了一些封建法和公法的因素，譬如有关狩猎、捕鱼、森林、营业等方面的内容。该法典导入了诸多罗马法的内容，并力图将其现代化，即使之作为 "现代的惯用" 而适用。尽管如此，应提及的是，这部民法典根本未能满足当时时代的诸需求。[2]

---

[1]　［德］Hans Schlosser：《近世私法史要论》，［日］大木雅夫译，有信堂高文社 1993 年版，第 94—95 页；谢怀栻：《大陆法国家民法典研究》，中国法制出版社 2004 年版，第 26 页。

[2]　［德］Hans Schlosser：《近世私法史要论》，［日］大木雅夫译，有信堂高文社 1993 年版，第 95 页。

二、《普鲁士普通邦法》（1794 年）

该法全名为"普鲁士国家的普通邦法"（Allgemeines Landrecht für die Preussis-chen Sttaten，ALR）。该法内容庞杂，除民法外，还包括宪法、行政法、刑法、商法等，共分两部分43章，有17 000条之多。该法于1794年2月5日公布，同年6月1日起施行。在私法方面，该法包含近代个人主义、自由主义的思想。第1部分为个人法，第2部分为家族法与团体法。第一部分的前7章规定人、物、行为、意思表示、合同、侵权行为、占有。这些相当于民法总则；接着第8章至第16章规定所有权、所有权的取得、保有、追及、权利义务的消灭等关于财产权的取得、丧失、变更；第17章至第22章规定共有、分割所有权、他物权、担保物权、用益权、相邻关系；第23章规定罚则。第2部分的第1章至第4章规定婚姻、亲子、亲族、家产，是为亲属法部分；第5章至第12章规定仆婢、组合、农民、市民、贵族、官吏、教会、学校等，也就是规定各种身份的人的特别义务；第13章至第17章规定国家、国库的特权与义务；第18章至第19章规定监护与各种慈善机构；最后的第20章规定罚则。这是一部体现普鲁士的自然法精神的法典，其一直施行到德意志帝国成立后《德国民法典》施行时。[1]

三、《法国民法典》（1804 年）

（一）概要

1804年公布施行[2]的《法国民法典》是一部典型的近代民法典，是第一部资本主义国家的和以资本主义经济制度为基础的民法典。它在1804年公布时的名称

---

1 谢怀栻：《大陆法国家民法典研究》，中国法制出版社 2004 年版，第 26—27 页。关于《普鲁士普通邦法》的详细情况和背景等，请参见 ［德］Hans Schlosser：《近世私法史要论》，［日］大木雅夫译，有信堂高文社 1993 年版，第 96—104 页。

2 1804 年 3 月 21 日，作为《法兰西人的民法典》（Code civil des Francais）而得以施行。参见 ［德］Hans Schlosser：《近世私法史要论》，［日］大木雅夫译，有信堂高文社 1993 年版，第 109 页。

是《法兰西人的民法典》（Code civil des Francais）。1807 年 9 月 3 日法律赋予它《拿破仑法典》（Code Napoléon）的尊称。该民法典有 1804 年、1807 年、1816 年 3 次的官方文本，特别以 1816 年的王政复古版流传下来。所以我国商务印书馆的译本中保留着"国王"和"王国"字样。别的版本则在"国王"下有"共和国总统"字样。[1]

《法国民法典》的成功制定，得益于当时作为拿破仑的文部大臣的让-艾蒂安·波塔利斯（Jean-Etienne Portalis，1746—1807 年）所做出的决定性贡献，以及在其领导下由 4 名委员组成的委员会的重要准备工作。该民法典重在确保 1789 年法国大革命的胜利成果，尤其是要确保法国自由主义的经济体制和大革命期间人们所获得的财产所有权，及与当时的法国法学所确立的诸原则相结合、"相呼应"。它将法国的习惯法、法国大革命之前封建王朝的旧制度、旧政体（ancien regime）中的"王令"（尤其是其中的家族法、物权法和继承法）、经过加工的罗马法（尤其是其中的债法）和自然法的各项原则（如人民的基本权利的私法保障等）加以融合，使它们得到统一、整合、协调。并且，该民法典对习惯法和成文法的综合（融合）是优秀的、杰出的。但需指出的是，《法国民法典》最初的各次草案采纳让·多马（Jean Domat，1625—1696 年）的思想更多，于法典制定的最后阶段，则更多地采纳了法国的罗马法学者罗伯特·约瑟夫·波蒂埃（Robert-Joseph Pothier，1699—1772 年）的古典体系的思想。并且，该民法典的制定更多地贯彻了经过长期发展、锤炼的民法思想，特别是拿破仑的从生活的实际需要出发进行民法典编纂的思想。拿破仑积极协助并参与该民法典的审议工作，在总共 102 次关于该民法典的会议中，他亲自主持了 57 次会议。[2]

（二）重要内容

《法国民法典》是一部解放人的法典，它摧毁了法国旧的封建社会，建立了

---

[1]　谢怀栻：《大陆法国家民法典研究》，中国法制出版社 2004 年版，第 5 页。

[2]　［德］Hans Schlosser：《近世私法史要论》，［日］大木雅夫译，有信堂高文社 1993 年版，第 109 页。

自由、平等的新社会（当时的资本主义社会）。这部法典是1789年法国大革命的
成果，该法典的一个重要任务就是要巩固此次革命取得的成果。在1789年法国大
革命之前，法国社会存在着三个不平等的阶级（或阶层）：僧侣、贵族与平民。
而1804年《法国民法典》第8条规定：所有的法国人都享有平等的权利能力。这
就解放了在封建制度下被压迫、被奴役的一切人。自此以后，这一条的内容成为
任何一个国家民法的最根本的原则。例如，其后世的《德国民法典》第1条、
《瑞士民法典》第11条、《苏俄民法典》第9条及我国《民法典》第14条等，无
一例外地接受了这一原则。[1]

《法国民法典》前面有一部分，标题为"前编：法律的公布、生效以及一般
适用"，有6个条文。这6条的内容是近现代民族国家一切法律的基本原则（除
第3条是国际私法性质的规定外），也是对近代以前的"封建法"的改变、否定
和废弃。例如，第1条"法律统一原则"规定，"经国王（共和国总统）公布的
法律，在法国全境内施行"；第2条规定"法律不溯及既往原则"；第4条规定
"法官不得拒绝裁判"原则；第5条规定"立法与司法分离"原则；第6条规定
"不得破坏公序良俗"原则。[2]

《法国民法典》奠定了近现代民法财产法的基础。例如，它规定了所有权绝
对原则（第544条）、契约自由原则（第1101、1119、1134条），并认为契约自
由也扩及于夫妻之间。[3]第1387条规定："夫妻间的财产关系，仅在无特别约定
时，始适用法律的规定；夫与妻只需不违背善良风俗，并依后述各条规定的限
制，得随意订立契约。"[4]

《法国民法典》是个人主义、自由主义的民法，贯彻了意思自治原则。[5]该法
典财产法中的某些规定，因其为当然之理，故以后各国家和地区民法典多不作规

1　谢怀栻：《大陆法国家民法典研究》，中国法制出版社2004年版，第11页。

2　谢怀栻：《大陆法国家民法典研究》，中国法制出版社2004年版，第6页以下。

3　谢怀栻：《大陆法国家民法典研究》，中国法制出版社2004年版，第13页。

4　谢怀栻：《大陆法国家民法典研究》，中国法制出版社2004年版，第13页。

5　谢怀栻：《大陆法国家民法典研究》，中国法制出版社2004年版，第13页。

定。例如，第 2092 条规定："负担债务的人，以其现在所有及将来取得的一切动产及不动产，负履行其债务的责任。"第 2093 条规定："债务人的财产为其全体债权人的共同担保。因此其财产的价金应依债权人债权额分配之，但债权人中如基于合法原因有优先受偿的权利存在时，不在此限。"这些规定，尤其是前一条的规定，系在说明什么是债务人的无限责任，明白了无限责任后，才能了解什么是有限责任。[1] 另外，《法国民法典》第 1134 条第 1 项对契约效力的认识在今天看来也是经典性的，其规定："依法成立的契约，对缔结该契约的人，有相当于法律之效力。"[2] 这一规定奠定了近现代乃至当代契约法的基础，其对契约效力的认识是至为深刻的。

《法国民法典》确立了近现代民法中的个人责任原则。在封建法中，由于封建领主制与家长制的关系，民事责任与民事行为是分开的。有时，行为人不是责任人，而非行为人却要对他人的行为负责。刑事方面的株连制度在民事方面也有所表现。《法国民法典》既然承认每个成年人都有平等的民事权利能力和自主的意思，当然也就承认每个人对自己的行为负责，且只对自己的行为负责。该法典第 1382 条规定："任何行为使他人受损害时，因自己的过失而致行为发生之人对该他人负赔偿的责任"。第 1383 条、第 1384 条、第 1385 条、第 1386 条又规定了侵权行为的各种情形。这 5 条规定构成大陆法系国家和地区民法整个侵权责任法的基础。[3]

（三）对《法国民法典》的评价与该民法典施行后法国私法的发展

《法国民法典》的语言洗练、平易、简洁、明快，普通人都能阅读并理解其文句的涵义，因此，该法典受到了法国人民的无比欢迎。更重要的是，该民法典以总共 2281 条简短、明快、平易的条文将法国大革命的理念与纲领传播至全世界。这部法典的体系明快、透彻，共分为 3 编：第 1 编"人法"、第 2 编"财产以及所有权的变更"、第 3 编"取得财产的各种方法"。这 3 编彰示的原则分别

1　谢怀栻：《大陆法国家民法典研究》，中国法制出版社 2004 年版，第 15 页。
2　罗结珍译：《法国民法典》，中国法制出版社 1999 年版，第 287 页。
3　谢怀栻：《大陆法国家民法典研究》，中国法制出版社 2004 年版，第 18—19 页。

是：第 1 编"自由与平等的革命原则"，第 2 编"所有权绝对原则"，第 3 编"契约自由原则"。作为《法国民法典》此种体系的蓝本或模范法的，是法国典雅的人文主义者们的著作，以及盖尤斯和优士丁尼的《法学阶梯》。[1]

《法国民法典》施行以后，法国的私法乃经由学说（doctrine）与判例（jurisprudence）而成功推动其持续发展，以不断适应市场交易和社会发展的需要。由此，该法典的原则从未动摇，彻底的、显著重大的修改从未进行过。其中，推动其发展的学说又分为两派，这两派学说于根本之点上均完全不同和对立，但是它们在不能对《法国民法典》进行修改和重新订立规则上却是一致的，并为此做出了决定性的努力和贡献。自 1830 年以来，按照法典的编纂过程和立法者的意思，严格解释法律条文的注释学派（Ecole de l'exégése）处于统治和支配地位，正如比涅（Jean Bugnet，1794—1866 年）[2] 所言："我不知道民法，我只教授拿破仑法典"（Je ne connais pas le droit civil; je n'enseigne que le Code Napoléon）。注释学派于 1880 年被教义学的、体系学的"科学的自由探究学派"（Ecole de la libre recherche scientifique）取代，后者在强调对法律规范作更加自由的探究的同时，也极力对负有重大责任的法官的地位予以称扬。现在，是居于注释学派和科学的自由探究学派之间的学说占据有力地位，其在推动《法国民法典》乃至法国私法向前发展。[3]

（四）《法国民法典》对全世界的影响

《法国民法典》逾越了法国的国界而作为民法典的模范法直接影响了世界诸

1　[德] Hans Schlosser：《近世私法史要论》，[日] 大木雅夫译，有信堂高文社 1993 年版，第 110 页。《法国民法典》的编纂成功，揭开了法国编纂所谓的"理性法典"的序幕。其后，法国于 1806 年颁布了《民事诉讼法典》（Code de procedure civile）、于 1807 年颁布了《商法典》（Code de commerce）、于 1808 年颁布了《刑事诉讼法典》（Code d'instruction criminelle）、于 1810 年颁布了《刑法典》（Code penal），这 4 部法典连同 1804 年颁布的《法国民法典》，被合称为"五法典"（cinq codes）。此"五法典"的成功颁布，标志着拿破仑的法典编纂事业大体上得以完成。对此，又请参见同注所引书，第 110 页。

2　参见 [法] 让-路易·阿尔佩兰：《法国私法史：从大革命到当代》，朱明哲译，商务印书馆 2023 年版，第 47 页。

3　[德] Hans Schlosser：《近世私法史要论》，[日] 大木雅夫译，有信堂高文社 1993 年版，第 110 页。

多国家的民事立法。之所以如是，最重要的无疑是政治上的原因。在拿破仑统治时期，法国的势力极度扩张，其国境扩大至莱茵河，北至德国汉堡（Hamburg），西至意大利全部领域。另外，在拿破仑强大的军事力量影响下，法国的军事力量指向哪里，其殖民地均被迫继受法国的包括民法典在内的立法成果。以该民法典为模范法，及随着该民法典的广泛普及，自 19 世纪中叶起，罗马尼亚（Rumania）于 1863 年、葡萄牙于 1867 年、西班牙于 1888 年至 1889 年，分别以本国语言制定、施行了自己的民法典。意大利由于所处特殊的地理位置，其 1865 年的民法典，与意大利所有的立法一样，也都是在法国法的直接影响下制定的。不过，意大利 1942 年的民法典（Codice civile）却偏离法国法而向德语法圈的私法体系转换，尤其是向瑞士的私法体系转换。对拉丁美洲和非洲多数国家的民法典来说，《法国民法典》也是其直接或间接的模范法。不过，进入 20 世纪以后，一些国家的民事立法开辟新的道路，受到了《法国民法典》以外的民法典的影响。例如，巴西 1916 年、秘鲁 1936 年的民法均受到了《德国民法典》的影响。法国曾经在近东非洲地区和东亚的殖民地，情况也大致相同。此外，美国的脱离法国的统治而获得发展的路易斯安那州（Louisiana，1808 年）以及加拿大的魁北克省（1886 年）等的私法法典，莫不如此。[1]

四、《奥地利普通民法典》（1811 年）

（一）概要

1753 年，玛丽亚·特蕾西娅（Maria Theresia，1740—1780 年在位）为了完成统一奥地利本国全部领邦的私法的任务而成立了法典编纂宫廷委员会。1790 年以后，利奥波德二世（Leopold Ⅱ，1790—1792 年在位）设立新的委员会，在当时司法部的政治家兼维也纳大学的自然法、罗马法制度与历史教授卡尔·安东·冯·马丁尼（Carl Anton von Martini，1726—1800 年）的领导下进行玛丽亚·特蕾西娅

---

[1] ［德］Hans Schlosser：《近世私法史要论》，［日］大木雅夫译，有信堂高文社 1993 年版，第 111—112 页。

以来未完成的民法典编纂事业。此对奥地利的民事立法而言，乃是一个重大的转折点，因为它自这时起，在民法典编纂中更加重视自然法。1797 年，奥地利设立新的立法委员会，继续坚持此点。由卡尔·安东·冯·马丁尼的弟子且是其后继者的维也纳大学教授弗朗茨·安东·费利克斯·冯·蔡勒（Franz Anton Felix von Zeiller，1751—1828 年）作为立法委员会的常务委员长而担负主要责任。在经过三读（1801—1806 年、1807—1808 年及 1809—1810 年）之后，该民法典的编纂最终完成。1811 年 6 月 1 日，《奥地利普通民法典》（Allgemeines Bürgerliches Ge-setzbuch für die gesamten Deutschen Erbländer der Österreichischen Monarchie，AGBG）公布，自 1812 年 1 月 1 日起施行。[1]由于以后奥地利未加入德意志帝国，这部法典一直于奥地利施行至今。

（二）体系构成与评价

《奥地利普通民法典》共计 1502 条，[2]"序编"自第 1 条至第 14 条，规定"民法一般"；之后包括 3 编，即包含家族法的人事法、广义意义的物权法、关于人事法与物权法的共通的规定（含关于权利义务的确定、变更和废止的规定，以及关于诉讼时效与取得时效的规定）。其中，篇幅最大、内容最多的是第 2 编（广义意义的）"物权法"。该编又分为两个部分：第 1 章"物权的取得原因"，特别是规定了作为取得遗产的权利的继承权的取得原因；第 2 章"人的物权"（persönliche Sachenrechte），主要规定债权关系，但也规定了保证等。

《奥地利普通民法典》从今日的视角来评判，应当说是一部卓越的法典，1853 年的《萨克森民法》第一草案即以之为蓝本。[3]尤其是它理性考量民法问题的方法，更是值得现今的我们重视。这部法典是当时启蒙思想的产物，但也有天主教的影响，例如不许离婚。法典中不乏一些有特色的条文，例如，第 7 条规定，

1　［德］Hans Schlosser：《近世私法史要论》，［日］大木雅夫译，有信堂高文社 1993 年版，第 113—115 页。

2　关于《奥地利普通民法典》（修订截止至 2016 年 1 月 1 日）的最新中译本，系由戴永盛译，中国政法大学出版社 2016 年出版。

3　［德］Hans Schlosser：《近世私法史要论》，［日］大木雅夫译，有信堂高文社 1993 年版，第 116 页。

如一诉讼案件既不能依法律的既有文字规定，也不能依法律的自然涵义予以裁判，则法官应参照法律对类似案件的规定来处理，如仍无法解决，则应考虑案件的全面情况，按自然法原则裁判。又如，第 16 条规定：每个人生来就因理性而获得天赋的权利，所以得作为人而受到对待。[1]

五、《智利共和国民法典》（1855 年）

《智利共和国民法典》于 1855 年 12 月 14 日公布，1857 年 1 月 1 日生效，现在仍然有效。其主要的创作者是拉丁美洲伟大的法学家和人文主义者安德雷斯·贝略（Andrés Bello），他将罗马法理解为拉丁美洲法统一的基础，并且提供了一部表达这种统一性的民法典。整部民法典除"序题"包括六节（第 1 节"法律"，第 2 节"法律的颁布"，第 3 节"法律的效力"，第 4 节"法律的解释"，第 5 节"法律常用各种用词的定义"，第 6 节"法律的废除"）外，分为 4 编：第 1 编"人"，第 2 编"财产及其所有、占有、使用和收益"，第 3 编"无因继承和生前赠与"，第 4 编"债的通则和各类合同"。[2]

六、《萨克森民法》（1863 年）

萨克森王国很早就开始制定民法典，在 1846 年至 1852 年就有所谓"预备草案"的问世。该"预备草案"是当时的司法大臣古斯塔夫·弗里德里希·黑尔德（Gustav Friedrich Held，1804—1857 年）一个人的作品，其广泛地受到了《奥地利普通民法典》的影响。由于受到很多批判，又于 1860 年至 1861 年间做成"第二草案"。1863 年 1 月 2 日终于公布《萨克森王国民法典》（Bürgerliches Gesetzbuch für das Königreich Sachsen），简称《萨克森民法》，自 1865 年 3 月 1 日起施行。

---

[1]　谢怀栻：《大陆法国家民法典研究》，中国法制出版社 2004 年版，第 28—29 页。
[2]　参见徐涤宇译：《智利共和国民法典》，金桥文化出版（香港）有限公司 2002 年版，第 4 页以下。

《萨克森民法》处于从德国古代的地方法典到《德国民法典》的中间阶段，在德国民法发展上非常重要。该法典根据 19 世纪的潘德克吞法学进行体例编排，设立"总则"的规定，并将其置于法典的最前面。各编分别规定法的主体（自然人和法人）、法的客体（物、权利）及各种人与人的法律关系（债权、债务关系）。于"总则"中，它规定法律行为的一般规则、侵权行为和人事法的一些原则。同时，该法典还将"亲属法"和"继承法"设立不同的编予以规定，并将"物权法"置于"债法"之前规定。这是五编制的体系。另外，该法典还将一些特别事项由特别法规定，例如关于农民的法律关系、狩猎、渔业、水法、封建法、矿山、商事关系、票据关系和有关文学、艺术的著作权法，均以特别法进行规定，该法典不做规定。[1]

《萨克森民法》是以德国普通法和萨克森法为基础而制定的，共 2620 条。[2] 该法典是由罗马法学一步一步地累积起来的成果，在当时不啻为非常卓越的"作品"。并且，它在当时萨克森的实务中发挥了卓越的、真正的价值。另外，需指出的是，该法典的编纂，是德国法学为实现德国的法律统一而迈出的决定性的一步。该法典系往后一切民法典草案的蓝本，对德国的普通法学也是一项伟大的贡献。根据往后《德国民法典施行法》第 3 条的规定，该民法典作为德国最后的地方法而具有效力，其效力于 1976 年 1 月 1 日《德意志民主共和国民法典》施行后而丧失。[3]

七、德累斯顿草案（1866 年）

《萨克森民法》获得成功编纂后，改变当时德意志联邦各领邦因分立而造成的法律的不统一状态，尤其是统一商法和债权债务关系法成为当时经济生活的

1　［德］Hans Schlosser：《近世私法史要论》，［日］大木雅夫译，有信堂高文社 1993 年版，第 153—154 页。

2　谢怀栻：《大陆法国家民法典研究》，中国法制出版社 2004 年版，第 29 页。

3　［德］Hans Schlosser：《近世私法史要论》，［日］大木雅夫译，有信堂高文社 1993 年版，第 154 页。

"紧急目标"。[1]为此，根据 10 个中小领邦，尤其是巴伐利亚、符腾堡
（Württemberg）、萨克森等的提议，经过 4 年（1859—1862 年）的联邦议会的审
议，决定创制"普通债务法"。1862 年，为起草"普通债务法"草案而设立了专
门的起草委员会。1863 年，于德累斯顿（Dresden）审议该草案。奥地利、符腾
堡、巴伐利亚、汉诺威（Hannover）、黑森·达姆施塔特（Hessen Darmstadt）、奥
得河畔法兰克福（Frankfurt an der Oder）和萨克森的代表均系起草委员会的委员。
对于亲属法和继承法，尤其是对于夫妻财产制，因各领邦有其不同的习俗或习惯，
进行统一立法的难度太大，所以起草委员会决定不作统一立法。[2]普鲁士领邦基于
其政治地位上的考虑，尽管提出于德意志联邦的层次之外审议"普通债务法"草
案，但起草委员会在 1866 年向德意志联邦议会提出了《普通德意志债权关系法草
案》（Entwurf eines allgemeinen Deutschen Gesetzes über Schuldverhältnisse），简称
"德累斯顿草案"（Dresdner Entwurf）。该草案的审议未得以进行。同年，奥地利与普
鲁士发生军事冲突，以及德意志联邦解散，使得该法的编纂工作（试图通过进行该
法的编纂而实现德意志法律统一的努力）终止。尽管如此，对于往后《德国民法
典》的总则和债务关系法而言，德累斯顿草案仍具有极大的重要性。并且，尽管该
草案未正式成为法律，但它对 1881 年的《瑞士债务法》发生了决定性的影响。[3]

八、有价证券法和普通商法典

（一）有价证券法

早在 1834 年，以普鲁士为首的各领邦为了经济上的需要，组成德意志关税同
盟（Deutscher Zollverein，1834 年），从而迈出了法律统一的决定性的第一步。德

1　［德］Hans Schlosser：《近世私法史要论》，［日］大木雅夫译，有信堂高文社 1993 年版，第
154 页。

2　［德］Hans Schlosser：《近世私法史要论》，［日］大木雅夫译，有信堂高文社 1993 年版，第
154 页。

3　［德］Hans Schlosser：《近世私法史要论》，［日］大木雅夫译，有信堂高文社 1993 年版，第
155 页。

意志关税同盟虽然未能覆盖德意志联邦全境，但其主要的很广泛的部分都包括了，即其包括了普鲁士、莱茵豪森（Rheinhausen）、萨克森、巴伐利亚、图林根（Thüringen）、费尔登（Verden）等地区。

德意志关税同盟将其覆盖范围内的关税废止，由此引起商业的快速发展。但是，此时在商业领域仍然欠缺统一的货币与商业交易制度，且实行的是落后于时代需要的各地区的特殊票据法，由此极大地妨碍了商业的飞速发展。于是，普鲁士政府于 1845 年提出了统一票据法的新草案。1847 年，德意志联邦的所有领邦皆受邀参加于莱比锡（Leipzig）举行的审议会议，所有主要的领邦也都参加了统一票据法的新草案的审议，其结果是《德意志普通票据法草案》（Entwurf einer Allgemeinen Deutschen Wechselordnung）获得通过。1848 年 11 月 27 日，《德意志普通票据法》（Allgemeine Deutsche Wechselordnung，ADWO）在官报上公布，自 1849 年 5 月 1 日起于组成德意志联邦的所有领邦（奥地利除外）施行。但是，由于该法制定和通过的合法性受到质疑，国民议会认为其逾越了立法权，仅有少数领邦将其作为德意志国家的立法对待，多数领邦将之作为自己的地方法公布。如是，德意志票据法的统一运动失败了，《德意志普通票据法》仅具地方法的效力。1908 年，该票据法被修订，并以单行的《票据法》（Wechselordnung，WO）公布。1933 年，其被新的票据、支票法所取代。应提及的是，其他欧洲国家多以《德意志普通票据法》为蓝本。1850 年，奥地利继受该票据法，直至 1938 年皆具有效力。[1]

（二）商法

1848 年，德意志联邦成立商法典起草委员会，着手起草全德的普通商法典草案。但是，其起草过程中，因受到政治上的诸多事件（例如 1848 年"三月革命"）的影响而几乎没有进展。于是，起草委员会认为应重视 1807 年《法国商法典》（Code de commerce）的作用。1856 年，巴伐利亚在德意志联邦议会上提

---

[1]　［德］Hans Schlosser：《近世私法史要论》，［日］大木雅夫译，有信堂高文社 1993 年版，第 147—148 页。

出：应制定统一的商法典。为此，1857 年设立起草委员会，该起草委员会以普鲁士 1850 年准备的、1856 年完成的商法典草案为基础。另外，奥地利也分别于 1842 年、1853 年和 1857 年提出了"奥地利预备草案"。1861 年，德意志联邦决定选择普鲁士和奥地利提出的草案中的一个而采用，并劝告各领邦政府予以同意。于是，几乎所有的领邦都将《德意志普通商法典》（Allgemeines Deutsches Handelsgesetzbuch，ADHGB）作为法律对待。[1]

应指出的是，《德意志普通商法典》乃是更多地采纳了普鲁士所提出的草案中的内容。该商法典胜过《法国商法典》确立的模式，服膺莱温·戈德施密德（Levin Goldschmidt）所主张的所谓"客观的体系"，[2]将法律行为的类型作为所有的基本的商行为看待，这些商行为是从事营业的商人的行为。[3]也就是说，它以商主体观念为基础，采取"商人法主义"，依据商主体资格确定商事关系的范围：凡商人（商主体）所从事的活动，皆为商行为，由此产生的社会关系为商事关系，由该商法典调整。[4]另外，德意志联邦又制定《纽伦堡追加法》（Nürnberger Novellen），增加规定 8 个条文对该商法典予以补充，力图让组成联邦的各领邦将其作为自己的地方法而施行。《德意志普通商法典》于德意志帝国制定了新商法典（1897 年）后丧失效力。

九、《德国民法典》（1896 年）

（一）概要与《德国民法典第一草案》

1874 年 2 月 28 日，德国联邦参议院成立所谓"预备委员会"（Vorkommission），

1　［德］Hans Schlosser：《近世私法史要论》，［日］大木雅夫译，有信堂高文社 1993 年版，第 148—149 页。

2　此外，还有所谓"主观的体系"，由约翰·海因里希·特尔（Johann Heinrich Thöl）倡导，认为对于商人，主观性地适用作为特别的身份法的商法。1861 年《德国普通商法典》明确拒绝了此点。参见［德］Hans Schlosser：《近世私法史要论》，［日］大木雅夫译，有信堂高文社 1993 年版，第 149 页。

3　［德］Hans Schlosser：《近世私法史要论》，［日］大木雅夫译，有信堂高文社 1993 年版，第 149 页。

4　杜景林、卢谌译：《德国商法典》，中国政法大学出版社 2000 年版，第 1 页"译者前言"。

该委员会就起草民法典草案的计划与方式做成专门的提案。该委员会的委员，主要是来自实务界的法律专家，即普鲁士、萨克森、费尔登和巴伐利亚的最高法院的院长们，另外有一名来自商法学界的理论专家。1877 年，德国所谓四大"帝国司法诸法律"（Reichsjustizgesetze，1879 年 10 月 1 日施行）的成功制定，进一步推动了民法典的起草工作。这四大"帝国司法诸法律"是：《法院组织法》（GVO）、《破产法》（KO）、《刑事诉讼法》（STPO）及《民事诉讼法》（ZPO）。这些法律于各自领域实现了德国法律的统一。[1]

1874 年 6 月 22 日，德国联邦参议院委托民法典第一（起草）委员会（以下简称"第一委员会"）做成民法典草案。第一委员会由 11 人组成，其中法官 6 人，省参事官 3 人，法学教师 2 人——也就是作为罗马法学者的伯恩哈德·温德沙伊得（Bernhard Windscheid）与作为日耳曼法学者的保罗·冯·罗特（Paul v. Roth）。德意志帝国上级商事法院院长海因里希·爱德华·冯·帕佩（Heinrich Eduard v. Pape）担任议长。其中，对民法典草案的起草产生重大影响的，是实务专家、哥廷根的特任教授戈特利布·卡尔·格奥尔格·普朗克（Gottlieb Karl Georg Planck，1824—1910 年），其在当时是"民法典的精神之父"。[2]

第一委员会参考《萨克森民法》的做法，确定其起草的民法典由 5 编组成，每编委托给一名委员起草"部分草案"。其中，债的关系法的部分草案由于起草者弗朗茨·冯·库贝尔（Franz v. Kübel）的去世而未能完成，因此由 1866 年的德累斯顿草案中的债权法予以补充。第一委员会全体委员在对各部分草案进行非公开的讨论后，于 1887 年向德意志帝国的首相提出整部民法典草案（第一草案，Erster Entwurf）。1888 年，该草案连同各编立法理由书（Motiven，共 5 卷）向社会公表。值得提及的是，该 5 卷的立法理由书系按照立法资料的原则而做成，故第一委员会对其不负责任。

1　［德］Hans Schlosser：《近世私法史要论》，［日］大木雅夫译，有信堂高文社 1993 年版，第 156 页。

2　［德］Hans Schlosser：《近世私法史要论》，［日］大木雅夫译，有信堂高文社 1993 年版，第 156 页。

《德国民法典第一草案》一经公布，就受到舆论的广泛关注，并且，它的一些内容受到了严厉的批评。例如，仅德意志帝国司法部收集到的批评意见就达 6 卷之多。这一草案被认为是"一项技术的成果"，其理论性十足，但要理解其规定，颇为困难。特别是学者奥托·冯·基尔克（Otto v. Gierke）在《民法典草案与德国法》（Der Entwurf eines Bürgerlichen Gesetzbuches und das Deutsche Recht, 1888—1889）中坚定地拒绝认可该草案。另外，奥地利维也纳的"讲坛社会主义者"（Kathedersozialisten）、民事诉讼法教授安东·门格（Anton Menger, 1841—1906 年）于《民法与无产者阶级》（Das bürgerliche Recht und besitzlosen Volksklassen, 1890）中也持十分明确的反对立场，其程度超过基尔克的批判。特别是其指出，该草案欠缺社会的、团体主义的制度，无限制地认可潘德克吞法学的所有权人的私法的权利，而该私法上的所有权几乎不受社会义务的约束或限制。此点被后世学者戏称为欠缺"社会主义的几滴油"（Tropfen sozialistischen öls）[1]。应当看到，第一委员会的委员们起草的该草案，是面向有学问的法律专家们的，其忽略了民法典制定的社会和政治上的各项要求，而这一点对于要求统一德国民法的全体人民来说乃是更加期待的。1883 年，从第一委员会退下来的温德沙伊得（后人称之为"小温德沙伊得"，"Kleiner Windscheid"）指出，《德国民法典第一草案》之受到人们的强烈批判，与其说是因为它过分偏重潘德克吞法学的个人主义的私法理论，毋宁说它是起草者们所怀抱的潘德克吞法学的法学实证主义的基本态度所造成。[2]

1　［德］Hans Schlosser：《近世私法史要论》，［日］大木雅夫译，有信堂高文社 1993 年版，第 157 页。

2　［德］Hans Schlosser：《近世私法史要论》，［日］大木雅夫译，有信堂高文社 1993 年版，第 157 页。

伯恩哈德·温德沙伊得 [1]

（Bernhard Windscheid，1817—1892 年）

奥托·冯·基尔克 [2]

（Otto v. Gierke，1841—1921 年）

（二）《德国民法典第二草案》

1890 年 12 月 4 日，德国联邦参议院成立民法典第二（起草）委员会（以下简称"第二委员会"），并委托该委员会对《德国民法典第一草案》进行修改。第二委员会由 10 人（以后增加为 11 人）的常任委员和 12 人（以后增加为 13 人）的非常任委员组成，他们中包括了经济界（利益）的代表（尤其是大土地所有者和资本家的代表）与法律职业以外的其他行业的实务部门的专家。第二委员会尽量使民法典草案通俗，剔除《德国民法典第一草案》的文字上的缺陷，并提出要对亲属法和监护法中存在的过度的法技术的运用和过多的准用性条款进行修订。第二委员会对修订以后的各编的部分草案分别公布，以后又公布了所谓的《议事录》（《辩论记录》，Protokolle）。值得提到的是，《德国民法典第一草案》本身无论于技术性还是内容上皆具很高的价值，第二委员会接受公众的批评，对其中使

　　1　本照片的出处请参见［日］胜田有恒、森征一、山内进编著：《概说西洋法制史》，ミネルヴァ书房 2004 年版，第 286 页。

　　2　本照片的出处请参见［日］胜田有恒、森征一、山内进编著：《概说西洋法制史》，ミネルヴァ书房 2004 年版，第 310 页。

用的一些法律术语作了改善，使其确立的基本原则更加明确，以满足经济和社会各界的期望。但是，对于《德国民法典第一草案》的基本结构和本质上的东西，第二委员会并未作更改。另外，第二委员会增添了内容很短的第 6 编，即调整国家间的涉外民事关系的国际私法（Internationales Privatrecht，IPR）。但是，此点遭到外交部门的反对。于是，该国际私法编不得不被剔除，其经最终修正后，被置于以后的《德国民法典施行法》（EGBGB）中。1895 年 10 月 24 日，经第二委员会修订的《德国民法典第二草案》（Zweiter Entwurf）向联邦参议院提出。[1]

（三）《德国民法典第三草案》与《德国民法典》的公布

经过简短的审议之后，1896 年 1 月 17 日，《德国民法典第三草案》连同"帝国司法部觉书"（Denkschrift des Reichsjustizamtes）作为法律案被提交给德意志帝国议会。德意志帝国议会进行了当时宪法规定的三次读会，随后就将该草案交付由 21 名德意志帝国议会议员组成的委员会。该委员会进行了 53 次审议后，于1896 年 7 月 1 日通过了该草案。不久，该草案由德意志帝国的国民自由党和中央党的多数——帝国议会全部 393 个议席中，18 票弃权、222 票赞成的多数——通过。该草案于同年 8 月 18 日由皇帝批准，于 8 月 24 日发行的帝国官报（Reichsgesetz-blatt）上公布，自 1900 年 1 月 1 日作为《德意志帝国民法典》（Bürgerliches Ge-setzbuch für das Deutsche Reich，BGB，即《德国民法典》）施行。在现今，该民法典于德意志联邦共和国领域内，具联邦法的效力。

（四）与《德国民法典》同时施行的法律

与《德国民法典》同时公布施行的还有其附属法律《德国民法典施行法》（Einführungsgesetz，EGBGB）。该施行法共 218 条，分为 4 章：①总则，如前所述，其中包含国际私法的规定，原来在《德国民法典第二草案》中系第 6 编；②民法典与德意志帝国法律的关系；③民法典与各邦法律的关系；④过渡规定。另外，与《德国民法典》同时施行的还有三个附属法（Nebengesetze des BGB）：

1　［德］Hans Schlosser：《近世私法史要论》，［日］大木雅夫译，有信堂高文社 1993 年版，第159 页。

①1897 年 3 月 24 日公布的《关于强制拍卖与强制管理的法律》；②1897 年 3 月 24 日公布的《土地登记法》；③1898 年 5 月 17 日公布的《非讼事件程序法》。此外，与《德国民法典》同时施行的还有与之有关的几个法典：①1898 年 5 月 20 日公布的《法院组织法》法的修改文本；②同日公布的《民事诉讼法》修改文本；③同日公布的《破产法》修改文本；④1897 年 5 月 7 日公布的《商法典》（通称为"新商法典"，HGB）。[1]

（五）《德国民法典》的编制、技术上的特色及影响

《德国民法典》分为 5 编：总则、债的关系法、物权法、亲属法、继承法。该民法典不具有《法国民法典》的优雅的特性，而是具有体系学与教义学的特性，承继了后期潘德克吞法学的规范法技术。其重视概念、体系、逻辑，遵从由一般到特殊的原则。例如，第 1 编（第 1 条至第 240 条）的总则，是适用于整个民法的规则，在债的关系法编也是先规定"一般债的关系法"（第 241 条至第 432 条），再规定特殊债的关系（第 433 条至第 853 条）。这种立法技术就实现了技术上的洗练和高度的抽象性。并且，各编、章、节、条文之间还具有体系上的一贯性和严密的逻辑性。当然，这种立法技术也产生了一些问题，特别是对于初习民法的人来说，其并不能理解和掌握这种复杂的立法技术，且从一开始就学习总则，使其不能与自己的生活经验联系起来。尽管如此，该民法典还是在世界上赢得了崇高的名声，一些国家的民法，如 1907 年的《瑞士民法典》、1940 年至 1946 年的《希腊民法典》、1896 年的《日本民法》以及 1929—1930 年的《中华民国民法》，均受到了其深刻的影响。[2]

（六）《德国民法典》的"社会模式"

《德国民法典》在立法技术上堪称完美，在内容上却十分明显地带有时代的特征，尤其是与它施行时的 20 世纪的情况相比，其部分内容是落后的。随着 20 世纪以来现代工业文明的发展，该民法典所确立的法律秩序与社会现实逐渐脱

1　谢怀栻：《大陆法国家民法典研究》，中国法制出版社 2004 年版，第 36 页；［德］Hans Schlosser：《近世私法史要论》，［日］大木雅夫译，有信堂高文社 1993 年版，第 162 页。

2　［德］Hans Schlosser：《近世私法史要论》，［日］大木雅夫译，有信堂高文社 1993 年版，第 160—161 页。

节。德国私法史家维阿克（Wieacker）因此称《德国民法典》是"古典自由主义的晚年之子，潘德克吞法学的果实"；或者正如拉姆（T. Ramm）所言，"它是1848 年政治上失败的市民阶级与国王和贵族之间妥协的产物"。这些对《德国民法典》的评价，体现了其所反映和表现的社会模式（Sozialmodell）。

《德国民法典》所确立的法律秩序，代表的是富裕的市民、小农场主和中等企业者的利益。对于市民社会（bürgerliche Gesellschaft）的理想，即在私生活领域依自己的意思形成权利义务关系的私法自治的自由主义的基本思想，债法上实行契约自由，物权法上实行所有权的自由，继承法上实行遗嘱自由，该民法典均予以明确的具体化。并且，在这些领域，国家仅在私权侵害全体人民的公共利益时才有可能干涉（如第 138 条、第 157 条、第 242 条、第 903 条）。《德国民法典》规定了诸多一般条款（Generalklauseln），它们使该民法典的规定能因应社会的变化而不断注入新的元素。但是，在今日，《德国民法典》所规定的私法自治（Privatautonomie）仅仅是形式上的市民的法律秩序，当代社会的诸多问题，即支配市场的大企业在经济上处于垄断地位、土地资源匮乏、经济状况不景气和大量失业的问题不断涌现出来。对于这些问题，《德国民法典》的规制模式是不能解决的，因为它主要奉行的是个人主义。在现今，为了实现社会的团体主义（集体主义）、多元主义的诸多新要求，应以法教义学为手段，重新厘定私法规范的内容，重视判例在法律发展中的推动作用。具体而言，应切实考虑、实施并强调："所有权的社会义务性"（Sozialpflichtigkeit des Eigentums）、宪法规定的基本权利的第三人效力（Drittwirkung der Grundrechte）及社会国家条款（Sozialstaatsklausel）。[1]

（七）《德国民法典》的修改与德国私法的发展

《德国民法典》与其施行时的 20 世纪的情况，尤其是施行当时德国社会经济的飞跃发展的情势，是不相称的，是落后于时代的。当时德国社会生活的现实与该法典所厘定的法律秩序之间的差距，自 1900 年 1 月 1 日以后加速扩大。为了使

1　［德］Hans Schlosser：《近世私法史要论》，［日］大木雅夫译，有信堂高文社 1993 年版，第161—162 页。

德国的私法能适应这种日益变化的社会状况，德国不断进行私法的修订，制定民法典附属法，强调判例、学说的作用。《德国民法典》施行的大约最初 20 年间，德国一般的法院实务着力强调的是概念法学的实证主义和法律实证主义。不久，此种做法的弊端暴露无遗，尤其是它不能灵活地解决新的社会问题，于是自由法运动（Freirechtsbewegung）、利益法学（Interessenjurisprudenz）兴起，它要求法官以自由、灵活的态度，针对实际生活中的个案，实现具体的社会正义。[1]

1. 迄至德意志第三帝国时对《德国民法典》的补订

在德意志第三帝国之前，对《德国民法典》的修改，最重要者是剔除其原第 1012 条至第 1017 条关于地上权的规定，而于 1919 年 1 月 15 日制定了单行的《地上权法》（Verordnung über das Erbbaurecht，又称《地上权条例》）。该《地上权法》之由《德国民法典》中分离出来进行单独立法，是《德国民法典》获得发展的重要体现。

2. "国民社会主义"（Nationalsozialismus）的"民族的"私法

从立法原则上看，《德国民法典》的体系是完善的、规范的，而此点系得益于该民法典的自由主义的理念，对于个人来说，系努力确保其行为的自由和合理性（从而确保法律的确实性），而此点与所谓"民族的法思考"（völkisches Rechtsdenken）和"国民社会主义的法观念"系对立的。[2]自德意志第三帝国成立时起至第二次世界大战结束，德国的私法始终是"国民社会主义"的、"民族的法思考"的私法。

3. 1945 年第二次世界大战结束后《德国民法典》的新发展

1945 年第二次世界大战结束后，尤其是在苏、美、英、法对德国实行分区占领并掌握最高的统治权之后，德国私法中典型的国民社会主义的法律观念就被剔除了。之后不久，进行了诸多具有重要影响的法律改订。首先是对婚姻法、家庭法进行改订。1938 年在所谓"国民社会主义的人种"的指导思想下制定的《婚姻

1　［德］Hans Schlosser：《近世私法史要论》，［日］大木雅夫译，有信堂高文社 1993 年版，第 164 页。

2　其详细情况，请参见［德］Hans Schlosser：《近世私法史要论》，［日］大木雅夫译，有信堂高文社 1993 年版，第 165 页以下。

法》（Ehegesetz），于 1946 年时由苏、美、英、法战胜国成立管理委员会，以该管理委员会法令第 16 号——即作为《1946 年婚姻法》——重新制定。其次，所进行的重要改革是 1957 年的《同权化法》（Gleichberechtigungsgesetz）和 1961 年的《家庭法改正法》（Familienrechtsänderungsgesetz），其主要内容是对夫妻财产关系进行重新规制，和对《德国基本法》（《德国宪法》）第 3 条第 2 项意义上的妻的法律地位进行重新规定。1969 年制定《关于非婚生子的法律地位的法律》（Gesetz über die rechtliche Stellung der nichtehelichen Kinder von 1969），规定为了非婚生子的身体和精神的健康成长，其在法律上的地位应与婚生子作同样的对待。德国完成对其民法典中的亲属法进行严格的实质性修改，是 1976 年的《婚姻、家庭法修改第一法律》（《第一婚姻法修改法》，1. Eherechtsreformgesetz）、《养子法》（Adoptionsgesetz）和 1979 年的《监护权法》（Sorgerechtsgesetz）。所有这些，是《德国民法典》施行以来所作的最具有决定性、最全面、最综合的对亲属法的修改，由此也引起了德国的法院组织法、程序法的重大变更，并为德国数年间在这一领域的重大论争画上了休止符。另外，这些法律的颁行，使德国实现了所谓的"主妇婚"（Hausfrauenehe）制度，并且对于离婚法也采取从有责主义到破绽主义（Zerrüttungsprinyip）的转换。当然，这些改革事业也引起了一些争论，受到一些批判，其最主要者认为，这些新法对于《德国民法典》来说是"不安定的法"。[1]

较之对法律条文作直接的修改或直接进行新的立法，对《德国民法典》乃至德国私法的修正，其中更重大的还有经由诸多特别的经济立法而进行的间接的修正。例如，为了解决战后德国的"住宅难"问题，德国于 1920 年制定了《住宅欠乏法》（Wohnraummangelgesetz），于 1922 年制定了《帝国使用租赁金法》（Reichsmietengesetz），于 1923 年至 1946 年施行了《使用承租人保护法》（Mieterschutzgesetz），于 1946 年制定了《住宅法》（Wohnungsgesetz），于 1953 年制定了《住居管理法》（Wohnraumbewirtschaftungsgeset），以对住宅进行强制管理

1　［德］Hans Schlosser：《近世私法史要论》，［日］大木雅夫译，有信堂高文社 1993 年版，第 168 页。

（Wohnungszwangswirtschaft）。1960 年，德国迎来所谓"使用租赁法"的新时代，颁布了《关于废止住宅的强制管理与社会的使用租赁、居住权的法律》（Gesetz über den Abbau der Wohnungsywangswirtschaft und über ein soziales Miet und Wohnrecht）。德国重新在住宅领域实行契约自由原则，并对使用租赁契约法进行社会性的改订，为此制定了一些特别法。这些特别法中，1974 年制定的《第二住居告知保护法》（Zweites Wohnraumkündigungsschutzgesetz）一直适用到现今。[1]

在德国，劳动法与商法、公司法、有价值证券法一样，均不属于《德国民法典》的特别私法的范围，此系 19 世纪德国近代工业化和当时国家的社会政策所造成。因此，《德国民法典》中的劳动法的诸多规范（第 611 条—第 630 条）经由特别法而得到发展、补充，于《德国民法典》施行时已是难以避免。并且，这方面最重要的、具有统领性的法律、命令，是在魏玛时代制定的，比如 1918 年的《劳动协约令》（Tarifverordnung）、1920 年的《事业所委员会法》（Betriebsrätegesetz）即属之。德国国民社会主义时期实行"领导人决定"和彻底的国家的企业统制，劳动者参与并决定被废弃，其结果造成劳动法变质，1934 年德国通过《国民劳动秩序法》（Gesetz zur Ordnung der nationalen Arbeit，1934）就是其明证。1945 年以后，于再建劳动法的新的民主主义时期，还是主要在法典化的民法典以外促进劳动法的发展，即主要通过判例法、特别法而促进劳动法的独立发展。尽管集体的劳动法的诸领域——劳动争议法、劳动协约法和事业所基本组织法（Betriebsver-fassungsrecht）——得到发展，但是《德国民法典》中的雇佣契约法的诸多规范（第 611 条以下）仍然只对劳动契约的各项基本问题进行规制，系个人的劳动法的基础。1969 年，德国为了贯彻经济政策和社会政策的新方针，颁行《第一劳动法纯正化法》（Erstes Arbeitsrechtsbereinigungsgesetz，1969），此后又于 1972 年和 1975 年分别在该法中追加规定第 613 条 a，及修正该法第 616 条第 2 项和第 3 项。[2]

1　［德］Hans Schlosser：《近世私法史要论》，［日］大木雅夫译，有信堂高文社 1993 年版，第 168—169 页。

2　［德］Hans Schlosser：《近世私法史要论》，［日］大木雅夫译，有信堂高文社 1993 年版，第 169—170 页。

1976 年，德国制定《关于普通契约条款的法律规制的法律》（Gesetz zur Re-gelung des Rechts der Allgemeinen Geschäftsbedingungen），简称《普通契约条款法》（AGB-Gesetz）；1979 年，又制定《旅行契约法》（Reisevertragsgesetz，1979）。这些法律均系对《德国民法典》乃至德国私法的发展。[1]

十、《日本民法》(1896 年)

(一) 概要

以 1853 年美国人倍尼（Perry）在日本浦贺登陆为肇端，日本于 1858 年与美国签订了《日美修好通商条约》。之后，日本与西方列强诸国（荷兰、俄国、英国、法国）之间也相继签订了同样的通商条约。这些条约否定了日本的关税自主权，承认对方的治外法权和最惠国待遇，其对日本而言，系非常不利的条约。日本人民强烈要求废除包括治外法权在内的屈辱的不平等条约。同时，废除不平等条约，系承继德川幕府的明治政府的最大课题。但是，对于废除治外法权而言，最大的障碍是日本当时并不存在规范人民的基本权利义务的民法。因此，为了废除不平等条约，制定规范人民的基本法律关系的民法就是不可或缺的必要一步。而在当时的国际社会中，德国尚未实现完全统一，西方诸列强中，有体系性的民法典的国家只有法国（1804 年制定的《法国民法典》）；其他列强中，美国、英国尽管有优良的民事制度，但其并不成文，系普通法的判例民法，因此试图将其原原本本地移入日本是几乎不可能的。于是，明治政府决意将《法国民法典》移入日本。[2]

日本 1868 年的明治维新是其历史发展上的一件大事。此前，日本的法律制度系从中华法系。明治维新之后，日本开始向西方（主要是法国）学习包括民法在内的法律制度。尤其是以极大的费用聘请法国人（巴黎大学教授波伦索那得）来

1　《德国民法典》自 1900 年 1 月 1 日起施行，其第一次修正是 1908 年，到 1979 年已修正 77 次，每次修正少则数条，最多有 149 条，20 世纪 90 年代还有数次修正。

2　［日］加贺山茂：《民法体系 1 总则・物权》，信山社 1996 年版，第 31—32 页。

帮助自己制定包括民法在内的主要法律或法典。[1] 1890 年，日本公布由波伦索那得负责制定的旧民法。1896 年公布的新民法后来取代该旧民法，自 1898 年 7 月 16 日起施行，一直施行到今天。这部民法典是亚洲的第一部完整的民法典，并与当时已然存在的《法国民法典》《德国民法典》并立。二战结束后，日本于 1947 年对已有的民法典进行修正，增加规定诸多适应新时代需要和社会发展潮流的基本原则。20 世纪 60 年代，日本民法又得到进一步发展，如在民法典中追加规定空间地上权和承认最高额抵押权等。

（二）旧民法

日本明治 6 年（1873 年），波伦索那得来到日本，尽管其打算尽早起草民法典，但民法典的起草并非简单的工作，并且在最初的 7 年间，他担任日本政府的法律顾问并忙于起草刑法典。日本民法典的起草真正开始于明治 12 年（1879 年），其起草完成是在 10 年之后。[3] 来日的波伦索那得负责财产法部分的起草，日本人负责亲属法部分的起草，最后于明治 21 年（1888 年）完成全部民法典的起草。明治 23 年（1890 年）3 月与 10 月，分两次将经过立法程序的民法典公布，预定于明治 26 年（1893 年）1 月 1 日施行。此次公布的民法，以后被称为"旧民法"。[4]

日本近代法之父：波伦索那得 [2]
（G. Boissonade, 1825—1910 年）

日本旧民法基本上以《法国民法典》为蓝本，分

1　日本明治政府于决意将《法国民法典》引入日本后，即真正检视翻译《法国民法典》并使之成为日本民法的问题。但是，由于日本当时并不存在"权利"这一概念，翻译工作非常困难。于是，明治政府决定借法国人之手创制日本的民法，所以才聘请巴黎大学教授波伦索那得到日本，依赖他制定日本民法。参见［日］潮见俊隆、利谷信义编：《日本的法学者》，日本评论社 1975 年版，第 1 页以下。

2　本照片的出处请参见［日］加贺山茂：《民法体系 1 总则·物权》，信山社 1996 年版，第 32 页。

3　［日］加贺山茂：《民法体系 1 总则·物权》，信山社 1996 年版，第 32 页。

4　谢怀栻：《大陆法国家民法典研究》，中国法制出版社 2004 年版，第 90 页。

为人事编、财产编、财产取得编、债权担保编、证据编，共 5 编 1760 条，内容上也大体与《法国民法典》相同。旧民法在编制方面承继了《法国民法典》的缺点，如物权与债权不分、继承与夫妻财产制列入财产取得编，在民法中加入了程序法（如证据编）和有关行政的规定等，在当时（1888 年）《德国民法典第一草案》已经公布的情况下，当然显得落后。但是此点并没有成为问题，这部民法仍预定于 1893 年施行，可是由于其他原因发生了法典论争，使这部民法典夭折了。[1]

（三）法典论争

日本旧民法中的财产法部分基本上系以《法国民法典》的精神为指导，且其内容也与《法国民法典》相同，故未引起人们的异议。亲属法部分虽然也保留了日本固有的一些制度，如家制、家督继承（身份继承）等，但因当时主持工作的人究竟受到了《法国民法典》的影响，旧民法中的人事编就成了体现"西方原则"的法律并受到批评。许多人认为旧民法无视了日本"固有的淳风美俗"，特别是破坏了家族制度。这样就形成了对旧民法拥护和反对的两派，从而展开了法典论争。拥护派的中心是倾向于自然法的法国法学派，当时称为"断行派"（立即施行派）；反对派则以倾向于历史法学的英国法学派为中心，称为"延期派"（延期施行，然后进行改废）。延期派提出，这部民法破坏了日本立国的基础——绝对主义的家长、至高无上的家族制度，与日本宪法的精神不合；家长权是有尊严的、不可动摇的，动摇家族制度就动摇了日本的立国之本。这样，法典论争由学术之争发展为政治斗争，由民法范围扩展到宪法与政治文化各方面。1892 年，穗积八束于《法学新报》（反对派的机关刊物）上发表文章《民法出而忠孝亡》，使论争达到白热化，反对派的势焰已不可挡。其结果是，明治 25 年（1892 年），日本两院（贵族院和众议院）以压倒多数通过了民法（商法亦如此）延期施行案，将民法和商法的施行都推迟到 1896 年年底。法典论争以延期派的胜利而告终。[2]

1　谢怀栻：《大陆法国家民法典研究》，中国法制出版社 2004 年版，第 90 页。

2　谢怀栻：《大陆法国家民法典研究》，中国法制出版社 2004 年版，第 91—93 页。

（四）新民法

日本民法典的起草者（从左至右）：富井政章（38岁）、梅谦次郎（36岁）、穗积陈重（41岁）[1]

日本旧民法的施行延期后，日本政府即着手重新起草民法。明治26年（1893年），设置法典调查会，以伊藤博文为总裁，西园寺公望为副总裁，以富井政章、梅谦次郎、穗积陈重三人为起草委员，另以数十人为委员。这次起草，于维持日本旧有习俗特别是家族制度的原则下，特别参照当时的《德国民法典第一草案》、斟酌当时世界上已有的民法，并以修改旧民法的方法进行，于1895年完成总则编、物权编和债权编，翌年这3编于议会通过，于当年（明治29年，1896年）4月27日公布；亲属编与继承编于明治31年（1898年）6月通过并公布（同时公布的还有《法例》

与《民法施行法》）。全部民法于1898年7月16日施行。这是日本的新民法，又被称为"明治民法"。[2]此部民法一直施行到现今，其中亲属编与继承编于第二次世界大战后经过了重大修改。公布新民法的同时，将以前公布的旧民法废除。[3]

（五）编制、内容与评价

1. 编制与内容

日本的新民法（也就是现行《日本民法》）于编制上改依《德国民法典》，分为5编：第1编"总则"，分为人、法人、物、法律行为、期间、时效6章；第2编"物权"，分为总则、占有权、所有权、地上权、永佃权、地役权、留置权、先取特权、质权、抵押权10章；第3编"债权"，分为总则（债权的标的、债权

1　本照片的出处请参见［日］加贺山茂：《民法体系1总则·物权》，信山社1996年版，第33页。

2　日本治外法权的废除之得以实现，是在日本新民法施行的翌年（1899年）；修改不平等条约，完全回复关税自主权，是在1911年。

3　谢怀栻：《大陆法国家民法典研究》，中国法制出版社2004年版，第93—94页；［日］四宫和夫、能见善久：《民法总则》（第八版），弘文堂2010年版，第6页。

的效力、多数当事人的债权、债权的让与、债权的消灭)、契约（又分为总则与赠与、买卖等 14 节)、无因管理、不当得利、侵权行为 5 章；第 4 编"亲属"，分为总则、户主及家属、婚姻、父母子女、亲权、监护、亲属会议、扶养的义务 8 章；第 5 编"继承"，分为家督继承、遗产继承、继承的承认和抛弃、财产的分离、继承人的旷缺、遗嘱、特留份 7 章。需提及的是，总则编是以《德国民法典》为蓝本的，物权编和债权编没有依照《德国民法典》（巴伐利亚民法草案）的顺序，而是依《萨克森民法》，物权编在债权编之前。占有被规定为"占有权"。先取特权（优先权）来自《法国民法典》。另外，亲属编也与旧民法的规定有所不同，将"户主及家属"放在开头，回到"以家统率个人"的封建原则。"继承编"里也是家督继承与遗产继承分开。[1]

2. 对《日本民法》的评价

1896 年公布的《日本民法》对于我国也有积极影响。从清季我国进行法制改革，聘请日本人起草民法（当时称为"民律"）草案时起，这部民法就在积极地影响着我国的民法编纂，1929—1930 年的《中华民国民法》更是直接地受到了它的影响，我国 2020 年通过的《民法典》也曾受其影响，这些都彰示了这部民法典对于我国民事法制的积极意义与影响。

但是，我们也看到，《日本民法》的各部分存在着一些矛盾。就民法的全部来说，其中的两大部分，即财产法和身份法（亲属编和继承编)，是矛盾的。财产法是建立在个人主义的自由经济基础之上，以近代民法的所有权绝对、契约自由、自己责任（过失责任）三大原则为指导，符合资本主义发展需要的近代法律。身份法则建立在封建的、家长制的家族制度基础之上，不承认家族成员（包括家属、妻、子女）的独立人格与平等地位。另外，在财产法的内部也存在矛盾。《日本民法》物权编中的永佃权就是从封建的地主佃农关系沿袭下来的封建的不平等关系。永佃权（永小作权、永久耕作权）称为"永"，而民法规定其不得超过 50 年（第 278 条)，这实际上是对农民利益的剥夺。在永佃权部分，有许

1　谢怀栻:《大陆法国家民法典研究》，中国法制出版社 2004 年版，第 94—95 页。

多不利于农民或对农民极其苛酷的规定，如永佃权人只要连续 2 年怠付佃租或受破产宣告，地主就可请求消灭永佃权（第 276 条）；永佃权人即使因不可抗力而减少收益，受到损失，仍不得请求减免佃租（第 274 条）；第 275 条规定，永佃权人因不可抗力连续 3 年全无收益，或在 5 年以上期间内收益少于佃租时，可以抛弃其权利，此条表面上是授予永佃权人一种"权利"（抛弃），实际上是将土地交给地主；第 272 条又规定，地主可以约定禁止永佃权人将永佃权让与他人或将土地出租。总之，永佃权人完全是一个无权者。这种不平等的关系是违反近代民法的精神的，只能说它是一种变相的封建关系。[1]

另外，需指出的是，日本民法实质上是对法国民法和德国民法的混合继受的产物，尤其在形式（编制体例）上是德国民法的模式，而在一些内容（物权编关于物权变动的规定）上则又是法国民法的模式，即它是"德国法的外衣，法国法的体质"。日本在继受了这两个国家的民法后，接着就是从事理论研究：不仅继受法律条文，也要继受法律条文后面的理论。日本学者（如北川善太郎）将日本法学界在 20 世纪对德国法学理论的研究称为"理论继受"或"学说继受"。[2] 只有从理论上继受了德、法二国的民法，外国法才能在日本扎下根来；日本又可在理论继受的过程中发现哪些东西适合日本，对日本有利，哪些不是的，这样又可以修改继受来的法律，使外国法律"日本化"。[3] 日本在这方面的经验值得我们借鉴。[4]

（六）日本民法在 1945 年后的发展

1947 年 12 月 22 日，日本公布《修改民法的一部分的法律》，自 1948 年 1 月 1 日起施行。这个法实际上就是对《日本民法》第 4 编、第 5 编（亲属编与继承

1　谢怀栻：《大陆法国家民法典研究》，中国法制出版社 2004 年版，第 95—98 页。

2　日本学者北川善太郎著有《日本法学的历史与理论：以民法学为中心》（日本评论社 1968 年版）。于该著作中，其详尽地阐释了自己的"学说继受"观点，尤其是于该著作的第一章中就阐释"法的继受与学说继受"，于第三章阐释"学说继受的原因与意义"，于第四章阐释"作为法律现象的学说继受"，于第五章阐释"比较法与学说继受"，于第六章阐释"判例法与学说继受"，于第七章阐释"法构造论与学说继受"，于第八章阐释"法形成论与学说继受"。

3　[日] 多田利隆："欧洲法在日本的接受与日本化"，载丁邦开、戴奎生、邵建东主编：《东亚法律经济文化国际学术讨论会论文集》，中国大百科全书出版社 1993 年版，第 268 页。

4　谢怀栻：《大陆法国家民法典研究》，中国法制出版社 2004 年版，第 105 页。

编）的修改。这次修改就是贯彻 1946 年 11 月公布的《日本宪法》的精神，将这两编里违反个人尊严与男女两性实质上平等的规定概予删除，其中主要有关于户主权、家督继承的规定。其结果是，把第 4 编第 2 章（户主及家属）全部删除，将其他有关夫妻不平等的规定予以删除，有关亲权的规定大多删除。把第 5 编第 1 章（家督继承）全部删除。这样，基本上消除了第 4 编、第 5 编的封建性，使这两编也与前 3 编一样成为"近代化"的民法。1947 年重新公布、1948 年施行的《日本民法》第 4 编（亲属编）与第 5 编（继承编）被称为"新法"。[1]

这次修改民法，对前面的 3 编（总则、物权、债权）只动了很少几点，可见这部分以《德国民法典第一草案》和《法国民法典》为蓝本的财产法，是适合当时战胜国（主要是美国）的胃口的。对第 1 编的修改只有：修改了第 1 条，删除了第 14 条至第 18 条关于限制妻的能力的规定。对第 2 编和第 3 编则完全未动。[2]

《日本民法》的第 1 条原来规定私权的享有，1947 年修改时把这一条移作第 1 条之三，而在其前加了两条，即第 1 条之一："①私权应服从公共福利。②行使权利及履行义务，应恪守信义及诚实而为之。③禁止滥用权利。"第 1 条之二："对于本法，应以个人尊严及男女两性实质上的平等为主旨而解释之。"这样，就为整个民法乃至整个私法规定了一些根本性的总的原则。当然，1947 年的这次修改仍然留下了一些问题，例如子女结婚后的姓的问题（《日本民法》第 750 条规定，夫妻必须同姓，于是女子婚后都随夫姓），非婚生子女与婚生子女的应继份不同的问题（《日本民法》第 900 条第 4 项规定，非婚生子女的应继份为婚生子女的应继份的二分之一）。1993 年 6 月，日本东京高等法院判决宣告第 900 条

1　谢怀栻：《大陆法国家民法典研究》，中国法制出版社 2004 年版，第 99—100 页。需提及的是，在"新法"的制定过程中，眷念旧法的人仍企图缓和修改的彻底性，力图保存一点旧制度。经过激烈的斗争，保守派终于守住了最后两块阵地，这就是"新法"第 730 条和第 897 条。第 730 条规定："直系血亲及同居的亲属（相互间）应当互相扶助。"这一条被反对的人指摘为"家"制的残余，为"家"制的复活设下一块墓地。第 897 条规定："家谱、祭具及坟墓的所有权，可以不拘前条规定（即第 896 条关于财产继承的规定），由按习惯应主持祖先祭祀的人承受。但有由被继承人指定的主持祖先祭祀的人时，则由被指定的人承受。"新派的人认为，这一条是家督继承的残余。对此，请参见谢怀栻同书，第 100—101 页。

2　谢怀栻：《大陆法国家民法典研究》，中国法制出版社 2004 年版，第 101 页。

的这一规定违反宪法。[1] 1947 年以后，《日本民法》中最重要的修改还有：1969 年
追加规定空间地上权（第 269 条之二），1971 年增订最高额抵押权，1987 年增订
"特别收养"。[2] 2004 年，日本完成了对其民法典的"现代语化"的修改；在现今，
日本对其民法典的债权编、继承编乃至总则编等都作有修改（含增加规定一些制
度），这其中尤以债权编的修改最为显著，影响甚大。具体而言，日本于 2017 年
（平成 29 年）依法律 44 号以债权和总则部分为中心进行了大幅度的法修改；于
2018 年（平成 30 年）依法律 72 号对继承关系的一部分进行了改正；于 2021 年
（令和 3 年）依法律 24 号对物权与继承的部分、不动产登记法等进行了大的改正
（2021 年 4 月 28 日公布，原则上自颁布之日起两年以内施行）。另外，日本还新
设了"因继承取得的土地所有权归属于国库的法律（令和 3 年法律 25 号）"。[3]

第五节　现代民法的编纂

一、《瑞士民法典》（1907 年）

（一）概要

《瑞士民法典》是瑞士法律界自 19 世纪后半期所发动和推行的联邦统一立法
运动的产物。在 19 世纪，瑞士民法体制虽已有相当发展，但沿袭地方分权的传
统，在州自治原则之下，仍采州民法体制。19 世纪末，民法统一运动得势，于是
在 1898 年趁《瑞士联邦宪法》修改之机，新订条规，将关于一般私法的立法权
赋予联邦，据此联邦司法警察部（Justiz und Polizeidepartment）乃于 1892 年委托
欧根·胡贝尔（Eugen Huber，1849—1923 年）起草民法草案。该人起草的民法草

---

[1]　谢怀栻：《大陆法国家民法典研究》，中国法制出版社 2004 年版，第 101—102 页；学薇："东
京高等法院裁定日本民法第 900 条违宪"，载《外国法译评》1994 年第 2 期。

[2]　《日本民法》于明治 31 年（1898 年）施行，第一次修正为明治 34 年（1901 年），到昭和 46
年（1971 年）共修正 12 次，每次修正少则一两条，多则十多条。至平成 16 年（2004 年）共修正 17
次。

[3]　参见［日］生熊长幸：《物权法》（第 2 版），三省堂 2021 年版，"第 2 版序言"。

案（Vorentwurf）与理由书（Erläuterungen）经专家委员会（Expertenkommission）审议后，成为联邦委员会民法草案（Bundesrätlicher Entwurf），提交联邦议会，于1907 年 12 月 10 日一致通过，完成立法。于是，《瑞士民法典》[1]完成其立法程序，自 1912 年 1 月 1 日起施行。[2]

在此之前，瑞士联邦政府对旧《瑞士债务法》（1881 年制定）略加修改（只对契约法部分略修改，其余部分未动），于 1909 年提交联邦议会。联邦议会于1911 年 3 月 30 日通过，将之改名为《关于补充瑞士民法典的联邦法律（第 5 编：债务法）》（简称《瑞士债务法》）公布，翌年 1 月 1 日与《瑞士民法典》前 4编一起施行。由于《瑞士债务法》在瑞士法制的沿革上向来为单行法，其条文是从第 1 条编起的（没有接着前 4 编条文号数），又有自己的施行法，其在整个民法典中虽称为第 5 编，却具相对的独立性。因而习惯上人们常常将《瑞士债务法》与《瑞士民法典》并列，也有人把《瑞士民法典》分为广义的和狭义的，前者有 5 编，后者只有 4 编。但是从瑞士官方公布的法律名称来看，我们应该说，《瑞士民法典》共有 5 编，其第 5 编是《瑞士债务法》。[3]

具体言之，《瑞士民法典》与《瑞士债务法》的关系可以从如下 3 方面观察[4]：①从形式上看，二者分别被颁布，有各自的体例和条文顺序。此种局面有其历史原因。旧《瑞士债务法》于 1881 年颁布，其颁布早于《瑞士民法典》，盖在旧《瑞士债务法》颁布时瑞士联邦层面尚不具有全面的私法立法权。②从实质上看，《瑞士债务法》却构成了《瑞士民法典》的第 5 编（最后一编）。如前所述，《瑞士债务法》详细的官方名称为"关于补充瑞士民法典的联邦法律（第 5 编：债务

1　《瑞士民法典》（修订截止至 2016 年 1 月 1 日）的最新中译本，系由戴永盛译，中国政法大学出版社 2016 年出版。

2　台湾大学法律学研究所编译（梅仲协等编译）：《瑞士民法》，1967 年 7 月印行，刘甲一所作之"序言"第 1 页。另外，关于《瑞士民法典》，还可参考陈华彬："瑞士民法典探析"，载《法治研究》2014 年第 6 期。

3　谢怀栻：《大陆法国家民法典研究》，中国法制出版社 2004 年版，第 70 页。

4　［瑞］贝蒂娜·许莉蔓-高朴、［瑞］耶尔格·施密特：《瑞士民法：基本原则与人法》（第二版），纪海龙译，中国政法大学出版社 2015 年版，第 17—18 页。

法)"。它们的一般性规范于各自领域(进而在整个私法)都能得到适用,这两个法律构成一个内部整体。关于《瑞士债务法》中一般性规定的效力,《瑞士民法典》第7条予以了明文规定。《瑞士民法典》中的一般性规定也能适用到《瑞士债务法》中。从而,《瑞士民法典》与《瑞士债务法》共同构成瑞士私法的法典化,尽管这两部法律并不构成私法领域的所有规则,而是除它们外还存在联邦层面的私法附属立法,以及还存在各州的具体私法规范。③就调整的内容而言,二者分别调整如下领域,即在《瑞士民法典》中,于序编之后,分别为人法、亲属法、继承法和物权法,最后为尾编。尾编中除一些其他内容外,主要规定法的时间上的效力。与此相对,《瑞士债务法》主要包含债法(重点是合同法)与商法。

(二)民商合一

《瑞士民法典》是一部民商合一的民法典,其开创了民事立法中的一条新路:世界各国于1907年以前是民商分立,自1907年《瑞士民法典》起,则系民商合一,其意义十分重大。

瑞士的民商合一制度就是在《瑞士民法典》之外,没有一个商法典,将规定在《法国商法典》和《德国商法典》中的一些内容纳入民法典中。作为《瑞士民法典》第5编的《瑞士债务法》,包括契约总则、各种契约、公司、商号、商业账簿、汇票、本票、支票等规定,既包括了法、德两国属于民法的契约总则和各种契约,也包括了在法、德两国属于商法的公司、票据、商号等规定,完全是一部民商合一的法律。需指出的是,《瑞士民法典》的民商合一模式系历史的产物,并没有如何深刻的理论存于其间。但是,这种模式一旦形成,就和法、德、日民商分立的模式形成了对照,就发生了理论上的意义,激起了后世对于它的讨论和争论。[1]

(三)编制体例

《瑞士民法典》的开首是一个不列入序列的"法例",包括第1条至第10条,

---

[1] 谢怀栻:《大陆法国家民法典研究》,中国法制出版社2004年版,第69、71页。

规定法律的适用、法律关系的内容、与各州法的关系、债务法总则的效力和证据原则等。这些规定是之后的人法（第 1 编）、亲属法（第 2 编）、继承法（第 3 编）及物权法（第 4 编）的指导原则。接着是不列入序列的"终编：适用规定及施行规定"，这一编的条文另行编号。《瑞士债务法》虽系一独立的法律，且有其固有的条文编号，但仍被视为补充《瑞士民法典》的联邦法律，作为《瑞士民法典》的第 5 编。最后又是另编条文序号的"终编与过渡规定"。以上第 1 编至第 4 编共 977 条，第 5 编共 1186 条。[1]

由上述编制体例可知，《瑞士民法典》没有总则，此与德国、日本民法迥异。《瑞士民法典》之所以欠缺总则，一方面固然系各州的法律发展传统所使然，另一方面实源于瑞士民法各部分立法先后的差异。于《瑞士民法典》制定之前，已存在《瑞士债务法》，而该法当时早已存在一个总则，该总则的大部分本应列为民法总则，只因《瑞士债务法》规定在先而未改。例如，有关法律行为、侵权行为、债务的履行、债权的让与等基本问题，均于《瑞士债务法》中设有明文规定，而这些规定对于民法的其他部分皆能适用，且《瑞士民法典》第 7 条明确规定，《瑞士债务法》总则的规定得适用于民法典其他部分的法律关系。因此，《瑞士债务法》第 1 条至第 183 条的规定间接地成为《瑞士民法典》的总则的规定。至于其他基本问题，则规定于《瑞士民法典》的人法中。[2]

具体言之，《瑞士民法典》在人法、亲属法、继承法和物权法这 4 编之前，设置了一个序编（即"法例"），由 9 个条文组成。于 2010 年 12 月 31 日前总计有 10 条序编条文（第 1—10 条），其第 10 条因《瑞士民事程序法》的生效而被废止。应提及的是，第一，该第 1 条至第 9 条对私法及其他法律领域具有非常重大的意义。它调整的是法律渊源的基本问题与法律渊源的顺序（第 1 条）、奠基性的法律基本原则（尤其是第 2 条）、《瑞士民法典》与州法和《瑞士债务法》的

1　谢怀栻：《大陆法国家民法典研究》，中国法制出版社 2004 年版，第 71—72 页。《瑞士债务法》（修订截止至 2016 年 1 月 1 日）的最新中译本，系由戴永盛译，中国政法大学出版社 2016 年出版。

2　台湾大学法律学研究所编译（梅仲协等编译）：《瑞士民法》，1967 年 7 月印行，"瑞士民法简介"第 3 页。

关系（第 5—7 条）、证据法等问题。然而这些条文与《德国民法典》的总则编不具可比性。联邦立法者——从各州的法典出发——有意地放弃了德国模式中的总则编。按照传统的理解，私法法典的总则编一般包括关于权利主体、权利客体、权利的产生、内容和消灭的一般性规则（例如对于德国法，参见《德国民法典》第 1 条至第 240 条）。欧根·胡贝尔认为，放弃这样的总则编会有利于实现法典的实用性和通俗性。事实上，《瑞士民法典》的表述的确没有像《德国民法典》那样抽象，从而也就比《德国民法典》更易于理解。第二，与此相应，9 条序编条文规定的是（一定程度上的）基本性问题。对于其他基础问题，序编条文并未予以规定。[1]

《瑞士民法典》把人法、亲属法、继承法放在物权法和债务法之前，这一点因循《法国民法典》的模式，与《德国民法典》有所不同，彰示了其先注重人身法，尔后才注重财产法的理念和精神。《瑞士民法典》前 4 编共 25 章，章之下分节，于节之内又设有栏外注（备注），以表现各条文间存在系统的联系，此种栏外注为法律条文的一部分，于解释法条时，应视同法条本身。[2]

（四）内容

1. 《瑞士民法典》包括的内容丰富

《瑞士民法典》以 5 编 2000 余条的内容，除包含了《德国民法典》和《德国商法典》规定的事项外，还包括了德国一些单行法所规定的事项，例如《有限责任公司法》《股份法》《票据法》《建筑物区分所有权法》《不动产登记法》等。另外，《瑞士民法典》还包含关于劳动法的内容（集体劳动合同）、关于户籍法的内容（身份登记）、关于合作社的规定、关于债券的规定。除了普通的实体法规定，《瑞士民法典》在许多地方还规定了举证责任和诉讼程序。该法典关于法人的规定比较宽松：以政治、宗教、学术、艺术、慈善、交谊为目的的及其他非经

1　［瑞］贝蒂娜·许莉蔓-高朴、［瑞］耶尔格·施密特：《瑞士民法：基本原则与人法》（第二版），纪海龙译，中国政法大学出版社 2015 年版，第 33—34 页。

2　台湾大学法律学研究所编译（梅仲协等编译）：《瑞士民法》，1967 年 7 月印行，"瑞士民法简介"第 3 页。

济性的社团，自表示成立意思的章程做成时，即取得法人资格（第 60 条第 1 项）。不过，该法典最具特色的是有价证券部分，其集中规定了其他国家在民法、商法和一些单行法里规定的各种有价证券，是一个比较完整的"有价证券法"，于其他国家还少有其例。特别是它给有价证券规定了定义："有价证券是与权利相结合的一种证券，离开证券就不能主张该权利，也不能将之移转于他人。"这个定义在其他国家还没有，现在已成为大陆法系国家法律中有价证券的典型定义。[1]

《瑞士民法典》前 4 编所包括的内容如下图所示 [2]：

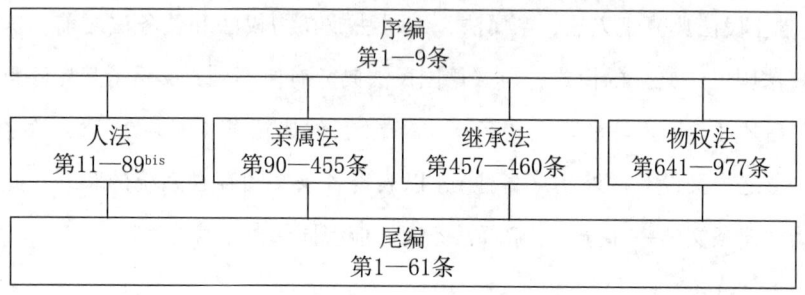

2. 《瑞士民法典》的"条文规定得有意识的不完备"，也就是"有意地不求条款的完备"

《瑞士民法典》是有意地不求条款的完备，此点与《德国民法典》之力求包罗万象、力求完备无遗形成鲜明的对照。这两种模式的背后存在着两种立法思想、两种国情，即《德国民法典》是有名的"法学家的法典"，立法者刻意要解决一切问题，不给法官裁量权，《瑞士民法典》则是"大众化的法典"，要让那些由人民选举出来的、非法学家的法官读得懂、会运用；《德国民法典》要用全帝国（德意志帝国）的法律去统一、扼制地方的旧法和习惯，达到"定于一尊"的

1　谢怀栻：《大陆法国家民法典研究》，中国法制出版社 2004 年版，第 75—76 页。

2　[瑞] 贝蒂娜·许莉蔓-高朴、[瑞] 耶尔格·施密特：《瑞士民法：基本原则与人法》（第二版），纪海龙译，中国政法大学出版社 2015 年版，第 29 页。

目的，《瑞士民法典》则要尽量保留和尊重各州的旧法和习惯，只要求"基本一致"。这里表现出一个中央集权的帝国的尊严与一个强调地方分权和尊重地方传统的联邦的气势。[1]

3. 《瑞士民法典》第 1 条的规定系法治国家处理民事事件的基本准则

《瑞士民法典》第 1 条规定："法律问题，在文字上及解释上，法律已有规定者，概适用法律。法律所未规定者，依习惯法，无习惯法时，法院应遵立法者所拟制定之原则，予以裁判。于此情形，法院务须恪遵稳妥之学说及判例。"这是一个很有名的条文。重要的是，这一规定确立了法治国家处理民事事件的基本准则。

对于民事事件，于法律没有规定或规定不完备时，法官是否受理、如何裁判？也就是说，民事案件千变万化，通常错综复杂，它不像刑事案件那样只限于刑法中明文规定的那些种类。法律要把民事案件规定得没有遗漏是不可能的，但是面对民事案件，法官又不能不办。《法国民法典》第 4 条明文禁止法官借口没有法律规定或规定得不完备而拒绝裁判，但是，对于法官究竟应当如何具体处理民事案件，该民法典未予解决。《德国民法典第一草案》第 1 条曾经规定："法律无规定的事项，准用关于类似事项的规定。无类似事项的规定时，适用由法规精神所得之原则。"但以后正式通过的《德国民法典》对此仍不作规定。《瑞士民法典》直接规定法官可以"遵立法者所拟制定之原则，予以裁判"。这个规定在它以前和它当时是没有的，因而是空前的。[2]应提及的是，1929—1930 年的《中华民国民法》第 1 条规定："民事，法律所未规定者，依习惯；无习惯者，依法理。"其系源于《瑞士民法典》第 1 条的规定。

4. 《瑞士民法典》在更高的程度上运用了一般条款，将诚信原则提高到整个民法的最高原则的地位

作为供法官补充和充实法律具体规定的一种手段，《瑞士民法典》较《德国民法典》于更高的程度上运用了一般条款。诚信原则在《德国民法典》中的适用

1　谢怀栻：《大陆法国家民法典研究》，中国法制出版社 2004 年版，第 77—78 页。

2　谢怀栻：《大陆法国家民法典研究》，中国法制出版社 2004 年版，第 78—79 页。

仅局限于债法的范围。《瑞士民法典》突破了这一局限，于第 2 条第 1 项规定：
"行使权利，履行义务，应依诚实及信用为之。"[1] 这一规定不仅不再限于债法范
围中适用，也不只规范义务人的行为，而是还要规范权利人的行为。[2] 这样就使诚
信原则真正成为全部民法的最高原则，"借以领导一切民事法律关系"。[3] 另外，
第 2 条第 2 项规定，"显属滥用权利者，不受法律保护"，[4] 确立了"权利滥用不
受保护"的观念，以此纠正个人主义的私权绝对的思想。《瑞士民法典》的这些
规定比《德国民法典》的相关规定简要明了，并保有适度的弹性，使法院能发挥
其创法的作用，可运用广泛的裁量权，而依"正义和公平"（nach Recht und Bil-
ligkeit）的原则进行裁判，诚为 20 世纪进步大法典之一。[5]

5. 《瑞士民法典》在很大程度上保留了地方的传统立法与制度

瑞士也是个联邦，不过各州有分权的传统，各州制度上的差异也不易统一，
因此《瑞士民法典》很尊重州法的地位，将一些问题交给州法去处理，也保留了
某些固有的传统。此特别表现在物权、监护、继承方面，联邦将许多权力交给
州，甚至交给更下级的地方。在相邻关系方面，也多处准许州法自行作出规定，
如第 702、703、705、709 条。[6]

（五）语言

《瑞士民法典》尽量使用简短的语句，每一条文不超过 3 段，通常只有 2 段
或 1 段，而每段只有 1 句；其用语力求平易，使无法律知识者也能了解，于一般
情形下，无需特别加以解释（例外如《瑞士民法典》第 664 条）。因外国语不易

1　参见戴永盛译：《瑞士民法典》，中国政法大学出版社 2016 年版，第 2 页。

2　谢怀栻：《大陆法国家民法典研究》，中国法制出版社 2004 年版，第 80 页。

3　40 年后（1947 年），日本才把这一点移植（规定）到《日本民法》的第 1 条第 2 项中。50 余
年后（1958 年），韩国才把这一点规定到《韩国民法典》的第 2 条第 1 项中："权利的行使及义务的履
行，应恪守信义，诚实履行。"对此，请参见谢怀栻：《大陆法国家民法典研究》，中国法制出版社
2004 年版，第 80 页。

4　参见戴永盛译：《瑞士民法典》，中国政法大学出版社 2016 年版，第 2 页。

5　台湾大学法律学研究所编译（梅仲协等编译）：《瑞士民法》，1967 年 7 月印行，刘甲一所作
之"序言"第 1—2 页。

6　谢怀栻：《大陆法国家民法典研究》，中国法制出版社 2004 年版，第 81 页。

了解，所以凡德文有相当的用语时，即尽量避免使用外国语。该民法典和瑞士的其他联邦法律一样，系一具有德文、法文和意大利文三种文字的法律。在适用上，此三种文字具有同等价值。[1] 法文的条文系由罗塞尔（Rossel）拟定，与德文的条文相较，以由德文加以意译的成分居多；由贝尔托尼（Bertoni）拟定的意大利文条文，则可谓系德文的逐句翻译。像《瑞士民法典》这样具有三种文字的法典，其本身并非一种缺点，而正为其优点之所在。因为三种文字具有同等价值，所以可以避免受条文用语的拘束，而能探求其真意。[2]

将《瑞士民法典》的德文本和《德国民法典》相比较，马上就可以看出，两部法典的文句、文体大不相同。《德国民法典》用的典雅的文体、冗长的文句、谨严的词语，俨然是一位咬文嚼字的法学家在向你说教。《瑞士民法典》则相反，简短的语句、浅显的言辞，多数条文都短得只有一行、半行，原来其立法者的目的就是使一个未受过法律专门教育的人能读懂这部法典。讲到人的权利能力时，《德国民法典》的规定是"人的权利能力，始于出生的完成"（第1条），《瑞士民法典》的规定是"每人有权利能力"（第11条第1项）。就"权利能力"，前者用名词"Rechtsfahigkeit"，后者用形容词"Rechtsfahig"，这一点不同就显示了不同的语言风格。[3]

（六）《瑞士民法典》的修改与发展

《瑞士民法典》自施行以来，迄今已百余年。百余年来，瑞士社会生活不断发展、变迁。为适应社会的需要，对其加以修改自然在所难免。第二次世界大战后，已对之作数次广泛的修改及条文增订。例如，对有关婚姻无效的条文进行修改，对有关遗产分割的条文进行修改。尤其是依照1963年12月19日瑞士联邦法律的规定，增加规定一节"分层建筑物所有权"（"建筑物区分所有权"），自第712条之一至二十。这一追加规定，为瑞士解决城市居民的住宅问题确立了法律途径。

1　参见《瑞士联邦宪法》第116条。

2　台湾大学法律学研究所编译（梅仲协等编译）：《瑞士民法》，1967年7月印行，"瑞士民法简介"第3—4页。

3　谢怀栻：《大陆法国家民法典研究》，中国法制出版社2004年版，第82页。

二、《中华民国民法》（1929—1930 年）

（一）概要

《中华民国民法》制定于 1929—1930 年间，其从形式（5 编制）到内容，基本上是采用了德国和瑞士民法的模式。梅仲协先生曾谓："现行民法，采德国立法例者，十之六七，瑞士立法例者，十之三四，而法日苏联之成规，亦尝撷取一二，集现代各国民法之精英，而弃其糟粕，诚巨制也。"[1]

《中华民国民法》的最重要的功用是除旧布新，它打破了我国在民事方面相沿几千年的陈规陋习，为中华民族进入近现代文明社会开启了道路。[2]这部法典"充分显示一个古老民族如何在外来压力下，毅然决定抛弃固有传统法制，继受西洋法学思潮，以求生存的决心、挣扎及奋斗"。[3]《中华民国民法》是近百年前的产物，其时，国家正处于内忧外患之际，这部法典因此未能得到很好的施行，于 1949 年新中国成立后被废除。

（二）编制与内容

《中华民国民法》是中国历史上第一部系统的民法典，其规定的内容主要仿照德国民法、法国民法、瑞士民法、瑞士债务法以及日本民法，编制上采德国民法体例，依次为总则编、债编、物权编、亲属编及继承编 5 编，计 1225 条（今天各编条文数量已有增减）。总则编共分 6 章，计 152 条，另有施行法 19 条；债编分为 2 章，计 604 条，另有施行法 15 条；物权编分为 10 章，计 210 条，另有施行法 16 条；亲属编分为 7 章，计 171 条，另有施行法 15 条；继承编分为 3 章，计 88 条，另有施行法 11 条。[4]

1　梅仲协：《民法要义》，中国政法大学出版社 1998 年版，"初版序"。
2　谢怀栻：《大陆法国家民法典研究》，中国法制出版社 2004 年版，第 107 页。
3　王泽鉴："民法五十年"，载其所著《民法学说与判例研究》（第五册），1992 年自版，第 2 页。
4　施启扬：《民法总则》（修订第八版），中国法制出版社 2010 年版，第 12—13 页。

（三）民商合一

法国和德国制定民法典时，根据历史情况，采民商分立制度。瑞士根据历史情况，则采取了民商合一制度。《中华民国民法》在制定其中的债编之前先就这一问题进行了讨论研究。南京国民政府立法院院长胡汉民、副院长林森向国民党中央政治会议提出，请订民商统一的民法典。他们提出的主要理由有：民商分立是由中世纪的情况形成的，当时商人为一特殊阶层，有特别地位，所以另定法典、另设法庭，以适应之。现在商人已无特殊的地位，商行为也无独立存在，任何人皆可从事商行为（参股于公司，签发支票、汇票，买卖证券等），民商区分，全无意义。特别在我国，商人本无特别地位，强予划分，毫无必要。国民党中央政治会议审查后认为，应订民商统一法典。于是，南京国民政府立法院参考瑞士、苏俄、泰国等的民商合一的民法典，制定了民法债编。之后又分别制定了公司法、票据法、海商法、保险法（这四种法，以后通称为特别民法）。这样，我国民商合一的体制得以形成。

（四）身份法的重大革新与财产法方面的进步倾向 [1]

1. 身份法的重大革新 [2]

《中华民国民法》是一部除旧布新的民法，这一点突出地表现在亲属编和继承编。中国有数千年的封建落后的历史，在民事制度和民事规范方面也有一些野蛮落后的东西，如所谓孝道、多妻制、男尊女卑、三从四德等。中国人民推翻封建帝制后，一直到《中华民国民法》的出现，才一举推翻了几千年来的一些封建陈规，建立了进步的文明的新规范，在当时（20世纪20年代）不仅在某些地方赶上了刚刚建立的苏俄，而且普遍地超越了资本主义国家。这主要体现在这部民法所确立的如下制度上。

（1）男女平等，包括规定男女在人格上平等，妇女在权利能力和行为能力方

---

[1] 本部分主要依据、参考谢怀栻：《大陆法国家民法典研究》，中国法制出版社 2004 年版，第116—123 页，谨特别说明。

[2] 谢怀栻：《大陆法国家民法典研究》，中国法制出版社 2004 年版，第116—120 页。

面完全与男子居于同等地位，把中国相沿数千年的男尊女卑、三从四德等一扫而光；取消关于"妾"的规定；规定男女在离婚条件上平等（第1052条），男女同得为家长（第1124条），夫妻在收养子女时有同等权利（第1074条），男女同得为监护人（第1094条），夫妻同等行使对子女的权利义务（第1089条）；规定子女不论已婚未婚均有与男子同等的继承权（第1144条），配偶相互有继承权。

（2）废除了数千年的嫡子、庶子、嗣子及私生子等称谓。中国数千年来的礼法和历次民法草案均保留了嫡子、庶子、嗣子及私生子等称谓，妻所生之子为嫡子、非妻所生之子为庶子、立继之子为嗣子、未经合法婚姻所生之子为私生子。《中华民国民法》将这些区别和称谓概予废除，将私生子女改称非婚生子，并使其享有与婚生子同等的地位与权利。在欧洲各"文明"国家，"illegitimate child"（非法的子女）这个称呼一直存在到第二次世界大战之后，日本民法中的庶子、私生子等称呼也直到1947年才修改。由此可见《中华民国民法》的进步了。

（3）废除大家族制、废除宗法的亲属制度。中国数千年来，维护封建的宗族制，将亲属分为宗亲、外亲、妻亲三类。《中华民国民法》将这一套来自封建礼法的制度概予废除，改分亲属为血亲、姻亲，又采用罗马法的亲等计算法。另外，该法典又废除了宗法制，不设族长一类，改采小家族制，只设家长，尽量削弱家长的权力，另设亲属会议。

（4）承认男女有平等继承权、配偶有相互继承权，废除宗祧继承，只承认遗产继承。

总之，对于中国而言，在身份法中实现男女平等和夫妻平等，提高卑亲属和家属于家中的地位，排除尊长绝对的权威，限制亲权的不当行使，尤其体现了《中华民国民法》为当时划时代的进步的立法。[1]

2. 财产法方面的进步倾向

在财产法方面，《中华民国民法》也有不少可称道之处，主要表现在如下方

---

[1] 施启扬：《民法总则》（修订第八版），中国法制出版社2010年版，第13页。

面[1]：

（1）由个人本位走向社会本位。《中华民国民法》在这一点上较德国民法向前跨出了一大步，其表现于：对近代民法中的绝对意思主义、契约自由、所有权绝对、过失责任诸点多有限制。例如，在总则编中规定权利能力与行为能力不得抛弃、自由不得抛弃，规定自由之限制以不背于公共秩序或善良风俗者为限（第16条、第17条），又有对人格权的概括规定（第18条）。这种规定来自瑞士民法，后来只有土耳其有规定；在法律行为上不采绝对意思主义，兼采表示主义。对契约自由、所有权也多有限制。另外，该民法中关于无过失责任的规定也有很多。这些都可以说是由近代民法向现代民法的前进。

（2）注重社会公益、经济发展与交易安全。例如，消灭时效的期间，《中华民国民法》规定的最长期间（15年）在当时虽不是最短的（当时瑞士、泰国为10年），却较法国（30年）、德国（30年）、日本（20年）的为短。其他期间也有规定得较短的，如买回期限不得超过5年（第380条），限制租赁期限（第449条），限制典权的存续期、回赎期与找贴次数（第912条、第924条、第926条）。又如第796条关于越界建筑房屋的规定，改变了德国民法与瑞士民法的规定，其立法旨趣在于考虑社会经济，可谓比较先进。[2]

（3）保护债务人兼顾债权人。《中华民国民法》将债权债务关系的编名定为"债"，而不用"债务关系"（德国）或"债权"（日本）的编名，其立法理由系在于对债权人和债务人予以同等保护。这至少在形式上给人一种公正之感。在内容上也确有许多兼顾两方面的规定，如扩大诚信原则的适用（第219条），准许债务人分期履行债务（第318条），关于违约金的规定（第252条、第253条），限制连带债务（第272条），规定债权人的撤销权与代位权（第242—244条），对承租人、受雇人的保护等。

（4）既采取先进立法例，又照顾本国国情。例如，《中华民国民法》不盲目

1　谢怀栻：《大陆法国家民法典研究》，中国法制出版社2004年版，第120—123页。

2　谢怀栻：《大陆法国家民法典研究》，中国法制出版社2004年版，第121—122页。

照搬日本的不动产质权、德国民法的土地债务，而规定本国固有的典权。为照顾我国固有的祠堂祭田等，特别对共同共有详予规定。特别规定永佃权人因不可抗力致其收益减少或全无者得请求减少或免除佃租（第844条，此条与现行《日本民法》第274条形成鲜明对照）。

（五）时代潮流的配合与固有伦理观念的维护

我国台湾地区"民法"自施行以来，尚能为人民所普遍接受，一致遵行，成为人民生活的规范，权利义务的准绳。在财产法方面，由于缺少传统法制，且该法规定的内容与现代社会的需要相符合，人民接受新制度的阻力较小，一般人虽有陌生感，但并无排斥感；在身份法方面，其大致也能为人民所接受，男女平等、亲子关系等新观念尤其如此。但也有与我国台湾地区的实际情况不合，与人民的法律感情和现实的生活关系有差距，不能为人民所认同者，例如有关夫妻财产制的规定，条文规定虽甚详尽，适用机会却很少。[1]

（六）修改与发展

自1945年至今，我国台湾地区"民法"业已施行近80年。尽管我国台湾地区向来重视法律的安定性，对于修法多持慎重态度，对于"民法"——日常生活的根本大法——更为审慎，但为了适应社会的需要，仍对"民法"有所修改。其中，自1975年5月开始修改，至1982年完成首次"民法"总则的大幅度的修改。修改的内容主要包括：①改进死亡宣告制度，缩短死亡宣告的失踪期间，并提高年老失踪者的年龄，增设检察官得申请宣告死亡的规定；②增设检察官得申请宣告禁治产的规定；③增订"依一定事实"为住所的设定与废止的认定标准；④加强人格权的保护，对于尚未发生的侵害，也有防止请求权；⑤促进法人的健全发展；⑥强化社团的组织；⑦加强财团的维护；⑧修正允许限制民事行为能力人独立营业的规定；⑨修正无权处分行为的效果；⑩改进消灭时效制度；⑪明定权利行使的原则。[2]

1　施启扬：《民法总则》（修订第八版），中国法制出版社2010年版，第14页。

2　施启扬：《民法总则》（修订第八版），中国法制出版社2010年版，第17—18页。

另外，我国台湾地区"民法"晚近以来还有下列更改：①为加强对人格的保护，修正"民法"第195条，扩大人格关系被侵害的慰抚金请求权。②为实践私法自治原则，兼顾契约自由和契约正义，分别于"消费者保护法"和"民法"中增设关于规范格式条款、格式合同的规定。③为合理分配意外灾害的损害，"民法"债编修正调整了侵权行为法的归责原则，就产品制造人责任、机动车驾驶人和危险活动，创设了3个推定过失的特别侵权行为。④对"民法"物权编的修改完成。⑤为实现两性平等和为子女利益原则，"民法"亲属编曾三度修正。⑥个人自由的维护与权利的实现得借助团体的协力，其主要者有：劳动者组织工会，与雇主订立团体协约；"消费者保护法"第49条规定，消费者团体得以自己的名义提起诉讼；损害赔偿或补偿的集体化，即透过责任保险、无过失补偿和社会安全制度，更公平、更有效率地分散损害。⑦"民法"第219条曾规定："行使债权，履行债务，应依诚实及信用方法。"为使诚信原则成为规范私法关系的帝王条款，1982年1月1日公布的（修正）"民法"增订第148条第2项："行使权利，履行义务，应依诚实及信用方法"。之后，"消费者保护法"第12条第1项又规定："定型化契约中之条款违反诚信原则，对消费者显失公平者，无效。""民法"债编修正更增订第245条之一，规定当事人为准备或商议订立契约，显然违反诚实及信用方法者，应负损害赔偿责任。此三项规定使诚信原则得用于规范权利的行使和义务的履行，得用于控制定型化契约条款的效力，得作为发生先契约义务的依据，对我国台湾地区"民法"的发展具重大、深远的意义。[1]

三、《埃及民法典》（1948年）

埃及是一个横跨亚洲和非洲的文明古国。1948年7月29日，其《政府公报》第108号附刊公布了《埃及民法典》，自1949年10月15日起施行。按照《颁布民法的1948年第131号法律》第1条的规定，埃及1883年10月28日颁布的适用

---

[1] 王泽鉴：《民法总则》，北京大学出版社2009年版，第32—33页。

于国民法院的民法，1875 年 6 月 28 日颁布的适用于混合法院的民法，由此废止，并被该新民法取代。[1]

1948 年《埃及民法典》系属于《法国民法典》的法国法系，除序编"一般规定"外，分为二编：第 1 编"债或对人权"，又包括两个分编，即第 1 分编"债的一般规定"，第 2 分编"有名合同"；第 2 编"物权"，又分为两个分编，即第 1 分编"主物权"，第 2 分编"从物权或担保物权"。

四、《韩国民法典》（1958 年）

韩国将民法、商法和民事诉讼法统称为民事法。民法是民事法的下位概念。韩国民法的近代化是以日本占领时期其《朝鲜民事令》之依用日本的民法为端绪的。1948 年，韩国政府成立法典编纂委员会，1950 年制定《民法草案编纂提纲》，1953 年提出民法草案，1954 年将其作为法律草案提交国会。民法草案经国会通过后，于 1958 年 2 月 22 日公布，自 1960 年 1 月 1 日起施行。韩国民法系以德国、法国、日本的民法体系为基础，尽管如此，在具体的应用过程中，韩国通过法律的本土化使这些国家的法律理论被整合为韩国特有的法律理论。[2]

《韩国民法典》分为 5 编：第 1 编"总则"，第 2 编"物权"，第 3 编"债权"，第 4 编"亲属"，第 5 编"继承"（1990 年 1 月 13 日修订），共 1118 条。其体系构成系采德国潘德克吞体系。为因应社会模式的变迁，特别是为适应社会的需要，《韩国民法典》自 1962 年被首次修订以来，迄今已作数次修订。[3]应指出的是，晚近以来，《韩国民法典》的解释论受到了德国民法和日本民法的很多影响。

1　黄文煌译，蒋军洲校：《埃及民法典》，厦门大学出版社 2008 年版，第 1 页。

2　金玉珍译：《韩国民法典 朝鲜民法》，北京大学出版社 2009 年版，第 2—3 页。

3　参见崔吉子译：《韩国最新民法典》，北京大学出版社 2010 年版，第 48 页。

五、《苏俄民法典》（1964 年）

1964 年 6 月 11 日，苏俄最高苏维埃第六届第三次会议通过了《俄罗斯苏维埃联邦社会主义共和国关于批准苏俄民法典的法律》。依据此法律，《苏俄民法典》自 1964 年 10 月 1 日起施行。《苏俄民法典》分为 8 篇：第 1 篇 "总则"，第 2 篇 "所有权"，第 3 篇 "债权"，第 4 篇 "著作权"，第 5 篇 "发现权"，第 6 篇 "发明权"，第 7 篇 "继承权"，第 8 篇 "外国人和无国籍人的权利能力及外国民法、国际条约和协定的适用"。[1]应提及的是，婚姻法不包含在该民法典中，此系 1922 年《苏俄民法典》以来的一贯立场。

第六节　当代民法编纂运动

一、《埃塞俄比亚民法典》（1960 年）

1960 年 5 月 5 日颁布的《埃塞俄比亚民法典》分为 5 编：第 1 编 "人"，第 2 编 "家庭与继承"，第 3 编 "物"，第 4 编 "债"，第 5 编 "合同分则"，共 3367 条，体系庞大、内容翔实。该法典系 20 世纪 60 年代以来大陆法系国家民法法典化运动中诞生的一部重要法典。

埃塞俄比亚是撒哈拉以南的重要非洲国家。《埃塞俄比亚民法典》采用《法国民法典》的体系。尽管如此，它仍然对《法国民法典》的结构和内容作了诸多改良。《法国民法典》的结构是三编制：第 1 编 "人法"，第 2 编 "财产以及所有权的变更"，第 3 编 "取得财产的各种方法"。《埃塞俄比亚民法典》的上述结构系以《法国民法典》的结构为基础，同时又进行了发展。另外，于内容上，《埃

1　参见中国社会科学院法学研究所民法研究室编：《苏俄民法典》，中国社会科学出版社 1980 年版，第 2 页以下。

塞俄比亚民法典》也在《法国民法典》的基础上作了诸多改革。[1]

二、《葡萄牙民法典》（1966 年）

现行《葡萄牙民法典》制定于 1966 年，其前身是该国 1867 年的《塞亚布拉法典》。随着 20 世纪以来德国民法理论向葡萄牙的渗透，《塞亚布拉法典》与理论界和实务界的距离越来越远。正是在此种背景下，新的民法典才于 1966 年诞生。[2]

《葡萄牙民法典》分为 5 卷：第 1 卷"总则"，第 2 卷"债法"，第 3 卷"物法"，第 4 卷"亲属法"，第 5 卷"继承法"，共 2334 条。该民法典系采总则和 5 编制的德国潘德克吞体系。尽管 20 世纪中后期推动葡萄牙民法更新换代的主要动力是德国民法学在葡萄牙的广泛传播，但其民法典表面上的德国化却没有彻底荡涤在葡萄牙具有数百年根基的理性自然法基因，也无法使葡萄牙法律人拒绝向语言和习惯上更为接近的"拉丁兄弟"靠拢，更无法抹去卢济塔尼亚人对自身身份和法律文化的认同。因此，在总则和物权与债权区分的外表下，《葡萄牙民法典》的实质内容更接近于法国民法或意大利民法。其中，最具代表性的莫过于其意思主义的所有权移转制度、源自法国和意大利民法的预约合同制度、传承自《塞亚布拉法典》甚至更远古的《律令》的占有制度、风格保守且极具南欧色彩的亲属和继承制度。概言之，1966 年《葡萄牙民法典》系德国法系与拉丁法系结合的一次大胆的尝试，但是从另一个角度看，也可以认为其是当时的立法者踌躇于创新与传统之间的一个折中的产物。[3]

三、新《荷兰民法典》（1970 年至 2003 年一些部分陆续生效）

荷兰的旧民法典颁布于 1838 年，它是在荷兰生效的第三部民法典。第一部民

1　薛军译：《埃塞俄比亚民法典》，中国法制出版社、金桥文化出版（香港）有限公司 2002 年版，第 4 页以下。

2　唐晓晴等译：《葡萄牙民法典》，北京大学出版社 2009 年版，"《葡萄牙民法典》简介"。

3　唐晓晴等译：《葡萄牙民法典》，北京大学出版社 2009 年版，"《葡萄牙民法典》简介"。

法典颁布于 1809 年，与 1804 年《法国民法典》大部分相同。该法典于 1811 年荷兰并入法兰西帝国后被《法国民法典》取代。1813 年，荷兰从法国统治下重获独立后，立即致力于制定自己的民法典，并于 1838 年完成。该法典中的财产法部分主要是《法国民法典》的内容，而且很多是照搬原文。1947 年，莱斯顿大学的教授麦恩斯（E. M. Meijers）被任命为新民法典的起草人。不久，麦恩斯教授逝世，其工作由一个三人小组继任，他们是德伦（J. Drion）、迪雍（F. J. de Jong）和爱根斯（J. Eggens）。1954 年，荷兰议会开始对新民法典草案进行审议。第 1 编于 1959 年颁布，第 2 编于 1960 年颁布，第 4 编于 1969 年颁布，第 3、5、6 编以及第 8 编的一部分在 1979 年至 1980 年间颁布。新民法典各编的生效时间有所不同。其中，第 1 编和第 2 编分别在 1970 年和 1976 年生效，第 3、5、6 编于 1992 年 1 月 1 日生效。在此之前，与这 3 编同时颁布的第 8 编的一部分已于 1991 年生效。此外，1998 年开始起草的第 4 编已于 2003 年 1 月 1 日生效。[1]

新的《荷兰民法典》由 10 编组成：第 1 编 "人法与家庭法"，第 2 编 "法人"，第 3 编 "财产法总则"，第 4 编 "继承法"，第 5 编 "物权"，第 6 编 "债法总则"，第 7 编 "有名合同"，第 8 编 "运输法"，第 9 编 "智力成果法"，第 10 编 "国际私法"。这部新民法典创设了许多新的规则来满足当代社会的需求，尽管这些创新大多是从荷兰本国的情况出发，但总的来说反映了各国民法的一般趋势。[2] 现今本书作者看到的该新民法典的中译本只有其第 3 编、第 5 编和第 6 编，由王卫国等译，中国政法大学出版社 2006 年出版。

四、《阿尔及利亚民法典》（1975 年）

1975 年 9 月 26 日，阿尔及利亚颁布了埃及模式的民法典，共 1003 条，力求

1　王卫国主译：《荷兰民法典》（第 3、5、6 编），中国政法大学出版社 2006 年版，"译序" 第 1—4 页。

2　王卫国主译：《荷兰民法典》（第 3、5、6 编），中国政法大学出版社 2006 年版，"译序" 第 5—8 页。

实现当代法与伊斯兰法的调和，其第 1 条第 2 款规定："法无明文规定时，法官可根据伊斯兰法的规则作出判决；如无此种规则，可根据习惯作出判决。"该民法典只调整财产关系和人格关系，身份关系由 1984 年颁布的《家庭法典》调整。这些都体现了该法典的伊斯兰性质。《阿尔及利亚民法典》的基本结构如下：第 1 编 "一般规定"，第 2 编 "债与合同"，第 3 编 "主物权"（所有权、用益权、使用权、居住权、地役权等），第 4 编 "从物权或担保物权"。这一结构具有鲜明的特点，作为法国的前殖民地，阿尔及利亚受法国法律文化影响更大，但它却采用了《德国民法典》的债法前置于物权法的结构。[1]

五、《秘鲁共和国新民法典》（1984 年）

秘鲁于 1821 年 7 月 28 日宣告独立，当时整个美洲，即后来被称为拉丁美洲的地方，都卷入了这场运动。[2] 1984 年《秘鲁共和国新民法典》共计 10 编，另外在法典之始还设有 "序题"，共 10 个条文。《秘鲁共和国新民法典》的 10 编分别是[3]：第 1 编 "人法"，第 2 编 "法律行为"，第 3 编 "家庭法"，第 4 编 "继承法"，第 5 编 "物权"，第 6 编 "债"，第 7 编 "债的发生依据"，第 8 编 "时效与除斥期间"，第 9 编 "公共登记"，第 10 编 "国际私法"。

由 1984 年《秘鲁共和国新民法典》的 10 编制体例可以看到，其具有很大的特色。例如，它明确设编规定 "法律行为"（第 2 编），设立 2 编（第 6 编、第 7 编）分别规定 "债" 与 "债的发生依据"。另外，它也将 "国际私法"（第 10 编）的内容纳入民法典中。所有这些，无不表现了该民法典的特色及其所具有的新颖之处。更重要的是，它也说明，包括秘鲁在内的拉丁美洲国家在自己的民事

---

[1]　尹田译：《阿尔及利亚民法典》，中国法制出版社、金桥文化出版（香港）有限公司 2002 年版，第 7 页以下。

[2]　参见［意］桑德罗·斯奇巴尼："1984 年的《秘鲁民法典》"，黄美玲译，载徐涤宇：《秘鲁共和国新民法典》，北京大学出版社 2017 年版，第 4 页。于此应值提及的是，该《秘鲁共和国新民法典》翻译本著作系由徐涤宇教授所赠，谨记于此，以供忆念。

[3]　参见徐涤宇译：《秘鲁共和国新民法典》，北京大学出版社 2017 年版，"目录"，第 1 页以下。

生活、社会生活中在努力地进行着创新，在努力地前行，走自己的路，由此过社会生活、私人生活及家庭生活，并发展着自己的国家乃至民族。

六、《朝鲜民法》（1990 年）

历史上，在分裂之前，朝鲜半岛具有统一的法律体系。朝鲜建立政权以来，尽管独立制定实行了一系列法律法规，但仍旧维持着分裂前的法律传统。民法系朝鲜的主要法律领域，经过多年的发展，已形成具有朝鲜特色的民法理论。随着朝鲜实行有限度的改革开放，在维持社会主义体制的前提下，朝鲜逐渐承认部分领域的私人所有（如对生活用品的个人所有权），同时在社会主义计划经济体系中导入了部分市场经济的因素。朝鲜于 1950 年和 1958 年均出现过民法草案。1950 年民法草案，即第一草案，又称为"旧草案"或"50 年草案"，由总则、物权、债权、继承 4 编组成。该草案与 1922 年《苏俄民法典》的内容相似，采用德国潘德克吞体系。1958 年 2 月 1 日，又有《关于朝鲜民主主义人民共和国民法与民事诉讼法草案的准备》，此为民法第二草案，由总则、所有权法、债务法、著作权法、发明专利法、继承法 6 编组成。该草案增加了著作权法与发明专利法，反映出当时经济关系领域的社会主义改革。不久，朝鲜因考虑到制定民法典会影响自己的经济发展而推迟了民法的法典化工作。[1]

1986 年，为了审判实务的需要，朝鲜出台了《民事规定》，由一般规定、结婚与家庭关系、民事交易行为、侵权行为的损害赔偿和不当得利的处理等 4 章 72 条组成。但这些规定以家事案件为对象，不适用于机关、企业、团体之间的经济交易关系，因此严格说来并不是民法典。直到 1990 年，朝鲜颁布了独立的综合性民法，其由 4 编组成：第 1 编"一般制度"，第 2 编"所有权制度"，第 3 编"债权债务制度"，第 4 编"民事责任和民事时效制度"，共 13 章，271 条。据此结构

---

[1] ［韩］崔达坤："朝鲜民法的制定及其变化：以比较分析式研究为中心"，载《朝鲜法律行政论丛》1992 年第 9 集，第 95—96 页；金玉珍译：《韩国民法典 朝鲜民法》，北京大学出版社 2009 年版，"《朝鲜民法》说明"第 7—8 页。

可知，继承制度从民法中被分离出来，纳入家族法典中处理，著作权、创意研制权也在民法的调整范围之外，民法仅调整财产关系。[1]

七、《俄罗斯联邦民法典》(1994 年)

《俄罗斯联邦民法典》共分 3 个部分，第 1 部分由俄罗斯国家杜马于 1994 年 10 月 21 日通过，自 1995 年 1 月 1 日起施行，其组成是：第 1 编 "总则"，第 2 编 "所有权和其他物权"，第 3 编 "债法总则"。第 2 部分由国家杜马于 1996 年 1 月 26 日通过，自 1996 年 3 月 1 日起施行，其内容是第 4 编 "债的种类"。[2]

八、《蒙古国民法典》(1994 年)

《蒙古国民法典》于 1994 年 11 月 1 日通过并颁布，自 1995 年 1 月 1 日起生效实施。该民法典共 7 编：第 1 编 "总则"，第 2 编 "所有权"，第 3 编 "债的通则"，第 4 编 "合同责任"，第 5 编 "非合同责任"，第 6 编 "继承权"，第 7 编 "涉外民事关系"。该民法典的结构基本上是 1961 年《苏联和各加盟共和国民事立法纲要》的结构的改进型。基本上可以说，《蒙古国民法典》的结构是好的，它蕴含了将债法总则与债法分则分开规定、侵权行为独立的新观念。值得提及的是，这一法典像其他苏联集团国家的民法典一样，也未包括家庭法（亲属法）的内容。[3]

九、《越南社会主义共和国民法典》(1995 年)

《越南社会主义共和国民法典》于 1995 年 10 月 28 日由国会通过，自 1996 年

1　金玉珍译：《韩国民法典 朝鲜民法》，北京大学出版社 2009 年版，第 8、10、12 页。

2　参见黄道秀、李永军、鄢一美译：《俄罗斯联邦民法典》，中国大百科全书出版社 1999 年版，"目录"。另外，关于俄罗斯民法的情况，还可参考 ［俄］E. A. 苏哈诺夫主编：《俄罗斯民法》（第 1—4 册），黄道秀、王志华、李国强、丛凤玲、付荣译，中国政法大学出版社 2011 年版。

3　海棠、吴振平译：《蒙古国民法典》（新编本），中国法制出版社、金桥文化出版（香港）有限公司 2002 年版，"译者序言"。

7月1日起施行，其组成是："前言"，第1编"总则"，第2编"财产与所有权"，第3编"民事债务与民事合同"，第4编"继承"，第5编"土地使用权的移转"，第6编"智慧财产权与技术转让"，第7编"涉外民事关系"，共838条。

《越南社会主义共和国民法典》与《日本民法》有许多相似之处，并且日本民法学的研究成果也被该民法典吸纳。特别是日本民法学者森岛昭夫为该民法典的制定工作了五年多的时间，其对越南国家做出了重要贡献。另外，越南在这一民法典的制定过程中采纳、吸收了如下一些大陆法系国家的民法立法经验：一是越南的旧宗主国法国的《法国民法典》的经验；二是参考了《日本民法》、中国原《民法通则》、苏联旧民法、《俄罗斯联邦民法典》以及《瑞士债务法》的有益经验。该民法典对英美法系的民法未予接纳。[1]

十、中亚一些国家的民法典编纂

应提及的是，中亚一些国家自20世纪90年代以来也进行了民法典的编纂，其具代表性的有：1996年《哈萨克斯坦民法典》、1996年《吉尔吉斯斯坦民法典》和1998年《土库曼斯坦民法典》。这些国家的民法典编纂，系为当代世界民法典编纂运动的重要组成部分。

1　[日]铃木康二译：《越南民法》（条文与解说），日本贸易振兴会JETRO1996年版，第4页。

第三章

民事法律关系与民事能力

第一节　民事法律关系的涵义、特性与构成要素

一、民事法律关系的涵义与民事法律关系的普遍性

民事法律关系系全部法律关系体系中的一种重要类型，是具体民事主体之间发生的、由民法所规范的，具有民事权利、民事义务内容的法律关系。对此概念，需作如下几点释明。

第一，民事法律关系系由民法所规范的法律关系，仅受道德或习惯规范者，非属民事法律关系。例如，婚姻为一种民事法律关系，继承亦复如是。甲与乙约定轮流开车一起上班，属于合同而为民事法律关系；但搭乘便车的约定，则为好意施惠关系，不成立合同。[1]

第二，民事法律关系存在于人与人之间。例如，买卖系一种民事法律关系，存在于出卖人与买受人之间；婚姻存在于配偶之间；赠与则存在于赠与人与受赠人之间；所有权也系一种民事法律关系，其权利人（权利主体）为所有权人，义务人（义务主体）为除所有权人以外的天下的一切人。

第三，民事法律关系以一定的民事权利和民事义务为内容。每个民事法律关系至少需以一个权利为其要素，或为物权，或为债权，或为知识产权，或为人身

---

[1]　王泽鉴：《民法总则》，北京大学出版社 2009 年版，第 65 页。

权，在某些情况下为特定的利益。另外，基于当事人的约定或法律规定，民事法律关系还可包括其他权利，如解除合同、追认合同等形成权。

民事义务系与民事权利相对，指法律上的当为，包括作为和不作为。民法尽管为权利法，多从民事权利角度规定民事法律关系，但也有从民事义务方面加以规定者。民法借助于民事责任（如损害赔偿）或强制执行，保障民事权利的实现和民事义务的履行。[1]

应提及的是，民法上还有所谓的不真正义务或间接义务（Obliegenheiten），即当事人应为一定行为而不为时，法律即对之课予某种不利益。其在保险法上最为常见，如在财产保险合同有效期内，保险标的危险程度增加的，被保险人按照合同约定应当及时通知保险人。我国民法上也有不真正义务，如减轻损害的义务，《民法典》合同编第 591 条第 1 款"当事人一方违约后，对方应当采取适当措施防止损失的扩大；没有采取适当措施致使损失扩大的，不得就扩大的损失请求赔偿"即属之。违反不真正义务时，仅发生减免赔偿金额的不利益，不生损害赔偿责任问题。

民事法律关系具有普遍性，此点无论古代还是当代，中国还是外国，莫不皆然。社会生活中的人，无时无刻不处在民事法律关系中。一个人只要不触犯刑法，就可能终生不涉及刑法，但却不可能于一生中不涉及民事法律关系。例如，一个自然人为了生存就得保有财产，因此对财产发生物权关系、债权关系抑或知识产权关系；一个企业，从登记成立到宣布解散，要获取原材料、机器设备或销售产品，需同其他企业或自然人发生买卖关系；建筑厂房，需同建筑公司发生建设工程承包关系；与他人进行联合经营活动，则发生合伙关系；一个人达到法定结婚年龄后与他人结婚，发生婚姻（身份）法律关系；一个人死亡后留下遗嘱处理自己的财产，发生遗嘱继承法律关系等。这些关系均为民事法律关系。民法正是通过为自然人、法人设定民事权利、民事义务，使之具有民事法律关系的法律形式，并运用国家强制力——民事责任——保障民事权利和民事义务的实现，以

1　王泽鉴：《民法总则》，北京大学出版社 2009 年版，第 66 页。

达到调整社会关系的目的。[1]

民事法律关系，是民法调整平等主体之间的财产关系和人身关系的结果，是平等主体之间的财产关系与人身关系和民事法律形式相结合的产物，本质上属于受到民法保护的法律关系。民法调整财产支配产生的物权关系，调整物权交易产生的债权债务关系，调整智慧财产专有产生的知识产权关系，调整遗产继承产生的继承权关系，调整人格和身份关系产生的人身权关系等，无一不是民事法律关系。[2]

总之，民事法律关系是一种民法上的权利义务关系。一般的友谊关系、情谊关系虽被认为也有某种"权利义务"，但它们不是民法上的权利义务关系，故而不是民事法律关系。

二、民事法律关系的特性

民事法律关系为法律关系之一种，它既具有法律关系的共性，也有区别于其他法律关系的特殊性。民事法律关系和其他法律关系如行政法律关系、诉讼法律关系的共性在于：它们都是人与人之间的关系，并不因为民事法律关系反映物的占有和交换而成为人与物的关系或物与物的关系。另外，民事法律关系与其他法律关系一样，也体现国家的意志（在多数情形下也体现当事人的意志）；民事法律关系与其他法律关系一样，并非系依社会舆论和人的道德观念来实现的道德关系，而是由国家强制力（民事责任）保证其实现的具有权利义务内容的法权关系。[3]民事法律关系具有如下特性。

（一）民事法律关系是平等主体之间的法律关系

这一特性是由民法调整平等主体之间的财产关系和人身关系决定的。民事法律关系主体的平等通常表现为他们在民事法律关系中享有的权利和承担的义务对等一致。例如，每个自然人都享有平等的人格权，既是自己人格权的权利主体，

1　梁慧星：《民法总论》（第四版），法律出版社 2011 年版，第 57 页。

2　李开国：《民法总则研究》，法律出版社 2003 年版，第 83 页。

3　李开国：《民法总则研究》，法律出版社 2003 年版，第 85 页。

也是他人人格权的义务主体。所有权的情况也一样：每个财产所有权人都是自己财产的权利主体，都对自己的财产享有占有、使用、收益和处分的权能，同时又都是他人财产所有权的义务主体，对他人行使财产所有权负有不得妨碍的义务；在大多数合同法律关系中，双方的权利义务也是对等一致的，即一方享受的民事权利是用向对方承担相应的民事义务来换取的。即便一方只享受权利而另一方只承担义务的合同法律关系，当事人的地位依然是平等的。[1]概言之，当事人相互独立、法律地位平等，大多数情形民事法律关系的发生取决于当事人的意思，且民事法律关系由民事法律责任加以保障，这些就是民事法律关系的主要特性。[2]

（二）民事法律关系是民法所确认的法律关系

民事法律关系是民法调整平等主体之间的财产关系和人身关系的结果。平等主体之间的财产关系和人身关系为民法所确认和保护时，也就具有了民事法律形式，上升为民事法律关系。亦即，民事法律关系绝不是超越于民法调整对象的某种关系，而是民法调整的平等主体间的财产关系和人身关系的内容与民事法律形式的统一。民事法律关系的范围决定于民法调整对象的范围。[3]

（三）民事法律关系所体现的利益是民事主体的私益

民法所保护的利益，称为私益。民事法律关系以地位平等的自然人、法人、非法人组织为主体，以这些主体的财产利益和人身利益为实质内容，因此民事法律关系所体现的利益是这些主体之间的私的利益。

三、民事法律关系的构成要素

民事法律关系的构成要素，即组成民事法律关系的因素。对此，存在不同的主张。一种主张认为民事法律关系由主体、客体和内容构成，为我国多数学者所认同，也是长期以来我国民法理论中的通说；另一种主张认为民事法律关系由主

1　李开国：《民法总则研究》，法律出版社 2003 年版，第 86 页。

2　梁慧星：《民法总论》（第四版），法律出版社 2011 年版，第 58 页。

3　李开国：《民法总则研究》，法律出版社 2003 年版，第 86 页。

体、客体、内容、民事法律关系本身的变动及变动原因构成，民法学者郑玉波、梁慧星采之。[1]本书系采后一种主张，即认为民事法律关系的构成，分动、静两种要素，静的要素为主体与客体，动的要素为权利义务、其变动以及变动的原因。

（一）民事法律关系的主体

民事法律关系的主体，又称民事权利义务的主体，指参加民事法律关系享受民事权利和承担民事义务的人，分为民事权利主体和民事义务主体。前者是在民事法律关系中享受民事权利的一方，后者是在民事法律关系中承担民事义务的一方。[2]民事权利主体于当代社会中人人皆可充之，而民事义务主体则绝大部分人可以任之。

民法上得为民事权利主体和民事义务主体者，称为"人"。得为民事权利主体之法律资格，称为"人格"。此所谓"人格"，亦即民事权利能力。具有民事权利能力，即有"人格"。就能成为民法上的"人"，尚未出生的胎儿和业已死去的人，不能称为"人"，不享有"人格"，从而不能成为民事主体。[3]可成为民事主体的"人"，包括自然人（natürliche Person）、法人（juristische Person）和非法人组织。这些"人"皆可成为民事权利主体和民事义务主体，享受民事权利、承担民事义务。

应提及的是，民事主体于涉及权利与义务关系时，其在法律上所应具备的地位包括：①民事权利能力，指可以享受权利、负担义务的资格或地位，例如作为继承人的资格；②民事行为能力，指能够为有效法律行为的资格或地位，例如缔结有效合同的资格；③民事责任能力，指因违反法律法规的规定而应负责的资格或地位，包括侵权责任能力和债务不履行能力。此三者为通常作为民事主体所应具备的能力。若欠缺民事权利能力，则无法成为民法上的权利主体，不能享受权利、承担义务；欠缺民事行为能力，所为的法律行为效力将有效力未定或无效的

1　郑玉波：《民法总则》，中国政法大学出版社 2003 年版，第 94 页；梁慧星：《民法总论》（第四版），法律出版社 2011 年版，第 59 页。

2　李开国：《民法总则研究》，法律出版社 2003 年版，第 87 页。

3　需注意的是，虽然胎儿尚未出生成为"人"，但法律对他规定了一些特殊的保护情形。对此，请参见本书"对胎儿利益的保护"部分。

后果；欠缺民事责任能力，将涉及所造成的损害应由何人承担赔偿责任的问题。[1]

民事主体为权利的归属对象、权利的享有者及义务的承担者。法律系以人为规范的对象。法律上的权利义务关系均是直接或间接针对人为的法律关系所发生的，也只有人才得以在法律上享受权利、负担义务，只有人的活动才能于法律上发生法律效果，需对之加以评价，法律的规范均系以人为中心，故此，只有人才可为权利主体。权利主体是对权利客体的支配者，权利客体不能成为权利主体，盖其无法如同人类那样拥有理性，无法了解法律规范的意义与目的，无法遵守法律的规定，也无法行使权利与承担义务，故而，以权利客体（如犬、猫）为赠与对象，其赠与自不发生法律上的效力。[2]

（二）民事法律关系的客体

民事法律关系的客体，即民事法律关系主体的权利和义务所指向的对象，包括物、智力成果、行为（作为）、不行为（不作为）、人格利益、身份利益、人的精神的创造物、法律关系自身等。所有这些，自权利的视角观之，即称为权利的客体（Rechtsobjekt）或私权的客体。

其中，物是一种最重要、最普遍的客体，所有权关系的客体为物，用益物权的客体为物（主要是不动产，如土地等），担保物权的客体既可以是物，也可以是权利（如权利抵押权、权利质权），占有的客体为物，准占有的客体为权利。债的客体或标的既不是物，也不是债务人，而是债务人的行为，称为给付，给付的对象也多数为物，称为标的物或给付物。债的客体或标的为行为的场合，称为（作为）给付，为不行为（不作为）的场合，称为不作为给付。[3]人格权的客体为人格利益，如生命、身体、健康、名誉、肖像、隐私、人格尊严、自由、性自主、

1　郑冠宇：《民法总则》（第二版），瑞兴图书股份有限公司 2014 年版，第 71 页。

2　郑冠宇：《民法总则》（第二版），瑞兴图书股份有限公司 2014 年版，第 64 页。

3　不作为也得为给付的标的，即使不具有财产价格者也可。例如，甲、乙系邻居，乙每晚 10 点以后往往要弹钢琴，甲的孩子丙在 6 月 7、8、9 三日参加高考，甲为了使自己的孩子晚间休息好以便高考考出好成绩，即可与乙订立一个 6 月 7、8、9 三日晚间 10 点之后不要弹钢琴的合同，该合同的标的或客体就是以乙的不作为为债之关系的给付。当然，此种场合，基于民法的等价有偿原则，甲往往需要或可以向乙给付一定数额的对价（如金钱）。

（经济）信用等。身份权的客体为各种身份上的人格利益，如配偶利益（配偶权的客体），教育、保护和教养权，惩戒权，扶养利益（家长权、亲权的客体）。形成权的客体，则是法律关系自身。应注意的是，民事法律关系的客体具有多样性，随着社会经济、文化生活的发展，其还会不断扩张，从而呈现出一个开放的、发展的局面。

另外，依《民法典》的规定，自然人的个人信息、数据及网络虚拟财产，为民事法律关系的客体，也就是为民事法律关系所指向的对象（《民法典》第111条、第127条）。

（三）民事法律关系的内容

民事法律关系的内容，指民事法律关系的主体享有的民事权利和承担的民事义务，即权利和义务。例如，在买卖关系中，出卖人和买受人都既是权利主体，也是义务主体。买受人所享有的权利是请求出卖人交付标的物，其负有的义务是向出卖人支付价款。出卖人享有的权利是请求买受人支付价款，其负有的义务是将标的物的所有权移转给买受人。在所有权关系中，所有权人对标的物享有管领、支配的所有权，得占有、使用、收益、处分自己的所有物，系权利主体，其义务主体为所有权人以外的天下的一切人。所有权人以外的天下的一切人皆负有不得妨碍所有权人对自己的所有物行使圆满状态的所有权的不作为义务。概言之，民事法律关系虽然多种多样，但其内容不外乎民事权利与民事义务。一切民事法律关系概莫能外。

（四）民事法律关系的变动及其原因

1. 民事法律关系的变动

与世间万事万物处于永恒的变动中——所谓万有无常——一样，民事法律关系也有变动。民事法律关系的变动，如从民事权利的变动的角度看，即是民事权利的发生、变更和消灭；从民事权利的取得、丧失、变更的视角看，即是民事权利的得（取得）、丧（丧失）及变更。

（1）民事权利的发生，亦称民事权利的取得，包括绝对发生和相对发生，相应地，民事权利的取得则包括原始取得（originärer Rechtserwerb）和继受取得（derivativer Rechtserwerb），其中继受取得又称为传来取得。《民法典》第 129 条规定："民事权利可以依据民事法律行为、事实行为、法律规定的事件或者法律规定的其他方式取得。"

继受取得包括特定继受取得与概括继受取得。前者指就他人财产中的特定物而取得，例如基于买卖关系而取得买卖标的物即属之。特定继受取得的方式，包括权利的设定（设立）、让与或移转。法律常因权利种类的不同而规定有不同的移转要件，例如基于法律行为的不动产物权的移转通常应以书面并经登记为之，基于法律行为的动产物权的移转应以书面或口头并以交付为之。概括继受取得指就他人的财产全部取得，例如因继承关系而取得、法人因合并而取得，皆属之。[1]

（2）民事权利的变更，包括因主体变更而变更和因客体变更而变更。前者指民事权利与其主体分离而归属于另一主体，自分离的主体而言，系权利的相对消灭，自受归属的一方而言，系权利的继受取得（传来取得）。后者指民事权利于量和质上有所变动，例如，买受人请求交付房屋及移转房屋所有权的债权，因可归责于出卖人的事由以致给付不能时，转变为损害赔偿之债。权利内容（质）虽有所改变，但其为原权利的延续，故其担保与消灭时效均不受影响。权利内容虽有所变更，若非原权利的延续，而系产生新权利的，则原权利的担保消灭，时效重新起算。[2]

（3）民事权利的消灭，指权利与其主体分离，包括绝对消灭与相对消灭：前者指权利因灭失而不存在，例如房屋因失火而全毁；后者指权利虽与其主体分离，但并未灭失，而系归属于其他主体，亦即权利发生移转，就归属的主体而言，系权利的特定继受取得。应提及的是，权利消灭后，有时可因此发生其他权利以为代替。例如，房屋因失火而灭失，但因灭失所取得的保险金或赔偿金则为

1　郑冠宇：《民法总则》（第二版），瑞兴图书股份有限公司 2014 年版，第 189 页。

2　郑冠宇：《民法总则》（第二版），瑞兴图书股份有限公司 2014 年版，第 190 页。

该房屋的代替物。[1]《民法典》第 390 条规定，"担保期间，担保财产毁损、灭失或者被征收等，担保物权人可以就获得的保险金、赔偿金或者补偿金等优先受偿。被担保债权的履行期限未届满的，也可以提存该保险金、赔偿金或者补偿金等"，即在明揭斯旨。

2. 民事法律关系变动的原因

引起民事法律关系变动的原因为法律事实，而所谓法律事实，指能够引起民事法律关系发生、变更、消灭的客观情况，包括自然事实和人的行为。其中，自然事实又包括状态和事件。状态，即抽象的自然状态，如人的下落不明、成年、精神失常、对物继续占有、权利继续不行使、善意、恶意及战争状态、封锁禁运等均属之。事件指具体的自然事实，如人的出生与死亡、自然灾害的发生、战争爆发、发生动乱或罢工、果实自落于邻地等。人的行为，指人有意识的活动，包括合法行为、违法行为和其他行为。

合法行为包括如下三类：

（1）法律行为（Rechtsgeschäft），它是最常见、最重要的法律事实。于德国和我国台湾地区，法律行为因其所欲发生效果的不同，又分为债权行为（如买卖、保证）与物权行为（如移转所有权和设定抵押权），亲属行为（如结婚、收养）与继承行为（如抛弃继承）。[2]

（2）准法律行为（geschäftsähnliche Handlungen），指行为人虽有将内心的意思表达于外的行为，唯其法律效果的发生系出于法律的规定，并非以行为人内心的意思为依据，而与法律行为有所不同。因此，不论行为人的内心意向如何，是否知悉或期待某一法律效果的发生，一旦其完成准法律行为，依据法律的规定，就当然发生特定法律效果，且事后也不得以不知法律规定为由，主张其表示应不发生法律上效力。准法律行为包含意、知、情的表示，可区分为意思通知（意）、

---

[1] 郑冠宇：《民法总则》（第二版），瑞兴图书股份有限公司 2014 年版，第 189—190 页。
[2] 王泽鉴：《民法总则》，北京大学出版社 2009 年版，第 193 页。

观念通知（知）与感情表示（情）。[1]

1）意思通知（Willensmitteilung），指行为人表示一定的期望，特别是期待受意人为一定行为或不为一定行为，如债权人对债务人给付迟延的催告，乃表示请求对方为给付行为的意思通知。[2]

2）观念通知（Vorstellungsmitteilung、Wissenserklärung），指行为人表示对一定事实的观念或认识。例如，消灭时效因承认而中断。所谓承认，系指因时效而受利益的债务人向债权人表示认识其请求权存在的观念通知。再如，债权人将其债权让与的事实通知债务人，乃使债务人知有债权移转的事实，以免误向原债权人清偿的观念通知。[3]

3）感情表示，指表意人表示一定感情的行为，其所为的表示发生的法律效果究竟是否与其本意相当，并不重要，仅需有此表示，就当然发生此种法律效果。例如，赠与人对于受赠人所为符合撤销赠与条件的忘恩负义行为表示宥恕的，丧失其撤销权；夫妻一方对于他方的通奸行为表示宥恕的，不得请求离婚；被继承人的宽恕等。[4]

应值注意的是，有关意思表示的方式、行为人的行为能力、意思表示的生效时期、意思表示的解释、代理的法律规定等，原则上均可类推适用于意思通知、观念通知或感情表示，但在适用上，仍有下列特殊情形应予区别[5]：

第一，行为能力。意思通知与观念通知所发生的法律效果，虽不以行为人有此意思（效果意思）为必要，但行为人均确切明白，其所为的表示具有法律上的意义。因此，对于该法律效果的发生，应要求行为人具有辨识其行为具有法律上意义及效果的能力，亦即需具有行为能力。但感情表示仅需行为人具有意思能力

1　郑冠宇：《民法总则》（第六版），新学林出版股份有限公司 2019 年版，第 353 页。

2　郑冠宇：《民法总则》（第二版），瑞兴图书股份有限公司 2014 年版，第 283 页。

3　郑冠宇：《民法总则》（第二版），瑞兴图书股份有限公司 2014 年版，第 284 页。

4　郑冠宇：《民法总则》（第二版），瑞兴图书股份有限公司 2014 年版，第 284—285 页。

5　此部分根据、参考郑冠宇：《民法总则》（第六版），新学林出版股份有限公司 2019 年版，第 355—357 页，谨此说明。

即可，而无须具有行为能力。

第二，意思表示的瑕疵。

其一，观念通知。原则上，观念通知以事实的存在为法律效果发生的要件的，如承诺迟到的通知、受让人的债权让与通知、提存的通知或买卖标的物瑕疵的通知，此时若通知的内容与事实不符，则无论当事人为通知时系出于健全或不健全的意思（例如被欺诈或被胁迫），该观念通知均不能发生效力，行为人仅需更正或撤回该通知即可，更不需对之为撤销。但若不以被通知的事实存在为法律效果发生的要件，纵然事实不存在也有其他法定效力发生的，如代理权授予的通知，让与人对债务人为债权让与的通知，系在未有授权或让与的事实下所为的通知，仍可能在符合表见代理及表见让与的相关规定时发生法律效力。此时其通知若系由于被欺诈、被胁迫或出于错误，应准许类推适用关于意思表示瑕疵的规定，撤销其观念通知。

其二，感情表示。意思表示的瑕疵，除通谋虚伪意思表示由于系属双方行为而与感情表示性质上不相当外，其余均得类推适用。例如，虽以单独虚伪意思表示的方式为宥恕，仍具效力；因错误、被欺诈或胁迫而为宥恕表示，也得就其瑕疵的表示而为撤销。

第三，条件与期限。条件与期限的规定，乃涉及法律行为的效力，系专就法律行为而设，需以行为人的效果意思为依据，性质上与准法律行为不同，故不得类推适用。然若准法律行为系以一定意思活动为内容，未违反其目的，并使得相对人可明确知悉行为人的请求者，例如意思通知的催告系"给付已迟延，如不在7日内履行即解除契约"，或其他类似的履行请求、拒绝，及为感情表示的宥恕等，则可许其以附条件的方式为之。

（3）事实行为，又称非表示行为，乃无关心理状态的行为，例如无主物的先占、拾得遗失物、发现埋藏物、附合、混合、加工，合法建造、拆除房屋，制造飞机、船舶、机动车、机器、家具、工具等，以及创作艺术作品，皆属之。[1]事实

---

[1] 《民法典》第231条规定："因合法建造、拆除房屋等事实行为设立或者消灭物权的，自事实行为成就时发生效力。"

行为不涉及行为人的内心意思表示，与法律行为的性质完全不同，故其不适用关于意思表示的规定，关于民事行为能力、法律行为的规定对其无类推适用的余地。[1]

违法行为，指违反民法规定，侵犯他人合法权益，应承担民事责任的行为，其最主要者，是侵权行为和债务不履行（行为）；其他行为，指作为法律事实的人的行为中，除合法行为、违法行为之外的行为，如自助、自卫行为，乃至防卫过当、避险过当行为。

第二节　民事能力

一、概要

民法上的"能力"包括三类：民事权利能力、民事行为能力及民事责任能力。其中，民事权利能力自出生时起到死亡时止人人皆享有之，属于静态的能力；民事行为能力与民事责任能力，则需要达到一定年龄方能享有，且这两个概念也是在表明一种动态化的过程，因此属于动态的能力。在当代法律世界中，法律关于人的能力的规定属于强行性规定，任何人皆不能借助合同自由原则改变法律的规定，当事人放弃自己能力的承诺依法不生法律效力，也就是无效。

二、民事权利能力

（一）民事权利能力的涵义及其演进

民事权利能力是民事行为能力、民事责任能力的前提和基础，简称"权利能力"（Rechtsfähigkeit）、"权义能力"（"权利和义务能力"）、"人格"或"法人格"，指取得权利、负担义务的地位或资格，[2] 亦即堪为权利主体、义务主体的地

1　梁慧星：《民法总论》（第四版），法律出版社 2011 年版，第 64 页。

2　［日］石田穰：《民法总则》，悠悠社 1992 年版，第 75 页。

位或资格。在当代民法上，有民事权利能力者，为自然人、法人乃至非法人组织。人，指有血肉之躯的人类；法人指民法、商法及其他法律规定的采取法人这一法律形式的权利义务的归属主体；非法人组织虽然不是法人，但通常认为，它们系准法人，[1]一定情形下仍可独立从事民事活动，享有权利、承担义务。

法国、日本称民事权利能力为"私权之享有"，德国、瑞士和我国台湾地区则径称为权利能力。我国台湾地区学者郑玉波谓：依现代法律，凡得享受权利者同时亦得负担义务，因此权利能力实应与义务能力合并而称为"权义能力"，只因当代民法以权利为本位，故仅称权利能力而已。[2]

一切自然人皆有完全且平等的权利能力，此为当代民法的一项根本原则。此原则包括两个方面：其一，只要是人，无论是谁，皆有完全且平等的权利能力。婴儿尽管自己不能进行交易，但经由其父母代理，也可取得物的所有权。在此意义上，婴儿也有完全且平等的权利能力。其二，人以外的事物不能享有权利能力。即使自己饲育的猫、犬十分可爱，也不能以遗嘱将自己的财产赠与它们，盖因猫、犬并无权利能力。[3]

不过，法制史上曾存在过没有权利能力或者虽然有但受到很大限制的不完全的权利能力的时期。例如，在古罗马大家族制度下，仅家长有民事权利能力，可以成为权利主体，妻子和子女则无权利能力，不得成为权利义务的归属主体。[4]此时的奴隶，不仅不是权利主体，而且只不过是交易的客体（对象）。至欧洲的中世纪时期，在封建的自给自足经济条件下，封建领主下的多数农奴隶属于领主，甚至隶属于土地，不能改变职业，因此他们也不具有权利能力（或权利能力受到很大的限制），仅封建领主有权利能力。又如，在中世纪的德国，贵族的土地仅拥有贵族身份的人能够享有所有权，一般的市民或农民不能购入，不能成为所有

1　[日]石田穣：《民法总则》，悠悠社1992年版，第75页。

2　郑玉波：《民法总则》，中国政法大学出版社2003年版，第97页。

3　[日]四宫和夫、能见善久：《民法总则》（第八版），弘文堂2010年版，第21页。

4　罗马法上有这样的法谚："魔鬼与怪物，不认可其有权利能力（人格）。"参见[日]松坂佐一：《民法提要（总则）》（第3版），有斐阁1975年版，第73页。

权人。因此，一般的市民和农奴之成为权利主体的资格（权利能力）是受到限制的。[1]

废除上述不平等、不完全的权利能力制度，主张一切人皆有完全且平等的权利能力，系近代自然法学者和启蒙主义的哲学者们所热烈倡导的。于17、18世纪的启蒙时代，人民要求自由与平等的呼声虽高，但享有权利能力的市民与不享有权利能力的人仍有区别。稍后随着民族国家的兴起、工商业的发展、商人阶级的发达，农奴脱离土地并有选择职业的自由，基于当时人道的观念和理性主义，形成以自由和平等观念为基础的"人"。[2]换言之，随着近代资本主义市场经济的发展，昔日的农奴开始独立进行买卖交换而为契约的当事人。近代的工厂制度，一方面使多数人受雇于雇主而获得工资，另一方面使这些人可购入生活资料而为法律关系的主体。也就是说，在近代资本主义时期，一切人在商品交换过程中成为自由从事商品交换的主体，这于客观上要求法律赋予所有的人以平等的权利能力；另外，近代个人主义与人文主义的兴起，也极大地促进了权利能力制度的形成。[3]以法国大革命为转折点，一切自然人均平等地享有权利能力，从而以前不平等的现象概被荡涤。故此，权利能力概念产生于18世纪后半期至19世纪的欧洲。[4]欧洲近代民法典大都明文规定了权利能力制度。[5]其中，尤以《法国民法典》第8条关于权利能力的规定最具重大意义，其规定：所有的法国人都享有平等的权利能力。这一规定解放了昔日封建制度下被压迫、被奴役的无民事权利能力的人，将所有法国人置于同等（平等）的地位。自此以后，这一条文成为所有国家和地区民法最根本的原则，尽管各国家和地区民法于规定它时所使用的文字或词句不

1　［日］四宫和夫、能见善久：《民法总则》（第八版），弘文堂2010年版，第21页。

2　施启扬：《民法总则》（修订第八版），中国法制出版社2010年版，第63—64页。

3　［日］石田穣：《民法总则》，悠悠社1992年版，第76页。

4　罗马法上并无近代民法意义上的权利能力概念。当时，要成为完全的权利义务主体，需具有3种资格：自由权、市民权及家族权。其时是用人格或人格权来总称这3种资格的。中世纪法学亦复如此。参见梁慧星：《民法总论》（第四版），法律出版社2011年版，第66页。

5　参见《法国民法典》第8条、《奥地利普通民法典》第17条、《瑞士民法典》第11条、《德国民法典》第1条以及1964年《苏俄民法典》第9条等。

尽相同。[1] 例如，《德国民法典》第 1 条规定，"人的权利能力，始于出生之完成"，这也是在间接地表述"一切人皆有权利能力"这一根本原则。[2] 于现今，一切人的权利能力一律平等，已是民法的一项根本铁则。依此铁则，无论出生者为男、为女，也不论其为正常人、畸形儿或残疾人，权利能力皆完全而平等。并且，该原则对于外国人原则上也是适用的。

另外，晚近以来，在权利能力的完全、平等的原则的第二个方面，出现了一些新的动向。例如，在美国，以动物作为原告而提起诉讼获得承认，此对环境诉讼的发展具有重要的推动作用。值得提及的是，在美国，还有 3 只狗继承房屋及 40 万美元的实例：在美国的马里兰州，一名男子将其财产全留给他养的 3 只狗继承。这位爱狗人士订立遗嘱，称于他死后，他的房子及 40 万美元将由他的两只拉布拉多杂种犬及一只比格猎犬继承，这些狗去世后，财产则留给动物保护协会。当然，像此种在美国发生的事情，于大陆法系国家（如德国）和地区的继承法上则不被允许，因为根据大陆法系国家（如《德国民法典》第 90a 条）和地区的规定，动物被当做物对待，因而并无继承能力。概言之，根据德国法律，动物不能成为继承"人"。尽管根据《德国民法典》第 90a 条，动物不是物，但在根本上，动物仍被当作物对待，故而并不享有继承能力。[3]

在将来，由于科学的进步与发展，"无性生殖的人"（"人造人"，clone 人）成为可能，这样一来，人与人以外的事物的界限究在何处的深刻问题，就被尖锐地提出来了。[4]

应提及的是，权利能力，即人格，与个人不可分。人格并非由法律所赋予，

---

1 谢怀栻：《谢怀栻法学文选》，中国法制出版社 2002 年版，第 387 页。

2 ［日］石田穰：《民法总则》，悠悠社 1992 年版，第 76 页。

3 ［德］安雅·阿门特-特劳特：《德国继承法》，李大雪、龚倩倩、龙柯宇译，法律出版社 2015 年版，第 12 页。

4 ［日］四宫和夫、能见善久：《民法总则》（第九版），弘文堂 2018 年版，第 34 页；［日］山村恒年、关根孝道编：《自然的权利》，信山社 1996 年版；Christopher D. Stone, "Should trees have standing? —Toward Legal Rights for Natural objects", 45 *S. CAL L. Rev.* (1972)；Roderick F. Nash, *The rights of nature: A History of Environmental Ethics*, University of Wisconsin Press, 1989。

而是先于法律而存在。诚如 1948 年 12 月 10 日通过的《世界人权宣言》第 1 条所称："人人生而自由，于尊严和法律上一律平等。"自由（政治理念）与平等（法律理念）已成为人类的"普世价值"。[1]

（二）权利能力与义务能力

权利能力自当包括义务能力（Pflichtsfähigkeit），因此，《瑞士民法典》第 11 条第 2 项规定："同样地，任何人在法律许可的范围内，均有平等的权利能力和义务能力（Fähigkeit，Rechte und Pflichten zuhaben）。"[2]罗马法、教会法亦同。[3]

（三）权利能力的观念与行动能力的观念

自然人系人（Mensch），均有权利能力，为权利主体（Rechtssubjekt），即法律上之人（Person）。需指出的是，权利能力的观念与行动能力（Handlungsfähigkeit）的观念有别。所谓行动能力，指"依行动发生法律上效果（Rechtswirkung）的能力"，因此行动能力需以相当程度的理性的意思（ein gewisses Mass vernünftigen Willens）为前提。无意思能力的人（der Willensunfähige），自无行动能力。行动能力可分为行为能力（Geschäftsfähigkeit）与责任（Verantwortlichkeit）。[4]

（四）当代民法上民事权利能力的特性

1. 当代民法上民事权利能力的特性

当代民法上的民事权利能力具两项特性：其一，每个人的民事权利能力皆平等，即人的民事权利能力并不因性别、宗教信仰、种族、身份而有所区别；其二，不论本国人或外国人，于一国之内，其原则上都享有平等的民事权利能力，并不因国籍而有差别（但有时得加以部分限制）。需指出的是，此种平等而普通的民事权利能力称为一般权利能力（allgemeine Rechtsfähigkeit）。于某些国家的民法中，对于继承的资格设有特别的要件，譬如规定只有长子或一定身份的人方能继

---

[1]　施启扬：《民法总则》（修订第八版），中国法制出版社 2010 年版，第 64 页。

[2]　戴永盛译：《瑞士民法典》，中国政法大学出版社 2016 年版，第 7 页。

[3]　Koeniger, Katorisches Kirchenrecht S. 92 Vgl. canon des neuen kirchlichen Gesetzbuches oder allgemein 87；台湾大学法律学研究所编译（梅仲协等编译）：《德国民法》，1965 年 5 月印行，第 25 页。

[4]　台湾大学法律学研究所编译（梅仲协等编译）：《德国民法》，1965 年 5 月印行，第 26 页。

承土地、族谱、祭祀用具或坟墓所有权，[1] 其他人无继承能力（资格），此种能力称为特别民事权利能力（besondere Rechtsfähigkeit）。此外，胎儿和法人的民事权利能力（法人的民事权利能力于一定情形下）也受相当的限制，称为"部分或限制权利能力"（Teilrechtsfähigkeit，beschränkte Rechtsfähigkeit）。[2]

具体而言，尽管一切人皆有民事权利能力，但并不意味着每个人的民事权利能力是无限制的，以及一切人的民事权利能力都是相同的。就人的民事权利能力的范围而言，例如违反公序良俗的民事法律行为和违反效力性强制性规定的民事法律行为是无效的，个人通过实施这样的民事法律行为是不能取得权利、承担义务的。因此，人的民事权利能力的范围并非不受限制。就一切人的民事权利能力相同这一点，例如依我国《民法典》第 1047 条的规定，不满 22 周岁的男性与不满 20 周岁的女性不能结婚，这些人于婚姻这一点上与年满 22 周岁的男性和年满 20 周岁的女性相比较，其民事权利能力是受限制的。这样，可以说一切人的民事权利能力并不是完全等同的，因人而区别民事权利能力并把握之是合理的，且不违反宪法规定的法律面前一律平等的原则。[3]

2. 民事权利能力的法特性

民事权利能力为充当民事法律关系的主体的资格，是成为权利义务之归属主体的前提。民法关于民事权利能力的规定属于强行性规定，不允许当事人依自由意思（个人之间的合意）赋予、剥夺或变更；任何人不得放弃其民事权利能力，合同中如有限制当事人民事权利能力的内容，应为无效。应尤其指出的是，自然人的民事权利能力具有不受剥夺的性质，即使受到刑事处分，其一般民事权利能

1　唯该条规定已于日本平成 16 年（2004 年）法律第 147 号进行修改。修改后的该条规定为："族谱、祭器及坟墓之所有权，不论前条之规定，由按习惯应主持祖先祭祀者承继。但有按被继承人之指定而应主持祖先祭祀者时，由其人继承。前款正文之情形，习惯不明时，应承继同条之权利者，由家庭法院确定。"对此，请参见王融擎编译：《日本民法：条文与判例》（下册），中国法制出版社 2018 年版，第 826 页。

2　施启扬：《民法总则》（修订第八版），中国法制出版社 2010 年版，第 64 页。

3　［日］石田穰：《民法总则》，悠悠社 1992 年版，第 77 页。

力也依然不受影响。[1]

（五）民事权利能力与民事行为能力、当事人能力、诉讼能力

民事权利能力与民事行为能力截然有别，后者是指能独立为有效法律行为的能力，或者通过自己的行为为自己取得民事权利、承担民事义务的能力。民事权利能力是民事行为能力的基础和前提，没有前者当然也就根本谈不上有后者。民事权利能力与诉讼上的当事人能力（Parteifähigkeit）相当。所谓当事人能力，指得为诉讼关系的主体，亦即得以自己的名义作为原告或被告的能力，又称为"诉讼上的权利能力"。换言之，当事人能力之观念，滥觞于民法的权利能力观念，被称为"传来的观念"（ein abgeleiteter Begriff）。[2] 民事行为能力与诉讼上的诉讼能力相当。所谓诉讼能力，指得独立有效地为诉讼行为的能力，又称为"诉讼上的行为能力"。[3]

（六）民事权利能力的始期和终期

1. 民事权利能力的始期

自然人均因出生而取得民事权利能力，所以《民法典》第13条规定，自然人从出生时起具有民事权利能力，依法享有民事权利、承担民事义务。何谓出生？于学理上有各种标准，有阵痛说、一部露出说[4]、完全露出说、断带说以及独立呼吸说。通说为完全露出说，即以胎儿完全出生和胎儿完全自母体产出为判断出生的标准。例如，《德国民法典》第1条规定，人的权利能力，始于出生之完成（Vollendung der Geburt）；[5]《瑞士民法典》第31条规定，完全出生而非死产

1　梁慧星：《民法总论》（第四版），法律出版社2011版，第66页。

2　台湾大学法律学研究所编译（梅仲协等编译）：《德国民法》，1965年5月印行，第25页。

3　施启扬：《民法总则》（修订第八版），中国法制出版社2010年版，第64页。

4　在刑法上，某些国家的立法或判例，对于具有生命的胎儿，于其从母体一部露出时，就视之为已出生，对之为加害者，视为杀人而非堕胎。参见日本1919年12月13日大判刑录第1367页。《德国刑法》第217条也采一部露出说或阵痛说。

5　此所谓"出生之完成"，系指胎儿（Embryo，nasciturus，Leibesfrucht）自母体完全露出（vollständiger Austritt），即采完全露出说，不以脐带（Nabelschnur）切断时为始期。胎儿出生完成时，应系有生命，但无须有相当的生存能力（Lebensfähigkeit）。德国民法关于出生之采完全露出说，与其刑法的立场不同。于刑法上，判断人之出生，以一部露出或阵痛为已足。对此，参见台湾大学法律学研究所编译（梅仲协等编译）：《德国民法》，1965年5月印行，第27—27页。

者（mit dem Leben nach der vollendeten Geburt），人的民事权利能力开始。[1]1950年，世界卫生组织（WHO）提出：呼吸只不过是生命存在的征表之一（呼吸停止也不得谓为死亡），因此即使采独立呼吸说，该生命的始期也应溯及至出生完了时。胎儿自与母体分离后，只要有一点生存的征表，就应视为出生。例如，若有 A、B 双胞胎，A 比 B 先出生，因 A 发育不良，B 先开始呼吸，但不能因 B 之先于 A 独立呼吸，而变 B 为哥哥。[2]凡自然人出生，即当然享有私法上的民事权利能力，此不因阶级、籍贯、宗教信仰、年龄、性别等而有所区分，且民事权利能力不得以自己的意思而放弃之，已如前述，谨再次提出。

民法上所谓出生，需具备两项要件：①需胎儿全部与母体分离。分离之前为胎儿，非法律上所谓人，分离之后方称为法律上的人。胎儿的全部与母体分离，谓之"出"。②需与母体分离时保有生命。出生之"生"，谓"生存"。分离之际已无生命者，谓之死胎。分离之际保有生命者，称为"出生"，而不论其出生后生命之久暂，或类似"昙花一现"，也享有其"一现"时光的权利能力。[3]

2. 民事权利能力的终期

自然人均因死亡而使民事权利能力归于消灭，至于死亡的原因是老死、病死、自杀、战死、被杀还是行刑死等，皆在所不问。我国《民法典》亦复如此，其规定，民事权利能力于自然人死亡时消灭。死亡有生理上的死亡与法律上的死亡。生理上的死亡，为自然人生命的绝对消灭，其死亡时间，现今各国家和地区多以心跳停止、呼吸断绝、瞳孔放大、脉搏消失为判断标准，我国亦然。但是，自从脑波可以正确测量后，最近数十年来，传统的判断人之死亡的标准日益引起争论。尤其是新近以来已呈现放弃传统标准的趋势，也就是以脑干完全丧失功能

---

[1] 施启扬：《民法总则》（修订第八版），中国法制出版社 2010 年版，第 65 页；台湾大学法律学研究所编译（梅仲协等编译）：《瑞士民法》，1967 年 7 月印行，第 10 页。

[2] 刘得宽：《民法总则》（增订四版），中国政法大学出版社 2006 年版，第 52 页注释 1。

[3] 梁慧星：《民法总论》（第四版），法律出版社 2011 年版，第 88 页。

（脑波无法测得，且不能恢复），即脑死，[1]作为死亡时间。[2]在我国医学界，采用脑死判定人的死亡时间存在争论，法律上采纳之，尚需时日。至于法律上的死亡，则以死亡宣告推定其死亡。

所谓死亡宣告，又称宣告死亡，是法律为确定生死不明逾一定期间者的权利关系，而设经利害关系人或检察官（我国台湾地区）的申请，由法院宣告其死亡的制度，即于法律上将失踪人当成死亡者来处理。但被宣告死亡者尚生存时，其权利能力并不因宣告死亡而绝对丧失，即使死亡宣告未被撤销，对于被宣告死亡者的新的（现有的）法律关系，仍视为具有民事权利能力。[3]

应指出的是，在当代法制上，除人的自然死亡和被宣告死亡外，已不承认再有其他的死亡。也就是说，罗马法上的"人格大减等"[4]（capitis deminutio maxima）——剥夺权利能力，日耳曼法上的"和平剥夺"[5]（Friedlosigkeit），以及法国、德国古代法上的"法律上的死亡"[6]（mort civile, bürgerlicher Tod），近代以来

1　从法律角度看，死亡与出生都是一种过程，而不是某一瞬间发生的"事实"。在心脏停止跳动后，身体各重要器官于经过相当时间后，才完全丧失其功能，因此器官移植才有可能：脑细胞3分钟至4分钟，心脏1.5小时，肾脏2.5小时。电子脑波图下降到0时，可认为脑死。脑死后，以目前的医学技术，不可能复生。参见施启扬：《民法总则》（修订第八版），中国法制出版社2010年版，第67页及该页注释1。

2　日本于1997年制定《脏器移植法》，允许从脑死者那里进行脏器移植，尽管如此，脑死在继承等其他法律关系上如何作为"死"来把握，仍需作进一步研究。参见［日］伊东研祐："'死'的概念"，载日本《法学家》第1121号（1997年）。

3　刘得宽：《民法总则》（增订四版），中国政法大学出版社2006年版，第58页。

4　在古代罗马法上，人格减等（capitis deminutio）可分为大减等（c. d. maxima）、中减等（c. d. media）及小减等（c. d. minima）三种。人原有自由的身份、市民的身份及家属的身份。人格大减，是自由身份的丧失。人如果丧失其自由的身份，则市民身份与家属身份也同归消灭，而变为奴隶。因此人格大减等，可以说是法律上的死亡，人的权利能力因而消灭；人格中减等，是市民身份及家属身份的消灭，人若丧失该身份，则丧失罗马市民的身份，从而也丧失罗马市民固有的权利能力；人格小减等，仅系家属身份的相对消灭，即脱离原来家属的身份及依该身份的法律关系，而另取得新的家属身份及依该身份的法律关系。参见刘得宽：《民法总则》（增订四版），中国政法大学出版社2006年版，第62页注释1。

5　又称"法外人"（out law），指日耳曼法对重罪犯人剥夺其自由，不再予以法律保障之谓。受此制裁的人，在私法上完全丧失权利能力，其财产充公，亲属关系消灭。参见刘得宽：《民法总则》（增订四版），中国政法大学出版社2006年版，第56页注释10。

6　又称"准死"（mort civile），为宗教上的制度，即因道而出家者，视为民法上的死亡，丧失权利能力。参见刘得宽：《民法总则》（增订四版），中国政法大学出版社2006年版，第56页注释11。

已不复存在。出家人或在深山隐居修道者，仍然有完全的民事权利能力，自不待言。[1]

（七）出生与死亡的证明

出生与死亡会引起各种法律关系的变动，尤其是将决定下列各项的时间：①继承开始；②婚姻的消灭；③生存配偶的再婚可能性；④一身专属权的消灭；⑤遗嘱或遗赠权利的发生；⑥各种保险金请求权的发生；⑦抚恤金和年金请求权的发生。于民事诉讼法上则发生当事人能力消灭、诉讼的停止等。有鉴于此，确定出生与死亡的时间，尤其是提出出生与死亡的证明，就具有十分重要的意义。

通常认为，于法律上具有重要关系，主张基于出生或死亡的事实而有法律上的有利效果者，负有证明出生或死亡的发生和时间的责任。证明的方法很多，但最重要者是户籍簿的记载，其次是依医师的死亡诊断书、尸体鉴定或验尸来确定。于日本，有"认定死亡"制度。如某人遭遇飞机失事、水灾、火灾或战争等事变，确实已死亡，但尸体无法确认时，得依有关调查机关的死亡认定报告书，于户籍上登记其死亡。[2]《瑞士民法典》第34条规定："自然人，如在人们对其死亡确信无疑之情形下失踪者，虽未发现其尸体，仍得认为，其死亡已得到证实。"[3]此外，日本《户籍法》（最近的修改是2016年）第89条所规定的"因事变的死亡的报告"，[4]以及在二战期间的所谓"战死公报"，也就是采取"认定死亡"制度。

依我国《户口登记条例》的规定，出生应进行出生登记，死亡应为死亡登记。登记应于出生或死亡后30日之内提供证明文件而为之（第7条、第8条）。应指出的是，户籍簿或身份证上的记载固然为最有力的证明，但并非绝对正确的证明方法而不可动摇，必要时应以医院的原始证明或医师、助产婆、接生护士等

---

[1] 施启扬：《民法总则》（修订第八版），中国法制出版社2010年版，第67页。

[2] 参见日本《户籍法》第89条。

[3] 戴永盛译：《瑞士民法典》，中国政法大学出版社2016年版，第17页。

[4] 参见［日］宇贺克也、佐伯仁志编集（代表）：《口袋六法》（2019年版），有斐阁2018年版，第774页。

的确实证明推翻之，或加以补充或更正。另外，我国户籍管理中关于出生与死亡需进行登记的规定，并不影响民事权利能力的取得或消灭，即使未进行登记，民事权利能力仍因出生或死亡而当然取得或消灭，不应受户籍记载等手续问题所左右。

（八）同时死亡的推定

二人以上同时遇难（如天灾、船舶沉没、飞机失事等），不能证明其死亡的先后时应认定孰先死孰后死，系民法上一重要问题，其尤其与财产继承有重大关系。其他国家和地区立法例上有生存推定主义[1]和同时推定死亡主义之分别。前者如罗马法、《法国民法典》第720条至第722条及《英国财产法》（Law of property Act 1925）等采取；德国《失踪法》第11条、《瑞士民法典》第32条第2项、《日本民法》第32条之二、我国台湾地区"民法"第11条，皆采同时推定死亡主义。[2]我国《民法典》第1121条规定："继承从被继承人死亡时开始。相互有继承关系的数人在同一事件中死亡，难以确定死亡时间的，推定没有其他继承人的人先死亡。都有其他继承人，辈份不同的，推定长辈先死亡；辈份相同的，推定同时死亡，相互不发生继承。"可见我国采取了折中主义。

应提及的是，有学理认为，受同时死亡推定的同死者，以遭遇同一危难而死亡的情形为最多，但解释上应不限于"同时遇难"的情形。凡法律上有利害关系的二人以上死亡，而不能辨别其死亡的先后时，例如父子二人在异地于相近时间先后死亡（与遇难无关），而不能证明其死亡的先后者，均可类推适用同时死亡的规则。因为法律仅对死亡的同时性作推定，并非对死亡本身作推定，所以不应限于同一场所或同一危难，例如二人外出，一人上山，一人下海，皆不幸死亡，

---

[1]　罗马法认为，父子同时遇难而死亡时，如子已成年，则推定子比父后死；子如未成年，则推定子比父先死。《法国民法典》第720条以下规定：同时遇难者的年龄未满15岁时，推定年长者比年幼者后死；反之，如满15岁，则推定年长者比年幼者先死。《英国财产法》（Law of property 1925）第18条规定，二人以上同时遇难时，推定年长者比年幼者先死。参见刘得宽：《民法总则》（增订四版），中国政法大学出版社2006年版，第59页注释17。

[2]　[日]石田穣：《民法总则》，悠悠社1992年版，第95页。

而不能辨别其死亡的先后时即属之。[1]

（九）关于胎儿的权利能力（对胎儿利益的保护）

1. 立法成例对胎儿利益保护的规定

（1）概要。依《民法典》第 13 条的规定，自然人的权利能力始于出生，终于死亡。因此，仅为母体之一部的胎儿并无权利能力，自不能享受权利、负担义务。但是，如绝对贯彻此原则，则对于胎儿利益的保护难免不周且不公平。胎儿一般都会正常出生而成为人，此为社会生活的常态，因此直接保护胎儿，从一定意义上说，也就是间接保护将来的人类，也系顺乎人情及合乎公平。例如，胎儿于生父死亡后数日出生（即所谓"遗腹子"），如不承认其有对生父财产的继承权利，则有失公平并违反人之常情。因此，为了保护胎儿的利益，需要作例外的规定，使胎儿于特定情形下被视为既已出生，取得权利能力。唯各国家或地区民法所采方法未尽一致，大体而言，有列举主义（个别主义）和概括主义（一般主义）。我国《民法典》第 1155 条规定："遗产分割时，应当保留胎儿的继承份额。胎儿娩出时是死体的，保留的份额按照法定继承办理。"

（2）绝对不保护主义，即绝对贯彻胎儿不具有权利能力的原则。依此主义，胎儿不具有权利能力，不得为民事权利的主体。1964 年的《苏俄民法典》属之。在我国，胎儿不具有权利能力，不得为民事法律关系的主体，仅关于遗产分配，法律为保护胎儿出生后的利益而设有特殊规定，即如前述，《民法典》第 1155 条规定，遗产分割时，应当保留胎儿的继承份额。

（3）个别列举（保护）主义。依此主义，对于胎儿有重要关系的事项——继承权、受遗赠权和损害赔偿请求权，为了保护胎儿的利益而个别加以规定，将胎儿视为既已出生，如《德国民法典》第 844 条、第 1912 条、第 1923 条，《法国民法典》第 725 条，《日本民法》第 721 条、第 886 条、第 965 条。值得指出的是，

1　刘得宽：《民法总则》（增订四版），中国政法大学出版社 2006 年版，第 59—60 页。

我国《民法典》第16条规定，"涉及遗产继承、接受赠与等胎儿利益保护的，胎儿视为具有民事权利能力。但是，胎儿娩出时为死体的，其民事权利能力自始不存在"，亦采此个别列举（保护）主义。

（4）概括保护主义。此种主义以胎儿将来活产为条件，对其一切法律关系（包括权利与义务，如《瑞士民法典》第31条第2项），或所有有关胎儿利益的保护（如罗马法[1]与我国台湾地区"民法"），视为既已出生。《瑞士民法典》第31条第2项规定："胎儿，以将来非死产者为限，出生前有权利能力。"[2]我国台湾地区"民法"第7条规定："胎儿以将来非死产者为限，关于其个人利益之保护，视为既已出生。"[3]易言之，将来如非死产，则自受胎时起，[4]视为有权利能力。至于胎儿是否早产或身体畸形残缺（如孕妇服用镇静剂而导致畸形），对于权利能力并无影响。何谓受胎，何谓胎儿，换言之，人的"生命"自何时起有法律地位（权利能力），德国联邦宪法法院认为：人的生命至迟始于受精卵受孕（受精卵植入子宫）时。[5]德国学界认为，人的生命始于受孕后第14日。

需提及的是，在我国台湾地区的概括保护主义之下，胎儿的权利能力仅限于胎儿个人利益的保护（如损害赔偿请求权、继承关系、遗赠、认领或请求认领），而不负担义务（即对于胎儿不利益者，不认可胎儿有权利能力，例如胎儿在母体内，其生父已死亡者，胎儿得为遗产的继承人，但若生父所遗留者仅为债务，则胎儿无须继承[6]），于性质上为"部分（限制）权利能力"，而非一般权利能力。胎儿于出生前就已取得部分权利能力，但将来若为死产者，则溯及地丧失其（部

　　1　罗马法规定：胎儿，在其利益发生问题时，视为既已出生（Nasciturus pro iam nato habetur, quotiens de commodis eius agitur）。另外，日本旧民法的"人事编"第2条也规定：凡关于胎儿的利益的保护，视为既已出生。

　　2　参见戴永盛译：《瑞士民法典》，中国政法大学出版社2016年版，第16页。

　　3　参见陈聪富主编：《月旦小六法》（第十七版），元照出版有限公司2014年版，第叁—1页。

　　4　准确言之，受精卵在受孕后（受精卵植入子宫）只能称为"胚胎"，约经过8周，主要器官逐渐成形，方称为"胎儿"。为保护胎儿，尊重生命，于法律上不必作此细分。参见施启扬：《民法总则》（修订第八版），中国法制出版社2010年版，第66页注释1。

　　5　BverfGE39.1.37；施启扬：《民法总则》（修订第八版），中国法制出版社2010年版，第66页。

　　6　郑冠宇：《民法总则》（第二版），瑞兴图书股份有限公司2014年版，第75—76页。

分）权利能力（称为"法定的解除条件说"），[1] 即将来胎儿死产时，其权利能力溯及地消灭 [2]。[3]

（5）小结。以上三种主义，就对胎儿利益的保护而言，概括保护主义最有力，而个别保护（列举）主义次之，尤以绝对不保护主义最次。绝对不保护主义之不当，系不言自明。概括保护主义虽然对胎儿利益的保护最为周到，但它将权利能力的始期制度完全破坏了。如果采取这一制度，民法关于人的民事权利能力始于出生、终于死亡的规定将变得毫无意义，故而不宜采取之。正确的抉择是采取个别保护（列举）主义。这一主义在坚持人的权利能力始于出生、终于死亡这一基本原则之下，只规定胎儿于继承、受遗赠及损害赔偿请求等场合具有权利能力，其系正确，乃不言自明。故此，我国《民法典》的规定无疑值得肯定。

---

[1] 也有人主张胎儿需待出生后，始溯及出生前问题发生时（如侵权行为或继承开始时）取得权利能力，即所谓"停止条件说"。此说认为胎儿于出生前并未取得权利能力，至其出生时，方溯及地取得权利能力。该说最初由德国学者所倡，我国台湾地区 1955 年度台上字第 943 号判决采此说。日本 1932 年 10 月 6 日版神电铁案判决也采此说。该案是：胎儿 X 的父亲因车祸死亡，于加害的电车公司与胎儿的祖父 C 达成和解后，已出生的 X 及其母诉请赔偿。法院判决谓：日本民法关于胎儿的损害赔偿请求权，规定胎儿视为既已出生，其意指胎儿在侵权行为后出生时，溯及出生时取得损害赔偿请求权，并非指胎儿于出生前即取得此请求权的处分能力。并且，即使将胎儿解为有此权利能力，于日本民法上也无代行其处分行为的代理人的规定，故 C 所为的和解，对 X 不具任何效力。对此，请参见日本 1932 年 10 月 6 日大判（民集 11、2033 页）。另外，日本现行民法的起草者也采此"停止条件说"。为使胎儿的权利关系早日发生，以保护胎儿及避免嗣后法律关系起见，应认为采取"法定的解除条件说"较妥，即在胎儿的阶段就得享有权利能力，由其母代管理或行使，如将来死产，则溯及地消灭。我国台湾地区"民法"第 1166 条因此规定："胎儿为继承人时，非保留其应继份，其他继承人不得分割遗产。胎儿关于遗产之分割，以其母为代理人。"其"民事诉讼法"第 40 条第 2 项规定：胎儿，关于其可享受之利益，有当事人能力。另外，于正常情况下，胎儿活产的情形较死产多，故也宜采"法定的解除条件说"。参见刘得宽：《民法总则》（增订四版），中国政法大学出版社 2006 年版，第 55 页。

[2] 施启扬：《民法总则》（修订第八版），中国法制出版社 2010 年版，第 66 页。

[3] 我国台湾地区"民法"规定：胎儿为继承人时，得先办理胎儿继承登记，将来如为死产，其登记权利溯及于继承开始时消灭。关于遗产的分割，系以其生母为法定代理人，若非保留胎儿的应继份额，其他继承人不得分割遗产。遗产分割后，应由其生母代为管理。另外，胎儿于其扶（抚）养义务人被害致死时，对加害人享有赔偿请求权，于其生父被害致死时，有慰抚金（精神损害赔偿）请求权。参见施启扬：《民法总则》（修订第八版），中国法制出版社 2010 年版，第 66 页。

2. 医学和生物科技的发达与胎儿身份认定的困难

随着当代医学和生物科技的发达，胎儿身份的认定于亲子关系和伦理道德上可能发生诸多难题，其主要有下列三种情形[1]。

（1）人工受孕。英国医生约翰·亨特尔（John Hunter）于 1799 年成功完成人类第一例人工授精，世界上第一个试管婴儿于 1978 年于英国出生，自此人类生殖技术迈入新纪元。对于自然受孕困难，而因故意或过失未采用夫妻本人精卵，实施人工受孕所生的胎儿，父子（女）关系可能发生纠纷。

（2）代理孕母。除受孕胚胎可能有人工受孕的情形外，胎儿与孕母间的法律关系可能发生纠纷。

（3）复制人类。当代有能力复制人类的国家或地区，禁止复制之。联合国大会法律委员会 2005 年 2 月 18 日以 71 票赞成，35 票反对，43 票弃权的表决通过《联合国关于人类克隆宣言》，要求各国家和地区禁止违反人类尊严的任何形式的复制人。

3. 受精卵（胚）是否系胎儿

人类生命科学的发达，产生了以前的法律学从未遇到的新问题，其中之一就是受精卵、卵子、精子的保存问题。作为人工授精的一种方法，使用排卵诱发剂，将多数卵子从母体取出，使之于母体外进行人工授精，受精卵再回到母体的医疗技术，被称为体外受精（IVF，In Vitro Fertilisation）。使回到母体的受精卵受孕（受精卵植入子宫）的场合，其系胎儿应无疑问，但在母体外被保存的受精卵于法律上应作怎样的对待或处理？回到母体前，精子的提供者（父亲）死亡，其后受精卵回到母体受孕，不久生下孩子，其能继承父亲的财产吗？如果说受精卵不是胎儿，则父亲死亡时并不是胎儿的受精卵就当然没有继承权。[2]

---

[1]　施启扬：《民法总则》（修订第八版），中国法制出版社 2010 年版，第 66—67 页。

[2]　［日］石井美智子："生与死"，载日本《法学家》第 1126 号（1998 年）；［日］大村敦志："人工生殖议论与'立法学'"，载其所著：《法源·解释·民法学：法国民法总论研究》，有斐阁 1995 年版，1997 年第 2 刷发行，第 231 页以下；日本综合研究开发机构、川井健编：《生命科学的发展与法——生命伦理法试案》，有斐阁 2001 年版。

（十）外国人的权利能力

1. 概要

各国民法对于外国人的态度因时代而不同，大致而言，系由排外主义（古代系对外国人的权利能力予以否定），进步到相互主义，再到今日的平等主义。自罗马法时代起，对外国人就采取差别待遇，只有罗马人才能适用市民法（jus civilis），罗马人以外的人则适用万民法（jus gentum）。近代以来，由于交通便利，各国人民来往密切，以及人道观念和尊重人格的思想，使各国于法律上承认外国人具有权利能力。赋予外国人权利能力，又有二种主义。

（1）相互主义。此种主义又包括：条约上的相互主义，即依条约相互赋予对方人民权利能力，《法国民法典》第11条即采此主义；法律上的相互主义，即以法律规定，本国人于他国享有权利能力时，也给予该国人权利能力，如《奥地利普通民法典》第33条就采此主义。

（2）平等主义，即本国人和外国人的权利能力原则上一律平等。此主义已为各国民法所普遍接受，成为现代民法的基本原则。[1]

对于以上两种主义，我国原则上采平等主义，但同时于法律（或法令）上对外国人的权利能力也设有一些限制，即例外地承认其差别。也就是说，外国人除法令或条约禁止的情形外，享有民事权利。

2. 我国法律或法令对外国人权利能力的一些限制性规定

所谓外国人，指无中华人民共和国国籍的自然人，至于其有无其他国籍，则在所不问。外国人的权利能力，原则上与中国人无异，但为了维护国家利益，得以法律予以限制。例如，矿业权、渔业权等权利，外国人就不能取得；此外，外国人要在中国大陆从事律师或会计师业务，也有限制。

依照我国现行土地所有权和使用权制度，外国人不得就我国的土地享有所有权，也不得承租耕地、林地、渔地、牧地、狩猎地、盐地、矿地、水源地、军事区域及边境的土地，且不得于这些土地上设立权利。当然，外国团体，如外商，

---

[1] 施启扬：《民法总则》（修订第八版），中国法制出版社2010年版，第70页。

可依我国《民法典》等的规定，通过出让的方式取得国有土地的建设用地使用权，则自不待言。

三、民事行为能力

（一）民事行为能力的涵义

民事行为能力，指能独立参加民事法律关系，以自己的行为取得民事权利、承担民事义务的法律资格，抑或指"能单独为完全有效的法律行为的能力"，或"能独立以自己的法律行为取得权利、负担义务的资格"。[1] 于当代法上，个人有依合同自由地形成自己的法律关系的自由，但其反面却是自己需受自己的自由意思形成的法律关系的拘束（即缔结合同的人需受该合同的拘束）。这称为私法自治原则或意思自治原则。但是，基于自己的自由意思的行为需系妥当，即该行为需基于自己的正常的（真实的）意思决定。换言之，非基于正常的（真实的）意思决定而为的行为，不得拘束行为人。至于非正常的（真实的）意思决定，其可大别为二类：①对行为人而言，仅欠缺判断自己的行为的意义的场合；②为意思决定时，受他人的欺诈、强制或因自己的误解而做出了错误的、歪曲的意思决定的场合。前者即是意思能力、行为能力的问题，后者即是欺诈、胁迫、错误等意思表示不真实的问题。[2]

于民法理论上，民事行为能力有广义和狭义之别。广义的民事行为能力既包括实施民事法律行为的能力，也包括实施非法行为的能力；狭义的民事行为能力则专指实施民事法律行为的能力。《民法典》虽然未对民事行为能力的涵义下定义，但于解释上，应认为其所称民事行为能力仅系指狭义。非法行为如侵权行为只发生行为人的责任问题，而不发生行为是否生效的问题，不要求行为人有民事行为能力。至于合法行为中的事实行为，也仅有构成问题，而无效力问题，同样

---

[1]　刘得宽：《民法总则》（增订四版），中国政法大学出版社 2006 年版，第 71—72 页。

[2]　［日］四宫和夫、能见善久：《民法总则》（第八版），弘文堂 2010 年版，第 30 页。

不要求行为人有民事行为能力。[1]

人从出生时起即取得民事权利能力。民事权利能力，指享有权利、负担义务的地位或资格。人的行为是否能发生法律上的一定效力，则属于行为能力的范畴，行为能力因此与权利能力性质迥异。凡人皆有民事权利能力，但有民事权利能力者未必有民事行为能力。

依近代以来民法上的意思自治原则，只有基于自己的意思，方能取得权利、负担义务。产生权利义务的诸多原因中，最重要者为民事法律行为。而民事法律行为的实施者需具备判断自己行为的结果的精神上的能力，包括正常的认识能力和预期能力，即必须依赖当事人自己正常的意思活动。《瑞士民法典》第 18 条规定，无判断能力人的行为，除法律另有规定外，不发生法律效力；[2] 我国台湾地区"民法"第 75 条后句也规定，虽非无行为能力人，而其意思表示系在无意识或精神错乱中所为者，无效。[3] 换言之，民事行为能力需以意思能力为前提，欠缺意思能力之人的行为不能发生法律上的效力。之所以如是，其旨趣在于保护欠缺意思能力之人。主张欠缺意思能力而不发生法律效果者，需证明行为时不具有完全的意思能力。此项举证责任实际上并不容易。为了避免举证上的困难，民法特别规定，民事行为能力的有无以年龄为一般的抽象标准，将行为能力标准化，一方面保护无民事行为能力人的利益，另一方面减少无民事行为能力制度于社会交易中所生的不便。[4]

需指出的是，民事行为能力可以区分为一般民事行为能力和特别民事行为能力。一般民事行为能力通常由民法的总则设其规定，主要适用于财产行为，身份行为则不能完全适用；基于公益上的考虑并尽量减少身份行为无效的情形，身份法上的行为能力通常有特别的规定，理论上称为特别民事行为能力或特殊法律行为能力（如结婚能力等），它们多被规定于婚姻家庭法（亲属法）和继承法中。

1　梁慧星：《民法总论》（第五版），法律出版社 2017 年版，第 67 页。
2　戴永盛译：《瑞士民法典》，中国政法大学出版社 2016 年版，第 8 页。
3　刘得宽：《民法总则》（增订四版），中国政法大学出版社 2006 年版，第 72 页。
4　施启扬：《民法总则》（修订第八版），中国法制出版社 2010 年版，第 82 页。

（二）意思能力

民法上的行为能力系以行为人健全的意思为基础，行为人需有决定意思的能力，法律行为方能发生效力。因此，意思能力是民事行为能力的一个重要因素，它是指可以判断、认识自己的行为于法律上的效果的精神能力（例如买受人需有认识到如签订买卖合同，就会取得买卖标的物的所有权，并负有支付其价金的义务的能力），包括正常的认识能力与预期能力，从而是民事行为能力之有无的决定基准。意思能力，有时也称为"识别能力"[1]、"意识能力"，有时称为"判断能力"（Urteilsfähigkeit），如《瑞士民法典》第16条。

近代以来，民法上有意思自治原则，即个人得依自己的意思，为自己创设具体的权利义务。易言之，即以人的意思为中心形成各种民事法律关系，这些民事法律关系尤其是合同，于当事人之间具有相当于法律的效力。例如，甲将自己的不动产出卖给乙，所有权遂从甲移转给乙。此并不是基于第三人的意志或神的意旨，而是依照甲出让所有权的意思和乙受让所有权的意思而引起。此即意思自治原则或私法自治原则。依此原则，人们只有基于自己的意思，才能取得权利、负担义务，原则上以当事人的意思为准。因此，只有具有完全的意思能力，才有完全的民事行为能力；无意思能力，即无民事行为能力；意思能力不健全，即只有部分意思能力者，则只有限制的民事行为能力。

人之有意思能力是人之有民事行为能力的前提。民事行为能力是从意思能力升华或转化而来的法律上的行为的能力。无意思能力的人实施的行为依法不生法律上的效果，其目的在于保护无意思能力的人。不过，如要让行为人证明自己为行为时不具有意思能力的事实，则将不胜其烦或十分不易，且意思能力也有个人的差异。因此，民法以达到一定年龄且精神正常为标准，规定自然人具有意思能力，从而具有民事行为能力；其余的则不具有意思能力，因而不具有民事行为能力。

民事行为能力与意思能力的关系可从二者的区分和二者的联系两方面说明

1　参见我国台湾地区"民法"第187条。

如下。

二者的区分：①意思能力是人的精神上的能力，民事行为能力则系法律上的资格；②意思能力之有无属于事实问题，而行为能力之有无则为法律问题；③无意思能力者无行为能力，无行为能力者未必无意思能力。

关于二者的联系，学说与立法例上有二种认识：一是法国法学派的认识。该派主张，民事行为能力包括法定能力与天然能力，前者指法律规定的能力，后者指意思能力。只有此二者兼备，才有民事行为能力。《法国民法典》第 488 条、《瑞士民法典》第 13 条和法国学者的通说主张之。二是德国法学派的认识，认为意思能力系意思表示的要件，缺乏之，仅其意思表示不生效力，有无民事行为能力则并不因之而受影响。《德国民法典》第 104 条、第 105 条和德国学者的通说主张之。[1]

（三）民事行为能力制度的必要性与意义

1. 民事行为能力制度的必要性

如果以得认识自己行为的结果的能力为意思能力，则以有无意思能力为基准，有意思能力者的行为法律上有效，无意思能力者的行为即为无效。但是，仅仅以意思能力制度予以处理，仍存在以下问题[2]：

（1）有意思能力者要否定自己行为的效力，尽管需要证明行为当时无意思能力，但该证明在很多场合是困难的。而且，若不能为该证明的话，在结局上行为即被认为有效，无意思能力者由此可能遭受不利益。因此，将无意思能力的人定型化，一律限制属于该类型的人的交易能力，作为其结局，该人就有必要从散逸财产、负担义务中受到保护。

（2）要否定意思能力阙如之人的行为的效力，尽管为此就有保护这些人的必要，但可能对和无意思能力者为交易的对方造成损害。因此，为了交易的安全，将无意思能力者定型化，自交易的对方的视角看是必要的。

1　陈铄雄：《民法总则新论》，三民书局 1982 年版，第 133—134 页。

2　［日］四宫和夫、能见善久：《民法总则》（第八版），弘文堂 2010 年版，第 32 页。

2. 民事行为能力制度的意义

由以上分析可知，为了使无意思能力者得到切实的保护，同时又不给交易的对方造成不测的损害，民法规定了民事行为能力制度。亦即，将意思能力类型化为完全的意思能力、限制的意思能力及无意思能力。其中，对限制意思能力者和无意思能力者（此两种人于日本法上被界分为未成年人、成年被监护人、被保佐人及被补助人）为独立交易的能力（行为能力）予以限制。因这些人不能独立为交易，故民法同时为其设立保护机关。在比较法上，日本对未成年人设亲权人、未成年监护人作为其保护机关，对成年被监护人设成年监护人作为其保护机关，对被保佐人设保佐人作为其保护机关，对被补助人设补助人作为其保护机关，而且，限制民事行为能力人单独实施的行为可以撤销。[1]

四、民事责任能力

民事责任能力，指民事主体据以独立承担民事责任的法律地位或法律资格。换言之，得辨识自己行为上责任的能力，即为民事责任能力。欠缺此种能力者，即便侵害他人权利并给他人造成损害，也可不负损害赔偿责任。无民事责任能力者的侵权行为，应由其法定代理人承担责任。民事责任能力之有无，以行为人于行为时有无意思能力（识别能力）为认定的标准。行为时有意思能力，即有民事责任能力，否则无民事责任能力。需指出的是，民事责任能力虽也以意思能力为标准，但其标准是具体的，即以行为人行为时具体的精神状态为标准。此与民事行为能力系以一定的年龄为标准（抽象的标准），自不相同。[2]

我国《民法典》虽未规定民事责任能力的概念，但由关于无民事行为能力人、限制民事行为能力人造成他人损害应由其监护人承担民事责任的学理、法理来看，是存在民事责任能力的。有人据此认为，民事责任能力与民事行为能力是相联系的：凡具有民事行为能力者，即具有民事责任能力。这一见解从一般意义

1　［日］四宫和夫、能见善久：《民法总则》（第八版），弘文堂 2010 年版，第 32 页。

2　刘得宽：《民法总则》（增订四版），中国政法大学出版社 2006 年版，第 73 页。

上讲是正确的，但不能将其绝对化，盖民事责任能力之有无，应以行为时有无意思能力（识别能力）而具体判定。[1]例如，《民法典》第1190条规定："完全民事行为能力人对自己的行为暂时没有意识或者失去控制造成他人损害有过错的，应当承担侵权责任；没有过错的，根据行为人的经济状况对受害人适当补偿。完全民事行为能力人因醉酒、滥用麻醉药品或者精神药品对自己的行为暂时没有意识或者失去控制造成他人损害的，应当承担侵权责任。"

---

[1] 民事责任能力，指对于违法行为于法律上能负责任的能力。民事责任能力之有无，概以行为时有无意思能力为断。易言之，需就各个具体的行为，审查行为人有无意思能力，以决定其责任。民法并未像民事行为能力制度，以年龄、精神状态等设定其统一的标准。盖侵权行为系应受制裁的问题，理应就具体情形决定，不宜依抽象的标准进行判断。因而民事责任能力与民事行为能力虽均以意思能力为前提，但二者于性质上终究不同。参见郑玉波：《民法总则》，中国政法大学出版社2003年版，第89页。

第四章

民事权利、民事义务与民事责任

第一节　民事权利、民事义务与民事法律关系

民法系以人为本位，人为权利义务的主体。权利（Recht、Right），或称私权，是民法的核心概念。要明了其意义，宜将之纳入民事法律关系中考察。民事法律关系，指由民法所规范的、以权利义务为内容的关系，它是权利义务的复合体。所谓权利，指由法所保障的可以享受生活上的利益的地位；所谓义务，指与权利相对应的法的拘束。权利与义务通常即这样对立而存在，唯近现代及当代市民社会因以个人的自由为基本准则，所以常常仅提及权利，例如将得成为权利的主体的资格称为权利能力。法律通过赋予生活关系中的当事人以权利，分配每个人可得享受的生活上的利益，由此，私人相互间对之予以尊重，国家公权力也以对之加以保护为其使命。[1]

如所周知，社会乃是人与人之间的结合关系，而每个人的日常的生活关系可以从政治的、经济的、社会的乃至道德的各种角度予以观察和评价。当从民法的角度来观察和评价日常的生活关系时，即是民事法律关系。民事法律关系是一种人与人之间的关系。法律赋予权利人对一定社会财富予以支配的权利时，权利人以外的其他人便负有不得侵害的义务，故此，民事法律关系是一种人与人之间的关系。[2]

人与人之间的社会生活关系，是借民事法律关系来维持其秩序并保障其安全

1　［日］四宫和夫、能见善久：《民法总则》（第八版），弘文堂 2010 年版，第 13 页。

2　［日］松坂佐一：《民法提要（总则）》（第 3 版），有斐阁 1975 年版，第 50 页。

的，因而民事法律关系又成为一种规范关系。民事法律关系的主体，是抽象的"人"，称为"人格"。在当代法律体制下，此所谓"人"，包括自然人、作为人的集合（社团法人）与财产的集合（财团法人）的法人，以及非法人组织。至于财产，则只不过是法律关系的一种主要的客体。

民事法律关系更表现为一种权利义务关系，即如从每个人的主观立场而论，于自己的生活范围内，一方面自己得排除他人的干涉，独占性地占有、使用、收益、处分自己的财产，并基于一定的法律关系而要求他人为一定的行为或不为一定的行为，以维护自己的利益；但另一方面，法律也要求自己不得侵犯他人的独占性的生活范围，且基于一定的法律关系，自己也必须为一定的行为或不为一定的行为，以维护他人的权益。对于自己而言，前者即是一种权利，后者即是一种义务。以买卖为例，于买卖合同订立并生效后，当事人之间就形成一种买卖的权利义务关系，于买方支付价金后，卖方即应移转买卖标的物的所有权于买方。对于此种买卖关系，系通过民法规范中的债法规范而保障其履行。就此而言，民事法律关系就是权利义务的变动关系。在欧陆国家，法与权利系以同一个词（Recht，droit，diritto）来表示，并把法律称为客观的权利（Objectives Recht），将权利称为主观的法律（Subjectives Recht）。因此可以说，权利、义务与民事法律关系，乃是三位一体的关系。[1]

需特别提及的是，在人类法律发展的初期，法律被视为拘束个人的东西，因此多为禁止性、命令性的规定。但迄至近代，随着个人从各种封建的身份关系中被解放出来，个人的自由意思受到尊重，权利及其观念勃兴，社会观念为之一变，法律规范于是从许可、授权方面加以规定。近代、现代及当代民法，皆从权利的角度规定民事法律关系，称为权利本位，权利或私权由此成为民法的核心概念。[2]

---

[1] 谢瑞智：《民法总则精义》，1994 年自版，第 27—28 页；[日] 川岛武宜：《民法总则》，有斐阁 1965 年版，1978 年第 21 刷发行，第 43 页。

[2] 参见 [日] 松坂佐一：《民法提要（总则）》（第 3 版），有斐阁 1975 年版，第 50 页。德国学者图赫（v. Tuhr）谓："权利系私法的中心概念，且为多样性法律生活的最终抽象化。"王泽鉴：《民法总则》，北京大学出版社 2009 年版，第 90 页。

第二节 民事权利（权利）的语源、本质、功能及其周边

一、民事权利的语源

在近现代及当代法律体系中，有"权力"和"权利"两个概念，前者指 power，表达的是一种公法上的强制力；后者为 right，表达的是一种私法上的利益 和力量，称为"民事权利"或"权利"。"民事权利"或"权利"，最初系由欧陆 学者所创，拉丁文为 jus，英语称为 right，法语称为 droit subjectif，德语称为 sub- jektives Recht。这些词均含有正义、直道之意。日本学者从西方移译该词时，最 初译为"权理"，后觉得不妥，遂改译为"权利"。[1] 我国今日民法上的"权利" 一语系来自日本，其涵义与"民事权利"相同。民法为权利法，权利或民事权利 因此在民法上具有十分重要的价值。民法正是以权利或民事权利为枢纽性范畴 而组成其全部内容的，也正是因此，民法学才成为权利之科学。鉴于"权利" 与"民事权利"系同一涵义，本书以下于一般场合径使用"权利"一语。此点 于此谨予说明。

值得特别指出的是，我国古代长期的封建思想和固有法律思想，素以义务为 本位，未闻有所谓权利。"清季变法，权利二字，复自东瀛，输入中土"[2]，从此 我国才有近现代及当代意义上的权利概念。可见，我国之有"权利"一语，迄今 亦不过百余年矣。[3]

1　梁慧星：《民法总论》（第三版），法律出版社 2007 年版，第 69 页。

2　梅仲协：《民法要义》，中国政法大学出版社 1998 年版，第 32 页。

3　应汪意的是，"权利"一词在西方国家产生的历史，夏勇主张，奥康的威廉（William of Ock- ham，1290—1349 年）是在当代的意义上使用 Ius 一词的第一人（参见夏勇：《人权概念起源》，中国 政法大学出版社 1992 年版，第 138—139 页）。有人则认为格劳秀斯（Hugo Grotius，1583—1645 年） 在其《战争与和平法》中第一次提出了权利的定义："一个人所具备的能够使他正当地拥有某种东西 或者去做某事的一种道德资格。"参见龚向和："权利的兴起与近代宪法的产生"，载《湖南大学学报 （社会科学版）》2003 年第 3 期，第 91 页。徐国栋则认为雨果·多诺（Hugues Doneau）是现代权利 理论的创始人。一方面，该人将权利与法律挂钩，把前者称为主观权利，把后者称为客观法，宣示了

二、关于民事权利的本质的学说

权利，是民法乃至私法的全部体系上最为重要的一个基础性概念。民法为权利法，因此民法是以权利为中心而构筑起来的一部完整的权利体系。权利一语由此成为整个民法体系的枢纽，一切民法规范的解释、运用，皆应以权利为中心而展开。产生疑问的是，究竟什么是民事权利或权利，或者说权利的本质是什么，对此有必要首先予以解明。

由于权利或民事权利不仅是近现代私法的中心概念，[1]还是整个法律学中最重要的概念，[2]各国家和地区学者（尤其是德国学者）自 19 世纪起，乃不断致力于探究权利的本质，并由此形成了各种学说。如下介绍其中最主要的几种学说。

（一）意思说或意思支配说（Willensherrschaftstheorie）

该说将意思作为权利的基础，认为权利是一种意思力或意思支配。在这一主张之下，又存在各种不同的见解。德国哲学家康德和黑格尔以意思的自由为权利的基础，民法学者萨维尼和温德沙伊得则认为权利的本质为意思之力，即认为权利的本质为法律所赋予的意思力或意思的支配，此二人因此成为意思说的代表。

意思说的不足在于：①将权利的动的状态与权利的本质相混淆，未能说明无行为能力人（即无意思能力人）何以也可享有权利，也不能解释不基于意思而取得权利的事实行为，如因先占而取得所有权；②权利的取得未必基于意思，例如非婚生子女经其父认领，即取得被扶（抚）养的权利；③权利有时也不受意思的支配，例如自由权依法不得放弃。凡此种种，皆为该说无法解明之盲点。因此，意思说已为今日学者所不采。

（接上页）两者的一体两面的关系，对权利作了法律实证主义的处理；另一方面，他提出了主观权利的三类型理论，即把权利分为对自己的权利、对外部自然界的权利和对他人的权利，由此为现代民法理论找到了新的枢纽性概念和架构方式。参见徐国栋：《民法总论》，高等教育出版社 2007 年版，第 163 页。

1　日本学者川岛武宜曾明确地指明：在近代民法上，法律关系是以权利为其构成单位的。参见其所著《民法总则》，有斐阁 1965 年版，1978 年第 21 刷发行。

2　［日］川岛武宜：《民法总则》，有斐阁 1965 年版，1978 年第 21 刷发行，第 43 页。

（二）利益说或利益保护说（Interessenschutztheorie）

此说为耶林所创，认为权利就是利益的保护，换言之，法律所保护的利益就是权利。该说的起源又可追溯到英国功利主义思想。不过，利益虽为权利企图实现的目的，但法律上有权利者未必有利益，例如享有亲权（家长权）的父母，其本身并无利益可言。反之，法律所保护的利益也未必皆以赋予权利的方式为之，所谓反射利益即属。反射利益并非权利，因为人人虽可享受法律所规定的反射效果，但若有人妨害某人享受该反射利益，则该人并不能因此主张权利的保护。如法律规定汽车右侧通行，在此规定下，人人得享受交通安全顺畅的反射利益，但并不因此就拥有要求他人右侧通行的权利。[1]概言之，该说之不足乃在于将权利的目的与权利的本质相混淆，且忽略了法律所保护的利益未必均为权利，利益也有出自法律的反射作用者。故该说也不足采。[2]

鲁道夫·冯·耶林 [3]
（**Rudolph von Jhering，
1818—1892 年**）

不过，对于利益说，仍然需要指出下列两点 [4]：①利益说将意思说的权利观念加以限制，使权利的内容或权利的行使有正当的目的，已是进步。《德国民法典》制定时，接受了利益说的观念，于第 905 条（我国台湾地区"民法"第 733 条相同）规定土地所有人的权利仅在其行使有利益的范围内及于土地的上下。②利益说的缺点在于将权利的目的当作权利的本质，使权利的本质受到权利目的的限制。另外，法律所保护的一般利益或公共利益未必为权利，有的仅为反射利益。并且，行使权利也未必获得利益，例如法定代理人行使监护权就未必有利益。

1　谢瑞智：《民法总则精义》，1994 年自版，第 28 页。

2　陈铄雄：《民法总则新论》，三民书局 1982 年版，第 48 页。

3　本照片的出处请参见 ［日］胜田有恒、森征一、山内进编著：《概说西洋法制史》，ミネルヴァ书房 2004 年版，第 290 页。

4　施启扬：《民法总则》（修订第八版），中国法制出版社 2010 年版，第 25 页。

（三）自由说

该说认为权利乃权利主体自由行为的范围。但人的一举一动，并非尽为权利，且权利主体并不一定享有自由，例如父母保护、教养子女有时反觉不自由。[1]

（四）应有部分说

该说认为权利乃权利主体在生活资料中应有的部分。此说的缺点在于应有部分的实质为何，不能明了，且以个人为出发点，亦与现代法律观念不合。[2]

（五）利益意思说

此说系折中意思说和利益说而成，认为权利是为保护利益而由法律所认定的意思力，或认为权利系法律为保护利益而赋予的意思力。[3]此说的代表人物为贝克尔（Bekker）和耶利内克（Jellinek）。我国台湾地区学者王伯琦也赞同此说。反对该说的人认为，该说偏于权利先存说，不合实际，因为权利系由法律所创造，故而应采法律先存说。[4]

（六）权利否认说

该说根本否认存在权利，正如法人否认说根本否认存在法人一样。该说的主要内容是：权利仅系法律的反射作用，因此只有法律而无权利；权利仅为虚拟之词，并无实体的存在。法国学者狄骥（Duguit）倡导社会连带说，蔑视权利而崇尚义务，认为法律不能创造权利，人在社会上只是依据法律从事互助的社会任务，可谓权利否认说的代表性观点。[5]

（七）法力说或法律实力说（Rechtsmachttheorie）

该说认为，权利在概念上应与法律上的实力相结合，权利是受法律保护，得享有特定利益的法律上的力量。例如，债权为要求他人作为或不作为的法律上的力量；所有权为得占有、使用、收益、处分所有物并排除他人干涉的法律上的力

1　陈銉雄：《民法总则新论》，三民书局1982年版，第48页。
2　陈銉雄：《民法总则新论》，三民书局1982年版，第48页。
3　谢瑞智：《民法总则精义》，1994年自版，第28页。
4　陈銉雄：《民法总则新论》，三民书局1982年版，第49页。
5　陈銉雄：《民法总则新论》，三民书局1982年版，第49页。

量。法律为特定人的利益而赋予之力，即是权利。因此，权利的内容为法律上特定的利益，简称为"法益"；[1]权利的外形（形式），则为法律所赋予的力量。权利的特征即在于权利人得以法律上的保护力量，积极地实现其利益。另外，按照此说，权利系为实现一定的利益而依法赋予的力量。该力量与事实上的实力不同，与权利人的事实上的力量也无关，而是得在法律上主张的力量。一定的利益，指为维持和增进人类社会生活的一般利益，其范围甚广，不限于财产上的利益。[2]

应指出的是，以上法力说（法律实力说）受到多数学者的赞同，如舒佩（Schuppe）、默克尔（Merkel）及雷格斯贝格（Regelsberger）等均倡之。该说较能说明权利的本质，且缺点较少，故为今日关于权利本质的通说。不过，反对该说的人认为，该说单纯重视权利的外形效力，而忽略了权利的内容和社会的功能。[3]

上述各说，意思说着重于权利与意思自由的相互关系，利益说着重于权利的目的，法力说则着重于权利的来源和效力，其他各说大体上也系仅着眼于某一方面。权利，自其发生而观察，系法律为保护人类社会生活中的一定利益得以实现而创造；就其在法律规定后的效果而论，则为法律上之力。[4]立基于此种分析，本书关于权利的本质，系采法力说。

三、权利的定义和特性

按照法力说，权利的涵义可以界定为：享受特定利益的法律上之力，或得享

1　所谓"法益"，德文称为"Rechtsgut"，系由德国学者所创的概念，中文"权益"一词系由日本学者首译而来。应注意的是权利、法益、利益及权益的关联。就数量看，利益最多、法益次之，权利最少；就法律保护方法上的差异看，数量最少的权利获得了法律的最优保护。至于权益，则应解为权利与法益两者的合称（参见王俊，林岚：《采光、日照纠纷案件裁判精要》，人民法院出版社 2012 年版，第 45 页）。利益可以类型化为应受到保护者与不应被保护者，并非所有的利益都受到法律的保护，只有受到法律保护的利益才是法益。换言之，法益是法律保护的利益，抑或说法益是法律上的利益。不受法律保护的利益仅是一般性的利益，不能称为法益。

2　刘得宽：《民法总则》（增订四版），中国政法大学出版社 2006 年版，第 33 页。

3　陈铫雄：《民法总则新论》，三民书局 1982 年版，第 49 页。

4　陈铫雄：《民法总则新论》，三民书局 1982 年版，第 49 页。

受由法律所保障的生活上的利益的地位，[1] 或指权利主体为实现受法律保护的利益而依法可以为一定行为或者要求义务主体为一定行为或不为一定行为的意思自由。对于权利的这些定义，需说明下列几点。

第一，权利是为了使特定人能享受合理的利益，由法律赋予该特定人的一种法律手段（法律实力）。权利人得依其意思行使其权利，并得以诉讼方式，依赖法律力量，实现其权利内容。因此，权利有两项要素：其一，权利所满足者为人类合理的利益，亦即法律承认的利益，通常称为"法益"（法律利益）；其二，权利人的利益未能获得满足时，以国家权力强制促其实现，此即法力说所称的"法力"（法律实力）。就物权而言，权利人得直接支配标的物，对标的物为占有、使用、收益、处分，遇有他人不法干涉或妨害时，得直接排除或请求法院协助；就债权而言，债权人得请求债务人为一定给付，因给付内容的实现而满足特定利益。债务人不为给付时，债权人得以诉讼方式使其实现；在人格权和身份权，权利人直接享有人格利益或身份利益，受到不法侵害时也得直接排除或请求法院协助。[2]

第二，权利与反射利益不同。在民事生活中，人们有时因公法上的规定而获得事实上的利益，但法律并不当然赋予当事人请求享受利益的"权利"。例如，大气污染防治法或城市规划法为维护人民的健康或改善居民生活环境，设有许多一般性的保护规定，但并不赋予个人直接请求行政机关为一定行为或不为一定行为的权利。防治污染得当使个人增进健康，或因拓宽马路而使交通方便，地价上涨使附近居民获得利益，此种事实上的利益称为反射利益，而非固有意义的权利，任何人自不得请求法律保护此利益。另外，在民法上也有只能享有利益，而无权利可资请求者，例如不真正的第三人利益合同。定制蛋糕赠送友人庆贺生日，并约定由面包店向友人为给付，友人可享受蛋糕利益，但并无向面包店请求给付的权利。在履行承担（与债务承担不同）场合，债权人因履行而获得利益，

1　［日］四宫和夫：《民法总则》（第四版），弘文堂1986年版，1995年第22刷发行，第23页。
2　施启扬：《民法总则》（修订第八版），中国法制出版社2010年版，第26页。

但并无向承担人请求履行的权利。[1]

第三，权利是一种法律地位（Rechtsstellung），依此地位，权利人得向相对人为一定的请求，例如，基于夫妻、所有权人或出卖人的地位而分别发生日常代理权、所有物返还请求权或价金请求权。应注意的是，法律所保护者不限于权利，不法侵害他人权利者固然为侵权行为，但侵害他人某些特定的利益，例如侵害死者的名誉、故意以悖于善良风俗的方法侵害他人债权以及所谓纯粹经济损失，也系民法上所称的侵害民事权益，相关主体有损害赔偿请求权。[2]

第四，权利具有实践性（Durchsetzbarkeit）。权利重在内容的实现。权利如不能实现，则空有权利。法律虽然以实力支持权利内容的实现，但并非任何权利均能依赖国家力量强制实现。有些权利不能以诉讼请求实现或实施有效的强制执行。例如，婚约不得请求强迫履行；人寿保险合同的保险费，保险人不得以诉讼请求交付；对于夫妻同居的判决不能强制其履行等。权利的实现于通常情形主要是依赖相对人（义务人）的充分合作与自愿履行，以法力强制实现只是最后不得已的手段。并且，权利的强制实现，若有悖于诚实信用原则、公共利益或公序良俗，国家权力也不得加以协助或支持。[3]

第五，权利，法律上之力也。法律上之力，与所谓实力不同，实力乃私人的腕力。法律上之力，乃由法律所赋予，并受法律的保障与支持，依此力量既可以支配标的物，复可以支配他人。[4]

第六，权利，指可以从事某种行为之意。权利系法律内容的一部分，而法律又是行为的规范，因此权利当与行为有关，如与行为无关，譬如权利能力，就非权利。同时，权利又是指能从事某种行为的可能性；如果仅是行为，而这个行为又是必要的行为，即属义务，而非权利。[5]

---

[1] 施启扬：《民法总则》（修订第八版），中国法制出版社 2010 年版，第 26—27 页。

[2] 施启扬：《民法总则》（修订第八版），中国法制出版社 2010 年版，第 28 页。

[3] 施启扬：《民法总则》（修订第八版），中国法制出版社 2010 年版，第 28—29 页。

[4] 郑玉波：《民法总则》，中国政法大学出版社 2003 年版，第 62—63 页。

[5] 谢瑞智：《民法总则精义》，1994 年自版，第 29 页。

第七，权利以享受特定的利益为目的。人为了生存或生活，必定会为获取必要的财产或利益而从事特定的行为。权利者，即通过法律将人的行为合法化，以使其在合法的情形下享受利益为目的。因此，有权利的地方，必定有法律保护的一定利益的存在。权利因此成为实现享受特定利益的目的的手段。此所谓"利益"，并非权利者主观上所认定的利益，而是指国家、社会生活上一般认定的客观上的利益。同时，此种利益包括财产上的利益和生命、身体、名誉、隐私、肖像、性自主、经济信用等非财产上的利益。[1]

第八，权利是得享受特定利益的法律上之力。法律之所以以力予人，其目的在于使人享受特定的利益。所谓利益，系指生活利益，包括财产利益和非财产利益。前者如一般的财富是，后者如生命、身体、自由、名誉、隐私等是。权利的内容为法律上特定的利益，简称"法益"。法律为了保护或充实个人的特定法益，乃认可权利这一形态，亦即予人以特定的法律上之力，使其借以享受特定的利益，而于其反面，又课相对人以相当的拘束（义务），以确保此利益的享有。因此，权利与义务常常相互对应。[2]

概言之，权利系由特定利益与法律上之力两项要素构成。此两项要素，系从各种权利的内容抽象而得，故而所谓特定利益与法律上之力，自会因权利的不同而有差异。例如，物权为直接支配标的物而享受其利益的具有排他性的权利，其特定利益是"支配标的物而享受其利益"，法律上之力则是"直接支配，具有排他性"；债权是债权人请求债务人为特定行为（作为或不作为）的权利，其中，"特定人为特定行为"是债权的特定利益，而"请求"则为债权的法律上之力。[3]

四、权利的功能

人群共处，各有需求，涉及不同的利益，不免发生冲突。为维护社会生活，

1　谢瑞智：《民法总则精义》，1994 年自版，第 29 页。

2　郑玉波：《民法总则》，中国政法大学出版社 2003 年版，第 63 页。

3　郑玉波：《民法总则》，中国政法大学出版社 2003 年版，第 64 页。

自需定其分际，于是法律乃于一定要件下，就其认为合理正当者赋予个人某种力量，使个人享受其利益。权利的功能，在于保障个人的自由范围，使其得自主决定、组织或形成其社会生活，尤其是实践私法自治原则。权利为主观化的法律（subjektives Recht），法律为客观化的权利（objektives Recht），行使权利乃为法律而奋斗，寓有伦理的意义。[1]

自近代以来，尤其是以 1804 年的《法国民法典》为标志，权利成为民法的一个基本概念。加之《法国民法典》是 1789 年资产阶级大革命的产物，是一部解放人的法典，是人民的权利和自由的"圣经"，其后各国民法典莫不把民法视为权利法、人法。在现今，权利（right）被认为是与政治国家的权力（power）保持平衡，并防止公权力侵蚀私权利的屏障。也就是说，市民社会（民间社会、民法社会或公民社会）实现与政治国家的平衡，其首要的是要实现权利与权力的平衡。社会生活中的人民用以保障自己的权利不受公权力的侵蚀的，正是民法所赋予他们的权利。因此，权利于当代社会生活中具有十分重大的意义，实不可不察。[2]

五、与权利或民事权利相邻近的概念

（一）权利与权力

权利是私法上的一个中心概念，系私法的枢纽；私法尤其是民法，系以权利为枢纽而构成其全部。无权利也就无私法，从而也就无私法之全部。与此不同，权力则是公法领域的概念，其内容主要是对相对人的支配、管理和统治。并且，

---

[1]　王泽鉴：《民法总则》，北京大学出版社 2009 年版，第 68—69 页。

[2]　据研究，法国自 1789 年资产阶级大革命至今，业已经历了数部宪法的更迭和变迁，但其民法典却一直维持原有的样态，今日适用的仍然是 1804 年的民法典。这就从一个侧面说明：民事权利和民法典对于一个国家和社会的稳定具有很重要的意义。只要将作为国家和社会的基础的权利——民事权利——厘定清楚了，而且它是稳固的，政治国家的形态或政治体制的变化就是无足轻重的，它们不会引起民法社会的动荡或变化。自此意义上说，我国的《民法典》及其将民法社会的权利关系界定清楚，对我国国家和社会的长治久安具有很重要的功用。

在很多方面，权力更表现为国家对社会的治理、控制。

权利与权力亦存在某些联系：权利是受法律上之力（公权力）保护的一种利益。如果仅仅是一种利益，而这种利益不受法律上之力（公权力）的保护，则不能称为权利。此外，权利也是权力的一定程度上的基础。权利是经济基础、市民社会的法概念，权力则是上层建筑、政治国家的法概念，二者共同构成一个国家的总体。

（二）权利与权限

权利为民法或私法上的基础性概念，而权限则主要是公法如行政法上的概念或用语。在民法或私法领域，一般不使用或较少使用权限一语。

（三）权利与法律

关于权利与法律的关系，学说上曾存在三种主张：一是认为权利较之法律先存在，即先有权利，后有法律；二是认为权利与法律同时产生，并无先后；三是认为先有法律，后有权利。前两种见解，已为晚近以来的多数学者所不采，多数学者认为系先有法律，后有权利，权利为法律所赋予、所规定，无法律也就无权利。本书采多数说，即认为法律先于权利而存在，无法律也就无权利。

（四）权利与权能

权利与权能是两个既有联系又有区别的概念。权利可依不同的标准而区分为若干类型，如依权利的作用的不同，可区分为支配权和请求权，依权利效力所及范围的不同，可区分为绝对权和相对权。权能则是某项权利的一项构成因素，是权利的功用的具体化形态。譬如所有权是一项民事权利，其包括四项权能：占有权能、使用权能、收益权能和处分权能。同时，权能又是权利得以实现或得以体现的方式，权利通常通过其具体的权能而实现或获得体现。

（五）权利与法益

权利与法益之间也存在密切联系。所谓法益，指法律所保护的利益（法律利益），包括财产法益和人身法益，而法律对法益的保护又主要是通过权利这一外在形式而为之的。因此，当称某人享有一项权利时，也就意味着该人有受到法律保护的某种法益。法益包裹于权利之中，并通过对权利的保护而获得实现。

（六）权利与民事权利能力

权利与民事权利能力是两个不同的概念，但也存在某些联系。民事权利能力自人出生时起到死亡时止，皆享有之。出生之前的胎儿和死后的"死人"，依我国《民法典》第13条的规定，不享有民事权利能力。原则上而言，只有享有民事权利能力，才有享有权利的资格，但各国民法基于对胎儿的特殊保护，又规定胎儿于出生前享有受遗赠权（《民法典》第16条），遗产分割时应当保留其应继（继承）份额（《民法典》第1155条），此系贯彻只有具有民事权利能力方得享有权利这一原则之例外。另外，具有民事权利能力者并不一定都享有民事权利，而是要通过实施法律行为或事实行为来继受取得（传来取得）或原始取得。

第三节　权利的分类及其实现

一、公权、私权（权利）、社会权及私权力

依法律所属的法域之为公法、私法和社会法（公私混合法）的不同，当代法上有所谓公权（力）、私权（利）和社会权（利）之界分。私法上的权利，为私权。此私权，是个人于社会生活中享受私的利益的地位，其与人民可对公权力主体主张一定的利益的公权，如参政权，恰成对照；社会权，是伴随社会法的出现而产生的一种权利类型，系兼有私权与公权两种属性的权利，如劳动者的团结权、劳动团体的交涉权及进行罢工的权利等，皆属之。[1]

这里有必要涉及公权与私权的区分问题。法律可分为公法与私法，与此相对应，也有公权与私权之界分。唯公权与私权的区分标准，说者不一，其分歧不下于公法与私法的区分标准。大体而言，根据公法的规定所产生者，为公权，即国家、地方政府和人民于公法关系上所拥有的权力，包括国际法上的公权和国内法

---

[1]　[日]四宫和夫、能见善久：《民法总则》（第八版），弘文堂2010年版，第13页。

上的公权；根据私法的规定所产生者，为私权，因民法为私法，民法上的权利为私权。以下所论，即为私权（民事权利或权利）。

值得提及的是，于现今学理与实务上，还有所谓私权力。此种私权力往往是合同或存在服务关系的当事人中的一方对另一方所行使的"权力"，譬如网络服务中平台提供方的撤销权、删除权即是。

网络空间具有互联性、交互性、平台性、数字性、技术性、匿名性、虚拟性及无国界性，其之所以存在私权力，原因在于一方主体存在相对于其他主体的资源优势，这显著地体现在一方主体的技术资源、平台资源和信息资源方面。此等资源必然有着一般资源所不具备的价值性和稀缺性的特点，更重要的是此等资源还具有转化为支配力和影响力，进而带来法律关系变更的能力。概言之，资源优势的占有和运用是权力产生、作用的基础。如果运用这种资源优势的主体是国家或社会公共组织，那么对应的就是公权力（国家公权力或社会公权力）；如果运用这种资源优势的是普通的私主体，那么对应的就是私权力。在现实空间中，私主体经由立法授权、行政委托成为公共治理的参与者，基于经济资源的优势取得相对于其他私主体的市场支配地位——这背后的实质就是私主体与权力要素的结合。在当今网络时代，技术资源、平台资源和信息资源的相对集中又推动了新型私主体间支配关系的诞生。当然，每一个权力都面临着合法性的追问（Every assertion of power is met with a demand for justification），[1] 私权力也面临着同样的追问。18 世纪法国社会学家、哲学家孟德斯鸠云："一切有权力的人都容易滥用权力，这是万古不易的一条经验。"网络空间中的私权力同样如此。并且，在网络空间中，私权力一旦被滥用，不仅会危害竞争秩序和竞争对手的利益，还会波及许多无知、无辜和无奈的用户的权益。[2]

1　［美］劳伦斯·莱斯格：《代码 2.0：网络空间中的法律》，李旭、沈伟伟译，清华大学出版社 2009 年版，第 292 页；周辉：《变革与选择：私权力视角下的网络治理》，北京大学出版社 2016 年版，第 235 页。

2　周辉：《变革与选择：私权力视角下的网络治理》，北京大学出版社 2016 年版，第 15 页以下。感谢作者赠与此书，于此谨记之。

二、私权（民事权利或权利）的分类

（一）以权利的内容为标准，可分为人格权、身份权、财产权和社员权

1. 人格权

人格权（Persönlichkeitsrechte），指存在于权利人自己身体上的权利。它系以权利人的人格利益——身体、健康、自由、名誉、肖像、隐私、姓名、人格尊严、信用、婚姻自主、性自主等——为内容的权利，与个人人格相始终。人格权，因人的出生而取得，因死亡而消灭。凡具有民事权利能力者便当然具有人格权，人死后（"死人"）因无民事权利能力，所以无人格权之可言。因个人的人格权必须附着于权利主体方可存在，故个人不得将自己的人格权转让给他人，或由他人继承。《民法典》第 109 条规定："自然人的人身自由、人格尊严受法律保护。"第 110 条第 1 款规定："自然人享有生命权、身体权、健康权、姓名权、肖像权、名誉权、荣誉权、隐私权、婚姻自主权等权利。"

这里有必要提及一般人格权。一般人格权与特别人格权（具体人格权）对称，是较特别人格权于内涵和外延上更宽泛的一个概念。人格权发展的轨迹系由特别人格权进到一般人格权抑或相反，各国的情况不尽相同。但多数国家是由特别人格权进到一般人格权，即法律最初是规定特别人格权，在遇到某项人格利益需要保护而又无特别人格权可以援用时，就可启用一般人格权予以保护。例如，于如下案件中即是：某晚期癌症患者被送到医科大学医院救治，但不久该患者因医治无效死亡。医科大学医院未征得死者家属的同意即擅自将尸体解剖。死者家属遂向法院提起诉讼，要求损害赔偿。法院依据什么予以裁判？有人认为医科大学医院侵害了死者的身体权，但依民法理论、《民法典》第 13 条的规定，人死后并无民事权利能力，因而不能享有人格权，从而说医科大学医院侵害了死者的身体权系难以成立。对于本案的处理，较为适当的方法是以一般人格权受侵害来保护死者的利益。应指出的是，一般人格权的适用不是随意的，它需进行利益衡量，衡量的结果是死者的利益需要得到保护，而现行法又不能对死者的

利益提供法律保护时，即可启动一般人格权来保护死者的利益。一言以蔽之，一般人格权仅于特别人格权无法对需要保护的利益予以保护时方可启用。当然，对于本案，也可以医科大学医院侵害了死者的遗属对于死者遗体的所有权而予裁判。

2. 身份权

身份权（persönliche Famalienrechte），是基于身份上的地位（父母或夫妇）所产生的权利，[1] 或由一定的家族关系所产生的对非财产利益的权利。[2] 故此，身份权是存在于特定身份关系上的权利。[3] 因该权利主要存在于亲属的身份关系上，故又称为亲属权，家长权、配偶权 [4]，以及由亲权所生的对未成年子女的监护权、保护教养权、惩戒权，因婚姻关系而生的夫权、妻权（有争论）或同居请求权，皆属之。继承权，虽以身份关系为基础，但它以被继承人的财产为客体，因此有人认为其不属于身份权。[5] 本书认为，继承权的基础乃在于一定的身份，因此宜将之归入身份权。身份权与人格权相同，亦必须附着于权利主体而存在，故不得将

1　［日］四宫和夫：《民法总则》（第四版），弘文堂1986年版，1995年第22刷发行，第13页。

2　［日］石田穰：《民法总则》，悠悠社1992年版，第38页。

3　英国法律史学家梅因（Henry James Sumner Maine，1822—1888年）认为法律史是文化史中最主要的内容，其在《古代法》（*Ancient Law*）一书中谓："进步社会的变迁，迄今乃是一个从身份到契约的变迁。"因此，存在于特定身份关系之上的身份权于今日是不多的。参见郑冠宇：《民法总则》（第二版），瑞兴图书股份有限公司2014年版，第16页注释17；《世界历史词典》编委会编：《世界历史词典》，上海辞书出版社1985年版，第590页。值得指出的是，该《世界历史词典》将梅因写为"梅恩"，参见该词典同页。

4　王泽鉴谓：配偶权，指配偶间因婚姻而互负诚实义务的权利。参见其所著《侵权行为法》（1），1998年自版，第167页。依日本判例，夫妇一方对另一方要求保持贞节的权利，亦为身份权。参见日本大判1926年7月20日刑集5卷，第318页。

5　刘得宽：《民法总则》（增订四版），中国政法大学出版社2006年版，第35页。石田穰认为，继承权是由一定的家族关系所产生的关于财产利益的权利，因此为财产权。唯王泽鉴认为，继承权，也为身份权之一种（参见其所著《侵权行为》，北京大学出版社2009年版，第149页），并谓：家长权、配偶权等随社会生活的变迁和法律的发展而不断调整其内容。如父母对未成年子女的保护教养权与惩戒权（家长权），传统上认为是对子女的支配权。然子女也为权利主体，非属他方可任意支配的客体，因此子女有要求父母尊重其人格、发展其人格的权利。家长权的行使，非为权利人的利益，而是以促进未成年人的利益为目的，因此又称为"义务权"（Pflichtrecht）。配偶间的关系，亦由夫权发展成为一种"互相协力，保持其共同生活的圆满及幸福"的权利。参见王泽鉴：《民法总则》（增订版），2000年自版，第94页。

之转让或由他人继承。《民法典》第 124 条规定："自然人依法享有继承权。自然人合法的私有财产，可以依法继承。"

应注意的是，有些身份上的权利，由于应充分尊重当事人的意思，故不能以诉讼请求实现或申请强制执行。例如，婚约不得请求强迫履行，夫妻履行同居的义务不得强制执行。另外，身份关系所生的权利义务，常因涉及公益而具一身专属性，性质上不得放弃，例如父母对未成年子女的保护及教养的权利义务即属之。唯夫妻协议离婚后，关于对未成年子女的亲权，可约定由一方行使与负担。此种情形，父母一方未行使亲权的，仅其亲权的行使暂时停止，其与未成年子女的身份关系并不因离婚而受影响。[1]

3. 财产权

以财产上的利益为标的的权利，称为财产权（Vermögensrecht）。[2] 人格权和身份权以外的权利，均为财产权。一般言之，财产权乃具有财产价值的权利，可以以金钱计算其价值。但是，作为财产权的标的的财产利益，也不必非具有经济价值（交换价值或使用价值），凡具有精神、文化或纪念价值者，如家书、情书、私人照片、歌唱录音、论文稿件、尸体等虽然不能简单以金钱计价，但仍可为财产权的标的。大陆法系民法所谓财产权，系分为物权、准物权、债权及无体财产权（知识产权、智慧财产权）。财产权，原则上皆可加以让与或由他人继承。

（1）物权（dingliches Recht），指得直接支配管领特定物、排他性地享受其利益的权利，或者是权利人依法对特定物享有直接支配和排他的权利，包括所有权、用益物权和担保物权（《民法典》第 114 条第 2 款）。依照《民法典》的规定，物权包括所有权、土地承包经营权、建设用地使用权、宅基地使用权、居住权、地役权、抵押权、质权、留置权及类似物权的占有。物权人得自己行使权利，无需他人的协力合作，即可满足其权利的内容，其对物的支配（权）可对抗任何人，故物权又称为绝对权、对世权。物权因有绝对性而涉及多数人的利益，故禁

1　郑冠宇：《民法总则》（第二版），瑞兴图书股份有限公司 2014 年版，第 183 页。

2　［日］石田穣：《民法总则》，悠悠社 1992 年版，第 38 页。

止私人间以合意方式任意创设物权，此即物权法定主义。[1]依《民法典》第116条关于物权法定主义的规定，除法律规定外，当事人不能自由创设物权的种类或自由约定物权的内容。

（2）准物权（Quasisachenrecht）。非《民法典》物权编上的物权，准用《民法典》物权编关于不动产物权的规定者，即为准物权。例如，海域使用权、渔业权、矿业权、取水权、捕捞权等属之。此等权利的享有、取得、丧失及变更，均得准用《民法典》物权编关于不动产物权的规定。

（3）债权（Forderungsrecht）。指特定人得请求特定人为一定给付（作为或不作为）的权利，也就是说，债权是因合同、侵权行为、无因管理、不当得利以及法律的其他规定，权利人请求特定义务人为或者不为一定行为的权利（《民法典》第118条第2款）。作为债权（债务）的内容的作为或不作为，不一定具有财产价格，即给付并不限于有财产价格者。法律上所称之债，非仅限于金钱之债，而系指特定人与特定人间的法律关系。例如，受雇人负有对雇主提供劳务的义务，此虽非金钱给付义务，但仍为债务。[2]依合同自由原则，于不违背强行性规定和公序良俗的情形下，当事人可自由创设债权的种类及其内容。[3]

对于上述因合同、侵权行为、无因管理及不当得利所生的债权，《民法典》分别明定："依法成立的合同，对当事人具有法律约束力"（第119条）；"民事权益受到侵害的，被侵权人有权请求侵权人承担侵权责任"（第120条）；"没有法定的或者约定的义务，为避免他人利益受损失而进行管理的人，有权请求受益人偿还由此支出的必要费用"（第121条）；"因他人没有法律根据，取得不当利益，受损失的人有权请求其返还不当利益"（第122条）。

（4）无体财产权（Immaerialgüterrecht），又称知识产权、智慧财产权（intellectual property rights），指以人类精神的创造物为标的的权利，主要包括专利权、

1　郑冠宇：《民法总则》（第二版），瑞兴图书股份有限公司2014年版，第181页。

2　郑冠宇：《民法总则》（第二版），瑞兴图书股份有限公司2014年版，第181页。

3　施启扬：《民法总则》（修订第八版），中国法制出版社2010年版，第30页。

商标权、著作权。此等权利虽不具有外在形体，但部分与物权的特性类似，其权利的享有、行使及保护，均由特别法规定。无体财产权虽为精神上的创造物，但其特性上不属于人格权，而为财产权之一种。[1] 于英美法上，系将专利权和商标权等合称为工业财产权（industrial property rights），法国学说称之为智能财产权。[2]

对于上述无体财产权，《民法典》第 123 条第 2 款规定："知识产权是权利人依法就下列客体享有的专有的权利：（一）作品；（二）发明、实用新型、外观设计；（三）商标；（四）地理标志；（五）商业秘密；（六）集成电路布图设计；（七）植物新品种；（八）法律规定的其他客体。"

（5）数据与网络虚拟财产（权）。数据与网络虚拟财产系当代社会重要的财或财产（权），故而应予以保护。为此，《民法典》第 127 条明定："法律对数据、网络虚拟财产的保护有规定的，依照其规定。"

4. 社员权

社员权，指社团的构成员基于社员的资格，对社团所具有的一种概括性权利，股份公司的股东的权利（股东权、股权）、公益社团法人的社员的地位（权利）等皆属之。社员权是社员所享有的权利与承担的义务的集合。社员所享有的权利，如表决权、分红请求权和设施利用权等；所承担的义务，如出资义务或会费给付义务。《民法典》规定："民事主体依法享有股权和其他投资性权利"（第 125 条），"民事主体享有法律规定的其他民事权利和利益"（第 126 条）。

社员权，因其所属的团体之为公司或公益社团法人而有重大差异。例如，股份公司的股东所享有的股权，实质上意味着对公司资本的应有部分享有权利，可以将其让与或由他人继承；与此相反，公益社团法人的社员权，因不具有财产权

1　也有立法和学说认为，著作权具有著作人格权和著作财产权的双重特性。

2　施启扬：《民法总则》（修订第八版），中国法制出版社 2010 年版，第 30—31 页。

特性，故不得将其让与或由他人继承。[1]此外，从一定意义上言之，建筑物区分所有权也系一种社员权。

（二）以权利的作用为标准，可分为支配权、请求权、形成权、抗辩权和管理权

1. 支配权

支配权（Herrschaftsrecht），指直接支配权利客体的权利，包括对物的支配（如物权人对物的直接支配）与对权利的支配（如准物权和无体财产权）。在支配权，其权利人并不依赖他人的行为，而仅依自己的行为便可实现权利的内容。物权、准物权、人格权及无体财产权（知识产权），皆属于支配权。身份权的多数虽为支配权，但以人为对象的身份权，因需尊重对方的人格，所以对其支配权的特性乃不能不作相当的限制。此点需予注意。支配权受到侵害时，权利人除可提出侵权行为的损害赔偿外，还可通过行使妨害排除请求权加以救济。于未受到干涉、妨害时，支配权的消极作用并不显现出来。

2. 请求权

请求权（Anspruch）一语，系由德国学者温德沙伊得所创造。在此之前，并无所谓此概念。德国普通法时期，温德沙伊得通过对罗马法的 actio（诉权、诉、诉讼）一语进行现代的改造而创立了请求权概念。特别是他把这一诉权概念创制成了一个实体法上的概念，即剔除了其中的诉权因素。自此以后，请求权成为民法乃至诉讼法上的一项基本概念。

于民法上，所谓请求权，指要求他人为特定行为（作为或不作为）的权利。权利人不能直接支配义务人或支配管领标的物，需有他人行为的协助，方能实现请求权的内容。要求他人作为的请求权，称为积极的请求权；要求他人不作为的请求权，称为消极的请求权。债权为最主要的请求权。不过，请求权不限于债权有之，其也会基于物权、人格权、身份权、准物权、无体财产权（知识产权）、继承权而

---

1 ［日］四宫和夫：《民法总则》（第四版），弘文堂1986年版，1995年第22刷发行，第25页。

发生。例如，物权的请求权，准物权、无体财产权的请求权，人格权、身份权的请求权等，皆属之。[1]请求权不等于债权，债权除请求权外，还有解除权、撤销权等作用。请求权，尤其是债权请求权得因时效的经过而消灭，而物权请求权原则上不适用诉讼时效。身份权的请求权，因与公序良俗和道德伦理密不可分，所以原则上也不适用诉讼时效的规定。占有的物上请求权的行使，乃在实现物权，其犹如债权请求权的行使乃在实现债权，故此，物上请求权不具债权特性。[2]

另外，民事诉讼法上有所谓"请求"的概念。民事诉讼法上的请求，指主张的特定的权利关系，即原告提起诉讼要求法院予以审判的对象。主张实体法上的请求权的，称为给付请求；要求裁判存在或不存在特定的权利关系的，为确认请求；要求法院变动特定的权利关系的，为形成请求。此外，依请求的内容的不同，还有给付之诉、确认之诉和形成之诉。[3]

3. 形成权

（1）涵义。形成权又称可能权（Kannrecht），指依当事人（权利人）一方的意思表示，使全部法律关系发生变动（发生、变更或消灭）的权利，[4]主要有撤销权、终止权、选择权、抵销权及解除权。

形成权系静态的权利，需经动态的行使方可发生法律关系变动的效果。因形成权行使将旧有的法律关系消灭而形成新的法律关系，影响当事人的权益甚巨，故其不宜长久存在。法律通常规定，形成权经过一定期间不行使即消灭，称为形成权的除斥期间。因债务不履行所生的解除权虽无除斥期间的规定，但法律赋予相对人催告的权限，以保障其权益。[5]

---

[1] 应注意的是，请求权乃权利的作用，其非独立的权利，任何权利均可有请求权。但并非所有权利的请求权均适用诉讼时效，例如大妻间的同居请求权等非以财产利益为内容的纯粹身份关系的请求权，即不适用诉讼时效。参见郑冠宇：《民法总则》（第二版），瑞兴图书股份有限公司2014年版，第451页。

[2] 郑冠宇：《民法总则》（第二版），瑞兴图书股份有限公司2014年版，第183—184页。

[3] ［日］松坂佐一：《民法提要（总则）》（第3版），有斐阁1975年版，第54页。

[4] ［日］石田穣：《民法总则》，悠悠社1992年版，第39页。

[5] 郑冠宇：《民法总则》（第二版），瑞兴图书股份有限公司2014年版，第185页。

形成权（Gestaltungsrecht）一语，乃德国学者泽克尔（Seckel）的创造，被誉为法学上的发现。形成权与请求权的区别在于：请求权是请求为特定行为（作为或不作为）的权利，需有相对人的协力或法院的强制执行力方可实现；而形成权是权利人得依其自由意思形成一定法律效果的法律上之力，相对人并不负有相对应的义务，只是受到拘束，需容忍实施形成权的法律后果。通常可通过形成权的行使而发生、变更或消灭的法律关系包括：债的关系（如解除合同或终止合同）、物权关系（如德国法上物权行为的撤销）和身份关系（如撤销婚姻）。[1]

（2）形成权的发生和种类。形成权，依其内容可以分为三类：第一类是使法律关系发生的形成权，又称为积极形成权，例如，法定代理人对限制民事行为能力人订立的合同的承认即是；第二类是使法律关系的内容变更的形成权，如选择之债的选择权、多种法律救济方法（如解除合同或请求减少价金）的选择权等即是；第三类是使法律关系消灭的形成权，又称为消极形成权，例如，解除权、终止权、撤销权等即是。第三类形成权最为常见，堪称典型的形成权。[2]

（3）形成权的行使。形成权，通常依权利人的意思表示为之，于相对人了解或到达相对人时发生效力，称为单纯形成权或裁判外的形成权（可在裁判外行使）。例如，对无民事行为能力人实施的民事法律行为的撤销权、选择之债的选择权、合同解除权，以及买卖的预约完结权（《日本民法》第556条）即是。此外，应注意的是，若干形成权的行使，需提起诉讼（形成之诉），而由法院做成形成判决，理论上称为形成诉权（Gestaltungsklagerecht），如欺诈行为的撤销权、不合法婚姻的撤销权（《日本民法》第744条）、暴利行为的减轻给付、否认子女之诉等。此等撤销权的行使之所以需经由诉讼为之，是因为它影响相对人的利益甚巨，或为创设明确的法律状态，有必要由法院审究、认定形成权的要件是否具备。[3]

1　王泽鉴：《民法总则》，北京大学出版社2009年版，第78页。

2　王泽鉴：《民法总则》，北京大学出版社2009年版，第79页。

3　［日］四宫和夫：《民法总则》（第四版），弘文堂1986年版，1995年第22刷发行，第26页；［日］石田穣：《民法总则》，悠悠社1992年版，第39页；王泽鉴：《民法总则》，北京大学出版社2009年版，第79页。

形成权赋予权利人单方的形成之力，为保护相对人，并维护法律关系的明确和安定，其行使应受限制：①形成权的行使原则上不得附条件或期限，但条件成就与否系依相对人意思而定，或期限明确者除外，例如，甲向乙表示"3月1日前不付清积欠租金，终止租约"；②行使形成权的意思表示不得撤回，但撤回的通知同时或先于行使形成权的意思表示到达相对人时除外。

另外，关于形成权的存续期间，有三种情形：①就个别形成权，定有存续期间，且其期间较消灭时效为短，以早日确定当事人间的法律关系；②若干形成权的行使未定期间者，于他方当事人催告后，逾期未行使时，形成权消灭；③未设有存续期间或催告的规定，如共有物分割请求权。无论何种情形，均有权利失效原则的适用。[1]

4. 抗辩权

抗辩权（Gegenrecht），指对抗权利人行使权利的权利，或具有妨碍他人权利（尤其是请求权）之行使的效力的权利，[2] 或对相对人的请求给付，得拒绝履行或阻止其行使的权利。[3] 它是与请求权相对应的概念。抗辩权人于请求权人或其他权利人行使其权利时，得拒绝给付或阻止其行使，因此抗辩权特性上为一种对抗权。另外，抗辩权不限于对抗请求权，也得对抗抗辩权，此时称为再抗辩。[4] 也就是说，抗辩权的功用虽然主要在于对抗请求权，但并不以此为限，对于其他权利的行使也得抗辩。例如，对于抵销权行使的抗辩和对于抗辩权的抗辩，均不失为行使抗辩权。

抗辩权与广义的抗辩（即所谓异议）不同。抗辩权特性上为反对权，以承认对方请求权的有效存在为前提，但拒绝给付；异议（Einwendung）特性上为否认权，以否认对方请求权的有效存在为目的，例如，请求给付价金时，债务人否认买卖合同的有效性（如违反禁止性规定而无效）或认为债务已因给付而消灭。抗

1　王泽鉴：《民法总则》，北京大学出版社2009年版，第79—80页。

2　[日]四宫和夫：《民法总则》（第四版），弘文堂1986年版，1995年第22刷发行，第26页。

3　刘得宽：《民法总则》（增订四版），中国政法大学出版社2006年版，第37页。

4　施启扬：《民法总则》（修订第八版），中国法制出版社2010年版，第33页。

辩权的行使需由抗辩权人主张，异议则由法院依职权审酌。另外，依其所依据的法律的不同，还可分为民法上的抗辩权与民事诉讼法上的抗辩：民法上的抗辩权系实体法上的抗辩，范围较窄；民事诉讼法上的抗辩，范围较广。依抗辩权的特性，又可分为永久性抗辩权与暂时性抗辩权：前者指永久阻止相对人行使其权利，如消灭时效经过后的请求权，因抗辩权人的拒绝给付而永远不能行使，对债务人而言，称为自然债务；后者为暂时阻止相对人行使其权利，如同时履行抗辩权和先诉抗辩权，仅可于相对人为对待给付前或对主债务人财产为强制执行而无结果前发生阻止作用。[1]

值得指出的是，于诉讼上，常通过主张法律行为未成立或自始未发生效力来行使抗辩权，即主张对方的请求权根本不曾发生。例如，以当事人间未为合意、法律行为的当事人无行为能力、法律行为违反禁止性或强制性规定等予以抗辩。对于请求权确曾发生的，则可主张其后已归于消灭，例如通过主张债务已清偿、抵销或已行使撤销权等来行使抗辩权。另外，在诉讼上，当涉及权利存在与否的问题时，即使当事人未主张抗辩权，法院也应依职权而为审查。而对于权利障碍的抗辩权，内容上虽系以实体法的事项为抗辩，但因仅涉及对请求权人所为的请求是否拒绝给付，纯属抗辩权人是否愿意行使该权利的自由，故法院不应越俎代庖，当事人未主张抗辩权的，其不应依职权而为审查。[2]

5. 管理权（财产管理权）

管理权，即对财产为处理的权利。在狭义上，财产管理指为财产的保存、利用和改良的行为（管理行为），系与处分行为相对应的概念。所谓管理，包括了处分的意义，是具有广泛内容的概念。[3]

（三）以权利的效力所及的范围为标准，可分为绝对权与相对权

绝对权（right in rem，absolutes Recht），指请求社会一般人不为一定行为的权

1　施启扬：《民法总则》（修订第八版），中国法制出版社 2010 年版，第 33 页。

2　郑冠宇：《民法总则》（第二版），瑞兴图书股份有限公司 2014 年版，第 184—185 页。

3　财产管理权的涵义包括：①对于总括的财产或单个的财产权乃至物为事实行为、法律行为和诉讼行为；②不仅指行使、处分既存的权利和履行既存的义务，也包括取得新的权利、设定新的义务。由此两方面可知，财产管理权乃是对财产为处理行为的权利。

利，其特征在于义务人的不特定和请求内容限于不为一定的行为两点，因此又称为对世权。物权、人格权、身份权和无体财产权（知识产权）皆属之[1]。

相对权（right in personam, relatives Recht），指请求特定人为特定行为或不为特定行为的权利，其特征在于义务人特定和请求内容不限于不行为二点，因此又称为对人权，以债权为其典型。

应注意的是，晚近以来，有人力图否定绝对权和相对权的区别，主张于债权受到第三人侵害时，也可向之主张损害赔偿，从而认为债权也有对世性。我们认为，绝对权（对世权）和相对权的区分，实际上主要是民法中物权与债权的区分，如果将二者区分的界限否定了，实无异于将物权和债权的区分抛弃，这样将造成整个私法体系的解构，私法的诸多概念均将消失，对国家和民族之法治建设有百害而无一益。因此，维持绝对权（对世权）和相对权的分野，进而维持物权和债权的区分乃系十分必要和正确的，不可动摇。

（四）以权利的相互关系为标准，可分为主权利和从权利、原权利和救济权

1. 主权利与从权利

依权利的依存关系，权利可分为主权利与从权利。主权利又称独立权，指不依赖其他权利而能独立存在的权利，所有权、土地承包经营权、建设用地使用权、宅基地使用权、居住权、人格权、身份权以及一般债权，皆为主权利。从权利又称从属权，指不能独立存在，需附属于主权利才能存在的权利。例如，主债权（被担保债权）为主权利，抵押权、质权、留置权为从权利。另外，保证债权也为从权利，需从属于主债权。原则上，从权利与主权利同一命运，主权利消灭，从权利也随之消灭，称为"从随主"的原则，具体包括下列3点。

（1）主权利移转，从权利也移转。让与债权时，除与让与人有不可分离的关系者外，该债权的担保及其他从属权利随同移转于受让人。例如，债权让与时，

---

[1] 郑玉波：《民法总则》，中国政法大学出版社 2003 年版，第 70 页。

担保债权的普通抵押权也随同移转于受让人。[1]

（2）主权利消灭，从权利也消灭。债之关系消灭的，其债权的担保及其他从属权利也同时消灭。例如，债权因清偿而消灭的，担保债权的普通抵押权也随债权的消灭而消灭。[2]

（3）诉讼时效。《民法典》第419条规定："抵押权人应当在主债权诉讼时效期间行使抵押权；未行使的，人民法院不予保护。"但于比较法上，以抵押权、质权或留置权担保的请求权虽经诉讼时效而消灭，债权人仍可就其抵押物、质物或留置物取偿，唯抵押权于主债权的时效消灭后5年内不行使而消灭，是为抵押权消灭的除斥期间。[3]我国最高人民法院《关于适用〈中华人民共和国担保法〉若干问题的解释》第12条2款曾规定："担保物权所担保的债权的诉讼时效结束后，担保权人在诉讼时效结束后的二年内行使担保物权的，人民法院应当予以支持。"此规定与现今比较法上的立场于主要之点上系相同。

2. 原权利与救济权

以权利发生的先后及相互关系为标准，可区分为原权利与救济权。原权利，指法律直接创设的独立权利，或原已存在，不因权利受侵害而发生的一般权利，亦称为"第一权"或"基础权"。[4]一般的权利皆为原权利，如人格权、身份权、物权、债权等均属之。

所谓救济权，指因原权利遭受不法干涉或侵害而发生的权利，亦即需以他人的侵害行为为发生要件的权利。侵害的方式为债务不履行和侵权行为。救济权又称为"第二权"。例如，恢复原状请求权、损害赔偿请求权、停止侵害请求权、排除妨碍请求权、消除危险请求权、返还财产请求权、防止妨害请求权、赔礼道歉请求权以及消除影响、恢复名誉请求权等皆属之。各项救济权皆系由原权利转

1　郑冠宇：《民法总则》（第二版），瑞兴图书股份有限公司2014年版，第186页。

2　郑冠宇：《民法总则》（第二版），瑞兴图书股份有限公司2014年版，第186页。

3　参见我国台湾地区"民法"第145条第1项、第880条。

4　谢瑞智：《民法总则精义》，1994年自版，第35页。

变而来，为原权利的变形，因此可谓是由原权利所衍生的独立权利。[1]

救济权与从权利的区别有如下 3 点：①救济权因原权利被侵害而发生，从权利则与主权利一并发生，或依特别设立行为而发生；②救济权以原权利受侵害（或损害）为前提，因此为原权利的变形，从权利则以主权利的存在为前提，因此为主权利的增加；③救济权为请求权，从权利则多为支配权。[2]

（五）以权利与其主体的关系为标准，可分为专属权与非专属权

专属权，指专属于权利人，与权利人不得分离的权利。例如，人格权、身份权皆属之。专属权无移转性，不得让与或继承，仅在某些条件下可以移转。例如，侵害人格权所生的精神损害赔偿，如以金钱赔偿的请求权已依合同承诺或已起诉，可以让与或继承。此时，专属权已经改变性质，成为非专属权，因而自可移转。[3]非专属权，指非专属于权利人自身，而可与权利人分离的权利。一般的财产权均为非专属权，其具移转性，得为让与或继承的标的。不过，财产权中也有专属于权利人自身者，例如，因委托合同或雇佣合同所生的权利，因与当事人的信任关系密不可分，其重视人的因素，因此也不得移转，系为少数例外。[4]

（六）以权利的成立要件是否全部实现为标准，可分为既得权与期待权

既得权，又称为既成的权利（fertige Rechte），指权利的成立要件已经全部具备的权利，一般的权利皆属之。期待权（Anwartschaften），又称为生成中的权利（werdende Rechte），指期待取得某种权利的权利。例如，附条件的权利，在承认取得时效的国家或地区，其民法上取得时效完成前占有人的权利，以及继承开始前法定继承人的权利等，皆属之。

（七）实质性的权利与技术性的权利

民事权利可区分为实质性的权利与技术性的权利。以应受保护的利益为内容

---

1 施启扬：《民法总则》（修订第八版），中国法制出版社 2010 年版，第 35 页。

2 谢瑞智：《民法总则精义》，1994 年自版，第 35 页。

3 施启扬：《民法总则》（修订第八版），中国法制出版社 2010 年版，第 34 页。

4 刘得宽：《民法总则》（增订四版），中国政法大学出版社 2006 年版，第 39 页；施启扬：《民法总则》（修订第八版），中国法制出版社 2010 年版，第 34 页。

的权利，为实质性的权利，例如人格权、身份权、物权、债权等皆属之；以保护或实现此种应受保护的利益为目的的手段上的权利，为技术性的权利，例如请求权、形成权、抗辩权和财产管理权等属之。[1]

（八）新产生的权利类型

以上所述，为传统民法权利的分类。民法自 20 世纪以降，尤其是自 20 世纪六七十年代以来，产生了诸多新的权利类型。尤其是这一时期世界范围内的人权运动、女权运动、消费者保护运动、环境保护运动、劳工要求增加工资及改善劳动条件的运动、日照权（采光权）运动等的兴起，对民事权利的发展也产生了深刻影响，由此出现了消费者权、环境权、日照权、生存权等诸多新的民事权利。它们为传统民事权利体系中之所无，因此它们的产生无疑是对传统民事权利的发展。

消费者权利。1962 年，美国总统肯尼迪在《关于保护消费者利益的国情咨文》中表述了 4 项消费者权利：消费者有安全的权利、了解的权利、选择的权利和意见被尊重的权利。这 4 项权利迅即传遍世界，得到消费者的赞同，并成为各国家和地区消费者组织的奋斗目标，后经补充，增加损害救济的权利，被公认为消费者的 5 项基本人权。我国于 1993 年通过《消费者权益保护法》，受其影响，规定了 9 项消费者权利：安全的权利、了解的权利、选择的权利、公平交易的权利、损害赔偿的权利、成立消费者团体的权利、获得有关消费和权益保护知识的权利、人格尊严和民族习惯受尊重的权利及监督的权利。新近修改该法时，又增加规定消费者的个人信息受到保护的权利及退货的权利等。

环境权被认为是民法上新发展出来的一种权利类型，主要系由日本学者所倡导并予以证成。在日本，自 20 世纪 60 年代以来，环境保护、生态保护受到人民

1　财产管理权，指依据代理权或授权而行使他人的权利的权利。学者多认为此种权利为一种技术性的权利。所有权人享有所有权，但该所有权的行使，不限于所有权人。为了补充和扩大私法自治，在财产管理关系中，由所有权人以外的人管理他人财产的情形不少。尤其在今天，权利行使者非权利归属者的情形日益增多。代理权、授权、同意权、追认权、失踪人财产代管人的管理权、监护人对被监护人财产的管理权等，均是进行财产管理的技术手段的权利。参见梁慧星：《民法总论》（第四版），法律出版社 2011 年版，第 77 页。

与国家的高度重视。与此同时，日本社会这一时期的环境恶化问题也以空前的规模和速度涌现出来，并且还产生了一些以往从未出现过的伴随土地的立体化利用（高度化利用）而衍生的生态和环境问题（如地壳下沉等）。在这种背景下，学者于是倡导环境权，并将它作为民法上的一种新的权利类型对待。

日照权，又称采光权，于大陆法系的德国、日本、法国及英美法系诸国均有相应的法律构成与救济体系。日本有"日照妨害"一语，主要系由其判例和学说所创，[1] 指对于日照权（采光权）的侵害，系因城市土地过度利用而产生的一种城市土地问题；在德国，日照权被称为"Lichtrecht"。《德国民法典》虽未设规定，但依《德国民法典施行法》第 124 条，德国的各州可以就日照权设立特别规定。因此，德国各州中就日照权设立明文规定者为数不少。[2] 在法国，日照权主要通过"近邻妨害法理"处理。也就是说，侵害日照权者将因违反"近邻妨害法理"而承担物权法或侵权行为法上的责任。我国《民法典》也定有日照权，其第293 条规定："建造建筑物，不得违反国家有关工程建设标准，不得妨碍相邻建筑物的通风、采光和日照。"这一规定是我国学说长期呼吁并对日照权问题进行不懈研究的结果，于我国民法相邻关系制度的发展上具重要价值。英美法系国家也有日照权的概念。在英国等英美法系国家，邻人的日照权受到显著妨害时，受害人可依英美法上被认为是侵权行为之一种的"安居妨害"（Nuisance）之法理，请求停止妨害或予以损害赔偿。[3] 由此可见，日照权业已成为当代民法上的一项重要

1　关于日本的日照妨害及其救济，参见陈华彬：《物权法原理》，国家行政学院出版社 1998 年版，第 388 页以下。值得提及的是，自 1965 年前后起，日本有关日照妨害的判例急剧增加。但此时判例一般仅对因违法建造造成的日照妨害加以救济（1967 年 10 月 26 日东京高判），而对因合法建筑造成的日照妨害则拒绝救济（1966 年 10 月 1 日东京地判，1968 年 1 月 31 日东京高判）。其救济手段大多也仅限于损害赔偿，禁止施工的诉讼请求一般不予承认，此种状况一直延续到 1968 年。1969 年，因日照妨害案件中受害方要求停止施工的诉讼请求激增，法院不得不改变态度，转而承认停止施工的诉讼请求，这种做法延续至今。参见［日］石川利夫（责任编集）：《法学用语辞典》（新版），评论社 1984 年 5 月别册（补遗），第 131 页。

2　［日］山田晟：《德国法概论》（第 3 版），有斐阁 1987 年版，第 215 页。

3　日本《法学家》（增刊）综合特集：《日照权》（1974 年 1 月），第 313 页。

制度，值得特别提及。[1]

生存权，即获得生存或维系自己的生存的权利。1945 年第二次世界大战结束后，尤其是自 20 世纪 60 年代以来，随着世界各国人权运动的方兴未艾和人权事业的蓬勃发展与进步，本属于人权法上的生存权也日益受到人们的关注和重视。迄今，不少学说与法理系从民事法的视角来重视和理解生存权。也就是说，将生存权更多地看作一种民法意义上的更加初始、更加本能的人之为人的最基本的权利。由此可见民法与人权法、民事权利与人权之间十分紧密的联系和不可分离的关系。[2]

上述诸多新产生的权利类型系对传统民事权利的发展。可以期待，随着社会的进步、发展、变迁，尤其是随着公众的权利意识的不断增进，民事权利的类型

1　关于日照权侵害的性质，主要有两种不同的学说：消极侵害说与积极侵害说。消极侵害说认为，日照权并不是受害地固有的自然权利，而是邻地的一种恩赐。因此，经由邻地反射而来的阳光，其日照利益仅在邻地未利用的前方能享有。受害地所有人或利用人与日照经由地所有人或利用人如未设定禁止建筑高楼的地役权，受害地所有人或利用人就不能以日照权受到侵害为由，请求排除侵害或损害赔偿。与此不同，积极侵害说认为，日照与空气、水一样，同属于人类的共同资源，为一般人的生存所不可或缺，如有缺乏，个人的健康或生存将受到威胁甚至遭到严重破坏，因此日照权为一种基本人权。即便是合法建筑，也不能剥夺邻地享受阳光的权利。受害地所有人与日照经由地所有人即使没有设定禁止建筑高楼的地役权，受害地所有人仍可以以人格权受侵害为由，请求排除侵害与损害赔偿（温丰文：《现代社会与土地所有权理论之发展》，五南图书出版公司 1984 年版，第 214 页）。此两说中，以第二说为通说，本书采之。日照妨害需达何种程度，受害人方可请求排除侵害或损害赔偿，换言之，日照妨害的构成要件为何，系日照妨害中的重要问题。对此，日本现今的裁判实务与学说理论以妨害是否逾越了"忍受限度"作为判断标准：日照妨害如果逾越了社会一般人的忍受限度，就属于违法，从而构成侵害日照权；反之，如未逾越社会一般人的"忍受限度"，则受害人负有容忍义务，阻却违法，不构成侵害日照权。至于何种情形才算逾越社会一般人的忍受限度，日本的判例系以日照纠纷发生的地域、受害的程度、土地利用的前后关系、加害行为的形态及加害建筑物有无公共性等作为考量的基准。日照妨害的救济方法主要有事前救济与事后救济二种：事前救济，指通过国家行政机关对建筑工事加以监督，以防止日照妨害发生于未然；事后救济，指日照权受到侵害时，受害人通过民事诉讼的方法请求排除侵害，具体包括请求除去侵害、请求禁止侵害及请求损害赔偿三种，对此，又请参见温丰文同书第 214 页以下。

2　民法与人权法、民事权利与人权的关系，是颇值研究的重要问题。本书认为，它们之间的关系，民法是第一次性的，它为人权法奠定基础；民事权利是第一次性的，它同样也为人权奠定基础。民法与民事权利是原生态的、本源意义上的第一次性的东西，没有它们，人权法与人权将会沦为一句空话甚或丧失其根基。由此，一个国家、一个民族最为重要的是要有自己的"权利宪章"或"人权宣言"——民法制度或民法典。我国已于 2020 年完成《民法典》的制定，并自 2021 年起施行。

还会有更大的发展，民事权利的体系会呈现出更加开放、动态的局面。

三、权利与民法的关系

权利与民法的关系，即二者孰先孰后的问题，称为权利与法律（民法）的关系问题。对此，存在三说：①权利先存说。该说认为，有人之初，即有权利，权利是人与生俱来的，为保护此种权利，才有法律之创设。此即"天赋人权"说。②法律、权利同时存在说。此说认为，权利与法律同时发生，同时存在，并且认为，法律与权利为一事之两面，法律由主观观察则为权利（Subjectives Recht），而由客观观察则为法律（Objectives Recht）。换言之，法律与权利乃同时存在，法律学即权利之学。自罗马法以来，除英语外，拉丁语、德语、法语等语言，对于法律与权利两者，于文字上之所以并无区别，系出于此种原因（拉丁语 jus、德语 Recht、法语 droit，均含有法律与权利两义）。③法律先存说，认为权利乃法律所创设，法律在先，于法律之前，绝无权利可言；就是在有法律之后，也是先有义务，待至相当时期以后才有权利及其观念的出现。[1] 此三说中，第三说即法律先存说为现今学界的通说，应值可采。

四、权利的竞合

（一）概要

数个权利存在于同一标的，而其行使可产生同一结果者，称为权利的竞合。最常见的是请求权的竞合，即权利人对于同一义务人，就同一标的发生数个请求权的情形。于数个请求权竞合的情形，其中一个请求权得到满足，其余请求权皆归消灭。但于消灭之前，各请求权彼此独立，不相关联，尤其是诉讼时效个别进行，即使其中一请求权因诉讼时效经过而消灭，其余请求权也不因此而

1　郑玉波：《民法总则》，中国政法大学出版社 2003 年版，第 76—77 页。

受影响。[1]

请求权的竞合，有物权请求权与债权请求权的竞合，例如，承租人于租赁关系终止后仍不返还租赁物时，出租人既有所有物返还请求权，也有租赁物返还请求权；有数个物权请求权的竞合，例如，所有物返还请求权与占有物返还请求权的竞合；有数个债权请求权的竞合，譬如不当得利返还请求权与基于侵权行为的损害赔偿请求权的竞合；[2]有违约责任请求权与侵权责任请求权的竞合等。其中，特别以违约责任请求权与侵权责任请求权的竞合最为常见，故此，一般所称请求权的竞合，多指此种请求权的竞合。对此，《民法典》第186条规定："因当事人一方的违约行为，损害对方人身权益、财产权益的，受损害方有权选择请求其承担违约责任或者侵权责任。"

（二）违约责任请求权与侵权责任请求权的竞合

于各种请求权的竞合中，最常见的是违约责任请求权与侵权责任请求权的竞合，已如上述。而关于二者的竞合，理论上有不同的主张，以下逐一予以介绍。

1. 法条竞合说

该说认为，违约责任与侵权责任的竞合，实际上只是两个法律条文的竞合，而非行为的竞合，因此否定请求权的竞合。事实上，法律关于侵权责任的规定与关于违约责任的规定，构成普通法与特别法的关系。当关于同一行为既有侵权责任的规定又有违约责任的规定，即发生两个法律条文的竞合时，应依特别法优先于普通法的原则，仅适用关于违约责任的规定，而不适用关于侵权行为的规定，从而当事人只有一个请求权，即违约责任请求权，并不发生请求权的竞合问题。[3]

2. 请求权竞合说

该说认为，违约责任和侵权责任是民法上两个独立的不同制度，若一个行为事实既符合违约责任的构成要件，又符合侵权责任的构成要件，则发生两个独

1　郑玉波：《民法总则》，中国政法大学出版社2003年版，第72页。

2　郑玉波：《民法总则》，中国政法大学出版社2003年版，第72—73页。

3　梁慧星：《民法总论》（第四版），法律出版社2011年版，第79页。

立、并存的请求权，当事人可以合并或选择其一行使，或同时起诉，或择一起诉，前一诉讼判决对后一诉讼不生影响。但是，因两个请求权以同一给付为内容，所以不得主张双重给付，其中一个请求权获得满足，另一个请求权即随之消灭。[1]

3. 请求权规范竞合说

该说认为，侵权行为与违约行为所违反的是同一个义务，因此同一事实既符合违约责任的构成要件，又符合侵权责任的构成要件时，仅发生一个请求权，而不是发生两个独立的请求权。只是此单一请求权有两个民事责任规范作为其基础。换言之，一个请求权同时有两个请求权基础。当事人可以选择的，不是两个请求权，而是同一个请求权所依据的两个法律规范，即两个请求权基础，并且只能一次起诉。[2]

五、民事权利的实现

（一）依公权力而实现权利

民法是以权利为枢纽的规范体系，从一定意义上而言，乃系关于权利的法。那么，民法所确定的权利如何得以实现？如甲借钱一万元给乙，还款期限届至而乙不偿还时，甲不得使用腕力或经由黑社会之手而实现其权利。此时，原则上须透过法院的判决和强制执行实现其对乙的一万元债权。此在理论上称为依公权力而实现（私）权利。《民法典》规定："民事主体按照自己的意愿依法行使民事权利，不受干涉"（第130条），"民事主体行使权利时，应当履行法律规定的和当事人约定的义务"（第131条），以及"民事主体不得滥用民事权利损害国家利益、社会公共利益或者他人合法权益"（第132条）。

不过，在罗马法时代，人们尚无明确的权利意识，生活上的所有利益，只有适合具有特定内容的 actio（诉、诉讼、诉权）时，才能受到诉讼上的保护。此与

1　梁慧星：《民法总论》（第四版），法律出版社2011年版，第79页。
2　梁慧星：《民法总论》（第四版），法律出版社2011年版，第79页。

在近现代和当代的裁判制度下，一切权利原则上皆可受到法院的保护截然不同。[1]
换言之，权利依公权力而获得实现乃是近现代和当代法治国家的根本原则，法谚
称为"有权利的地方，就有救济"。近现代和当代政治国家（尤其是其中的法院）
之设立，其目的仅在于维系社会的秩序、保护人民的私权及裁判社会的纠纷。此
点系由政治国家与市民社会不同的构造原理所决定，并且是当代文明社会的一项
重要表征。

（二）自力救济禁止原则及其缓和

1. 自力救济的禁止及其理由

所谓自力救济的禁止，乃指权利原则上不得依私人的力量而实现。此所称私
人的力量，系指私人的腕力。不过，在权利实现的历史长河中，系自力救济权利
在先，而以公权力实现权利在后。在近代以前，国家组织尚不健全，权利的实现
只有依赖自力救济一途，因此当时私权的自救权被视为私权的附属权，任由个人
行使。往后，社会进步，国家权力日臻强大，不独保护私权的公共机构渐次完
备，社会生活中的个人也日渐成为文明人，于是使依私力实现权利就变得无必
要。况且依私力实现权利，权利人往往以暴力行使权利，义务人相应的以暴力反
击，并且往往还会诱使无权利人借行使权利之名实施暴力行为，严重损害社会秩
序。另外，权利人依私力实现权利，原则上构成违法行为，且致对方于损害时，发
生损害赔偿责任；侵夺对方的占有时，发生占有诉权。有鉴于此，自近代以来，无
不主要依公权力实现（私）权利，而仅认可依私力实现权利为不得已之例外。

2. 自力救济禁止原则的缓和概要

基于上述理由，近代以来的各国家和地区无不采行自力救济禁止原则。之所
以如此，最主要的理由是，如果不采取该原则，则将害及社会秩序。但是，从一
定意义上说，禁止自力救济，从权利人的权利意识、防卫本能、被害感情上看，
对权利人也是残酷的。另外，如果禁止自力救济，也有可能催生出更多的无权利

---

1 ［日］四宫和夫：《民法总则》（第四版），弘文堂1986年版，1995年第22刷发行，第36页。

人对他人占有的侵夺及义务人不履行自己义务的情况，这样反而会危及社会秩序。有鉴于此，在英美法系国家，遂认可以自力救济为原则，而以限制自力救济为例外。[1]

近现代和当代多数国家和地区的立法与实务认为，下列场合应认为可依私力（自力救济）实现权利，属于公力救济之例外：①情况紧迫，来不及请求公权力机构（如法院、公安部门等）实施救济，或请求公权力机构实施救济有显著困难，且行使权利的方法与该场合相当时。[2]②占有人以私力回复被侵夺的占有。此种场合，原占有人的占有得以回复。占有的回复即是秩序的回复。[3]③某人对于物的事实的支配状态遭受侵害时，为维持对于该物的事实的支配状态而进行的抵抗或抗争，阻却违法。[4]

需注意的是，本无自力救济的构成要件而误信有之并实施自力救济时，不问该误信是否有相当的理由，均应解为该自力救济行为不被允许。[5]不过，对于下列两种场合应分别予以考察：①无权利人误信自己有权利，而且也误信有自力救济的要件而实施行为。此种场合，从因假执行而承担的损害赔偿责任系一种无过错责任来看，[6]即使误信存在相当的理由，也应解为不被允许。②有权利人误信有自力救济的构成要件而实施自力救济。此种场合，权利内容的实现这一结果本身并无不当，而且行为人以相当的理由误信为正当而实施行为，客观上尽管是违法的，但判例也不认为构成侵权行为。[7]也就是说，此种场合，如权利人的误信存在相当的理由，则应认为自力救济被允许。

1　[日]田中英夫、竹内昭夫：《私人在法的实现中的作用》，东京大学出版会1987年版，第124页。

2　《德国民法典》第229条、《瑞士债务法》第52条第3项，也大体认可在这样的要件下可为自力救济。

3　《德国民法典》第859条有大体相同的规定。

4　[日]四宫和夫：《民法总则》（第四版），弘文堂1986年版，1995年第22刷发行，第36页。

5　[日]石田穰：《民法总则》，悠悠社1992年版，第68页。

6　《日本民事诉讼法》第198条第2项。

7　日本最判1971年6月24日民集25卷4号，第574页；最判1974年12月12日民集28卷10号，第2028页。

3. 自力救济禁止原则的缓和——以日本为例的考察

日本 1890 年旧民法财产编第 204 条第 1 项但书曾规定：甲以暴力、胁迫、诈术的方法侵夺乙对物的占有时，乙即使以同样的方法由甲那里回复对物的占有，甲对乙也不能提起对占有物的回收之诉。但现行《日本民法》（1898 年施行）的起草者担心旧民法的这种规定会招致"以暴易暴"的后果或危险，所以在第 200 条第 1 项规定："占有人在占有被侵夺时，可以通过占有回复之诉请求将其物返还及损害赔偿。"并且，起草者认为，于不损害社会治安的稳定的情形，该占有之诉也是应当承认的，从而实施自力救济行为也就不被允许。[1]起草者特别指明，占有之诉（即通过诉讼来回复对物的占有的诉讼）是一种被特别认可的诉讼，它与一般的诉讼需受法院的管辖和为证明行为皆不相同。[2]此外，起草者还认为，占有之诉需要迅速作出处理，故而这种诉讼与本权之诉也不相同。本权之诉，《日本民法》规定于第 202 条，占有之诉规定于第 200 条。此两种民事诉讼于立法上被截然分立。[3]至此可以明了，现行《日本民法》的起草者非常严格地禁止了自力救济，当然这是以日本建立了便捷的占有之诉制度为前提的。[4]

但是，于现今，现行《日本民法》的起草者置于心中的占有之诉这一特别的诉讼没有了。占有之诉已被转换为普通之诉，因而，现行《日本民法》的起草者规定自力救济禁止原则的前提发生了很大的变化。于是将自力救济禁止原则作某种程度的缓和也就不存在什么问题了。[5]例如，日本学界现今的通说认为，在来不

---

[1] 日本民法议事速记录第 6 卷第 204 页以下。转引自［日］石田穣：《民法总则》，悠悠社 1992 年版，第 69 页。

[2] 参见《日本裁判所组成法（构成法）》第 14 条 2 项。

[3] 日本民法议事速记录第 7 卷第 2 页以下。转引自［日］石田穣：《民法总则》，悠悠社 1992 年版，第 69 页。

[4] 近现代和当代有些西方国家（如德国、瑞士等）的民法明文规定了占有人的自力救济权，承认正当权利人不依据国家规定的法律救济手段，而依靠私力防卫权或实现权利，包括占有防御权（占有人对于侵害或妨碍其占有的行为，得自力防御）和占有物取回权（占有人对于已完成的占有侵夺，有取回权）。《日本民法》对此未作出明文规定，由于设置了占有诉权制度，其结果，即使是真实的权利人，如对占有人的占有发生侵害，占有人也可依据占有诉权加以排除，也就是说，占有诉权制度意味着对自力救济的禁止。参见邓曾甲：《日本民法概论》，法律出版社 1995 年版，第 174 页及该页注释 1。

[5] ［日］石田穣：《民法总则》，悠悠社 1992 年版，第 69—70 页。

及由法院加以救济，存在权利将不可能实现或权利的实现发生明显困难的急迫情事，且采取与权利的行使相当的方法时，可为自力救济行为是无问题的。对于此种场合，学理上主要是认为占有者可以以自力回复被侵夺的占有。[1]另外，此种场合之外，认可自力救济的情形也是有的。以下分别就权利人回复被无权利人侵夺的占有及此外的其他情形予以考量。

（1）权利人回复被无权利人侵夺的占有。先考察权利人排除对方的抵抗而回复对自己的物的占有。此所谓"对方的抵抗"，指使用肉体的有形力或栅栏、路障等物理的有形力以抵抗回复人回复占有的行为。排除对方的抵抗而回复占有的情形，应解为与英美法的情形相同，需权利人向对方为返还占有的催告，且为自力救济的方法是适当的，于权利人知道占有被侵夺之后的相当期间内，方允许自力救济。

之所以如此，是因为在上述场合，禁止自力救济将强烈地刺激权利人的权利意识、防卫本能及被害感情，对权利人而言乃是过于残酷的，且此种场合也无保护作为无权利人的对方的必要。此种场合认可自力救济乃是以为自力救济的人系真的权利人，且依相当的方法于相当的期间为自力救济行为为前提的，因而不会诱发无权利人（即对方）借自己系权利人或是在行使权利之名的暴力行为。当然，此种场合也有可能招来无权利人（即对方）的暴力反击行为，但如果因此而禁止权利人的自力救济行为，则会诱发无权利人的侵夺占有的行为。在这里，无权利人（即对方）的暴力反击行为会构成侵权行为或需承担刑法上的责任。概言之，于此场合，权利人在相当的限度内以实力约束或限制对方的身体是可以的，破坏或拆除无权利人（即对方）的钥匙、栅栏等是可以的，进入无权利人（即对方）的土地或建筑物也是可以的。权利人需自可能知道占有被侵夺时起的相当期间内为自力救济行为。于知道占有被侵夺以后的相当期间经过后，权利人为自力

1　日本大正末年（1924 年）曾发生一件于日本判例史上著名的占有回收之诉的判例：某甲所有的一艘名为"小丸船"的小艇，在东京日本桥附近被盗，经搜寻，某甲发现该船正在某乙处（实际上，该船被某丙盗去后，转卖给某乙）停泊，乃毁船锁，将船夺回，后又出售。于是，某乙向法院提起占有回收之诉，并要求某甲赔偿买船的损失。日本大审院判决某乙胜诉，认可了某乙的请求。参见邓曾甲：《日本民法概论》，法律出版社 1995 年版，第 176 页。

救济的行为就被禁止，因为此时权利人的防卫本能及被害感情已变得淡薄了，所以禁止自力救济对权利人并不过苛。需注意的是，此所谓"相当期间"，应依具体案件而个别认定。[1]

（2）权利人不排除对方的抵抗而回复自己对物的占有。此种场合，原则上，权利人需在为催告后回复自己对物的占有。当然，此种场合，对方即使有明确的拒绝进入的意思表示，权利人为回复对物的占有而进入对方的土地、建筑物等也并无不可。[2]

（3）其他场合。所谓其他场合，譬如房屋所有人于租赁合同结束后，向继续占有房屋的人以自力回复对房屋的占有，或者机动车的买受人尽管支付了价金，但因出卖人拒不交付机动车而以自力使机动车由自己占有，等等。于这些场合，以自力救济实现自己的权利也都获得认可。

第四节　民事义务

一、关于义务本质的诸学说

民事法律关系系一种权利义务关系，权利与义务（Pflicht）由此共同构成民事法律关系的本体。关于权利，前已论及，于以下篇幅，我们将讨论义务。唯对于何为义务，学理上存在不同的认识，主要有如下四说。

第一，意思拘束说。该说认为，义务是由法律规定的对于意思的拘束。但此说具有使无意思能力的人可不必负担义务的缺点。[3]

第二，责任说。该说认为，义务乃法律上的责任。但事实上，责任（Haftung）与义务并不相同。民法上的责任，指当债务人不履行其债务时，由债权人对于债务人的财产或其他标的物加以强制执行，以满足其债权。因而所谓责任，指对于

1　［日］石田穣：《民法总则》，悠悠社 1992 年版，第 70—71 页。

2　［日］石田穣：《民法总则》，悠悠社 1992 年版，第 71 页。

3　谢瑞智：《民法总则精义》，1994 年自版，第 36 页。

违反义务者，使其接受刑罚、强制执行或损害赔偿等不利益。也就是说，因为义务伴随着责任，乃能强化义务的拘束性，而责任也可以说是履行义务的担保。所以原则上义务常常伴随着责任而存在。当然，虽有义务但不伴随责任的情形也是有的，譬如消灭时效完成后的债务，其债务虽依旧存在，但因消灭时效完成，债务人已无责任，此种债务称为"自然债务"（Schuld ohne Haftung, obligatio natu-ralis）。此外，也有只有责任而无义务者，例如为第三人的债务提供保证时，就只有保证责任。[1]

第三，法律拘束说。该说认为，义务是法律对特定人所加的一定的作为或不作为的拘束。此说为通说，多数学者采之。

第四，法力说。此说与权利本质理论中的法力说一样，认为义务是权利人作用于义务人的法力。[2]

二、义务的涵义与特性

（一）义务的涵义

以上四说中，因法律拘束说为晚近以来的通说，故本书采之。依此说，义务乃是指民事法律关系的义务主体为满足权利主体受法律保护的利益，依法应当为或不应当为一定行为的约束，[3]或者说是指法律所加于当事人的作为或不作为的拘束。对此定义，需说明如下几点。

1. 义务是法律所课的拘束

人类于共同的社会生活中产生各种人际关系。其中，有的涉及法律，如买卖、借贷、租赁等，有的与法律无关，如聊天、寒暄、问候等；与法律有关的人际关系，即涉及各种权利、义务。权利与义务，是相对应的概念，权利是关于某种利益的法律上之力，而义务则为法律上的拘束力。因此，一切权利和义务必受

---

1 谢瑞智：《民法总则精义》，1994 年自版，第 36 页。
2 徐国栋：《民法总论》，高等教育出版社 2007 年版，第 172 页。
3 李开国：《民法总则研究》，法律出版社 2003 年版，第 100 页。

法律的规范。法律之外，不得赋予任何人以权利；同样地，没有法律的规定，无论何人，也不负担义务。[1]

2. 义务是法律所课的作为或不作为的拘束

义务有两种形态：作为与不作为。所谓作为义务，即积极义务，依此义务，义务人必须为一定的行为，例如债务人于期限届至时有偿还债务的义务，若不偿还，即违反义务，权利人可以诉请强制执行以实现其拘束。所谓不作为义务，即消极义务，依此义务，义务人不得为某种行为，例如任何人均不得侵害他人的权利，否则即违反不作为义务，权利人可以请求损害赔偿。[2]

3. 义务是法律对特定人所课的拘束

权利的实现，常常以相对人之尽义务为必要。义务，原则上常由特定的人为之。于近现代和当代法治国家，一个人之负担义务，乃系由法律所规定，当义务人违反法律的规定时，就需负法律上的责任而受某种法律制裁。

(二) 义务的特性

义务是与权利相对应的概念，是民事法律关系内容的另一面，其具有如下特性。

1. 义务具有利他性

义务是法律所加于当事人的作为或不作为的拘束，其目的在于满足权利人的法定利益。例如，债务人的作为在于满足债权人的利益，物权关系中义务主体的不作为在于使物权人的权利不受妨碍、不受影响，等等。可见义务具有利他性。

2. 义务具有限定性

义务往往是特定的义务，它并非未有一定的范围。义务人应当实施的行为种类（作为或不作为）和范围取决于权利人享有的权利。义务人只需在权利人的利益和权能的范围内为一定行为或不为一定行为。[3]权利人不得超越其权益和权能范

---

1 谢瑞智：《民法总则精义》，1994年自版，第36—37页。

2 谢瑞智：《民法总则精义》，1994年自版，第37页。

3 即义务的内容包括积极作为与消极不作为。不作为有单纯不作为和容忍不作为两种情形，前者如不参加同业竞争，后者系对于他人的干预或侵入不加以禁止，譬如对于相邻关系的必要通行权（袋地通行权、围绕地通行权），义务人容忍他人通过自己的土地。

围而要求义务人为一定行为或不为一定行为。例如，依物权的权益和权能，非物权人只有不作为的义务，而无协助物权人实现其权益的义务；债务人的义务由债的标的来决定，债权人无权要求债务人为超越债的标的的行为。[1]

3. 义务具有法律的约束性

义务对义务人具有法律的拘束力，不问义务人的意思如何，均需被义务人遵守。如义务人违反其义务，应当为的行为不为，而不应当为的行为又为了，一方面要产生对义务人不利的后果，他方面权利人还可诉请法院强制义务人履行其义务，以实现义务的拘束力。[2] 义务只能由权利人免除，而不能由义务人抛弃。

4. 义务于特性上有一般义务与特定义务之分

一般义务指一般人的义务，即不特定人皆负有不侵害他人权利的消极义务，最常见者为对于支配权的消极不侵害义务；特定义务，指特定人的义务，即特定人负有特定作为或不作为的义务，最常见者为对于请求权所负的义务。违反前一种义务时构成侵权行为，违反后一种义务时构成债务不履行。通常所称义务，系指特定义务。[3]

5. 义务与权利原则上相对应并且相对立

权利的内容，通常即为义务人的行为或不行为，例如债权人向债务人请求给付，债务人为给付行为，一方为权利的行使，一方为义务的履行。[4] 物权的权利人（如所有权人等）虽直接对物予以支配即可享受其物权（如所有权等），但其以外的天下一切人均负有不得妨害权利人（所有权人等物权人）行使其权利（直接对物支配）的不作为义务。需注意的是，人格权、形成权并无相对应的义务及义务人。此外，也有有义务而无相对应的权利者，如法人的财产不能清偿债务时，董事向法院申请破产的义务，及法定代理人的监督义务等，皆属之。

6. 在某些特殊场合，义务同时具有权利的特性

此时所谓权利，只是促使义务的履行而已，二者的内容与范围相同，例如我

1　李开国：《民法总则研究》，法律出版社 2003 年版，第 100—101 页。

2　李开国：《民法总则研究》，法律出版社 2003 年版，第 101 页。

3　施启扬：《民法总则》（修订第八版），中国法制出版社 2010 年版，第 36 页。

4　施启扬：《民法总则》（修订第八版），中国法制出版社 2010 年版，第 36 页。

国台湾地区"民法"第 1084 条第 2 项规定："父母对于未成年之子女，有保护及教养之权利义务。"[1]德国学者将此种权利称为义务权（Pflichtrecht），其特征在于权利与义务相结合，并且权利的行使并不是为权利人自己，而是为了其他特定人的利益。[2]

三、义务的内容

义务的内容为义务主体的作为或不作为。作为的义务，是指义务主体为了实现权利主体的利益而为一定行为；不作为的义务，是指义务主体为了权利主体的利益，依法应当消极地不为某种行为。义务主体的义务究竟是作为义务还是不作为义务，抑或二者兼有之，应依权利人实现其利益对义务人的不同要求而定（有时也由法律直接规定）。如权利人利益的实现要求义务人积极地为某种行为，义务人的义务即为作为义务，如债权；如权利人利益的实现仅要求义务人不为干涉、妨碍行为，则义务人的义务仅为不作为义务，如物权；若权利人利益的实现既要求义务主体为某种行为，又要求义务主体不为某种行为，则义务的内容兼有作为与不作为的双重内容。[3]

四、义务的分类

（一）依义务的内容可以分为积极义务与消极义务

积极义务（作为义务，positive Leistungspflicht），指义务人必须积极地为一定行为的义务，如承揽人需完成承揽的工作和受雇人需积极地完成一定行为的义务即属之；消极义务（不作为义务，negative Leistungspflicht），指义务人必须消极地不为一定行为的义务，如所有权人以外的人对于所有权人的所有权负有不妨碍、

1　参见陈聪富主编：《月旦小六法》（第十七版），元照出版有限公司 2014 年版，第叁—136 页。

2　施启扬：《民法总则》（修订第八版），中国法制出版社 2010 年版，第 36—37 页。

3　李开国：《民法总则研究》，法律出版社 2003 年版，第 101 页。

不干涉和不侵害的不作为义务即属之。

应注意的是，消极义务包括纯正不作为义务与容忍义务，经理人或代办商的竞业禁止义务属于前者，容忍他人通行自己土地的义务则属于后者。积极义务的违反，通常系以不作为违反作为义务，但也有以作为违反作为义务的，如不完全给付。消极义务的违反，则系以作为违反不作为义务。[1]

（二）依义务的对外效力可以分为绝对义务与相对义务

绝对义务，亦称对世义务，指任何人皆需负担的义务，一般人均需受其拘束，如人人都负有的不得侵害他人身体或财产之义务即属之；相对义务，亦称对人义务，指仅特定人所应负的义务，只有特定人相互间方受其拘束，例如，在买卖合同中，买受人与出卖人互负的给付义务即属之。

（三）依义务的移转性可以分为专属义务与移转义务

专属义务，指仅特定人始得负担的义务，此种义务特性上大多不许由他人代替为之，如夫妻同居的义务即是；移转义务，指将负担移转由他人来履行的义务，例如一般人的金钱债务可由他人代为清偿即是。

（四）依义务的独立性可以分为主义务与从义务

主义务，指可以独立存在的义务，例如一般的债务即属之；从义务，指附属于主义务而存在的义务，例如利息债务即属之。

（五）依义务发生的顺序可以分为第一次义务（原始义务、原给付义务）与第二次义务（次给付义务）

第一次义务（Primärpflicht），即原始义务或原给付义务，指债之关系上原有的给付义务，亦即原本债之关系所产生的义务。例如，买卖合同中，出卖人交付标的物及移转标的物所有权的义务，买受人支付买卖价金的义务，或不侵犯他人的人格权的义务等，皆属之。第二次义务（Sekundärpflicht），即次给付义务，指因不履行第一次义务而生的义务，或指原给付义务于履行过程中因特定事由而衍生的义务。例如，侵害他人权利时，需负恢复原状的义务或损害赔偿的义务等即

---

[1]　郑冠宇：《民法总则》（第二版），瑞兴图书股份有限公司 2014 年版，第 192—193 页。

是。[1]第二次义务（次给付义务）的情形有二：①因原给付义务的给付不能、给付迟延或不完全给付等债务不履行所生的损害赔偿义务；②合同解除时所生的恢复原状义务。第一次义务（原给付义务）已无法履行时，权利人自不能强人所难，而应就第二次义务（次给付义务）为主张。[2]

（六）明示义务与默示义务

以是否由当事人的意思表示或行业习惯、规则等明定为标准，义务可以分为明示义务与默示义务。明示义务，即法律、法律行为等明定的义务，民法上的大多数义务属之；默示义务，指未以明文的形式存在或出现的义务，买卖关系中的瑕疵担保义务属之。

（七）主给付义务与从给付义务

给付，为民法上债的标的，指债之关系上特定人间可以请求的特定行为，不作为也可为给付，且不局限于有财产价格者。[3]债之关系中，债务人为给付的义务，乃包括主给付义务（Hauptleistungspflichten）和从给付义务（Nebenleistungspflichten）。主给付义务是指自始确定，债之关系所固有、必备，并且用以决定合同关系类型的基本义务，例如买卖合同中出卖人移转标的物所有权的义务和买受人支付价金的义务即是。[4]于双务合同中，主给付义务彼此构成对待给付关系。从给付义务本身不具有独立的意义，仅具有辅助主给付义务的功能，其存在目的不在于决定合同关系的类型，而在于确保债权人的利益能够获得最大的满足。例如，债权让与情形，让与人应将证明债权的文件交付受让人，并应告知主张该债权所必要的一切情形。我国《民法典》第599条规定："出卖人应当按照约定或者交易习惯向买受人交付提取标的物的单证以外的有关单证和资料。"此即有关

---

[1] 以上关于义务的分类中的（一）（二）（三）（四）（五）请参见谢瑞智：《民法总则精义》，1994年自版，第38—39页。

[2] 郑冠宇：《民法总则》（第二版），瑞兴图书股份有限公司2014年版，第194页。

[3] 韩世远：《合同法总论》（第二版），法律出版社2008年版，第211页。

[4] 王泽鉴：《债法原理：基本理论、债之发生、契约、无因管理》（增订三版），2012年自版，第39页。

从给付义务的明文规定。从给付义务与主给付义务相同，皆可依诉请求履行。

从给付义务非属对待给付，债权人不得因从给付义务不履行而主张同时履行抗辩权。但也有可以主张同时履行抗辩权的情形，例如，因清偿人对于受领清偿人可请求给予受领证书，故清偿与受领证书的交付自可主张应同时为之。[1] 从给付义务的消灭时效开始、进行、障碍及消灭，均依照主给付义务的消灭时效而定。主给付义务因时效的经过（完成）而消灭的，即使从给付义务的时效期间尚未开始，或尚未完成（经过），从给付义务也应因主给付义务的时效经过（完成）而消灭[2]。[3]

实务中，从给付义务的发生原因主要有三个：一是基于法律规定。例如，我国《民法典》第 924 条规定，委托合同场合，受托人应当报告委托事务的处理情况，委托合同终止时，应当报告委托事务的结果。受托人处理委托事务取得的财产，应当转交给委托人。二是基于当事人的约定。例如，甲出卖其经营的企业于乙，约定甲应提供全部经销商的名单，并且不得再从事相同的营业。三是基于诚实信用原则和合同的补充解释。例如，所有权人出卖其名马时应交付血统证明书等即是。[4]

需注意的是，从给付义务与附随义务的界分。附随义务是为履行给付义务或保护当事人人身或财产上利益，于合同发展过程中基于诚实信用原则、交易习惯或行业惯例而产生的义务。例如保护义务、告知义务、忠实义务等，系辅助实现债权人的给付利益，若债务人未尽此义务，债权人可依不完全给付的规定行使其权利。[5] 附随义务通常不得以诉讼请求履行，仅可于其被违反时，请求损害赔偿[6]。[7]

---

1 孙森焱：《民法债编总论》（下），2010 年自版，第 800 页；王泽鉴：《民法学说与判例研究》（第六册），1991 年自版，第 149—150 页、第 187 页。

2 参见《德国民法典》第 217 条。

3 郑冠宇：《民法总则》（第二版），瑞兴图书股份有限公司 2014 年版，第 193 页。

4 韩世远：《合同法总论》（第二版），法律出版社 2008 年版，第 212 页。

5 参见我国台湾地区 2009 年度台上字第 78 号判决。

6 值得注意的是，我国台湾地区 2011 年度台上字第 2 号判决谓："附随义务性质上属于非构成契约原素或要素之义务，如有违反，债权人原则上固仅得请求损害赔偿，然倘为与给付目的相关之附随义务之违反，而足以影响契约目的之达成，使债权人无法实现其订立契约之利益，则与违反主给付义务对债权人所造成之结果，在本质上并无差异（皆使当事人缔结契约之目的无法达成），自亦应赋予债权人契约解除权，以确保债权人利益获得完全之满足，俾维护契约应有之规范功能与秩序。"

7 郑冠宇：《民法总则》（第二版），瑞兴图书股份有限公司 2014 年版，第 193—194 页。

（八）一般义务与附随义务

此系以民法上的义务是否基于诚实信用原则或交易习惯而产生为标准所作的分类。基于诚实信用原则或交易习惯而产生的义务，为附随义务（Nebenpflicht、Schutzpflicht），此外的义务为一般义务。民法上的大多数义务为一般义务，少量的为附随义务。附随义务按产生的时间可分为先合同义务、履行中的附随义务及后合同义务；按义务的内容可以分为通知义务、协助义务、保密义务、告知义务、说明义务、忠实义务、照顾义务、检查义务等。《民法典》第509条第2款规定了附随义务："当事人应当遵循诚信原则，根据合同的性质、目的和交易习惯履行通知、协助、保密等义务。"

（九）先合同义务与后合同义务

先合同义务，指于合同缔结前，当事人为了缔约而于接触或磋商的过程中产生的保密、告知、忠实、保护、协助等义务，违反者承担缔约过失责任（culpa in contrahendo）或先合同责任。后合同义务，指合同关系消灭后，当事人还负有某种作为或不作为义务，以维护因合同所为给付的效果，或协助相对人处理合同终了（消灭）后的善后事项。例如，已离职的员工请求原雇主开立工作证明、工资关系证明等时，原雇主不得拒绝，或离职员工负有保密或竞业禁止的义务等。[1]

（十）约定义务与法定义务

此系以民法上的义务是否依法律行为而产生为标准所作的分类。依当事人的意思表示即依当事人的约定而产生的义务为约定义务，民法尤其是其中的合同法上的义务绝大多数为约定义务；法定义务，指由法律直接规定的义务，因侵权行为、不当得利、无因管理所产生的义务，及前述《民法典》上的附随义务，皆属之。

（十一）真正义务与不真正义务

真正义务，指由法律、当事人的意思表示或行业习惯等明确规定的实定义务，民法上的一般义务均属于真正义务。不真正义务（Obliegenheit）又称为"对

---

[1] 郑冠宇：《民法总则》（第二版），瑞兴图书股份有限公司2014年版，第194—195页。

己义务"或"间接义务",系法律规定应为一定的行为,对于不为该行为者,并无任何责任可言,而系课予不利益。亦即,相对人并无请求履行的权利,但违反之人也无损害赔偿责任,仅发生不利益。例如被害人车祸受伤却怠于就医,以致伤势加重,加害人于赔偿损害时即可主张,被害人因怠于减少损害,对于损害的扩大与有过失,也应承担部分损害的不利益。[1] 又如,债务人的给付兼需债权人的行为,或承揽人的工作需定作人的行为方能完成,债权人或定作人不为该"协力行为"的,仅系权利的不行使而受领迟延,除有特别情形外,不负任何赔偿责任。再如怠于为承诺迟到的通知,其承诺仅视为未迟到。或如损害的发生或扩大,被害人有过失的,法院得减少赔偿金额或予以免除(《民法典》第592条第2款)[2]。[3]

五、义务的履行

权利重在其行使与实现,义务也应促其履行与完成,义务的履行通常为权利内容的实现。法律上的义务原则上具有强制性,义务人应依义务的本旨而作为或不作为。义务人不履行义务时应受法律制裁。此种处于受制裁的地位,称为责任,例如不履行债务而发生损害赔偿责任等。[4]

六、权利与义务的关系

(一)概要

权利与义务是民法的两个重要概念,尤其是权利构成整个民法体系的根本,

---

[1] 郑冠宇:《民法债编总论》,新学林出版股份有限公司2015年版,第20页。

[2] 韩世远:《合同法总论》(第一版),法律出版社2008年版,第220页。另外,我国《民法典》第893条规定:"寄存人交付的保管物有瑕疵或者根据保管物的性质需要采取特殊保管措施的,寄存人应当将有关情况告知保管人。寄存人未告知,致使保管物受损失的,保管人不承担赔偿责任;保管人因此受损失的,除保管人知道或者应当知道且未采取补救措施外,寄存人应当承担赔偿责任。"此也属不真正义务的规定,值得注意。

[3] 郑冠宇:《民法总则》(第二版),瑞兴图书股份有限公司2014年版,第195页。

[4] 施启扬:《民法总则》(修订第八版),中国法制出版社2010年版,第37页。

系一个枢纽性的概念。18、19世纪时，系采权利本位主义，强调权利至上，自20世纪起，由于过分强调权利本位，导致诸多社会弊端，于是转而强调权利的社会性，强调权利负有义务。20世纪前后制定的《德国民法典》《瑞士民法典》均规定如下重要原则：法律行为不得违背禁止性规定、公共秩序和善良风俗，权利不得滥用，及民事活动需遵守诚实信用原则。1919年德国《魏玛宪法》第153条第3项规定"所有权负有义务，其行使应同时有利于社会公益"，系明文承认权利的社会化，称为社会本位的权利观念，表现权利的社会性。及至二战德国纳粹统治时期，持极端团体主义思想的法学者如基尔学派（Kieler Schule）甚至主张取消权利概念，根本否认权利的地位，认为应以义务地位（Pflichtstellung）代替权利地位（Rechtsstellung）。此种矫枉过正、过犹不及的思潮，已因二战的结束而消去。[1]

于现今，权利与义务仍然系民法的中心概念。尤其在我国，仍应尤其注重并强调权利及其观念，此系由我国所经历的不同于西方国家的发展道路所使然。于此基础上方强调义务及其观念，具体而言，应将权利视为实现法律目的的一种适当手段，权利应受社会义务和公共利益的限制。为了充分保护社会中的每个个人，并公平分配有限的社会资源，需强化以法律约束权利人的行为。法律对权利人的约束与指导，应较以往更为严密，以谋求实现社会正义。[2]

（二）权利与义务关系的主要情形

权利与义务的关系主要有下列3种情形：

第一，权利与义务的对应关系：①物权的对世性。物权权利人得请求社会一般人不得侵害、干涉其权利，从而一般人即负有不得侵害、干涉物权权利人之权利的不作为义务，如有违反，需负返还物权的标的物、停止妨害、防止（预防）妨害或进行损害赔偿的责任。[3]②双务合同。一方当事人所享有的权利，系因其本

---

[1]　施启扬：《民法总则》（修订第八版），中国法制出版社2010年版，第38页。

[2]　施启扬：《民法总则》（修订第八版），中国法制出版社2010年版，第38页。

[3]　谢瑞智：《民法总则精义》，1994年自版，第37页。

身负有义务而产生的对价。例如，于买卖场合，买受人有请求出卖人移转买卖标的物所有权的权利，也有相对应的支付价金的义务。[1]

第二，权利与义务的非对应关系：①享受权利不负担义务。例如，形成权仅依当事人一方的意思表示即可使已经成立的法律关系发生取得、丧失、变更的效力，而相对人并不负任何义务。譬如，《民法典》第 171 条第 1 款规定："行为人没有代理权、超越代理权或者代理权终止后，仍然实施代理行为，未经被代理人追认的，对被代理人不发生效力。"此种追认权，即为形成权。本人行使追认权并无对应义务。本人于追认后，虽发生权利义务关系，但此系法律规定所生的结果，而非因行使追认权所生的对应义务。[2]②负担义务不享受权利。例如，一些国家的民法规定：子女应孝敬父母。依此规定，子女只负担义务，而不能相对应地主张任何权利。

第三，权利与义务密切结合为一体。例如，民法上的亲权、夫妻的同居义务等皆属之。[3]

第五节 民事责任

一、民事责任的涵义

民事责任是违反民事义务或不履行民事义务所应承担的责任。民事责任是一种"强制"，它通常由国家强制力保障实现。在近现代及当代法上，民事责任主要或通常的情形是承担财产责任。也就是说，古罗马法上，不履行债务就有可能被贬为"债奴"的人身责任等如今已不复存在。

---

1 谢瑞智：《民法总则精义》，1994 年自版，第 37 页。
2 谢瑞智：《民法总则精义》，1994 年自版，第 38 页。
3 谢瑞智：《民法总则精义》，1994 年自版，第 38 页。

二、民事责任与民事义务

(一) 概要

义务与责任，于罗马法时代并不加以区分。区分二者之不同，系起于日耳曼法时期，此也系日耳曼法对后世民法的一大贡献。应注意的是，义务与责任虽为不同的概念，但二者通常不可分。违反义务时发生责任，无义务也就无责任。仅在例外情形，二者不相伴随。例如，诉讼时效经过后的债务特性上即成为自然债务，债务人虽有给付义务而无责任，因为债务人可行使拒绝给付抗辩权，使所负责任归于消灭；反之，在物上担保，为债务人提供不动产设定抵押权的抵押人（物上担保人），于债务人不为清偿时，虽有以该抵押物卖得价金供清偿的责任，但其并无清偿债务的义务。[1]

(二) 二者的区别

义务与责任的区别在于，义务属于"当为"，责任属于"强制"。具体言之，义务是法律上应为或不为一定行为的拘束。法律上的义务即为依法应受的拘束，所以义务人不履行义务，必受法律的制裁，这也是法律上的义务与道德及宗教上的义务的不同之处。

义务的履行就是权利的实现，义务的不履行即产生责任。因此，所谓责任，指不履行义务时于法律上所处的状态。民事责任可大别为两种：侵权责任和债务不履行责任。前者为违反权利的不可侵义务而应负的责任，后者为债务人不履行债务应负的责任。此两种责任均以赔偿他方所受的损害为制裁方式。[2]民事责任与民事义务的具体区别有如下4点[3]。

1　施启扬：《民法总则》（修订第八版），中国法制出版社2010年版，第37页。

2　刘得宽：《民法总则》（增订四版），中国政法大学出版社2006年版，第39—40页；王伯琦：《民法总则》，台湾省编译馆1979年版，第30页。

3　李开国：《民法总则研究》，法律出版社2003年版，第104—105页。

1. 法律性质不同

民事义务基于法律的直接规定或当事人的合法意思表示而发生；而民事责任是民事违法行为的法律效果，于民事主体承担某种民事责任时，即意味着其已处于民事违法者的地位。

2. 发生条件不同

民事义务的发生条件是民事合法行为（包括合法的表意行为与事实行为）和某种适法的事实状态；而民事责任的发生条件则是民事主体实施了违反其依法承担的民事义务的民事违法行为。

3. 法律的拘束力不同

义务为"当为"，其法律的拘束力表现为如果民事主体不自觉履行其义务，将受到法律的强制和制裁。但对义务负担者而言，这种强制和制裁还只是一种潜在的危险：如果民事主体自觉履行其义务，则可避免这种危险的发生。责任作为违法行为的法律后果，法律的强制和制裁已经现实地落在了责任承担者的头上。

4. 民事义务与民事责任的承担者的范围不同

任何民事主体都要依法承担一定的民事义务，例如，承担不侵害他人的物权、知识产权、人身权的义务。而民事责任作为民事违法行为的民事法律后果，则不是任何民事主体都要承担的，只要民事主体认真履行其承担的民事义务，不侵害他人的民事权利，就不会承担民事责任。

（三）二者的联系

民事义务与民事责任的联系表现于如下两点[1]。

1. 责任是履行义务的法律保证

责任作为法律对违法者（即违反义务者）的制裁手段，尽管在主体未违反义务时，其存在还是潜在的、非现实的，但它是督促主体认真履行义务的一种威慑力量，由此具有保证义务得到遵守的功用。

---

[1] 李开国：《民法总则研究》，法律出版社 2003 年版，第 105—106 页。

2. 责任与义务中的给付义务形式相同

民事责任与行政责任、刑事责任不同，是违法者对受害人的责任，常常表现为违法者对受害人为某种给付，如返还原物、恢复原状、赔偿损失、支付违约金等。并且，法院在判决违法者对受害人为一定的给付时，也常常要确定一个履行期，超过履行期才强制执行。这在形式上与基于合法表意行为或适法事实状态的债务相同，因为于合法表意行为或适法事实状态（如无因管理、不当得利）引起的债务中，债务人也要对债权人为一定的给付。正因为形式相同，即责任人与债务人都要对权利人为一定的给付行为，传统民法才取其给付形式，将民事责任也作为一种债务规定于债法中。

第六节　权利的内容与行使的限制

一、概说

私权或私法的基本原则，新近以来认为其最重要的，有公共福祉原则、诚实信用原则和禁止权利滥用原则。这些原则，是民事主体行使权利、履行义务时所应遵循的原则，也是人民法院于法律对某一事项并无规定时据以裁判案件、解释民商事法律的依据，此外还是对私权的内容和行使进行限制的基准。因此，上述原则于整个私法体系中居于十分重要的地位。[1]

值得提及的是，其他国家和地区民法著述多不涉及私权的基本原则，但中国自1949年以来的民法著述则大多涉及这一问题，且通常系于"我国民法的基本原则"的论题下展开。1992年以来，我国实行社会主义市场经济体制，为此需要建立完善的、与当代先进国家的民商事法律体系基本相通的民商事法律体系。于此情形下，尽管应当遵循一般做法而无须涉及私权的基本原则，但考虑到我国实行

---

[1]　关于对私权（民事权利）的内容和行使的限制的翔实分析、考量及论述，参见陈华彬："论民事权利的内容与行使的限制——兼议我国《民法总则（草案）》相关规定的完善"，载《法学杂志》2016年第11期，第35页以下。

的是社会主义市场经济体制，所建立的民商事法律体系也自应有其特殊之处，故于民法著述中涉及私权的基本原则、私权的内容及行使的限制等，也并无不妥。[1]囿于篇幅，本节主要论述依上述原则而对私权的内容和行使予以限制。

二、对权利的内容的限制：公共福祉原则

（一）概要

权利或私权必须符合公共的福祉，是 1945 年二战结束以来各国家和地区于民事立法中确立的一项基本原则。于日本，此原则是在二战结束后（1947 年）修改民法时被追加规定的。这一原则要求：无论私权的内容抑或私权的行使，均需符合公共福祉。另外，这一原则也被认为是私权的基本理念之一，并在法院裁判具体的民事案件时发挥重要作用。[2]于法院的审判实务中，涉及公共福祉原则的主要有：①根据特别法（如土地征收、征用法）对人民的财产所有权加以限制时，为了使此种限制正当化而启用公共福祉原则。不过，此种场合也涉及宪法和行政法上的问题。[3]②私人行使权利违反公共福祉而被否定时。[4]当然，对权利行使的限制，

　　1　其他国家和地区民法著述并不是一概不讨论民法的基本原则，事实上，一些学者的著作中也是会讨论或涉及这一问题的。例如，日本学者四宫和夫与能见善久合著的《民法总则》（第八版）（弘文堂 2010 年版）第 14 页以下就在"关于私权的基本原则"的论题下讨论民法的基本原则。

　　2　［日］四宫和夫、能见善久：《民法总则》（第八版），弘文堂 2010 年版，第 14 页。日本战后于民法中追加规定这一原则时，关于私权与"公共"的关系，在国会中产生了广泛的讨论。在 1947 年召开的战后第一次国会（众议院、参议院）上，对亲属法、继承法进行修改的同时，进行了将民法的基本原则置于《日本民法》开头的修改和设计（参见日本《修改民法的一部分的法律》，法律第 222 号），从而实现了战后日本政府提出的应将"私权应为总的公共的福祉而存在"置于《日本民法》第 1 条第 1 项的初衷。但是，所谓"公共"，有一种主要是限制个人的权利，而被理解为"全体主义"的倾向，这一点乃违反《日本宪法》的精神。故此，最后并没有完全采纳战后日本政府提出的前述提案，而是采取了议会多数派（社会党、民土党、国民协同党）的提案，即以现行条文的内容获得通过。由这些情况可知，于日本，以公共福祉之名来限制个人的权利行使，乃是必须慎重的。参见［日］四宫和夫、能见善久：《民法总则》（第八版），弘文堂 2010 年版，第 14 页。

　　3　参见《日本宪法》第 13 条。

　　4　日本最判 1950 年 12 月 1 日民集 4—12—625 的原审判决：为了在河流的上游修筑水坝的发电公司的利益，得限制村民的流木权，其法律上的根据即是《日本宪法》第 13 条规定的"公共福祉"。参见［日］四宫和夫、能见善久：《民法总则》（第八版），弘文堂 2010 年版，第 14 页注释 1。

如果通过后述的禁止权利滥用原则而予以限制就已足矣的话，则以公共福祉为原则而对权利的行使加以直接限制就是必须慎重的。[1]

（二）具体限制分析

私权应当服从公共福祉，此为当代民法的一项重要原则，其首先意指：私权的内容必须与社会全体的利益相协调，私权具有社会性，公益优先。[2] 当然，所谓社会全体的利益，也必须还原为组成社会的每个个体的利益。与构成社会的每个个体的利益相分离的、抽象的所谓"社会全体的利益"并不存在。例如，修建高速公路系为社会全体的利益服务。此时，社会全体的利益即还原为利用高速公路的司机的利益、货物运送业者的利益、将新鲜的食品迅速送到消费者手中而由此获取高额利润的食品生产者的利益及迅速获得新鲜食品的消费者的利益，等等。反对修建高速公路的高速公路沿途的土地的权利人，于社会全体的利益的名义下就受到限制、牺牲。可见，所谓私权的社会性，乃是指权利人于社会生活中必然产生的与他人权利的冲突和对立，以及于发生这些冲突、对立时，对于权利的内容（范围）所划定的界限。[3]

三、对私权的行使的限制

（一）公共福祉原则

私权应当服从公共福祉，不仅是限制私权的内容的原则，还是限制私权的行使的原则。也就是说，私权的行使，不得有悖于社会的共同利益，若违反这一要求，就构成权利的滥用。[4]

1　[日] 四宫和夫、能见善久：《民法总则》（第八版），弘文堂 2010 年版，第 14 页。
2　[日] 四宫和夫：《民法总则》（第四版），弘文堂 1986 年版，1995 年第 22 刷发行，第 29 页。
3　[日] 石田穰：《民法总则》，悠悠社 1992 年版，第 41 页。
4　[日] 四宫和夫：《民法总则》（第四版），弘文堂 1986 年版，1995 年第 22 刷发行，第 30 页。

（二）诚实信用原则

1. 概要

诚实信用原则（Treu und Glauben），简称诚信原则，为民法上的"帝王规则"，指社会共同生活中的成员，相互之间怀抱对对方的信赖之心，以诚意的方式从事民事活动。诚实信用原则，日文汉字为"信义诚实的原则"或"信义则"，系德文 Treu und Glauben（《德国民法典》第 242 条）的移译，法国法上也有此概念，称为 bonne foi（《法国民法典》第 1134 条，2016 年进行大幅度的民法改正后规定于第 1104 条）。《日本民法》最初并未规定此概念，但自受德国法学影响的大正时期起，判例、学说就承认这一概念，二战结束后，《日本民法》进行修改时遂将该概念予以明定，规定于第 1 条第 2 项，即"权利行使及义务之履行，应遵从信义，诚实为之"[1]。[2] 我国《民法典》第 7 条规定："民事主体从事民事活动，应当遵循诚信原则，秉持诚实，恪守承诺。"

2. 诚实信用原则的适用领域和功用

诚实信用原则的适用领域和功用如下：

（1）诚实信用原则，系道德观念的法律化，无论权利人与义务人，均需加以适用。因此，行使权利若不符合该原则，将不发生行使权利的效力；履行义务若不符合该原则，将不发生义务消灭的效力。[3]

（2）权利义务的具体化。诚实信用原则得使已经存在的权利义务具体化。在法制史上，诚实信用原则的适用范围曾经历了一个不断扩大的演变过程。[4] 1804 年《法国民法典》规定，诚实信用原则只是关于"契约的履行"的原则，进一步

1　参见王融擎编译：《日本民法：条文与判例》（上册），中国法制出版社 2018 年版，第 10 页。

2　[日] 四宫和夫、能见善久：《民法总则》（第九版），弘文堂 2018 年版，第 23 页。

3　郑冠宇：《民法总则》（第二版），瑞兴图书股份有限公司 2014 年版，第 199 页。

4　《法国民法典》第 1134 条第 3 项规定："前项契约应以善意履行之。"《德国民法典》第 157 条规定："契约之解释，应斟酌交易习惯，依诚实信用原则为之。"第 242 条规定："债务人负有依诚实及信用并考量交易习惯为给付之义务。"参见罗结珍译：《法国民法典》，中国法制出版社 1999 年版，第 287 页；参见台湾大学法律学院、财团法人台大法学基金会编译：《德国民法》（上，总则编、债编、物权编）（2016 年修订第二版），元照出版有限公司 2016 年版，第 160、263 页。

的发展是 1896 年《德国民法典》将其扩大到"债务的履行"的原则，更进一步的发展是 20 世纪开始以后制定的民法典（如《瑞士民法典》）将其作用范围扩大到债法以外的领域，规定其为行使权利、履行义务的基本原则。《瑞士民法典》第 2 条第 1 项规定，"行使权利，履行义务，应依诚实及信用为之"，[1] 1947 年经修改的《日本民法》第 1 条第 2 项将该原则扩大为"权利的行使与义务的履行"的总的原则，标志着诚实信用原则的适用范围发展到顶峰，成为一项"帝王规则"、"皇帝条款"或"帝王条款"（Königparagraph）。[2] 至此可以看到，法国法和德国法最初主要将诚实信用原则的适用范围限定于债法领域（当然，今天的德国法已将该原则的适用范围扩大了）。瑞士法和日本法对于诚实信用原则的适用领域并未限定，认为它是关于"行使权利、履行义务"的总的"指导原理"，因而即使于物权法、亲属法、身份法、商事法、团体法、诉讼法领域也得适用该原则。[3] 并且，于社会接触关系者之间，如相邻关系、地役权和夫妻关系之间，也适用该原则。也就是说，诚实信用原则系一切权利行使与义务履行的指针。[4]

（3）规范的创设。诚实信用原则，于不存在权利义务关系的场合，也可用来设定规范而使用之。例如，于民法并未规定缔约过失责任的日本，按缔约过失法理，于缔结合同的当事人之间因存在社会接触关系，若无充分的理由而中断合同的缔结，则中断方应对相信合同成立的对方因信赖合同成立而遭受的损害负赔偿责任。此即对相信合同成立的对方当事人的信赖利益予以赔偿。这也就是依诚实信用原则创设新的法的规范。[5] 当然，规范的创设与权利义务的具体化的区别，其困难之点还有很多。此点应予注意。

我国《民法典》第 500 条定有缔约过失责任制度，第 501 条定有当事人保密

1　戴永盛译：《瑞士民法典》，中国政法大学出版社 2016 年版，第 2 页。

2　参见王泽鉴：《民法学说与判例研究》（1），中国政法大学出版社 1998 年版，第 303 页；梁慧星：《民法总论》（第五版），法律出版社 2017 年版，第 275 页。

3　［日］四宫和夫、能见善久：《民法总则》（第八版），弘文堂 2010 年版，第 16 页。

4　［日］四宫和夫：《民法总则》（第四版），弘文堂 1986 年版，1995 年第 22 刷发行，第 30 页。

5　［日］四宫和夫、能见善久：《民法总则》（第八版），弘文堂 2010 年版，第 16 页。

义务规则，[1]其立法基础和依据即系诚实信用原则。并且，我国《民法典》基于诚实信用原则还创设了合同履行过程中的附随义务规则和后合同义务规则，它们连同先合同义务规则一道，共同构成我国完善的附随义务体系。[2]

（4）使社会接触关系者之间的规范关系具体化的功用。例如，某行为于义务的履行上是否有其意义；债务人为使合同目的得以达成，负有各种附随义务（如说明义务、保护义务、包装义务等）；权利人是否也负有协助实现债务的义务。再如，债务人将金钱携往债权人住所地以外的适当场所为清偿，债权人受领金钱并无特别不便之处，此时若债权人拒绝受领，则有违诚实信用原则；此外，某行为是否属于行使权利（如承租人将租赁物擅自转租他人时，出租人是否得行使解除权），也需依当地的习惯和诚实信用原则予以判断。[3]

（5）诚实信用原则，作为法理的一种形态，具有补充制定法规定的不足，及克服制定法于形式适用上的不合理的功用。此一功用，表明诚实信用原则可对既有权利的存续或行使加以变动，其主要表现有：其一，不允许采取与自己的行为相矛盾的态度，此点相当于英美法的"禁反言"（Estoppel）原则。其二，自己先遵守法律才有资格要求他人遵守法律，此点相当于英美法的"净手原则"或"清

1　参见朱晓喆编：《元照民商法律手册》，北京大学出版社 2021 年版，第 72 页。

2　附随义务，即基于诚实信用原则或交易惯例、交易习惯而产生的保护、告知、保密、忠实等义务。此义务系当代合同法义务群中的一类重要义务，其产生基础即是诚实信用原则。缔约过失（culpa in contrahendo，缩略语为 cic），是德国民法学者耶林 160 余年前于法学上的伟大发现。在中国，有关缔约过失责任的详细中文文献最早出现于台湾地区，举其要者如王泽鉴："缔约上之过失"，载其所著《民法学说与判例研究》（第 1 册），1975 年自版，第 77 页以下；刘得宽：《民法诸问题与新展望》，五南图书出版公司 1995 年版，第 247 页以下。我国 1981 年《经济合同法》第 16 条第 1 款、1986 年《民法通则》第 61 条第 1 款部分采取了缔约过失法理，1999 年通过的《合同法》第 42 条、第 43 条明文规定缔约过失责任制度；我国台湾地区"民法"债编于 1999 年 4 月被修正时，于第 245 条之 1 增加规定缔约过失责任；2002 年 1 月 1 日生效的德国《债务法现代化法》于第 311 条第 2 项和第 3 项，将长期以来德国判例实务中的缔约过失规则规定为一项法律规则。这些均表明其自耶林首倡以来业已发展到一个新的阶段。参见韩世远：《合同法总论》（第四版），法律出版社 2018 年版，第 161 页。

3　［日］四宫和夫：《民法总则》（第四版），弘文堂 1986 年版，1995 年第 22 刷发行，第 32 页；刘得宽：《民法总则》（增订四版），中国政法大学出版社 2006 年版，第 370 页注释 4。

白原则" (clean hand doctrine)。[1] 例如，代理人为欺骗本人而与相对人通谋为虚伪的意思表示时，依诚实信用原则，相对人不能以无效对抗善意的本人。又如，代理人为获取本人的欢心，代替本人与相对人订立受赠与的通谋虚伪的合同时，该合同的无效不得对抗善意的本人。其三，情事变更原则，即合同订立后，因社会情事或作为合同基础的情事发生重大或剧烈的变动，强要义务人依合同履行有违诚信公平的原则时，受有不利益的一方得请求变更或解除合同。[2]

（6）诚实信用原则具有补充的功用，可用于解释或补充法律或合同，但适用上需注意，此应以权利的存在为要件，而不能废止或变更法律，且依合同的解释可达目的的，就无须再适用诚实信用原则的规定。[3]

（7）法律行为的解释基准，即对合同等进行解释时，也可依诚实信用原则而提出自己的权利主张。

3. 诚实信用原则的其他具体规定——情事变更原则

情事变更原则本质上也属于诚实信用原则的范围，其涵义系指法律关系发生后，作为其基础或环境的情事，于该法律效力完了前，因不可归责于当事人的事由，致发生非当初所得预料的变更，若仍贯彻原定的法律效力，显失公平而有悖于诚实信用原则的，当事人可请求法院增加或减少其给付，或变更其他原有的效果。例如，因货币严重贬值，物价暴涨，非缔约当时所可预料，依原定条件给付显失公平，即属之。民法关于情事变更原则的规定，系法院就个案予以救济的手段，不得以合同排除，否则法院维持公平正义的功能即无法实现。此外，情事变更系指客观情事变更，若系当事人误认某事实存在，之后发现该事实并不存在

1　此系衡平法上的一项原则，指如果一方当事人的行为违背了衡平法原则（如善意原则，good faith），该当事人就不能于衡平法院寻求衡平法上的救济或者主张衡平法上的辩护理由。对该原则，衡平法上有一句谚语："He who seeks equity must come into court with clean hands"。即在衡平法院提起诉讼者需清白无瑕。参见薛波主编：《元照英美法词典》，法律出版社 2003 年版，第 234 页。

2　刘得宽：《民法总则》（增订四版），中国政法大学出版社 2006 年版，第 370 页注释 5；［日］四宫和夫：《民法总则》（第四版），弘文堂 1986 年版，1995 年第 22 刷发行，第 32—33 页。

3　郑冠宇：《民法总则》（第二版），瑞兴图书股份有限公司 2014 年版，第 199 页。

的，则属于当事人主观的错误认知，不适用情事变更原则。[1]

（三）禁止权利滥用原则

1. 概要与功用

罗马法以来的民法法理认为，权利人行使自己的权利而致他人于损害时，原则上并不负任何责任。例如，土地权利人为了利用地下水而在自己的土地上掘井，其行为原则上并不违法；债权人实行基于与债务人的合意而设定的担保物权，即便对债务人过苛，原则上也属于正当的权利行使而被认为系合法。不过，当行使权利的行为被评价为权利滥用时，就构成违法而应被禁止。[2]从实质上看，权利滥用之禁止系为诚实信用原则的具体化规定。

禁止权利滥用（Schikaneverbot），为罗马法以来民法的一项重要原则。《德国民法典》第226条设其明文规定，依该条规定，仅以损害他人的目的而行使权利（德文称为"Schikane"）时构成权利滥用，因而得被禁止。1947年经修改的《日本民法》第1条第3项则未设《德国民法典》的此项限制，而是在更加广阔的立场，客观性地禁止权利滥用。在此点上，1907年《瑞士民法典》的规定与《日本民法》的立场较为接近，即《瑞士民法典》第2条第2项以"明白（明显）的滥用"的基准来禁止权利的滥用。尽管如此，我们可以看到，于近现代和当代

1　郑冠宇：《民法总则》（第二版），瑞兴图书股份有限公司2014年版，第205—206页。

2　关于权利的行使，民法自近代以来有所谓"行使自己的权利的人，对于任何人均不构成违法"的原则。例如，土地权利人为利用地下水而开挖水井时，即使给其他利用地下水的人造成损害——于其他利用地下水的人依习惯不享有对地下水的专有利用权时，也不违法。但进入20世纪后，各国以社会公益和国家福利为重，而要求一切依法行事，权利人于法律限制内，虽可自由行使其权利，但不得违反公共利益或以损害他人为主要目的。这也是20世纪开始以后出现的权利的社会化思想的要求。依权利的社会化思想，法律的终极目的不全在保护各个人的自由和权利，整个社会的发展与整个人群的生存也应同时顾及。故此，权利滥用不应受到保护。于此种背景下，1896年《德国民法典》第226条规定，"权利之行使，不得专以损害他人为目的"［参见台湾大学法律学院、财团法人台大法学基金会编译：《德国民法》（上，总则编、债编、物权编）（2016年修订第二版），元照出版有限公司2016年版，第228页］；1907年的《瑞士民法典》第2条2项规定，"显属滥用权利者，不受法律保护"（参见戴永盛译：《瑞士民法典》，中国政法大学出版社2016年版，第2页）；日本1947年修改民法时，也效仿《瑞士民法典》的做法，于第1条第3项规定，"权利之滥用，不许之"［参见王融擎编译：《日本民法：条文与判例》（上册），中国法制出版社2018年版，第10页］。此等规定，称为禁止权利滥用原则。

各国家和地区民法中，当以日本民法对权利滥用的禁止范围最为广泛。[1]我国《民法典》第132条规定："民事主体不得滥用民事权利损害国家利益、社会公共利益或者他人合法权益。"是为我国法上的禁止权利滥用原则。

权利滥用之禁止，性质上属于一般条款，其作为一般条款的功用主要有两个方面：一是缓和制定法的僵硬（硬直）性；二是具有创造裁判基准的可能，在这方面，其与前述诚实信用原则所具有的功用相似。

2. 比较法上的要件

（1）不得违反公共利益。所谓公共利益，指一般社会公众共同的利益。于现今，个人权利的行使，应受到社会的限制。公共利益应以不特定多数人的利益为依据，而非仅涉及少数人的利益。因此，违反民法相邻关系的规定，仅有损于相邻关系人间的利益，非属公共利益。[2]

（2）不得以损害他人为主要目的。权利的行使，若以损害他人为主要目的，将为法所不许。其判断，系以行为人行为时主观上以损害他人为主要目的为据，当事人行使权利，虽足以使他人丧失利益，而非以损害他人为主要目的的，不属之。比较实务上，系将此意思予以客观化，即就权利人因权利行使所能取得的利益，与他人、国家及社会因其权利行使所受的损失，比较衡量而定之。另外，权利的行使是否以损害他人为主要目的，与权利人取得权利时已否知悉权利的行使将造成他人、国家及社会的损失，并无必然关系[3]。[4]

---

1 1947年日本对其民法进行修改时，将此前判例、学说上获得广泛认可的权利滥用法理法律条文化，于第1条第3项新设如下规定："权利之滥用，不许之。"此前，日本政府的提案本想通过公共福祉原则和诚实信用原则来限制权利的行使。但是，经由公共福祉原则直接限制权利的行使于国会遭到很多人的反对。另外，考虑到诚实信用原则的适用场合与禁止权利滥用原则的适用场合于很多方面并不相同，且仅仅规定诚实信用原则并不充分（诚实信用原则是在对人的关系上使用的概念，禁止权利滥用原则则是在对社会的关系上使用的概念），所以最终新设了禁止权利滥用的规定。参见〔日〕四宫和夫、能见善久：《民法总则》（第八版），弘文堂2010年版，第17页。

2 郑冠宇：《民法总则》（第二版），瑞兴图书股份有限公司2014年版，第204页。

3 参见我国台湾地区2007年度台上字第334号判决。

4 郑冠宇：《民法总则》（第二版），瑞兴图书股份有限公司2014年版，第205页。

3. 具体分析

（1）判定权利滥用的基准。关于权利行使与权利滥用的区分，最初系依行使权利之人的主观态度来判断。我国台湾地区"民法"第 148 条第 1 项，以违反公益及加害目的的权利行使为权利的滥用。如权利人行使权利的结果，损害他人又不利于自己，或利己极微而损人极大，就构成"以损害他人为主要目的"，应属无效。不过，权利人行使权利，虽会使他人丧失利益，然非专以损害他人为主要目的时，仍属有效。新近以来，禁止权利滥用原则得到发展，关于权利行使与权利滥用的区分标准也相应得到了发展，即也考虑权利的行使对于社会的伦理观念和公序良俗的影响，认为判断权利是否滥用，应分别情形而比较衡量因行使权利给权利人个人带来的利益与给相对人或社会全体所带来的损害后，以社会全体的利益为标准而决定。此点也为《瑞士民法典》第 2 条第 2 项的应有之义。[1] 于日本，在过去一个相当长的时期，关于权利的行使与权利滥用，判例与学说皆对因行使权利而给权利人个人带来的利益，与给对方或社会全体带来的损害进行比较衡量后判定。新近以来，是考察行使权利者的主观态度和作客观的利益衡量后判定。[2]

这里需提及的是，于日本 1947 年修改民法增设禁止权利滥用的规定之前，其判例上承认的权利滥用法理，系受德国法的影响，认为仅以"加害意思"或"加害目的"而行使权利时构成权利滥用，从而得被禁止。[3] 不久，权利滥用法理被同时用来调整私权间的利害冲突，其判断标准也系从客观的要素（当事人之间的利益状况的比较）和主观的要素（害意）两方面着手。[4] 但是，于学说上，将权利滥用法理理解为系为了社会共同生活的利益而去限制个人的权利的一种法理也是十分流行的。强调权利的社会性，与二战结束后修改民法时打算从公共福祉的视

1　刘得宽：《民法总则》（增订四版），中国政法大学出版社 2006 年版，第 372 页。

2　[日] 四宫和夫：《民法总则》（第四版），弘文堂 1986 年版，1995 年第 22 刷发行，第 31 页。

3　东京控判明治 1907 年 6 月 6 日《法曹记事》17—6—70。

4　大判 1935 年 10 月 5 日民集 14—1965（百选 I —1）（宇奈月温泉事件），就是此种判决的代表。自此，日本权利滥用的法理被公认为正式得以确立。

角去限制私权的立场是相关联的。如前所述，日本政府原来的提案"私权应为总的公共的福祉而存在"也是基于这样的考虑而提出来的。但是，这样的考虑与《日本宪法》的精神是相悖的，于是只规定"私权必须适合公共福祉"，从而从公共福祉的立场来限制私权的观点大踏步地后退了，但替代它的是又规定权利不许滥用（《日本民法》第1条第3项）。这些规定，实际上为广泛地限制人民行使权利提供了可能。[1]

值得提及的是，二战结束后日本判例关于权利滥用的判断，显示了重视客观的判断基准的倾向，也就是比较衡量因行使权利而带来的权利人个人的利益与因此会给对方或社会带来的"害恶"。不过，如果过分强调和重视客观的利益衡量，则多数人的利益、公共利益或强者的利益常常会取得胜利。例如，对于多数人利用的机场或其他公共设施，附近居住的遭受侵害居民以自己的权利受到侵害为由要求行使权利或要求损害赔偿的行为，如果强调采取客观的利益衡量的判定基准，则通常会被认为是权利滥用。这样做显然是不恰当的。因此，日本新近以来也开始考虑主观的因素，即权利行使者并无加害目的，成为权利滥用的判断中所应考虑的重要因素。[2]

（2）权利滥用的效果。权利的行使，如经相对人主张系属权利滥用的，该权利仍系存在，并未消灭，只是应禁止其行使而已。有无权利滥用，一般应由人民法院依职权调查。权利失效若同时系权利滥用的，则依权利滥用的规定规范当事人间的法律关系即可，而不必再主张权利失效的法律效果。[3]具体言之，外观上系行使权利的行为一经被判定为权利滥用，就会产生如下效果：

第一，权利的行使构成滥用时，不得承认其效果。此点系权利滥用的最重要的效果。例如，基于所有权而提出的妨害排除请求权被认定为权利滥用时，所有权的行使本身将不被承认；解除权的行使被滥用时，将不产生解除的效果。另

1　[日] 四宫和夫、能见善久：《民法总则》（第八版），弘文堂2010年版，第18页。

2　[日] 四宫和夫、能见善久：《民法总则》（第八版），弘文堂2010年版，第18页。

3　郑冠宇：《民法总则》（第二版），瑞兴图书股份有限公司2014年版，第205页。

外，时效的援用被认定构成权利滥用时，将不得援用时效。

第二，权利的行使构成滥用而侵害他人的权利时，受到侵害的人可依据具体情形而要求排除妨害、损害赔偿或返还不当得利。例如，土地权利人的行为给邻近的居民造成生活妨害或公害时，[1]建筑物遮挡了邻人的采光时，[2]因抽取地下水而给邻人利用地下水造成损害时，[3]判例均认可对象方的停止侵害请求权或妨害排除请求权。[4]

第三，权利滥用的情形特别彰显，且法律有特别规定时，可以剥夺其权利。例如，《日本民法》第834条关于法院宣告停止亲权的规定即属之。其规定："有受父或母虐待或恶意遗弃时，及因父或母之亲权行为行使显著困难或不适当而显著有害子女之利益时，家庭法院依子女、其亲属、未成年监护人、未成年监护监督人或检察官之请求，得就其父或母，作出亲权丧失之裁定。但两年以内其原因有消灭之希望时，不在此限。"[5]概言之，父亲或母亲滥用亲权或有严重劣迹时，家庭法院根据子女的亲属或检察官的请求，可以宣告其丧失亲权。

四、权利的自力救济

在近代国家产生以后，私权系通过国家的裁判机构而获实现。此即法谚所谓"有权利的地方，就有救济"。而于罗马法时代，无明确的权利意识，凡生活上的利益，只有合于具有特定名称与特定内容的诉权时，方可受到诉讼法上的保护。近代以后的裁判制度下，一切权利，原则上皆可受到法院的保护。[6]如前所述，权利受到侵害时借助于公权力而救济的做法，称为公力救济。与此相对，也有所谓自力救济，即在权利受到侵害时，以自己的力量救济之。不过，近代以来的法治

1　日本大判1919年3月3日民录25—356（信玄公旗挂松事件）。

2　日本最判1972年6月27日民集26—5—1067。

3　日本大判1938年6月28日《新闻》4301—12。

4　［日］四宫和夫、能见善久：《民法总则》（第八版），弘文堂2010年版，第18—19页。

5　参见王融擎编译：《日本民法：条文与判例》（下册），中国法制出版社2018年版，第778页。

6　［日］四宫和夫：《民法总则》（第四版），弘文堂1986年版，1995年第22刷发行，第36页。

国家对于自力救济系采禁止原则，仅在少数情形下允许之，已如前述。于现今，可以以自力救济者，包括自卫行为和自助行为。这些行为，于刑法上不构成犯罪，于民法上不构成侵权行为。

（一）自卫行为

自卫行为，指权利人于非常状态下来不及请求公权力机构的保护时，可以在必要范围内，以自己的力量救济的行为，包括正当防卫和紧急避险。

1. 正当防卫

（1）正当防卫的涵义与要件。正当防卫（Notwehr），指对于现实的不法的侵害，为防卫自己或他人的权利或公共利益所为的行为。此种行为，性质上属于适法行为（也即权利行为），可阻却违法。换言之，此种行为，虽致他人于损害，但行为人并不负赔偿责任，系以合法对抗不法侵害的自卫行为，系禁止私力救济的例外。[1]《民法典》第181条规定："因正当防卫造成损害的，不承担民事责任。正当防卫超过必要的限度，造成不应有的损害的，正当防卫人应当承担适当的民事责任。"正当防卫的要件有下列5项：

1）有侵害行为。正当防卫的成立，以有侵害为前提，无侵害，则无防卫可言。所谓侵害，指侵害他人的权利，包括积极侵害与消极侵害，一般多为积极侵害，如抢夺路人钱包、驱犬伤人等，但恶犬伤人非出于他人驱使时则属紧急避险。[2] 消极行为足以侵害他人权利时，也可对之实施防卫。例如，母亲拒绝哺乳，婴儿一时无法获得食物时，强令其哺乳，应无不可。应注意的是，侵害行为，指出于人的行为而直接对权利造成威胁者，动物的行为则无所谓侵害，也无合法与否可言，故对动物的行为，无所谓正当防卫。另外，对不作为不得为防卫，即使行为人有作为的义务而不履行，例如对于纯粹债务不履行的行为，即不得实施正当防卫。[3]

1　郑冠宇：《民法总则》（第二版），瑞兴图书股份有限公司2014年版，第208页。
2　王泽鉴：《民法总则》，北京大学出版社2009年版，第447页。
3　刘得宽：《民法总则》（增订四版），中国政法大学出版社2006年版，第374页；郑冠宇：《民法总则》（第二版），瑞兴图书股份有限公司2014年版，第208页。

2）为不法的侵害。正当防卫，需对不法的侵害为之。对于适法的侵害，例如政府拆除违章建筑物、警察逮捕犯罪嫌疑人，皆不得实施正当防卫。所谓不法的侵害，指侵害行为为法律所不容许（但不以构成犯罪为必要），即无违法的阻却，例如抢夺行人手袋等。不过，父母惩戒子女、警察拘捕犯罪嫌疑人，则系阻却违法的行为，对之不得实施防卫行为；"不法的侵害"中的"不法"，指侵害行为为法令所不允许，不必其侵害行为构成犯罪，且侵害人有无故意、过失及责任能力，均非所问。对于精神病人所为的侵害行为，一般认为可实施正当防卫；对于动物的加害动作予以反击，则系紧急避险，而非正当防卫。[1]

另依通说，对于正当防卫和自助行为，也不得为防卫行为。盖正当防卫仅可对不法行为为之，亦即以"正"对"不正"。因此，行政机关依法拆除违章建筑物、依法取缔违规摊贩等行为，自不可对之主张正当防卫。[2]至于是否得对紧急避险实施防卫行为，学说不一。学者王伯琦、胡长清采肯定说，认为得为防卫行为；[3]刘得宽虽认为不得为防卫行为，但认为可以对之为紧急避难行为。[4]关于对动物的单纯侵害所为的自卫行为的性质，多认为属于紧急避险，而非正当防卫。[5]此点需予注意。

3）有现实的侵害。正当防卫系针对攻击行为所为的反击，需为防卫时，该侵害仍然存在，若为防卫时行为人已逃逸的，已无攻击行为存在，侵害已成过去，自不得再对之为防卫行为，否则即为报复，其行为非属合法，反可构成不法的侵害行为。[6]也就是说，侵害行为已经着手，或正在实施，尚未结束，如抢夺他人钱包并在奔跑、藏匿中。但是，如抢夺人在奔跑过程中丢掉钱包的，则应认为其侵害行为已告结束，无所谓"现实的侵害"。此外，受害人（被抢之人）事后

1　施启扬.《民法总则》（修订第八版），中国法制出版社 2010 年版，第 381 页。
2　郑冠宇：《民法总则》（第二版），瑞兴图书股份有限公司 2014 年版，第 209 页。
3　王伯琦：《民法总则》，台湾省编译馆 1979 年版，第 245—246 页；胡长清：《中国民法总论》，中国政法大学出版社 1997 年版，第 442 页。
4　刘得宽：《民法总则》（增订四版），中国政法大学出版社 2006 年版，第 375 页。
5　刘得宽：《民法总则》（增订四版），中国政法大学出版社 2006 年版，第 422 页。
6　郑冠宇：《民法总则》（第二版），瑞兴图书股份有限公司 2014 年版，第 208—209 页。

发现抢夺之人持有其钱包的，也应认为无"现实的侵害"，从而不得主张正当防卫。正当防卫的这一要件十分重要，它旨在禁止对尚未发生或业已过去的侵害"先发制人"或"事后报仇"。也就是说，对业已过去或尚未发生的侵害，只可以请求公权力救济，而不得为防卫行为。

4）防卫自己或他人的权利或公共利益。正当防卫，需以防卫自己或他人的权利或公共利益为目的，所防卫的权利的种类和范围并无限制，公权、私权、财产权、人身权均可成为防卫对象，且不限于自己的权利。详言之，所谓"自己或他人的权利"，包括公权和私权，而私权则兼指财产权、人格权和身份权（如绑架未成年子女）。另外，为防卫他人权利所为的行为，也称紧急救助。对于配偶的一方通奸，他方配偶可否为正当防卫，应采否定说，因为夫妻虽负互守诚实、确保其共同生活的圆满、安全及幸福的义务，但并无得以实力防卫的权利。[1]

应注意的是，是否为防卫，需以防卫人是否存在防卫意思（Verteidigungswille）予以判断。当事人间的互殴，彼此系出于互相攻击的意思的，原则上并不存在防卫行为。但此所谓意思，与法律行为的意思不同，且与行为人是否有行为能力无关。误想防卫虽不成立正当防卫，但防卫之人有过失的，需对他人的损害负赔偿责任，例如误认半夜爬窗入内的承租人系窃贼，而对其施予防卫行为即属之。[2]

5）为必要的行为。实施使自己或他人的权利或公共利益免受侵害的必要行为，法理上称为必要原则。如根本不必要，则无正当防卫可言。例如，能逃避而不逃避，或能依公力保护而不为之者，不成立正当防卫。如防卫行为超越必要限度，则属于防卫过当，权利人应负相当于超过程度的责任。至于是否必要，或是否超越限度，应就具体情事，依防卫行为的强弱和损害事实的轻重等加以认定。防御的方法应与所造成的损害合于比例，此即所谓比例原则。正当防卫系以适法

1　王泽鉴：《民法总则》，北京大学出版社 2009 年版，第 447—448 页。另外，本夫或第三人于奸夫、奸妇行奸之时杀死奸夫，是否可以认为系当场激于义愤而杀人，应依实际情形定之，但不得认为系正当防卫。德国判例、学说也持此见解。参见王泽鉴：《民法总则》，北京大学出版社 2009 年版，第 448 页注释 1。

2　郑冠宇：《民法总则》（第二版），瑞兴图书股份有限公司 2014 年版，第 209 页。

行为对抗不法侵害，亦即以"正"对"不正"，因此遭受侵害的法益与因防卫行为反击受损的法益不必相等，但二者于社会观念上如显失平衡，即系逾越必要的限度。[1]有多种防卫方法时，应选择反击较轻而相当的方法为之，否则应负赔偿责任。例如，孩童闯入果园，驱逐即可，不必殴打；他人擅自在自己房屋前摆设摊位，可令其拆除搬离，而无须将之毁损。[2]

（2）正当防卫的效果。

1）阻却违法。正当防卫具有阻却违法的效果，防卫人反击侵害人所造成的损害，于民法上不构成侵权行为，因而不负损害赔偿责任；于刑事上如符合阻却违法的规定，则不构成犯罪行为，其行为不受刑罚处罚。但是，正当防卫应受合理限制而有比例原则的适用，不得逾越必要限度，有多种防御方法时，应选择反击较轻而相当的方法为之，否则仍应负损害赔偿责任。逾越必要的限度时，无论有无过失，对于防卫过当所生的损害均应负赔偿责任，[3]但法院于裁判时应依过失相抵规则，斟酌损害的大小或侵害人的故意、过失，免除或减轻赔偿。[4]因此，《民法典》第181条规定："因正当防卫造成损害的，不承担民事责任。正当防卫超过必要的限度，造成不应有的损害的，正当防卫人应当承担适当的民事责任。"

另外，正当防卫和后述的自助行为具有适法性，属于权利行为，后述的紧急避险行为为放任行为，三者均非不法行为，因此对于此三种行为，不得再实施正当防卫。唯紧急避险的受害者并无容忍侵害的义务，因此有人认为得对紧急避险实施正当防卫；[5]误认为有侵害行为而实施防卫行为的，称为"误想的防卫行为"，如双方争论时一方举手，被误以为殴打他方，他方出手反击，此时不成立正当防卫，行为人应依《民法典》侵权责任编的规定负其责任。防卫人的防卫行为应对侵害人为之，因实施正当防卫而侵害第三人的权利，例如毁损第三人的财

1　施启扬：《民法总则》（修订第八版），中国法制出版社2010年版，第381页。

2　王泽鉴：《民法总则》，北京大学出版社2009年版，第448页。

3　王泽鉴：《民法总则》，北京大学出版社2009年版，第448页。

4　施启扬：《民法总则》（修订第八版），中国法制出版社2010年版，第382页。

5　王伯琦：《民法总则》，台湾省编译馆1979年版，第244—245页；施启扬：《民法总则》（修订第八版），中国法制出版社2010年版，第381页。

产时，除构成紧急避险而依紧急避险规则处理外，防卫人应对第三人负损害赔偿责任。[1]

2）防卫过当。正当防卫需适当，逾越必要限度的，为侵权行为，应负损害赔偿责任，唯防卫人可主张侵害人存在过失而减轻责任。正当防卫是否过当，应视具体客观的情事，及各当事人的主观事由定之，不能仅凭侵害人一方受害情状为断。[2]

2. 紧急避险

（1）紧急避险的涵义。紧急避险（Notstand），指为避免自己或他人的生命、身体、自由或财产上的急迫的危险所为的行为，性质上为放任行为（也有人认为系权利行为），乃禁止私力救济的例外。于必要限度内所为的紧急避险行为可阻却违法，不负赔偿责任。例如，甲的狼犬追逐乙，丙夺丁之伞击退；被恶徒追杀，驾驶他人的机车逃避。[3]《民法典》第182条规定："因紧急避险造成损害的，由引起险情发生的人承担民事责任。危险由自然原因引起的，紧急避险人不承担民事责任，可以给予适当补偿。紧急避险采取措施不当或者超过必要的限度，造成不应有的损害的，紧急避险人应当承担适当的民事责任。"

（2）紧急避险的要件。

1）须有危险。紧急避险，以有危险的存在为必要。所谓危险，指足以发生危害的一切情形，如天灾、地震、海啸、战乱、强盗绑架、恶犬追逐等，皆包括在内。危险的原因，无论出于天然（如地震、飓风、洪水、饥荒），或毒蛇猛兽等动物的侵害，或人为（如盗窃、失火、战争），皆非所问，但并不包括因合法行为所引起的危险。[4]需注意的是，因人力所引起的紧迫危险，如系对不法侵害行

---

[1] 施启扬：《民法总则》（修订第八版），中国法制出版社2010年版，第382页。

[2] 我国台湾地区1975年度台上字第2442号判例谓：所谓正当防卫，乃对于现实不法的侵害，为防卫自己或他人的权利或公共利益，于不逾越必要程度的范围内所为的反击行为。此反击行为，需加损害于侵害人，方生正当防卫的问题。至正当防卫是否过当，又应视具体的客观情事，及各当事人的主观事由定之，不能仅凭侵害人一方的受害情状为断。

[3] 王泽鉴：《民法总则》，北京大学出版社2009年版，第450页。

[4] 刘得宽：《民法总则》（增订四版），中国政法大学出版社2006年版，第376页。

为而为反击（抗拒强盗），则属于正当防卫的范围，因躲避强盗而损及他人权利，方为紧急避险。[1]

为逃避暴政，海上遇难，仅有一小救生圈，得之则生，失之则亡，数人互夺，法律无从保护，只得任其发展，因此紧急避险系属所谓放任行为。由救生圈之例可知，紧急避险较诸正当防卫更涉及不同利益的取舍及其牺牲，除必要原则和比例原则外，还适用法益权衡原则，即需为避免危险所必要，并未逾越危险所能致的损害程度，否则仍应负赔偿责任。例如，见狼犬追逐某孩童，击伤足以避险时，不必击毙；不足以避险时，则可击杀之，因人身安全重于财物利益也。[2]

2）危险须急迫。紧急避险，需针对现实的急迫危险而发。所谓急迫危险，指近在眼前，刻不容缓。例如，为避免房屋延烧，将燃烧的油桶抛出店外，因热度过高，被迫抛掷，以致灼伤他人。对于过去的危险，无所谓避难，对于将来的危险，可以预避，也无紧急救济的必要。[3]紧急避险有两种情况：其一，防御性的紧急避险（Verteidigungsnotstand），指将发生急迫危险的物毁损，以避免危险，例如，狂犬追逐，将该犬击伤或击毙；其二，攻击性的紧急避险（Angriffsnotstand），指因避免急迫危险而损及与危险的发生无关的他人权利，例如为逃避水灾而破门进入他人二楼房间，司马光幼年时以石块击破大水缸，以拯救跌落缸中的幼童也属之。[4]

3）须是避免自己或他人生命、身体、自由或财产上的急迫的危险。紧急避险所保护的法益，仅限于自己或他人的生命、身体、自由和财产。其他权利如名誉、信用、姓名等不包括在内，系因为对之不可为避险行为，并避免过分扩张保护的法益而造成对第三人的损害。所谓财产，其范围甚广，包括物权、债权、准物权、知识产权及各种利益等。

4）须为避免危险所必要，并木逾越危险所能导致的损害程度。紧急避险有

1　施启扬：《民法总则》（修订第八版），中国法制出版社 2010 年版，第 383 页。

2　王泽鉴：《民法总则》，北京大学出版社 2009 年版，第 450—451 页。

3　刘得宽：《民法总则》（增订四版），中国政法大学出版社 2006 年版，第 376 页。

4　施启扬：《民法总则》（修订第八版），中国法制出版社 2010 年版，第 383 页。

无必要，应依危险情况、避难方式、对避险人和第三人所生损害全盘考量。一般认为，避险行为必须为舍此之外，别无其他方法可采，方为必要，法理上称为必要原则或补充原则。例如，甲、乙同时遭遇海难，甲将乙所持浮板抢取，而致乙死亡，系为避免自己生命的紧急危难所必要。但是，如甲抢救爱犬而将他人的婴儿踩死，则非为必要。因此，避险行为所予人的损害，必须少于或等于危险所能产生的损害，逾越此程度即为避险过当，因此法理上称为法益权衡原则。例如，为避免他人财产损害，于慌乱中扑火，灼伤人的身体，其价值是否相当，有无逾越必要程度，即有研究余地，盖身体健康远比财产法益重要。[1]

5）行为人对于危险的发生无责任。危险的发生，如行为人有责任时，不得谓为紧急避险。例如，挑逗邻居的狼犬，引起追逐，而在危险中将之击杀，也需负赔偿责任。此所谓行为人有责任，指因行为人的行为而引发危险，有无过失，在所不问。[2]

（3）紧急避险的效果。

1）阻却违法。紧急避险的主要效果为阻却违法，避险人因紧急避险行为而对他人造成的损害，于民法上不构成侵权行为，不负损害赔偿责任；于刑法上不构成犯罪行为，其行为不受刑罚处罚。但非避免危险所必要和逾越危险所致的损害程度的，或危险的发生，行为人也有责任的，则应负损害赔偿责任。[3]《民法典》第 182 条也规定："因紧急避险造成损害的，由引起险情发生的人承担民事责任。危险由自然原因引起的，紧急避险人不承担民事责任，可以给予适当补偿。紧急避险采取措施不当或者超过必要的限度，造成不应有的损害的，紧急避险人应当承担适当的民事责任。"

应注意的是，对于紧急避险，得为紧急避险，但不得为正当防卫。避险过当时，需对他人损害负赔偿责任，但行为人可主张受害人存在过失而减轻责任。危

1　施启扬：《民法总则》（修订第八版），中国法制出版社 2010 年版，第 384 页。

2　王泽鉴：《民法总则》，北京大学出版社 2009 年版，第 451 页。

3　刘得宽：《民法总则》（增订四版），中国政法大学出版社 2006 年版，第 377 页。

险的发生，行为人有责任的，例如因自己引火不慎造成邻居房屋火灾，虽为避免延烧自己房屋而拆除邻人房屋，仍应对邻人房屋的毁损负赔偿责任。[1]

2）第三人的损害。关于紧急避险中的第三人的损害，有两种不同的认识和规定：其一，《德国民法典》第 904 条规定，"（1）物之所有人，在他人干涉其物，系出于防止现在危险所必要，且危险所能致之损害，远甚于因干涉其物而加于所有人之损害者，不得禁止他人之干涉。（2）所有人得请求赔偿其所生之损害"。[2]其二，认为第三人因行为人的避险行为而遭受损害，系私法上的牺牲，应加以忍受。本书认为，基于损益分担的原则，由受益人负担第三人损害的填补较符合公平原则，亦即应由受益人对第三人负最后的赔偿责任。[3]

（4）正当防卫与紧急避险的区别。二者的区别如下：其一，正当防卫，以有不法的侵害为前提，紧急避险则需以紧迫的危险为前提；其二，正当防卫以保护自己或他人的权利或公共利益为目的，即以保护一切权利为目的，紧急避险则仅可避免生命、身体、自由、财产等的急迫危险；其三，正当防卫是针对侵害者实施反击，紧急避险则可对任何人（加害人或第三人）实施避险行为；其四，正当防卫所欲避免的损害，不必大于所加于他人的损害，而紧急避险则否；其五，正当防卫系一种权利，可阻却侵权行为的违法性，紧急避险则属于放任行为。[4]

（二）自助行为

1. 自助行为的涵义与要件

自助行为（Selbsthilfe），指为保护自己的权利，而对于他人的自由或财产施予拘束、押收或毁损的行为。例如，债务人变卖财物准备搭机潜逃境外，于餐厅白吃白喝后正欲乘车溜走时，得扣留其人或证件，取去汽车的钥匙，于必要时也可毁损其轮胎，不使其驾车离去。[5]《民法典》第 1177 条规定："合法权益受到侵

1　郑冠宇：《民法总则》（第二版），瑞兴图书股份有限公司 2014 年版，第 212—213 页。

2　参见台湾大学法律学院、财团法人台大法学基金会编译：《德国民法》（上，总则编、债编、物权编）（2016 年修订第二版），元照出版有限公司 2016 年版，第 866 页。

3　参见郑冠宇：《民法总则》（第二版），瑞兴图书股份有限公司 2014 年版，第 213 页。

4　刘得宽：《民法总则》（增订四版），中国政法大学出版社 2006 年版，第 377 页。

5　王泽鉴：《民法总则》，北京大学出版社 2009 年版，第 451 页。

害，情况紧迫且不能及时获得国家机关保护，不立即采取措施将使其合法权益受到难以弥补的损害的，受害人可以在保护自己合法权益的必要范围内采取扣留侵权人的财物等合理措施；但是，应当立即请求有关国家机关处理。受害人采取的措施不当造成他人损害的，应当承担侵权责任。"自助行为通常需要符合下列要件：

（1）权利人保护的需为自己的权利。自助行为，以保护自己的权利为限，对于他人的权利不得为自助行为。所谓"保护自己的权利"中的"权利"，指请求权，而且于性质上适于依公权力直接、强制执行，包括债权的请求权、物权的请求权和身份的请求权，因为自助行为不过为一时的权宜的办法，事后仍应请求法院处理。[1]不能强制执行的权利，如夫妻同居请求权（参见我国台湾地区"民法"第1001条），或请求权已罹于消灭时效的自然债务，均不得为自助行为。

（2）权利人必须因时机紧迫，来不及请求法院或其他有关机关救济，方可为自助行为。此要件为法律认可自助行为的最主要的因由。所谓时机紧迫，指非于其时为之，则其请求权不得实行或实行显有困难。是否具备之，应依客观情形确定。例如，债务人已变卖财产，正搬离现住所，此时再依法定程序请求法院或有关机关协助，将缓不济急，且非于其时为之，其请求权不得实行或实行显有困难。[2]

（3）权利人仅可拘束他人（债务人）的自由，或押收、毁损他人（债务人）的财产，即自助行为的对象仅限于他人（债务人）的自由或财产。自助行为的方法，也以拘束、押收或毁损为限。所谓他人，指债务人。拘束，乃限制义务人的自由，以防其逃匿；押收、毁损，是限制债务人的财产，以防止权利标的或可供执行的财产隐匿或灭失。押收，不以直接实施为限，请求法院以外的机关停止债务人的处分行为，也包括在内。例如，请求不动产登记机关暂时停止债务人移转

---

[1] 刘得宽：《民法总则》（增订四版），中国政法大学出版社2006年版，第378页。
[2] 郑冠宇：《民法总则》（第二版），瑞兴图书股份有限公司2014年版，第215页。

或设定登记不动产物权即属之。[1]另外，所押收的财产不必限于所欲保全的标的物，对于债务人的一般财产也可押收，以保全金钱请求权，但对于性质上不得查封、不得强制执行的器具物品不得押收。为达拘束自由或押收财产的目的，也可将债务人乘坐的小汽车或载货卡车的轮胎戳破，使之漏气。[2]

（4）自助行为需不逾越保全权利所必要的限度。正当防卫、紧急避险及自助行为，均系例外的救济途径，故此，自助的方式必须适当且不逾越保全请求权所必要的限度，否则为过当自助。[3]例如，仅需押收财产即可，就不得拘束人身自由，然若非拘束身体自由不可，即不得进而加以伤害。[4]

2. 自助行为的效果

（1）自助行为的主要效果在于使自助行为阻却违法，行为人对他人的自由或财产施以拘束、押收或毁损，不负损害赔偿责任。自助行为系法律所允许的合法行为，行为人于对债务人的自由或财产为拘束、押收或毁损的过程中，通常会造成债务人的损害，但此并不构成侵权行为，自无须对债务人所遭受的损害负赔偿责任。[5]例如，于餐厅白吃白喝后准备溜走时不免引起一阵拉扯，其间若将债务人的衣服扯破或表带拉断，并不构成侵权行为。行为人所为之行为是否具备自助行为的要件，应由行为人负举证责任。自助行为过当时，应负损害赔偿责任。[6]

（2）自助行为系暂时的保全措施。实施自助行为后，如债务人已应自助人的请求为一定的行为或不行为，自助人（权利人）已达目的，保全措施自然解除，自助行为结束。如请求权未获实现，而仍押收债务人的财产或拘束其自由时，则自助人应请求法院处理。[7]

（3）行为人应申请法院处理。自助行为乃属紧急措施，影响债务人的利益甚

1　刘得宽：《民法总则》（增订四版），中国政法大学出版社 2006 年版，第 379 页。

2　施启扬：《民法总则》（修订第八版），中国法制出版社 2010 年版，第 386 页。

3　施启扬：《民法总则》（修订第八版），中国法制出版社 2010 年版，第 386 页。

4　郑冠宇：《民法总则》（第二版），瑞兴图书股份有限公司 2014 年版，第 215 页。

5　郑冠宇：《民法总则》（第二版），瑞兴图书股份有限公司 2014 年版，第 215 页。

6　施启扬：《民法总则》（修订第八版），中国法制出版社 2010 年版，第 386 页。

7　施启扬：《民法总则》（修订第八版），中国法制出版社 2010 年版，第 386 页。

巨。自助行为仅为保全措施，行为人不得借此恣意实现其权利。行为人为自助行为后，即在拘束他人的自由或押收财产后，需即时向法院申请处理，法理上称为公力救济。所谓即时，指迅速且不迟延之意。由于自助行为对债务人的自由和财产影响甚大，为自助行为之初虽具备自助要件，而于实施后申请迟延，并因此造成损害的，仍应负损害赔偿责任。[1] 申请因不具备自助要件（如过当自助、误想自助）或迟延申请而被法院驳回者，行为人不论有无过失，均应负损害赔偿责任，以保障债务人的自由、财产免于随时受侵害。[2]

3. 自卫行为（正当防卫、紧急避险）与自助行为的区别 [3]

二者的区别如下：

（1）自卫行为，系保护权利的存在，所以可为自己、他人的权利或公共利益而实施；自助行为，系保护权利的实现，不为自助行为，权利也不丧失其存在，仅在实行上发生困难，因此以自己的权利为限。

（2）自卫行为，行为的种类并无限制；自助行为，仅限于对债务人的自由或财产施以拘束、押收或毁损。

（3）自卫行为，行为后无需申请法院处理；自助行为，系以自力拘束他人的自由或押收他人的财产，因此行为后应立时向法院申请处理。

五、见义勇为等"好人法"行为

为匡正社会风气，鼓励见义勇为的行为，《民法典》于第 8 章规定了所谓

1　行为人申请迟延而仍不返还所押收的物，或不释放债务人的，债务人除可请求损害赔偿外，也可请求法院强制其履行。如具备法定要件的，并可对之为自卫或自助。另外，德国有学者根据《德国民法典》第 230 条第 4 项的规定认为：行为人若违反应即时申请法院或其他有关机关援助的义务，或其申请因程序瑕疵而被驳回，违反应即时返还押收物或释放债务人的义务的，应依一般侵权行为规则，以具有故意、过失为要件，负损害赔偿责任。对此，参见刘得宽：《民法总则》（修订新版），五南图书出版公司 1996 年版，第 427—428 页，注释（一）（第 427—428 页）、注释（二）（第 428 页）。

2　施启扬：《民法总则》（修订第八版），中国法制出版社 2010 年版，第 387 页；施启扬：《民法总则》（第七版），三民书局 2007 年版，第 452 页。

3　刘得宽：《民法总则》（增订四版），中国政法大学出版社 2006 年版，第 380 页。

"好人法"的见义勇为等行为。其规定，"因保护他人民事权益使自己受到损害的，由侵权人承担民事责任，受益人可以给予适当补偿。没有侵权人、侵权人逃逸或者无力承担民事责任，受害人请求补偿的，受益人应当给予适当补偿"（第183条），"因自愿实施紧急救助行为造成受助人损害的，救助人不承担民事责任"（第184条）。

第五章

民事主体——自然人

第一节　概　要

　　民法上有民事主体制度，该制度是规定哪些"人"为民事主体和他们在民法上享有何种地位的民事法律制度。民事主体制度系民法中的重要制度。《法国民法典》第 1 卷"人法"的第 1 编至第 4 编关于自然人民事权利的享有和丧失、自然人的身份证书、自然人的住所的规定，《德国民法典》第 1 编"总则"第 1 章、第 2 章对自然人和法人的规定等，均属于对民事主体的规定。我国《民法典》总则编第 2 章"自然人"、第 3 章"法人"及第 4 章"非法人组织"，均系对民事主体的规定。[1]

　　人与人之间的关系，称为社会关系。私法上的法律关系，就是在各种不同的社会关系中，透过民法的规定，形成人与人之间的权利义务关系的。这种法律关系必有其归属的主体，也即能享受权利、负担义务的人，通常称为权利主体或民事主体。此种法律主体的资格，称为权利能力。民法上的权利主体除自然人（natürliche Person）、法人（juristische Person）外，还有非法人组织，其在交易上与法人接近，是一个类似于法人的概念。[2]

　　民事主体制度具有鲜明的人格立法的性质，对社会组织这类民事主体，还兼

　　1　李开国：《民法总则研究》，法律出版社 2003 年版，第 108 页。

　　2　谢瑞智：《民法总则精义》，1994 年自版，第 53 页。

有组织立法的性质，因为这类民事主体不是单个的自然人，而是由自然人组织起来的团体。由民事主体制度的性质所决定，民事主体制度也就包括人格立法方面的内容和组织立法方面的内容。前者主要涵括对一般自然人法律人格的规定（包括对一般自然人民事权利能力、民事行为能力的规定；对自然人的姓名、住所、户籍、身份等的规定；对未成年人和精神病人进行特别法律保护的规定——监护制度；对失踪人的法律规定——宣告失踪、宣告死亡制度）、对我国商自然人——个体工商户和农村承包经营户（《民法典》总则编第2章第4节）的法律人格的规定、对社会组织法律人格的规定（有关部门、组织的名称、活动场所和住所的规定，社会组织的法定代表人制度和职务代理制度，社会组织的特别民事权利能力和民事行为能力，社会组织对外承担民事责任的方式）；后者则包括有关企业的设立、变更、终止的条件和程序的规定，有关企业与其投资人之间以及投资人与投资人之间的相互关系的规定，有关企业的组织机构和各组织机构的相互关系的规定。[1]

民事主体制度，作为人格立法，其核心内容是有关各类民事主体的民事主体资格的规定。民事主体，是指依照法律规定，能够参加民事法律关系，取得民事权利和承担民事义务的"人"，即依法享有民事主体资格的"人"。民事主体根据法律赋予他们的民事主体资格参加具体的民事法律关系后，便成为该具体民事法律关系中的权利主体或义务主体。所谓民事主体资格，是民事主体通过自己的民事活动，或者借助他人的民事活动，参加民事法律关系，取得和行使民事权利，承担和履行民事义务的资格。民事主体资格是民事主体于民法上的法律人格，是自然人及其他组织成为民事主体的法律前提。自然人、法人及非法人组织正是因为享有民事主体资格才得以成为民事主体。同时，不同的民事主体享有不同的民事主体资格，也系他们于民法中享有不同民事法律地位的具体表现。民法正是通过赋予不同民事主体不同主体资格来确定他们的不同民事法律地位的。[2]

1　李开国：《民法总则研究》，法律出版社2003年版，第110—111页。
2　李开国：《民法总则研究》，法律出版社2003年版，第111页。

民事主体资格包括法律赋予民事主体的民事权利能力和民事行为能力。法律为适应实际生活的要求，需从不同的人（自然人、法人、个体工商户、农村承包经营户、个人合伙等）的具体情况出发，赋予他们不同的民事权利能力或民事行为能力。这就于民法中形成了具有不同民事法律地位的民事主体。民法学对民事主体的研究，主要是研究不同民事主体的民事法律地位。有人认为，民事主体资格只包括民事权利能力，不包括民事行为能力，其理由是，只享有民事权利能力而不享有民事行为能力的人也可以参加民事法律关系，取得民事权利，承担民事义务。实际上，这只是证明不同的人享有不同的民事主体资格的理由，而不是把民事行为能力排除在民事主体资格之外的理由，因为民事主体资格包括民事权利能力与民事行为能力，并不意味着把有民事权利能力而无民事行为能力的人排除于民事主体之外。民事权利能力也是一种重要的民事主体资格，有了民事权利能力就意味着有了一定的民事主体资格。但是，有民事权利能力而无民事行为能力的人，虽然可以取得民事权利，承担民事义务，但他们不能以自己的行为去取得民事权利，承担民事义务，也不能以自己的行为去行使民事权利，履行民事义务，其民事主体资格是不完全的。[1]自本章起，本书将依次讨论民事主体中的自然人、法人和非法人组织。本章主要讨论自然人问题，此系研习法人和非法人组织的起点和前提。

自然人，英文为 Natural Person，德文为 natürliche Person，指由母体出生后，能存在于自然界的人类，或指具有人的躯体，经由母亲生产而出生的人。于现今，因科技发达，经由人工方式也可受孕，但仍需经由母体的孕育方可出生，故此，所谓试管婴儿，仍是由母体所生，仍属于自然人。其他如借卵生子、代理孕母等情形，所发生的问题仅仅是如何认定生产出的婴儿与父母亲的法律关系，并不因此而得否定其为自然人的法律地位。[2]另外，胎儿一经出生，即使其机能或有不全、畸形、残疾，皆不影响其成为自然人。于当代法上，一切自然人，不论其

1　李开国：《民法总则研究》，法律出版社 2003 年版，第 112 页。

2　郑冠宇：《民法总则》（第二版），瑞兴图书股份有限公司 2014 年版，第 66 页。

年龄、性别、身份、宗教等，均享有平等的民事权利能力。前已述及，一切自然人皆有民事权利能力，乃是近现代法和当代法的一项根本原则，也是当代文明国家当然认可的一项最基本的人权。由此，我国《宪法》第 33 条第 2 款规定："中华人民共和国公民在法律面前一律平等。"

自然人为权利义务的主体，其民事权利能力始于出生，终于死亡。自然人于达到一定年龄后，法律即赋予其相应的民事行为能力，对不具有完全民事行为能力的未成年人和精神病人，法律设立监护制度以保护之。自然人离开其向来的住所达一定期间后，为了保护其自身或利害关系人的利益，法律设有宣告失踪和宣告死亡制度；自然人享有人格权，其人格权遭受侵害时，应受到《民法典》人格权编和侵权责任编的有关规定的保护。此外，对于自然人而言，其居住的住所对其具有重要意义，是决定诸多法律关系的基础。对于这些方面，本章也将逐一加以讨论。

第二节　自然人的民事权利能力、民事行为能力、民事责任能力及程序法上的能力

一、自然人的民事权利能力

自然人享有民事权利能力，此为近现代及当代法律制度的一项重要原则。一般而言，自然人的民事权利能力通常是自然人享有民事权利的基础或前提。由此，民事权利能力是一项基础性或具有奠基性的法律上的"资格"或"地位"，实乃自不待言。

二、自然人的民事行为能力

（一）概说

所谓民事行为能力，简称行为能力，指能独立为有效法律行为的能力或资

格，抑或指得为有效法律行为的资格或地位，包括广义与狭义两种。广义的行为
能力，包括得为适法行为的能力，也即得为法律行为和准法律行为的能力，与得
为违法行为的能力，也即得为债务不履行和侵权行为的能力（责任能力）。狭义
的行为能力，又称为"法律行为能力"，则仅指得为适法行为的能力，亦即得为
法律行为和准法律行为的能力。一般所称的行为能力，系指狭义的行为能力。[1]应
注意的是，民法有关民事行为能力的规定，系主要针对财产行为而言，不涵括身
份行为在内，具有行为能力的人所为的法律行为方发生效力，其目的在于保护不
具有行为能力的人，避免其因所为的财产行为而受有经济上的不利益。[2]

民事行为能力需以意思能力（识别能力、判断能力）为前提，欠缺意思能力
之人的行为不能发生法律上的效力，其目的在于保护欠缺意思能力之人。主张欠
缺意思能力而不发生法律效果者，需证明行为时不具有完全的意思能力，此项举
证责任实际上并不容易。为了避免举证上的困难，《民法典》特别规定民事行为
能力的有无或程度以年龄为一般的抽象标准，将民事行为能力标准化，一方面保
护无民事行为能力人的利益，一方面减少无民事行为能力制度于社会交易上所生
的不便。[3]

关于自然人的行为能力的划分，主要有两种立法例：①二级主义，即将自然
人界分为限制民事行为能力人和有民事行为能力人两种，《法国民法典》第 488
条、第 1123 条及《日本民法》第 3 条、第 4 条大体上采之；②三级主义，即将自
然人界分为无民事行为能力人、限制民事行为能力人及有民事行为能力人三种，
《德国民法典》（第 2 条、第 104 条、第 106 条）、我国台湾地区"民法"和我国
《民法典》采此主义。有人认为，"三级主义不如二级主义简便易行，并且符合事
实"。[4]

---

[1] 施启扬：《民法总则》（修订第八版），中国法制出版社 2010 年版，第 82 页。
[2] 郑冠宇：《民法总则》（第二版），瑞兴图书股份有限公司 2014 年版，第 81 页。
[3] 施启扬：《民法总则》（修订第八版），中国法制出版社 2010 年版，第 82 页。
[4] 施启扬：《民法总则》（修订第八版），中国法制出版社 2010 年版，第 82 页。

（二）民事行为能力的形态

《民法典》根据自然人的年龄和精神状况，将自然人区分为三种：完全民事行为能力人、限制民事行为能力人及无民事行为能力人。

1. 完全民事行为能力人

完全民事行为能力人，即能为完全有效的法律行为的人，亦即，可以独立为法律行为而取得权利、负担义务的人。依《民法典》的规定，完全民事行为能力人有下列两种。

（1）成年人。《民法典》第 17 条第 1 句、第 18 条第 1 款规定：18 周岁以上的自然人是成年人，具有完全民事行为能力，可以独立实施民事法律行为。所谓 18 周岁，需从出生之日起算足 18 周岁。

应注意的是，尽管各国家和地区多以成年人为完全民事行为能力人，但对于成年的时间的规定，则不一致，有的以 20 岁为成年人，如《泰王国民商法典》第 19 条 [1] 和我国台湾地区"民法"第 12 条；有的以 18 岁为成年人，如《苏俄民法典》第 7 条第 2 项、《德国民法典》第 2 条、《奥地利普通民法典》第 21 条 [2]、《法国民法典》第 488 条、《日本民法》第 4 条 [3]、《瑞士民法典》第 14 条第 1 项。我国古代无成年的制度，关于行为能力的概念首见于民国时期大理院 1914 年上字第 797 号判决："现行律上，以十六岁为成丁，成丁之人自应认为有行为能力。"以 16 岁为成年，此系以成丁为成年之误，时论非之。1929—1930 年的《中华民国民法》依据我国古礼男二十而冠的规定与当时多数国家的立法例，于第 12 条规定：满 20 岁为成年人。[4]

1　参见米良译：《泰王国民商法典》，社会科学文献出版社 2018 年版，第 4 页。

2　德国自 1975 年 1 月 1 日起将成年年龄从 21 岁降至 18 岁，有关成年宣告制度（Volljährig-keitserklärung）已无存在必要，《德国民法典》第 3 条至第 6 条同时废止。在民主德国，依 1950 年 5 月 17 日的法律（GBL. S. 473），以满 18 岁为成年。需注意的是，在罗马法上，无论男女，以满 25 岁为成年；于教会法上，以满 21 岁为成年。因此，《德国民法典》原以 21 岁为成年可能系由教会法而来。参见台湾大学法律学研究所编译（梅仲协编译）：《德国民法》，1965 年 5 月印行，第 29 页。

3　参见王融擎编译：《日本民法：条文与判例》（上册），中国法制出版社 2018 年版，第 18 页。

4　胡长清：《中国民法总论》，中国政法大学出版社 1997 年版，第 75—76 页。

（2）16 周岁以上不满 18 周岁的人，以自己的劳动收入为主要生活来源的人。民法上的成年制度以年龄为一般标准，达到一定年龄者为成年，否则为未成年。但实际上，人类智力的成长系渐进的，并且每个人的具体情况各不相同，因此此种区分并不完全合理。[1] 为了缓和该制度的缺失，使接近成年者于一定要件下具有行为能力，以因应实际需要，《民法典》规定了缓冲制度，即第 18 条第 2 款规定，16 周岁以上不满 18 周岁的人，以自己的劳动收入为主要生活来源的，视为 [2] 完全民事行为能力人。另外，比较法上还有所谓"结婚成年制"（Heirat matcht mündig），主要为我国台湾地区"民法"所采。我国台湾地区"民法"第 13 条第 3 项规定："未成年人已结婚者，有行为能力。"[3] 其立法理由谓：因已结婚之人，已能独立组织家庭，知识当已充足，故不应认为无行为能力也。[4] 另外，通说认为，婚姻的成年拟制之根据，系在于一旦结婚即表示精神能力的成熟，并认为婚姻的成年拟制的效果应广泛及于私法上的一切行为，而且一旦承认婚姻的成年拟制的效果，婚姻即便被解除（撤销），成年拟制的效果也不消灭。当然，与此说不同，也存在反对说，其认为，立基于保护婚姻生活的立场，应以实质性的能力成熟的行为为必要，且婚姻一旦解除（或撤销），成年拟制的效果也没有了。[5]

---

[1] 施启扬：《民法总则》（修订第八版），中国法制出版社 2010 年版，第 84 页。

[2] 所谓"视为"，乃法律上的拟制，系法律所为与事实相反的认定，并禁止以反证加以推翻。因以"视为"的方式所发生的法律效果具有强制的效力，故任何人不得以合意的方式加以约定或变更。"视为"仅可以法律规定为之。与此相关的概念为"推定"。"推定"并无法律上拟制的效力，允许当事人以反证推翻原本所推定的效果。比如《民法典》关于二人以上同时遇难，不能证明其死亡的先后时，推定为同时死亡的规定，其旨在解决无法确定继承的先后顺序所带来的法律适用困扰。因此，若可证明二人虽同时遇难，但死亡时间并非同时者，彼此间即有可能发生继承的结果。参见郑冠宇：《民法总则》（第二版），瑞兴图书股份有限公司 2014 年版，第 36 页。

[3] 未成年人已结婚者，有行为能力，但未成年人婚姻消灭后是否即当然丧失其行为能力，我国台湾地区通说认为，未成年人结婚后，不因其夫死亡而随之丧失行为能力；其经离婚者，仍有行为能力。唯此仅指其财产上的行为而言，若该离婚的未成年人未达结婚的法定年龄再婚者，仍需得其法定代理人的同意。至于未达法定年龄而结婚，其婚姻之后经撤销的，则丧失行为能力。参见郑冠宇：《民法总则》（第二版），瑞兴图书股份有限公司 2014 年版，第 83—84 页。

[4] 王泽鉴：《民法总则》，北京大学出版社 2009 年版，第 96 页。

[5] ［日］四宫和夫、能见善久：《民法总则》（第八版），弘文堂 2010 年版，第 37 页。

需注意的是，降低成年年龄为各国家和地区的趋势。二战结束以来，各国家和地区将成年年龄降至 18 岁的，为数不少，此尤其以德国为代表。我国台湾地区新近以来也提出了将成年年龄降低至 18 岁的若干理由及实益。

2. 限制民事行为能力人

此即民事行为能力受限制的人。此种人，不像完全民事行为能力人有完全的民事行为能力，也不像无民事行为能力人绝无民事行为能力，而是介乎二者之间，即有相对的民事行为能力。所谓相对的民事行为能力，指其为有偿的法律行为需获得其法定代理人的同意。所谓同意，于行为之前，称为允许；于行为之后，称为承认。于法定代理人事前未为同意（允许），事后未为承认前，该法律行为的效力，并非无效，也非有效，而系处于可能有效、可能无效的效力未定状态。法定代理人若事后为承认，即为有效；事后确定不承认，即为无效。[1]之所以如此，系因限制民事行为能力人虽有相当的意思能力，但还不健全，不能使其独立为有效的法律行为，以保护其利益。应注意的是，法律对于限制民事行为能力人的行为能力，设有特别的效力性规定或限制性规定时，应优先适用其规定。[2]

对于何人为限制民事行为能力人，立法成例上不尽一致。我国台湾地区"民法"以 7 岁以上的未成年人为限制民事行为能力人。按照《民法典》第 19 条、第 22 条的规定，我国的限制民事行为能力人包括两种人：一是 8 周岁以上的未成年人；二是不能完全辨认自己行为的成年人，即"不能完全辨认自己行为的成年人为限制民事行为能力人，实施民事法律行为由其法定代理人代理或者经其法定代理人同意、追认；但是，可以独立实施纯获利益的民事法律行为或者与其智力、精神健康状况相适应的民事法律行为"（第 22 条）。应当注意的是，《民法典》第 19 条规定："八周岁以上的未成年人为限制民事行为能力人，实施民事法律行为由其法定代理人代理或者经其法定代理人同意、追认；但是，可以独立实施纯获利益的民事法律行为或者与其年龄、智力相适应的民事法律行为。"

1　郑冠宇：《民法总则》（第二版），瑞兴图书股份有限公司 2014 年版，第 85 页。

2　施启扬：《民法总则》（修订第八版），中国法制出版社 2010 年版，第 88 页。

3. 无民事行为能力人

此即在法律上绝对不能为有效的法律行为的人。无民事行为能力人无从为有效的法律行为，其欲为有效的法律行为，需经由法定代理人的代理，由法定代理人代其为意思表示或代受意思表示。无民事行为能力人所为的法律行为，即使经由法定代理人事前允许或事后承认，仍不能发生效力。虽非无民事行为能力人，而其意思表示系于无意识时或在精神错乱中所为者，也为无效，盖此时行为人已无法判断其行为的后果，而不具有意思能力，其所为的法律行为，自不应发生效力。[1]

按照《民法典》第 20 条、第 21 条的规定，无民事行为能力人包括两种人：一是不满 8 周岁的未成年人；二是不能辨认自己行为的成年人，即"不能辨认自己行为的成年人为无民事行为能力人，由其法定代理人代理实施民事法律行为。八周岁以上的未成年人不能辨认自己行为的，适用前款规定"（第 21 条）。需注意的是，所谓无民事行为能力，指"法律上的无能力"，而非"事实上的无能力"。

唯应提及的是，《民法典》第 23 条规定："无民事行为能力人、限制民事行为能力人的监护人是其法定代理人"。第 24 条规定："不能辨认或者不能完全辨认自己行为的成年人，其利害关系人或者有关组织，可以向人民法院申请认定该成年人为无民事行为能力人或者限制民事行为能力人。被人民法院认定为无民事行为能力人或者限制民事行为能力人的，经本人、利害关系人或者有关组织申请，人民法院可以根据其智力、精神健康恢复的状况，认定该成年人恢复为限制民事行为能力人或者完全民事行为能力人。本条规定的有关组织包括：居民委员会、村民委员会、学校、医疗机构、妇女联合会、残疾人联合会、依法设立的老年人组织、民政部门等。"

（三）完全民事行为能力人和限制民事行为能力人可以独立实施的行为

1. 完全民事行为能力人可以独立实施的行为

完全民事行为能力人具有完全的意思能力，能够辨别和认识自己行为的后

---

[1] 郑冠宇：《民法总则》（第二版），瑞兴图书股份有限公司 2014 年版，第 84 页。

果，所以其可自由、独立地从事民事活动，取得民事权利，承担民事义务，于不履行义务时，负相应的民事责任。亦即，对完全民事行为能力人而言，民事权利、民事义务及民事责任是三位一体的：行为人依自己的行为取得权利的同时，也需承担相应的义务，于不履行义务时需承担责任。进而言之，凡是民事法律行为，完全民事行为能力人皆可独立、自由地实施，譬如放弃自己财产的所有权、与他人订立合同、订立遗嘱、缔结婚姻关系、解除婚姻关系、订立收养合同等，皆可独立、自由地为之。

2. 限制民事行为能力人可以独立实施的行为

限制民事行为能力人不能独立、自由地实施法律行为，其所实施的法律行为，原则上需获法定代理人的同意。亦即，限制民事行为能力人之为意思表示或受意思表示，应得其法定代理人的同意。[1]但下列行为，限制民事行为能力人可独立为之。

（1）日常生活所必需的行为。何种法律行为为日常生活所必需，颇难一概而论，应针对具体情事，根据限制民事行为能力人的年龄、资力和社会地位等分别确定。[2]例如，学生购买餐点、书籍、文具、零食等，即应属之。

需注意的是，于当代高度发达的市场经济社会，限制民事行为能力人无须获得法定代理人的允许，而可自为的法律行为有越来越多之势，使限制民事行为能力人的地位越来越接近于具有完全民事行为能力的成年人。法律行为不生效力的情况越少，交易安全就越有保障，但相对地，对未成年人的保护就可能越不周延。如何划定未成年人可以自行参与法律生活的空间，系各国家和地区面临的共同课题。有人认为，未成年人的保护应优先于交易安全的保护，在厘定无须经法

---

[1] 我国台湾地区"民法"系先划定限制民事行为能力人可以自为（无需获得法定代理人事先同意）的法律行为的范围，此范围之外的法律行为，若未经法定代理人的允许，则依其为单独行为或合同而分别定其法律效果：单独行为，无效；合同，效力未定。法定代理人承认该法律行为的，合同有效，拒绝承认的，合同确定不生效力。限制民事行为能力人若使用诈术，使人相信其有行为能力的，其法律行为有效。对此，请参见陈自强：《民法讲义Ⅰ——契约之成立与生效》，法律出版社2002年版，第174—175页。

[2] 梅仲协：《民法要义》，中国政法大学出版社1998年版，第99页。

定代理人允许的法律行为的范围上，应采取形式的判断标准：完全从行为是否使限制民事行为能力人纯获法律上的利益而定，且基于优先保护未成年人的原则，未成年人即便使用诈术，法律行为也不因之而有效。[1]

（2）纯获法律上利益的无偿行为，即限制民事行为能力人既不负担义务，也不引起权利的丧失，而可获取利益的行为。[2]譬如，接受无负担的赠与即是纯获利益的法律行为（《民法典》第 19 条）。若限制民事行为能力人所为行为虽使得其享有利益，但同时也使其负担义务的，即使获得利益甚巨，也非属纯获法律上的利益。[3]

值得注意的是，对于无民事行为能力人，《民法典》第 20 条规定："不满八周岁的未成年人为无民事行为能力人，由其法定代理人代理实施民事法律行为。"第 144 条规定："无民事行为能力人实施的民事法律行为无效。"[4]

（3）中性行为（无损益的行为）。[5]限制民事行为能力人所为的行为，虽未使其获有利益，但也未使其负担任何义务的，学理上称为中性行为（neutrale Geschäfte）或无损益的行为（indifferente Rechtsgeschäfte）。此种行为与其财产上

1　陈自强：《民法讲义Ⅰ——契约之成立与生效》，法律出版社 2002 年版，第 175 页。

2　梅仲协：《民法要义》，中国政法大学出版社 1998 年版，第 99 页。

3　郑冠宇：《民法总则》（第二版），瑞兴图书股份有限公司 2014 年版，第 266 页。

4　需提及的是，我国台湾地区"民法"严格区分限制民事行为能力人和无民事行为能力人，认为无民事行为能力人，因其生理、心理和智力精神状况未臻成熟、未及发达，所以原则上不能自为法律行为。无民事行为能力人所为的意思表示无效，不因法定代理人同意而发生效力。无民事行为能力人由法定代理人代为意思表示或代受意思表示。相对人即便不知道行为人无行为能力（善意），也不能主张信赖保护，使无民事行为能力人受合同的拘束，无民事行为能力人也不因此而负损害赔偿责任。对此，请参见陈自强：《民法讲义Ⅰ——契约之成立与生效》，法律出版社 2002 年版，第 173 页。唯我国过往对此问题，实际上是采取"行为能力二分法"，即将所有未成年人一律视为限制民事行为能力人，使无民事行为能力的未成年人也可像限制民事行为能力人一样，可以为日常生活所必需的行为，可以为纯获利益的法律行为。如果不这样做，而是采取严格区分无民事行为能力人和限制民事行为能力人的做法，则一个 6 岁的孩子买一斤香蕉、送人一支铅笔，或自行投币搭乘公共汽车，都将无法发生法律上的效力，必须由其法定代理人代为法律行为。即使法定代理人事前允许，事后同意，其行为仍系无效。但现实生活中，对未成年人的行为，例如搭乘公共汽车、购买零食、观看电影、购买铅笔等，人们并不觉其无效，因此采取"行为能力二分法"是正确的。参见黄立：《民法总则》，2005 年自版，第 81—82 页。

5　郑冠宇：《民法总则》（第六版），新学林出版股份有限公司 2019 年版，第 331—332 页。

的经济利益无关，自无须获得其法定代理人的同意。例如，限制民事行为能力人就他人之物所为的无权代理行为，若符合表见代理的规定，善意的相对人即可受法律的保护；或如限制民事行为能力人就他人的物所为的无权处分行为，相对人若善意信赖限制民事行为能力人的处分权限的，则得主张善意受让而受保护。

（4）强制有效的法律行为。[1]我国台湾地区"民法"第83条规定："限制行为能力人用诈术使人信其为有行为能力人或已得法定代理人之允许者，其法律行为有效。"限制民事行为能力人已有足够能力使用诈术欺骗他人，其心智既已成熟，自不需加以特别保护。所谓以诈术使人信其有行为能力，例如伪造或涂改身份证上的年龄、户籍簿上的婚姻状况等属之。其诈术需以故意且积极的方式为之，若仅消极沉默、不为答复，或明知相对人陷于错误而不予澄清，均非使用诈术，盖法律上并无课予限制民事行为能力人说明自己行为能力状态的义务。另外，对于限制民事行为能力人未获允许所缔结的合同，本应由相对人承担法定代理人是否承认的风险，[2]故于相对人询问时，仅单纯回答已成年，与使用诈术的情形不符，相对人自不得以善意信赖其行为能力而主张应受保护。在网络上消费时，对于相对人（业者）的询问回答成年的，非属以诈术使人信其有行为能力，不应认为其所实施行为有效。

（5）其他与其年龄、智力、精神健康状况相适应的行为。例如，搭乘公共交通工具、购买生活日用品、利用自动贩卖机、进入游园场所等均属之。加之此类行为多已定型化，并不因主体不同而有差异，基本上能够保障行为的公平。[3]

需指出的是，未满18周岁的未成年人所欠缺者为法律行为的民事行为能力，

1　郑冠宇：《民法总则》（第二版），瑞兴图书股份有限公司2014年版，第267页。

2　在德国，其通说认为，限制民事行为能力人即使宣称自己成年，也不应使其负契约责任，相对人不得主张善意信赖。但若限制民事行为能力人使用诈术，符合侵权行为的规定的，则仍有损害赔偿责任。参见 Münch Komm/J. Schmitt, 6. Aufl. 2012, 106, Rn. 15ff. 。

3　韩世远：《合同法总论》（第二版），法律出版社2008年版，第180—181页。

至于有无损害赔偿的责任能力，则应以行为时有无"意思能力（意识能力、识别能力）"为依据，而不应以年龄为标准。故此，《民法典》第 1188 条规定："无民事行为能力人、限制民事行为能力人造成他人损害的，由监护人承担侵权责任。监护人尽到监护责任的，可以减轻其侵权责任。有财产的无民事行为能力人、限制民事行为能力人造成他人损害的，从本人财产中支付赔偿费用；不足部分，由监护人赔偿。"

（四）民事行为能力制度的局限（界限）

对于无民事行为能力人、限制民事行为能力人，以形式标准作划一的规定，除可保护意思能力（Willensfähigkeit）不健全的人以外，还可保护与之为法律行为的相对人，使其易于预防和警惕。但该规定倾向于保护前者（意思能力不完全的人），以致影响经济交易的安全。[1]亦即，民法上的无民事行为能力和限制民事行为能力制度，主要从静的安全出发，以保护无民事行为能力人的利益，在工商业发达、市场交易频繁的当代社会，却无法兼顾社会交易上动的安全，不免使法律行为的相对人受到损害。在我国，现今满 6 周岁、7 周岁的未成年人事实上已具有相当的能力，从事各种日常行为，如搭乘公交车、购买日用品、观看电影等，而于法律上则一概认为无效，虽然已经法定代理人同意，仍不发生法律效力。[2]为弥补法律规定与事实生活间的差距，德国学说主张无民事行为能力人也有成立"事实上契约关系"（faktische Vertragsverhältnisse）的能力，以缓和无民事行为能力制度的严格性。[3]而所谓"事实上契约关系"，系由德国学者京特·豪普特（Günther Haupt）于 1941 年所提出的主张，其认为在社会生活中的很多情形，当事人并未经由有效的意思表示合致而缔结契约，而系以事实行为完成双方的给付，经由此一事实关系，纵然当事人间本应有无效的情形，也可予以忽

---

1 刘得宽：《民法总则》（增订四版），中国政法大学出版社 2006 年版，第 73—74 页。

2 《民法典》第 20 条规定："不满八周岁的未成年人为无民事行为能力人，由其法定代理人代理实施民事法律行为。"

3 施启扬：《民法总则》（修订第八版），中国法制出版社 2010 年版，第 88 页。

略。[1]

如上所述，依《民法典》第 144 条的规定，无民事行为能力人实施的民事法律行为无效。但是，无民事行为能力人（如 7 周岁的未成年人）利用自动贩卖机、邮政、电话、公共汽车、火车、水电等生活必需品的定型化供给合同，并不因民事行为能力的欠缺而无效。[2] 在这些场合，无民事行为能力人即使没有表示欲受合同拘束的意思，也会因实施社会类型化的行为，如投入硬币购买邮票、邮寄物品、打电话和乘公交车等，而受合同的拘束。这是依交易社会的概括意识而确立的，因此行为人只要具备可以理解自己行为的社会类型化的意义的能力（即低程度的意思能力）即可。另外，这些行为，大多是日常生活所必需的，所涉金额较小，并已被定型化处理，所以利用者只要具备通常利用的意思能力（低程度的意思能力）即可。盖这些人的利用，对提供该定型化供给者与利用者双方的利害关系，并无多大的妨害。所以，在该种生活必需品的定型化供给关系（德国称为

1　唯值指出的是，在德国，此说已不为现今通说所采。盖在德国现行法之下，仍得以现行的法律规定及学说应对这些法律关系，尤其在契约无效时所为的继续性给付（契约无效，但当事人间仍然存在继续性给付，例如租赁契约无效，承租人依然继续给付租金，出租人仍将租赁物提供给出租人使用收益，或劳动契约无效，劳工仍继续为雇主服务等）、日常生活需求之使用（在日常生活中，许多基本需求，例如大众交通工具之搭乘、水电煤气等，其给付的提供，无须当事人特别为相当的意思表示，对待给付则出于既定的价目表。依事实上契约关系的观点，无论当事人是否有行为能力，契约是否有撤销的事由，均无损于其事实上已存在有效的法律效果。现今则认为，行为人的使用行为即为默示的意思表示，当事人间的契约关系即为有效，至于行为人欠缺行为能力或有其他明确的意思保留，除法律有特别规定外，则仍应依民法上关于不当得利的规定，定其法律关系），以及矛盾行为所受领的给付（行为人在受领给付时，同时拒绝缔结契约的，例如驾车进入停车场之人，不得主张不同意价目表之费率。盖当事人间确实已经由意思表示而缔结有效的契约，而非事实上契约关系，驾驶人驾车进入停车场的行为，实应解释为默示的承诺）等情形。参见郑冠宇：《民法债编总论》，新学林出版股份有限公司 2015 年版，第 62—64 页。

2　我国学者韩世远谓："《民法总则》（即《民法典》总则编——本书作者注）的规定不无僵硬，特别是 6—7 岁的未成年人已上小学，已有一定的事理辨识能力，仍被归入无民事行为能力人，完全不为其活动留有余地，与现实生活不无脱节。虽然在司法解释上，无民事行为能力人、限制民事行为能力人接受奖励、赠与、报酬，他人不得以行为人无民事行为能力、限制民事行为能力为由，主张以上行为无效（《民通意见》第 6 条）。对于无民事行为能力人纯获法律上利益的行为已作相当程度的补救。另外，对于一些购买生活必需品或服务的合同，最高人民法院也应当通过司法解释，允许缔结，尤其是已经定型化的合同。"参见韩世远：《合同法总论》（第四版），法律出版社 2018 年版，第 301 页。

"一般契约条款"或"普通契约条款",Allgemeine Geschäftsbedingungen)中,应排除民事行为能力规定或意思能力规则的适用。[1]此种合同,如前所述,又称为事实上的合同。[2]

于英美法上也有类似规定。不受父母或监护人扶助的未成年人,为自己的生活,可以缔结合理、必要的衣、食、住、医疗、教育等合同(称为必需品合同)。对于这些必需品缔约,并不以定型化供给为必要,即使系非定型化者,为顾及无监护人的未成年人事实上的需要和为保护交易安全,也排除民事行为能力规则的适用。[3]

限制民事行为能力人的对方,即使信赖限制民事行为能力人为有民事行为能力人,且该信赖即便无过失也不受保护,其结局就使限制民事行为能力制度害及交易安全。有些民法(如《日本民法》第 21 条)尽管规定限制民事行为能力人使用诈术令人相信其为有民事行为能力人时,其行为不得撤销,业已考虑到了保护一定程度的交易安全,但是并不充分。[4]

三、自然人的民事责任能力

民事责任能力,简称责任能力(Haftungsfähigkeit),系指因其行为造成他人损害而需负赔偿的能力,包括侵权行为能力与债务不履行能力。与民事行为能力所要保护的对象为行为人不同,民事责任能力所要保护的对象则为受害人,而非行为人。故此,民事责任能力的判断不宜以年龄为标准。侵权行为能力,指行为人不法侵害他人权利(某些"利益",尤其是所谓"法益"于一定情形、一定要

---

1 需注意的是,晚近由于计算机网络的发达,无民事行为能力人进行现实的电子交易是否应适用民事行为能力的规定,系比较法上讨论的课题。参见〔日〕内田贵:"电子商交易与法",载《NBL》第 600—603 号(1996 年);〔日〕岩原绅作:"资金移动交易的瑕疵与金融机关",载《国家学会百年纪念论集》(1983 年)和《电子决济与法》(2003 年)。

2 刘得宽:《民法总则》(增订四版),中国政法大学出版社 2006 年版,第 74—75 页。

3 〔日〕四宫和夫:《民法总则》(第四版),弘文堂 1986 年版,1995 年第 22 刷发行,第 48 页;刘得宽:《民法总则》(增订四版),中国政法大学出版社 2006 年版,第 74—75 页。

4 〔日〕四宫和夫、能见善久:《民法总则》(第八版),弘文堂 2010 年版,第 34 页。

件下也受侵权责任法的保护），对于受害人所受损害，是否应负赔偿责任的能力；债务不履行能力，指债务人因可归责于自己的事由，以致无法履行所负的债务，造成他人损害时，所应负责任的资格。前者以侵权人为行为时是否具有识别能力为判断标准，后者系以行为人是否具有识别能力为判断依据。[1]

四、程序法上的能力

程序法上的能力，包括诉讼当事人能力，即在诉讼上可为一般民事诉讼当事人的资格；诉讼行为能力（诉讼能力），指在诉讼上可独立为有效诉讼行为的资格；程序能力，指当事人可有效自为或自受诉讼或非讼程序行为的资格。[2]

第三节　监　护

一、概要

监护，起于古罗马时代，它是针对限制民事行为能力人和无民事行为能力人设立的制度。监护，即监督和保护之意。对于监护是一种职责或权利，我国学界曾存在不同的认识，有人认为是一种职责，也有人认为系一种权利，称为监护权。一般认为，监护同时具有职责与权利两方面的特性，对监护人来说，其既负有职责，也享有权利。我国实务中发生的主要问题是，不愿充当监护人或相互争当监护人：被监护人有财产或有利可图时，争当其监护人，反之则互相推诿，不愿充当其监护人。

二、未成年人的监护人

应注意的是，《民法典》第 27 条规定："父母是未成年子女的监护人。未成

1　郑冠宇：《民法总则》（第二版），瑞兴图书股份有限公司 2014 年版，第 86—87 页。

2　郑冠宇：《民法总则》（第二版），瑞兴图书股份有限公司 2014 年版，第 87 页。

年人的父母已经死亡或者没有监护能力的，由下列有监护能力的人按顺序担任监护人：（一）祖父母、外祖父母；（二）兄、姐；（三）其他愿意担任监护人的个人或者组织，但是须经未成年人住所地的居民委员会、村民委员会或者民政部门同意。”

未成年人的父母不能履行监护职责或死亡前，可以为子女设立委托监护人或遗嘱监护人。对此委托监护人或遗嘱监护人，《民法典》第 29 条规定："被监护人的父母担任监护人的，可以通过遗嘱指定监护人。"

三、无民事行为能力或限制民事行为能力的成年人的监护人

关于无民事行为能力或限制民事行为能力的成年人的监护人，《民法典》第 28 条规定："无民事行为能力或者限制民事行为能力的成年人，由下列有监护能力的人按顺序担任监护人：（一）配偶；（二）父母、子女；（三）其他近亲属；（四）其他愿意担任监护人的个人或者组织，但是须经被监护人住所地的居民委员会、村民委员会或者民政部门同意。"

四、监护人资格的确定、争议与监护资格的撤销

关于监护人资格的确定、争议及监护资格的撤销，《民法典》规定，依法具有监护资格的人之间可以协议确定监护人。协议确定监护人应当尊重被监护人的真实意愿（第 30 条）。对监护人的确定有争议的，由被监护人住所地的居民委员会、村民委员会或者民政部门指定监护人，有关当事人对指定不服的，可以向人民法院申请指定监护人；有关当事人也可以直接向人民法院申请指定监护人。居民委员会、村民委员会、民政部门或者人民法院应当尊重被监护人的真实意愿，按照最有利于被监护人的原则在依法具有监护资格的人中指定监护人。依据前述规定指定监护人前，被监护人的人身权利、财产权利以及其他合法权益处于无人保护状态的，由被监护人住所地的居民委员会、村民委员会、法律规定的有关组

织或者民政部门担任临时监护人。监护人被指定后，不得擅自变更；擅自变更的，不免除被指定的监护人的责任（第31条）。没有依法具有监护资格的人的，监护人由民政部门担任，也可以由具备履行监护职责条件的被监护人住所地的居民委员会、村民委员会担任（第32条）。监护人有下列情形之一时，人民法院根据有关个人或者组织的申请，撤销其监护人资格，安排必要的临时监护措施，并按照最有利于被监护人的原则依法指定监护人：①实施严重损害被监护人身心健康的行为；②怠于履行监护职责，或者无法履行监护职责且拒绝将监护职责部分或者全部委托给他人，导致被监护人处于危困状态；③实施严重侵害被监护人合法权益的其他行为。此处所称的有关个人、组织包括：其他依法具有监护资格的人，居民委员会、村民委员会、学校、医疗机构、妇女联合会、残疾人联合会、未成年人保护组织、依法设立的老年人组织、民政部门等。前述个人和民政部门以外的组织未及时向人民法院申请撤销监护人资格的，民政部门应当向人民法院申请（第36条）。此外，依法负担被监护人抚养费、赡养费、扶养费的父母、子女、配偶等，被人民法院撤销监护人资格后，应当继续履行负担的义务（第37条）。并且，被监护人的父母或者子女被人民法院撤销监护人资格后，除对被监护人实施故意犯罪的外，确有悔改表现的，经其申请，人民法院可以在尊重被监护人真实意愿的前提下，视情况恢复其监护人资格，人民法院指定的监护人与被监护人的监护关系同时终止（第38条）。

五、监护人的职责与权利

监护既是一种职责，也是一种权利。《民法典》第34条规定："监护人的职责是代理被监护人实施民事法律行为，保护被监护人的人身权利、财产权利以及其他合法权益等。监护人依法履行监护职责产生的权利，受法律保护。监护人不履行监护职责或者侵害被监护人合法权益的，应当承担法律责任。因发生突发事件等紧急情况，监护人暂时无法履行监护职责，被监护人的生活处于无人照料状态的，被监护人住所地的居民委员会、村民委员会或者民政部门应当为被监护人安排必要的临时生活照料措施。"第 35 条规定："监护人应当按照最有利于被监护人的原则履行监护职责。监护人除为维护被监护人利益外，不得处分被监护人的财产。未成年人的监护人履行监护职责，在作出与被监护人利益有关的决定时，应当根据被监护人的年龄和智力状况，尊重被监护人的真实意愿。成年人的监护人履行监护职责，应当最大程度地尊重被监护人的真实意愿，保障并协助被监护人实施与其智力、精神健康状况相适应的民事法律行为。对被监护人有能力独立处理的事务，监护人不得干涉。"

应指出的是，为切实保护被监护人的利益，督促监护人履行监护职责，监护人有下列情形之一时，应负损害赔偿责任：①不履行监护职责，致使被监护人的人身、财产和其他合法权益受到损害的；②监护人因故意、过失给被监护人造成财产损失的；③在监护关系存续期间，被监护人造成他人损害。为此，《民法典》第 1188 条定有明文："无民事行为能力人、限制民事行为能力人造成他人损害的，由监护人承担侵权责任。监护人尽到监护职责的，可以减轻其侵权责任。有财产的无民事行为能力人、限制民事行为能力人造成他人损害的，从本人财产中支付赔偿费用；不足部分，由监护人赔偿。"

六、比较法上的自愿设立监护人与我国法上的成年人监护制度

《瑞士民法典》第 360 条规定："有行为能力的人，得委任自然人或法人，在其无判断能力时照护其人身或管理其财产，或者代理实施法律行为。委任人应与受任人明确规定所委任事务的具体内容，并指示如何执行其事务。受任人不适宜执行所委任的事务、不接受委任或通知委任人终止委任时，委任人得采取其他处分代替之。"[1]需特别提及的是，新近以来，德国、日本采取改进措施，废除原民

---

[1] 参见戴永盛译：《瑞士民法典》，中国政法大学出版社 2016 年版，第 131 页。值得指出的是，《瑞士民法典》第二编"亲属法"的第三分编"成年人的保护"依 2008 年 12 月 19 日的联邦法律（成年人保护法、人法和儿童法，Erwachsenenschutz，Personenrecht und Kindesrecht）第 I 1 项修正，自 2013 年 1 月 1 日起生效。对此，请参见戴永盛翻译的该同书，第 131 页注释 [1]。

法典上的禁治产制度，改采监护制度。其中，德国自1992年1月1日起废除禁治产制度，代之以较有弹性的监护制度，于《德国民法典》第1896条至第1908条设翔实规定。

日本自2000年4月1日起废除原民法中的禁治产制度，实行新的成年监护制度，主要规定于《日本民法》第7条至第20条（法律行为的效力）和第679条以下各条（监护制度）中。按照规定，日本新的成年监护分为法定监护与任意监护：所谓法定监护，指对于现在处于意思能力不充分状态的人，基于法律规定，由家庭法院选任保护人，赋予保护人法定权限，具体分为监护、保佐、辅助三种类型；所谓任意监护，是指对于现在有判断能力的人，为了对将来判断能力的低下有所准备，使其能够通过契约自己决定补足该情形之能力。日本成年监护中，其法定监护是取代以往的禁治产、准禁治产的制度，而任意监护则是全新的制度。为此，对于法定监护，日本采取了修改其民法的方式；而对于任意监护，则是新制定了特别法——《关于任意监护的法律》。任意监护制度的目的在于，使得本人（被监护人）能够为了日后安心地将自己的监护事务托付给特定的人，授予其必要的代理权。例如，70岁的甲一直一个人生活，自从摔倒骨折以来，由于需要护理，便接受了护理员乙的援助。其后，甲担心这样下去会出现痴呆等症状，加之乙在照顾自己，所以决定在存款的提取、公共费用的支付之外，把护理服务的利用契约和财产管理也托付给乙。[1]要利用任意监护制度，需首先订立任意监护契约。此种契约的内容是：托付监护事务的处理，并为此授予他人必要的代理权。它属于委托契约。委托人称为本人，接受委托的人称为任意监护受托人。[2]

在我国，随着老龄化社会的到来与社会生活的变迁，身体障碍、精神障碍及单独生活人数急剧增加，为保护这些人的利益，并使其安享余生，日本法的任意

1　[日]山本敬三：《民法讲义Ⅰ总则》，解亘译，北京大学出版社2004年版，第36页、第37页、第52页。

2　[日]山本敬三：《民法讲义Ⅰ总则》，解亘译，北京大学出版社2004年版，第53页。

监护制度具有极大的参考、借镜价值。我国《民法典》第33条规定："具有完全民事行为能力的成年人，可以与其近亲属、其他愿意担任监护人的个人或者组织事先协商，以书面形式确定自己的监护人，在自己丧失或者部分丧失民事行为能力时，由该监护人履行监护职责。"另外，如前述，《民法典》第35条第3款规定："成年人的监护人履行监护职责，应当最大程度地尊重被监护人的真实意愿，保障并协助被监护人实施与其智力、精神健康状况相适应的民事法律行为。对被监护人有能力独立处理的事务，监护人不得干涉。"

第四节　宣告失踪

一、概要

我国《民法典》总则编第2章"自然人"的第3节定有宣告失踪和宣告死亡制度。关于宣告失踪，其规定，宣告自然人为失踪人，属于人民法院的权限，需具备两项要件：①需自然人下落不明满2年。自然人下落不明的时间自其失去音讯之日起计算。战争期间下落不明的，下落不明的时间自战争结束之日或者有关机关确定的下落不明之日起计算（《民法典》第41条）。②需由利害关系人申请。所谓下落不明，指自然人离开其向来的居所而他人不知其所在，不明其生死；所谓利害关系人，包括自然人的配偶、父母、子女、兄弟姐妹、祖父母、外祖父母、孙子女、外孙子女，以及与其有民事权利义务关系的自然人和法人。即使失踪满2年，如无利害关系人申请，人民法院也不能依职权为失踪宣告。

二、确定财产代管人

自然人被宣告为失踪人，其财产由代管人管理。未设财产代管人时，其财产管理人应依下列顺序定之：①配偶；②父母；③成年子女；④与失踪人同居的祖父母、外祖父母；⑤关系密切的其他亲属、朋友。于不能依此顺序决定财产管理人或担任财产管理人发生争议，或并无法律所规定的前述人员，或所规定的人无能力管理时，应由法院指定财产管理人。[1]《民法典》第 42 条规定："失踪人的财产由其配偶、成年子女、父母或者其他愿意担任财产代管人的人代管。代管有争议，没有前款规定的人，或者前款规定的人无代管能力的，由人民法院指定的人代管。"

三、财产代管人的职责

财产代管人的职责，是代理失踪人管理其财产。管理的内容，包括保管、维护、收益，以及必要的经营行为、处分行为、利用行为及改良行为。财产代管人应以善良管理人的注意，保存失踪人的财产。失踪人所欠税款、债务及应付的其他费用，由财产代管人从失踪人财产中支付。[2]法律之所以为失踪人确定财产代管人，是推测失踪人尚生存，而代为管理财产，以待其归来。

《民法典》第 43 条规定："财产代管人应当妥善管理失踪人的财产，维护其财产权益。失踪人所欠税款、债务和应付的其他费用，由财产代管人从失踪人的财产中支付。财产代管人因故意或者重大过失造成失踪人财产损失的，应当承担赔偿责任。"第 44 条规定："财产代管人不履行代管职责、侵害失踪人财产权益或者丧失代管能力的，失踪人的利害关系人可以向人民法院申请变更财产代管人。财产代管人有正当理由的，可以向人民法院申请变更财产代管人。人民法院变更财产代管人的，变更后的财产代管人有权请求原财产代管人及时移交有关财产并报告财产代管情况。"

四、失踪宣告的撤销

《民法典》第 45 条规定："失踪人重新出现，经本人或者利害关系人申请，

---

[1]　需注意的是，我国台湾地区"家事事件法"第 143 条第 2 项规定，此时法院得因利害关系人或检察官的申请，选任财产管理人。

[2]　梁慧星：《民法总论》（第四版），法律出版社 2011 年版，第 111 页。

人民法院应当撤销失踪宣告。失踪人重新出现，有权请求财产代管人及时移交有关财产并报告财产代管情况。"换言之，被宣告失踪的人重新出现或有人确知其下落，经本人或利害关系人申请，人民法院应当撤销对他的失踪宣告。财产代管人应将所代管的财产及其收益归还本人，并向本人报告代管期间的财务账目。[1]于比较法上，关于失踪宣告及其撤销而引起的权利变动，如下图所示[2]：

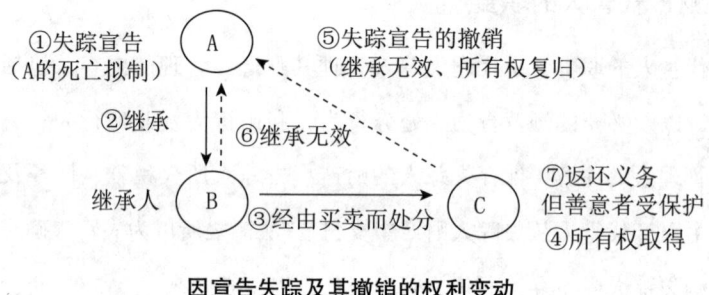

因宣告失踪及其撤销的权利变动

第五节　宣告死亡

一、概要

现今多数国家或地区民法都定有死亡宣告制度。例如，《日本民法》第 30 条至第 32 条、《瑞士民法典》第 35 条至第 38 条、我国台湾地区"民法"第 8 条等，皆定有之。我国《民法典》第 46 条至第 53 条也定有该制度。

二、宣告死亡的要件

（一）须已失踪

所谓失踪，即失踪人离开其向来的住所或居所而下落不明，既不能判定其尚

1　梁慧星：《民法总论》（第四版），法律出版社 2011 年版，第 112 页。

2　［日］四宫和夫、能见善久：《民法总则》（第八版），弘文堂 2010 年版，第 72 页。

生存，也无法证明其已死亡，经由多方打听，仍然全无下落，即处于生死不明的状态。又所谓生死不明，并非绝对而系相对的状态，仅申请人、利害关系人及法院不知其行踪，即为失踪。若从亲友间仍可间接得知讯息，即使已经多年未为联系，仍非所谓失踪。[1]失踪必须在常理上生死不明，若飞机在高空解体爆炸、船舶在南极遇难沉没、煤矿瓦斯爆炸致坑道倒塌，此类灾难非有特殊理由，虽未发现尸体，通常应认为遇难者已经死亡，系直接由有关部门发给死亡证明文件。[2]

（二）须下落不明的状态持续一定的期间

也就是说，须失踪期间届满。失踪期间，又分为两种：普通失踪期间与特别失踪期间。依瑞士民法，前者为 5 年，后者为 1 年；依日本民法，前者为 7 年，后者为 1 年；依我国《民法典》的规定，前者为 4 年，后者为 2 年，至于因意外事件下落不明，经有关机关证明该自然人不可能生存的，则申请宣告死亡并不受 2 年时间的限制（第 46 条）。需提及的是，我国台湾地区"民法"第 8 条将失踪期间分为三种：①普通失踪期间为 7 年；②老年人失踪期间为 3 年，失踪人为 80 岁以上者适用之，因为 80 岁以上者生存机会较少；③特别灾难失踪期间为 1 年。[3]

普通失踪期间一般应从最后音讯到达之日起算，即从能证明失踪人生存的最后日期起算。《民法典》第 41 条规定："自然人下落不明的时间自其失去音讯之日起计算。战争期间下落不明的，下落不明的时间自战争结束之日或者有关机关确定的下落不明之日起计算。"失踪期间须持续不断，失踪后如有确定生存信息（打电话或寄信件），则失踪期间应自有新信息后重新起算；反之，如有确定死亡证据，则为自然死亡，不必再进行死亡宣告。[4]

1　郑冠宇：《民法总则》（第二版），瑞兴图书股份有限公司 2014 年版，第 76 页。

2　施启扬：《民法总则》（修订第八版），中国法制出版社 2010 年版，第 75 页。

3　参见陈聪富主编：《月旦小六法》（第十七版），元照出版有限公司 2014 年版，第叁—1 页。

4　施启扬：《民法总则》（修订第八版），中国法制出版社 2010 年版，第 76 页。

（三）须由利害关系人申请

所谓利害关系人，指对失踪人的生死具有法律上的利害关系的人，[1] 包括失踪人的近亲属及与其有民事权利义务关系的自然人和法人，包括有身份上或财产上利害关系的人，例如，配偶、继承人（遗嘱继承人和法定继承人）、受遗赠人、债权人、债务人、法定代理人、人寿保险合同的受益人。这些利害关系人可自行申请法院为宣告。至于事实上的利害关系人，例如占有失踪人财产的人、与失踪人配偶同居者（同居人），或以死亡宣告作为自己诉讼上的证据者，则不包括之，即其不能提出申请。[2]

应注意的是，于失踪人无利害关系人或利害关系人不愿申请死亡宣告时，因法院不得依职权为死亡宣告，这样就会使失踪人的法律关系长期处于不确定状态。为维护社会公益、解决问题并使法律关系早日确定，我国台湾地区"民法"特增设检察官为申请人（第8条第1项），主要理由如下[3]：①维护社会公益并适应法律社会化的趋势；②仿照德、奥、日、韩等国立法例；③失踪人亲属为避免缴纳遗产税或图继续领取失踪人薪俸，不愿申请死亡宣告；④失踪人亲属基于伦理孝道精神或迷信保守观念，不愿为自己父母或配偶申请死亡宣告。并且，基于下列理由，检察官系居于独立地位、代表"社会公益"而为申请：①由检察官独立申请，可使失踪人的法律关系早日确定；②有无利害关系人或是否不愿申请，调查不易，将使失踪人的法律关系久悬不决；③检察官学识与经验皆丰富，对于介入私权，当能衡酌情况，审慎行使。[4]我国台湾地区"民法"上的此制度，具有积极借镜、取法价值。

1　失踪人A之妻B与C同居，B、C生子D。C为使D在户籍簿上登记为己子而申请宣告A死亡。此时，C是否为利害关系人？日本大审院判决认为：C即使具有事实上的利害关系，也不具有法律上的利害关系，因此采否定立场（参见日本大判1932年7月26日民集11卷第16号，第1658页）。当然，也有学者对此持肯定说。

2　施启扬：《民法总则》（修订第八版），中国法制出版社2010年版，第76页。

3　施启扬：《民法总则》（修订第八版），中国法制出版社2010年版，第77页注释1。

4　施启扬：《民法总则》（修订第八版），中国法制出版社2010年版，第77页。

三、宣告死亡、宣告失踪有争议时的处理及被宣告死亡日期的确定

对此,《民法典》第 47 条规定:"对同一自然人,有的利害关系人申请宣告死亡,有的利害关系人申请宣告失踪,符合本法规定的宣告死亡条件的,人民法院应当宣告死亡。"第 48 条规定:"被宣告死亡的人,人民法院宣告死亡的判决作出之日视为其死亡的日期;因意外事件下落不明宣告死亡的,意外事件发生之日视为其死亡的日期。"

四、宣告死亡的效力

(一) 死亡的推定

1. 推定死亡（推定主义）

《瑞士民法典》第 38 条第 1 项、我国台湾地区"民法"第 9 条第 1 项采之。依此制度,受死亡宣告者,推定其为死亡。所谓推定,系允许提出反证,证明被宣告死亡者实际并未死亡。有反证时,不待撤销死亡宣告,即可推翻死亡宣告的推定。例如,依据死亡宣告请求给付保险金时,保险人仅需证明失踪人尚未死亡,即可拒绝给付。[1]

2. 视为死亡（拟制主义）

《日本民法》第 31 条采之。依此制度,受死亡宣告者,被视为死亡。视为死亡的效力,不得以反证推翻,仅可以撤销死亡宣告的方式解除其效力。[2]

上述两种主义的差异在于,推定者,可以由法律上的利害关系人举出反证予以推翻,即如能以反证证明被宣告死亡的人并未死亡,可不待死亡宣告的撤销而排除其效力。以受死亡宣告者的继承人向保险公司请求生命保险金为例,如采推定主义,则保险公司仅证明受死亡宣告者现尚生存即可拒绝给付保险金;如采拟

1　施启扬:《民法总则》（修订第八版）,中国法制出版社 2010 年版,第 78 页。

2　施启扬:《民法总则》（修订第八版）,中国法制出版社 2010 年版,第 77 页。

制主义，则保险公司非先向法院申请撤销死亡宣告，不能拒绝给付保险金。自法律关系划一的角度看，自以拟制主义为合理。

（二）认定为死亡的日期

关于认定为死亡的日期，学说与立法例颇不一致：①《瑞士民法典》第38条第2项规定，以最后音讯或灾难发生之日，为死亡的日期。②1922年《苏俄民法典》第12条第2项规定，以裁判宣告或宣告确定之日，为死亡的日期。③《法国民法典》第130条规定，以裁判官认定之日，为死亡的日期。④《日本民法》第31条、我国台湾地区"民法"第9条第2项规定，以法定期间最后日终止之时，为死亡的日期。

以上立法例孰优孰劣？最高人民法院关于此点的解释也有不同：其先解释为"判决中确定的失踪人的死亡日期"，其后见解改变，解释为"判决宣告之日"。依法律的解释规则，当最高人民法院就同一事项有不同的解释时，应以时间在后的解释为准，因此应以判决宣告之日为死亡日期。《民法典》第48条规定："被宣告死亡的人，人民法院宣告死亡的判决作出之日视为其死亡的日期；因意外事件下落不明宣告死亡的，意外事件发生之日视为其死亡的日期。"

（三）生存的推定

死亡宣告后认定失踪人死亡，因此反面言之，于死亡宣告前推定失踪人尚生存，此种效力称为"生存的推定"。[1]《德国失踪法》第10条明文规定此效力："失踪人未经宣告死亡者，推定其在第九条第三项、第四项之时，仍然继续生存或曾生存。"[2]我国《民法典》虽无规定，但实务上宜采相同解释，自不待言。

（四）死亡宣告的效力

关于死亡宣告的效力，有3种学说与立法例：①死亡宣告的效力，仅及于财产关系。此为德国普通法时期的通说。②死亡宣告的效力，不仅及于财产关系，

1　施启扬：《民法总则》（修订第八版），中国法制出版社2010年版，第79页。

2　参见台湾大学法律学研究所编译（梅仲协等编译）：《德国民法》，1965年5月印行，第271页。

也及于身份关系。③死亡宣告的效力，原则上得及于一切关系，但婚姻关系为例外。此所谓婚姻关系为例外，系指不承认婚姻关系的解消，认为即使配偶已经再婚，如其人归来，也得请求撤销配偶之再婚。本书认为，死亡宣告与自然死亡相同，具有绝对的效力：自人的范围而言，其不仅对申请人，而且对任何人均发生效力；自物的范围而言，其及于失踪人的财产和身份关系，亦即及于私法上的一切法律关系，至于不因自然死亡而消灭的权利，如著作权，则自不受影响。[1]

应注意的是，《民法典》规定，"被宣告死亡的人的婚姻关系，自死亡宣告之日起消除。死亡宣告被撤销的，婚姻关系自撤销死亡宣告之日起自行恢复。但是，其配偶再婚或者向婚姻登记机关书面声明不愿意恢复的除外"（第 51 条）。另外，"被宣告死亡的人在被宣告死亡期间，其子女被他人依法收养的，在死亡宣告被撤销后，不得以未经本人同意为由主张收养行为无效"（第 52 条）。

死亡宣告的效力，在于结束失踪人以原住所地为中心的法律关系，但不剥夺失踪人的权利能力，即依《民法典》与最高人民法院的司法解释，宣告死亡发生与事实死亡同样的法律效力，以被宣告死亡者原住所地为中心的财产关系和身份关系皆归于消灭。失踪人受死亡宣告后，其原有的财产即成为遗产，由其继承人共同继承，失踪人的婚姻关系因而消灭，其配偶可再婚，也不发生重婚的问题。[2]但被宣告死亡者实际上尚在其他地方生存时，其所为的法律行为并不受死亡宣告的影响，其仍得享有权利、负担义务（《民法典》第 49 条）。受死亡宣告者归来后，即使尚未撤销死亡宣告，仍具有权利能力，为权利主体。另外，死亡宣告系私法上的制度，不生公法上的效果，被宣告死亡者在刑法上有无犯罪、在兵役法上应否服役等，与死亡宣告无关，其法律效果应分别观察判断。[3]

五、死亡宣告的撤销及其法律后果

第一，撤销死亡宣告前的善意行为不受影响。所谓善意，指不知死亡宣告与

1　施启扬：《民法总则》（修订第八版），中国法制出版社 2010 年版，第 79 页。

2　郑冠宇：《民法总则》（第二版），瑞兴图书股份有限公司 2014 年版，第 78 页。

3　施启扬：《民法总则》（修订第八版），中国法制出版社 2010 年版，第 79 页。

事实有违也（如被宣告死亡者尚生存）。基于死亡宣告，善意而为身份上或财产上行为者，于撤销死亡宣告后，其行为仍系有效。

第二，死亡宣告后，受死亡宣告者的配偶再婚时，如双方均系善意（行为）（信赖法院宣告失踪人死亡而变更身份上关系的行为），原则上此婚姻不因死亡宣告的撤销而受影响，前婚因死亡宣告而消灭，不再复活。双方有一方恶意时，其婚姻效力受影响，失踪人归来后，可向法院申请撤销婚姻。因死亡宣告取得财产者善意处分财产时，其处分行为有效，不受影响。[1]换言之，信赖法院宣告失踪人死亡而取得财产的善意之人，就其因死亡宣告所享有的财产，具有处分权，其处分应属有权处分。

第三，于现受利益限度内负返还责任。以死亡宣告为直接原因取得财产的，例如继承人、受遗赠人、生命保险金的受领人，因死亡宣告被撤销，即失去取得财产的依据，如已将取得的财产加以处分而保有对价，也会欠缺法律上的原因，所以对所取得的财产或价值，非依不当得利规则予以返还不可。但是，如果绝对贯彻此点，则对财产的善意受领人未免过苛。因此，我国台湾地区"民法"[2]规定，因死亡宣告取得财产者，如因撤销死亡宣告而丧失其权利，仅在现受利益限度内，对失踪人负归还财产的责任。对于撤销死亡宣告的判决确定时，事实上已不存在的部分，如系善意，不论其已不存在的原因如何，皆不负归还的责任，以维护交易的安全。[3]如为恶意之人，法律自无须仍予保护，此恶意之人应就其取得财产的全部及孳息，负归还的义务，尽管其取得的财产现已灭失或消费殆尽，亦然。至于失踪人的债务，若由继承人继承的，则于其清偿的限度内，可依不当得利的规定，向失踪人请求偿还。但若继承人抛弃继承的，则债权人未受清偿部分的债权仍应回复，至于消灭时效，则应类推适用时效不完成的规定。[4]

另外，《日本民法》和我国台湾地区"民法"承认取得时效，所以因死亡宣

1　施启扬：《民法总则》（修订第八版），中国法制出版社 2010 年版，第 80 页。
2　我国台湾地区"民法"第 182 条第 2 项、"家事事件法"第 163 条第 2 项。
3　施启扬：《民法总则》（修订第八版），中国法制出版社 2010 年版，第 80 页。
4　郑冠宇：《民法总则》（第二版），瑞兴图书股份有限公司 2014 年版，第 78 页。

告直接（继承人）或间接（从继承人那里转而承受的人）取得财产的，如具备取得时效的要件（《日本民法》第 162 条第 1 项、第 2 项规定：占有期间须达 10 年或 20 年），即使死亡宣告被撤销，其取得财产的权利（如所有权）也不受影响。[1] 以被推定死亡时日不实为理由致死亡宣告被撤销时，真正继承人得请求回复财产，此时是否也应适用继承回复请求权的时效规定，学说采肯定立场。[2]

应注意的是，《民法典》规定，"被撤销死亡宣告的人有权请求依照本法第六编取得其财产的民事主体返还财产；无法返还的，应当给予适当补偿。利害关系人隐瞒真实情况，致使他人被宣告死亡而取得其财产的，除应当返还财产外，还应当对由此造成的损失承担赔偿责任"（第 53 条）。

六、申请宣告失踪、宣告死亡的利害关系人

值得提及的是，利害关系人向人民法院申请宣告死亡的规定，是否应有一定顺序？最高人民法院《关于贯彻执行〈中华人民共和国民法通则〉若干问题的意见（试行）》第 25 条曾规定："申请宣告死亡的利害关系人的顺序是：（一）配偶；（二）父母、子女；（三）兄弟姐妹、祖父母、外祖父母、孙子女、外孙子女；（四）其他有民事权利义务关系的人。申请撤销死亡宣告不受上列顺序限制。"之所以设定这样的顺序，尤其是将配偶等置于被宣告死亡者的利害关系人（如其债权人）之前，系在于注重人身法益的优先保护，即配偶、父母、子女、兄弟姐妹、祖父母、外祖父母、孙子女、外孙子女，与被宣告死亡者之间系人身关系，而债权人等与被宣告死亡者之间系财产关系。于此人身关系和财产关系何者应优先保护发生冲突时，自应优先保护前者——人身法益，之后方保护后者——财产法益。故此，自此角度立论，最高人民法院的上述解释应系正确。[3]

---

[1]　［日］四宫和夫、能见善久：《民法总则》（第八版），弘文堂 2010 年版，第 74 页。

[2]　参见刘得宽：《民法总则》（增订四版），中国政法大学出版社 2006 年版，第 70 页注释 28。

[3]　关于此的不同意见，请参见梁慧星：《民法总论》（第四版），法律出版社 2011 年版，第 115 页。

七、日本的战时死亡宣告

日本《关于未归还者的特别措施法》（1959 年法律第 7 号）第 2 条规定，对于因第二次世界大战生死不明、未归还的人，于具备一定的条件时，厚生大臣可提起宣告失踪的请求。此种失踪宣告被称为战时死亡宣告。其宣告的程序、法律效果等，与一般的失踪宣告相同；战时死亡宣告的撤销，除厚生大臣外，被宣告死亡者与利害关系人皆可提起。并且，依其规定，与日本亲人分离而遗留在中国的孩子，虽然可以作战时死亡宣告，但其身份一旦被判明，即可撤销战时死亡宣告。[1]

第六节　人格权及其保护

一、概要

民法以人为本位，以人的尊严为其伦理基础。人格的保护为民法的首要任务。人格包括能力、自由及人格关系。人、民事权利能力和权利主体系三位一体，不可分割。最近数十年来，人口集中，交通便捷，媒体、网络传播广泛、普遍、深入，新科技器材，如窃听器、远程摄像机、录音机、录像机、针孔摄像机等发明和进步，使人格有随时遭受侵害的危险。另外，行政机关有时滥用权力，更唤起个人对人格的自觉、社会对个人人格的重视。[2]

人系权利的主体，人格权（Persönlichkeitsrecht）为个人人格的基础，与个人有不可分离的关系。人格权包括：维护个人人格的完整性与不可侵犯性，尊重个人的尊严、称呼，以及保障个人身体与精神活动等。于现代和当代民法上，对于

1　[日] 四宫和夫、能见善久：《民法总则》（第八版），弘文堂 2010 年版，第 70 页。

2　王泽鉴：《民法总则》，北京大学出版社 2009 年版，第 105—106 页。

人格权的保护应重于对财产权的保护。[1]各国家和地区对于人格权承认至何种范围和保护到何种程度虽各不相同，但人格权内容的逐渐扩大与保护的日益加强及概括化，则为共同的发展趋势。另外，除民法的首要任务系保护人格权外，于各领域中，人格权都受到重视与保障。在刑法中对人格权的保护最为明显，对于侵害人格法益的犯罪行为，如伤害、诽谤、妨害自由等，均加以处罚；于行政法上，按照依法行政的原则，行政权力对于各种自由、秘密、住居等，非依法不得干预或限制；最重要的是宪法上的保护，人格权为私法上的观念，于宪法上则为人权或基本权利，其保障包括人格权在内的人权不受国家权力的不法侵害，由此奠定和确立一切人格权的基础。[2]

二、人格权的基本理论

（一）人格的涵义

权利能力、行为能力、自由及各种具体人格权，系法律上人格的最基本的要素，缺少其中任一要素，就不能称为真正意义上的人。1804 年的《法国民法典》对人格权缺乏具体规定，1896 年的《德国民法典》仅就姓名权（总则编第 12 条）定有明文，而无关于一般人格权保护的规定。1907 年的《瑞士民法典》本于社会立法的宗旨，站在新的时代高度，对人格（权）设立了进行一般性保护的规定，开启了对人格（权）予以一般性保护的先河，其第 28 条规定："人格有受不法侵

1　传统民法均偏重对财产权的保护，而忽略人格权的价值及对于它的保护。此系 19 世纪和 20 世纪初期欧洲几部重要民法典公布时的法律思潮，其将个人意思的自由和个人尊严的价值表现于个人对财产权的支配方面（所有权神圣不可侵犯、所有权绝对原则），对于人格权本身的保护反而未予注意。例如，《法国民法典》（1804 年）未规定人格权，《德国民法典》（1896 年）仅定有个别的人格权或特别人格权。《瑞士民法典》（1907 年）已有保护一般人格权的规定（第 27 条、第 28 条），《瑞士债务法》（1911 年修订）更进一步规定人格权被侵害时可请求一般性的精神损害赔偿（第 49 条）。我国台湾地区"民法"的人格权规定系仿德国民法和瑞士民法，其对人格权的保护规定，已较德国民法稍有进步，但就精神损害赔偿（慰抚金）而言，其较《瑞士债务法》的规定落后。参见施启扬：《民法总则》（修订第八版），中国法制出版社 2010 年版，第 101—102 页。

2　施启扬：《民法总则》（修订第八版），中国法制出版社 2010 年版，第 101 页。

害之虞者，得请求法院采取措施，以防止发生任何侵害。一切侵害，除经受害人同意，或者基于重大的私益或公益，或者依据法律而可认为正当合理外，均为不法侵害。"[1]我国台湾地区"民法"将权利能力、行为能力、自由及具体人格权规定于总则编，其第18条对人格权设立的一般性保护规定，系直接渊源于《瑞士民法典》第28条。

人格一语，有多种涵义：第一种涵义是指具有独立法律地位的权利主体，包括自然人和法人；第二种涵义是指作为权利主体法律资格的民事权利能力；第三种涵义是指一种受法律保护的利益，包括自然人的生命、身体、健康、自由、尊严、名誉、隐私、信用、贞操等，为了区别于其他受保护的法律利益（如财产利益），又称为人格利益。人格权一语中的人格，即指第三种涵义。

（二）人格权的涵义与特性

1. 人格权的定义

所谓人格权，指存在于权利人自己的人格上的权利，亦即以权利人自身的人格利益为标的的权利，它是关于人的价值与尊严的权利，是一种母权，衍生出个别人格权。就历史发展过程而言，首重生命、身体、健康、自由，再扩张及于名誉、隐私。[2]依《民法典》第13条的规定，人的权利能力始于出生，终于死亡。故此，从出生到死亡这一期间，人人皆有人格权，如生命权、身体权、健康权、姓名权、肖像权、名誉权、荣誉权、隐私权及婚姻自主权等权利（《民法典》第110条第1款）。此外，自然人的个人信息受法律保护。任何组织或者个人需要获取他人个人信息的，应当依法取得并确保信息安全，不得非法收集、使用、加工、传输他人个人信息，不得非法买卖、提供或者公开他人个人信息（《民法典》第111条）。并且，自然人因婚姻家庭关系等产生的人身权利也受法律保护（《民法典》第112条）。

人死后称为"死人"，与所谓"活的人"不可同日而语，不能认为其仍享有

1　参见戴永盛译：《瑞士民法典》，中国政法大学出版社2016年版，第12页。
2　王泽鉴：《侵权行为》，北京大学出版社2009年版，第99页。

人格权，可认为其还享有某种人格利益。故此，最高人民法院的司法解释对于侵害死者名誉的，不称为应保护死者的名誉权，而是称为应保护死者的名誉。这一廓清无疑系属正确。

人格权于本质上具有不可放弃性、不可移转性和不可侵害性，因此纵有放弃，其放弃亦无效。人格权系一身专属权，自不得将之让与或由他人继承，因侵害人格权所生非财产上损害赔偿请求权，原则上也不得让与；人格权虽不得继承，但对于人格（权）的保护并不限于生前，依新近的理论和判例，已扩张及于死后的人格保护（Postmortaler Persönlichkeitsschutz），使人格（权）的保护超越人格（权）主体的生存期间，[1]譬如我国最高人民法院关于保护死者名誉的司法解释，即其适例。

2. 人格权的特性

人格权具有下列 5 点特性：①人格权为非财产权；②人格权为绝对权；③人格权为专属权；④人格权为支配权；⑤人格权具有固有性。人格权系权利主体所固有的权利，随主体而自动存在，并非经由人为创造而产生，不需与其他条件相结合，也不需伴有其他条件而享有，仅因权利主体的存在而存在，因权利主体的消灭而消灭。人格权于权利主体存在期间，不得任意加以非法剥夺或限制，不得放弃。[2]

（三）一般人格权与具体（特别）人格权

一般人格权，是关于人的自由、安全、存在价值及尊严等的权利。于民法上规定一般人格权，就是要对人的一般人格利益加以保护，体现了对人格与人格权的重视。例如，《瑞士民法典》、我国台湾地区"民法"就规定了对一般人格权的保护。一般人格权系抽象地就一般人格利益加以规定，而不个别加以列举。具体（特别）人格权，则指法律针对有关姓名、名誉、隐私、生命、身体、健康、肖像、贞操、（经济）信用、自由等具体、个别利益的保护规定的权利。依我国台

1　施启扬：《民法总则》（修订第八版），中国法制出版社 2010 年版，第 102 页。

2　郑冠宇：《民法总则》（第二版），瑞兴图书股份有限公司 2014 年版，第 96 页。

湾地区"民法"第 18 条的规定，一般人格权受侵害时，其救济方法有除去侵害请求权、防止妨害请求权及损害赔偿请求权。

1896 年的《德国民法典》并无一般人格权的规定。德国对一般人格权的承认，系起于二战后于 1949 年制定的《德国基本法》对人类的尊严和人格的重视。德国联邦法院（Bundesgericht，BGH）基于《德国基本法》第 1 条、第 2 条关于人性尊严不得侵犯及个人自由发展其人格权利的规定，创设了一般人格权（allgemeines Persönlichkeitsrecht），肯定其为《德国民法典》第 823 条第 1 项所称"其他权利"。[1]德国于 1952 年 12 月 5 日批准了《保护人权与基本自由公约》（简称《欧洲人权公约》），从而使保护人格（人权）成为战后的主要趋势。该公约于 1953 年 12 月 15 日公布施行，成为德国联邦法的一部分。《德国基本法》对人的"基本权利"的重视，以及《欧洲人权公约》对人权的着重强调和特别保护，对学术界和司法界产生了重大影响。法院方面于是认为，人格权的侵害与赔偿，不以法律有规定的特别情形为限，而应超越之。于是，德国联邦法院乃以《德国基本法》为依据，判定《德国民法典》第 253 条[2]的规定与《德国基本法》的规定有违，因此不应再有效力。[3]德国法院乃启用一般人格权的概念，并以判决扩大对侵害人格权的金钱赔偿，对某些以往不认为是人格权，或不能获得金钱赔偿的侵害，给予金钱赔偿或补偿。

德国最早明确认可一般人格权，是 1954 年其联邦法院作出的一项判决。于该判决中，德国联邦法院首次直接援引《德国基本法》规定的人性尊严价值与人格自由发展的原则，通过判例创立了一般人格权的概念。之所以通过判决来认可一般人格权，系因为当时德国的社会生活关系趋于复杂，科学技术有了长足进步，大众传播方式变得多样化和复杂化，对于个人生活领域的侵犯随时都可能发生。

1　王泽鉴：《侵权行为》，北京大学出版社 2009 年版，第 99—100 页。

2　《德国民法典》第 253 条规定："非财产上损害（immaterieller Schaden）之金钱赔偿，仅以法律所定之情形为限。因侵害身体、健康、自由或性自主而应赔偿损害者，亦得就非财产上之损害请求公平之金钱补偿。"参见台湾大学法律学院、财团法人台大法学基金会编译：《德国民法》（上，总则编、债编、物权编）（2016 年修订第二版），元照出版有限公司 2016 年版，第 268 页。

3　施启扬："从个别人格权到一般人格权"，载《台大法学论丛》第 4 卷第 1 期，第 5 页。

于这种情况下，对于个人的价值，亦即对于人格权的保护，就显得比以往任何时候都更迫切、更必要。[1] 一般人格权的肯认，弥补了德国法仅设立若干特别人格权的不足，对人格利益作全面性的保护，具有框架权（Rahmenrecht）的性质，针对各种侵害样态，经由案例的累积，形成了各种保护范围（Schuzbereich），尤其是关于隐私、名誉、信息自主的保护。[2]

从法律的发展上看，于民法（典）制定时没有规定一般人格权而只规定了个别具体的人格权的，往后随着岁月的变迁，往往会追加规定对于一般人格权的保护，如上述德国即是。另一方面，于民法（典）制定时规定了一般人格权的（如《瑞士民法典》第 28 条、我国台湾地区"民法"第 18 条），之后会因应社会生活的发展、演进而追加规定某些特别人格权，例如我国台湾地区晚近修改"民法"增加规定若干具体的人格权（如经济信用权、贞操权）即属之。

我国《民法典》设有一般人格权的规定："自然人的人身自由、人格尊严受法律保护"（第 109 条）。曾由学者起草的《中国民法典草案建议稿》（中国社会科学院）的总则编第 16 条第 1 款也设有一般人格权的规定："自然人的自由、安全和人格尊严受法律保护。"其"立法理由"谓："自然人基于人格所生之利益极其广泛，随着人权保护意识的强化，各种人格利益遭受侵害而寻求法律救济者日益增多，立法所规定的一些特别人格权不足以涵盖应受保护的各种人格利益，发生法律不足。为此，法官不得已或者直接依据宪法的规定对民法并无明文规定的人格权予以保护，或者对法律明定的人格权予以扩张解释。此种做法并不能从根本上解决人格权保护问题。因此，有必要设立本条关于一般人格权的规定。"[3]

三、人格权保护的价值

人格与人格权的保护，是 20 世纪尤其是二战结束后世界各国家和地区所面临

1　施启扬："从个别人格权到一般人格权"，载《台大法学论丛》第 4 卷第 1 期，第 5—6 页。

2　王泽鉴：《侵权行为》，北京大学出版社 2009 年版，第 100 页。

3　梁慧星主编：《中国民法典草案建议稿附理由》（总则编），法律出版社 2013 年版，第 44—45页。

的基本课题。于人格权的发展史上，1804 年《法国民法典》第 8 条关于人的权利能力一律平等的规定，将人（类）从此前不平等的、不把人当作人看待的各种封建的枷锁中解放出来，明确宣示：所有的人自出生时起就是一个"人"，并且每个人是平等的，不允许把他人作为自己的奴仆，更不允许把"人"作为权利的客体或被支配的对象。这一关于人的权利能力一律平等的规定，为人格权乃至人权的保护奠定了基础。近代以降，民法对人格权的保护，正是建立于此基础之上的。当然，《法国民法典》诞生的时代，是一个水车、风车、马车及磨坊的时代，生产力相对低下，科学技术尚相对落后，远程摄像机、针孔摄像机等还没有发明和生产出来，人们于社会生活中相互侵害对方隐私、名誉的现象还没有成为一个较广泛的问题（也就是还未大量发生）。故此，19 世纪末、20 世纪初诞生的欧陆几部大的民法典（如法国、奥地利、德国的民法典）和东方的《日本民法》皆未能翔实、充分地规定人格权。《法国民法典》除了上述第 8 条规定人的权利能力一律平等外，甚至根本就无任何有关人格权的具体规定。

　　但是，自 20 世纪起，尤其是在经历了两次世界大战后，有感于人的生命之易失去、人的生命之可贵、人的尊严之神圣，各国家和地区皆特别重视人格权的保护。例如，《日本民法》1947 年修订时，于第 2 条即增加规定，"本法应以个人尊严及两性本质平等为主旨而解释"，[1] 彰显了对男女的人格和尊严予以平等保护的决心和勇气。前述《德国基本法》第 1 条规定，人性尊严不得侵犯，尊重并保护人性尊严是所有国家权力（机关）的义务，同样表达了保护人的尊严及人格权的勇气。及至 20 世纪 60 年代，全球范围内的人权运动、女权运动的勃兴更进一步推动了各国对人格权的保护。从那时以降，各国家和地区的民法典编纂运动均把人格权的保护置于突出地位，在我国亦复如此。并且，我国《民法典》设立有独立的人格权编，以保护人格权。[2]

---

[1] 参见王融擎编译：《日本民法：条文与判例》（上册），中国法制出版社 2018 年版，第 16 页。

[2] 人格权于现代和当代系十分重要，故此，我国《民法典》系设立独立的人格权编加以保护。同时，也有反对于《民法典》中设立独立的人格权编的，其反对及其理由请参见梁慧星主编：《中国民法典草案建议稿附理由》（总则编），法律出版社 2013 年版，第 43—44 页。

我国 1986 年《民法通则》于第 5 章"民事权利"中专设一节（第 4 节）规定"人身权"，明定自然人享有生命健康权、姓名权、肖像权、名誉权、荣誉权、婚姻自主权等，被誉为中国的权利宣言，其影响和所具有的意义、价值尤其深远、重大。于此基础上，《民法典》第 109 条至第 112 条设立如前所述的人格（人身）权保护规定，乃至《民法典》设立独立的人格权编，实具更积极的价值与意义。

四、人格权于民法（典）中的体例安排 [1]

现今，于比较法上，对人格权规定的立法成例，主要有 5 种模式：①于债权编的侵权行为法部分设置人格权保护的规定，如 1896 年《德国民法典》、1896 年《日本民法》；②于总则编或人法编的自然人一章规定人格权，不在侵权行为法中设立保护人格权的特别规定，如 1992 年《荷兰民法典》、1994 年修正后的《法国民法典》、1994 年加拿大《魁北克民法典》；③于总则编或人法编的自然人一章规定人格权，同时在债权编的侵权行为法部分规定侵害人格权的侵权责任，如《瑞士民法典》、《葡萄牙民法典》、美国《加利福尼亚州民法典》、《匈牙利民法典》、《立陶宛民法典》、我国台湾地区"民法"、我国澳门特别行政区的《澳门民法典》、1959 年的《德国民法典修正草案》；④于总则编的权利客体一章规定各种人身非财产利益，同时在债权编的侵权行为法部分规定侵害人格权的侵权责任，如《俄罗斯联邦民法典》《白俄罗斯民法典》；⑤单独设人格权编，如 2003 年的《乌克兰民法典》。另外，如前述，我国《民法典》也系设立独立的人格权编。

有学者认为，我国《民法典》不宜设立"人格权编"，其理由主要如下：①基于人格权与人格的本质联系。作为人格权客体的人的生命、身体、健康、自由、姓名、肖像、名誉、隐私等，是人格的载体。因此，人格权与人格相终始，不可须臾分离，人格不消灭，人格权不消灭。此为将人格权规定于自然人一章的

---

[1]　参见梁慧星："民法总则立法的若干理论问题"，载《暨南学报（哲学社会科学版）》2016 年第 1 期，第 23 页以下。

法理根据。②基于人格权与其他民事权利的本质区别。人格权的客体是存在于自然人自身的生命、身体、健康、自由、姓名、肖像、名誉、隐私等人格利益。因此，人格权是存在于主体自身的权利，不是存在于人与人之间的关系上的权利。人格权就像权利能力、行为能力、出生、死亡一样，属于主体自身的事项，因此无所谓"人格权"关系。只在人格权受侵害时才涉及与他人的关系，但这种关系属于侵权责任关系，为债权关系之一种。此为人格权不能作为民法典的分编、不能设置"人格权编"，而与物权编、债权编、亲属编、继承编并立的法理根据。③基于人格权不能依权利人的意思、行为而取得或处分，不适用总则编关于法律行为、代理、时效和期日期间的规定。其他民事权利均可以根据权利人自己的意思，依法律行为而取得，均可以根据自己的意思，依法律行为而处分，而人格权因自然人的出生而当然取得，因权利人的死亡而当然消灭，其取得与人的意思、行为无关，原则上不能处分，不能转让、不能赠与、不能抵销、不能抛弃。因此，民法总则的法律行为、代理、时效、期日期间等制度，对于其他民事权利均有适用余地，唯独不能适用于人格权。人格权单独设编而与物权、债权、亲属、继承并列，不仅割裂了人格权与人格的本质联系，混淆了人格权与其他民事权利，而且破坏了民法典内部的逻辑关系，难以处理总则编的法律行为、代理、诉讼时效、期日、期间等制度应否适用于人格权编的难题。

五、各种具体（特别）人格权

（一）生命权

生命是自然人的存在基础，是自然人最根本的利益，是人之所以为人，并进而成为法律主体的根基。因此，生命权受到刑法、民法和行政法的严密保护。生命权是自然人人格权中最重要的一种，是一种最基本的人格权。[1]致人死亡时，即侵害他人的生命权。被害人的生命因受侵害而消灭，其为权利主体的能力即已失

---

1 梁慧星主编：《中国民法典草案建议稿附理由》（总则编），法律出版社 2013 年版，第 50 页。

去，损害赔偿请求权也无由成立（即不发生侵害生命权的损害赔偿）。[1]但是，侵害他人人身造成死亡时，需赔偿丧葬费和死亡赔偿金（《民法典》第 1179 条）。"因同一侵权行为造成多人死亡的，可以以相同数额确定死亡赔偿金"（《民法典》第 1180 条）。此外，《民法典》第 1181 条还规定："被侵权人死亡的，其近亲属有权请求侵权人承担侵权责任。被侵权人为组织，该组织分立、合并的，承继权利的组织有权请求侵权人承担侵权责任。被侵权人死亡的，支付被侵权人医疗费、丧葬费等合理费用的人有权请求侵权人赔偿费用，但是侵权人已经支付该费用的除外。"

（二）身体权、健康权

1. 概要

身体权（《民法典》第 110 条第 1 款、第 1005 条等）指以保持身体外观的完全（完整）为内容的权利，破坏身体完全（physical integrity），即构成对身体权的侵害，例如打人耳光、割须断发、面唾他人、强行接吻；健康权（《民法典》第 110 条第 1 款）指以保持身体机能的完整性为内容的权利，破坏身体机能，就构成对健康权的侵害，包括对肉体和精神的侵害，前者如学校午餐食物不洁致学童中毒，后者如电话恐吓绑架，致被害人神经衰弱。健康的反面为疾病，有无侵害，应依医学加以判断。因输血使人感染人类免疫缺陷病毒（HIV），即使尚未发展为艾滋病（AIDS），仍影响身体机能的运作，也构成对健康权的侵害。医院使人感染疾病，除侵权行为外，还发生合同责任。需注意的是，身体与健康兼指身体安全，因此二者常常发生重叠。打人耳光、割须断发仅侵害身体权，以电话恐吓绑架引起神经衰弱，仅侵害健康权，强制性交使妇女感染恶疾则同时构成对身体权、健康权的侵害。[2]

2. 出生前的侵害

例如，某妇女怀孕前于某医院输血感染恶疾，因怀孕而传染胎儿时，该胎儿

---

[1]　王泽鉴：《侵权行为》，北京大学出版社 2009 年版，第 101 页。

[2]　王泽鉴：《侵权行为》，北京大学出版社 2009 年版，第 102—103 页。

于出生前也可以身体权或健康权受侵害为由，由其母为法定代理人，向医院请求损害赔偿。[1]其理由请参见本书有关胎儿利益的保护部分。

3. 惊骇案件（Shock Cases）

例如，甲因故意或过失不法侵害乙（死亡或重伤），丙目睹或耳闻其事，因受惊骇（shock）致精神崩溃、流产或心脏病发作。于此场合，丙的健康所受侵害虽系间接，但仍得成立侵权行为。[2]

4. 与身体分离的部分于侵权行为法上的保护

身体的部分，例如头发、牙齿、血液、器官等与身体分离时就成为物，并系动产，其所有权属于身体的主体者，冷冻的精子如此，切除的细胞也不例外，于法律限制内可由所有人处分之，或将之让与而归属他人，或因抛弃而成为无主物，由他人先占而取得其所有权。侵害此种与身体分离的部分，系构成对他人所有权的侵害，应依《民法典》侵权责任编承担责任。另外，于当代，人格的自主决定于一定的要件下应延长存在于与身体分离的部分，而予以适当、必要的保护。[3]

（三）名誉权

1. 概要

自然人的名誉，指个人于社会上的一般评价，包括对其个人品德、声望或信誉等所加的价值判断。[4]肯定的社会评价，属于名誉；否定的社会评价，属于不名誉。个人对自己的评价，是个人内心的感受，可以称为名誉感。名誉一词，其本来的涵义是"令名美誉"，亦即肯定某人具有良好的道德品质的社会评价。民法规定名誉权的目的，在于保护自然人的肯定的社会评价即"令名美誉"不受损害。名誉权是自然人最重要的人格权之一，其重要性随着社会的进步、人的主体

1　王泽鉴：《侵权行为》，北京大学出版社 2009 年版，第 103 页。

2　王泽鉴：《侵权行为》，北京大学出版社 2009 年版，第 104 页。

3　王泽鉴：《侵权行为》，北京大学出版社 2009 年版，第 104 页、第 106 页、第 107 页。

4　郑冠宇：《民法总则》（第二版），瑞兴图书股份有限公司 2014 年版，第 101 页。

意识的加强而不断增强。[1]《民法典》第 1024 条规定："民事主体享有名誉权。任何组织或者个人不得以侮辱、诽谤等方式侵害他人的名誉权。名誉是对民事主体的品德、声望、才能、信用等的社会评价。"另外，最高人民法院也作有关于名誉权保护的司法解释。这些均体现了我国民法对名誉权保护的重视。

2. 名誉权的侵害

名誉权之受侵害，表现为个人道德品质的社会评价的降低，因此对自然人名誉权的侵害行为可以表现为各种形式，如以语言、文字、漫画、行动或其他方法贬低、毁损他人名誉；以语言或文字散布谣言，对他人进行诬蔑、诽谤；新闻报道严重失实，造成他人名誉受损等。另外，名誉权之受侵害，有时可能与姓名权、肖像权、隐私权等其他人格权受侵害发生竞合，如假冒他人姓名从事违法行为，就既侵害他人姓名权，又侵害他人名誉权；非法公布他人隐私，也可能同时侵害他人名誉权。[2]

侵害名誉权，指以语言、文字、漫画或其他方法贬损他人于社会上的评价，使其受到他人憎恶、蔑视、侮辱、嘲笑，不齿与其往来。其构成不以广布社会为必要，但需有第三人知悉其事。若在密室当面辱骂，无人知悉，则并不构成侵害名誉权。对名誉权的侵害包括故意与过失，前者如诬指入学考试作弊、收受金钱；后者如误指某妇女曾为娼妓、某画家贩售赝画。是否构成侵害名誉权，并不以受害人主观感受为准，应就社会一般人的评价，客观加以判断。另外，名誉权的侵害，也可以以影射为之。所谓影射（innuendo），指以间接方法，借着字里行间的意义使他人的名誉受到贬损。在英国有名的 Tolley v. Fry 案中，被告巧克力公司的广告中出现某业余高尔夫名家推杆动作，在其口袋中露出巧克力，法院认为此属影射原告出售其业余地位而为广告，应构成诽谤。[3]

1　梁慧星主编：《中国民法典草案建议稿附理由》（总则编），法律出版社 2013 年版，第 62 页。

2　梁慧星主编：《中国民法典草案建议稿附理由》（总则编），法律出版社 2013 年版，第 61 页。

3　王泽鉴：《侵权行为》，北京大学出版社 2009 年版，第 109—110 页。

3. 名誉保护与言论自由

名誉保护与言论自由关系密切，前者关系个人在社会上的地位及受尊重的程度，系个人的第二生命，后者为民主社会的基石。如何调和二者的关系、兼顾二者的保护，实具有重大的意义。

（四）自由权

自由是受宪法保护的基本权利，也系一种基本人权。侵害他人自由（如绑架他人），于刑法上构成犯罪。于民法上，自由也为一种人格上的权利，包括身体行动的自由与精神（思想）的自由。[1]

身体行动的自由（《民法典》第109条、第990条第2款等），指身体的行动不受不法的拘束或妨碍。侵害身体行动自由的情形，如夺去入浴妇女的衣服，使其无法行动；强迫女友夜游，使其欲罢不能；出租车司机不让乘客下车，使其受困于车内；将人置于小舟漂流于河（湖）中，使其难以脱身。侵害的方法，可以是直接强制（例如强制性交妇女），或未使用强制力而以间接方法，如诬告他人，使之被逮捕。身体行动自由的剥夺，以无合理的方法可以离去为要件，如房门被锁，但可由窗户逃出时，尚不构成侵害自由。唯由高楼窗户逃出，有受伤或死亡之虞，不能要求受害人冒此危险，乃系当然。侵害自由，多出于故意，出于过失的，也可成立，如商场提早打烊，因疏于注意而将顾客锁在地下室。至于因车祸而受困于车阵，动弹不得，脱困时离车而去，则并不构成对行动自由的侵害；侵害行动自由，不以被害人知其自由被拘束或妨碍为要件，因此对睡眠者锁其门窗，不使觉醒外出，将精神病患囚禁于山洞，均系侵害他人的自由。另外，商店主人留置有窃盗嫌疑的顾客，也属常见，为兼顾人身自由和财产所有权的保护，应认为商店主人有正当理由相信某顾客窃盗物品时，得以合理的方式，于合理的时间限制其行动，进行合理的检查。受怀疑的顾客通常会接受检查，唯究竟系出于同意，还是受不合理的强制拘束而构成侵害自由，应就个案加以认定。[2]

1　王泽鉴：《侵权行为》，北京大学出版社2009年版，第117页。
2　王泽鉴：《侵权行为》，北京大学出版社2009年版，第117—118页。

侵害精神的自由，指欺诈、胁迫[1]，妨害宗教自由、言论自由、投票自由、合同订立自由[2]等。不过，若过分扩大自由的涵义而延及所谓信教自由、投票自由、言论自由等，使侵害他人的自由成为一个概括条款，其保护范围难以认定，也值商榷。"意思决定自由"似可纳入其他人格权，以作较具弹性适当的保护。[3]

（五）姓名权

1. 概要

姓名权是自然人决定、使用及变更其姓名并排除他人干涉、盗用、假冒的权利。人的姓名在于区别人己，彰显个别性和同一性，并具有定分止争的秩序规范功用。姓名是一个人最美好、最有力的代表（歌德语）。[4]《德国民法典》第12条和我国台湾地区"民法"第19条均就姓名权定有明文。我国《民法典》第110条第1款、第1012条等也明文承认、规定姓名权。自然人享有姓名权，其有权决定、使用和依照规定改变自己的姓名，禁止他人干涉、盗用、假冒。自然人的姓名权包括[5]：

（1）姓名决定权。于不违背公序良俗的条件下，完全民事行为能力人得自行决定其姓名，未成年人的姓名由其监护人决定。新生婴儿的姓名，应根据我国《户口登记条例》第7条的规定，于其出生后1个月内，由户主、亲属、抚养人或邻居向婴儿常住地户口登记机关申报出生登记，并将其姓名登录于户籍登记簿，由此取得正式姓名。

（2）姓名变更权。自然人得变更其姓名。正式姓名的变更，应履行法定程序。根据我国《户口登记条例》第18条的规定，未满18周岁的人需要变更姓名时，由其父母、收养人向户口登记机关申请变更登记；18周岁以上的人需要变更

1　郑玉波著，陈荣隆修订：《民法债编总论》（修订二版），中国政法大学出版社2004年版，第129页。

2　史尚宽：《债法总论》，中国政法大学出版社2000年版，第149页；孙森焱：《民法债编总论》（上），2008年自版，第221页。

3　王泽鉴：《侵权行为》，北京大学出版社2009年版，第119页。

4　王泽鉴：《侵权行为》，北京大学出版社2009年版，第119页。

5　梁慧星主编：《中国民法典草案建议稿附理由》（总则编），法律出版社2013年版，第56页。

姓名时，由其本人向户口登记机关申请变更登记。

（3）姓名使用权。姓名使用权具有专属的特性和排他的效力，系典型的人格权。[1]自然人得使用其姓名从事法律行为或其他各种社会活动。自然人对其姓名的使用，应当符合法律规定。法律规定必须使用其正式姓名的（如办理身份证明、开设银行账户、起诉或者应诉等），不得使用其他姓名。

2. 全国人大常委会关于原《民法通则》第 99 条第 1 款、原《婚姻法》第 22 条的解释

在中华传统文化中，"姓名"中的"姓"，即姓氏，体现着血缘传承、伦理秩序和文化传统，公民选取姓氏涉及公序良俗。公民原则上随父姓或母姓符合中华传统文化和伦理观念，符合绝大多数公民的意愿和实际做法。同时，考虑到社会实际情况，公民有正当理由的也可以选取其他姓氏。立基于此，2014 年 11 月 1 日，第十二届全国人大常委会第十一次会议通过的立法解释就原《民法通则》第 99 条第 1 款"公民享有姓名权，有权决定、使用和依照规定改变自己的姓名"、原《婚姻法》第 22 条"子女可以随父姓，可以随母姓"，作出如下解释："公民依法享有姓名权。公民行使姓名权，还应当尊重社会公德，不得损害社会公共利益。公民原则上应当随父姓或者母姓。有下列情形之一的，可以在父姓和母姓之外选取姓氏：（一）选取其他直系长辈血亲的姓氏；（二）因由法定扶养人以外的人扶养而选取扶养人姓氏；（三）有不违反公序良俗的其他正当理由。少数民族公民的姓氏可以从本民族的文化传统和风俗习惯。"

立基于上述解释的意旨，《民法典》第 1015 条规定："自然人应当随父姓或者母姓，但是有下列情形之一的，可以在父姓和母姓之外选取姓氏：（一）选取其他直系长辈血亲的姓氏；（二）因由法定扶养人以外的人扶养而选取扶养人姓氏；（三）有不违背公序良俗的其他正当理由。少数民族自然人的姓氏可以遵从

---

[1] 姓名权的性质，传统上认为系人格权的一种。但对此见解，如今已有争论，有人认为其系无体财产权或混合权（Mischrecht）之一种。参见施启扬：《民法总则》（修订第八版），中国法制出版社 2010 年版，第 109 页注释 1。

本民族的文化传统和风俗习惯。"

3. 姓名权的侵害

自然人享有姓名权。此所谓姓名，应指广义，不仅指身份证上记载的姓名，还应包括曾用名、笔名、艺名，及所谓"字""号"。但童年的乳名及绰号，则不属于姓名。侵害姓名权的行为有：①干涉他人使用姓名，如强迫著名歌手变更其艺名。②盗用他人姓名，即擅自以他人名义而为某种活动，如自称为某人之子而推销物品，擅自以他人姓名推荐自己的书，或为自己的书作序。[1]③冒用他人姓名，即无权使用他人姓名而使用，例如冒充名医行医、假借某公司董事长之名诈骗，或将他人姓名使用于商品或广告上，以及夫的情妇与夫同宿旅馆，以妻的姓名登记，应认为系对妻的姓名权的侵害。[2]于冒用他人姓名时，有无侵害他人姓名权，应以使用后可能使人误认为被害人而发生相同效果为准，称为"混淆危险说"（Verwechselungsgefahr）。[3]④不当使用他人姓名。例如，于文学作品中以某艺人的姓名作为色情女郎的姓名，或以仇人的姓名公然称呼饲养的犬、猫；将他人的姓名为不当的发音（如把"江居士"读为或写为"将去死"）。需注意的是，我国人口众多，幅员广阔，同名同姓在所难免，使用与他人相同的姓名而无不正当目的者，不构成盗用和冒用他人姓名。[4]

4. 同一性的利益

姓名权所保护者为身份上的"同一性的利益"（Identitätsinteresse）。因此，非盗用、冒用或不当使用他人姓名，而仅系于私人著作中引用他人真实姓名的，不能认为系侵害姓名权；侵害姓名权时，也不当然构成刑法上的诽谤罪。[5]

5. 姓名商业化及其财产价值

也就是说，著名人物的姓名、肖像具有一定的商业价值，可授权他人作商业

1　王泽鉴：《侵权行为》，北京大学出版社 2009 年版，第 121 页。
2　王泽鉴：《侵权行为》，北京大学出版社 2009 年版，第 121 页。
3　施启扬：《民法总则》（修订第八版），中国法制出版社 2010 年版，第 109—110 页。
4　梁慧星主编：《中国民法典草案建议稿附理由》（总则编），法律出版社 2013 年版，第 57 页。
5　施启扬：《民法总则》（修订第八版），中国法制出版社 2010 年版，第 110 页。

性的用途，例如代言推销商品服务。在现今，姓名权已有下列两方面的发展：①姓名权人对其姓名有自主决定是否供商业使用的权利。因此，擅自使用他人姓名作商业广告，自系对他人姓名权的侵害。②肯定姓名系体现个人形象的特征，具有促进商品销售的经济利益，于量定非财产上损害赔偿额时加以斟酌。[1]

（六）信用权

信用权，又称经济上信誉权，指以经济活动上的可靠性和支付能力为内容的权利。信用与名誉的区别在于，信用系经济上的评价，名誉为社会上的评价。不过有时二者难以区分，侵害他人信用权的，得构成对名誉权的侵害，例如不实散布某人因赌博负债累累，业已潜逃境外的信息。我国台湾地区为强化对信用权的保护，于其"民法"债编修改时于第195条第1项增列信用，明定其为人格法益之一种。[2]

侵害信用权，一般系指主张或散布不真实的事实，致他人于经济活动上的可靠性或支付能力受到负面的评价。侵害行为除故意外，尚包括过失，如轻信他人之言，未经查证而为散布。所谓他人，包括自然人和法人，唯必须针对特定人，间接被害人不包括在内，以免因难以预见责任危险而妨害信息流通。其所主张或散布的需为不真实的事实，例如，某企业因股票毁损，业已宣告破产；某市场摊位的香肠系使用罹患口蹄疫的猪肉等。所主张或散布的事实不真实，应由被害人负举证责任。[3]

我国《民法典》并无信用权之明确规定，仅在名誉权项下规定了"信用"受该法的保护（第1024条第2款）。

（七）贞操权

贞操权，指以性的尊严及自主为内容的权利，男女皆有之，但以女子为重要。实务上，侵害贞操权也构成对身体权、名誉权或自由权的侵害。不过，此种

---

[1] 王泽鉴：《侵权行为》，北京大学出版社2010年版，第122页、第123页。

[2] 王泽鉴：《侵权行为》，北京大学出版社2009年版，第124页。

[3] 王泽鉴：《侵权行为》，北京大学出版社2009年版，第124页。

情形，身体权、名誉权或自由权受侵害，系贞操权被侵害的结果，乃第二次引起的现象。为保护性的人格价值，我国台湾地区"民法"债编修改时于第 195 条第 1 项明定贞操系人格法益之一种。此贞操权与夫妻互负的贞操义务不同：违反夫妻互负的贞操义务，得成立侵权行为（于我国台湾地区"民法"上还系离婚或分居的理由），但非对"贞操权"的侵害。[1]

侵害贞操权的情形主要有：①强制性交妇女，如乘妇女心神丧失或其他类似的情形，使其不能抗拒，或对于因亲属、监护、教养、公务或业务关系服从自己监督之人，利用权势而为性交，或以诈术使妇女误信为自己配偶而听从其为性交等；②因欺诈（如以将来结婚为饵）或胁迫（如解雇或告发其犯罪），迫使妇女允为性交。[2]

贞操权的侵害，在其违反性的自主，[3]因此得依被害人出于本意的允诺而阻却违法。于我国台湾地区"民法"上，未满 16 岁者所为的允诺无效，仍构成对贞操权的侵害。16 岁以上的未成年人有识别能力时，可单独为允诺，不必获得法定代理人的同意。法定代理人的代理不及于性的自主，其允许不能阻却违法性。[4]

我国现行民法上并无贞操权的规定，宜于立法与实务解释上认可贞操权或贞操法益。

（八）隐私权

1. 概要

隐私是指个人所得保有的不愿为他人知悉、了解、掌握的情事。隐私（privacy）之作为一种法律概念和权利，系美国法的产物，传播至世界各地，广泛被继受。我国也受其影响，于《民法典》人格权编第 6 章明文规定隐私权，标志着人格权保护领域的扩大。这一方面是因为个人人格的自觉，另一方面是由于科技进

1　王泽鉴：《侵权行为》，北京大学出版社 2009 年版，第 125 页。

2　王泽鉴：《侵权行为》，北京大学出版社 2009 年版，第 125 页。

3　故此，强制性奸女也得构成对贞操权的侵害，至于被害人是否结婚，是否为处女，更非所问，乃属当然。参见王泽鉴：《侵权行为》，北京大学出版社 2009 年版，第 126 页。

4　王泽鉴：《侵权行为》，北京大学出版社 2009 年版，第 125—126 页。

步和大众传播的发展增加了侵害个人隐私权的可能性和严重性，有特别加以规范的必要。

1890 年，塞缪尔·D. 沃伦（Samuel D. Warren）与路易斯·D. 布兰代斯（Louis D. Brandeis）于《哈佛法律评论》上发表论文《隐私权》（The Right to Privacy），主张应受侵权行为法保护的隐私权。1960 年，普罗瑟（Prosser）教授在其论文《隐私》（Privacy）中，对相关案例进行类型化分析，将其归纳为下列四种[1]：①侵扰原告的独居、自处或私人事务，主要案例如侵入他人家宅、旅馆房间，非法搜寻随身行李或购物袋，窃听电话，偷录私人谈话，窥视银行账户等；②公开揭露使原告难堪的私人事务，例如，将原告借钱不还的事实到处张贴海报，使全镇居民知悉，或将原告曾为妓女并为谋杀案嫌疑人的事实，拍成电影；③公开某事故，致原告遭公众误解，例如，以原告名义发表低劣的作品，或误将原告列入刑事犯罪前科记录；④被告为自己利益，未经原告同意而使用原告的姓名或特征。之后，美国法上的隐私权逐渐提升到宪法基本权利的层次。

无论于侵权行为法或在宪法层次，美国法上的隐私权，皆有学说理论作为其支撑：①独处说，认为隐私权是一种保留个人独处不受干扰的权利（the right to let alone）；②私密关系自治说，认为隐私权的本旨在于保障个人私密关系（intimacy）不受侵害；③一般人格权说，认为隐私权系在于维护人性尊严；④资料保留权说，认为隐私权在于保护个人相关信息，而不及于其他与个人无关的利益或领域。[2]

2. 对隐私权的侵害

隐私权是指个人生活秘密领域免于他人侵扰和个人资料自主控制的权利。对隐私权的侵害，通常包括但不限于下列两方面[3]：

（1）侵入私人独处生活领域。例如，未经同意对他人的谈话录音，窃听电

1　王泽鉴：《侵权行为》，北京大学出版社 2009 年版，第 127—128 页。

2　王泽鉴：《侵权行为》，北京大学出版社 2009 年版，第 128 页。

3　王泽鉴：《侵权行为》，北京大学出版社 2009 年版，第 131 页。

话，在他人房间装设电眼，对他人幽会加以录像，窥视少妇入浴，长期深夜电话干扰他人等。至于商店或银行装设闭路电视，对顾客录像，则不具有违法性，盖此行为系在维护所有权，诚实的顾客不因此而受影响，有助于吓阻犯罪，澄清真相。秘密监视他人，例如夫自己或雇人跟踪其妻，查探行止，其侵害行为是否具有违法性，则应就个案衡量监视的事由（单纯嫉妒或有正当理由怀疑其妻与人通奸）和被监视的行为加以认定。

（2）公开揭露个人资料。例如，擅自出版他人日记，公布他人病历或病史，离婚之夫传播其妻所告知的私事，公开他人电话或手机号码，等等。

（九）肖像权

1. 概要

肖像权这一权利早在 19 世纪中叶就被法国的判例认可，进入 20 世纪以后又被以德国（1907 年《美术著作权法》第 22 条、第 23 条）为首的很多欧洲国家及拉丁美洲的国家的著作权法或民法（如《意大利民法典》第 10 条"侵犯肖像权"[1]）认可。在美国，肖像权作为隐私权的一个环节被法律（如 1903 年制定的《纽约州公民权法》第 50 条、第 51 条）或判例认可。在人格权中，肖像权与名誉权、姓名权一样，可以说是最被广泛认可的权利。[2]

自然人的肖像为其人格尊严的重要构成部分，自然人对其肖像享有利用权，有权排除他人对其肖像的丑化、侮辱和非法使用。自然人的肖像权包括：①肖像制作专有权。自然人得自行制作或者授权他人制作其肖像，非经本人同意，他人不得以任何方式制作本人的肖像。②肖像使用专有权。自然人得以合法方式自行使用其肖像或者许可他人使用其肖像，以满足其精神需要或者以此获得财产利益。③肖像利益维护权。自然人得对损害其肖像的一切行为予以制止并追究加害人的法律责任。但自然人的肖像权的行使要受法律的某些特别限制，如为维护社

1　参见费安玲、丁玫译：《意大利民法典》，中国政法大学出版社 1997 年版，第 12 页。

2　［日］五十岚清：《人格权法》，［日］铃木贤、葛敏译，北京大学出版社 2009 年版，第 129 页。

会公共利益或科学研究而使用自然人的肖像，原则上不构成侵害肖像权。[1]

《民法典》对肖像权定有明文，依其第 110 条的规定，自然人享有肖像权，未经本人同意，不得以营利为目的使用其肖像。另外，《民法典》于人格权编第 4 章专章规定肖像权。迄今，肖像权制度已得到发展。按照《中华人民共和国最高人民法院公报》2003 年第 6 期刊登的"叶璇诉安贞医院、交通出版社、广告公司肖像权纠纷案"的裁判见解，所谓肖像，是指通过绘画、摄影、雕刻、录像、电影等艺术手段，于物质载体上再现某一自然人的相貌综合特征。肖像，应当具有完整、清晰、直观、可辨的形象再现性。肖像权作为一种自然人对其肖像的权利，本质上为一种人格权，不具有可处分性。肖像权不得转让、抛弃，但可许可他人合法利用其肖像。因此，与其他人格权（姓名权除外）不同，肖像权中的肖像利用权具有财产权的性质，[2] 称为"商品化权"。[3]

2. 肖像权的侵害

肖像权系个人对其肖像是否公开的自主权利，从而未经他人同意，对其肖像为摄影、写生、非以幽默为目的的漫画陈列、复制，或以肖像作营业广告，或将已制作的肖像进行公开的，均构成对肖像权的侵害。至于毁损照片或铜像，则系侵害他人所有权。基于人群共处相互容忍的必要及社会知（了解）的利益，肖像权的保护应受限制，例如拍摄公众人物（著名运动员、涉及重大刑事案件的被告人等）照片，或拍摄集会、游行、仪式或意外灾变重大事故中的人的照片，或拍摄风景、建筑、街道而以人物作为其点缀，均不构成侵害肖像权。[4]

需指出的是，侵害肖像权的行为尽管多数以营利为目的（此系典型的侵害肖像权的行为），但过于狭窄，因此于实务及未来立法上，非以营利为目的而擅自使用或者丑化、歪曲、侮辱他人肖像的，也应规定为侵害肖像权，以使自然人的

1　梁慧星主编：《中国民法典草案建议稿附理由》（总则编），法律出版社 2013 年版，第 60 页。

2　梁慧星主编：《中国民法典草案建议稿附理由》（总则编），法律出版社 2013 年版，第 60 页。

3　［日］五十岚清：《人格权法》，［日］铃木贤、葛敏译，北京大学出版社 2009 年版，第 141 页以下。

4　王泽鉴：《民法总则》，北京大学出版社 2009 年版，第 134 页。

肖像权得到更为充分的保护。[1]

（十）其他人格权

1. 著作人格权

著作权指因著作完成所生的著作人格权及著作财产权。著作人格权指以著作人对于自己著作所有的人格、精神利益为内容的权利。至于著作财产权，则系指以著作物的财产上利益为内容的权利。侵害著作财产权最常见的是抄袭，即剽窃他人著作当作自己的创作。[2]

2. 对声音、语言的人格法益[3]

声音、语言系个人的重要特征。于民法发展史上，姓名权最早被肯定，肖像权于照相机发明后始受重视，声音、语言则因窃听器、录音机的广泛使用益增其保护的必要，被承认为一种特别人格权（Das Recht zum gesprochenen Wort），以肯定个人对其声音、语言的自主权利。对其侵害形态主要有三种：①对他人的声音、语言录音，使本来瞬息即逝的因而物体化（Verdinglichung），得以被保存或使用。秘密录音得同时构成对隐私权的侵害。公开性的演讲、上课、评论及谈话，除本人或主办者明示或默示同意者外，也不得擅自录音或使用。②窃听他人电话或谈话。③模仿他人声音用于商业广告。

3. 作为人格权的自我决定权

自主决定系人格权的主要内容，包括意思决定自由在内。例如，胁迫分手的女友不得与某人结婚，为阻止某人信仰某宗教，于其祷告或诵经之际，以色情音乐或噪音加以干扰，均可认为系妨害他人意思决定自由的人格法益，情节重大的，被害人就其精神痛苦，得依民法相关规定请求相当金额的赔偿。[4]

于日本，所谓自我决定权，是指个人对其自身的一定范围的私事，可以不受公共权力的干涉，自行决定的权利，至今　直主要作为宪法领域的问题而存在，

1　梁慧星主编：《中国民法典草案建议稿附理由》（总则编），法律出版社 2013 年版，第 61 页。

2　王泽鉴：《侵权行为法》（增订新版），2017 年自版，第 240 页。

3　王泽鉴：《侵权行为》，北京大学出版社 2009 年版，第 135 页。

4　王泽鉴：《侵权行为》，北京大学出版社 2009 年版，第 135—136 页。

即将其理解为《日本宪法》第 13 条的"幸福追求权"的一部分。不过，于日本，其民事诉讼上也产生了自我决定权问题。在大阪地判 1999 年 8 月 20 日《判夕》1072 号第 185 页中，在公司的早会上让公职候选人发表竞选演说，侵害了职员们的听与不听竞选演说应由本人自由决定的自我决定权，法院判决责令公司赔偿 15 万日元的精神损失费。在最判 2000 年 2 月 29 日民集 54 卷 2 号第 582 页中，法院指出："当患者认为接受输血违反自己的宗教信仰，明确表示拒绝伴有输血的医疗行为的时候，将这样的意思表示作为其人格权的一部分，必须予以尊重。"于美国，自我决定权占据着当今的隐私权的一部分，且其隐私权的重点逐渐向自我决定权转移，因此其今后的发展值得关注。[1]

4. 公害、环境诉讼与人格权

在日本，人格权被作为就噪音、振动、排放废气等公害造成的生活妨害请求停止侵害的依据来使用。作为阻止公害的依据，人格权和其他侵权行为理论一直在被使用着。在大阪国际机场案的一、二审判决中，以人格权为依据认可了禁止飞机夜间起飞和降落的请求，以此为契机，之后的噪音诉讼，人格权成为原告方的主要武器。法院虽然最终没有认可停止侵害的请求，但是作为一般理论，出现了认可以人格权为依据提出的停止侵害请求的倾向。[2]另外，横田基地噪音公害诉讼的上诉审（东京高判 1987 年 7 月 15 日《判时》1245 号第 3 页）判决也谓："作为人格权的一种，人理应拥有过平稳安全的生活的权利（简称安定生活权或生活权），噪音、振动、排放煤气等是对《日本民法》第 709 条规定的上述生活权利的侵害，因此，由此产生的生活妨害……应该说是同条所规定的损害。"接着指出：作为人格权的安定生活权受到侵害的当事人，拥有请求停止侵害的权利。需注意的是，该判决所提倡的安定生活权，于之后的各种对环境污染设施提

1　[日] 五十岚清：《人格权法》，[日] 铃木贤、葛敏译，北京大学出版社 2009 年版，第 187—188 页。

2　[日] 五十岚清：《人格权法》，[日] 铃木贤、葛敏译，北京大学出版社 2009 年版，第 185—186 页。

起的请求停止侵害的事案中，得到了承继。[1]

我国台湾地区也认可"居住安宁生活的精神及自由"的人格法益。其 2003 年度台上字第 164 号判决谓：于他人居住区域发出超越一般人社会生活所能忍受的噪声，应属不法侵害他人居住安宁的人格法益，如情节重大，被害人得依"民法"第 195 条第 1 项之规定，请求赔偿相当的金额。另外，2004 年度台上字第 2064 号判决谓：上诉人因系争房屋倾斜，一楼、二楼、顶楼地板及墙壁发生严重龟裂，随时有倒塌的危险，致居住安宁生活的精神及自由受到严重损害，被上诉人应赔偿 25 万元的慰抚金。[2]

5. 作为人格权的安定生活权

妨碍安定生活的案件，不限于公害环境问题。例如，于日本横滨地判 1978 年 4 月 19 日《判时》905 号第 87 页中，执拗地要求与过着安定的家庭生活的人见面，并频繁地给其打电话的行为，被认定为对人格权的违法侵害，法院认可了停止侵害的请求；于东京地判 1990 年 11 月 18 日《判夕》764 号第 219 页中，法院认为某女性向私生子的父亲索要抚养费的方法过于执拗，超出了通常行为的尺度，侵害了对方过安定生活的权利，因此认可了私生子之父提出的精神损害赔偿请求。此外，于东京地判 1999 年 8 月 27 日《判夕》1060 号第 228 页中，对日本右翼团体使用宣传车、扩音器等对某女演员进行执拗的街头宣传的行为，法院认为其侵害了作为人格权的安定生活权，判决认可了停止侵害的请求。在静冈地滨松支判 1987 年 10 月 9 日《判时》1254 号第 45 页中，周边居民以侵害人格权为由，请求禁止暴力集团使用建筑内的暴力集团事务所，得到了判决的认可。当然，依据人格权提出的停止侵害请求不可能被无限认同。例如，在大阪地判 1981 年 4 月 22 日《判夕》441 号第 127 页中，对于认为地铁的商业宣传广播侵害人格权，因而要求停止侵害的案件，法院以并未给一般乘客带来那么强烈的厌恶感等

1　［日］五十岚清：《人格权法》，［日］铃木贤、葛敏译，北京大学出版社 2009 年版，第 185—186 页。

2　王泽鉴：《侵权行为》，北京大学出版社 2009 年版，第 136 页。

为由，否定了违法性；在东京地判 1987 年 3 月 27 日《判时》1226 号第 33 页中，对以香烟的烟气侵害人格权为由，要求国铁设置禁烟车厢的请求，判决认为香烟实际的危险性较低，由此造成的健康损害也没有超过允许范围，因此驳回了请求；在山口地岩国支判 1992 年 7 月 16 日《判时》1429 号第 32 页中，市政府的职员以香烟对人体有害为由，依据人格权，请求在市府的办公室内实施禁烟措施，对此，判决也以侵害属于可容忍范围为由驳回了请求。可以说这些判例都是公共设施内的问题，与侵害个人的家庭生活的安定是有区别的，因此都采取了不予保护的否定立场。[1]

（十一）错误怀孕、错误出生及错误生命

错误怀孕（Wrongful Conception，Wrongful Pregnancy）的典型案例是：甲妇女为避孕而实行结扎手术，因乙医生手术疏误致结扎失败，甲妇女乃怀胎生子丙。错误出生（Wrongful Birth）的典型案例是：甲妇女怀孕，恐胎儿患有疾病，由乙医生诊断，乙医生检查失误，告以胎儿健康，致未堕胎而生下患有残疾的婴儿丙。于此两种情形，甲妇女可否对乙医生请求损害赔偿？所谓错误生命（Wrongful Life），是指于上述情形生出患有残障的子女。于错误生命情形，残障子女可否向医生请求损害赔偿？这些系因科学技术的发展与社会伦理观念的变迁而产生的问题，已成为比较法上的热门研究课题，值得注意。[2]

（十二）死者人格法益的保护

如前所述，人的权利能力始于出生，终于死亡，因此，人死后，其人格权已不存在，但其尚有人格法益。死者的人格法益遭受损害时，于侵权行为法上应如何加以保护，系侵权行为法的重要课题。《民法典》侵权责任编（即《民法典》第 1164 条第 1 款）所谓"民事权益"，即包括了死者的人格法益。也就是说，除《民法典》侵权责任编明确列举的人身权利和财产权利外，死者名誉等也属于该法

1　［日］五十岚清：《人格权法》，［日］铃木贤、葛敏译，北京大学出版社 2009 年版，第 186—187 页。

2　王泽鉴：《侵权行为》，北京大学出版社 2009 年版，第 137 页以下有详细讨论，可供参考；张新宝：《侵权责任构成要件研究》，法律出版社 2007 年版，第 231 页以下也有讨论，可参考之。

的保护对象。[1]最高人民法院《关于确定民事侵权精神损害赔偿责任若干问题的解释》（法释［2001］7 号，2020 年修正）第 3 条明示对死者的人格法益进行保护，使死者的近亲属得请求精神损害赔偿，其规定："死者的姓名、肖像、名誉、荣誉、隐私、遗体、遗骨等受到侵害，其近亲属向人民法院提起诉讼请求精神损害赔偿的，人民法院应当予以支持。"

六、人格权的保护方法

人格权于当代民法上的保护特色，系其保护范围的扩大：于时间上扩张及于出生前和死亡之后（"人"的范围扩大）；于内容上，系建构了日益完备的救济保护体系（保护方式）。依《民法典》第 179 条的规定，承担侵权责任的方式主要有：①停止侵害；②排除妨碍；③消除危险；④返还财产；⑤恢复原状；⑥赔偿损失；⑦赔礼道歉；⑧消除影响、恢复名誉等。另外，法律规定惩罚性赔偿的，依照其规定而予适用。还有，《民法典》第 1234 条规定："违反国家规定造成生态环境损害，生态环境能够修复的，国家规定的机关或者法律规定的组织有权请求侵权人在合理期限内承担修复责任。侵权人在期限内未修复的，国家规定的机关或者法律规定的组织可以自行或者委托他人进行修复，所需费用由侵权人负担。"此等承担侵权责任的方式，既可以单独适用，也可以合并适用。将这些保护方法归纳言之，其主要者大抵就是除去和防止侵害请求权，以及损害赔偿请求权。

（一）除去和防止侵害请求权

人格权特性上为绝对权，具有不可侵犯性，其受到侵害时，受害人得行使除去侵害请求权（Beseitigungsanspruch），以排除侵害、恢复原状。此除去侵害请求权包括：要求停止侵害、恢复名誉、消除影响、赔礼道歉、恢复原状、排除妨碍。需注意的是，在侵害尚未发生而有侵害之虞时，如准备散发诽谤性刊物时，当事

1　全国人大常委会法制工作委员会民法室编：《中华人民共和国侵权责任法条文说明、立法理由及相关规定》，北京大学出版社 2010 年版，第 7 页。

人并有防止侵害请求权（Unterlassungsanspruch），以预防侵害的发生。于有客观的侵害事实时，不问侵害人主观上有无过失，受害人均可直接向侵害人请求除去其侵害，也可向法院请求除去其侵害。[1]

（二）损害赔偿请求权

侵害人格权，既可能造成财产损害，也可能造成精神损害。对人格权遭受侵害而发生的财产上的损害（如侵害他人身体时的医疗费用），受害人当然得请求损害赔偿。另外，《民法典》第 996 条规定："因当事人一方的违约行为，损害对方人格权并造成严重精神损害，受损害方选择请求其承担违约责任的，不影响受损害方请求精神损害赔偿。"第 1183 条规定："侵害自然人人身权益造成严重精神损害的，被侵权人有权请求精神损害赔偿。因故意或者重大过失侵害自然人具有人身意义的特定物造成严重精神损害的，被侵权人有权请求精神损害赔偿。"

第七节 身份权

一、概要

人类进步的潮流是包括森严壁垒的身份力量所不能阻挡的。人类于经历了一个较长时期的身份秩序后，终于自近代起进入到一个崭新的社会——契约社会。这就是英国历史学家梅因所言的：人类社会的进步，是"从身份到契约"。1640年开始的英国资产阶级革命，尤其是 1789 年的法国大革命的一个重要目标就是要打破当时的身份制格局，建立自由、平等的理想社会。此反映在民法上，就是自 19 世纪起制定的民法如《法国民法典》《奥地利普通民法典》均大抵规定：人的权利能力一律平等，即人格平等。于此基础上，进一步规定所有权绝对原则、契约自由原则及自己责任原则，从而为近代资本主义的发展奠定法律基础。

1　为扩大对人格权的保护，对于尚未发生的侵害，亦即有侵害之虞时，权利人得请求防止其侵害，以避免侵害之发生。参见施启扬：《民法总则》（修订第八版），中国法制出版社 2010 年版，第105 页及该页注释 2、第 106 页。

应当看到，民法自 20 世纪以降，尤其是从 20 世纪六七十年代以来，以对人的人身加以支配为内容的身份权已渐趋消亡，迄至今日，身份权的种类已很有限了。并且，同一种身份权，与过去相比，其内容也发生了很大的变化。例如，家长权，过去是以对家子的人身加以直接支配为内容的权利，现今却演变为对未成年子女加以保护、教养的权利；夫权，过去是以夫直接支配妻的人身为内容的权利，现今却演变为配偶权，即配偶之间因婚姻关系而互负诚实义务的权利，等等。一般认为，当代民法的身份权主要有：监护权（亲权、家长权）、配偶权及继承权。

二、各种具体的身份权

（一）监护权（亲权、家长权）

监护权，又称亲权或家长权，指父母对未成年子女（被监护人）于人身和财产方面的管教和保护的权利。[1] 例如，甲陪伴自己 5 岁的孩子住院治疗眼疾，深夜熟睡时孩子被丙抱走。甲可请求丙交还其子，并赔偿为寻找其子所支出的悬赏广告的费用。配偶离婚后，母对未成年子女有单独监护权，而父扣留其子时，也系侵害母的家长权（亲权），母得请求赔偿寻找其子的费用。此外，侵害父母之一方与未成年子女交往的权利时，也得成立侵权行为。[2]

（二）配偶权

配偶权，指配偶间因婚姻而成立以互负诚实义务为内容的权利。甲男与乙之妻丙通奸时，甲与丙系共同侵害乙的配偶权，乙得请求赔偿调查通奸事实的费用。在通奸生子时，乙并可请求赔偿提起否认婚生子女之诉、离婚及对该子女生产和抚养所支出的费用。于配偶一方将通奸者带入家中同居而破坏婚姻生活的圆满及幸福时，配偶得请求相奸者搬离其家，以除去其侵害。[3]

1　全国人大常委会法制工作委员会民法室编：《中华人民共和国侵权责任法条文说明、立法理由及相关规定》，北京大学出版社 2010 年版，第 6 页。

2　王泽鉴：《侵权行为》，北京大学出版社 2009 年版，第 148—149 页。

3　王泽鉴：《侵权行为》，北京大学出版社 2009 年版，第 149 页。

（三）继承权

继承权，指继承人总括继承被继承人财产上权利义务的地位，兼具身份权与财产权两方面的特性。对继承权的侵害，因非继承人的第三人僭称为继承人而发生。例如，兄于父的继承开始时，自命为唯一继承人，而行使遗产上的权利的，即侵害弟的继承权。[1]

应注意的是，上述身份权中，配偶权于我国现行法上迄未规定，但解释上宜肯认之，自不待言。监护权、继承权依我国《民法典》的规定和精神，应当然认可之。这些权利遭受侵害时，受害人就财产上的损害，自可请求损害赔偿。受害人遭受非财产上的损害时则不能一概而论。依《民法典》的前述规定，仅在"造成严重精神损害"时，方可请求精神损害赔偿。严重精神损害是精神损害赔偿的法定条件、必要条件。如果只是轻微的、暂时的痛苦或不高兴、不愉悦、不开心，就不符合该严重精神损害的法定条件、必要条件，从而也就不得主张精神损害赔偿。

第八节　住　所

一、住所的基本概要

人是权利义务的主体，于法律上必须有生活上的中心点或准据点，使法律关系的认定有标准，这就是住所（Wohnsitz），它是个人生活关系于地域上的中心点，也是姓名以外的个人的特征。[2]住所于法律上具有重要意义：于诉讼法上，住所决定诉讼管辖地；于民法上，住所是决定监护、决定宣告失踪及宣告死亡、决定债务履行地、决定涉外法律适用的准据法的重要因素。此外，住所于公司法、国际法、选举法、税法上，也都具有重要意义。

1　王泽鉴：《侵权行为》，北京大学出版社 2009 年版，第 149 页。
2　黄立：《民法总则》，2005 年自版，第 101 页。

住所的观念，民法从罗马法以来，系采主观主义，例如《法国民法典》第103条至第105条，《瑞士民法典》第23条第1项。《瑞士民法典》第23条第1项规定："具有永久居住的意思而居住于一地者，以该地为其住所；为求学目的而居住于一地，或者被安置于养育院、养老院、医院或监狱者，不因此设定住所。"[1]以久住的意思，住于一定的地域者，该地域即为其人的住所。日本判例对于住所也采瑞士民法的主观主义。日本学说认为，定居或久住的意思未必常常存在，而且由外部不能认识它的场合也是很多的，所以，如果以定居或久住为要件，则有给第三人带来不测的损害之虞，特别是《日本民法》没有采取主观主义的明文，所以最好还是采客观主义[2]。[3]

关于住所，究应采单一主义还是复数主义，各国家和地区有不同的做法。有采复数主义者，如《德国民法典》第7条第2项规定，"住所得设于数地域"；[4]有采绝对的单一主义者，即不得同时有两个住所；有采相对的单一主义的，即原则上不得同时设定两个住所，而于工商业的营业所则系例外，如《瑞士民法典》第23条第2项、第3项。[5]日本多数学者认为，人的生活关系是多层面的，而不是一面的，多种生活关系，例如营业关系、亲属关系等，都可能有各自的中心点，所以应当承认每一项法律关系、每一项法律生活的层面都应有其相应的住所（例如关于家庭生活的甲地、关于职业生活的乙地，即住所应按照生活关系的种类而分化确定），因此认为以采复数主义（法律关系基准说）为妥[6]。[7]

于我国台湾地区，依其"民法"的规定，住所可分为意定住所（依个人的意

1　参见戴永盛译：《瑞士民法典》，中国政法大学出版社2016年版，第11页。

2　［日］松坂佐一：《民法提要（总则）》（第3版），有斐阁1975年版，第99—100页。

3　《日本民法》第22条规定："各人生活之据点，为其人之住所"［王融擎编译：《日本民法：条文与判例》（上册），中国法制出版社2018年版，第31页］。该规定系仿《法国民法典》第102条而来。

4　参见台湾大学法律学院、财团法人台大法学基金会编译：《德国民法》（上，总则编、债编、物权编）（2016年修订第二版），元照出版有限公司2016年版，第9页。

5　胡长清：《中国民法总论》，中国政法大学出版社1997年版，第89页。

6　［日］松坂佐一：《民法提要（总则）》（第3版），有斐阁1975年版，第100页。

7　日本以往采住所单一主义，新近以来，复数主义（又称"法律关系基准说"）居于支配地位，但判例究竟采取何者，并不明确。参见［日］四宫和夫、能见善久：《民法总则》（第八版），弘文堂2010年版，第67页。

思设定的住所)、法定住所（依法律的规定成立的住所，例如行为能力欠缺之人的住所、夫妻的住所）及拟制住所（法定住所的补充，性质上为广义的法定住所，包括以居所视为住所及为特定行为选定住所）。另外，法律上所称的住所未必与户籍地址一致，但户籍地址应可作为证明住所的推定依据。[1]

住所对于个人而言，一如其姓名，乃具重要意义。当代民法上有所谓住所权的观念，德文称为 das Hausrecht，系由财产所有权发展、演变而来，其意义指住所权人可以自由地占有、使用、收益和处分自己的住所，并排除他人的干涉。[2]《德国基本法》第 13 条认可了这一权利。按照其规定，住所权人有权将他人由其住所、房间或营帐逐出。也有人认为此住所权系个人自由权的一种，是对个人自由的承认 [3]。

二、住所与居所

居所系为某种特定目的而暂时居住的处所，起着补充住所的功用。居所与住所的区别在于有无久住的意思：有久住的意思者为住所，否则为居所。因一时的特定目的而居住在一定地域者，如在外求学而住宿，在他地工作而暂居，因患病而住院治疗，被判处徒刑而入监服刑等，均欠缺久住的意思而为居所。《民法典》第 25 条规定："自然人以户籍登记或者其他有效身份登记记载的居所为住所；经常居所与住所不一致的，经常居所视为住所。"

三、临时住所

为法律行为的当事人选定一定的场所为临时住所时，关于其行为，以其临时

---

[1]　郑冠宇：《民法总则》（第二版），瑞兴图书股份有限公司 2014 年版，第 103 页。

[2]　依此权利，可以将他人由其住所、房间或营帐逐出，此并不以住所权人对住所、房间或营帐有所有权或其他任何权利为前提，即使是违法占有（较长期的占有）的，也具有此种权利。参见黄立：《民法总则》，2005 年自版，第 101—102 页。

[3]　黄立：《民法总则》，2005 年自版，第 101—102 页。

住所视为住所。临时住所是为了交易上的便捷，多以当事人间的合意而规定，故无须像住所那样以久住（定住）的事实为必要。[1]

四、自然人住所与法人住所

自然人有住所，作为权利义务主体的法人也有住所。法人的住所由法律直接规定，属于法定住所。《民法典》第 63 条规定："法人以其主要办事机构所在地为住所。依法需要办理法人登记的，应当将主要办事机构所在地登记为住所。"另外，《公司法》（2018 年修订）第 10 条也规定："公司以其主要办事机构所在地为住所。"

---

[1]　［日］四宫和夫、能见善久：《民法总则》（第八版），弘文堂 2010 年版，第 66 页。

第六章

民事主体——法人

第一节　法人的意义

一、法人的意义、源起、形成与发展

（一）法人的意义

自然人之外得成为权利义务的主体者，即是法人（Juristische Person）。作为人的集合的团体（称为社团）或财产的集合（称为财团或目的财产），其自身若能成为权利义务的主体，则是便利的。例如，团体可以团体自身的名义与资格缔结合同、所有不动产，其法律关系简便，且对团体的构成员也具有很大的实益。但是，这些团体、财产的集合体要在法的世界中成为权利义务的主体，需满足法律所定的一定要件，且需被赋予法人格。团体、财产的集合体这些社会的实体并非当然取得法人格，此点与当然取得法人格的自然人并不相同。怎样的团体乃至财产的集合体方被赋予法人格，系由各种法律规定。[1]

（二）法人的源起

法人是指具有民事权利能力和民事行为能力，依法独立享有民事权利和承担民事义务的组织（《民法典》第57条）。其中，基于一定的目的，由多数自然人集合而成的社会组织体，为人合组织体；基于一定的目的，由财产集合而成的社

---

[1] ［日］四宫和夫、能见善久：《民法总则》（第八版），弘文堂2010年版，第77页。

会组织体，为财合组织体。无论人合组织体或财合组织体，一经法律赋予其民事权利能力，就成为自然人之外的另一类民事主体——法人。概言之，法人并非自然存在的生命体，而是由法律所创制的权利与义务主体。[1]不具有法人资格，但依法能够以自己的名义参加民事活动的组织体并非法人，称为非法人组织（学理上也有称为非法人团体的）。

人类的历史为团体结合和发展的历史。自古以来，人类就生活于团体之中，须臾离不开团体。氏族、家庭、国家、县、市、乡、镇、村、组，固然是团体，公司、工厂（企业）、中心、宗教、学会等也同样为团体。服务于团体，并依赖团体为生者，不乏其人。各种团体，对于其成员的自由活动虽然可能作某种程度的限制，但团体本身却能发挥超越个人力量的强大力量，同时也可以实现个人力量所无法达到的目的，借以推动社会生活和人类文明的发展。[2]

民法之所以赋予一定的社会组织体以法人格，一方面在于使多数的人和一定的财产可以成为权利义务的主体，以便于从事法律交易；另一方面在于使社会组织体的法律关系明确化、单纯化，使构成社会组织体的各个成员的财产与社会组织体（法人）本身的财产严格区别。社会组织体，以团体的财产对自己的债权人负责，各构成员如股份有限公司的股东仅以自己向公司的出资对公司的债权人承担责任。法人的代表人和代理人代表法人所为的各种行为，其效力直接归属于法人本身。因法人的财产系法人的债权人的责任财产，故以法人名义起诉时，法院判决的拘束力也只能及于法人本身。[3]

（三）形成与发展

从一定意义上而言，法人形成与发展的历史，就是人类社会的经济生活不断发展、变迁、演进的历史。法人，并不是从一开始就形成今天这样的局面，事实上，它是伴随着民事主体制度的不断演进、变迁而发展起来的。

1　郑冠宇：《民法总则》（第二版），瑞兴图书股份有限公司 2014 年版，第 67 页。

2　刘得宽：《民法总则》（增订四版），中国政法大学出版社 2006 年版，第 90—91 页。

3　刘得宽：《民法总则》（增订四版），中国政法大学出版社 2006 年版，第 91 页。

在法律发展的初期，即在罗马法时代，活跃于社会生活领域的民事主体，主要是单个的个人。当时，从事商品交易的民事主体主要是单个的个人，即家长。往后，随着商品交易范围的扩大，两个或两个以上的人共同出资、共同经营、共负盈亏的合伙开始出现。此合伙民事主体的出现，是对单个的自然人作为民事主体的弊端的克服，是民事主体制度的第一次重大演进。

476 年，随着西罗马帝国的灭亡，欧陆社会进入了漫长的中世纪时期。至中世纪末期（大约 13、14 世纪），于地中海沿岸，资本主义生产关系开始萌芽，商人之间频繁地进行各种交易，商业往来十分频繁，而作为交易的主体的，除了单个的自然人之外，主要是商人团体间。亦即，此时依靠单个人的力量已不能在商业交易中赚取更多的利润，于是普遍的做法是成立商人团体，并以其名义对外从事民事活动，进行商业交易。此所谓商人团体，最初是由两个或两个以上的人组成，称为合伙。这种合伙，其本质上是罗马法时代的合伙民事主体的延续。合伙作为民事主体之后的进一步发展，是无限公司作为民事主体在社会生活中的应运而生。在无限公司中，其所有的构成员对公司的债权人皆承担无限责任，责任可谓重大，而且也不方便。特别是加入公司的每个人都要对公司的债权人承担无限责任，这一点是制约这种组织形式进一步发展的最大障碍。于是，为克服无限公司的缺陷，又应运而生了一种新的民事主体形式——两合公司。在两合公司中，其构成员可以自由选择承担无限责任或有限责任。自己的财力雄厚的，可以承担无限责任；反之则承担有限责任。这样，在近代之前，活跃于民事生活领域的民事主体即主要有四种：单个的个人、合伙、无限公司和两合公司。无限公司，就责任形式和组织形态而言，只不过是合伙组织的扩大或发展，易言之，无限公司是发展了的或扩大了的合伙组织，二者在实质上并无根本差异。至于两合公司，则是对无限公司的发展。

欧洲的历史自 1500 年前后起进入近代时期。经过数百年的发展，民事主体的形式也在不断地向前发展和发生演变。近代时期，采民商分立的欧陆国家在商法领域承认独立的有限责任公司和股份有限公司制度。这两种交易的组织形式的出现，使近现代和当代意义的法人制度真正得以产生，并且民事主体制度至此完成了它的最重要的发展历程。

有限责任公司和股份有限公司，是最典型的法人形态。自此，真正意义上的法人制度得以诞生。民事主体制度的这一发展，是克服合伙、无限公司和两合公司的弊端的结果，是民事主体制度在其发展进程中业经实践长期检验的产物。对此，只要我们比较一下合伙与有限责任公司的差异就明了了。

合伙关系具有浓厚的人格的色彩。参加合伙的人往往都是志同道合者，而且某人要入伙或退伙，都要获得其他合伙人的同意，只要有一个合伙人不表同意，入伙或退伙就不能实现。合伙是建立在人们彼此之间的信赖关系基础之上的，但人们之间的此种信赖关系并非永久不变。事实上，人情无常，变化不已。人事关系的变化对合伙的存续有着直接的影响。更重要的是，参加合伙的每个人都需对合伙的债务承担连带无限责任。此对各合伙人而言乃是极大的负担和不便。正是因为有这些弊端，所以合伙的组织形态不适宜用来经营长久的事业。欲从事和经营长久的事业，最好的办法是采取有限责任公司或股份有限公司的组织形式。

在有限责任公司和股份有限公司中，合伙中的紧密的人与人之间的信赖关系不复存在。有限责任公司或股份有限公司的股东加入公司或退出公司，只需将自己投入公司的资本的表现形态——股票或股份——转让给他人或抽出就可以了。也就是说，在这两种组织形式里，一个人加入公司或退出公司都绝不会对公司本身的存续产生影响，所以它们适于从事长久的或永久性的事业。而合伙则具有浓厚的人格的色彩，一个人的进退都会影响到合伙的存在，而且各合伙人对合伙的债权人承担无限连带责任，因此它不适于用来从事长久的甚至是永久的事业。正因为如此，克服合伙组织形态的弊端的有限责任公司和股份有限公司出现了，这标志着法人制度达到了它的最后的完善形态。

需注意的是，法人制度出现后，还进一步出现了两个或两个以上的法人发生合并或一个法人发生延伸的情况。在我国，有两个或两个以上的企业法人联合后形成一个新的经济实体，称为企业集团。此外，一个大的内国法人在国外开设分支机构而设立新的法人的情况也是存在的，这就是跨国公司。这些都是法人制度的最典型的发展。

在当代，无论在哪个国家，占据和支配经济生活的组织形态都是无时无刻不映入我们眼帘的法人，例如工厂、企业、公司、中心等，单个的个人在这些法人的面前大抵显得势单力薄，十分微小。正是这些法人支配和控制着我们每天的生活，我们日常所需要的衣、食、住、行、育、乐等生活资料、生产资料大多系由它们所提供，它们由此在我们的生活中占据突出地位，甚至在很多方面主宰着我们的生活。在当代，如何保护作为消费者的单个人的利益乃具有头等重要的意义和价值，因为上述法人组织掌握着生产我们日常生活所需要的商品的主动权，控制着所生产商品的危险，而单个的消费者与之相较，乃是明显的弱者。正是因此，在当代法人制度业已得到充分发展时，如何保护作为单个的消费者的利益也就成为一项重要的课题。

二、团体、财产的集合体被赋予法人格的法律意义

如前所述，团体、财产的集合体这些社会的实体，不能当然取得法人格，此点与得当然取得法人格的自然人迥乎不同。也就是说，团体和财产的集合体要在法的世界中成为权利义务的主体，必须满足法律规定的一定要件，而由法律赋予其法人格。[1] 某团体取得法人格，成为权利义务的主体，在法律上具有怎样的意义呢？如概而言之，就是并非团体的构成员而是团体自身成为权利义务的统一的归属点，即团体成为法人。以下分别从法人团体为积极的活动的意义、交易的结果产生的权利义务的归属以及关于责任的意义三方面进行分析。

（一）从事民事活动的法人的意义

团体如取得法人格，就可以以该团体的名义缔结合同，进行交易活动等。例如，可以以团体的名义缔结租赁合同，于银行开设账户。另外，团体如具有法人

---

1 ［日］四宫和夫、能见善久：《民法总则》（第八版），弘文堂 2010 年版，第 77 页。

格，也可以在诉讼上以团体自己的名义进行活动（诉讼）。当然，在当代，许多交易也可以以没有法人格的团体的名义进行。例如，银行的账户等，即使是没有法人格的团体，也可能以团体的名义开设之。此外，在诉讼上，非法人的社团或财团，于有代表人或管理人时，以这些人的名义进行诉讼也是可以的。在这些社会活动方面，法人格并不是必需的。[1]

（二）权利义务的归属与责任的法人的意义

1. 权利的归属

在法人，权利并非归属于其团体的构成员（社员）或代表者（理事），而是直接归属于团体自身；无法人格的团体，就其享有所有权的不动产，不能以团体名称登记，如果系法人，则可以以该法人的名称登记，系法人自身的财产。[2]

2. 义务的归属与责任[3]

①法人团体所负的债务，归属于团体自身，其构成员（社员）并非债务人。另外，法人团体的代表者（理事）也非债务人。②因团体自身成为义务的主体（债务人），故团体的债务以团体自身的财产清偿，其构成员并无以自己的固有财产清偿团体债务的必要。以公司法人为例，公司的股东于设立公司之际的出资成为公司的财产，公司破产时向公司债权人清偿债务的，出资以外的财产不负向公司债权人为清偿的义务或责任，称为股东的"有限责任"。公益法人的构成员与股份有限公司的情形不同，于设立法人时不必须出资，因此此种场合"有限责任"的说法并不贴切，但对法人团体的债权人，因其并不负直接责任，在此意义上，称之为"有限责任"也并无不可。

法人与其构成员（社员）的关系可图示如下[4]：

1　［日］四宫和夫、能见善久：《民法总则》（第八版），弘文堂2010年版，第78页。

2　［日］四宫和夫、能见善久：《民法总则》（第八版），弘文堂2010年版，第78页。

3　［日］四宫和夫、能见善久：《民法总则》（第八版），弘文堂2010年版，第78—79页。

4　［日］四宫和夫、能见善久：《民法总则》（第八版），弘文堂2010年版，第79页。

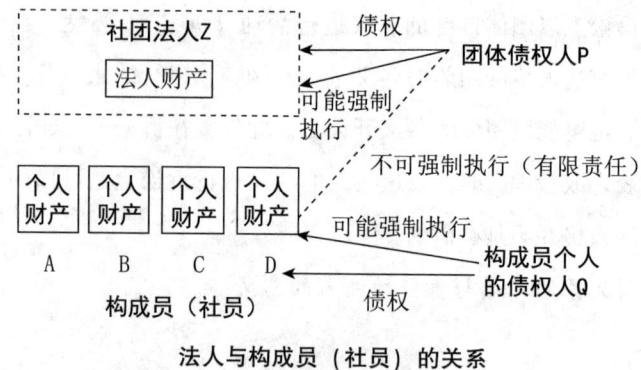

法人与构成员（社员）的关系

三、构成法人的契机

法人得以成立的契机，可由如下三点展开分析 [1]：

第一，实体的契机。从社会的、经济的观点看，自然人之外适宜成为交易的主体的实体（社团、财团）必须存在。某团体具有这样的实体的契机，即应被赋予法人格。另外，实体的契机的问题，非营利法人与股份有限公司等营利法人系存在差异，即后者认可仅有一名股东的"一人公司"。

第二，价值的契机。但是，上述实体并非当然系法人。可成为法人的根据法的各实定法，系从政策的角度加以价值判断，对在社会的、历史的情事下值得成为交易的主体的实体赋予法人格。

第三，技术的契机（法人格）。法人是将非自然人存在的实体从技术上作为权利义务的统一的归属点，正是此技术的契机，在交易的层面上构成法人的本质的东西。概言之，法人是对自然人以外的实体进行法技术上的处理的结果。

1　［日］四宫和夫、能见善久：《民法总则》（第八版），弘文堂 2010 年版，第 80—81 页。

四、法人的本质

（一）关于法人本质的各种学说

法人制度是近现代和当代民法上一项极为重要的法律制度。团体的法人格的赋予，是民法理论最富想象力和技术性的创造。关于法人的本质，从来有各种主张，其主要者有如下三说。

1. 拟制说（Fiktionstheorie）

此由德国学者萨维尼、温德沙伊得所倡。此种学说，是法人依国家权力的特许而例外地予以承认的资本主义初期阶段的学说。[1] 按照此说，只有具有自由意思的自然人才是权利义务的主体，法人只不过是国家单纯为了法律上的目的而以人为的方式——特许的方式——拟制的主体（fingierte Person）。[2] 也就是说，该说认为法人之有人格，乃系由于法律的拟制。

拟制说的出发点是认为自然人有意思能力，因此只有自然人可以成为权利义务的主体。但自然人的权利能力也系由法律所赋予。不问自然人有无意思能力，若自然人离开法律，也将无权利义务之可言。按照此说，法人虽有权利能力，但因无意思能力，所以并无行为能力，只因为代理人的行为，法人才取得权利、承担义务，所以法人也无侵权行为能力。[3]

拟制说基本上以罗马法的法人观念为基础，认为自然人为自然的权利主体，法人则为拟制的权利主体。并且，该说以近代法上的个人本位的意思理论（Willenstheorie）为出发点，盛行于 19 世纪。在当时政治上的专制主义之下，相较于极力压制和排斥介于国家和个人之间的中间团体的成立来说，以及相较于认为只有获得君主的特许，团体才可以成立的特许主义来说，拟制说是最好不过的了。

1　[日] 石田穰：《民法总则》，悠悠社 1992 年版，第 148 页。
2　[日] 松坂佐一：《民法提要（总则）》（第 3 版），有斐阁 1975 年版，第 113 页。
3　谢瑞智：《民法总则精义》，1994 年自版，第 78 页。

故此，拟制说一经提出便风靡了当时的法律学界，成为一时的通说。[1] 当然，自当代法律观点来看，拟制说已不合时宜，不为人们所接受。但拟制说认为法人所为的行为，并非组成人员全体的共同行为，而是有异于组成人员的独立组织（法人）所为的行为，此系近代法上使团体超越其组成分子，成为独立个体的具体表现，在团体法制的理论发展上具有不可磨灭的贡献。[2]

2. 否认说

该说与拟制说相同，系以个人主义为依据。但该说较拟制说走得更远、更彻底，即根本否认法人的存在，否认法人在社会上有其独立存在的人格，认为即使已组成人的团体或财产的团体，实际上真正享受利益者仍是透过团体而管理一定财产的自然人，因此应认为自然人才是权利义务的主体。此说又分为三说。

（1）目的财产说（Theorie des Sondervermögenstheorie，无主财产说），由耶林、布林兹（Brinz）等人所倡。他们以教会的财产属于上帝或基督教等教会法上的学说为依据，认为法人之设立，系以集合财产供多数人利用为目的。此财产不属于任何人，仅为特定目的而独立存在。所谓法人，法律上并不存在，实际存在的只有该目的财产（Zweckvermögen）。

（2）受益人主体说，由耶林所倡，其以教会的财产乃为一般教友所有，教会只不过是负责管理该财产而已等教会法上的理论为依据，认为法人并非真正的权利主体，为权利主体者乃因法人而受利益的个人。例如，社团的财产属于受益的社员，财团的财产属于受救济利益的贫、弱、病、孤儿等。所谓法人，并不是实际的存在，仅系为使多数权利主体的法律关系单一化所作的技术设计。

（3）管理人主体说，由荷尔达（Hölder）、宾达（Binder）等人所倡。他们以教会的财产系属于管理此财产的主教等教会法上的学说为依据，认为法人的财产非属于法人自身，而是属于管理财产的自然人：在社团，属于有处分权的社员；

---

[1] ［日］松坂佐一：《民法提要（总则）》（第3版），有斐阁1975年版，第113页；［日］四宫和夫、能见善久：《民法总则》（第八版），弘文堂2010年版，第81—82页。

[2] 施启扬：《民法总则》（修订第八版），中国法制出版社2010年版，第120—121页。

在财团，属于有处分权的管理人。此种具有处分权的管理人，系权利主体，而法人并非权利主体。[1]

依当代法律理论，否认说已无法为人们所接受，因为其理论与实际情况不合。但该说于提出当时也有积极贡献[2]：①它进一步区分社团与财团，认为组织体的最后基础为个人，组织体系由个人所组成，而个人在团体中并不丧失其主体性，强调个人的存在价值；②说明法人的技术性本质，即认为法人系合理处理法律关系的一种抽象的社会技术。

3. 实在说（Theorie der realen Verbandsperösnlichkeit）

此说放弃个人主义，而从团体主义出发，认为法人并非法律所拟制的空虚的存在，而是社会的实际的存在。该说是以股份有限公司为代表的资本主义大企业获得极大发展的资本主义兴盛时期的学说，[3] 又可分为如下三说。

（1）社会有机体说，由德国学者基尔克所倡。他基于对日耳曼法的团体的历史的研究，认为自然人是自然的有机体，有其个人的意思，而法人则是一个统一的社会的有机体（gesellschaftlicher Organismus），有团体的意思（Gesamtwille），法律乃对这种社会的有机体赋予法律上的人格，使其成为享有权利、承担义务的地位（主体），而称为"法人"。

（2）法律组织体说，由法国学者米休（L. Michoud）和萨莱耶（R. Saleilles，1855—1912 年）等人所主张，认为法人是适于为权利义务主体（法人格）的法律上的"组织体"，亦即认为法人是在现实世界中具有一定的目的，为了实现这些目的而设立机构的团体，由法律赋予其人格，并以法律上的组织体呈现出来。

（3）社会价值体说（社会作用说），由德国学者柯乐（Kohler）和法国学者狄骥所倡，认为法人并非法律所拟制，而是因其组织，为担当独立的社会作用而具有社会价值，因此适于为权利义务的主体。[4]

1　陈铄雄：《民法总则新论》，三民书局 1982 年版，第 211—212 页。
2　施启扬：《民法总则》（修订第八版），中国法制出版社 2010 年版，第 121 页。
3　[日] 石田穣：《民法总则》，悠悠社 1992 年版，第 148 页。
4　谢瑞智：《民法总则精义》，1994 年自版，第 79 页。

上述社会有机体说、法律组织体说及社会价值体说，均认为法人有实体的存在。如采该说，则法人具有团体意思（甚至组织的意思），基于此种意思而为行为的机关。故此，法人有行为能力和侵权行为能力。由此推之，法人的董事，即为法人的机关，董事系法人的代表。[1]

实在说是较晚产生的法人理论，认为法人并非由国家权力所创设或拟制，而系适合于且有必要给予法人格的社会实体。此说较拟制说合理、进步。此说又主张法人制度并非单纯为了简化法律关系的法律技术，而系因为法人在实质上具有成为法人格的主体性。德国学者基尔克对此说卓有贡献。另外，社会有机体是否与人类有机体相同，是否应承认其具有团体意思，系社会学上的专门问题，有时不易解释。因此，进一步出现组织体说，该说由社会生活中实际活动的团体理论寻找法人的根据与基础，似较为可取。[2]故此，20世纪以来，法律组织体说取代拟制说而成为今日的通说。

（二）对各说的评论

上述关于法人本质的各种学说，皆系对法人的本质究竟是什么的描述。其中，拟制说与否认说皆以个人本位思想为依据，即这两种学说认为，只有单个的自然人才有权利能力、意思能力及行为能力，因而也只有自然人才应被赋予法人格；法人是一个团体（组织体），并无生命，因此当然也就无权利能力、意思能力及行为能力。故此，按照这两种学说，法人是虚拟的或根本都不存在的，完全是法律基于一定的目的和法技术而人为捏造出来的。采拟制说的立法，以德国、日本民法为代表。《德国民法典》第26条第1项规定："社团应设董事会。董事会在诉讼上及诉讼外代表社团，并有法定代表人之地位。其代表权之范围，得依章程加以限制而有对抗第三人之效力。"[3]另在第30条第1项规定："社团章程得

---

[1]　谢瑞智：《民法总则精义》，1994年自版，第79页。

[2]　施启扬：《民法总则》（修订第八版），中国法制出版社2010年版，第121—122页。

[3]　参见台湾大学法律学院、财团法人台大法学基金会编译：《德国民法》（上，总则编、债编、物权编）（2016年修订第二版），元照出版有限公司2016年版，第20页。

规定除董事外，为执行特定业务，另选任特别代表人。"[1]《日本民事诉讼法》第58条规定："本法关于法定代理及法定代理人的规定，于法人的代表人准用之。"此系采法人拟制说的结果。因法人的董事既为法人的法定代理人，其所代理的法人必无行为能力，此与拟制说主张法人为法律的拟制，并无自然人的意思能力与行为能力，正好相合。[2]

实在说认为，法人是实实在在存在的一种团体，此说是以日耳曼法的团体主义精神为立论依据的。此说中的社会有机体说将法人看作与人一样的生物的有机体，但法人终究是没有生命的组织体，因此这种学说未尽妥当，不宜采取。法律组织体说认为，法人是一个实实在在的组织体，该组织体有自己的意思，可以依照自己的意思独立为法律行为，所以该说为通说。社会价值体说或社会作用说是对法律组织体说之不足的补充，认为在近现代和当代社会，法人具有重要功用，因此应当然承认其存在和价值，承认其得为权利义务的主体。

我国《民法典》规定，"法人是具有民事权利能力和民事行为能力，依法独立享有民事权利和承担民事义务的组织"（第57条）。"法人的民事权利能力和民事行为能力，从法人成立时产生，到法人终止时消灭"（第59条）。由此可以判定，我国民法关于法人的本质，系采实在说中的法律组织体说。另外，我国台湾地区"民法"也明示采法律组织体说，其第27条第2项规定："董事就法人一切事务，对外代表法人。董事有数人者，除章程另有规定外，各董事均得代表法人。"[3]

需注意的是，在当代，关于法人的本质问题已不再引起学者们的积极讨论，仅在国际法、宪法、行政法上，关于联合国、国家、地方自治团体的本质，与法人的本质理论有关；在刑法上，关于公司或其他社团、财团有无犯罪能力的认定，

1　参见台湾大学法律学院、财团法人台大法学基金会编译：《德国民法》（上，总则编、债编、物权编）（2016年修订第二版），元照出版有限公司2016年版，第23页。

2　梁慧星主编：《中国民法典草案建议稿附理由》（总则编），法律出版社2013年版，第132页。

3　参见陈聪富主编：《月旦小六法》（第十七版），元照出版有限公司2014年版，第叁—3页。

与法人的本质理论有关（譬如如何认定行为人与法人之间的关系）；在私法上，法人的权利能力、行为能力及侵权行为能力，与法人的本质有关（法人目的的范围、董事与法人的关系，因对法人本质的看法不同而不同）。[1]当代民法关于法人的规定已相当详尽，法人本质理论的重要性由此丧失大半，除采法人自由设立主义的国家（如《瑞士民法典》第60条）外，在适用上少有实益。不过，于法律规定不完备时，关于法人的行为（尤其是侵权行为），法人的本质于具体个案的解决上可作解释的准绳。[2]

（三）苏联对国有企业法人本质问题的讨论 [3]

苏联解体前，也曾对国有企业法人的本质问题进行过讨论。特别是1922年《苏俄民法典》确认国有企业为法人后，对国有企业法人的实质有过激烈的争论。在苏联，关于国有企业法人的本质，主要有下列四说。

第一，国家论。这一理论是C.U.阿斯克钠齐于20世纪40年代提出来的，认为每个国家组织（包括国有企业）是以有组织的全民的集体——国家——作后盾的。作为法人的每一个国家组织的个体化之所以是必要的，也是可能的，是因为国家需要通过一些中间环节来影响社会全体成员的行为，以便把每个社会成员的劳动与构成全民财产的社会生产资金结合起来。这些中间环节就是国家的经济组织。国家为了利用这些中间环节来协调整个经济体系，需要交给它们一定的生产任务，也需要分给它们一项综合的生产资料和为它们确定一个工作者集体。由此也就产生了经济组织的财产独立性和某些分散的经营职能，并由确认它们为法人来加以保证。这样，法人实际上也就是在社会经济体系中的一定部门进行活动的国家。

第二，集体论。这一理论由A.B.维涅吉克托夫创立，集中反映在其1948年出版的专著《国家社会主义所有权》一书中。他认为，每一个国家法人组织的背

---

[1] 陈铦雄：《民法总则新论》，三民书局1982年版，第214页。
[2] 陈铦雄：《民法总则新论》，三民书局1982年版，第214页。
[3] 此部分主要依据李开国：《民法总则研究》，法律出版社2003年版，第157页以下，谨此说明。

后都站着：其一，作为全部国家财产的统一和唯一所有者的国家；其二，由负责人领导的该法人组织的职工集体，这一集体在经理的领导下承担交给该法人的任务，而国家则把国家统一财产中的相应部分交其直接经营管理。

第三，经理论。这一理论的代表人物是 O. K. 托尔斯泰，他认为集体不能证明法人在流通领域的决定性权能——财产处分权。同时，固定给国家组织的财产的占有权能和使用权能也不属于集体。他认为，在每一个法人背后的是国家自己和国家委托管理财产的组织负责人——经理。

第四，组织论。这一理论的提出者是 O. A. 克拉萨弗奇科夫，他反对法人背后站着一个集体或首长制负责人——经理——的说法，认为这些理论的错误在于用人本身代替了人的社会关系。因此，在谈到法人时，应该承认，不是集体或集体的领导人是法人，而是组织是法人。组织不是组成它的个人的总和，而是一个社会结构，是为达到一定目的把人集合起来并使他们相互联系的社会关系体系。

上述四说中，当以第四说——组织论——为当，该说从外部关系和内部关系上反映了法人的真实情况。在外部关系上，法人作为一个组织体，以整体的名义进行活动，是一个独立的利益体；在内部关系上，法人又存在多元的利益主体，需要将其利益进行再分配。正是此种内外有别的客观情况，决定了法人制度作为人格立法和组织立法的双重性质。[1]

（四）法人制度存在的必要性

法人制度存在的必要性，可以归结为下列六点。

第一，使多数的人及一定的财产得成为权利义务的主体，便于从事法律交易；将法律的责任限定于法人的财产，避免个人的财产因此而受影响。[2]

第二，集合资力、劳力以应大事业。人的能力有限，生命也有限。日益发展的大规模的企业、文化事业或慈善事业等，绝非个人的资力与劳力于有限的生命中所能完成，因此乃有结合个人的资力与劳力，组织团体或财产的集合体的必要。

---

1 李开国：《民法总则研究》，法律出版社 2003 年版，第 159 页。
2 王泽鉴：《民法总则》，北京大学出版社 2009 年版，第 123 页。

第三，合伙不能满足实际的需要。团体之经营大规模或长期的事业，其本身需有永续性，不因成员的增减变动而受影响，且团体本身也需有独立的财产，不因成员的信用有何变化而受影响，以期交易的安全，并能发挥团体的力量。合伙型的团体不能满足此需要，故此，乃有必要组成与成员有别而有独立人格和财产的社团法人。

第四，社会上有各种以社员为基础的团体为共同目的从事各种活动。团体如不具有人格，则团体的财产属于全体人员共有，法律行为仅得依照代理的规定，由代理人代理每一构成员为之。构成人员及财产的增减变更，影响团体的安定性，因此需使团体具有独立性，成为权利主体，使团体的人格与各构成员的人格分开，使团体成为财产的所有人，并且构成员的变动不影响团体的安定。团体得以"法人"名义，对外代表全体构成员从事法律行为。[1]

第五，独立财产存在的必要。集合一定的财产，以经营公益事业，也常有所见。此类财产最需要安定性与继续性，使财产脱离私人所有，成为独立的财产，具有独立的人格，不受原捐助人的支配或影响，而且可委托专业管理人员管理财产，使财产不致散失，更有效达成捐助人的目的。因此，有建立具有独立人格的财团法人的必要。[2]

第六，法人制度存在的宪法基础。我国《宪法》第35条规定："中华人民共和国公民有言论、出版、集会、结社、游行、示威的自由。"此为法人制度的宪法基础，其意即[3]：①除为防止妨碍他人自由、避免紧急危难、维持社会秩序及增进公共利益所必要者外，人民为了一定的目的而组织团体，不得以法律限制之；②对私人（个人）而言，结社自由构成私法自治的重要内容，包括设立法人自由、加入法人（社团）自由，以及法人自主（尤其是社团），即得经由章程和社员总会决议决定其内部事项。

---

[1] 施启扬：《民法总则》（修订第八版），中国法制出版社 2010 年版，第 118—119 页。

[2] 施启扬：《民法总则》（修订第八版），中国法制出版社 2010 年版，第 119 页。

[3] 王泽鉴：《民法总则》，北京大学出版社 2009 年版，第 124—125 页。

（五）法人格否认规则

法人系与其构成员为不同的法主体的一种技术安排。当从构成员的视角观察法人时，法人具有"他人性"（构成员与法人系不同的主体）。这样，法人的构成员就可主张自己与法人系不同的主体，自己对法人的行为不承担责任（享受有限责任）。但是，当把法人与其构成员作为不同的主体对待而违反正义时，就应否定法人的形式，使法人与其设立者乃至构成员排除作为不同的法主体的必要。[1] 此即法人格否认。

法人格否认，又称"刺破公司的面纱"（piercing the corporate personality）、"公司法人格否认（disregard of corporate personality）"或"揭开公司的面纱"（lifting the veil of the corporation）。公司等法人具有独立的法人格，是公司等法人最基本的特性。这一特性使公司等法人只以法人本身的财产对外承担民事责任。但是，如果将公司等法人的独立人格否认，它就变成一个非法人的、并无独立人格的实体。这样，公司等法人对外就要承担无限责任。故此，法人格否认规则，实际上就是否认公司等法人的以法人所有的财产独立承担民事责任的法人格。

在公司法上，公司法人格否认规则，主要是为消除股份有限公司中股东滥用公司法人格和有限责任制度的弊端而产生和发展的规则。公司法人格否认在美国称为道具理论，在德国称为透视理论，在日本称为形骸化理论。公司法人格否认规则的适用，是在认定公司作为法人存在的同时，只对有问题的法律关系，即在特定情况下，否定公司法人格的机能（公司与股东的分离），或说离开公司独立人格这种法律形式，找出承担责任的主体。公司法人格否认规则，其实质就是否认股东的有限责任。[2]《公司法》（2018 年修订）第 20 条定有公司法人格否认之明文："公司股东应当遵守法律、行政法规和公司章程，依法行使股东权利，不得滥用股东权利损害公司或者其他股东的利益；不得滥用公司法人独立地位和股东

1　［日］四宫和夫、能见善久：《民法总则》（第八版），弘文堂 2010 年版，第 80 页。

2　中国社会科学院法学研究所法律辞典编委会编：《法律辞典》，法律出版社 2003 年版，第 460 页。

有限责任损害公司债权人的利益。公司股东滥用股东权利给公司或者其他股东造成损失的，应当依法承担赔偿责任。公司股东滥用公司法人独立地位和股东有限责任，逃避债务，严重损害公司债权人利益的，应当对公司债务承担连带责任。"该条值得肯定。

法人格否认规则主要适用于下列两种场合：①滥用法人格的场合。为了规避法律的规定或合同上的义务，或者为了损害债权人的利益而滥用法人的形式时，应否定法人的"他人性"（即法人的构成员与法人本身系不同的主体），使滥用法人格变成徒劳无益。[1]②法人格形骸化的场合，即尽管未滥用法人格，但法人形式的利用者与法人在实质上、经济上被认为系完全"同一"时，应无视法人的形式，而适用依照实体的规范。[2]其通常发生在总公司与分公司、母公司与子公司的场合。如果分公司或子公司名义上具有法人资格，但实际上它们的财权、公司业务的经营管理权以及人事权都掌握在总公司或母公司手里，则当分公司、子公司对外承担民事责任时，就应当将分公司、子公司的法人格加以否认，使母公司、总公司与分公司、子公司共同对外承担连带民事责任，以保护公司债权人的利益。

五、法人的种类

（一）其他国家和地区法上法人的分类

1. 公法人与私法人

将法人区分为公法人和私法人，为传统的分类。凡依公法行为（Hoheitsakt）设立，得行使公权力的组织，或者以遂行国家的公共事务为目的，依据公法成立的法人，为公法人；[3]依私法上的意思行为（Willensakt）设立的组织，为私法人。

1　[日]四宫和夫、能见善久：《民法总则》（第八版），弘文堂2010年版，第80页。
2　[日]四宫和夫、能见善久：《民法总则》（第八版），弘文堂2010年版，第80页。
3　[日]四宫和夫、能见善久：《民法总则》（第八版），弘文堂2010年版，第80页。

前者如国家、省、市、县、乡、镇，后者如公司、企业等。[1]一般言之，民法关于
法人的规定只适用于私法人。区分公法人与私法人的目的，主要有二[2]：①对于
公法人的诉讼，多属于行政法院管辖，而对于私法人的诉讼，则由普通法院管
辖；②遭受公法人侵害的救济，适用国家赔偿法的规定，而遭受私法人侵害的救
济，则适用民法关于侵权行为的规定。

需注意的是，新近以来，公法人与私法人的区分界限有日渐模糊之势。此表
现在：①由于第三法域——社会法——的出现和日趋发达，出现了兼具公法与私
法性质的所谓中间法人（社会法人），譬如社会福利法人、工会等，这些法人既
不是公法人，也不是私法人，而具有公私法人的混合性质；②因当代国家强调民
主主义，公法人的强制性日渐淡薄，而另一方面，因进行经济统制和私法社会化
的结果，私法人则日渐具有强制性，公法人和私法人之区分界线日益模糊。[3]如下
关于法人的分类，系对私法人的分类。

2. 社团法人（Verein）与财团法人（Stiftung）

社团法人，为人的组织体，其组成基础在于社员，例如各种公司等；[4]财团法
人，系财产的集合体，其成立基础为财产，无财产可供一定目的使用，就无财团
法人之可言，例如各种基金会、私立学校、寺庙、孤儿院、救济院等慈善机构都
是财团法人。尽管这两种法人均有人与财产的结合，但财团法人以财产为成立基
础，社团法人以人（社员）为成立基础。因以人为成立基础，故社团法人成立
后，设立人就为其构成员，称为社员。社团法人由社员组织意思机关，其设立时
虽也需订立章程，但因有意思机关，所以其目的及组织可以随时变更。财团法人
以捐助财产为其成立基础，其目的及组织由捐助行为确定，其成立后，设立人既

1　施启扬：《民法总则》（修订第八版），中国法制出版社 2010 年版，第 126 页。
2　郑冠宇：《民法总则》（第二版），瑞兴图书股份有限公司 2014 年版，第 112 页。
3　陈銑雄：《民法总则新论》，三民书局 1982 年版，第 204 页。
4　社团（Verein）的概念，民法并无明文规定。但民法意义上的社团，系指在相当期间内存续、
具有团体组织和团体名称的"人的结合"（Personenvereinigung），其人格与其社员的变更无关，其事务
则由社员管理之，由此区别于合伙。社团的财产并非社员全体的财产，也非社员全体共同共有。参见
台湾大学法律学研究所编译（梅仲协等编译）：《德国民法》，1965 年 5 月印行，第 40 页。

非其构成员，也别无所谓意思机关，故其目的与组织不得随时变更。理论上因此称社团法人富有弹力性，而财团法人富有固定性。[1]

区分社团法人与财团法人的意义，主要有下列六点：①成立基础不同。社团法人为人的组织体，其成立的基础在于人，以社员为必要。财团法人为财产的集合体，其成立的基础在于财产。社团法人的设立应由数发起人 [2] 的共同行为而完成，财团法人的设立则需经由财产捐助人的捐助章程或遗嘱完成。既然二者存在此种区别，则同一法人不得同时成为社团与财团。②设立人数与性质不同。社团法人的设立，需有二人以上的共同行为，自然人或法人均无不可。财团法人之设立，可以以一人为之，为单独行为，并可依遗嘱为之，法人也可为财团法人的设立人。③种类与设立方式不同。社团法人区分为营利社团法人与公益社团法人。营利社团法人（如公司），其成立依特别法（如《公司法》）的规定。财团法人在性质上皆为公益法人。④组织不同。社团法人以社员大会为其最高意思机关，为自律法人；财团法人并无意思机关，为他律法人。社团法人既为自律法人，则可由社员大会变更其组织和章程；财团法人属于他律法人，其捐助章程和组织不得自行变更。⑤解散原因不同。社团法人与财团法人均可因章程所定的目的实现或注定不能实现及依主管机关的决定而解散，唯社团法人得随时以全体社员三分之二以上之多数决解散。[3]⑥于比较法上，基于团体设立自由的思想，社团法人的设立被广泛地认可，而对财团法人的设立，则采取比较多的限制政策。

这里有必要提及社团法人与合伙的区别：①社团法人的目的具有永久性，而合伙经营具有暂时性；②社团法人必具有特定的名称和一定的组织，为超个人的单一体，而合伙仅为各个人的集合；③社团法人的财产属于法人本身，而合伙的财产则属于全体合伙人共同共有；④社团法人的债务仅以法人所有的财产为担保，而对合伙债务，除合伙财产外，各合伙人还需以自己的全部财产负连带无限

---

[1] 胡长清：《中国民法总论》，中国政法大学出版社 1997 年版，第 101—102 页。

[2] 法人为无生命的组织体，其无法自行成立，系经由自然人而设立，设立之人即为发起人。

[3] 前述 5 点，参见王泽鉴：《民法总则》，北京大学出版社 2009 年版，第 126 页；王泽鉴：《民法总则》（增订新版），2014 年自版，第 182 页。

责任。[1]

3. 公益法人、营利法人与中间法人

此系上述社团法人的分类。以公益即社会全体的利益或不特定多数人的利益为目的，而不以营利为目的的法人，为公益法人。所谓以公益为目的，系指终局的目的。因此，虽因经营事业而有收益，如开设医院而收取医疗费用，或投资于营利事业，但未将其收益分配于相关的特定人员，则与公益目的并无抵触；如将利益分配给社员，则为营利法人。[2]公益法人，主要以文化、宗教、祭祀、学术、教育、慈善等为目的。

营利法人，指以构成员（社员）的利益为目的，将利益分配于各社员的法人，例如公司、银行等即属之。所谓营利，指将社团所获取的经济利益分配给社员，即使仅将部分盈余给予社员，大部分为公益而支出，仍然是营利法人。营利法人必为社团法人。财团法人则皆为公益法人。也就是说，营利法人只能在社团法人中被承认，没有社员的财团法人不属之。[3]中间法人，指既不以营利为目的，也不以公益为目的的法人，如同乡会、同学会、校友会、宗亲会等属之。中间法人，日本学理大抵认为其系无权利能力的社团。

德国与瑞士民法将私法人分为营利法人与非营利法人。非营利法人包括公益法人与中间法人。因此，采用营利法人与非营利法人的分类，将无中间法人。

4. 财团法人与公益信托

财团法人系对于以公益为目的所捐助的一定财产，赋予其法人格，使其不因经营者（管理者）的死亡或更迭而中绝，在财产存续期间永远存续。英美法系国家依公益信托的方法达成同样的目的，其做法是：将信托财产归属于特定的管理

1　梅仲协：《民法要义》，中国政法大学出版社 1998 年版，第 50 页；梁慧星：《民法总论》（第四版），法律出版社 2011 年版，第 122 页。

2　施启扬：《民法总则》（修订第八版），中国法制出版社 2010 年版，第 124 页；［日］松坂佐一：《民法提要（总则）》（第 3 版），有斐阁 1975 年版，第 117 页。

3　施启扬：《民法总则》（修订第八版），中国法制出版社 2010 年版，第 124—125 页；刘得宽：《民法总则》（增订四版），中国政法大学出版社 2006 年版，第 97 页。

人（受托者），并将该信托财产与管理人的固有财产相区别。[1]

5. 普通法人与特殊法人

在民商合一体制下，依民法的规定而设立的法人，为普通法人；依民法以外的民事特别法的规定而设立的法人，为特殊法人。在民商分立体制下，依民法和商法的规定而设立的法人，为普通法人；依其他特别法的规定而设立的法人，为特殊法人。

6. 本国法人与外国法人

以法人的国籍为标准，可以分为本国法人与外国法人。具有本国国籍的法人为本国法人，不具有本国国籍的法人为外国法人。而关于法人的国籍的确定，有各种不同的学说，例如设立人国籍说、资本控制说、准据法说及住所地说等。多数国家采准据法说和住所地说，按照此标准，凡依据中国法律，在中国设立的法人，为中国法人，而中国法人之外的法人，皆属于外国法人。因此，外国投资者在中国设立的法人，如外资企业，应为中国法人，而中国投资者在外国设立的法人，应为外国法人。[2]

（二）《民法典》（实际上是 2017 年原《民法总则》）通过前我国法人的分类[3]

《民法典》（实际上是 2017 年原《民法总则》）通过前，我国首先根据法人的活动目的或者法人所担负的社会职能，将法人分为企业法人与非企业法人，然后再按所有制的不同和投资主体的不同将企业法人分为若干种类。分述如下。

1. 企业法人

企业法人是从事市场交易，以赚取利润、创造社会财富、扩大社会积累为目的，实行经济核算制的法人。从事工业、农业、建筑业、运输业、商业服务业的

1　刘得宽：《民法总则》（增订四版），中国政法大学出版社 2006 年版，第 98—99 页。

2　梁慧星：《民法总论》（第四版），法律出版社 2011 年版，第 126 页。

3　本部分依据、参考李开国：《民法总则研究》，法律出版社 2003 年版，第 163—166 页，谨此释明。

经济组织，具备法人条件的，皆为企业法人。企业法人是法人的核心部分，它们活跃于社会生产领域和流通领域，是社会经济活动最重要的主体。企业法人根据其所有制形式和投资者的国籍及投资方式等，又可分为以下几类。

（1）全民所有制企业法人，即国有企业法人，是由国家投资设立的企业法人，其特征是：①此类法人的资产所有权属于国家，企业根据所有权与经营权分离原则对国家交给其经营管理的财产行使经营权。②此类法人根据经济核算制实行独立核算，自负盈亏。除法律另有规定外，国家对此类法人的债务、亏损不负民事责任。全民所有制企业法人以国家授予其经营管理的财产承担民事责任。③全民所有制企业法人的盈利，一部分以税金、费用或利润分成的形式上缴国家，另一部分由企业自行支配，用于扩大再生产和改善职工生活福利待遇。

（2）集体所有制企业法人。此类法人的特征是：①集体所有制企业法人的成员对企业财产不享有所有权，企业全部财产归企业集体所有；②集体所有制企业法人以企业所有的财产承担民事责任，其成员对企业的债务不承担民事责任。当然，需说明的是，这两项特性只是传统的集体所有制企业的特性，经济体制改革中发展起来的乡（镇）、村企业和城市中的街道企业的财产所有权并不属于企业集体，而属于投资者乡（镇）、村或城市街道，其产权结构类似于全民所有制企业，只是其财产所有人不是代表全国人民的国家，而是代表一定地域范围内的全体人民的乡（镇）、村或城市街道。

（3）私营企业法人，指私人二人以上按有限责任公司形式组建的企业法人，其特性是：①私营企业法人的投资者（股东）以其出资对公司负责，公司以其全部资产对公司债务承担民事责任；②私营企业法人的投资者对其投资依法享有所有权，可以依法转让和继承；③企业赢利按资分配。

（4）联营企业法人，指企业与企业，或者企业与事业单位按有限责任公司形式联合成立的企业法人。

（5）中外合资经营企业法人，指外国合营者（包括外国公司、企业和其他经济组织或个人）与中国的公司、企业或其他经济组织按有限责任公司形式在我国境内依法设立的企业法人，其特性是：①合营各方以约定的出资为限对合营企业法人承担责任，合营企业法人则以企业所有的财产承担民事责任；②合营企业法人的赢利和企业终止后的剩余财产，由合营各方按出资比例分配。

（6）中外合作经营企业法人，指外国合作者（包括外国的企业、经济组织或个人）与中国的企业或者其他经济组织按合作各方签订的合同约定的合作条件，依法在中国境内设立的企业法人。

（7）外资企业法人，指依照中国法律在中国境内设立的全部资本由外国投资者投入的企业法人。外资企业法人以企业所有的财产承担民事责任。

2. 非企业法人

非企业法人，是指依法设立，不从事生产经营活动，而从事其他社会活动的法人。非企业法人又分为下列几种。

（1）机关法人，具体而言，指从中央到地方的具备法人条件的各级各类国家机关。机关法人依法律、法令的规定设立，依法行使国家立法权、行政权、审判权、监督权。机关法人从国家财政或地方财政取得活动经费。国家按年度给机关法人的预算拨款，是机关法人参加民事活动、承担民事责任的财产基础。

（2）事业单位法人，指依法设立、具备法人条件，从事文化、教育、卫生、体育、科技等公益事业的社会组织。

（3）社会团体法人，指人民根据宪法赋予的结社自由，按照法律规定的程序自愿组织起来进行非生产经营活动的社会组织。社会团体法人不是国家创办的，而是人民自愿组织起来的。另外，它不从事生产经营活动，不以营利为目的。在我国，社会团体包括人民群众团体（如工会、妇联、学联等）、公益团体（如红十字会）、文艺工作者团体（如作家协会、美术家协会、戏剧家协会）、学术研究团体（如法学会、哲学会）、宗教协会及其他社会团体。

（三）《民法典》（实际上是自 2017 年《民法总则》通过起，以下仅称《民法典》及有关条文）对法人的分类及其规定

1. 营利法人

以取得利润并分配给股东等出资人为目的成立的法人，为营利法人，其包括有限责任公司、股份有限公司和其他企业法人等（《民法典》第 76 条）。营利法人经依法登记成立（《民法典》第 77 条）。依法设立的营利法人，由登记机关发给营利法人营业执照。营业执照签发日期为营利法人的成立日期（《民法典》第 78 条）。营利法人应当设权力机构。权力机构行使修改法人章程，选举或者更换执行机构、监督机构成员，以及法人章程规定的其他职权（《民法典》第 80 条）。另外，营利法人应当设执行机构。执行机构行使召集权力机构会议，决定法人的经营计划和投资方案，决定法人内部管理机构的设置，以及法人章程规定的其他职权。执行机构为董事会或者执行董事的，董事长、执行董事或者经理按照法人章程的规定担任法定代表人；未设董事会或者执行董事的，法人章程规定的主要负责人为其执行机构和法定代表人（《民法典》第 81 条）。此外，营利法人设监事会或者监事等监督机构的，监督机构依法行使检查法人财务，监督执行机构成员、高级管理人员执行法人职务的行为，以及法人章程规定的其他职权（《民法典》第 82 条）。值得指出的是，根据《民法典》第 83 条以下的规定，营利法人的出资人不得滥用出资人权利损害法人或者其他出资人的利益；滥用出资人权利造成法人或者其他出资人损失的，应当依法承担民事责任。营利法人的出资人不得滥用法人独立地位和出资人有限责任损害法人债权人的利益；滥用法人独立地位和出资人有限责任，逃避债务，严重损害法人债权人的利益的，应当对法人债务承担连带责任（《民法典》第 83 条）。另外，营利法人的控股出资人、实际控制人、董事、监事、高级管理人员不得利用其关联关系损害法人的利益；利用关联关系造成法人损失的，应当承担赔偿责任（《民法典》第 84 条）。营利法人的权力机构、执行机构作出决议的会议召集程序、表决方式违反法律、行政法规、法人章程，或者决议内容违反法人章程的，营利法人的出资人可以请求人民法院

撤销该决议。但是，营利法人依据该决议与善意相对人形成的民事法律关系不受影响（《民法典》第85条）。最后，营利法人从事经营活动，应当遵守商业道德，维护交易安全，接受政府和社会的监督，承担社会责任（《民法典》第86条）。

2. 非营利法人

按照《民法典》的规定，为公益目的或者其他非营利目的成立，不向出资人、设立人或者会员分配所取得利润的法人，为非营利法人，其包括事业单位、社会团体、基金会、社会服务机构等（《民法典》第87条）。

具备法人条件，为适应经济社会发展需要，提供公益服务设立的事业单位，经依法登记成立，取得事业单位法人资格；依法不需要办理法人登记的，从成立之日起，具有事业单位法人资格（《民法典》第88条）。事业单位法人设理事会的，除法律另有规定外，理事会为其决策机构。事业单位法人的法定代表人依照法律、行政法规或者法人章程的规定产生（《民法典》第89条）。

具备法人条件，基于会员共同意愿，为公益目的或者会员共同利益等非营利目的设立的社会团体，经依法登记成立，取得社会团体法人资格；依法不需要办理法人登记的，从成立之日起，具有社会团体法人资格（《民法典》第90条）。设立社会团体法人应当依法制定法人章程。社会团体法人应当设会员大会或者会员代表大会等权力机构。社会团体法人应当设理事会等执行机构。理事长或者会长等负责人按照法人章程的规定担任法定代表人（《民法典》第91条）。

具备法人条件，为公益目的以捐助财产设立的基金会、社会服务机构等，经依法登记成立，取得捐助法人资格。依法设立的宗教活动场所，具备法人条件的，可以申请法人登记，取得捐助法人资格。法律、行政法规对宗教活动场所有规定的，依照其规定（《民法典》第92条）。设立捐助法人应当依法制定法人章程，且捐助法人应当设理事会、民主管理组织等决策机构，并设执行机构。理事长等负责人按照法人章程的规定担任法定代表人。另外，捐助法人应当设监事会等监督机构（《民法典》第93条）。捐助人有权向捐助法人查询捐助财产的使用、管理情况，并提出意见和建议，捐助法人应当及时、如实答复。捐助法人的决策机构、执行机构或者法定代表人作出决定的程序违反法律、行政法规、法人章程，或者决定内容违反法人章程的，捐助人等利害关系人或者主管机关可以请求人民法院撤销该决定。但是，捐助法人依据该决定与善意相对人形成的民事法律关系不受影响（《民法典》第 94 条）。

《民法典》还规定，为公益目的成立的非营利法人终止时，不得向出资人、设立人或者会员分配剩余财产。剩余财产应当按照法人章程的规定或者权力机构的决议用于公益目的；无法按照法人章程的规定或者权力机构的决议处理的，由主管机关主持转给宗旨相同或者相近的法人，并向社会公告（《民法典》第 95 条）。

3. 特别法人

按照《民法典》的规定，机关法人、农村集体经济组织法人、城镇农村的合作经济组织法人、基层群众性自治组织法人，为特别法人（《民法典》第 96 条）。其中，有独立经费的机关和承担行政职能的法定机构从成立之日起，具有机关法人资格，可以从事为履行职能所需要的民事活动（《民法典》第 97 条）。机关法人被撤销的，法人终止，其民事权利和义务由继任的机关法人享有和承担；没有继任的机关法人的，由作出撤销决定的机关法人享有和承担（《民法典》第 98 条）。

农村集体经济组织依法取得法人资格。法律、行政法规对农村集体经济组织有规定的，依照其规定（《民法典》第 99 条）。城镇农村的合作经济组织依法取得法人资格。法律、行政法规对城镇农村的合作经济组织有规定的，依照其规定（《民法典》第 100 条）。居民委员会、村民委员会具有基层群众性自治组织法人资格，可以从事为履行职能所需要的民事活动。未设立村集体经济组织的，村民委员会可以依法代行村集体经济组织的职能（《民法典》第 101 条）。

第二节　法人的设立、登记和住所

一、法人的设立

近代资本主义社会一方面实行彻底的个人主义，另一方面，为了增大国家权力，对立于个人与国家之间的各种团体的存在也无好感，因此其最初对团体系采取禁压的态度（尤以法国在这方面的倾向最为显著），即法人除依照统治者的命令或法律特别承认外，不得成立，此即所谓特许主义。但是，随着资本主义的发展，资本团体设立的必要性日增，于是法人成立的要件得以缓和，并出现了只要有法人的实体即当然承认其法人格的自由设立主义的立法（《瑞士民法典》第52条第2项、第60条）。不过，在多数国家和地区，因认为自由设立主义使法人的法律关系不明确，有害于交易的安全，所以不采取之。[1] 晚近以来，法人的设立，立法例上采取的主义归结起来主要有如下5种。

第一，放任主义，亦称自由设立主义（System der freien Körperschaftsbildung），指法人的设立，国家不加干涉，可由当事人自由设立。这种主义，是欧洲中世纪商业勃兴时期，采自由放任政策的遗物。今日除《瑞士民法典》第60条对非营利法人采取此种主义外，其他国家和地区已不采之。[2]

第二，特许主义，即法人的设立，需由立法机关制定的特别法特许，或由行政机关特准。这种主义对于法人的设立限制甚严，较少被采用。不过，中央银行的设立，大抵均需依照中央银行法的规定。

第三，许可主义（Konzessionssystem），即法人的设立需遵照法律规定的一定条件，并经主管机关的许可。通常，对于财团法人的设立，各国家和地区即采此种主义，以加强对财团的管理。

1　［日］四宫和夫、能见善久：《民法总则》（第八版），弘文堂2010年版，第83页。
2　谢瑞智：《民法总则精义》，1994年自版，第86页。

第四，准则主义（System der Normativbestimmung），即法人的设立，法律规定一定的要件，只有具备法律所规定的要件，方可为设立登记，无须再经许可。各国家和地区对于营利法人如公司的设立，原则上采此种主义。

第五，强制设立主义，即法人的设立，与国家、社会有重大利害关系时，由国家强制设立。此种主义主要适用于特殊产业或特殊团体。

二、我国法人设立的原则

（一）非营利法人的设立原则

非营利法人，指《民法典》规定的事业单位、社会团体、基金会及社会服务机构等（《民法典》第87条第2款）。事业单位法人和社会团体法人的设立，分为两类：一类是依法不需要办理法人登记的，从成立之日起即具有法人资格，例如中国科学院、中国社会科学院等，其设立原则上应属于特许主义；另一类是依法需要办理法人登记的，例如各种协会、学会、研究会、行业团体、基金会（财团法人）等，按照《社会团体登记管理条例》（2016年修订）第3条的规定，应当经其业务主管单位审查同意，并按照规定进行登记，显然属于行政许可主义。另按照《基金会管理条例》（2004年）第8条、第9条、第11条的规定，基金会的设立，采准则主义。[1]

（二）营利法人的设立原则

在我国，营利法人主要是企业法人。唯企业法人又可分为公司企业法人与非公司企业法人。其中，公司企业法人又因有限责任公司或股份有限公司而不同。设立有限责任公司，除法律和法规规定须经有关部门审批的外，仅须向公司登记机关申请设立登记，系采准则主义；设立股份有限公司，依《公司法》（2018年修订）第76条的规定，须具备6项条件，也系采准则主义；非公司企业法人的设立，依《企业法人登记管理条例》（2016年修订）第15条的规定，首先须经主管

---

[1]　梁慧星：《民法总论》（第四版），法律出版社2011年版，第135—136页。

部门或有关审批机关批准，然后才向登记机关申请登记，属于行政许可主义。[1]

（三）机关法人等特别法人的设立原则

机关法人（包括国家权力机关、行政机关、军事机关和司法机关），从成立之日起具有法人资格。而各种机关的设立，取决于宪法和国家机关组织法的规定，因此相当于所谓特许主义。至于农村集体经济组织法人、城镇农村的合作经济组织法人及基层群众性自治组织法人，其设立则依相关法律的规定。

三、法人的登记

（一）登记的意义

法人的登记，指将有关法人的成立和存续，登记于备公众阅览的登记簿上加以公示。法人登记的必要性有二：①为了保障交易的安全。法人为民事权利主体，自可从事民事活动。因此，如相对人不知法人是否确实存在、其内部的组织结构及财产状况等，则有遭受不测的损害之虞。尤其在法人只负有限责任的场合更是如此。因此，必须采取登记制度，使从事交易的相对人或关系人可以了解法人的各项情况，以策交易安全。②便于审查法人的法定要件。法人设立的原则，除采自由设立主义外，无论采准则主义或许可主义，皆须审查是否具备法定要件，因此也须采用登记制度，以配合审查。[2]

（二）登记的种类与效力

法人登记的种类，计有设立登记、变更登记（《民法典》第64条）、解散登记、清算终结登记等。法人登记的效力，因登记种类的不同，而有成立要件与对抗要件之分：成立要件主义，以登记为法人的成立要件。社会团体，未经登记不得成为法人，无从取得法人人格。对抗要件主义，即法人未登记的事项，不得对抗第三人。所谓不得对抗第三人，指不得对第三人主张有效或无效。

1　梁慧星：《民法总论》（第四版），法律出版社2011年版，第136页。
2　陈铭雄：《民法总则新论》，三民书局1982年版，第231页。

《民法典》第 65 条规定，"法人的实际情况与登记的事项不一致的，不得对抗善意相对人"；第 66 条规定，"登记机关应当依法及时公示法人登记的有关信息"。

（三）设立登记

《公司法》（2018 年修订）第 6 条第 1 款、第 2 款规定："设立公司，应当依法向公司登记机关申请设立登记。符合本法规定的设立条件的，由公司登记机关分别登记为有限责任公司或者股份有限公司；不符合本法规定的设立条件的，不得登记为有限责任公司或者股份有限公司。法律、行政法规规定设立公司必须报经批准的，应当在公司登记前依法办理批准手续。"

四、法人的住所

法人与自然人一样作为民事主体从事社会活动。为使法律关系集中统一以便于处理，与自然人相同，法人有必要设立住所。一般言之，法人以其主事务所的所在地为住所。所谓主事务所，即法人执行其业务的处所，是统率法人业务的中心处所。事务所只有一处的，自以其事务所所在地为住所。事务所如同时有数处时，以其主事务所所在地为住所。法人如系公司的，应依公司法的规定，以其本公司为住所。所谓本公司，指公司依法首先设立，以管辖全部组织的总机构。[1]《民法典》第 63 条规定："法人以其主要办事机构所在地为住所。依法需要办理法人登记的，应当将主要办事机构所在地登记为住所。"

法人的住所于法律上具有重要意义：它决定债务的履行地、诉讼管辖的法院、法律文书的送达处所以及涉外民事关系的准据法等。

---

[1]　陈铭雄：《民法总则新论》，三民书局 1982 年版，第 262—264 页。

第三节　法人的能力

一、概要

　　法人与自然人相同，具有各种能力。在关于法人本质的实在说之下，法人具有3种能力：①民事权利能力。此系法人的法人格的基础。由于此能力，法人成为权利义务的主体。②民事行为能力。此系法人实际从事民事活动的能力，法人因具有此项能力而能于法律交易上敏捷迅速地完成各种任务。[1]③民事责任能力，即法人于发生债务不履行时有承担违约责任的能力，以及于发生侵权行为时，有损害赔偿的能力。《民法典》规定："法人的民事权利能力和民事行为能力，从法人成立时产生，到法人终止时消灭"（第59条），且"法人以其全部财产独立承担民事责任"（第60条）。

二、法人的民事权利能力

　　法人的民事权利能力系由法律所赋予，与自然人不完全相同。自然人的民事权利能力始于出生，终于死亡。法人自何时开始取得民事权利能力，至何时民事权利能力终止，法律大抵不做规定。一般认为，法人因向主管机关登记而成立。所谓登记，指依法登记于法人登记簿，法人于此时取得民事权利能力。法人于解散后清算终了，并办理清算终结登记后，其法人格方归于消灭。[2]法人可以享有何种民事权利能力，以及民事权利能力的范围如何，与自然人相比有下列3点差异。

　　第一，法人的民事权利能力受性质上的限制。在财产权方面，法人的民事权利能力与自然人相同；就人格权而言，专属于自然人的权利，例如以自然人的身体为前提的生命权、身体权、健康权、自由、贞操（权）等人格权，以及以自然

---

[1]　施启扬：《民法总则》（修订第八版），中国法制出版社2010年版，第135页。

[2]　施启扬：《民法总则》（修订第八版），中国法制出版社2010年版，第135页。

人的身份为前提的亲权、继承权、配偶权、扶养请求权，法人不得享有，但不以身体或身份为前提的名誉权［商誉（权）］、姓名权（名称权）等则仍然可以享有。有疑问的是，法人的名誉权、姓名权（名称权）受侵害时，可否请求精神损害赔偿？依民法实务经验，精神损害赔偿是对精神遭受痛苦的金钱赔偿，法人无精神感觉，因此应不得请求精神损害赔偿。[1]

第二，受法律上的限制。法人的民事权利能力为法律所赋予，对于民事权利能力的范围，得以法律加以限制，譬如破产法对清算法人民事权利能力的限制等即属之。

第三，受法人目的的限制。法人的人格与自然人的一般人格不同，有人认为法人在其目的事业范围内方有民事权利能力（即限制的民事权利能力）。英美法有不得"逾越权限的原则"（doctrine of ultra vires），认为法人不得为目的事业以外的行为；德国民法未设规定，有的认为董事的行为显然逾越法人目的事业范围者，并非法人的行为。[2]

应注意的是，按照我国《企业法人登记管理条例》（2016年修订）第9条的规定，中国企业法人登记不登记法人的"目的"，而是登记法人的"经营范围"，又《公司法》（2018年修订）第25条和第81条关于有限责任公司与股份有限公司"章程应当载明事项"中，均无公司"目的"，而代之以"公司经营范围"。由此可知我国民法所谓企业法人的经营范围，即相当于外国民法及我国台湾地区"民法"上的所谓法人目的。从而，所谓法人目的的限制，在我国应称为法人经营范围的限制。[3]

在我国，于实务上，在一个比较长的时期内，坚持凡超出法人目的（经营范围）的行为一律无效，但晚近以来实务界和理论界主张不应一律无效。而且，凡超出法人目的的行为一律无效，也显然不利于对方当事人的保护和交易的安全。[4]

1　刘得宽：《民法总则》（增订四版），中国政法大学出版社2006年版，第114页。
2　施启扬：《民法总则》（修订第八版），中国法制出版社2010年版，第136—137页。
3　梁慧星：《民法总论》（第四版），法律出版社2011年版，第127页。
4　在现今比较法学理与规定上，对于法人应否受目的上的限制，通说与立法大抵采否定见解。

《民法典》第 504 条规定："法人的法定代表人或者非法人组织的负责人超越权限订立的合同，除相对人知道或者应当知道其超越权限外，该代表行为有效，订立的合同对法人或者非法人组织发生效力。"该条虽未直接使用"超出法人目的"的用语，但超出法人目的的行为属于越权行为，应适用本条。唯营利法人的章程或者股东大会、社员大会决议，或者非营利法人的章程、组织规章或者成员大会决议，对法定代表人的代表权范围的限制，不得对抗善意第三人。易言之，法人章程或者法人权力机构如股东大会等对法定代表人代表权的限制，属于内部限制，不发生对抗善意相对人的效力（《民法典》第 61 条第 3 款）。在法定代表人超越代表权范围实施法律行为时，法人不得以法定代表人的行为超越代表权限为由，主张该行为无效。依反对解释，于第三人为恶意，即明知代表人的行为超越对其代表权的限制时，法人当然可以主张该行为无效。另外，在法人内部，法定代表人超越代表权限的行为致法人遭受损失时，自可追究法定代表人的民事责任。[1] 对此，《民法典》第 62 条明定："法定代表人因执行职务造成他人损害的，由法人承担民事责任。法人承担民事责任后，依照法律或者法人章程的规定，可以向有过错的法定代表人追偿。"

三、法人的民事行为能力

（一）法人的民事行为能力

在法制史上，罗马法与德国普通法否认法人有民事行为能力。德国民法、瑞士民法和我国台湾地区"民法"，皆认为法人有民事行为能力。事实上，法人民事行为能力之有无，基于对法人本质的认识之不同而有差异。否认说认为，法人根本无民事行为能力。拟制说认为，法人无民事行为能力，当然也就不能自为行为；法人仅可由董事代为法律行为，董事系法人的代理人，董事的行为乃董事个人的行为，但董事的行为依代理规则，其法律效力直接归属于法人，也就是说，

---

[1]　梁慧星："民法总则立法的若干理论问题"，载《暨南学报（哲学社会科学版）》2016 年第 1 期，第 25 页。

法人是依代理人的行为而取得权利、承担义务的。依实在说，法人有民事行为能力，董事系法人的代表，法人代表的行为就是法人的行为。[1]

如前所述，按照《民法典》第 57 条的规定，我国系采实在说中的法律组织体说。既然采法律组织体说，当然也就肯定法人有民事行为能力。法人登记的经营范围（法人目的），也就是法人的民事行为能力的范围。并且，法人不发生无民事行为能力和限制民事行为能力问题，而是一经登记完毕即具有完全的民事行为能力。不过，法人终究系一种人的组织（社团）或财产的集合体（财团），组织体本身不能自为任何行为，必须由自然人代为法律行为，自然人就是法人的代表机关。因此设法人代表人制度，由代表人代表法人对外实施民事法律行为，该代表人的行为也就是法人的行为。[2]

（二）法人民事行为能力的范围

法人民事行为能力的范围，应以法人民事权利能力的范围为标准定之，即法人在民事权利能力的范围内有民事行为能力。换言之，法人的民事行为能力应受法律和法人性质的限制。逾越此范围，法人即无民事行为能力，逾越能力范围的行为应由代表机关的个人负责。例如，公司原则上不得为任何保证人。[3]因此，公司董事长如以该公司名义保证他人贷款，则法人并无民事行为能力，董事长的行为也非执行业务的行为，而系董事长个人的行为，应由其个人自负保证责任，如公司遭受损害，董事长也应负损害赔偿责任。[4]

（三）法人的代表人

法人的代表人，即代法人为法律行为的自然人。因法人为法律组织体，其自身不能自为行为，所以必须经由自然人代其为之。对于法人的代表人的性质，学理上有代表和代理二说，通说采代表说。《民法典》第 61 条第 1、2 款规定："依照法律或者法人章程的规定，代表法人从事民事活动的负责人，为法人的法定代

1　施启扬：《民法总则》（修订第八版），中国法制出版社 2010 年版，第 137 页。

2　梁慧星：《民法总论》（第四版），法律出版社 2011 年版，第 129—130 页。

3　参见我国台湾地区"公司法"第 16 条。

4　施启扬：《民法总则》（修订第八版），中国法制出版社 2010 年版，第 138 页。

表人。法定代表人以法人名义从事的民事活动，其法律后果由法人承受。"

《民法典》因关于法人的本质系采实在说中的法律组织体说，所以关于法人与其董事的关系，当然采代表说，其结果就是由法律明文规定法定代表人。法定代表人的行为就是法人自身的行为，所发生的权利、义务和责任皆归属于法人。在企业法人，此法定代表人通常由董事长充任。《公司法》（2018 年修订）第 44 条和第 109 条规定：公司设董事会作为执行机关，董事会设董事长一人，董事长为公司的法定代表人。[1]

四、法人的民事责任能力

（一）概要

法人的民事责任能力，亦即法人的侵权行为能力与债务不履行能力。凡故意或过失不法侵害他人的权利的，为侵权行为，行为人应负损害赔偿责任。法人有无民事责任能力，也因对法人本质所采的学说之不同而有差异。[2] 按照拟制说，法人是依法律于章程或捐助行为中所订立的目的范围内，可以享有权利和负担义务的权利主体，因侵权行为不属于法人目的范围内的行为，所以法人不可能为侵权行为，也无侵权行为能力。另外，代理人只限于承认法律行为的代理，而不承认侵权行为的代理，所以董事不可能代理法人为侵权行为。从而，所谓侵权行为，皆属于董事个人的侵权行为，法人并不具有侵权行为能力。[3] 按照实在说，法人乃是可以借自己的代表机关为民事法律行为的主体。法人代表机关的行为得成为法人的行为，虽只限于目的范围（经营范围）内的行为，但在完成该目的范围内行为的过程中，非仅限于实施合法的行为，偶然也会像自然人那样为违法行为。所以，法人的代表机关在执行职务中所发生的侵权行为，就是法人的侵权行为。故

1　梁慧星：《民法总论》（第四版），法律出版社 2011 年版，第 131 页。

2　谢瑞智：《民法总则精义》，1994 年自版，第 91 页。

3　刘得宽：《民法总则》（增订四版），中国政法大学出版社 2006 年版，第 117 页。

而法人有侵权行为能力。[1]《民法典》第 62 条规定："法定代表人因执行职务造成他人损害的，由法人承担民事责任。法人承担民事责任后，依照法律或者法人章程的规定，可以向有过错的法定代表人追偿。"

另外，法人既然为权利（"权义"）主体，享受权利与负担义务，对其所负债务有债务不履行情形时，自应负损害赔偿责任，故法人有债务不履行能力。

（二）法人承担侵权责任的要件

法人承担侵权责任须具备如下要件：

1. 须因法人的代表人或其他有代表权人的行为

法人的代表人为法人的机关，其代表法人，其行为就是法人自己的行为，其责任就是法人自己的责任，因此法人自应负损害赔偿责任。其他有代表权的人，指法人的清算人、公司的重整人和代表法人的监察人。一般职员或受雇人并非法人的机关和代表，其侵权行为并非法人的侵权行为，不能由法人负侵权责任。法人此时应依雇佣关系的规则，负损害赔偿责任。[2]《民法典》第 1191 条第 1 款规定："用人单位的工作人员因执行工作任务造成他人损害的，由用人单位承担侵权责任。用人单位承担侵权责任后，可以向有故意或者重大过失的工作人员追偿。"此条款中的"用人单位"，包括企业、事业单位、国家机关、社会团体等法人；所谓"工作人员"，既包括用人单位（法人）的正式员工，也包括临时在单位的员工。[3]

2. 须因执行职务加害于他人

法人的机关，无论董事或其他有代表权的人，只有在执行职务范围内，才代表法人。故此，执行职务所为的行为，才是法人机关的行为，法人才负责任。如果是职务范围以外的行为，虽系由董事或其他有代表权的人所为，也仅为其个人

1　刘得宽：《民法总则》（增订四版），中国政法大学出版社 2006 年版，第 117 页。

2　施启扬：《民法总则》（修订第八版），中国法制出版社 2010 年版，第 138—139 页。

3　全国人大常委会法制工作委员会民法室编：《中华人民共和国侵权责任法条文说明、立法理由及相关规定》，北京大学出版社 2010 年版，第 132 页。

的行为，法人不负责任。[1]概言之，须法人的代表机关"因执行职务"所加于他人的损害，法人才负责任。所谓执行职务，大体包括下列两种行为：①狭义的职务上行为，即职务上本身的行为，如银行董事签发账单时，误将甲账户当成乙账户，托运公司代表人运送不慎，致托运货物受损，法人应负责任；②与职务有牵连的行为，如董事在签订合同时欺诈对方，证券公司董事趁发行新股票时伪造股票，也应认为系执行职务所加于他人的损害。至于与职务无关的行为，例如有代表权的人利用订约机会窃取对方的财物，董事在洽商事务时因冲突而殴伤顾客等，虽系职务上给予机会或方便，但并非职务上的行为。[2]

3. 须具备侵权行为的一般要件

董事或其他有代表权的人，须因故意或过失，致他人的权利或利益受到损害，法人才负赔偿责任。

（三）侵权责任的承担

侵权行为发生后，法人应与行为人连带对被害人负损害赔偿责任。由于法人的财产通常较行为人的财产为多，被害人获得赔偿的机会较大，对被害人的保护较周密。法人与行为人为连带债务人，被害人得对连带债务人中的一人或数人，或其全体，同时或先后请求全部或一部损害赔偿。董事和其他有代表权的人与法人的内部关系，可准用委托合同的规则，行为人违反善良管理人的注意义务，致侵害他人时，法人于赔偿后，对行为人有求偿权。盖行为人才是真正的侵害人，最后应由行为人负责，连带责任只是保护受害人的一种技术安排。[3]

（四）债务不履行责任的承担

法人为权利（"权义"）主体，自应对其所负债务的不履行承担责任。唯因法人自己无法实施行为，而系以代表人代其实施行为，所以，若因可归责于代表人的事由而致债务不履行，法人自应对其代表人的行为负责。

---

1 谢瑞智：《民法总则精义》，1994年自版，第92页。

2 施启扬：《民法总则》（修订第八版），中国法制出版社2010年版，第139页。

3 施启扬：《民法总则》（修订第八版），中国法制出版社2010年版，第140页。

第四节　法人的组织（机关）

一、概要

法人是无生命、无机体的人合组织体或财合组织体，其本身无意思能力、无民事行为能力，其活动是通过设置在它内部的组织（机关）来完成的。而作为法人的机关的，是自然人，法人依凭自然人的行为来从事活动。法人机关的种类因法人种类的不同而有差异。譬如，在营利法人，如股份有限公司，股东大会系其意思机关，董事或董事会系其执行机关和代表机关，监事或监事会系其监察机关。

二、法人的机关与代理

法人的机关，为法人的构成部分，因此机关与法人的关系，为部分与全体的关系。此与代理关系不同。具体言之：①代理关系为代理人与被代理人两个民事主体之间的关系，亦即代理人与被代理人二元的对立关系，而法人的机关与法人的关系为部分与全体的一元关系；②在代理关系，必定存在代理人的意思与被代理人的意思，亦即存在两个意思，而在法人的机关与法人的关系，仅有一个意思，即法人的意思；③在代理关系，代理行为系代理人自身的行为，并非被代理人的行为，只不过其行为效果依代理制度归属于被代理人，而法人机关的行为就是法人的行为，其行为效果归属于法人。[1]

三、执行法人或者非法人组织工作任务的人员与法人的关系（委托代理）

《民法典》第170条规定："执行法人或者非法人组织工作任务的人员，就其职权范围内的事项，以法人或者非法人组织的名义实施的民事法律行为，对法人

---

[1]　梁慧星：《民法总论》（第四版），法律出版社2011年版，第137页。

或者非法人组织发生效力。法人或者非法人组织对执行其工作任务的人员职权范围的限制，不得对抗善意相对人。"此条规定于《民法典》总则编第 7 章第 2 节"委托代理"中，据此可知，执行法人或者非法人组织工作任务的人员与法人的关系为委托代理。

第五节　法人的消灭

法人的消灭，指法人丧失作为民事主体的资格，即法人丧失其民事权利能力。法人的消灭须经过解散和清算两个阶段。解散为法人消灭的原因，清算为法人消灭的程序。

一、法人的解散

（一）法人解散的意义

法人的解散，指法人发生不能存续的事由时，即停止其积极的活动，以便处理其未了事务。[1]法人的消灭，相当于自然人的死亡，但与自然人的死亡相较，仍有若干不同点：自然人死亡后，因发生继承，继承人可以继承其法律上的地位，清理其财产关系，并承受其剩余财产，因此自然人一旦死亡，其人格即消灭；反之，法人并无继承制度，所以在法人的人格消灭前，必须经过一定的程序，清理其财产关系，了结未了的事务，否则，已与法人成立法律关系的人将不当地丧失权利或免除义务。[2]换言之，法人的人格消灭时，无人继承其未了的事务，所以法人发生不能存续的事由时，必先就其财产关系进行清理，至清理完结后，其人格才归于消灭。解散仅为清算的开始，法人至清算终结止，在清算的范围内，视为存续。因此解散为法人的人格消灭的第一阶段，但并不完全消灭。清算终了后则进入第二阶段，法人的人格完全消灭。解散后的法人，称为清算法人。其过程

---

[1] 谢瑞智：《民法总则精义》，1994 年自版，第 103 页。
[2] 陈钦雄：《民法总则新论》，三民书局 1982 年版，第 275 页。

是：法人→清算法人→消灭。[1]

需注意的是，法人虽因解散而丧失其民事权利能力，但对其人格是否一经解散即归消灭，则有四说：第一种学说系人格消灭说，认为法人一经解散，其人格就归于消灭；第二种学说系同一法人说，按照该说，法人解散后，其人格并不消灭，必至清算终结时才归于消灭；第三种学说系清算法人说，按照该说，法人一经解散，就丧失其原有的人格，清算中的清算法人为另一独立的人格；第四种学说系拟制存续说，按照该说，法人解散，其人格虽应消灭，但在清算目的的必要范围内，至清算终结止，仍应视为存续，以完结清算。此四说中，第四说，即拟制存续说，为现今的多数说。[2]

(二) 法人解散的原因

法人解散的原因包括：①法人或主管机关宣告法人解散或撤销许可。②法人自行解散，具体又包括因法人的目的事业完成或无法完成而解散；因法人机关的决议而解散；因章程规定的解散事由的出现而解散；社团法人因不足法定人数而解散。社团乃人的组织体，须有社员（股东）的结合，故通常应有社员二人以上，方符合团体的本质，若社员（股东）仅存一人，已与社团的本质不合，实无再继续存在的必要，应予解散。[3] ③法人破产。法人破产为其解散的原因。譬如《德国民法典》第 42 条第 1 项第 1 句规定："社团，因破产程序开始，或因欠缺破产财产而驳回开始破产程序之决议确定，而解散。"[4]

1　刘得宽：《民法总则》（增订四版），中国政法大学出版社 2006 年版，第 127 页。

2　谢瑞智：《民法总则精义》，1994 年自版，第 103—104 页。

3　《德国民法典》第 73 条规定："社员人数减至不满三人时，简易法院应依董事会之声请，如董事会不于三个月内为声请者，应依职权，于听取董事会意见后，剥夺社团之权利能力。"［参见台湾大学法律学院、财团法人台大法学基金会编译：《德国民法》（上，总则编、债编、物权编）（2016 年修订第二版），元照出版有限公司 2016 年版，第 54 页。］我国台湾地区"民法"对此尽管无规定，但在解释论上也系如此［参见郑玉波著，黄宗乐修订：《民法总则》（修订十一版），三民书局 2009 年版，第 198 页；郑冠宇：《民法总则》（第二版），瑞兴图书股份有限公司 2014 年版，第 131 页］。我国《公司法》以前不认可一人公司，但 2005 年修订后承认了一人公司的合法有效性。

4　参见台湾大学法律学院、财团法人台大法学基金会编译：《德国民法》（上，总则编、债编、物权编）（2016 年修订第二版），元照出版有限公司 2016 年版，第 33 页。

我国《民法典》第 69 条规定，有下列情形之一的，法人解散：①法人章程规定的存续期间届满或者法人章程规定的其他解散事由出现；②法人的权力机构决议解散；③因法人合并或者分立需要解散；④法人依法被吊销营业执照、登记证书，被责令关闭或者被撤销；⑤法律规定的其他情形。

二、法人的清算

（一）清算的意义

法人解散后，为了结束未了的法律关系，必须经过清算程序。法人不因解散而当然消灭，法人解散仅系开始清算的原因，必须完成清算程序，了结一切善后事务，法人的人格方归于消灭。因此，清算既是使法人归于消灭的程序，也是清理已解散的法人的法律关系的程序。法人解散的，除合并或者分立的情形外，清算义务人应当及时组成清算组进行清算。法人的董事、理事等执行机构或者决策机构的成员为清算义务人。法律、行政法规另有规定的，依照其规定。清算义务人未及时履行清算义务，造成损害的，应当承担民事责任；主管机关或者利害关系人可以申请人民法院指定有关人员组成清算组进行清算（《民法典》第 70 条）。法人的清算程序和清算组职权，依照有关法律的规定；没有规定的，参照适用公司法律的有关规定（《民法典》第 71 条）。法人被宣告破产的，依法进行破产清算并完成法人注销登记时，法人终止（《民法典》第 73 条）。公司被依法宣告破产的，依照有关企业破产的法律实施破产清算 [《公司法》（2018 年修订）第 190 条]。

（二）清算人

清算人，即担任清算工作的人或组织。《民法典》不称清算人，而称清算组。法人解散后成为清算法人，其人格仍然存续。清算法人于清算的必要范围内，与解散前的法人为同一法人，但应仅限于了结事务的消极范围内有其能力，并不得从事积极开展性的业务。[1] 对此，《民法典》第 72 条第 1 款规定："清算期间法人

1　施启扬：《民法总则》（修订第八版），中国法制出版社 2010 年版，第 156 页。

存续，但是不得从事与清算无关的活动。"第72条第3款规定："清算结束并完成法人注销登记时，法人终止；依法不需要办理法人登记的，清算结束时，法人终止。"

（三）清算人的职责

《民法典》对清算人的职责未作规定。依清算程序的目的，清算人的职责应主要包括如下4项：

第一，了结现务。法人解散时已着手办理而尚未完成的事务，应使其了结。清算人为了了结现务，虽可为新的法律行为，但不得为与了结现务无关的新事务。

第二，收取债权。对已届清偿期的法人的债权，应由清算人一一收取；未届清偿期的债权和条件尚未成就的债权，可以转让给他人，或以变价处分等方式处理。

第三，清偿债务。清算人就法人对他人所欠的债务，应向他人进行清偿。债务的清偿，已届清偿期的，固应清偿；未届清偿期的，应抛弃期限利益，提前清偿。

第四，移交剩余财产于应得者。清偿债务后剩余的财产，应由清算人负责移交于有权获得此项财产的人。至于何人有权获得此剩余财产，应依章程的规定或社员总会的决议定之[1]。[2]但以公益为目的的法人解散时，其剩余财产不得归属于自然人或以营利为目的的团体，旨在防止公益法人以解散方法达到化公为私的目的。[3]《民法典》第72条第2款规定："法人清算后的剩余财产，按照法人章程的规定或者法人权力机构的决议处理。法律另有规定的，依照其规定。"

我国《公司法》（2018年修订）第184条规定，清算组于清算期间行使下列职权：①清理公司财产，分别编制资产负债表和财产清单；②通知、公告债权

---

[1]　谢瑞智：《民法总则精义》，1994年自版，第106页；梁慧星：《民法总论》（第四版），法律出版社2011年版，第142页。

[2]　法律或章程无特别规定，社员总会也无决议时，其剩余财产应归属于国库，与无人继承财产最后应归属于国库相同。对此，《德国民法典》第46条、《瑞士民法典》第57条第1项设有同样的规定。在我国，也应作同样解释，自不待言。

[3]　施启扬：《民法总则》（修订第八版），中国法制出版社2010年版，第157页。

人；③处理与清算有关的公司未了结的业务；④清缴所欠税款以及清算过程中产生的税款；⑤清理债权、债务；⑥处理公司清偿债务后的剩余财产；⑦代表公司参与民事诉讼活动。

（四）清算终结

清算终结，即清算人完成清算职责。清算终结，应由清算人向登记机关办理注销登记并进行公告。完成注销登记和公告后，法人遂告消灭。《公司法》（2018年修订）第 188 条规定："公司清算结束后，清算组应当制作清算报告，报股东会、股东大会或者人民法院确认，并报送公司登记机关，申请注销公司登记，公告公司终止。"

第六节　外国法人

一、外国法人的涵义

何为外国法人，立法例上有不同的成例：有采准则主义的，认为依据中国的法律设立登记的法人即是中国法人；有采住所地主义的，认为法人的主事务所所在地在中国的，为中国法人；有采控制主义的，认为法人的多数社员（或股份有限公司的股东）为中国人的，即是中国法人。一般言之，大陆法系国家采"住所地主义"，英国、美国等英美法国家采准则主义，控制主义为少数国家所采取。[1]

二、对外国法人的认许

对外国法人的认许，即对外国法人的认可。按照各国法及其实务，对外国法人的认许，即对外国法人的承认，通常须具备两项要件：①积极要件，须先在其本国完成法人设立登记的程序，方可在认许国申请认许。②消极要件，包括外国

---

[1] 刘得宽：《民法总则》（增订四版），中国政法大学出版社 2006 年版，第 130 页；曾陈明汝："外国法人之确定与认许"，载《法学丛刊》第 19 卷第 3 期，第 56 页。

公司的目的或业务违反我国法律的规定、违反公序良俗或对于应报明的事项存在虚伪的情事的，皆不予认许；外国法人所属国对我国法人不予认许的，基于互惠原则，应不予认许。[1]

1　刘得宽：《民法总则》（增订四版），中国政法大学出版社 2006 年版，第 131 页。

第七章

非法人组织

第一节 概　要

非法人组织（Nicht rechtsfähiger Verein，非法人团体），指没有法律人格的社团、财团。[1] 我国学者对它所下的定义通常为：不具有法人资格但可以以自己的名义从事活动的组织体。[2] 当代各国民法，通常于自然人和法人之外，尚承认存在非法人而具有某种主体性的组织体。德国、日本称其为"无权利能力的社团"（der nichtrechtsfähige Verein），我国称其为"非法人组织"。《民法典》第 102 条规定："非法人组织是不具有法人资格，但是能够依法以自己的名义从事民事活动的组织，包括个人独资企业、合伙企业、不具有法人资格的专业服务机构等。"第 103 条规定："非法人组织应当依照法律的规定登记。设立非法人组织，法律、行政法规规定须经有关机关批准的，依照其规定。"

非法人组织，并无法人资格，其法律上的地位，各国采取的办法，是准用关于合伙的规定。如《德国民法典》第 54 条规定："无权利能力社团，适用关于合伙之规定。以该社团之名义对于第三人所为之法律行为，由行为人个人负责，行为人有数人时，负连带债务人之责任。"[3] 德国立法者之所以设立此项不利于无权

1　[日] 石田穰：《民法总则》，悠悠社 1992 年版，第 209 页。

2　梁慧星：《民法总论》（第四版），法律出版社 2011 年版，第 143 页。

3　参见台湾大学法律学院、财团法人台大法学基金会编译：《德国民法》（上，总则编、债编、物权编）（2016 年修订第二版），元照出版有限公司 2016 年版，第 42 页。

利能力社团（非法人组织、非法人团体）的规定，乃在实现一定的政治目的，企图迫使当时具有政治、社会及宗教性质的团体登记为社团法人，以便监督管理。唯此立法上的期待始终未获实现，工会、学生团体、宗教组织仍多拒不登记以取得法人资格。[1] 二战结束以降，民法关于非法人组织的认识已有重大发展，多数国家的学说、判例，均强调非法人组织与合伙的本质上的差异，并承认非法人组织具有权利能力、行为能力及诉讼能力，亦即肯定非法人组织的主体性。非法人组织享有名称权、名誉权（商誉权）及荣誉权。[2]

　　非法人组织与合伙的区别，主要有如下 3 点：①关于内部构成员相互关系。合伙是以合伙合同决定其内部构成员之间的相互关系，一般不预先规定入伙和退伙的手续；而非法人组织是以章程或内部规则规定内部构成员之间的相互关系，对成员的加入或退出预先设有规定，尤其是个别成员的加入或退出对团体的存续不生影响。②关于事务的执行。原则上合伙事务由全体成员共同执行，经全体合伙人一致同意；非法人组织依章程或依一定程序选任的代表人以团体机关身份执行团体事务。③关于是否形成团体意思。合伙并无区别于合伙人意思的团体意思，而非法人组织则形成区别于成员个人意思的团体意思，并有意思机关。[3]

第二节　非法人组织的要件及与法人的实质差别

一、非法人组织的要件

非法人组织的要件如下 [4]：

第一，须是由多数人组成的人合组织体。非法人组织与社团法人相同，系人合的社会组织体。

1　王泽鉴：《民法总则》，北京大学出版社 2009 年版，第 158 页。

2　［日］北川善太郎：《民法总则》，有斐阁 1993 年版，第 82 页。

3　梁慧星：《民法总论》（第四版），法律出版社 2011 年版，第 144 页。

4　梁慧星：《民法总论》（第四版），法律出版社 2011 年版，第 145 页。

第二，须具有自己的目的。非法人组织与法人一样，须具有自己的目的。所谓目的，也就是非法人组织的经营范围，可以是非经济性的，也可以是经济性的。此点与法人的目的系指法人的经营范围相同。

第三，须有自己的财产或经费。非法人组织与法人一样，须有属于自己的财产或经费。但与法人的不同之点在于，此财产或经费仅须非法人组织可以独立支配即可，不要求须与其成员的财产截然分开而由非法人组织享有所有权。

第四，须设有代表人或管理人。非法人组织须设有代表人或管理人。此与法人的不同点在于，对于非法人组织，仅要求设有代表人或管理人，而不要求必须按照法律规定的组织形式；对于法人，则法律要求设立董事会或理事会等机关，且对董事会或理事会有严格的形式要求。

第五，须以团体的名义为法律行为。非法人组织与法人一样，须以团体的名义为法律行为。此系非法人组织区别于自然人或一般松散集合体的标志。如果不以团体的名义对外为法律行为，例如属于无须对外为法律行为，或须对外为法律行为，但对外为法律行为时系以其成员个人的名义或以其他团体的名义，亦即不具有对外的独立性，也就没有作为非法人组织而承认其主体性的必要。

二、非法人组织与法人的实质差别

对于非法人组织以其团体的名义所为的行为，应由何人享受权利、承担义务，现今比较法上的通说认为，应依其行为的性质，适用关于合伙或社团的规定，不能以此种团体于法律上无权利能力而否定其一切法律行为的效力。[1]在我国，非法人组织与法人的实质差别，仅在于不具有完全的民事责任能力。概言之，非法人组织不具有独立承担民事责任的能力，当非法人组织不能清偿债务时，应由该非法人组织的设立人、开办单位或上级承担连带责任。[2]《民法典》第104条规定，非法人组织的财产不足以清偿债务的，其出资人或者设立人承担无

1　郑冠宇：《民法总则》（第二版），瑞兴图书股份有限公司2014年版，第114页。
2　梁慧星：《民法总论》（第四版），法律出版社2011年版，第148页。

限责任。法律另有规定的，依照其规定。

第三节　非法人组织的分类及其他问题

一、非法人组织的分类

我国经济生活中存在着大量的不具有法人资格的组织体，而法律、法规也承认这些不具有法人资格的组织体可以以自己的名义订立合同，享受权利和承担义务。《民法典》第 102 条第 2 款规定，非法人组织包括个人独资企业、合伙企业、不具有法人资格的专业服务机构等。而于学理上，则将非法人组织分类如下 [1]：

第一，非法人企业。按照我国现行法，全民所有制工业企业无论是否采取公司的形式，皆有法人资格。因而所谓非企业法人，指全民所有制企业以外的其他所有制性质的企业，包括非法人乡村集体企业、非法人私营企业、非法人外资企业、非法人合伙企业。

第二，非法人经营体，主要包括个体工商户、农村承包经营户、领取营业执照的个人合伙、领取营业执照的合伙型联营、领取营业执照的企业法人分支机构（包括外国公司的分支机构）、行政单位或企业事业单位开办的不具有法人资格的经营实体、筹建中的公司、企业集团等。

第三，非法人公益团体，主要是不具有法人资格的机关、事业单位和社会团体。

第四，其他如设立中的法人、业主大会、业主委员会大体上也应归入非法人团体（非法人组织）之列。

二、非法人组织的其他问题

《民法典》第 105 条规定：非法人组织可以确定一人或者数人代表该组织从

1　梁慧星：《民法总论》（第四版），法律出版社 2011 年版，第 136 页。

事民事活动。于有下列情形之一时，非法人组织解散：①章程规定的存续期间届满或者章程规定的其他解散事由出现；②出资人或者设立人决定解散；③法律规定的其他情形（《民法典》第 106 条）。非法人组织解散时，应依法进行清算（《民法典》第 107 条）。此外，《民法典》第 108 条还规定：非法人组织除适用《民法典》有关"非法人组织"（《民法典》总则编第 4 章）的规定外，还应参照适用《民法典》总则编第 3 章（"法人"）第 1 节（"一般规定"）的有关规定。

第八章

权利客体

第一节 概 说

一、权利客体的意义与关于物的立法成例

权利客体（Rechtsgegenstände，Rechtsobjekt），是民事法律关系的构成要素之一，其与权利主体（Rechtssubjekt）相对，指受权利主体（Rechtssubjekt）支配的对象，仅可归属于权利主体，供权利主体为使用、收益及处分，而不得成为权利主体，不得享受权利、负担义务。相对地，权利主体也不得沦为权利客体而成为他人支配的对象。在当代法治社会，人为权利主体，不能置于他人的绝对支配下，不能将人作为具有财产价值的权利客体。例如罗马时代的奴隶以及中国早期的奴婢，均属于被物化的人类，已不容于现代的法治思想。民法上所称的权利客体，包括物与权利。[1]

值得提及的是，当代社会创造出了以往并不作为权利的客体的新的"财（产）"，如时间、信息等，对此，需要民法理论给出回答和释明。[2]

在比较民法上，通常不对权利客体设立一般规定（之所以如此，是因为存在技术上的困难），而一般只对物权、债权所共同涉及的对象——物——加以集中

---

[1] 郑冠宇:《民法总则》（第六版），新学林出版股份有限公司 2019 年版，第 186 页。

[2] ［日］四宫和夫、能见善久:《民法总则》（第八版），弘文堂 2010 年版，第 157 页。

规定。并且，物不仅是物权的客体，大多也是债之关系的客体所指向的对象。各国家和地区民法对物的立法体例不尽相同。德国民法典第一草案将关于物的通则规定于物权编，第二草案又改规定于总则编，现今《德国民法典》采取这样的规定（规定于总则编的第二章"物及动物"）；《瑞士民法典》在物权编中规定物；《日本民法》和我国台湾地区"民法"则将物规定于总则编中。我国《民法典》未对物作出规定。[1] 现今对作为权利客体的物的基本问题予以讨论，具积极意义与价值。

二、权利标的

权利标的（Rechtsgegenstand），指受权利主体支配的各种权利的对象或内容，故也可称为"权利的客体"。怎样的东西才能成为权利的客体，系因权利的种类而不同。例如，①以所有权为首的物权的对象（客体）是物。②债权的对象（客体）是人的行为。不过债权的场合，经由"人的行为"，间接地也对物予以支配（例如买受人的买卖标的物交付债权等）。在现今的法制度下，权利的对象更加广泛。③人格权是以权利人自身的人格乃至其享有（享受）的生活利益为对象。④无体财产权（特许权、著作权等）系以精神的产物等为客体。⑤比较法譬如日本法上的企业担保权，系以构成企业的"物""债权"等财产的集合体为对象。[2]

在当今民法上，概言之，亲属权的标的系支配与权利人有一定亲属关系的自然人，故其客体为对该自然人的支配；知识产权的标的系权利人直接支配其精神的产物，故其客体为对该精神的产物的支配；债权是特定人请求特定人为特定行为的权利，请求及受领特定人的特定给付行为即为债权的内容，属于债权的标的，故"债权的客体"为债权人依债之本旨，向债务人请求履行之行为，但特定债务人的行为则非"权利客体"，盖人为权利主体，而非权利客体；人格权的标

1　将物规定于民法（典）总则中，系因物不仅系物权的客体，也涉及一切财产关系，如债的给付的内容、夫妻财产关系、继承等均与物有关。

2　［日］四宫和夫、能见善久：《民法总则》（第八版），弘文堂 2010 年版，第 157 页。

的系直接支配权利人本人的人格的利益，故其客体为对权利主体本人的支配。[1]

三、关于财产

财产（Vermögen）与物的关系密切，指属于某特定人的一切权利和权利关系的总体（Gesamtakt），包括动产、不动产、债权及其他财产权（如无体财产权）。财产权限于具有财产价值的权利，亦即在通常情形下可变价为货币的权利，性质上为一种"权利集合体"（Rechtsgesamtheit）。

民法上的财产指积极财产（一般的有形财产与无形财产均为积极财产，广义的财产还包括人的信用、能力等无形资产），不包括消极财产（义务、债务）；至于纯粹的人格权和身份权，则不属于财产的范围。[2]债务人的总财产为全体债权人债权的总担保，债务人对于所负债务，需以其个人财产供其债务的清偿，是为债务人的责任财产，亦即所谓完全责任（unbeschränkte Vermögenshaftung）。也就是说，"负担债务的人，以其现在所有及将来取得的一切动产及不动产，负履行其债务的责任"（《法国民法典》第 2092 条）；"债务人的财产为其全体债权人的共同担保；因此其财产的价金应依债权人债权额分配之，但债权人中如基于合法原因有优先受偿的权利存在时，不在此限"（《法国民法典》第 2093 条）。[3]应注意的是，债务人的财产虽具有财产价值，但不能成为强制执行的标的（如禁止查封的动产、禁止执行的债权）的，即非属于债务人的责任财产。[4]例外的情形，债务人仅以其部分财产对债权人负责，此即有限责任（beschränkte Vermögenshaftung）。例如被继承人死亡时，继承人就被继承人所负的债务，仅以因继承所得财产为限，负清偿责任。至于第三人，以其特定财产为债权人设定抵押权等担保物权，

1　郑冠宇：《民法总则》（第六版），新学林出版股份有限公司 2019 年版，第 186—187 页。

2　施启扬：《民法总则》（修订第八版），中国法制出版社 2010 年版，第 177 页。

3　需提及的是，《法国民法典》的此第 2092 条、第 2093 条的条文内容，系引自谢怀栻：《大陆法国家民法典研究》，中国法制出版社 2004 年版，第 15 页。

4　郑冠宇：《民法总则》（第二版），瑞兴图书股份有限公司 2014 年版，第 159 页。

以担保债务人的债务，第三人并非债务人，债权人对该第三人（物上保证人），仅得就该供担保的特定财产受清偿，此即物之有限责任（Sachhaftung）。[1]

值得指出的是，在某些场合，"财产"一语，也用来兼括积极财产和消极财产，如"失踪人的财产"（《民法典》第42条）即属之，继承财产也属之。亦即，除法律另有规定外，继承人自继承开始时，承受被继承人财产上的一切权利、义务，但权利、义务专属于被继承人本身的除外。[2]

第二节 物

一、物的涵义

物（Sachen）是一个被广泛使用的概念，有物理学上的物，包括宇宙、天体、银河等；有哲学意义上的物，指不依赖于人们的意识的客观实在。法律上特别是民法上所称的物，皆非指这两种意义上的物。民法上所称的物，指人体以外，人力所能支配，可满足社会生活需要，独立存在的有体性、无体性客体及土地空间等。在传统民法上，物是否限于有体物，立法例上有两种主义：一为肯定主义，如《德国民法典》第90条、《日本民法》第85条；二为否定主义，即认为不限于有体物，如《瑞士民法典》第713条。在当代，物已不限于有体物，即使无体物也包括在内。此外，为人力所能支配的土地空间也属于民法上的物的范围。对于今日民法上的物的涵义，需说明如下几点。

（一）物一般为有体物，但并不以此为限，无体物也为民法上的物

所谓有体物，指占有一定的空间而具有某种形体者，譬如土地、建筑物、动植物及各种物品。晚近以来，对于有体物逐渐采取广义的解释，即认为有体物不必具有一定的形状或固定的体积，无论为固体、液体或气体（如瓦斯），均具

---

[1] 郑冠宇：《民法债编总论》，新学林出版股份有限公司2015年版，第20页。

[2] 王泽鉴：《民法总则》，北京大学出版社2009年版，第188页。

"有体性"而为"物"的一种。固体、液体、气体之外的各种能源（energy），如热、光、电气、电子、放射线、核能等，在技术上已能加以控制，工商业和社会生活上已普遍使用，也为民法上的物。[1]至于计算机（电脑）软件，则并不是物，储存用的电磁记录卡则为物。[2]应注意的是，物尽管不以有体物为限，但无论如何不能扩大解释为包括权利在内。物与权利系两个不同的法律概念，物为"实体"，权利则为受法律保护的享有特定利益的法律上之力。[3]不过，被证券化了的权利，如股票、票据等有价证券，得被视为动产，可为权利质权的客体；精神的创造物，如著作、商标、专利，得成为无体财产权的客体。另外，需注意的是，随着社会生活的发展，无体物的范围还会不断扩大。例如，我国台湾地区"有线电视法"第 74 条规定："未经系统经营者同意，截取或接受系统播送的内容者，应补交基本费用。其造成系统损害时，应负民事损害赔偿责任。"可见，此系将有线电视节目内容作无体物对待。当然，自然力等无体物要成为民法上的物，应以可以对之加以管理为前提。如果没有"管理的可能性"，则不能作为民法上的物对待。[4]

1　在古罗马盖尤斯的《法学阶梯》中，物（res）被分为有体物（res corporales）与无体物（res incorporales），法国的民法学说认为物也包括无体物，日本旧民法规定的物也包括有体物与无体物，尤其是《奥地利普通民法典》第 1424 条规定了"债权的所有权"。日本制定新民法（即现行民法）时，因受德国民法物权和债权区分的影响，遂认为"对债权的所有权"不适当，因此于第 85 条中仅将物限定为有体物。据此，得成为所有权的对象的，仅限于有体物，关于无体物的所有权不被认可。日本民法之所以将物限定为有体物，是因为认为若物之中包含无体物，就会变成认可"对债权的所有权"这一概念，而这将使区别物权与债权这一日本民法成立的前提发生混乱。日本现行民法的此种立场颇受批判。于现今，在将物限定为有体物这一原则的同时，日本民法也认可了以权利为对象的权利质权（《日本民法》第 362 条）、以空间为对象的空间地上权（《日本民法》第 269 条之二），且在民法之外的其他法律中也定有诸多例外的规定，如著作权、特许权等。今后，这些例外还会增加。日本新近学说认为，建构以债权等无体物为对象的"排他性权利"于一定程度上是可能的，以债权为对象的让与担保（权）等是有效的。另外，建构对包括债权债务的总括财产的排他性权利也是可能且有益的。参见［日］四宫和夫、能见善久：《民法总则》（第八版），弘文堂 2010 年版，第 158 页、第 159 页。

2　在德国，因其民法典对于物采有体物的观念，所以电子档案和电脑软件仅可被认为系属权利，唯其买卖仍准用物之买卖的规定。对此，我国台湾地区学者郑冠宇教授谓：从权利主体的保护利益角度而言，电子档案似可纳入物之规定，使其成为侵权行为的客体，譬如删除他人的电子档案或植入病毒而无法使用即属之。关于此，请参见郑冠宇：《民法总则》（第二版），瑞兴图书股份有限公司 2014 年版，第 161 页。

3　施启扬：《民法总则》（修订第八版），中国法制出版社 2010 年版，第 178 页。

4　［日］本城武雄、月冈利男编：《物权法》，嵯峨野书院 1987 年版，第 9 页。

动物是否为物？《奥地利普通民法典》于 1985 年增订第 285 条 a，德国于 1990 年 8 月 20 日因特别立法而于《德国民法典》增设第 90 条 a，规定"动物非属物。其应以特别法保护之"，但同时又明定"特别法未规定者，准用对动物之规定"。[1] 奥、德民法之所以作这样的规定，其旨趣并不在于将动物人格化，或将其当成权利主体，而是警戒动物的所有人不能任意对待动物，并表示对有生命之"物"的尊重，盖动物与人同为受造者也。[2] 此一动向，值得注意。我们认为，在当代，动物的法律属性与以往一样，仍然没有改变，今日包括民法在内的法律关于保护动物的规定，主要目的系在强调尊重动物的生命和爱护动物的观念。而所谓动物，主要以犬、猫为主，因为它们是人类的宠物，并已走进人类的社会生活，是有生命的"物"，所以不能作为通常的物对待。[3]

在当代，对传统民法关于物的认识的较大突破，是空间成为民法上的物。在传统民法中，空间没有形体，因此并非民法上的物。但 20 世纪以来，随着空间权制度的生成，空间可以为物并作为权利的客体，乃受到普遍的认同。于是空间得作为租赁、借用的标的，也可以之设定空间建设用地使用权（《民法典》第 345 条）、空间役权和空间担保物权，由此形成完善的空间权制度体系。空间由此成为民法上的物。当代民法理论一般认为，空间如具备如下两项要件，即可成为民法上的物：①具有独立的利用价值或经济价值；②可以对之予以排他的支配。

（二）物须具有支配可能性

民法上的物，以人力所能支配、控制者为限。尤其是要成为所有权及其他物权的对象，不仅需是有体物，还需具有支配可能性。之所以如此，是因为所有权及其他物权，是对作为其客体的物的排除他人的利用的权利。能否支配、控制应以科学技术和社会观念判断之，尤其是得以科学技术加以支配、控制的，系具有支配（管领）的可能性。依此原则，日、月、星星、云层等宇宙物体，不能认为

---

[1]　参见台湾大学法律学院、财团法人台大法学基金会编译：《德国民法》（上，总则编、债编、物权编）（2016 年修订第二版），元照出版有限公司 2016 年版，第 76 页。

[2]　Köhler, AT S. 97；王泽鉴：《民法总则》，北京大学出版社 2009 年版，第 169 页。

[3]　施启扬：《民法总则》（修订第八版），中国法制出版社 2010 年版，第 180 页。

系民法上的物。从另一角度说，民法上的物，仅限于人力所能支配者，人力所不能支配的日、月、星星、云层，虽然是物理学上的物，但并非民法上的物。电、热、光¹、核能等经由人力控制、储存、运用的，则应认为系物的一种；月球上的沙石经登月者取回地球，置于人力支配、控制下时，也系民法上的物。²海面，划分（隔开）一定的范围，可成为排他性权利的对象，例如成为渔业权这一排他性权利的客体。概言之，只有人力可以支配、控制的物，才系民法上的物。³

（三）物须具有独立性与特定性

1. 物须具有独立性

可成为所有权的对象的物，须是独立之物，物之一部（分）不可。此独立性的要求，系从关于所有权及其他物权的一物一权原则推导而来。所谓一物一权，即①一个物之上只能成立一个所有权（此称为物权的排他性）；②一个所有权的对象必须是一个物。之所以要求物须具有独立性，系因为物的一部（分）若成为所有权及其他物权的对象，则权利关系将错综复杂，对物的处分会发生困难。易言之，买卖等交易通常系以物为单位，买受人系当然欲取得物之全体的所有权，若成立以物之一部（分）为对象的别的所有权或其他物权，则必损害交易安全，阻害物（商品）的自由移转这一当代市场经济的原则。⁴

概言之，依一物一权主义和物权标的物特定主义，民法上的物必须个别、独立存在。因此，无处不存在的空气、海水、山岳、森林及原野等，在与其他部分分离，置于相当的支配下而具有独立性（如设置界标或登记其面积、位置）之前，不能认为系民法上的物。⁵另外，物之一部（分）不能作为物对待（独立性

1　我国台湾地区"刑法"第 323 条规定："电能、热能及其他能量，关于本章之罪，以动产论。"参见陈聪富主编：《月旦小六法》（第十七版），元照出版有限公司 2014 年版，第陆—41 页。

2　施启扬：《民法总则》（修订第八版），中国法制出版社 2010 年版，第 179 页。

3　[日] 本城武雄、小胁一海编：《民法总则》，嵯峨野书院 1993 年版，第 116 页。

4　[日] 四宫和夫、能见善久：《民法总则》（第八版），弘文堂 2010 年版，第 162 页。

5　我国台湾地区学者郑冠宇谓：物须存在于一定的空间，大气中的空气、海洋及河流中的水、自然界的光及电等，漫无边际，难以为物。但若将其贮存一定的空间，则可为物。例如将空气装在氧气瓶内、将水保持在瓶内等即为物。参见其所著《民法总则》（第二版），瑞兴图书股份有限公司 2014 年版，第 162 页。

的要求），例如房屋的窗子；数个物的集合原则上也不能作为一个物（单一性的要求）。当然，作为这些原则的例外，相邻房屋有共同分界墙时，各自对分界墙的一部分保有所有权（独立性的例外）、业主对各自的专有部分保有所有权（单一性的例外）。前者是源自相邻关系规则的例外，后者是源自所有权的商品性质的例外。[1]最后，一滴水、一片树叶、一滴油，虽为物理上的物，但在日常生活和交易上并无独立性，必须有相当数量且能独立分开，方可认为系民法上的物。[2]

2. 物须具有特定性

所有权、用益物权及担保物权，通常认为仅可在特定的物上成立，其原因是：物权系排他性的支配权，得排除他人的干涉，因此必须明确权利所及的范围。不过，对于这一点，随着社会的变迁、经济的发展，也出现了很多例外。譬如在日本，以企业的全体财产为标的而设定企业担保权，其各项财产就是处于变动中的。另外，当代民法也认可在构成部分变动的集合物上可成立单一的物权。譬如仓库的全部在库商品这一集合物，其构成部分系变动的，日本判例认为，在其构成部分变动的该集合物上，可成立让与担保。[3]此外，我国《民法典》第396条规定的动产浮动抵押，也属于仅可在特定物上成立物权（抵押权）的例外。

（四）可满足人类生活所需

一滴水、一滴油、一粒米虽具有物的形体而可加以支配，但其在生活上不具有特殊的意义及功能，非人们生活所需，故难以称为物。但若以米为体，在其上雕刻，使之成为艺术品（即所谓盲雕），该米粒即可成为物。细菌、微生物等应非属于物，但若属于实验室培养的成品，例如酵母菌或专门供实验之用的细菌、微生物，则应属于物。垃圾可为物，尤其在资源回收的情形，其属具有经济价值

1　[日]本城武雄、目崎哲久编著：《民法总则》，嵯峨野书院1996年版，第117—118页。

2　施启扬：《民法总则》（修订第八版），中国法制出版社2010年版，第179页。

3　参见日本最判1979年2月15日民集33卷1号第51页、最判1987年11月10日民集41卷8号第1559页；[日]四宫和夫、能见善久：《民法总则》（第八版），弘文堂2010年版，第162—163页。

的物。[1]

（五）须为人体以外的物（非人格性）

1. 概述

在当代民法上，基于尊重个人的尊严的思想，生存中的人体的全部或一部（分），皆非物，否则将变成商品或奴隶。在生活上与人体不可分离的义眼、义齿、义足、义手等，应视为人体的一部分而非"物"。此等人造物一旦与人体分离，则又成为物。[2]分离人体的一部分的合同，或处分已由身体分离的物的行为，如不违背公序良俗，应为有效。例如，献血、理发、拔牙、器官移植、切除癌变肝脏等合同，固属有效，[3]但将身体的一部分（如脏器）供债权担保，则为无效，[4]盖脏器等不能作为担保权的客体。实务中，亲子间达成肾脏移植的合同后，由于第三人的侵权行为使肾脏移植者在不能提供肾脏的状态下死亡时，预定接受肾脏移植的人可就第三人的侵权行为请求损害赔偿。[5]

如前所述，人的身体不是物，但人体的某一部分在与人体分离后，无论其分离的原因为何，皆可成为物（动产），由该人取得其所有权，适用物权法的一般规定，可将之抛弃或让与。[6]但由于生物科技的迅猛发展，身体的分离部分如器官、生物组织、精子或基因是否必然为单纯之物，不无疑问。德国实务认为，若身体部分的分离，依权利主体的意思系为保持身体功能，或为其后再和身体结合

1　郑冠宇：《民法总则》（第二版），瑞兴图书股份有限公司 2014 年版，第 162 页。

2　施启扬：《民法总则》（修订第八版），中国法制出版社 2010 年版，第 179 页。

3　捐血救人，合于公序良俗，自不待言；血液买卖（卖血），虽有金钱上的对价，但因其目的在于医疗，也应认为与公序良俗尚不相悖。有疑问的是，此类使他人分离身体一部（分）的合同，何时生效，该他人可否拒绝履行合同？史尚宽认为，为输血的血液买卖，于不致成为重伤的限度内虽然有效成立，但不能赋予受移植人以由移植人的活体将其取去的权利，移植人如愿意供给血液，合同始生效力，在此以前，其合同尚未发生效力（史尚宽：《民法总论》，中国政法大学出版社 2000 年版，第 283 页）。德国有学者认为，卖血之人可随时撤回其同意（Köhler, ATS. 203）。此两说立论虽有不同，但均肯定对于人体部分的分离，不能强制执行，以维护人的价值与尊严。王泽鉴：《民法总则》，北京大学出版社 2009 年版，第 174 页。

4　刘得宽：《民法总则》（增订四版），中国政法大学出版社 2006 年版，第 136 页。

5　［日］四宫和夫、能见善久：《民法总则》（第八版），弘文堂 2010 年版，第 160 页。

6　王泽鉴：《民法总则》，北京大学出版社 2009 年版，第 175 页。.

的（如储存的精子），则为保护权利主体的自主决定权和身体本身，应认为此身体分离部分在同身体分离期间，仍具有功能上的一体性，从而为身体的一部分。[1]至于基因，因具有人格权的性质，且具有可交易性（从而具有市场价值），故而也具有财产性，其未来的发展动向，值得注意。[2]

2. 死体（尸体）、脏器及其他人体组织

（1）埋葬的场合。死体（尸体，Leiche）可否为民法上的物？对此，存在争论。有人认为，死体（尸体）具有"残余人格"（Rest der Persönlichkeit）的性质，因此死者的继承人并不是财产法上的所有权人，不得将死体（尸体）作为使用、收益、处分及先占的标的，继承人将死体（尸体）出售给医院作解剖之用，也有悖于公序良俗。至于生前处分自己的遗体，赠与医院解剖、研究的合同或遗嘱，于死亡前可随时撤回，在死亡后则应尊重死者的遗志而认为有效。[3]也有人认为，失去生命的死体（尸体）为物，属于继承人共同共有，但继承人对之仅有习惯上的管理权，即仅有将之依习惯祭祀、埋葬、焚化、供养或供医学研究等合法目的使用的权利，不得自由使用、收益、处分（如将之让与）。[4]此外，日本判例认为，遗骸（遗体、尸骨）的所有人，不得放弃对遗骸的所有权。遗骸属于死者的继承人所有。[5]概言之，对于死体（尸体），应主要以将其埋葬为目的，对于它的所有权不仅不能放弃，且进行遗骸的让与（转让）等也不可。

（2）脏器移植场合。晚近以来发生的问题是，对于人死后的脏器和人体组织的移植或保存，谁有权做主？今日的基本见解是：死后的死体（尸体）、脏器、人体组织，应由祭祀负责人和继承人按照死者生前的意思而处理。因此，其一，

1　王泽鉴：《侵权行为法》（第 1 册），1998 年自版，第 123 页；谢在全：《民法物权论》（上册，修订六版），新学林出版股份有限公司 2014 年版，第 17—18 页。

2　颜厥安："财产、人格还是资讯？论人类基因的法律地位"，基因科技之法律管制体系与社会冲击研究学术研讨会论文（2000 年 3 月 12 日）；谢在全：《民法物权论》（上册，修订六版），新学林出版股份有限公司 2014 年版，第 19 页注释 12。

3　施启扬：《民法总则》（修订第八版），中国法制出版社 2010 年版，第 180 页。

4　刘得宽：《民法总则》（增订四版），中国政法大学出版社 2006 年版，第 136 页。

5　日本大判 1927 年 5 月 27 日民辑 6 号第 307 页。

脏器移植、人体组织的移植或保存，原则上应依死者生前的意思而处理。死者生前表明了意思，死者的继承人或家族拒绝的，应认为其拒绝并不适当。其二，死者生前表明不提供脏器、人体组织的意思的，死者的遗属不能擅自做主而提供脏器或人体组织。其三，最成问题的，是死者生前没有表明意思的场合，其遗属是否可以提供脏器或人体组织？如果能够推测死者生前的意思，按"可推测的死者生前的意思"，认可遗属可提供脏器或人体组织是可以的。但是，幼儿、无意思能力者等"可推测的本人的意思"不能被考虑的场合，应认为不能依遗属的判断而要求提供脏器或人体组织。[1]需注意的是，日本 1997 年通过的《脏器移植法》的适用范围及根本精神，基本上是建立在尊重本人的意思基础之上的。

（3）研究目的的赠与场合。晚近以来，将遗体的一部分为研究目的而赠送（捐献）给医院的情况日增（也有本人于生存时将做手术时切除的身体的一部分为研究目的而捐献的）。这些情况的法律构成和承诺的范围成为问题。日本《尸体解剖保存法》第 17 条、第 18 条规定：此种情况于一定的场合，可作为标本而保存。但是，为研究目的而捐献身体，基本上应依当事人之间的赠与合同处理。关于应由谁代替死者作赠与的承诺，原则上应依前文关于人死后的脏器和人体组织的移植或保存谁有权利做主的分析定之。为研究目的而赠与人体组织，成为问题的是其承诺的范围。通常，诸如为怎样的研究而使用赠送（捐献）的人体组织、仅该医院为研究目的而使用之还是别的研究机构也可使用之、人体组织中包含的个人信息（遗传信息、关于病况的信息等）的处理方法，以及希望返还人体组织时的处理方法等，于赠与合同关于医院应遵守的条件（可以说是附负担的赠与）中业已确定下来。如果医院方面不遵守这些条件，则继承人、遗属是否可以要求返还所赠与的人体组织，实务中还是往往成为问题。[2]

（六）数据、网络虚拟财产与个人信息

《民法典》第 127 条规定："法律对数据、网络虚拟财产的保护有规定的，依

1　[日] 四宫和夫、能见善久：《民法总则》（第八版），弘文堂 2010 年版，第 160 页。

2　[日] 四宫和夫、能见善久：《民法总则》（第八版），弘文堂 2010 年版，第 160—161 页。

照其规定。"第 111 条规定:"自然人的个人信息受法律保护。任何组织或者个人需要获取他人个人信息的,应当依法取得并确保信息安全,不得非法收集、使用、加工、传输他人个人信息,不得非法买卖、提供或者公开他人个人信息。"据此,数据、网络虚拟财产及个人信息也系我国民法所保护的客体或对象。

二、物的分类

(一) 动产与不动产

1. 区分理由及其法律意义

动产 (bewegliche Sache, Mobilien) 与不动产 (unbewegliche Sache, Immobilien),是近现代及当代民法对物的最重要的区分,其区分的端绪最早可以追溯到罗马法时期。[1]唯在罗马法上,因法律对不动产、动产作同样的对待,所以不动产和动产的区分未能显示出重要的意义。在日耳曼法上,法律对不动产和动产作严格区分,特别是使二者适用不同的法律规则,因此区分的意义尽显无遗。我国《民法典》物权编也区分不动产和动产,"物权的设立、变更、转让和消灭"中,基于法律行为的物权变动,采取不动产登记、动产交付的不同的物权变动规则。

近现代及当代物权法区分不动产和动产的理由,约可归纳为下列三点:

(1) 不动产的经济价值一般较动产为大。尤其是在前资本主义时代,不动产如土地和建筑物等,为一家一户安身立命的基础,不可或缺。同时,不动产也往往为世袭财产,受法律的特别保护,与人的身份密切相连。因此,那时将二者加以区分,系有重大的理由。不过,在现今,由于市场经济和信息技术的发展,某些动产如船舶和飞机等的价值已经远远超过了某些不动产的价值。正因如此,在当代社会,区分不动产和动产的理由于一定意义上有丧失其往昔的重要性之处。[2]此点值得注意。

(2) 位置的固定程度不同。由其性质所决定,动产所处的位置易于移动,而

---

1 [日] 高岛平藏:《民法制度的基础理论》,敬文堂 1987 年版,第 168 页。
2 [日] 松坂佐一:《民法提要 (总则)》(第 3 版),有斐阁 1975 年版,第 167 页。

不动产如土地（Grundstücke）、建筑物等，其所处的位置系固定不移。由此决定了二者在公示方法上的不同：不动产物权的享有与变动，通过在不动产登记簿册加以记载而向社会进行公示；动产物权，以占有和占有的移转（交付）作为其享有和变动的公示方法。

（3）利用方式的不同。用益物权，如传统民法上的地上权、地役权、永佃权，和我国《民法典》规定的土地承包经营权、宅基地使用权，均是权利人利用他人土地的权利，系存在于他人的土地之上；而动产，除了可以以之设定用益权（《德国民法典》第1030—1089条、《法国民法典》第578—624条）、动产质权及成立留置权，不能以之设立建设用地使用权、宅基地使用权、土地承包经营权和地役权。

不动产和动产的区分，于法律上主要有下列意义：①物权变动的方式不同。在采登记或交付的生效要件主义的法制下，基于法律行为的不动产物权变动以登记为生效要件，动产物权变动以交付为生效要件。②不动产涉及诉讼时，由法院专属管辖，而动产则否。③公示方法不同。不动产以登记为公示方法，动产以占有及占有的移转（交付）为公示方法。④无主动产可依先占而取得其所有权，而无主不动产则通常不可，系由国家取得其所有权，即国家享有先占权。[1]⑤动产与不动产，在添附的要件、效果上也有不同。⑥用益物权大多仅可在不动产上设定，而于动产上，一般不能设定用益物权（《法国民法典》《德国民法典》规定：可以以动产设定用益权[2]，是为例外）。[3]⑦经济价值上的差异。一般而言，不动产的经济价值较动产的经济价值为大。⑧在强制执行、担保权实行时的拍卖程序及税法上的对待等方面，不动产与动产也存在差异。[4]

2. 不动产和动产的具体区分

（1）概要。不动产和动产的区分方法，是先确定不动产，然后不动产以外的

1　《日本民法》第239条。

2　参见《德国民法典》第1032条等、《法国民法典》第581条等。

3　［日］本城武雄、目崎哲久编著：《民法总则》，嵯峨野书院1996年版，第119页。

4　［日］四宫和夫、能见善久：《民法总则》（第八版），弘文堂2010年版，第164页。

物均属于动产。不动产，指土地及其定着物。定着物，指附着于土地、具有连续性、不能移动，且社会观念（尤其是社会交易观念）上也认为其具有独立的经济价值的物。[1] 所谓"附着"，即"定着"之意，指固定地附着于土地而不能变更其位置。定着物一般包括房屋等建筑物（Gebäude）和构筑物二类。

在比较实务上，凡屋顶尚未完工的房屋，其已足避风雨，可达经济上使用的目的者，即属土地的定着物，买受此种房屋的人，乃系基于法律行为，自需办理移转登记，方能取得所有权。轻便轨道，除临时敷设者外，凡继续附着于土地而达一定经济上的目的的，应认为系不动产。鱼池、桥梁、铁塔，非属建筑物而系工作物，仍属于定着物，为不动产。但春节临时搭建的庙会戏台、庆典所搭建的展演台、建筑工地的工寮，因通常都不具有继续性，且易移动，故非定着物，不属于不动产。排水沟、假山、堤防、隧道、柏油马路等，已与土地密切至不可分离，系土地的一部分，也非土地的定着物，不属于不动产。另外，定着物与是否为合法建筑物无关，违章建筑物虽不得登记，但若具有定着物的特性的，仍不失为不动产，具有财产价值，可成为交易的客体 [2] 。[3]

近现代及当代民法处理土地和其上定着物的关系，主要有两种模式：①以德国民法为代表的模式，认为土地与其上定着物系一个不动产，即只是一个物，定着物为土地的重要部分，不能单独作为所有权、用益物权和担保物权的客体，[4] 罗马法法谚称为"地上物属于土地"（superfices solo cedit）原则，或地上物被土地吸收原则。[5] 这种土地与其上定着物的关系，系由德国和欧洲其他国家建筑房屋的传统所造成。例如在德国，其古代、中世纪及近代的房屋大多为以石头在土地上

1　[日] 本城武雄、目﨑哲久编著：《民法总则》，嵯峨野书院 1996 年版，第 120 页。

2　参见我国台湾地区 2003 年度台上字第 1594 号判决。

3　郑冠宇：《民法总则》（第二版），瑞兴图书股份有限公司 2014 年版，第 164—165 页。

4　参见《德国民法典》第 94 条。

5　参见《德国民法典》第 94 条第 1 项的规定。另外，法国也采地上物被土地所有权吸收的原则，因此在该国，建筑物系被土地所有权吸收。对此，请参见 [日] 四宫和夫、能见善久：《民法总则》（第八版），弘文堂 2010 年版，第 165 页。还有，瑞士民法也与此类似，参见《瑞士民法典》第 655、667 条；[日] 我妻荣：《新订民法总则》（民法讲义 I），岩波书店 1965 年版，1983 年第 19 刷发行，第 211 页。

建构的城堡。这样，作为房屋的城堡也就当然被认为是土地的构成部分。[1]②以日本民法为代表的模式，认为土地与其上定着物为两个独立的不同之物，定着物并非土地的构成部分，因此不被土地吸收，可单独成为所有权、用益物权和担保物权的客体。这种模式，学理上称为分立主义或分别主义。

我国现行实务与《民法典》，是把土地与其上定着物如建筑物等，作为分别的不同的物来对待，定着物并非土地的构成部分，从而也不被土地吸收，与日本模式同，而与德国模式异。分立主义模式使土地上的定着物可以作为独立的不动产，作为所有权、用益物权和担保物权的客体，这样有利于流通，并可实现对土地和其上定着物的充分利用。应当肯定，我国《民法典》和现行实务的分立主义模式是恰当的，符合我国的实际。

（2）土地。土地原本指地球的表面，在物理上系绵延无垠，因此从形式上看，土地非为独立物。法律上所称的土地，指一块有特定四方界至的地球表面，其不以黄土覆盖为必要，如湖泊、沼泽、沙漠等，仍为土地。[2]

依社会经济观念和法律方法，可将土地作人为的划分，按笔或宗登记，确定其地号。因此，不同地号的土地自可分别成立物权，如土地所有权、土地用益物权。在比较法（例如日本法）上，作为取得时效的要件，并不需要登记，而只要求占有，所以依其判例，一笔土地的一部（分）也可依取得时效而取得。另外，一笔土地的一部（分）也可成为让与（转让）的对象。在此等场合，尽管通常是进行分笔登记后而让与其部分，但是，即便为分笔登记前而让与（转让）土地的一部（分）也是可以的。[3]

土地所有权的范围除地面外，并及于土地上下一定范围的立体空间。因此，①土地中的沙、土或岩石（石头），为土地的构成部分，非独立物（非独立的不动产），在与土地分离而成为独立物之前，不得成为物权的客体。另外，存在出

1　依《德国民法典》第 94 条的规定，建筑物为土地的本质的构成部分（wesentlicher Bestandteil）。

2　郑冠宇：《民法总则》（第二版），瑞兴图书股份有限公司 2014 年版，第 164 页。

3　［日］四宫和夫、能见善久：《民法总则》（第八版），弘文堂 2010 年版，第 164 页。

产物的不动产，应仅系指土地，定着物无出产物之可言。②土地中的矿产资源和天然油气，本为土地的构成部分，但依我国《土地管理法》和《矿产资源法》的规定，将其自土地所有权中分离，为国家所有，人民只能通过矿业权这样一种准物权性质的权利设计采掘之。③水面也可为所有权的客体并依法办理所有权登记。唯水面的渔业权，则自土地所有权分离，应依《渔业法》的有关规定登记。④土地所有权本以地面及其所及的上下立体空间为范围，亦即系将土地作纵的区分，以使其成为独立物。不过，自20世纪六七十年代以来，已开始将土地作横的区分，即将土地的上空或地下划定一定的范围，作为独立物而设定空间建设用地使用权（空间地上权、区分地上权）。[1] ⑤就理论上而言，土地的上空和地下空间的范围本无限制，但就实际需用的高度和深度而言，却有相当的限制，超过此限度时，对于土地权利人并无利益可言。基于禁止权利滥用和行使权利不得违反公共利益的原则，法律多规定，土地权利人之权利仅于其行使有利益的范围内，及于土地的上下，并且他人对土地上下的利用（或干涉）无碍其权利的行使者，不得排除之。[2]

（3）建筑物、构筑物。建筑物，指定着于土地的上下，具有顶盖、梁、柱、墙壁等，可供个人或数人居住或其他目的使用的构造物，[3] 或者指具有覆盖墙垣，足以蔽风雨，供人出入而可达经济上使用目的者 [4]。因此，是否已经油漆或粉刷，甚或是否已经安装门窗，皆非所问。从而建筑物因倒塌、失火而毁损后是否仍为建筑物，也系以其残存部分能否持续供人出入并可达经济上使用目的定之。[5] 未完成的建筑物，社会交易观念上仅可认其为各种材料之组合而为动产，从而可当然

1　我国《民法典》第 345 条规定，"建设用地使用权可以在土地的地表、地上或者地下分别设立"，即在明揭斯旨。关于空间建设用地使用权，参见陈华彬："空间建设用地使用权探微"，载《法学》2015 年第 7 期。

2　施启扬：《民法总则》（修订第八版），中国法制出版社 2010 年版，第 181 页。

3　温丰文：《土地法》，1994 年自版，第 30 页。

4　参见王泽鉴：《民法总则》（增订新版），2014 年自版，第 236 页。

5　此外，也有学说主张应依该建筑物是否仍堪使用而判定：若不堪使用，应认为原建筑物已灭失，剩余部分只是建筑材料；反之，则仍然为建筑物，属于不动产。

成为物权的客体，[1]其物权变动仅依债权合同和交付之结合便可完成。建筑物的个数，通常依社会观念定之，登记的场合，登记上的一个建筑物即为一个建筑物所有权，一栋建筑物原则上为一个建筑物所有权。不过，区分所有建筑物的各专有部分可独立成为物权的客体，各共有部分可成为全体业主或部分业主的共有权的客体。

建筑物的位置发生移动、增建、扩建或部分拆除时，以该建筑物为客体而成立的所有权、抵押权等是否消灭，以及此前对该建筑物所作的登记是否有效，理论上涉及建筑物的同一性问题，主要包括两个方面：一是建筑物的移动与建筑物的同一性；二是建筑物的增建、扩建或部分拆除与建筑物的同一性。

建筑物的移动，指建筑物所在位置（基地）的变更、变化。日本判例学说认为，无论基于何种原因造成建筑物所在位置发生变更、变化，变更、变化后的建筑物与原建筑物皆有同一性。唯变更、变化后的建筑物应重新办理登记，即重新确认变更、变化后的建筑物的位置。对建筑物进行增建、扩建和部分拆除建筑物的，建筑物原则上仍然具有同一性。[2]作为其例外，对建筑物进行增建、改建而产生了区别于既存建筑物的独立建筑物时，则不发生同一性，而发生建筑物的个数增加。建筑物被拆除重建时，仍然使用原来的材料的，应认为有其同一性；未使用原来的材料的，应认为新建成的建筑物与原来的建筑物已无同一性。[3]

构筑物，指一般不直接在里面进行生产和生活活动的工程建筑，如水塔、烟囱等。[4]可见，构筑物仍然是一种广义上的建筑物，只不过这种建筑物的特性在于

1　谢在全：《民法物权论》（上册，修订六版），新学林出版股份有限公司2014年版，第16页。

2　日本最判1957年7月20日民集10卷8号第1045页。

3　［日］铃木禄弥、筱塚昭次编：《不动产法》，有斐阁1973年版，第307页。唯谢在全认为，拆除重建者，除法律有特别规定外，应已丧失其同一性，即旧建筑物因拆除而使其所有权消灭，重建的建筑物则为另一所有权之新生。参见其所著《民法物权论》（上册），新学林出版股份有限公司2014年版，第17页。另外，关于（区分所有）建筑物的增建、改建、重建、再建，参见陈华彬："区分所有建筑物的重建"，载《法学研究》2011年第3期，第69页以下。

4　参见中国社会科学院语言研究所词典编辑室编：《现代汉语词典》（第5版），商务印书馆2005年版，第483页。

人们不直接在里面进行生产和生活活动罢了。

（4）违章建筑物。违章建筑物系指违反建筑法规，不能取得建筑许可，致无从办理所有权登记的建筑物。我国台湾地区通说认为，违章建筑物已符合定着物的要件，为独立于土地之外的不动产，应由原始建筑人取得其所有权。因此，违章建筑物并不因其无从办理所有权登记而不得成为所有权的客体。[1]

（5）未与土地分离的出产物。土地的出产物与土地尚未分离的，如种植在土地上，尚未采伐或摘取的树木、蔬菜或稻麦等，为该不动产的一部分，不得为物权的客体。我国台湾地区实务认为，天然孳息虽尚未与土地分离，但可在一个月内收获的，则可为强制执行的标的物。[2]

林木，指树林或生长在森林中的树木。我国《森林法》所称的林木，其涵义仅指森林中的树木。在日本法上，与我国的"林木"一词相当的概念为"立木"。不过，日本《关于林木的法律》第 1 条规定："生长在一笔土地或土地的一部分上的树木集团，为所有权保存登记后，称为林木"，"林木视为独立的不动产"。也就是说，日本法所称的"林木"，是指某一特定土地上的"树木集团"。

（6）关于动产。所谓动产（Mobilien，bewegliche Sache），指土地及其定着物以外的物，譬如猫、狗、手机、书、汽车、电脑、瓦斯、电力等均属之。动产物权与不动产物权的物权变动程序与方法不同。如前所述，依《民法典》的规定，基于法律行为的不动产物权的变动须经登记，动产物权的变动须经交付。同时，对于某些特殊的动产，如船舶、航空器和机动车，为了维护交易安全与慎重起见，《民法典》第 225 条规定，其物权变动未经登记，不得对抗善意第三人。这样，船舶、航空器和机动车在理论上虽然属于动产，但因《民法典》的这一规定，其法律地位已经接近于不动产。[3]另外，不动产与动产的区别还有下列两点意义：①时效取得的效果不同。依传统民法，不动产所有权的取得时效，适用于未

1　谢在全：《民法物权论》（上册，修订六版），新学林出版股份有限公司 2014 年版，第 17 页。

2　参见谢在全：《民法物权论》（上册，修订六版），新学林出版股份有限公司 2014 年版，第 17 页。

3　有人称之为"准不动产"。

经登记的不动产，期间较长，且于时效期间经过后，仅可请求登记为所有人。动产所有权的取得时效，期间较短，且于时效期间经过后，即当然取得所有权。[1]②存在于其上的物权种类不同。依我国现行法，在不动产（如土地、海域、建筑物）上，可设立土地承包经营权、建设用地使用权、居住权、地役权、宅基地使用权及其他准用益物权，如海域使用权、取水权、探矿权、采矿权、渔业权等，但并无关于动产用益物权的规定，动产上仅可存在动产质权和留置权。另外，依《民法典》第 395 条、第 396 条的规定，在生产设备、原材料、半成品、产品、正在建造的船舶、建筑物、航空器、交通运输工具等动产上，可设立动产抵押权。

这里有必要涉及特殊动产问题。所谓特殊动产，也称特种动产，主要包括货币、有价证券和外汇。

货币，又称金钱，指国家所承认的一般交换手段，是法律和经济上具有一般的交换手段功用的支付方法。在民法上，货币为代替物、消费物、提供担保的方法、债务的对象。货币是特殊的动产，系没有个性的抽象的价值体。金钱（货币）的所有权随金钱（货币）的占有而移转，所以金钱（货币）不发生善意取得的问题。

在德国，1876 年 1 月 1 日采用金本位制度（Goldwährung），以 10 马克金货币为计量的标准。但第一次世界大战后，发生货币贬值、通货膨胀，货币制度遂至崩溃。往后依 1924 年 8 月 30 日的货币法（Münzgesetz）回复金本位制度，以德国马克（Reichsmark）为计算单位。第二次世界大战后，改为德国马克（新）（Deutschmark），一马克为一美元（Dollar）的二分之一。[2]

有价证券，指表示一定的财产权利，权利人行使权利必须持有证券，原则上不得离开证券而行使权利的一种证券，主要包括票据、提单、股票、企业债券和国库券等。有价证券持有人享有两种不同性质的权利：对有价证券本身（一张

---

[1]　郑冠宇：《民法总则》（第二版），瑞兴图书股份有限公司 2014 年版，第 166 页。

[2]　台湾大学法律学研究所编译（梅仲协等编译）：《德国民法》，1965 年 5 月印行，第 84—85 页。

纸）享有所有权和享有有价证券上所记载的权利。有价证券本身是一种物，因此对有价证券本身的所有权属于物权。至于有价证券所记载的权利，则往往因有价证券种类的不同而有所不同。具体而言，各种票据、债券上的权利为债权，股票上的权利为社员权，提单、仓单上的权利为交付物的债权。当然，因提单的交付与物的交付有相同的效力，所以提单也兼有物权的性质。

外汇，是指以外币表示的可以用作国际清偿的支付手段和资产，主要包括：①外国货币，包括纸币、铸币；②外币支付凭证，包括票据、银行存款凭证、邮政储蓄凭证等；③外币有价证券，包括政府债券、公司债券、股票等；④特别提款权、欧洲货币单位；⑤其他外汇财产。外汇作为一种特殊的物，其性质和在私法上的对待，与本国货币和有价证券一样，差别主要在于行政管理上。为了加强外汇管理，保持国际收支平衡，我国于 1996 年发布了《外汇管理条例》（2008 年修订）。该条例是我国现今有关外汇管理的主要法律依据。

3. 动产与不动产区分的相对化 [1]

在现今，由于经济生活的变迁与发展，动产与不动产的区别有时未必非常明确，例如未分离的孳息即是。但是，土地本身系不动产，则是毋庸置疑的。不过，伴随社会经济的发展而引起的法的思考、法的技术的发展，利用信托制度而转换土地的不动产的性质成为可能和现实，即土地的所有人 A 以自己作为受益人，将其土地信托给受托者 T（所有权以信托目的移转给 T）时，A 即丧失土地所有权，而代之以取得土地信托的受益权。该受益权若被证券化，则让与该受益证券时，受益人的地位即移转，实质上就是变成将该土地的利益（以信托受益权的形式）移转给第三人。而且该受益证券应适用有价证券的法理和规则，故由于保护其流通的诸种规定被适用，强调和重视静（态）的安全的不动产也被促进流通，善意取得等也由此应被认可。

另外，即使就动产而言，在日本，由于其 2004 年颁布《关于动产及债权的让与的对抗要件的民法特例等的法律》，法人让与动产时，只有在登记文件夹中予

1　［日］四宫和夫、能见善久：《民法总则》（第八版），弘文堂 2010 年版，第 168—169 页。

以登记，方可具备对抗要件。此主要适用于动产的让与担保。尽管是对抗要件，但从动产的角度看，其也可以说出现了接近于不动产的现象。

（二）主物与从物

以物的相互关系为标准，物可区分为主物（Hauptsache）与从物（Zubehör）。非主物的成分，常助主物的效用，而同属于一人者，为从物；从物所辅助的物，为主物。例如，手表与表带、灯与灯罩，前者为主物，后者为从物。主物与从物均不限于不动产或动产。为不破坏主物与从物之间的经济的主从结合关系，各国家和地区民法大多规定：从物随主物处分，从物的命运附随于主物。学理上称此为"从随主"原则。

一般认为，要成为从物，须具备下列要件：

（1）非主物的成分（独立性）。无论主物或从物，其均须为独立之物。主物固然须为独立的物，从物也必须在实体上独立存在，不得为主物的一部分，否则为"一物"而非主从物之间的关系。例如房屋的门窗、汽车的轮子、桌子的抽屉、茶壶的盖子等，皆系主物的一部分，无主物、从物之分。[1]从物与物的成分的区分标准如下：二者分离，各自不会受到破坏或不会使其本质发生变更者，为从物；反之，为物的成分。

物的成分，乃指物的构成部分，其为物的一部分，不能独立成为一物，此乃一物一权主义所使然。从物既然非属主物的成分而须独立自成一物，则一物不可能同时既为从物又为主物的成分。一物若属于主物的成分，即非独立的个体，其为主物的一部分，原本就与主物同进退，无须分离。例如，汽车的安全带，即系汽车的一部分，而非从物。[2]

（2）常助主物的效用（利用上的关系）。主物既有其独立的经济利益，也有

1　某物是否为主物的一部分，应依社会交易观念认定。例如，眼镜与镜片、灯与灯罩、电视机与天线、酒与酒瓶、米与米袋，在交易上可能有不同的习惯，不认为系主从物。是否在交易上有特别习惯，其内容如何，应由主张此项事实者负举证责任。参见施启扬：《民法总则》（修订第八版），中国法制出版社 2010 年版，第 185 页。

2　郑冠宇：《民法总则》（第二版），瑞兴图书股份有限公司 2014 年版，第 167 页。

其独立的经济效用，而从物虽然有独立的经济利益，却无独立的经济效用。从物的效用，须与主物相结合，才能显现、发挥，而主物的效用，则因从物之所助而愈益彰显。[1] 例如电视机为主物，遥控器为从物，失去电视机，遥控器将无从使用。此外，锁与钥匙、汽车与备胎，亦然。至于所有人在主观上将某物作为原物的辅助使用，或仅作暂时性的辅助使用的，则非从物，例如筷子、刀叉等餐具与碗及餐盘的关系即属之。[2]

应注意的是，从物是否常助主物的效用，须依社会一般观念判定。如前举手表与表带、灯与灯罩之间，依社会一般观念，皆以后者为从物；反之，悬挂于墙壁上的字、画或日历，依社会一般观念，因它们各有其独立的效用，非助主物的效用而存在，所以它们与墙壁的关系并非主物与从物的关系，从而字、画、日历也当然不成为从物。另外，所谓"常助"主物的效用，并非指二者"经常"相互为用，但须有功能的关联性且有长期相依为用的可能性，如救生艇之于船舶、备胎之于汽车，虽少有使用机会，但也系从物。又，从物虽与主物暂时分开，如救生艇送去修缮数周，但其附属关系不变。[3]

（3）从物与主物须有一定场所的结合关系（场所的近接性，即"发生相当空间关系"[4]）。也就是说，像手表与表带、灯与灯罩等如果不存在一定场所的结合关系，譬如相隔很远或毫不沾边，则不能认为有主从关系。唯有两个物之间存在一定场所的结合关系，方可形成主物与从物的关系。

（4）从物与主物须同属于一人所有。从物与主物之所以需要区分，原因在于处分主物的效力将及于从物。如果主物与从物分属于不同的人，则一人的处分行为，其效力当然不能及于他人的物。所以，同属于一人，系主物与从物关系的要件。

1　王伯琦：《民法总则》，台湾省编译馆 1979 年版，第 109 页。

2　郑冠宇：《民法总则》（第二版），瑞兴图书股份有限公司 2014 年版，第 168 页。

3　施启扬：《民法总则》（修订第八版），中国法制出版社 2010 年版，第 186 页；《德国民法典》第 97 条第 2 项第 2 句。

4　参见《德国民法典》第 97 条第 1 项。

（5）须交易上无特别习惯。是否为从物，尚须依交易习惯而予判断。亦即，某物是否为从物，交易习惯具有优先性。装米之袋、乘马之鞍、炉之烟筒，在交易上皆不认为系从物。[1]再如，衣服与衣架，原本应有主从关系，但出卖衣服，交易习惯并未包含衣架，故衣服与衣架并非主从物。

对于从物的范围是否仅限于动产，立法例上有肯定与否定两种成例。肯定立法例以《瑞士民法典》第 644 条和《德国民法典》第 97 条为代表，否定立法例以《日本民法》和我国台湾地区"民法"为代表。这两种立法例中，以否定立法例为多数立法例。也就是说，从物应不限于动产，不动产也可充之。例如，在房屋（主物）外面构建的厕所、停车棚，就是房屋（主物）的从物。当然，如果厕所、停车棚系建在房屋之内，则不属于房屋的从物，而系房屋的成分，不得单独作为物权的客体，仅可被房屋吸收而与房屋一起作为物权的客体。

值得注意的是下列两则实例[2]：

第一，所谓附属建筑物，系指依附于原建筑物以助其效用而未具独立性的次要建筑物。第 4 层建筑是否为 3 层楼房的附属建筑物，应依该第 4 层建筑是否依附于 3 层楼房，常助 3 层楼房的经济效用予以判断。于一般交易观念上，大体都认第 3 层楼房与第 4 层建筑存在主从关系。[3]

第二，所有人于所有建筑物以外另行增建的，如增建部分与原有建筑物无任何区别的标示存在，而与之作为一体使用，因增建部分不具有构造上与使用上的独立性，自不得独立为物权的客体，原有建筑物所有权范围因而扩张，以原有建筑物为标的的抵押权范围也因而扩张。若增建部分于构造上及使用上已具有独立性，即为独立的建筑物。若其常助原有建筑物的效用，而交易上无特别习惯的，即属于从物，为抵押权的效力所及。若增律部分已具构造上的独立性，但未具使用上的独立性而常助原有建筑物的效用，则为附属物。其使用上既然与原有建筑

1　王泽鉴：《民法总则》，北京大学出版社 2009 年版，第 181 页。

2　郑冠宇：《民法总则》（第二版），瑞兴图书股份有限公司 2014 年版，第 168—169 页。

3　参见我国台湾地区 1995 年度台上字第 714 号判决。

物成为一体，所有权即应归于消灭，被附属的原有建筑物所有权范围则因二所有权归于一所有权而扩张。从物与附属物虽均为抵押权的效力所及，但两者在概念上仍有不同。[1]

区分主物与从物的法律意义有下列 5 点 [2]：

第一，主物的处分及于从物。某物既然常助他物的效用，以之分属二人，势必减少其效用，对社会经济实属不利。[3]例如，出卖汽车时，其效力及于备胎，出卖人有将之交付的义务。不过，此系任意规则，当事人可另行约定，使其效力不及于从物（如备胎）。

第二，抵押权的效力及于抵押物的从物。

第三，动产与他人的动产附合或混合时，由主物所有权人取得合成物或混合物的所有权。合成物、混合物之属于主物所有权人所有，也为任意规则，当事人可另行约定由从物所有权人或第三人所有。

第四，主物登记的公示效力是否及于从物。从物为不动产时应采否定说，从物为动产时应采肯定说。亦即，从物若为不动产，在一物一权的前提下，除非法律有特别规定（例如抵押权的效力及于从物），否则物权的变动仍须分别为之，主物即使完成移转登记，从物仍须完成登记方生移转的效力。例如，房屋所有权移转的，作为从物的独立车库仍应完成所有权移转的登记，方可由受让人取得该车库的所有权。另外，买卖合同的标的物包含主物与从物的，因主物有瑕疵而解除合同时，其效力及于从物，但从物有瑕疵的，买受人仅可就从物的部分为解除。[4]

第五，一般而言，主物与从物的关系，得类推适用于主物与从权利（如房屋所有权与停车场的利用权）或主权利与从权利（如主债权与利息债权）之间的关系。

1　参见我国台湾地区 1999 年度台上字第 485 号判决。

2　刘得宽：《民法总则》（增订四版），中国政法大学出版社 2006 年版，第 145 页以下。

3　王泽鉴：《民法总则》，北京大学出版社 2009 年版，第 182 页。

4　郑冠宇：《民法总则》（第二版），瑞兴图书股份有限公司 2014 年版，第 169—170 页。

（三）融通物与不融通物

依是否可为私法上的交易客体，物可区分为融通物与不融通物。融通物，指可为私法上的交易客体的物；不融通物，指法律规定不得为私法上的交易客体的物。二者的区分系先确定不融通物，凡不属于不融通物的物皆为融通物。物，原则上皆为融通物，可作为买卖、借贷、赠与、租赁、互易等的客体。不融通物包括[1]：①公务用物，指专供国家行政或财务等目的使用的物，如国家机关所在的建筑物与其他设施等；②公用物，指供一般大众使用的物，如大众交通工具、道路、公园等；③法物，指专供宗教上使用的物，如教堂、寺庙等；④禁制物，指法律上禁止流通的物，如枪支、毒品等。以不融通物作为交易客体，其行为因违反法律强制性或禁止性规定而无效。也就是说，以不融通物为客体的买卖合同无效。应注意的是，不融通物虽不得作为交易的客体，但有时得为私权的客体。

（四）单一物、结合物与集合物

依其形体的单复数，物可区分为单一物、结合物（合成物）与集合物（聚合物）。

单一物（einfache Sache），指在外部形态上独立自成一体的物，如一头牛、一匹马、一棵树等，其有由于自然者，如一棵树、一头猪；有由于人为者，如一只手表、一本书；有由于社会观念者，如一双手套、一双皮鞋等。

结合物（Zusammengesetzte Sache），又称为合成物，指由数个单一物结合而成的物，如一部电视机、一辆汽车、一栋房屋、一个闹钟等。数个单一物结合成为一体，虽尚未丧失其个性，但已成为物的"部分"，为一物而非数物。[2]

集合物（Sachgesamtheiten，Sachinbegriff），又称聚合物，指为实现经济上的共同目的，由多数单一物或结合物聚合而成的物。例如，集合厂房、机械设备、材料等成为一个工厂，集合全部商品、房屋成为一个商店，集合各类图书、数据成为一个图书馆等。

1　郑冠宇：《民法总则》（第二版），瑞兴图书股份有限公司2014年版，第174页。

2　施启扬：《民法总则》（修订第八版），中国法制出版社2010年版，第193页。

区分上述三者的法律意义在于，单一物与结合物仍为一物，在其上能成立一个物权（如所有权）；而对集合物则只能在其所构成的各个物上成立物权，原则上不得将集合体视为一物而于其上成立一个物权。不过，晚近以来，企业愈发组织化，将企业全体当作一个统一体愈见其特殊的经济价值。尤其是在金融企业中，即是将该企业的全部设备概括而为一个担保权的标的，因此民法上也有将此特殊的集合体视为一物而认可于其上成立一个抵押权的。例如，日本的《铁道抵押法》《工场抵押法》《矿业抵押法》等规定的各种财团抵押权即是。由此，对于具有特殊经济价值的集合物，视当时交易的需要或特殊习惯，可将其视为一物。不仅如此，可将专利权、商标权、企业的其他债权债务关系甚至对顾客的事实关系也包括在内，将企业本身作为一体，作为担保权的标的。日本于 1958 年施行的《企业担保法》即属之。依据该法，于公司的总财产上得成立担保权。[1]

（五）代替物与不代替物

此种分类尤其在债法上具有重要意义。凡可以在交易上以种类、品质、数量相互代替的物，即为代替物（vertretbare Sache），例如花布一尺、东北大米一斤、茅台酒一瓶等；反之，在交易上不得以种类、品质、数量相互代替的物，亦即在交易上注重物的个性与特征的物，则为不代替物（unvertretbare Sache），例如一栋公寓、一件古董、一宗土地等。[2]

区分二者的法律意义在于，只有代替物才能作为消费借贷的标的物。不代替物可为使用借贷和租赁的标的物，不能作为消费借贷的标的物，盖此等合同注重物的个性，须以返还原物为原则，不得以其他物代替。另外，侵权行为的损害赔偿如涉及代替物，则以回复原状为原则，亦即给付其他代替物。[3]

（六）特定物与不特定物

特定物，指依当事人的意思具体指定的物，例如某幢房屋、某匹马、某幅画

1　刘得宽：《民法总则》（增订四版），中国政法大学出版社 2006 年版，第 149—150 页，及第 150 页注释 16。

2　施启扬：《民法总则》（修订第八版），中国法制出版社 2010 年版，第 192 页。

3　王泽鉴：《民法学说与判例研究》（第六册），1991 年自版，第 28 页；郑冠宇：《民法总则》（第二版），瑞兴图书股份有限公司 2014 年版，第 175 页。

等；不特定物，指当事人仅以种类、品质、数量抽象指定的物，例如一瓶上海牌米酒、20 公斤东北大米等。

特定物与不特定物的区别，完全在于当事人的主观意思，亦即主观标准，以当事人在某场交易中的主观意思为区别标准。这一点与代替物、不代替物之以物的客观性质为区别标准，显不相同。代替物也可依当事人的意思指定为特定物，例如指定此瓶啤酒为特定物；反之，也可将客观上的不代替物指定为不特定物，例如约定给付北京农光里小区房屋一套，其虽已限定范围，但尚未确定是具体哪一套。

区分二者的法律意义主要在于，特定物是特定之债的标的物，不特定物为种类之债的标的物。[1] 关于债的履行，原则上仅有特定之债方有给付不能的问题，种类之债并无给付不能的问题。种类之债，仅该种类之物全部灭失或丧失其融通性，或在限制种类之债的情形，方有给付不能的问题。[2]

（七）消费物与不消费物

消费物（verbrauchbrae Sache），指依物的通常的使用方法，仅使用一次即归消灭，或不能再以同一目的或方法使用的物，例如苹果、货币等；不消费物（unverbrauchbrae Sache），指依物的通常使用方法，可多次再以同一目的或方法而使用的物，如汽车、房屋、衣服、桌椅、电脑等。此外，柴、米、谷、烟、酒、油、盐等也为消费物，牛、马、家具、书籍、宝玉、钻戒等为不消费物。

区分消费物与不消费物的法律意义在于：不消费物可作为租赁、使用借贷和一般的委托合同的标的物，而消费物仅可作为消费借贷和消费保管合同的标的物。[3]

（八）可分物与不可分物

可分物（teilbare Sache），指不因分割而显然变更其性质或严重减损其价值的

1　刘得宽：《民法总则》（增订四版），中国政法大学出版社 2006 年版，第 152 页。

2　刘春堂：《民法债编通则（一）契约法总论》（增修版），三民书局 2011 年版，第 331 页、第 332 页；郑冠宇：《民法总则》（第二版），瑞兴图书股份有限公司 2014 年版，第 176 页及该页注释41。

3　梁慧星：《民法总论》（第三版），法律出版社 2007 年版，第 154 页。

物，如黄金、布匹等；不可分物（unteilbare Sache），指因分割而显然变更其性质或严重减损其价值的物，如古董、书籍等。区分二者的法律意义在于，在多数人之债，如其标的物为可分物，则为可分之债，否则为不可分之债；给付标的物为可分物时，可为分期给付；分割共有物时，如为可分物，以原物分割为原则，如为不可分物，则作变价分配。[1]

（九）原物与孳息

1. 涵义

物被区分为原物与孳息（Frucht），系发端于罗马法。在 18、19 世纪的德国普通法时期，这一区分的进程得以最终完成。近现代及当代民法上的天然孳息与法定孳息概念，正是由德国普通法时期的学者们所创造的。[2]

原物，指孳息所从出的物。原物是否仅限于物或包括权利，有肯定与否定两种立法成例。肯定立法例以日本和瑞士为代表，认为原物仅可为"物"，权利不得成为原物；否定立法例以德国和我国台湾地区为代表，认为原物既可以是"物"，也可以是权利。我国民法理论与实务一般认为，产生孳息的原物包括权利。

孳息，指由原物所生的物或收益。例如，果树为原物，果实为孳息；母鸡为原物，所生的鸡蛋为孳息；一万元的本金为原物，所生一千元的利息为孳息等。在民法上，区分原物与孳息的法律意义，系在于决定原物所生的利益的归属。

2. 天然孳息

孳息，分为天然孳息（Sachfrüchte，natürliche Früchte）与法定孳息（Rechtsfrüchte，rechtliche Früchte）。天然孳息，日文汉字为"天然果实"，指果实、动物的出产物，以及其他依物的使用方法所收获的出产物。[3]而所谓"出产物"，则包括有

1　施启扬：《民法总则》（修订第八版），中国法制出版社 2010 年版，第 193 页。

2　[日] 原田庆吉：《日本民法典的历史素描》，创文社 1954 年版，第 76 页。

3　应注意的是，作为天然孳息的果实，不仅指水果，花卉、蔬菜、稻谷等植物的收益也属之。动物的出产物，如羊毛、牛乳、鸡蛋、鹿茸等均属之，但池塘中的鱼并非不动产的出产物，而为独立的动产。参见郑冠宇：《民法总则》（第二版），瑞兴图书股份有限公司 2014 年版，第 170 页。

机物的出产物（如果实、鸡蛋等）和无机物的出产物（如矿物、砂石等）。埋藏物系独立于埋藏该物的物而存在，不存在从中出产的问题，因此不属于天然孳息。[1]

天然孳息乃系物的收益，与物的本体有别，故取之于牛的牛肉，非属天然孳息。另外，天然孳息本应指与原物分离后，成为独立之物者，此种情形方有规定其归属关系的必要，否则其仅为原物的一部。唯比较法上仍有将天然孳息使用于尚未与原物分离的情形，其目的并非规定其归属关系。[2]例如，我国台湾地区"民法"第461条规定："耕作地之承租人，因租赁关系终止时未及收获之孳息所支出之耕作费用，得请求出租人偿还之。但其请求额不得超过孳息之价额。"[3]

天然孳息与原物未分离时，系原物的构成部分，而非独立的物，因此不得为物权的客体。至于天然孳息与原物的分离是出于人为还是自然力，在所不问。天然孳息与原物分离时归何人所有，立法例上有罗马法主义与日耳曼法主义的分别。罗马法采原物主义，或曰分离主义，认为天然孳息自与原物分离而成为独立的动产时起，其所有权便归收取权利人如原物的所有人、善意占有人享有；与此不同，日耳曼法则采生产主义，认为天然孳息的所有权应由对原物施与了劳力、资本的人取得，因此又称为"播种者取得主义"。[4]但《德国民法典》第101条未采取日耳曼法的生产主义，而是采取罗马法的原物主义。《日本民法》与《德国民法》同，亦采罗马法的原物主义。[5]此外，法国、瑞士、泰国的民法典和我国台

1　对于何种出产物才算天然孳息，学者见解不一。有的认为唯有定期收获的出产物，如大米、麦粒等才是天然孳息；有的认为不消耗其原物而收获的出产物，如桃、李等才是天然孳息，矿石，因进行采掘会毁损其原物，所以不属于天然孳息；有的认为只有依物的用法而收取的出产物才是天然孳息。参见史尚宽：《民法总论》，正大印书馆1980年版，第244页。

2　郑冠宇：《民法总则》（第二版），瑞兴图书股份有限公司2014年版，第170页。

3　参见陈聪富主编：《月旦小六法》（第十七版），元照出版有限公司2014年版，第叁—48页。

4　［日］原田庆吉：《日本民法典的历史素描》，创文社1954年版，第43页。

5　《德国民法典》第100条规定："利益（或收益，Nutzungen），指物或权利的孳息，以及因物的使用或权利的使用而带来的利益（Vorteile）。"可见，《德国民法典》该条是将"孳息"和"使用利益"（Gebrauchsvorteil）并立。"利益"（收益，Nutzungen）这一概念系"孳息"和"使用利益"的上位概念，并与"负担"（Lasten）一语相对应。例如，《德国民法典》第446条第1项第2句规定："自交付时起，标的物的利益（收益）归属于买受人，而其负担亦由买受人任之。"参见［日］山田晟：《德国法律用语辞典》（修订增补版）（第3版），大学书林1994年版，第456页；台湾大学法律学研究所编译（梅仲协等编译）：《德国民法》，1965年5月印行，第96页。

湾地区"民法",亦都采罗马法的原物主义。

值得注意的是,我国台湾地区"民法"第798条规定:"果实自落于邻地者,视为属于邻地所有人。但邻地为公用地者,不在此限。"[1]据此,对于自落于邻地的果实,邻地所有人应优先于原物所有权人及收取权人而法定取得其所有权。但邻地为公用地的,该自落于邻地的果实非属于无主物,而仍属于原物的所有权人或收取权人。另外,依我国台湾地区"民法"第952条、第943条的规定,纵非收取权人,也非邻地所有人,而为善意无权占有人者,就其所收取的孳息,免负返还的义务,而得成为所有权人保有该孳息。并且,善意无权占有人于承租人或地上权人所使用的土地上种植果实而收取的,也免负返还的义务,从而成为所有权人。[2]

3. 法定孳息

法定孳息,日文汉字为"法定果实",指利息、租金或其他因法律关系所取得的收益。《日本民法》第88条第2项规定:"作为物之使用对价所受之金钱或其他物,为法定孳息。"[3]此所谓"使用对价",包括物的使用的代价和权利的使用的代价;所谓"法律关系",既包括因债权行为如买卖合同所生的法律关系,也包括基于法律的直接规定(如法定利息)所生的法律关系。依各国家和地区民法的规定,法定孳息非仅由原本的所有人取得,而系由有收取权利的人按权利存续期间的日数而取得,权利存在一日,便取得一日的孳息。例如,利息由贷与原本的人,租金由出租人,权利金由为他人设立权利的人收取。我国《民法典》第412条规定:"债务人不履行到期债务或者发生当事人约定的实现抵押权的情形,致使抵押财产被人民法院依法扣押的,自扣押之日起,抵押权人有权收取该抵押财产的天然孳息或者法定孳息,但是抵押权人未通知应当清偿法定孳息义务人的除外。前款规定的孳息应当先充抵收取孳息的费用。"据此,一般言之,抵押权

1　参见陈聪富主编:《月旦小六法》(第十七版),元照出版有限公司2014年版,第叁—91页。
2　郑冠宇:《民法总则》(第二版),瑞兴图书股份有限公司2014年版,第172页。
3　参见王融擎编译:《日本民法:条文与判例》(上册),中国法制出版社2018年版,第50页。

的效力尽管及于抵押物扣押后抵押人就抵押物可收取的天然孳息或法定孳息，但这些天然孳息或法定孳息仍属于抵押人的财产，仅其不得收取，而由抵押权人收取而已。

4. 物的成分

物的成分，即物的组成部分，或称为部分或构成部分（Bestandteil）。物的成分可区分为重要成分与非重要成分。凡物的成分非经毁损不能分离或分离需费过巨的，均为重要成分，重要成分以外的部分均为非重要成分。二者区别的意义在于，重要成分在与该物分离前非为特定之物，故不得单独为权利的客体，非重要成分则不具此特性。物的成分与从物不同，从物须非主物的成分，也就是说，其须非为主物的重要成分与非重要成分。除法律有特别规定者外，物的构成部分不得单独为物权的标的物。如未与土地分离的树木为土地的构成部分，向土地权利人购买未与土地分离的树木的，仅对于出卖人有砍伐树木的权利，在砍伐以前未取得该树木所有权。至于有收取天然孳息权利的人，在其权利存续期间固取得与原物分离的孳息，但在该孳息与原物分离以前，尚难谓有收取天然孳息权利的人已单独取得该孳息的所有权。[1]不动产的出产物，尚未分离的，为该不动产的部分。[2]

（十）企业

企业（或称事业，Unternehmen），系财货的一种综合。企业原系经济上的概念，为物、权利（所有权、债权、无体财产权）、商誉、劳动关系及顾客关系的组织体。企业本身虽可为买卖或租赁的客体，但在我国法下，不得以企业为客体设立抵押权；于买卖的情形，构成企业部分的权利，如所有权、债权等，应个别移转。[3]

（十一）物的特殊问题

在现今，一物常需与他物相结合，方能发挥其效用，此时判断一物或数物的

1　参见我国台湾地区 1983 年度台上字第 4929 号判决，民事裁判发回更审要旨选辑（三）。

2　郑冠宇：《民法总则》（第二版），瑞兴图书股份有限公司 2014 年版，第 173—174 页。

3　王泽鉴：《民法总则》，北京大学出版社 2009 年版，第 190 页。

标准，非出于自然的事物经验，而系一纯粹的法律问题，须依交易观念中物所具有的适于特定目的及用途的特性而区分，即区分标准是该物的统一使用目的或事实上的使用情形，而非物的外形是否结合。因此，一双鞋子、一双手套及一份报纸，均可分别使用，应为数物。一副54张的扑克牌仅可结合使用，应为一物。一堆煤、一斤米，其个体不具有经济上的功能，因此其个体并非一物，须聚合后方具有物的价值和用途，其在法律上和交易上均为一物。[1]

第三节　行为、权利、人身利益和智力成果

行为也是权利的客体。行为包括作为与不作为。债权（Forderung）的客体即是债务人（Schuldner）向债权人（Gläubiger）为一定行为或不为一定的行为，称为给付。给付的对象大多为物，称为给付物。

某些权利可为一些特定权利的客体，应系无疑。例如，以出让方式获得的建设用地使用权就可作为抵押权的标的而设定建设用地使用权抵押权；可以转让的债权，得为权利质权的标的。

人身利益也为权利的客体，即它系人身权的客体。人身权包括人格权和身份权。人格利益为人格权的客体，身份利益为身份权的客体。人身利益是人身权的权利义务——人身权的内容——所共同指向的对象。

智力成果同样为权利的客体。知识产权的权利义务所共同指向的对象就是智力成果。

---

[1]　郑冠宇：《民法总则》（第二版），瑞兴图书股份有限公司2014年版，第177页及该页注释44。

第九章

民事权利的变动与民事法律行为

第一节　民事权利的变动

一如宇宙间的万事万物无不处于运动中一样，民事法律关系也处于不断的运动中。民事法律关系的运动，理论上称为民事法律关系的变动，指民事法律关系的发生、变更和消灭。民事法律关系的变动通常会引起民事权利、民事义务的变更，因此有学者径将民事法律关系的变动与民事权利、民事义务的变动画等号。但此为通说所不采。基于本书体系安排上的考虑，以下先论述民事权利、民事义务的发生、变更和消灭，然后论述民事法律行为（以下简称"法律行为"）。需说明的是，因民事权利与民事义务系对应的关系，民事权利的产生通常就是民事义务的产生，其变更、消灭大抵亦同，因此以下径称民事权利的发生、变更和消灭，亦即私权的变动。

一、民事权利的发生

民事权利的发生，又称民事权利的取得，包括民事权利的绝对发生和相对发生。

民事权利的绝对发生，指民事权利独立、不依附于既存的其他权利而发生。自权利主体的角度看，系为权利的原始取得，即不基于他人所有的权利而独立取得新权利，例如，因先占无主物而取得其所有权、依善意取得而取得动产所有权和不动产所有权（《民法典》第311条），皆属之。事实上，在近现代及当代民法上，基于事实行为而取得动产所有权者，大多为民事权利的绝对发生，即民事权利的原始取得。

民事权利的相对发生，指基于他人既存的权利而取得权利。自权利主体的角度看，系为权利的继受取得或传来取得，也就是说，系基于他人既有的权利而取得权利。例如，因买卖、赠与而取得标的物的所有权即属之。民事权利的继受取得或相对发生，于实务中最为常见，实际上是一个物权和另一个物权的交易。所谓市场经济，其实就是民事权利的不断取得、不断丧失及不断消灭的总体。

应注意的是，民事权利的继受取得，又可分为移转的继受取得与设定的继受取得。前者如基于买卖、互易、赠与而取得标的物的所有权，后者指在某一权利上为他人复设定另一新的权利，例如在所有权上为他人设定用益物权、抵押权、质权等属之。设定的继受取得，通常系通过订立合同而实现，这些合同即设定（设立）用益物权、抵押权、质权的合同，一般而言，《民法典》合同编关于合同订立的一般规定对其应有适用的余地。

二、民事权利的变更

民事权利的变更，指民事权利不丧失其同一性而变更其形态，包括民事权利主体的变更、内容的变更及功用的变更。民事权利主体的变更，指权利在不同主体之间移转而生的变更，自新主体方面而言，为权利的继受取得。因此，民事权利主体的变更，也就是民事权利的相对发生。民事权利内容的变更，又可分为质的变更与量的变更：质的变更，如债权因债务人不履行而变为损害赔偿请求权、无利息债权变为有利息债权皆属之；量的变更，如所有权客体的增减和债权因一部清偿所生的变更。[1]民事权利功用的变更，有学者认为指权利效力的变更，如第二顺位抵押权变为第一顺位抵押权，不得对抗第三人的权利变为得对抗第三人的

1　梁慧星：《民法总论》（第四版），法律出版社2011年版，第62页。

权利等。[1]但实质上，民事权利功用的变更属于内容变更之一种形态，并无将其单独列出而加以阐释的必要。故此，所谓民事权利的变更，实际上指的是主体的变更和内容的变更。

三、民事权利的消灭

民事权利的消灭，包括绝对消灭与相对消灭。绝对消灭，指民事权利本身终局的消灭，譬如因标的物的灭失而致所有权消灭，债权因清偿而消灭；相对消灭，指权利本身并不消灭，只是权利脱离其原来的主体而改归新的主体，例如，因买卖而使标的物的所有权由出卖人所有移转至由买受人所有即属之。实务中，民事权利的相对消灭是广泛发生的一种现象。

第二节　法律行为概要

一、法律行为概念的肇源、扩展、功能及内容

法律行为概念是用来描述民事乃至商事生活领域的所有合法与违法行为的术语。也就是说，民法上的法律行为，包括合法的法律行为与违法的法律行为。民事生活领域中的主要的、绝大部分法律关系的形成，都是透过该行为而完成的，其系社会生活的传达工具。因此，这一概念乃是民法上最基本、最重要的概念之一。

如前述，如果从公元前753年罗马建城算起，民法的发展迄今已有近2800年的历史。但是，在古罗马法时代，并没有法律行为一语，其时只有具体的各种行为，如买卖行为、设立遗嘱的行为、曼兮帕蓄（mancipatio）和拟诉齐权（cessio in iure）等。法律行为概念的正式出现是在19世纪的德国。其时，德国的历史法

1　梁慧星：《民法总论》（第四版），法律出版社2011年版，第62页。

学、潘德克吞法学的学者们在对罗马法《民法大全》中的《学说汇纂》进行诠释的过程中创建了这一概念。因此，这一概念是德国民法学对大陆法系民法学的一项重要贡献。一般认为，创立法律行为概念的是历史法学派的开山祖师胡果（Hugo）。他在创立这一概念后，将发生在民事生活领域的所有的合法行为与违法行为予以统一、抽象、概括，从而完成了民事生活领域的各种合法行为与违法行为的体系化。1896 年《德国民法典》于第 1 编"总则"第 3 章"法律行为"中规定了法律行为制度，从第 104 条到第 185 条，包括 6 节：第 1 节"行为能力"，第 2 节"意思表示"，第 3 节"契约"，第 4 节"条件及期限"，第 5 节"代理及代理权"，第 6 节"允许及承认"。

值得注意的是，在《德国民法典》之外，属于大陆法系德国法支流的《日本民法》（于总则编第 4 章"法律行为"分 5 节予以规定：第 1 节"总则"，第 2 节"意思表示"，第 3 节"代理"，第 4 节"无效及撤销"，第 5 节"条件及期限"）、《韩国民法典》（于其总则编第 5 章以"法律行为"章名予以规定：第 1 节"一般规定"，第 2 节"意思表示"，第 3 节"代理"，第 4 节"无效和撤销"，第 5 节"条件及期限"）、1966 年《葡萄牙民法典》（于第 3 分编"法律事实"的第 1 章"法律事务"中分 3 节作出规定）也规定了法律行为制度。我国台湾地区自 2009 年 1 月 1 日起施行的经修改后的"民法"总则编于第 4 章以"法律行为"作为章名，从第 71 条到第 118 条，共计 48 个条文，分 6 节规定了法律行为制度：第 1 节"（法律行为）通则"，第 2 节"行为能力"，第 3 节"意思表示"，第 4 节"条件及期限"，第 5 节"代理"，第 6 节"无效及撤销"。[1]此外，我国《民法典》总则编第 6 章于"民事法律行为"的名称下，也规定了法律行为制度。

法律行为制度是整个私法领域最高程度的提取公因式的结果，它将发生在私法领域的所有的意思表示行为予以统一、抽象、概括，从而完成了私法领域的各

---

[1] 唯《法国民法典》上没有法律行为这一概念。《日本民法》的起草者系将德语的 Rechtsgeschäft 翻译为法律行为。此翻译在日本学界受到质疑，认为其未能正确传达德语的 Rechtsgeschäft 的涵义。对此请参见［日］四宫和夫、能见善久：《民法总则》（第八版），弘文堂 2010 年版，第 178 页。

种意思表示行为的体系化。另外，需注意的是，法律行为不仅适用于私法，对于公法领域，如诉讼行为、行政行为、非讼行为等，除与其本质不相容者外，也可予以适用。在罗马法的 actio（诉、诉讼、诉权）体制下，诉讼法与实体法未分，诉讼行为与私法行为合一，无独立存在。但至近代，诉讼法与实体法分立，成立独立科学。由此，诉讼行为（Prozesshandlung）与实体法上的法律行为也随之分离。往后，至公法的诉权学说（pulizistische Klagenrechtstheorie）时代，诉讼行为由私法行为分离而另形成独立的理论。基于当事人的意思发生公法上的效果的行为，称为公法上的法律行为，该法律行为不外是适用私法上的法律行为理论的结果。[1] 换言之，公法上的法律行为由来于私法上的法律行为。本书所论，主要是私法上的法律行为，即民法上的法律行为（民事法律行为）。

二、法律行为概念的价值与意蕴 [2]

如前所述，法律行为（Rechtsgeschäft）是罗马法以来近现代及当代民法上的一项重要概念。不过，《法国民法典》上并无此概念，德国法学最早使用了该概念。[3] 但从立法成例看，不仅英美法系无法律行为概念，很多大陆法系民法典也未规定法律行为制度。大陆法系民法典，属于法国法系的《法国民法典》、《荷兰民法典》、加拿大《魁北克民法典》及拉丁美洲国家的民法典未规定法律行为，属于德国法系的《奥地利普通民法典》与《瑞士民法典》亦未规定法律行为。这些民法典基本上采取以合同制度代替法律行为制度的立法技术。鉴于法律行为概念

1　台湾大学法律学研究所编译（梅仲协等编译）：《德国民法》，1965 年 5 月印行，第 103—104 页。民法有关法律行为、意思表示的原则，对行政行为可以直接适用或间接类推适用。

2　此部分依据、参考梁慧星："民法总则立法的若干理论问题"，载《暨南学报（哲学社会科学版）》2016 年第 1 期，第 25—26 页。

3　不过，有学者指出，法律行为的概念早在 1625 年格劳秀斯的自然法学说中即以素朴的面目被提出来了。格劳秀斯在其所著《战争与和平法》第 2 卷第 11 章 "约束"（promissum、promissio）中谓：要使他人受到约束，须有意思表示，意思表示被受领（理解、到达）即有效，由于错误、强迫，约束即变得无效或被撤销。参见［日］远田新一：《代理法理论的研究》，有斐阁 1984 年版，1985 年第 2 刷发行，第 47 页。

是对社会生活中各种具体法律行为的抽象和概括，代表了对人类社会全方位的私法自治的理想和实践，规定或不规定法律行为制度对民法立法影响极大。不规定法律行为制度，仅靠合同制度的准用规则，很难规避重复立法，因为基于身份关系的法律行为、单方法律行为不可能准用合同制度。正是有了法律行为制度，才使得制定民法总则和一个抽象概括式的民法典成为可能。民法总则是人、物、行为三位一体的结构，民法总则的设置，于立法技术上解决了民法典对各种具体法律行为重复立法的问题。

中国自清末改制，继受德国民法已有百余年，德国民法的法律行为概念及其制度体系已经成为中国法律文化传统的重要组成部分，成为中国民事立法、民事司法、民法教学和民法理论研究的基础。《大清民律草案》、《民国民律草案》及1929—1930 年《中华民国民法》均采用法律行为概念，规定法律行为制度。1986年《民法通则》专设第 4 章规定法律行为制度，只是为与其他法律部门用语区别（例如经济法学界将经济法上的行为称为"经济法律行为"），方于"法律行为"概念前加上"民事"二字，改为"民事法律行为"。鉴于法律行为是大陆法系民法普遍采用的概念，于比较法上有坚实的理论基础，采用法律行为概念将有助于国际交流，且法律行为是民事主体相互之间，以意思表示为要素，以发生私法上效果为目的的行为，属于民法特有概念。其他部门法上的行为，并不存在于平等主体之间，而是存在于不平等主体之间，属于公权力的行使行为，即使称为"某某法律行为"，也不至于与民法特有的法律行为概念发生混淆。

三、法律行为的涵义

所谓法律行为，指以意思表示为要素，以发生私法上的效果为目的的法律事实（juristischer Tatbestand），亦即，是民事主体通过意思表示设立、变更、终止民事法律关系的行为（《民法典》第 133 条）。据此可知法律行为的涵义涵括了下列各点。

第一，以意思表示为要素。意思表示，是意思与表示的合称，其系法律行为的基础。法律行为乃由当事人的意思表示构成，欠缺意思表示就无法律行为可言。所谓意思表示，指将欲发生一定私法上的效果的意思（效果意思）表示于外部的行为。法律行为，即专指以意思表示为成立要素（要件）的行为。

法律行为虽以意思表示为其要素，但意思表示本身并不是法律行为，当然也有人认为，法律行为本身就是意思表示，如日本学者石田穣就持此种观点。[1] 不过，此说未为多数学者所采。盖法律行为，有由一个意思表示而构成的，如撤销、承诺、解除等单独行为；有由两个或两个以上的意思表示而构成的，如合同；也有于意思表示之外，还须有其他事实行为的，例如于要物行为，须有物的交付，于要式行为，须履行特定的形式。

第二，因意思表示而发生私法上的效果。所谓私法上的效果，指私权的发生（取得）、变更及消灭由意思表示而引起。于当代民事生活中，法律行为是引起私法上的权利义务发生、变更及消灭的最重要的法律事实。

第三，法律行为是以发生私法上的效果为目的的行为。以发生公法上的效果为目的的法律行为，为公法上的法律行为。所谓私法上的效果，指私权的变动，亦即《民法典》第 133 条所称的"设立、变更、终止民事法律关系"。此为私法上的法律行为与其他法律行为（如公法上的法律行为）的区别之点。

需特别注意的是，当事人的行为于公法上发生何种效果，原则上并非基于当事人的意思，通常不能以（民事）法律行为创设或规律公法上的法律关系。同一行为常常同时发生私法和公法上的效果，此时私法上的效果依法律行为，公法上的效果则依法律规定。[2]

第四，法律行为系法律事实之一种，此种法律事实系以意思表示为核心要素，它由此区别于法律事实中的事实行为、事件及状态等。

1　[日] 石田穣：《民法总则》，悠悠社 1992 年版，第 247 页。另外，应提及的是，意思表示理论的提出者，德国学者萨维尼，也对意思表示与法律行为不加区别。参见 [日] 四宫和夫、能见善久：《民法总则》（第八版），弘文堂 2010 年版，第 195 页。

2　王泽鉴：《民法总则》，北京大学出版社 2009 年版，第 199 页。

四、法律行为与意思表示

法律行为（例如合同、赠与及互易）与意思表示，系处理和对待不同侧面的问题的制度，[1]具体分析如下[2]。

第一，意思表示的主要功能，乃是它系法律行为的要素，是说明法律行为的拘束力的根据，即为没有瑕疵的意思表示的人，得受成立的合同（法律行为）的拘束。但是，为有瑕疵的意思表示的人，可否定合同的拘束力。与此不同，法律行为所关注的，是其内容的侧面，即何种内容的合同得成立、它是不是被允许的内容，等等。民法通常分设关于意思表示的规定（心中保留、虚伪意思表示、错误、欺诈、胁迫）和关于法律行为的规定（公序良俗、强行性规定），也与此点有关。例如《日本民法》第93条至第96条否定意思表示的效力，从而是基此而否定合同的拘束力的规定；与此不同，《日本民法》第90条、第91条则涉及业已成立的合同的内容是否适当的问题。

第二，使法律的效果发生的是法律行为（合同），意思表示只不过是使法律行为（合同）的拘束力正当化的要件。换言之，基于意思表示，并不能产生直接的法律效果，而只有基于法律行为才能产生。此点就合同而言是清楚的，在单独行为，因意思表示就是法律行为，故而也是清楚的。但是，在遗嘱等场合，只表明真意尚不够，为了发生法律效果，还要求有方式。可见，即使在遗嘱的场合，意思表示与法律行为也是可以分别把握的。

1　有人指出：德国学者海泽在 Grundriß eines System des gemeinen Zivilrechts zum Behuf vom Pandekten Vorlesungen，1，Aufl. 1807 中对法律行为与意思表示的概念作了体系化的区分。正如18世纪以来的学问那样，海泽不仅对法律学，而且对所有的其他的学问，尤其是哲学、自然科学乃至医学，予以关注，在构筑支配性的学问体系的工作中，抽象出了某一领域的高位阶的概念，如法律行为、意思表示等。参见［日］远田新一：《代理法理论的研究》，有斐阁1984年版，1985年第2刷发行，第53页。

2　［日］四宫和夫、能见善久：《民法总则》（第八版），弘文堂2010年版，第195—196页。

五、法律行为与私法自治（意思自治）

法律行为是实现私法自治的基本手段。私法自治原则（Grundsatz der Privatau-tonomie）或意思自治（autonomie de la volonte'）原则，又称法律行为自由原则，[1]指在私法领域由当事人依其意思形成法律关系的原则。将法律行为建立在私法自治原则之上，即对内为意思自主（"私事由自己决定"），对外为合同自由。法律行为的效力必须基于当事人的意思，此为意思自主，系私法自治原则的内在基础；法律允许当事人于一定范围内，得以法律行为创设私人间的法律关系，此称为合同自由，系私法自治原则的对外表现。[2]

私法自治原则肯定当事人得自主决定、创造其相互间的权利义务关系，它具体表现于各种制度之上，如所有权自由，即所有权人在法律限制的范围内，得自由使用、收益、处分自己的所有物；遗嘱自由，即个人于其生前，得以遗嘱处分自己的财产，决定其死后财产的归属。此外，最重要的还有合同自由，即当事人得依其意思的合致，缔结合同而取得权利、负担义务。[3]此外，缔结婚姻关系、合意解除婚姻关系、订立收养合同等，也都为私法自治原则的体现，它们也都是法律行为。正是通过这些法律行为，民事主体得实现自己的愿望，取得民事权利，相应地承担民事义务，进而达到自己所追求的目的。没有法律行为，当事人就不可能实现自己的意志，取得权利，承担义务。另外，法律行为还有使当事人所取得的民事权利具有合法性的特征。也就是说，只要是依法律行为实现私法自治的，其所取得的民事权利、承担的民事义务，皆为合法、有效。法律行为给予每个人自由地参与民事活动的机会。每个人可以自由地决定其是否购买特定的物，向谁购买，或者自由地决定与何人缔结婚姻关系。也就是说，依法律行为，民事

1　私法自治原则，又称私的自治原则，有人认为系从德语 Privatautonomie 翻译而来，在法国称为意思自治原则。这两种名称的意味多少是有些不同的。有人认为意思自治原则系起源于德国哲学家康德。参见［日］安井宏：《法律行为·约款论的现代的展开》，法律文化社 1995 年版，第 78 页。

2　施启扬：《民法总则》（修订第八版），中国法制出版社 2010 年版，第 197 页。

3　王泽鉴：《民法总则》，北京大学出版社 2009 年版，第 196—197 页。

领域的所有事项（即私事）皆由自己决定。当然，在这些场合，也是以相对人的同意和愿意为前提的，盖相对人也得私法自治。

在当代任何一种政治体制和法律体制下，都存在私法自治，从而也都存在法律行为。即便是在统制经济的计划经济社会，也仍然需要最低限度的自治，譬如每个人可以随意添置或者处分个人的必需品。在市场经济社会和政治体制开放、民主的体制下，私法自治乃是最重要的原则，盖这种社会是以自由思想为基础的。[1]

在当代社会，尤其是在当代市场经济体制下，人们相互间的关系，绝大部分是根据私法自治原则建立起来的，而实践私法自治原则的工具正是法律行为。通过法律行为，每个人可以创建自己与他人间的法律关系，而这种法律关系的结果，是发生私法上的权利变动，引起私法上的法律效果。法律行为之所以能产生法律效果，不仅是因为法律如此规定，而且也是由于从事法律行为的人希望他的行为能产生法律效果。因当事人对内在的、未表示出来的意思无法知悉、明了，所以需要对方当事人将自己的内心意思表示于外部。法律效果也只能基于对外表示出来的意思而发生。如前所述，为实现一定的法律效果而将内心的意思表示于外部的行为，称为意思表示。因此，法律行为核心的要素就是意思表示[2]。[3]

六、私法自治原则与合同自由原则的关系

关于私法自治原则与合同自由原则的关系，理论上存在多种理解，也有见解认为，二者的内容系大体相同。不过，我们认为，二者在下列两点上存在区别[4]。

第一，其妥当的范围不同。合同自由原则，当然只是关于合同的原则，当事人并不受外部的规制，而可自由地规定合同的内容（合同内容的自由）。不过，

---

[1] 黄立：《民法总则》，2005 年自版，第 183 页。

[2] 黄立：《民法总则》，2005 年自版，第 184 页。

[3] "意思表法的第一原因（cause）"，是 18、19 世纪的哲学和法学最重要的"信仰条款"。参见〔日〕安井宏：《法律行为·约款论的现代的展开》，法律文化社 1995 年版，第 78 页。

[4] 〔日〕四宫和夫、能见善久：《民法总则》（第八版），弘文堂 2010 年版，第 176—177 页。

作为单独行为之代表的遗嘱的内容自由是受限制的；作为合同行为的代表的社团设立行为也是受限制的。这样在实质上，自由的内容形成基本上只在合同中被承认。与此不同，应基于当事人的自由意思形成法律关系的私法自治原则，对于遗嘱和社团设立行为是同样适用的。亦即，私法自治原则的妥当的范围即使于合同之外，也是广泛存在的。

第二，合同自由原则与私法自治原则处理的问题不同。如果说私法自治原则意味着依当事人的自由意思形成法律关系，那么反过来说，个人基于自由的意思而不同意时，则不受法律的拘束，或者受法律的拘束是在依自由的意思而为同意之后。此即合同的拘束力的根据。另外，有人将合同内容的自由和合同缔结的自由分开说明，并认为后者指的正是私法自治原则。此种理解系属妥当。并且，若作如是理解，则合同自由原则即意味着当事人可自由订立任何内容的合同；与此不同，私法自治原则则是由当事人的自由意思寻求合同及其他法律行为的拘束力的根据。

七、私法自治原则的功能与限制

人类社会的发展系从身份到契约。在古代与中世纪时期，人类的社会生活关系是根据血缘和身份而构成并得以维持的，而近代开始以后的社会生活关系则是基于个人的自由意思的活动而形成的。因此，近代开始以后的民法，是以规范一切人的基于他的意思的自由生活关系为内容的。这就是所谓私法自治原则。并且，如上述，实现私法自治的最重要的法律手段就是法律行为，尤其是合同。私法自治原则，尤其是合同自由原则，其内容包括是否缔结合同的自由、选择对象方的自由、决定合同内容的自由，以及合同形式的自由。近代以来的民法，正是根据个人的自由意思而规范社会生活的，对法律行为原则上采取自由放任的态度。民法关于法律行为乃至合同的规定，是基于个人的自由意思的，其大多数规范都是指导性规范（任意性规定），当事人可依自己的意思决定是否采用以及在多大程度上采用。例如，我国《民法典》第 470 条关于合同应当具备的条款的规定即是。限制个人的自由意思，阻止发生当事人所希望的效果的强行性规范是很少的。

不用说，上述私法自治原则，乃是以资本主义的自由市场经济为其背景的，其与所有权结合，尽管有使作为所有权的资本的经济功能得到发挥的功用，但伴随资本主义经济的发展，资本的积聚、集中造成了经济上的强者与经济上的弱者的对立，在合同自由的美名之下，实际上发生了前者对后者的压迫与剥削的现象。这样一来，私法自治原则就演变成为对他人的支配工具，引起社会的不安。为了消除此种不安，各国遂透过诸多社会政策方面的立法对私法自治原则予以积极干预。[1]

应当特别提及的是，依私法自治原则，社会关系是依所有的个人的意思而规范的，完全基于对个人意思的尊重而形成社会关系，但私法自治原则的这种本来的、固有的理念，在今日已难以维持。一个离乡背井的劳工，依赖出卖劳动力维持生活，如何能与企业主讨价还价，磋商劳动条件？一个无资力的市民，通常仅能购买最廉价的物品，合同自由，徒具虚名，殆无实益。一般消费者，零散孤立，欠缺必要资讯，如何对抗在市场上居于优势地位的企业厂商？因此，法律必须作必要介入，以维护社会正义。[2]这就是对私法自治原则加以限制。限制的方法有：否定合同的效力、改造合同的内容或强制缔结合同；在某些场合，可依国家的强制性规定或指令而成立合同关系。还有，于运输、保险、银行、电气、燃气、水、通信等行业，出现了所谓利用合同，其与根据完全的自由意思而订立的合同已不可同日而语，甚至是面目全非。这种利用合同即所谓格式合同，于这种合同之下，私法自治原则下的双方当事人平等、自由订立合同的情形不复存在，代之而起的是一方当事人（通常是企业）必须接受对方当事人（主要是消费者）的订约请求。格式合同的条款多由经济上处于优势地位的企业单方面拟定，如消费者想缔结，则须完全同意已拟定好的条款，并无讨价还价的余地。

1　［日］松坂佐一：《民法提要（总则）》（第3版），有斐阁1975年版，第182—183页。
2　王泽鉴：《民法总则》，北京大学出版社2009年版，第198页。

因私法自治原则要求尊重行为人的自由意思，所以在对法律行为进行解释时，要求探究行为人内心的意思，从而信赖行为所表示的意思的对方就有遭受不测损害的危险。为了谋求交易的安全，就出现了行为人的意思按行为人的客观行为所表示出来的意思而判定的表示主义规则。另外，法律行为自由原则设想的对象是以个人为中心的交易关系，所以有关法律行为和意思表示的规则，对于团体的法律关系或团体活动的适用也是有限的。[1]

八、私法自治的实践

于当代社会，一方面应对私法自治加以必要、合理的规制，另一方面更须确保其实践。在今日，经济的发展改善了人民的生活，使人民拥有的物质财富日增。商品、劳务供给的增加，使多数人拥有更多可支配的资源，可以参与法律交易，形成其私法关系，享有权利，承担义务。于一个贫穷的社会，私法自治将十分有限。于当代社会，教育的普及、人民知识水平的提高、判断能力的提升及资讯的自由流通，使人民能实践其自主决定，从而落实私法自治的理念。[2]

第三节　法律行为的分类

法律行为可依各种不同的标准而加以分类，其主要的分类如下。

一、单独行为（单方行为）、双方行为（契约、合同）、共同行为（合同行为、协同行为）及协约

（一）基本区分

法律行为依是否可因当事人一方的意思表示发生效力，可区分为单独行为

1　[日] 松坂佐一：《民法提要（总则）》（第3版），有斐阁1975年版，第183—184页。
2　王泽鉴：《民法总则》，北京大学出版社2009年版，第199页。

（单方行为）、双方行为（契约、合同）、共同行为（合同行为、协同行为）及协约。《民法典》第134条规定："民事法律行为可以基于双方或者多方的意思表示一致成立，也可以基于单方的意思表示成立。法人、非法人组织依照法律或者章程规定的议事方式和表决程序作出决议的，该决议行为成立。"

1. 单独行为

单独行为，又称单方行为或一方行为，指仅由当事人一方的意思表示即可成立的行为，或依当事人单方意思表示即可发生效力的法律行为，分为有相对人的单独行为和无相对人的单独行为。前者指须直接对相对人表示方可发生效力的行为，如解除合同、撤销错误的意思表示、债务的免除、无权处分行为的承认、选择权的行使，于其意思表示到达相对人时发生效力；后者指无须对相对人表示即可发生效力的行为，如书立遗嘱、捐助行为，其系无须受领的单独行为，即无须向任何人表示。另外，在日本法上，还有须由家庭法院受领的单独行为，例如《日本民法》第938条规定的继承放弃（抛弃）的方式即是，其规定："欲抛弃继承者，应向家庭法院申述其意旨。"[1]

2. 双方行为（契约、合同）

须双方当事人的意思表示达成合致方能成立的，称为双方行为，例如契约（合同）即属之。双方行为除通常为二人的契约行为外，经由二人以上缔结的契约（例如合伙）也属之。

契约（合同），又称为契约行为或双方行为，指互相对立的意思表示趋于一致而成立的法律行为，例如买卖契约、赠与契约、租赁契约等。此种互相对立、趋于一致的两个意思表示，其在前者称为要约，其在后者称为承诺。契约有广义与狭义之分：广义的契约，即德国民法所称的契约（Vertrag），指以债务的发生为目的的合意，换言之，一切合意的双方行为均为广义的契约，包括债权契约（如买卖、租赁等发生债的关系的契约）、物权契约（如关于建设用地使用权、宅

---

[1] 参见王融擎编译：《日本民法：条文与判例》（下册），中国法制出版社2018年版，第861页。

基地使用权、农村土地承包经营权和抵押权等的发生物权关系的契约）及身份契约（如结婚、收养等发生身份关系的契约）；狭义的契约，则专指债权契约。契约必由两个对立的意思表示即要约和承诺构成。此点与下述的共同行为不同。在共同行为，数个人之间不存在对立的意思表示，每个人的意思表示均系相同，也就是说，数个人所追求的利益是一致的，不存在利益对立的问题。另外，契约又可分为单务契约与双务契约，前者如赠与契约、使用借贷契约、消费借贷契约等属之，后者如买卖契约、租赁契约等属之。[1]

3. 共同行为

共同行为，又称合同行为或协同行为，指相互平行的两个或两个以上的意思表示趋于一致而成立的法律行为。例如，股份有限公司股东会的决议、设立社团的行为、社团的决议等即是。共同行为虽有多数人参与意思表示，但方向相同，与契约（契约行为）当事人双方的意思系相对立者有别。换言之，契约当事人双方的合意系对立的合致，而共同行为则属于平行的一致。[2]

共同行为与契约（双方行为）的差异在于意思表示的方向及其立场不同。契约（双方行为）的主要特征是：①须有两个不同方向的意思表示，一方称为要约，他方称为承诺；②双方意思表示趋于一致（异向的一致），如讨价还价后双方意见一致，经承诺而成立买卖契约，且通常双方有相互交换利益的意思（纯粹的身份行为则无之）。而在共同行为，多数意思表示只有一个方向，如共同设立社团或共同出资等，对设立行为的细节或出资额的多少，原来虽不一致，但经协商后趋于一致（同向的一致）而成立共同行为。从理论上说，共同行为的多数人之间，并非利益的相互交换，而系利益的共同促成。[3]

单独行为（单方行为）、双方行为（契约、合同）、共同行为（合同行为、协同行为）二者的区分可进一步图示如下[4]：

1　郑冠宇：《民法总则》（第二版），瑞兴图书股份有限公司 2014 年版，第 224 页。
2　郑冠宇：《民法总则》（第二版），瑞兴图书股份有限公司 2014 年版，第 224 页。
3　施启扬：《民法总则》（修订第八版），中国法制出版社 2010 年版，第 202 页。
4　［日］加贺山茂：《民法体系 1 总则·物权》，信山社 1996 年版，第 120 页。

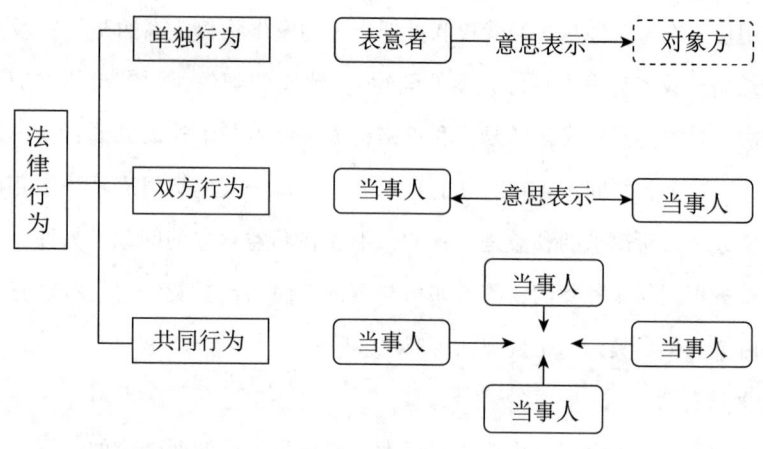

4. 协约

新近以来，劳动者为了获得公平合理的劳动条件而与工厂主、企业主签订劳动协约的情形与日俱增，劳动协约因此受到重视。例如，当事人一方或双方为多数人或团体组织时，由该双方当事人之间意思表示一致而成立的合意，对各该多数人或团体组织的构成员均有拘束力。此种法律行为，一般称为协约，如劳动协约或集团协定。协约的效果与共同行为相似。[1]

（二）区分的实益

区分上述行为的实益在于，双方行为须为双方的合致方能成立，而共同行为仅须具备一定人数的一致合意即可成立。一般而言，限制民事行为能力人未经法定代理人允许，所为的单独行为无效；其所为的双方行为及共同行为，须经法定代理人事后承认，方生效力。[2]

二、要式行为与不要式行为

依意思表示的形式（方式）分类，法律行为可以分为要式行为与不要式行

1　刘得宽：《民法总则》（增订四版），中国政法大学出版社 2006 年版，第 167 页。

2　郑冠宇：《民法总则》（第二版），瑞兴图书股份有限公司 2014 年版，第 224—225 页。

为。要式行为指须依一定的方式为之才能成立的法律行为，不要式行为指无须依一定的方式为之即可成立的法律行为。当代民法上的法律行为绝大多数为不要式行为，即以方式自由为原则，除法律特别规定或当事人特别约定者外，皆为不要式行为。

在古罗马法上，法律行为须采取严格的形式，例如曼兮帕蓄、拟诉弃权等，都是为法律行为时的严格、烦琐的程序。尤其是不动产买卖，于罗马法上更须采取严格的法定形式，否则并不发生不动产（如土地）物权变动的效果。进入近代之后，资本主义各国倾力谋求经济的发展及交易的便捷，法律行为消除了以前烦琐的形式，一般的法律行为，大都不要求为特定的形式、采用特定的方式，即法律行为以不采取一定的形式为原则。只有少数的法律行为，依法律的特别规定，才须采取特定的形式。于当代各国，如前述，法律行为以无须采取一定的形式为原则。

法律行为若无法律特别规定其方式的，通常均为不要式行为，立法者仅在认为对于当事人有必要予以保护时，方规定须符合一定的方式，其寓有保护及警告作用，使当事人在行为时小心慎重。[1]在我国现行法上，财产行为以不要式为原则，要式为例外；身份行为如结婚、收养则以要式为原则，不要式为例外。在现行法上，法定形式包括：①书面形式，如《民法典》第 466 条第 2 款、第 469 条第 2 款、第 490 条、第 493 条、第 668 条第 1 款、第 685 条第 2 款、第 707 条等。另外，在比较法（如德国法）上，保证合同等也要求采取书面形式。②登记形式（《民法典》第 1049 条、第 1050 条、第 1105 条第 1 款）与公证形式（如《民法典》第 1139 条）。此外，当事人约定采取一定形式的，称为约定形式，通常有书面、证人签章或须经公证等。

法律行为未履行法定形式的后果，主要有两种：①法律行为原则上不成立。依《民法典》的规定，未履行法定形式的，原则上合同不成立。其例外是，在一方已经履行主要义务的情形，视为合同成立（第 490 条第 2 款），在租赁合同未

---

[1]　郑冠宇：《民法总则》（第二版），瑞兴图书股份有限公司 2014 年版，第 226 页。

履行法定形式时，视为不定期租赁（第707条）。依对《民法典》第1105条第1款的反对解释，未履行登记形式的收养不成立。②法律行为经补正有效。《民法典》第1049条第4句规定，未办理结婚登记的，应当补办登记，婚姻关系的效力从双方均符合《民法典》所规定的结婚的实质要件时起算。[1]

《民法典》第135条规定："民事法律行为可以采用书面形式、口头形式或者其他形式；法律、行政法规规定或者当事人约定采用特定形式的，应当采用特定形式。"

三、生前行为与死因行为

依法律行为的效力系发生于行为人生前抑或发生于行为人死后，可以将法律行为区分为生前行为与死因行为，死因行为也有人称之为死后行为。一般的法律行为的效力发生于行为人生存时，因此一般的法律行为系为生前行为；法律行为的效力于行为人死亡发生的，称为死因行为，主要为遗嘱和遗赠（死因赠与）。

某些行为虽以行为人的死亡为给付要件，但并非死因行为，例如人寿保险合同虽约定，行为人（被保险人）于规定年限内死亡时，保险公司才负给付保险金的责任，但保险合同本身仍于订约时生效，属于生前行为。[2]

四、财产行为与身份行为

（一）基本区分

法律行为依其所引起变动的法律关系为财产关系或身份关系，可以区分为财产行为与身份行为。以发生财产法上效果为目的的行为，为财产行为，在德国民法上其包括债权行为、物权行为及准物权行为；以发生身份法上效果为目的的行为，为身份行为。广义的身份行为，包括亲属行为（即发生亲属法上效果的行

1　梁慧星：《民法总论》（第四版），法律出版社2011年版，第164—165页。
2　施启扬：《民法总则》（修订第八版），中国法制出版社2010年版，第206页。

为）和继承行为（即发生继承法上效果的行为）。狭义的身份行为，也就是纯粹的身份行为，仅指直接以发生或丧失身份关系为目的的行为，例如缔结婚姻关系的行为、协议离婚的行为、收养行为、非婚生子女的认领等皆属之。纯粹的身份行为具有浓厚的伦理秩序和人格色彩，应特别尊重当事人的意思，不能由代理人代理，有瑕疵时原则上不能径直予以撤销。[1]

（二）区分实益

财产行为通常不具有专属性，可由代理人代本人为之。纯粹的身份行为具有公益性、不可强制履行性及一身专属的特性，不得让与或继承，且应尊重当事人的意思，不能由代理人代为行为，更不应轻易使其无效，以免损及当事人及与当事人交易的第三人的权益。例如，我国台湾地区"民法"第996条规定："当事人之一方，于结婚时系在无意识或精神错乱中者，得于常态恢复后六个月内，向法院请求撤销之。"第998条规定："结婚撤销之效力，不溯及既往。"[2]身份行为若系以财产利益为目的的，也具有财产行为的性质，例如订立夫妻财产制契约、扶养费请求权等，通称为身份的财产行为。[3]

五、有因行为（要因行为）与无因行为

（一）基本区分

依原因的有效是否为法律行为成立的要素为标准，法律行为可以分为有因行为与无因行为。所谓"因"，指"原因"，即法律上的目的。凡涉及财产给予的行为，其法律上目的包括[4]：①清偿债务，以消灭既存的债务；②给予信用，使相对人负担债务；③给予利益，使相对人取得利益；④其他目的，如使动机成就而履行条件等[5]。

1　施启扬：《民法总则》（修订第八版），中国法制出版社2010年版，第203页。

2　参见陈聪富主编：《月旦小六法》（第十七版），元照出版有限公司2014年版，第叁—125页。

3　郑冠宇：《民法总则》（第二版），瑞兴图书股份有限公司2014年版，第225—226页。

4　郑冠宇：《民法总则》（第二版），瑞兴图书股份有限公司2014年版，第230页。

5　参见我国台湾地区2010年度台简上字第23号民事判决。

在某法律行为（甲）（例如所有权移转行为）以其他法律行为乃至法律关系（乙）（例如买卖合同）为原因的场合，法律行为甲的效力受作为原因的法律行为、法律关系乙的效力影响的，该法律行为甲（所有权移转行为）即是有因行为（买卖合同若无效，则所有权移转行为也无效）。反之，法律行为甲的效力不受作为原因的法律行为、法律关系乙的效力左右的，该法律行为甲即是无因行为。[1]

有因行为，又称要因行为，指以原因（causa）的存在或合法有效为要件的行为。法律行为中有须向他方为财产给付者，例如买卖、租赁、借贷等行为，其给予必有一定的原因，亦即一定的法律上目的，即使赠与也有赠与原因（使对方无偿取得利益）。欠缺原因或对于原因双方不一致时，如一方为借贷的意思而给予，他方为受赠的意思而受领时，借贷与赠与两种行为均不能有效成立；[2]或者例如，甲表示欲出卖某车给乙，而乙误为赠与加以承诺时，双方当事人对给予目的（法律原因）欠缺合致，买卖合同不成立。[3]民法上的债权行为原则上为有因行为，如前述买卖、赠与、使用借贷，皆为有因行为。

无因行为，指不以原因的存在或有效为要件的法律行为，主要为德国法上的物权行为和各国票据法上的票据行为。无因行为并非没有原因，而是原因不影响法律行为的效力，例如签发支票者必有其签发的原因，或作为付款方式，或作为无偿赠与；移转动产或不动产所有权必基于买卖合同或互易等原因。[4]

民法上的处分行为均属无因行为，即原因超然屹立于处分行为之外，不因原因的欠缺，致处分行为（本身）的效力受到影响。关于债权行为，其例外属于无因行为的，如《德国民法典》第780条、第781条的债务约束（Schuldverspre-chung）和债务承认（Schuldanerkenntnis）。如上所述，票据行为也属无因行为。例如，甲向乙购车，发行支票，以支付价金（支付货款、清偿债务，此为原因、目的）。即使甲与乙之间的买卖合同不成立、无效或被撤销（原因不存在），其发

1　［日］四宫和夫、能见善久：《民法总则》（第八版），弘文堂2010年版，第182页。
2　施启扬：《民法总则》（修订第八版），中国法制出版社2010年版，第204页。
3　王泽鉴：《民法总则》，北京大学出版社2009年版，第214页。
4　施启扬：《民法总则》（修订第八版），中国法制出版社2010年版，第204—205页。

行支票的行为也不因此而不成立、无效或被视为自始无效。如该支票尚在乙的手中，甲可依不当得利的规定向乙请求返还；如该支票辗转至第三人手中，甲不能以买卖合同不存在为由而拒绝付款。甲于付款后，可依不当得利的规定请求乙返还其所受的利益。由此可知，票据行为的无因性有助于票据的流通和维护交易的安全。[1]

在日本民法上，所有权移转行为（物权行为）被认为系有因行为，而在德国民法上，如前述，物权行为系无因行为。如果物权行为系无因行为，则所有权从所有人 A 移转至对象方 B 的场合，作为其原因的买卖合同等即使无效，所有权也当然不能复归。从而，自登记名义人 B 购入不动产的人 C 得取得所有权。在日本，于这样的场合，所有权得回归当初的出卖人 A，登记名义人 B 是无权利人，转得者 C 不能取得所有权，其仅可依《日本民法》第 94 条第 2 项的类推适用而受保护。[2]

（二）区分实益

不要因行为（无因行为）不受其原因行为效力的影响，即使其原因行为不存在，其仍可独自为有效的行为，仅通常会产生不当得利的利益返还。要因行为则不可脱离其原因行为而独立存在，如其原因不存在，该行为即为无效。[3]

六、要物行为与不要物行为

法律行为依其成立是否需要交付标的物为标准，可以分为要物行为与不要物行为。要物行为，又称实践行为或现实行为，指于意思表示外，还须有物的交付才能成立的法律行为，例如借用合同、保管合同、定金合同、信托合同，均须在意思表示之外另交付借用物、保管物及金钱方能成立；不要物行为，又称诺成行为，指仅依意思表示而成立（仅须当事人双方合意后，即对彼此发生拘束

1　王泽鉴：《民法总则》，北京大学出版社 2009 年版，第 214 页。
2　［日］四宫和夫、能见善久：《民法总则》（第八版），弘文堂 2010 年版，第 182 页。
3　郑冠宇：《民法总则》（第二版），瑞兴图书股份有限公司 2014 年版，第 230 页。

力）的法律行为。在当代民法上，法律行为以不要物行为为原则，以要物行为为例外。

要物行为须经物的交付，方能成立，即使当事人间已互相为合意，仍不发生效力，例如当事人间已有保管的口头合意或书面开立保管合同，但在委托人将保管物交付前，该合意对其并不发生拘束力。[1]

七、有偿行为与无偿行为

（一）基本区分

依为法律行为的双方当事人是否享有对待利益，法律行为可以分为有偿行为与无偿行为。有偿行为，指一方当事人为财产上的给付而取得他方对待给付的行为；无偿行为，指一方当事人为财产上的给付而未取得他方对待给付的行为。前者如买卖、租赁及有利息的消费借贷，后者如赠与、使用借贷及无利息的消费借贷。另外，有些合同可依当事人的约定而为有偿或无偿，例如保管合同、委托合同，当事人若约定有报酬的，即为有偿，反之为无偿。当代民法上的法律行为，绝大多数为有偿行为，仅少数为无偿行为。

有偿行为通常具有互相交换利益的性质，一方的给付乃在于取得他方的对待给付，称为对价（Entgelt）。对价并不必然是相当代价，双方的给付在客观上是否相当，不影响有偿行为的性质。另须注意的是，有偿行为与无偿行为的分类仅在财产法上具有意义，身份行为并无给付与对价的概念，也不在于取得某种对待利益，因此自不发生有偿与无偿的问题。[2]

附条件的赠与，受赠人虽负有义务，但与赠与人间并无对待利益关系，因此仍然为无偿行为。[3]

1　郑冠宇：《民法总则》（第二版），瑞兴图书股份有限公司 2014 年版，第 228 页。

2　施启扬：《民法总则》（修订第八版），中国法制出版社 2010 年版，第 205 页。

3　刘得宽：《民法总则》（增订四版），中国政法大学出版社 2006 年版，第 170 页。

（二）区分实益

有偿行为因具有对价关系，故得适用瑕疵担保责任的规定。买卖合同为最典型的有偿行为，其他有偿合同均准用其规定。无偿行为的行为人通常不负瑕疵担保责任。另外，有偿行为的行为人通常须负善良管理人的注意义务，而无偿行为的行为人仅须负与处理自己事务同一的注意义务 [1]。[2]

八、主行为与从行为

依法律行为的主从关系，法律行为可以分为主行为与从行为。能够独立存在、不须依附在其他行为之下，独立发生效力的法律行为，为主行为，一般的法律行为（如债权合同）属之；不能够独立存在，须以主行为的存在或有效为前提的法律行为，为从行为，如抵押权、质权设立行为或保证合同属之。主行为无效或消灭，从行为也随之无效或消灭，例如，主债务若因债务人清偿而消灭，保证债务也随之消灭。另外，婚姻合同为主行为，夫妻财产合同为从行为；债权合同如借贷合同为主行为，抵押权、质权的设定行为或保证合同为从行为。[3]

九、独立行为与补助行为

具有独立实质意义的法律行为，或无须其他法律行为补充，具有实质内容的法律行为，为独立行为，一般的法律行为属之；仅促成其他法律行为发生效力的行为，如允许、同意、承认等，为补助行为。

---

[1]　参见我国台湾地区"民法"第 535 条、第 590 条。

[2]　郑冠宇：《民法总则》（第六版），新学林出版股份有限公司 2019 年版，第 272 页。该氏在同书第 272 页注释第 19 中进一步谓：双务契约与有偿契约，以及单务契约与无偿契约，在意义上虽类似，但在内容上并不一致，双务与单务乃重在给付与对待给付之义务，有偿与无偿则重在给付与对待给付之实行。由于前者重在义务之对价，双务契约有同时履行抗辩之问题。后者重在给付之对价，故有瑕疵担保之问题。

[3]　刘得宽：《民法总则》（增订四版），中国政法大学出版社 2006 年版，第 170 页。

十、负担行为与处分行为

（一）基本区分

1. 负担行为

依发生效果的种类的不同，财产行为可以分为负担行为（Verpflichtungsgeschäft）与处分行为（Verfügungsgeschäft）。负担行为，指以发生债权债务为其内容的法律行为，或双方约定为一定给付的法律行为，也称为债务行为或债权行为。一般的债权行为均为负担行为。负担行为约定所应交付的标的物，并不直接移转权利。例如，买卖合同标的物的所有权仍在出卖人处，义务行为只是将来为一定的行为或不行为，为履行此义务必须再经由其他行为，通常为处分行为，使其得以完成。因此，负担行为通常为处分行为的基础和准备行为，负担行为经由处分行为而履行。负担行为的目的在于使对方负担一定的给付义务，通常由于合同关系而发生此义务。负担行为与其原因密不可分，因此原则上为有因行为。[1]

一般而言，负担行为包括单独行为（如捐助行为）和合同（如买卖、租赁等）。

2. 处分行为

处分行为，指直接使某权利发生变动（即发生、变更或消灭）的法律行为，例如以所有权等权利的变动为目的的行为即属之。处分行为使现存权利直接发生移转、变更或消灭的结果，其特征在于行为的直接性与效果的绝对性。处分权人于处分时不必请求他人为一定行为，权利直接发生变动（直接性），而其变动的效果对任何人均为有效（绝对性）。处分行为在性质上必须简单明确，因此原则上都是无因行为。[2]

处分行为包括物权行为和准物权行为。物权行为又包括物权的单独行为（如所有权的抛弃）和物权合同（物权契约、物权合意）。债权让与、债务免除，也

---

[1] 施启扬：《民法总则》（修订第八版），中国法制出版社 2010 年版，第 206—207 页。
[2] 施启扬：《民法总则》（修订第八版），中国法制出版社 2010 年版，第 206 页。

直接发生权利移转、变更或消灭的效果，性质上与物权行为相近，因此称为准物权行为。

处分行为通常为无因行为，不因其原因行为的无效而受影响。另外，处分行为以法律有规定者为限，不能由当事人任意约定。为处分行为的人必须有处分权，否则为无权处分。对物等享有权利的人原则上有处分权，例外情形无处分权。[1]

值得注意的是，在日本法上，因物权变动系采意思主义，所以如果有买卖合同（债权行为），据此不仅发生债权债务，原则上所有权也移转。易言之，债权行为亦即处分行为。由此，仅以权利的变动为目的的处分行为在日本法上是不多的。买卖合同的当事人特别约定所有权不直接发生移转，为所有权移转的合意后才移转的，其后所为的所有权移转行为是处分行为。此外，担保权设定（例如抵押权的设立等）、债权让与（债权让与是经由债权的买卖、赠与等而为的行为，此等场合中的买卖、赠与等系债权行为，以债权的移转为目的而实施的行为是债权让与）、债务免除等行为，也都属于处分行为。处分行为中，以物权的变动为目的的行为，被特别称为物权行为。[2]

（二）区分实益

负担行为是使当事人承担给付义务的行为，它并未直接改变法律客体的法律状况，也未导致资产的直接减少，而仅增加义务人的债务。处分行为是直接将权利移转、设定负担、变更或者取消的行为，例如移转所有权、设定质权、变更债权、免除债务，这些行为直接减少了处分人的资产。[3]

如上所述，处分行为包含物权行为与准物权行为，处分行为的原因行为虽为负担行为，但其效力与其原因行为不相关，适用无因性理论（Abstraktionsprinzip），

---

[1]　施启扬：《民法总则》（修订第八版），中国法制出版社 2010 年版，第 206 页。

[2]　［日］四宫和夫、能见善久：《民法总则》（第八版），弘文堂 2010 年版，第 181 页。

[3]　［德］汉斯·布洛克斯、沃尔夫·迪特里布·瓦尔克：《德国民法总论》，张艳译，杨大可校，中国人民大学出版社 2014 年版，第 77 页以下，边码 103 以下；朱晓喆："论布洛克斯的法学方法论——以《德国民法总论》的法律行为理论为重点"，载龙卫球、王文杰主编：《两岸民商法前沿（第 4 辑）——民商法理论与方法论》，中国法制出版社 2015 年版，第 134 页。

其有独自生效的事由，不受原因行为效力的影响，即使原因行为无效，处分行为仍能独自发生效力。[1]为处分行为的人须具有处分权，否则即为无权处分，须经有利害关系之人的承认，其处分行为方能发生效力。但若相对人为善意不知情的第三人，其信赖处分人具有处分权而与之为交易的，该交易行为应受法律保护，即适用善意取得的规定。但为负担行为的人则不须具有处分权，盖如前所述，负担行为仅产生债权债务关系，而不涉及权利的变动，对真正权利人的权利并无影响。民法关于无权处分的规定，仅适用于处分行为，而不适用于负担行为。另外，在处分行为，其标的物须至迟于处分行为生效时特定，并须就一个标的物做成一个物权行为或准物权行为（物权特定原则），而负担行为则无此限制。当事人可就物的种类、重要成分约定为债的内容，从而负有履行其约定的义务，故集合物原则上仅可为负担行为的标的物。[2]

十一、债权行为、物权行为与准物权行为

债权行为，是以债权债务关系的发生为目的的法律行为，例如买卖、租赁、赠与、借贷皆属之，其所发生的债权，只有经由履行才能达成目的。

物权行为，是指以直接引起物权的发生、变更、消灭为内容的行为，例如，建设用地使用权、抵押权的设定，以及所有权的抛弃等皆属之。因该行为本身即系权利的实现，并无履行问题，所以与债权行为不同。例如，在德国民法上，依买卖合同负有移转标的物所有权义务的出卖人，为履行该债权合同（买卖合同）而为所有权的移转，系基于债权行为（买卖合同）所作的物权行为（所有权移转）。

准物权行为，指以物权以外的其他财产权的变动为直接目的的法律行为，例如，债权让与、债务免除即是。该行为虽不以物权关系变动为其效果，但可直接引起与物权行为相同的效果，即该行为本身能使物权以外的权利（如债权）终局

---

[1] 参见我国台湾地区 2000 年度台上字第 961 号判决。

[2] 郑冠宇：《民法总则》（第二版），瑞兴图书股份有限公司 2014 年版，第 231—232 页。

的发生、变更、消灭，而并无履行问题。[1]

物权行为与准物权行为，皆以权利的变动为直接目的，因此学说称之为处分行为。处分行为，如前所述，在性质上具有对先于它而存在的债权行为加以履行的性质。此两种行为连同债权行为，共同称为财产行为。

十二、大量行为、协定行为与赁率合同

二战结束以来，火车、汽车、剧团等的卖票系以大众为对象的大量交易，以个别交易为对象的法律行为规则，有时不得适用之。例如，民事行为能力的规定就不得适用之，盖大量行为（Massengeschäft）不注意顾客的个性。

协定行为，例如劳动合同、团体协约（collective agreement, kollektive Arbeits-vertrag）及赁率合同（Tarifvertrag, kollecktive Arbeitsvertrag）。[2]这些是雇用人与受雇人或雇用人团体与受雇人团体间缔结的合同，预先规定将来订立雇佣合同的内容（报酬及其他劳动条件）。劳动者与企业主在法律上虽处于平等的地位，但事实上仍有经济势力的差异，因此以团体的力量先订协定，使将来所订立的雇佣合同有所准据。[3]

赁率合同为集团合同、大量合同（Massenvertrag）之一种。关于集团合同的涵义，其说不一。有人认为，保险合同、交互计算合同（Kontokorrentvertrag）及运送合同（Frachtvertrag）等，属于集团合同，其共同的特色在于：其一，各合同均有一定的型式；其二，带有强制性（Zwangscharakter）。集团合同的重要特色在于，它不探求或注重个人意思，而是探求和注重集团意思（Massenwille）。[4]

---

1 刘得宽：《民法总则》（增订四版），中国政法大学出版社 2006 年版，第 169 页。

2 参见德国 1949 年 4 月 9 日《赁率契约法》（Tarifvertragsgesetz v. 9. 4. 1949）和 1953 年 4 月 23 日《团体协约法》（Gesetz über Erstreckung des Tarifvertragsgesetz）。

3 台湾大学法律学研究所编译（梅仲协等编译）：《德国民法》，1965 年 5 月印行，第 106 页。

4 台湾大学法律学研究所编译（梅仲协等编译）：《德国民法》，1965 年 5 月印行，第 106 页。

第四节　法律行为的成立、生效及标的

一、法律行为的成立

一般言之，法律行为一经成立，即发生确定的法律效果。但法律行为只有于成立后才能产生相应的效果，如果法律行为不成立，则不能产生相应的效果。亦即，法律行为的成立，是法律行为产生相应效果的前提。进而言之，法律行为只有在成立后才谈得上生效，未成立的法律行为谈不上生效。成立与生效是两个截然不同的概念，应予区分。《民法典》第136条规定："民事法律行为自成立时生效，但是法律另有规定或者当事人另有约定的除外。行为人非依法律规定或者未经对方同意，不得擅自变更或者解除民事法律行为。"

法律行为的成立，须具备相应的成立要件，包括一般成立要件与特别成立要件。

一般成立要件，指一切法律行为的成立皆须具备的要件，包括当事人（权利义务的主体）、意思表示（行为目标）、标的（法律行为的内容）。缺少其中的任何一个要件，法律行为就不能成立。以买卖合同为例，其成立必须具备当事人（卖主与买主）、买卖标的物（金钱与物）以及欲买和欲卖的意思表示。欠缺任何一项，买卖合同都不成立，也就是说根本不存在合同，从而也不发生有效、无效的问题。此三项要件中，以意思表示为最重要且最复杂。

特别成立要件，指个别法律行为的成立所必须具备的特有的要件，即除了一般要件外，还须具备特殊的事实，法律行为才能成立。此特殊的事实，如要式行为，须履行法定的形式才能成立；要物行为，须将物交付给对方才能成立。

应特别注意的是，只要有当事人、意思表示和标的，法律行为即可成立，可见法律行为（如合同）的成立是十分容易的。法律要求如此简单的法律行为的成立要件，其所体现的是彻底的意思自治：任何人均可依自己的意志成立法律行为，取得民事权利，承担民事义务。并且，依自己的意志成立法律行为，取得民事权利，承担民事义务，又是十分容易的。它反映了当代社会中人的自由。也就是说，每个人皆可自由从事民事活动，与他人实施法律行为，享受因实施法律行为而取得的权利，承担因实施法律行为而负担的义务。一言以蔽之，法律行为的成立要件所反映的是自由地实施法律行为、自由地从事民事活动，以及彻底的私法自治。任何人皆可依自己的自由意志实施法律行为，系自由精神的体现。

二、法律行为的生效

法律行为的生效，指法律行为产生法律上的效力，产生相应的法律效果。法律行为要产生相应的法律效果，须具备相应的生效（有效）要件。法律行为的生效（有效）要件包括一般生效要件和特别生效要件。

一般生效（有效）要件通常认为有三项：行为人须具有相应的民事行为能力；意思表示真实，也就是说，意思表示须健全、无瑕疵；标的须合法、确定和妥当。我国《民法典》第143条规定："具备下列条件的民事法律行为有效：（一）行为人具有相应的民事行为能力；（二）意思表示真实；（三）不违反法律、行政法规的强制性规定，不违背公序良俗。"

法律行为的特别生效要件，指法律行为的生效，应当特别具备的要件，如遗赠须遗赠人死亡，才发生效力；无权代理，须经本人的承认，才能生效；附条件或附期限的法律行为，于条件成就或期限到来时生效；隔地的意思表示，于到达时生效。

在社会生活中，每个人都可以自由地从事民事活动，实施缔结合同等法律行为，但法律行为是否有效、是否受保护，须看其是否符合国家法律规定的法律行为的生效要件。如果符合，即加以保护，使之生效；如果不符合，则不予保护，不使之生效。另外，法律行为的生效要件，也反映了国家法律对社会生活中人民的自由行为的干预：如果民事主体实施的法律行为符合民法的原则和公平正义，即予以肯定、保护；反之，则予以否定，不承认其效力。从一定意义上说，国家法律对民事主体的自由行为的干预、保护，正是通过设定法律行为的生效要件来实现的。民事主体自由实施的法律行为是否受法律的保护、是否有效，须依法律行为的生效要件予以判定。[1]

三、法律行为的标的

法律行为的标的，即法律行为的权利和义务所共同指向的对象，亦即法律行为的内容。法律行为能否发生法律上的效果，须视其内容所具备的要件如何而定。依照通说，法律行为的标的通常必须确定、合法及妥当（正当）。

（一）关于法律行为的标的

1. 标的不能的涵义

法律行为的标的须可能实现，或者法律行为的内容须有实现的可能。法律行为的内容如无实现的可能，即标的不能，该法律行为应为无效。

标的不能分为以下几种情况[2]：

（1）事实不能与法律不能。此系依标的不能的原因不同所作的分类。事实不能又称物理不能，指法律行为的标的在事实上不可能实现，例如使死者复生，将鸭变狗，挟泰山以超北海；法律不能，指因法律的理由而致不能，其多属于违反法律的强行性规定，例如为死者立嗣、娶亲。通常所谓标的不能，仅指事实不能，其使法律行为无效。法律不能属于法律行为内容违法的问题。

（2）自始不能与嗣后不能。标的不能因发生时间的不同，有自始不能与嗣后不能之分。不能的原因发生于法律行为成立之前，亦即法律行为成立时已确定不能实现的，属于自始不能（又称原始不能），例如，订立房屋买卖合同时，该房屋已烧毁；不能的原因发生于法律行为成立之后，亦即法律行为成立时尚属可

1　需注意的是，我国台湾地区学者王伯琦认为：法律行为不成立与无效，就其效果而言，并无分别。参见王伯琦：《民法总则》，台湾省编译馆1979年版，第129页注释2、第198页。应提及的是，德国学者拉伦茨认为，区分何者为法律行为的成立要件，何者为法律行为的生效要件，殆无实益。此见解是否妥当，应值慎思。

2　此处根据、参考梁慧星：《民法总论》（第四版），法律出版社2011年版，第171—172页，谨此说明。

能，只是法律行为成立后才变为不能的，属于嗣后不能，例如，房屋买卖合同订立时房屋完好无损，而在买卖合同成立后因失火被毁，即属之。自始不能的法律行为无效，即所谓"没有对不能的义务"；嗣后不能的，不影响法律行为的生效，仅发生法律行为的解除等效力。

（3）客观不能与主观不能。标的不能因其原因与当事人的关系不同，有客观不能与主观不能之别。不能的原因与当事人无关的，属于客观不能，例如，房屋因火灾、地震而被毁；不能的原因存在于当事人的，属于主观不能，例如，订立演出合同，而该演员患病不能出演。客观不能使法律行为无效；主观不能，只在相对人知其不能时，使法律行为无效。

（4）永久不能与一时不能。标的不能因其原因的存在是否超过法律行为的有效期间，可分为永久不能与一时不能。不能的原因存在于法律行为整个有效期间，亦即法律行为的标的确定无实现的可能性的，为永久不能；不能的原因有可能消灭，而法律行为的标的有变为可能的希望的，为一时不能。影响法律行为效力的不能，系永久不能。一时不能非系标的不能。

（5）全部不能与一部不能。法律行为的标的全部不能实现，属于全部不能；法律行为的标的仅一部不能实现，属于一部不能。全部不能使法律行为全部无效，自不待言。一部不能使法律行为一部无效或全部无效，不可一概而论。如仅系一部不能，而除去该部分后其他部分也可成立的，其他部分仍为有效。

2. 标的不能的效果

值得指出的是，上述分类因缺少实益而受到学理上的批判。因此，于现今，学理认为，无论自始不能或者嗣后不能、主观不能或者客观不能、全部不能或者一部不能等，均不影响法律行为的效力，而按债务不履行或解除法律行为处理。新近国际立法也已呈现将标的可能从法律行为生效要件中剔除的发展趋势。《德国民法典》经由 2001 年《债法现代化法》的修正，已废止原有规定，不再区分自始不能与嗣后不能，明文规定合同订立时已存在的履行障碍不影响合同生效。因此，标的是否可能不再是影响法律行为效力的要件。我国《民法典》均不以标的可能为法律行为生效要件。[1]

（二）标的须合法

此所谓标的须合法，指法律行为的标的须合于法律规定的基本精神，即不违反法律、行政法规的强行性规定（强制性规定和禁止性规定），不违背公序良俗。

1. 须不违反强行性规定

（1）概述。法律依适用的强制与否，有强行性规定与任意性规定之别。强行性规定，指不问当事人的意思如何，必须强行适用的规定；任意性规定，指当事人得以自己的意思排除其适用的规定，此类规定只有补充适用的效力。强行性规定，又有强制性规定与禁止性规定之分。强制性规定，指法律命令当事人应为一定行为的规定；禁止性规定，指法律命令当事人不得为一定行为的规定，如权利能力、行为能力不得抛弃，自由不得抛弃，法律行为有悖于公序良俗者无效等规定属之。法律行为违反强制性规定和禁止性规定者，无效。[2]

（2）强行性规定的范围。值得注意的是，就民法中的规定而言，下列规定属于强行性规定：关于基本的社会秩序的规定（婚姻家庭法、继承法、物权法中的大多数规定）、关于私法自治的前提乃至架构性的规定（关于法人格、行为能力、意思表示及法律行为的规定）、保障基本的自由的规定、保护第三人的信赖乃至交易安全的规定（关于善意取得、表见代理、生效要件、对抗要件的规定等）及为保护经济上的弱者的规定等。此外的规定为任意性规定。在民法之外，涉及强行性规定的法律很多。伴随私法的社会化，为保护经济上的弱者的强行性规定纷纷出现。比如，在租地及租屋关系领域（在比较法上，日本的《借地借家法》第16条即属之）、劳动关系领域就有很多强行性规定。此外，新近以来，与消费者保护相关的强行性规定也不断增多。[3]

（3）行政的取缔规定。强行性规定包括两类：其一，以规定私法上的法律关

1　梁慧星：《民法总论》（第四版），法律出版社 2011 年版，第 172 页。

2　谢瑞智：《民法总则精义》，1994 年自版，第 155 页以下。

3　[日] 四宫和夫、能见善久：《民法总则》（第八版），弘文堂 2010 年版，第 261—262 页。

系为目的的规定（例如《民法典》）中，与任意性规定相对应（对照）的强行性规定，称为狭义的强行性规定；其二，直接以行政的取缔为目的的规定，违反它而为交易时，其私法上的效力受影响，此被称为效力性规定。狭义的强行性规定与效力性规定，合称广义的强行性规定。在取缔规定中，不影响私法上的效力的规定，称为单纯的取缔规定，影响的则为效力性规定。各个取缔规定是否系效力性规定，通常依规定的文义不能明确，应考量该规定的旨趣而判断。[1]

（4）违反取缔规定的交易的效力。取缔规定对一定行为的禁止、限制，原本系单纯基于国家的政策而对一定的行为加以现实阻止，违反者将被课以罚金等。但是，违反这些取缔规定的私法上交易并非当然无效，例如，违反单纯的取缔规定，即不影响私法上的效力。比较实务中，出租车的驾驶者若超过限制时速而急行将支付 2 倍的费用这一约束（拘束），即使是以违反道路交通法为内容，也并不当然无效。虽然迄今为止的学说对于某取缔规定是否系效力性规定进行抽象的判定，唯新近以来，有力的学说认为，不应从规定本身，而是应综合考量违反规定的合同自身，进而方判定合同是否无效。采取此说而判定时，即使违反相同的取缔规定的合同，也可能因违反的方法、样态之不同而有无效或有效的不同结局。[2]

因此，成为问题的是，无效的基准是什么。对此，新近学说中的有力见解认为，违反取缔规定的合同的给付已履行的，因使之无效会损害交易的安全，所以不应否定其效力；给付未履行时，因无考虑交易安全的必要，所以应使之无效。但是，若违反取缔规定的合同一旦履行完毕，即不在私法上变成无效，则一方面在处罚轻微的场合，当事人因意识到罚则就会及早履行，另一方面更会助长违反行为，而这是不当的。因此，无论履行还是未履行，只要违反取缔规定，就应使合同无效。

至此，违反取缔规定的合同应分 3 种情形加以考量：①无论履行还是未履行，

1　［日］四宫和夫、能见善久：《民法总则》（第八版），弘文堂 2010 年版，第 262 页。

2　［日］四宫和夫、能见善久：《民法总则》（第八版），弘文堂 2010 年版，第 262—263 页。

均无效；②未履行时无效，已履行的有效；③其违反对私法的效力一律无影响，仅单纯产生公法上的处罚等。[1]

2. 须非脱法行为（Gesetzumgehung）

法律行为违反禁止性规定者，有直接违反与间接违反两种形态。以间接方法违反强制性规定或以迂回方式逃避禁止性规定的，称为脱法行为。换言之，脱法行为是以合法的手段达成规避法律禁止性规定的目的，其行为原本应为有效，但若允许其发生效力，将不符合公平正义，并有悖于法律的禁止性规定，违反诚实信用原则。[2]

脱法行为所采取的手段须为合法，亦即不直接违反强行性规定，否则即为一般的违法行为。脱法行为通常经过巧妙设计，以形式上的合法手段达成实质上的违法目的。脱法行为违反强行性规定，原则上应为无效，否则强行性规定将变成具文。至于通常所谓利用法律的漏洞，则系利用法律规定的不周、不完善等，立法的欠缺或不能预见的事项使其行为免于抵触强行性规定。利用法律漏洞的行为如不违背公序良俗，并不当然违法，依法律确定性及安定性的原则，只能经由修正法律的方式，加以弥补堵塞，不能一律视为脱法行为，使之归于无效。[3]

应注意的是，即使大致上看系属于脱法行为，因基于合理的社会需要，自法的理想上看，当认为经由这样的手段而容许目的达成时，该行为即不应无效。例如在日本法上，其让与担保在发展的初期，因违反关于流抵押、流质条款之禁止的规定而成为问题，但判例并不认为其系脱法行为。[4]

我国《民法典》第146条第2款规定，"以虚假的意思表示隐藏的民事法律行为的效力，依照有关法律规定处理"。

1　［日］四宫和夫、能见善久：《民法总则》（第八版），弘文堂2010年版，第262—263页。

2　郑冠宇：《民法总则》（第二版），瑞兴图书股份有限公司2014年版，第202页。

3　施启扬：《民法总则》（修订第八版），中国法制出版社2010年版，第210—211页；施启扬：《民法总则》（第七版），三民书局2007年版，第256—257页。

4　参见日本大判1916年9月20日民录22卷1821页（345条）、大判1919年7月9日民录25卷1373页（349条）；［日］四宫和夫、能见善久：《民法总则》（第八版），弘文堂2010年版，第265页。

（三）标的须确定

所谓标的确定，指法律行为的标的必须确定，或可得确定，且在不履行时也可经由强制执行的方式得以实现，否则法律行为无效，不能发生当事人所欲发生的法律效果。例如，表示购买一台电脑或买一部手机，而未说明产品的型号、功能及价格等，即不能认定为要约，相对人也无从对之为承诺，即使为承诺，其标的也因无法确定而无从请求履行，该法律行为当然无效。法律行为的标的虽在缔约时未确定，但若属可得确定的，例如缔约时系就物的种类所为的约定，而未约定其品质，则可以中等品质的该种类物为合同给付的标的。[1]

标的不确定的情形通常有二：其一，法律行为的范围全无限制，而由当事人一方的意思自由定之，例如，一方允许他方的一切请求。此项不确定，将使债务人受无限的拘束，是为真正的不确定，其法律行为无由成立，当然无效。其二，法律行为的范围业已限定，唯其内容尚未完全确定，例如，一方允许他方为选择的给付。[2]

法律行为的标的虽以当时确定为必要，但日后确定者，亦无不可。日后确定标的的方法有四：其一，依法律规定；其二，由当事人确定，例如，种类债务、选择之债，均由当事人确定给付标的；其三，由第三人确定，如选择之债，由当事人以外的第三人依诚信原则确定其应为的给付；其四，依其他事实而确定，例如，买卖合同的价金，依交付时的市价计算的，从其市价，如当事人的意思不明，则应依习惯定之。[3]

需注意的是，在纯粹的身份行为（如结婚、离婚等），法律行为的内容必须自始确定，否则无效，不适用可得确定的方式，嗣后加以确定。[4]

（四）标的须妥当（正当）

所谓标的须妥当（正当），指法律行为的内容除不得违反强行性规定外，还

[1]　郑冠宇：《民法总则》（第二版），瑞兴图书股份有限公司 2014 年版，第 275 页。
[2]　谢瑞智：《民法总则精义》，1994 年自版，第 154 页。
[3]　谢瑞智：《民法总则精义》，1994 年自版，第 154 页。
[4]　施启扬：《民法总则》（修订第八版），中国法制出版社 2010 年版，第 216 页。

应具备社会妥当性，不得有反社会的内容，亦即不得违背公共秩序和善良风俗。法律行为有悖于公共秩序和善良风俗的，无效。当事人不得依据此无效的法律行为，请求为一定的行为（包括给付和其他履行行为）或不履行的损害赔偿。另外，动机已表示于外部或已提升为法律行为的一部分时，如以经营赌场为目的而高价租赁房屋，其法律行为无效；反之，为杀人而购买利刀，如其动机为相对人所不知，则法律行为有效，以维护社会交易的安定。法律行为的当事人是否知悉动机，应由主张无效的当事人负举证责任。[1]

第五节　意思表示

一、意思表示的涵义

意思表示（Willenserklärung），指表意人将其内心期望发生一定私法上效果的意思表示于外部的行为。意思表示的构成要素是：效果意思（Erfolgswille）、表示意思（Erklärungswille）及表示行为（Erklärungshandlung）。其中，表示意思是否系意思表示的构成要素，理论上存在分歧，多数人认为表示意思并非意思表示的构成要素。但在研习意思表示的构成时，将表示意思一并加以研习仍然是有其意义的。

意思表示的过程通常为：其一，先有某种动机（如北京人某甲想在四川仁寿县城拥有一套三居室的房屋，以便在那里过冬）；其二，基于该动机产生意欲发生一定私法上效果的意思，称为效果意思（在四川仁寿县城购买一套三居室的房屋的意思）；其三，有将该效果意思向外部公开的意思，即表示意思（打算向四川仁寿县城的乙表示购买其房屋的效果意思的意思）；其四，有向外部表示该效果意思的行为，即表示行为（向四川仁寿县城的乙表示：我要购买你的三居室房屋）。

上述意思表示成立的过程中，动机不过是引起效果意思的最初的心理状态，其本身不具有法律上的意义，因此不是意思表示的构成要素。动机错误，原则上

---

[1] 施启扬：《民法总则》（修订第八版），中国法制出版社 2010 年版，第 213 页。

对意思表示的效力不发生影响。

二、意思表示的构造

就表意人的心理过程分析，意思表示乃由三个要素构成：效果意思、表示意思及表示行为。此系基于学者威廉·冯特（Wilhelm Wundt，1832—1920 年）[1] 的"构成的心理学"（Konstruktive Psychologie）而来。[2]

（一）效果意思

1. 基本概要

效果意思（Geschäftswille），指欲引起私法上一定效果发生的内心的意思或欲望，是表意人内心的主观意思，又称"效力意思"（Wirkungswille）、"行为意思"（Handlungswille）或"法效意思"。效果意思是意思表示的基础，其促使意思表示形成，最后实现法律行为的效果。效果意思与意思表示的动机（Motiv）有别。当事人可能为上学、送货、旅游等各种动机而购买汽车，内心的动机只是意思表示的间接原因（远因），欲取得汽车所有权才是效果意思。[3] 动机在民事法律关系上通常不具有特殊意义，此与刑法上的动机通常为法官量刑的依据不同。

进而言之，内心的效果意思中的"意思"，是指表意者意图实现一定的法律效果的意思，若只是想单纯实现宗教的、道德的、社交的关系的意思，则不能判断为效果意思。在比较实务上，单纯为讨得对方女性的欢心，即使做成了书面的"赠与"，也不认可系效果意思。[4] 概言之，仅期望发生人情（如邀请好友聚餐或

1　参见八所综合性大学《心理学词典》编写组编（主编：宋书文、孙汝亭、任平安）：《心理学词典》，广西人民出版社 1984 年版，第 65 页。该页为"冯特（Wilhelm Wundt，1832—1920 年）"的条目下，谓："德国心理学家、哲学家、构造心理学派创始人"，"把心理学从哲学中分化出来，使其成为一门独立的新科学"。"冯特的心理学体系可分为两部分：（一）个体的实验心理学；（二）社会的民族心理学"。

2　台湾大学法律学研究所编译（梅仲协等编译）：《德国民法》，1965 年 5 月印行，第 120 页。

3　施启扬：《民法总则》（修订第八版），中国法制出版社 2010 年版，第 228 页。

4　参见日本大判 1935 年 4 月 25 日《新闻》3835—5 有女服务员的小餐馆丸玉女给事件；［日］四宫和夫、能见善久：《民法总则》（第八版），弘文堂 2010 年版，第 197 页。

家庭舞会）、道德或宗教关系的，如亲友间的邀约或宗教上的活动等，当事人通常并不期望发生私法上的效果，使被邀请者因此取得法律上的请求权，当事人尽管也应遵守，但不发生民法上的权利义务关系。换言之，法律行为与私人间的好意行为（Gefälligkeit）的区别，系在于后者当事人并未有发生私法上效果的意思存在，即并无成立或产生法律关系的意思、意愿或打算。

2. 效果意思欠缺的法律效果

欠缺效果意思的"意思表示"，不具有意思表示的性质。例如，"我要买东西"，即欠缺特定法律效果的意思，不能认为系要约或承诺。唯通说认为，效果意思非属意思表示的必要构成部分，其欠缺并不影响意思表示的存在，行为人内心意思与外部的表示不一致时，可适用民法有关错误的意思表示的规定，其意思表示仍为有效，仅表意人可得撤销该错误的意思表示 [1]。[2]

（二）表示意思

1. 概述

欲将内心已决定的效果意思表达于外部的意思，或表意人欲使其效果意思表达于外部的意思，称为表示意思（Erklärungsbewußtsein）。表示意思是联系效果意思与之后的表示行为的心理作用。换言之，仅内心已有效果意思，而无表示意思的，则无从发生表示行为。反之，只有表示行为，而无表示意思的，则其表示行为并非为使之发生法律上效果所为的表示，意思表示不成立。例如，某甲在拍卖场所举手招呼友人，此种举手虽同于表示行为，但因无表示意思，所以不能认为某甲的举手乃为买受的意思表示。[3] 表意人内心有无表示意思，有时不易认定，因此也有人主张表示意思不必独立成为意思表示的构成要素。[4]

---

[1] 邱聪智：《民法总则》（上），2005 年自版，第 532 页、第 533 页；黄立：《民法总则》，2005 年自版，第 229 页、第 230 页；王泽鉴：《民法总则》（增订新版），2014 年自版，第 376 页。

[2] 郑冠宇：《民法总则》（第二版），瑞兴图书股份有限公司 2014 年版，第 236 页。

[3] 谢瑞智：《民法总则精义》，1994 年自版，第 171—172 页。

[4] 施启扬：《民法总则》（修订第八版），中国法制出版社 2010 年版，第 228 页。

2. 表示意思欠缺的法律效果

欠缺表示意思，该行为是否仍能认为是意思表示，存在争议。否定说认为，欠缺表示意思，自也欠缺效果意思，行为人根本不知其行为具有法律上意义，该行为不能认为系意思表示。但意思表示既系表达于外，并非仅涉及行为人本身的认知，更涉及其他人的了解与信任，而关系到交易的安全。因此，行为人外部的客观行为是否包含主观的意思表示在内，应属于意思表示的解释问题，非可许其任意主张欠缺意思表示，影响交易相对人的信赖。而解释意思表示，即应就相对人可了解的客观范围予以判断，亦即须依一般社会观念，认定该行为是否为意思表示。若因表意人有可归责事由而可认为系属意思表示，表意人仅可依意思表示错误的规定，撤销其意思表示，但应对相对人负信赖利益的损害赔偿责任[1]。[2]

（三）表示行为

表意人将内心的效果意思表达于外部的行为，称为表示行为。意思表示必须有此表示行为，否则他人无从推知其效果意思。因此表示行为须为自由自觉的意识作用，并能由该行为推知其内心的效果意思。[3]表示行为除当事人间有特别约定外，应按照社会上一般表达方式或某种行业、某一地区习惯上的表达方式为之，否则无由推断内部的效果意思，不发生表示行为的效力。一般言之，表示行为可按照社会上通用的语言、文字或动作为之，其为明示或默示均无不可。[4]例如，在合同书上签字、在拍卖场举手、将硬币投入自动贩卖机等。

明示的表示行为，即以语言、文字或其他的举动直接表示内心的意思。默示的表示行为，指以其他方法间接使人推知其意思，例如受要约后，即将买卖标的物送交对方，该送交货物的行为，便为默示的承诺；又如租赁期满后，承租人仍对租赁物为使用、收益的行为，即为欲继续租赁合同的默示，出租人不立刻表示反对，而继续收租的，即为愿意继续出租的默示的承诺。除法律有特别规定须以

1　王泽鉴：《民法总则》（增订新版），2014 年版，第 377 页。

2　郑冠宇：《民法总则》（第二版），瑞兴图书股份有限公司 2014 年版，第 236—237 页。

3　谢瑞智：《民法总则精义》，1994 年自版，第 172 页。

4　施启扬：《民法总则》（修订第八版），中国法制出版社 2010 年版，第 228 页。

明示为意思表示的外，默示的意思表示与明示的意思表示有同样的效力。值得注意的是，《民法典》第 140 条规定："行为人可以明示或者默示作出意思表示。沉默只有在有法律规定、当事人约定或者符合当事人之间的交易习惯时，才可以视为意思表示。"另外，默示与单纯的缄默（沉默）又有不同，缄默完全没有意思表示，原则上不能发生意思表示的效力。[1]

三、意思主义、表示主义及折中主义

真正的意思与表示的意思不一致时，关于其意思表示的效果应如何认定，主要有意思主义（Willenstheorie）[2]、表示主义（Erklärungstheorie）[3] 及折中主义（Vermittlungstheorie）[4] 三种。晚近以来，有逐渐从个人意思的保护移至交易安全的保护的趋向，即由意思主义倾向于表示主义。[5]进而言之，内心的真实意思与表

1　刘得宽：《民法总则》（增订四版），中国政法大学出版社 2006 年版，第 211 页。

2　意思主义以内心的效果意思为标准，因此意思表示欠缺内心的效果意思即为无效。萨维尼、温德沙伊得等主张此说。此说为德国普通法时代的支配见解，普行于 19 世纪，颇适合个人主义的法律思想，但妨害交易安全。参见台湾大学法律学研究所编译（梅仲协等编译）：《德国民法》，1965 年 5 月印行，第 120 页。

3　表示主义以外表的效果意思为标准，即不拘内心的效果意思如何，以表示行为决定其效果意思。此主义与"大丈夫无二言"（Ein Mann, ein Wort）的德国谚语一致。洛特玛（Lotmar）与丹茨（Danz）等主张此说，其优点在于保护交易安全，但有轻视表意人的利益之嫌。参见台湾大学法律学研究所编译（梅仲协等编译）：《德国民法》，1965 年 5 月印行，第 120 页。

4　折中主义认为，表意人和交易安全均须保护。但有时以意思主义为原则，而以表示主义为例外；有时以表示主义为原则，以意思主义为例外。莱昂哈德（Leonhard）、德恩堡（Dernburg）及雷格尔斯伯格（Regelsberger）等采此说。日本民法以意思主义为原则，表示主义为例外；瑞士民法以表示主义为原则，意思主义为例外。德国民法究系采意思主义或折中主义，学说认识不一，其详细情况参见 Staudingers Kommentar, Einleitung zur Willenserklärung Ⅳ。意思主义、表示主义的争论为私法理论自个人主义移向团体主义过程中的主要的表现。当代学说、立法均倾向于后者，即瑞士民法的立场。至于身份行为，则应以意思主义为原则，自不待言。参见台湾大学法律学研究所编译（梅仲协等编译）：《德国民法》，1965 年 5 月印行，第 120 页。

5　在德国，有认为大抵于 19 世纪 70、80 年代之前是意思主义，此后是表示主义。也就是说，于 19 世纪前半叶初期的资本主义时代，重视静的安全的保护的意思主义，是压倒性的；但进入 19 世纪 70、80 年代后的德国，伴随资本主义的高度化，倾向于保护动的安全的表示主义抬头。对此，请参见 [日] 村上淳一：《德国的近代法学》，东京大学出版会 1964 年版，第 4 页。该书对意思主义与表示主义作有深入论述，可供参考。

示的效果意思，偶会发生不一致的情形，此时意思主义认为，应尊重内心的真实意思，意思表示为无效；相反，表示主义认为，应以表示的效果意思为准，意思表示为有效。大体而言，对注重交易安全的财产关系，应重视表示主义；对尊重个人意思的身份关系，则应采意思主义。[1]

另外，还有所谓折中主义。意思主义与表示主义均有所偏重，而主张兼顾表意人的利益与交易安全的，即是折中主义。其中，或以意思主义为主，而以表示主义为例外；或以表示主义为主，而以意思主义为例外。我国《民法典》第 154 条规定行为人与相对人恶意串通，损害他人合法权益的法律行为无效，第 147 条规定有重大误解的法律行为可撤销，系采意思主义。但《民法典》对真意保留未作规定，而理论和实务采表示主义。由此看来，我国关于意思表示内容的确定，应系采折中主义。[2]

四、意思表示的效力发生（意思表示的生效）

（一）涵义

意思表示的效力发生时期，通常也就是法律行为的生效时期。意思表示生效，表意人将受意思表示的拘束。表意人所为意思表示，除须具备特别生效要件的外，一般情形下于何时发生效力，因有无相对人而不同。[3]

（二）表意人死亡、行为能力丧失的影响

意思表示发出后、到达相对人前，表意人死亡或丧失行为能力的，意思表示的效力如何？对此，《日本民法》第 97 条第 3 项规定："意思表示，表意人于通知发出后死亡、丧失意思能力或受到行为能力限制时，亦不因此而碍其效力。"[4]

（三）无相对人的意思表示

如果是无相对人的意思表示，即所谓单方行为（如悬赏广告、抛弃），除法

---

1 刘得宽：《民法总则》（增订四版），中国政法大学出版社 2006 年版，第 212 页。

2 梁慧星：《民法总论》（第四版），法律出版社 2011 年版，第 174 页。

3 施启扬：《民法总则》（修订第八版），中国法制出版社 2010 年版，第 228 页。

4 参见王融擎编译：《日本民法：条文与判例》（上册），中国法制出版社 2018 年版，第 75 页。

律有特别规定的外（如遗嘱应当于遗嘱人死亡时发生效力），原则上于成立（表意人完成其表意过程）时发生效力。但如果是有相对人的意思表示，尤其是隔地的意思表示，以何时为其效力的发生时间，大陆法系与英美法系向来有到达主义与发信主义之分别。对此，后文将会述及。应指出的是，《民法典》第 138 条规定："无相对人的意思表示，表示完成时生效。法律另有规定的，依照其规定。"

（四）有相对人的意思表示（对话的意思表示与非对话的意思表示）

有相对人的意思表示，可分为对话的意思表示（Erklärung unter Anwesenden）与非对话的意思表示（Erklärung unter Abwesenden）。前者指表意人与相对人在可直接交换意见的状态下所为的意思表示，其不以面对面为必要，例如，以电话为意思表示，即使当事人分隔两地，仍可进行沟通了解，而属对话的意思表示。再如，通过当事人间得以直接进行沟通的网络对话，如通过现今常用的微信等以文字或语音进行对话的方式，也属之。后者则指表意人与相对人非处于可直接交换意见的状态下所为的意思表示，以发送邮件为意思表示的表达即属之。另外，数人聚首一堂，不以言辞表达其意思，而以书面表示的，也属非对话的意思表示。[1]应指出的是，《民法典》第 137 条规定："以对话方式作出的意思表示，相对人知道其内容时生效。以非对话方式作出的意思表示，到达相对人时生效。以非对话方式作出的采用数据电文形式的意思表示，相对人指定特定系统接收数据电文的，该数据电文进入该特定系统时生效；未指定特定系统的，相对人知道或者应当知道该数据电文进入其系统时生效。当事人对采用数据电文形式的意思表示的生效时间另有约定的，按照其约定。"

详言之，对话的意思表示与非对话的意思表示的差异，可依时间的经过状态判定，与空间（间隔）的距离无关。因此，表意人与相对人虽身处异国、异乡、异地，但能够借手机或长途电话，互为交换意见式的意思表示（有如晤谈）时，也属于对话的意思表示。随着科学发达，太空人登上月球与地面控制台自由交

---

[1] 郑冠宇：《民法总则》（第二版），瑞兴图书股份有限公司 2014 年版，第 238 页；黄茂荣：《民法总则》，1982 年自版，第 785 页及次页。

谈，亦不失为对话的意思表示。对话的意思表示的表示方法，一般是借助于语言为之。当然，除语言外，聋哑人之用手语传达心意，海军之用旗语传达意思，拍卖场所之用举手表示承买的意思，其他如笔谈、传纸条等，也不失为对话的意思表示[1]。[2]

应注意的是，区分对话的意思表示与非对话的意思表示的价值与意义，在于其生效时期。依《民法典》的规定，前者于意思表示相对人了解时发生效力（了解主义），后者于意思表示的通知到达相对人时发生效力（到达主义）。所谓了解，应依通常情形为合理解释，使用相对人所不精通的语言为意思的表达，自难以认为其已了解。但如相对人已能了解，而故意以手掩耳，阻碍表示，不欲了解，或表示不了解，则应认为已为了解。[3]

五、到达主义

（一）非对话的意思表示

表意人与相对人以信函、电报、传真、电子邮件等，间接表示其意思，系为非对话的意思表示。非对话而为意思表示的，其意思表示以通知到达相对人时，发生效力。此即到达主义（Empfangs oder Zugangstheorie）。例如，甲地的 A 写信给乙地的 B，表明愿意将自己在丙地的一套房屋以 200 万元卖给 B，并询问购买与否。此意思表示（要约）之过程有四个阶段：①做成书面要约（写信），称为表白；②将已做成的信函（书面）投入邮筒，称为发信；③信函到达乙处；④乙阅读信函后，了解甲的意思。

上述作为要约的信函，于四个阶段中的哪一阶段生效？由此产生表白、发信、到达、了解四种主义。因表白与了解过分偏重于一方，所以不能以之作为效力的发生时间。发信主义与到达主义也各有长短：前者适合敏捷的场合，但若未

---

[1]　有反对意见认为，以纸条私下互传信息，不属对话的意思表示，而是非对话的意思表示。

[2]　刘得宽：《民法总则》（增订四版），中国政法大学出版社 2006 年版，第 242—243 页。

[3]　郑冠宇：《民法总则》（第二版），瑞兴图书股份有限公司 2014 年版，第 240 页。

到达的意思表示于相对人事先全无预知时生效，未免使其遭受不测的损害；后者（到达主义）虽稍欠敏捷，但在普通的情况下，最能调和表意人与相对人之间的利害关系，因此德国、日本和我国民法皆采到达主义。[1]

所谓到达，指将意思表示投入相对人的实力支配下，而置相对人于可得了解的状态。无须使相对人取得占有才算到达，因此将信函投入相对人住宅地的信箱，或交付与其同居的家属或受雇人，均可认为系到达。夜间投信函于受信人信箱的，须至通常开箱时为到达。若营业时间已过，或休假日为送达，须至次日营业时间开始时方可认为系到达。另外，意思表示依客观不可能了解的，如书信的字迹极为模糊，普通人皆不能辨识，此时的不能了解，不仅属于主观，而且也为客观，自不能认为系到达。[2]唯应受送达的人，无法律上的理由拒绝受领时，得将文书置于送达处所，以之为送达，理论上称为留置送达。[3]

关于向无受领能力人为意思表示。表意人的相对人应有完全的民事行为能力，方有受领意思表示的能力，意思表示才能因了解或到达而发生效力。如向无民事行为能力人或限制民事行为能力人为意思表示，则其通知到达法定代理人时发生效力。盖无民事行为能力人应由法定代理人代受意思表示，而限制民事行为能力人受意思表示应得法定代理人的允许。因此，无民事行为能力人和限制民事行为能力人皆属于无受领能力人。但对于纯获法律利益的行为，或日常生活所必需的行为，或经法定代理人概括允许的行为等，则应解为此两种人有受领能力。[4]

应注意的是，意思表示可经由所谓的"中间人"发出或受领。中间人为代

---

1 我国《民法典》第 484 条第 1 款规定："以通知方式作出的承诺，生效的时间适用本法第一百三十七条的规定。"第 137 条第 2 款第 1 句规定："以非对话方式作出的意思表示，到达相对人时生效。"此系明文采到达主义。另外，《日本民法》原本采发信主义，但其 2017 年经修改后的债权编改采到达主义。也就是说，修改后的债权编废弃（"删除"）了《日本民法》原第 526 条第 1 项的规定，使承诺也适用到达主义，也就是适用《日本民法》经修改后的第 97 条第 1 项［"意思表示于其通知到达相对人时开始发生效力"，参见王融擎编译：《日本民法：条文与判例》（上册），中国法制出版社 2018 年版，第 74 页］。对此，请参见［日］四宫和夫、能见善久：《民法总则》（第九版），弘文堂 2018 年版，第 290 页。

2 何孝元：《民法总则》，三民书局 1983 年版，第 160 页。

3 刘得宽：《民法总则》（增订四版），中国政法大学出版社 2006 年版，第 242—243 页。

4 刘得宽：《民法总则》（增订四版），中国政法大学出版社 2006 年版，第 244 页。

理人时，其于代理权限内，以本人名义代为意思表示或代受意思表示，直接对本人发生效力。中间人也得为使者，其有传达意思表示的权限者为表示使者（Erklärungsbote），有受领意思表示的权限者为受领使者（Empfangsbote）。在表示使者，须其传达意思表示于相对人时，才生到达的效力，表意人须承担起未为适时传达的危险；在受领使者，于其受领意思表示时，发生到达的效力，误传、迟传或根本未传达于相对人的危险应由相对人承担。例如，甲嘱其司机乙将终止租赁合同的意思告知相对人丙，丙适不在办公室，乙告知丙的秘书丁。此种场合，乙为甲的表示使者，丁为丙的受领使者，其关系可表示为：表意人→表示使者→受领使者→相对人。另外，受领意思表示的权限，得由相对人明示或默示授权之。相对人的配偶或管家，公司行号的秘书通常可认为系受领使者。对受领使者为意思表示的，于相对人通常可知悉时，方生到达的效力。例如，甲于星期日遇见乙的秘书丙，交付解除买卖合同的信件，须待翌日丙上班时，方可期望丙将该信件交给乙，从而发生到达的效力。[1]

（二）对话的意思表示

对话人间的意思表示，其效力何时发生？通说认为应采了解主义，即其意思表示于相对人了解时发生效力。盖在对话的意思表示，发信、到达及了解密不可分，在观念上可谓系采到达主义。如表意人所为的意思表示，依相对人通常情形本可了解，而相对人故意不了解，或因欠缺注意不为了解，其意思表示仍应发生效力。例如，相对人故意掩耳不闻，则虽有到达而无了解，此时意思表示仍因到达而生效。另外，与无民事行为能力人或限制民事行为能力人对话而为意思表示的，其意思表示为法定代理人所了解时发生效力。但对于无民事行为能力人或限制民事行为能力人可以单独实施的法律行为，以及经法定代理人概括允许的行为，则于此两种人了解时，意思表示发生效力。[2]

1　王泽鉴：《民法总则》，北京大学出版社 2009 年版，第 275 页。
2　刘得宽：《民法总则》（增订四版），中国政法大学出版社 2006 年版，第 244 页。

六、发信主义

发信主义主要或大抵为英美法系所采。根据发信主义（Absendungs Entäus-se-rungs oder Übermittlungstheorie），为意思表示时，受意思表示一方（受要约人、做出承诺的人）以信函、电报等作出意思表示的，其效力自信函、电报等投邮（即交付给邮局或为邮局所接收）时起发生。当事人之间的合同（契约）关系也于此时成立。按照合同（契约）一般或通常自成立之时起即生效的原则，当事人之间的合同（契约）通常也于此时生效。

七、承诺生效的发信主义与到达主义的比较 [1]

如前所述，发信主义主要为英美法系所采。按照英美契约法理论，要约人通过邮局发出意思表示（要约）时，就默示指定邮局为代理人，代理要约人接受承诺。因此，受要约人将承诺的信函、电报交给邮局，就等于交给要约人自己，承诺立即生效。如果信函、电报被邮局遗失，也应由要约人负责，不影响承诺的效力。但这只是形式上的理由，实质上是借此限制要约人撤回要约的权利，以协调双方利益的冲突。因为，按照英美契约法对价（consideration）理论，一项允诺须有对价才具有拘束力。而要约，在受要约人作出承诺前，属于无对价的允诺，不具有拘束力，要约人自己也当然不受要约的约束，即使要约中规定了承诺期，他也可随时撤回要约。采发信主义，就缩短了要约人撤回要约的时间，使对方一旦将承诺的信函、电报投邮，即立即成立契约，有利于保护受要约人的利益和交易安全。[2]

到达主义能够较好地划分要约人与受要约人关于承诺的信函、电报传递中可能发生的风险的负担。承诺的信函、电报发出至送达要约人这段时间的风险，归

1　本部分主要参考、依据（参见相关注释）梁慧星：《民法总论》（第五版），法律出版社 2017 年版，第 179—180 页，谨此释明。

2　梁慧星：《民法总论》（第五版），法律出版社 2017 年版，第 179—180 页。

受要约人负担；自承诺的信函、电报送达受要约人支配范围起，风险归要约人负担。因此，大陆法系多数国家和地区的民法及《联合国国际货物销售合同公约》（CISG）、《国际商事合同通则》（PICC）、《欧洲合同法通则》（PECL）、《欧洲示范民法典草案》（DCFR），皆采到达主义。如前述，我国《民法典》系明文规定采取到达主义。[1]

在比较法上，关于要约与承诺的立法主义的诸情况，如下表所示[2]：

生效时间	要约有拘束力	要约无拘束力
承诺的到达主义	德国法、日本法	联合国国际货物销售合同公约
发信主义		英国法

另外，在比较法上，关于要约与承诺的诸关系，如下图所示[3]：

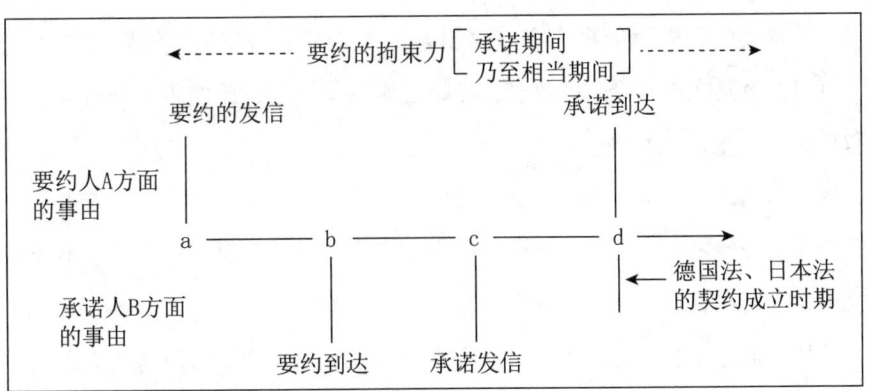

八、依公示的意思表示（公示送达）

在到达主义之下，表意人无法知晓相对人或其所在时，就不能使意思表示的

1　梁慧星：《民法总论》（第五版），法律出版社 2017 年版，第 180 页。

2　［日］四宫和夫、能见善久：《民法总则》（第九版），弘文堂 2018 年版，第 291 页。

3　［日］四宫和夫、能见善久：《民法总则》（第九版），弘文堂 2018 年版，第 291 页。

效力发生。为排除此不便，民法于是设依公示的意思表示的规定，亦称公示送达。

《日本民法》第 98 条第 1 项规定："表意人不知相对人，或不知其所在时，意思表示得依公示方法作出。"[1]我国台湾地区"民法"第 97 条规定："表意人非因自己之过失，不知相对人之姓名、居所者，得依民事诉讼法公示送达之规定，以公示送达为意思表示之通知。"[2]据此，所谓公示送达，系将应为意思表示的通知，依一定的程序公示后，经过法定时间，使其与实际交付应受送达之人有同一效力，以代意思表示的通知。[3]我国《民法典》第 139 条规定："以公告方式作出的意思表示，公告发布时生效。"

按照日本法，依公示的意思表示的方法，包括下列两点[4]：①表意人在相对人不明时，于自己住所地的简易法院，于相对人的所在不明时，对相对人的最后住所地的简易法院，申请依公示而为意思表示，即公示送达。②法院须向表意人预收公示的相关费用。按照关于公示送达的民事诉讼法的规定在法院的告示场所揭示，并将其已为揭示的事实在《官报》上至少登载一次。但法院在认为适当时，可以命令其在市政府、区政府、町村公所以及同等设施的告示场所揭示，以此替代在《官报》上登载。

依公示的意思表示，依日本法，自最后登载于《官报》之日起，或者代替其登载的揭示开始之日起，经过两周，视为已到达相对人。但表意人对于不知相对人或不知其所在有过失时，不发生到达效力。[5]

另外，值得注意的是，依我国台湾地区"法"的规定，公示送达应由法院书记官保管应送达的文书，于法院的公告处粘贴公告，晓示应受送达人应随时向其领取。但应送达者如系通知书，则应将该通知书粘贴于公告处。另外，法院应命将文书的缮本、影本或节本登载于公报或新闻纸，或用其他方法通知或公告之。

1　参见王融擎编译：《日本民法：条文与判例》（上册），中国法制出版社 2018 年版，第 75 页。

2　参见陈聪富主编：《月旦小六法》（第十七版），元照出版有限公司 2014 年版，第叁—9 页。

3　郑冠宇：《民法总则》（第二版），瑞兴图书股份有限公司 2014 年版，第 241 页。

4　［日］四宫和夫、能见善久：《民法总则》（第八版），弘文堂 2010 年版，第 256 页。

5　［日］四宫和夫、能见善久：《民法总则》（第八版），弘文堂 2010 年版，第 256 页。

公示送达，自将公告或通知书粘贴于公告处之日起，其登载于公报或新闻纸者，自最后登载之日起，经 20 日发生效力。就应于境外为送达而为公示送达者，经 60 日发生效力。[1]

九、法律拟制

所谓法律拟制，即命债务人为一定的意思表示的判决确定或其他与确定判决有同一效力的执行名义成立者，视为自其确定或成立时，债务人已为意思表示。例如，出卖人应为房屋所有权的移转行为而未履行，经买受人起诉请求履行者，自法院判决确定时起，视为出卖人已为所有权移转的意思表示，使之与出卖人现实上已为意思表示具有相同的效力，以实现买受人的请求。[2]

十、意思表示的发出与撤回 [3]

（一）意思表示的发出

对话或非对话的意思表示之发生效力，须经由表意人为发出的行为。对话的意思表示，其口头意思表示的发出，须对受领人为之，使其客观上可为了解。非对话的意思表示，表意人须使意思表示得以进入相对人支配范围，方称发出。意思表示未经表意人发出，却仍然进入相对人得以支配范围的，该意思表示是否发生效力，存在争议。德国通说认为，表意人若可归责的，为保护交易安全，应认其行为有效，但可许其类推适用错误的归责，撤销其意思表示，唯应对相对人负信赖利益的损害赔偿责任。意思表示发出后，表意人死亡、丧失行为能力或行为能力受限制的，其意思表示不因之丧失效力。若意思表示发出后受领人死亡的，由于受领人已丧失权利能力，该意思表示即无相对人存在，自不应再发生效力。

1　郑冠宇：《民法总则》（第二版），瑞兴图书股份有限公司 2014 年版，第 241—242 页。

2　郑冠宇：《民法总则》（第二版），瑞兴图书股份有限公司 2014 年版，第 242 页。

3　此处根据郑冠宇：《民法总则》（第二版），瑞兴图书股份有限公司 2014 年版，第 242—243 页，谨此说明。

（二）意思表示的撤回

意思表示的撤回，指于意思表示尚未发生效力时，使其不发生效力的单独行为。意思表示经撤回的，与自始未为意思表示相同。非对话而为意思表示的，其意思表示自通知到达相对人时发生效力，但撤回的通知同时或先时到达的，不在此限。撤回的方式，凡属意思表示得采用的方式，均得用于撤回意思表示，且不以与被撤回的意思表示采同一方式为必要。《民法典》第141条规定："行为人可以撤回意思表示。撤回意思表示的通知应当在意思表示到达相对人前或者与意思表示同时到达相对人。"

十一、意思表示的种类

意思表示可作如下分类：

（一）有相对人的意思表示与无相对人的意思表示

此系以意思表示有无相对人而为区分。表意人应向相对人为意思表示的，称为有相对人的意思表示；表意人无须向相对人为意思表示的，称为无相对人的意思表示。此种区别的主要法律意义在于，有相对人的意思表示，须于相对人了解或到达相对人时，才生效力；无相对人的意思表示，则于意思表示完成时立即发生效力。[1]

（二）明示的意思表示与默示的意思表示

此系以意思表示的方式所作的区分。凡是以语言、文字或当事人了解的符号等表示方法，直接表示意思的，为明示的意思表示（ausdrückliche Willenserklärung）。一般的意思表示皆为明示，当事人通常直接表示要约、承诺、同意、承认、免除债务等意思。反之，由表意人的举动或其他情事而得间接推知其效果意思的，为默示的意思表示（stillschweigende Willenserklärung）。默示的意思表示已有默示的行为存在，行为人不得主张内心有相反的意思而为抗辩，此即为禁反言原则

---

[1] 施启扬：《民法总则》（修订第八版），中国法制出版社2010年版，第231页。

(protestatio facto contraria)。[1]换言之，默示的意思表示系一种"积极的行为"，只是经由表示其他意思的方式间接表示其意思，或以事实行为表示某种特定的效果意思。例如，在自助餐厅自取菜肴食用，为购买的默示表示，支付利息或清偿部分债务，可认为系默示的债务承认，皆为默示的意思表示。[2]

应注意的是，明示的意思表示与默示的意思表示原则上具有相同的法律效力，但在特殊情形下，涉及一些不平常或危险的约定而须对当事人加以警示的，通常须为明示的意思表示，方具有法律效力。例如，我国台湾地区"民法"第272条规定，"数人负同一债务，明示对于债权人各负全部给付之责任者，为连带债务。无前项之明示时，连带债务之成立，以法律有规定者为限"[3]。[4]

（三）沉默与默示的意思表示

沉默系单纯的不作为，并非间接的意思表示。沉默由于并非意思表示，原则上不发生法律效果。不过，依当事人的约定或在习惯上，有时也将沉默视为或解释为"意思表示"。例如，当事人约定对于要约不于一定期间内拒绝者，视为同意（承诺）。[5]此即基于当事人的约定，以沉默作为意思表示的方法。譬如，甲住乡下，素好法学，购书不易，遂与城里书店约定，凡有新版法律书籍即寄给甲，不购买时，一周内退还。于此情形，甲的沉默（不退还书）就因当事人的约定而作为承诺的意思表示。另外，还有具有表示作用的沉默，即法律于特定情形对沉默赋予意思表示的效果，拟制其为意思表示（所谓规范化的沉默），至于当事人是否希冀此种法律效果，在所不问。[6]

（四）对话的意思表示与非对话的意思表示

此系以意思表示能否直接沟通和相互了解而为的区分。如前所述，表意人与

1　郑冠宇：《民法总则》（第二版），瑞兴图书股份有限公司2014年版，第239页。

2　施启扬：《民法总则》（修订第八版），中国法制出版社2010年版，第231—232页。

3　参见陈聪富主编：《月旦小六法》（第十七版），元照出版有限公司2014年版，第叁—31页。

4　郑冠宇：《民法总则》（第二版），瑞兴图书股份有限公司2014年版，第239页。

5　施启扬：《民法总则》（修订第八版），中国法制出版社2010年版，第232页。

6　王泽鉴：《民法总则》，北京大学出版社2009年版，第269—270页。

相对人能直接表示意思、沟通意见的，为对话的意思表示；表意人与相对人仅能间接表示意思、沟通意见的，为非对话的意思表示。凡能以电话、传真、网络、旗语、符号等直接表示意思，而为相对人所了解的，皆为对话的意思表示；反之，以书信、函件、电报等传达方式才能表示意思、交换意见的，为非对话的意思表示。[1]

（五）电子信息与意思表示

在今日电子信息发达的时代，由于通信设备和技术的进步，与意思表示有关的一些法律观念和规定必须作补充厘定，主要包括：①以电子文件为意思表示的方法；②以电子文件发文的时间为意思表示的"发出"时间，以电子文件收文的时间为意思表示的到达时间；③如何确认意思表示当事人的身份及电子文件的真实性；④"对话"与"非对话"方式的界限趋于模糊；⑤"发信"与"到达"的区分甚为困难。由于电子信息传送速度快，意思表示的发送和到达时间几乎无先后的差别。因此，发信主义与到达主义的适用已感困难，使法律以到达先后作为"前提"的一些规定失去意义，实际上已无适用余地。日本于 2001 年制定《电子消费者契约及电子承诺通知的民事特别法》，其第 4 条规定，"（日本）民法第 526 条第 1 项（采发信主义）和第 527 条规定，于非对话人间的契约，发出电子承诺通知时，不适用之"[2]。[3]

十二、意思表示的瑕疵（意思表示不真实）

表意人外部的表示行为与内心的效果意思一致，法律才赋予法律行为预期的法律效力。表意人的表示行为与其内心的效果意思因某种原因不一致时，即为有瑕疵的意思表示，影响法律行为的效力。[4] 有瑕疵的意思表示，又称"不健全的意

1　施启扬：《民法总则》（修订第八版），中国法制出版社 2010 年版，第 233 页。

2　如前述，《日本民法》2017 年修改完成后，原第 526 条第 1 项已被"删除"，即改为采行到达主义。

3　施启扬：《民法总则》（修订第八版），中国法制出版社 2010 年版，第 233—234 页。

4　施启扬：《民法总则》（修订第八版），中国法制出版社 2010 年版，第 240 页。

思表示"，包括 3 种情形：其一，意思与表示故意的不一致（意思与表示故意的不真实）；其二，意思与表示无意识的不一致（意思与表示无意识的不真实）；其三，意思表示不自由。

（一）意思与表示故意的不一致

1. 真意保留（心中保留、心里保留或单独虚伪意思表示，Geheimer Vorbehalt）

（1）基本涵义。真意保留，指表意人故意隐匿其真意，而表示与其真意不同的意思的意思表示，又称心中保留、心里保留或单独虚伪意思表示，戏谑、开玩笑等的表示行为属之。例如，表意人于友人称赞其新西装时髦时，戏称："你喜欢，就送给你！"此意思表示虽有意思表示行为，表意人却不期望发生效力，也不准备履行所发生的义务。真意保留的关键在于：表意人明知无此意思，却将真意保留于内心，而故意为虚伪的表示。[1]

（2）构成要件[2]。真意保留须具备如下三项要件：

1）表意人单方的意思表示。真意保留乃存在于表意人一方，仅表意人单方面的意思表示为虚伪意思表示，至于其是否为有相对人或无相对人（例如遗嘱的订立）的意思表示，或相对人是否为虚伪意思表示，在所不问。由此，真意保留可发生在单独行为（如撤销权的行使），也可发生在双方行为（如买卖合同的缔结）。表意人与相对人均为虚伪意思表示的，属于两方个别为单独虚伪意思表示，各个虚伪意思表示均适用真意保留（单独虚伪意思表示）的规则。

2）须真意与表意不一致（即虚伪意思表示）。虚伪意思表示，即表意人所为的意思表示在内心欠缺愿受拘束的效果意思，造成表里不一的情形。单独虚伪意思表示通常均由表意人主张，以图规避其可能发生的法律义务。相对人实无法知悉表意人内心的真实意思，否则相对人若明知，则单独虚伪意思表示无效。

3）须表意人自知其表意与真意不一致（即表意人故意为虚伪意思表示）。单

---

[1]　施启扬：《民法总则》（修订第八版），中国法制出版社 2010 年版，第 242 页。

[2]　此处根据郑冠宇：《民法总则》（第二版），瑞兴图书股份有限公司 2014 年版，第 297 页，谨此说明。

独虚伪意思表示，实由于表意人故意为不一致的虚伪意思表示所造成，表意人虽明知其所为的意思表示与其内心真实意思不相符，而仍决定为该意思表示。表意人为此行为的目的、是否因此而受利益及相对人是否因此而受损害等，均不具重要性。虚伪意思表示若非出于表意人的故意所为，而仅是表意人本身的疏失所造成，则有可能属于错误的意思表示，而非单独虚伪意思表示。

至于真意保留的动机如何，系出于欺骗或谐谑，或出于幽默感，或碍于情面，皆有可能，在所不问。

（3）法律效果。真意保留，表意人虽有不受拘束之意，但法律为保护交易的安全，原则上并不以之为无效，[1] 即依其表示发生效力。单独虚伪意思表示，其情形为相对人所不知的，其意思表示不因虚伪而无效，亦即表意人外表所为的意思表示为有效，但内心的保留意思则为无效，即采表示主义。其例外情形，如真意与表意不一致为相对人所明知或可得而知的，则对该相对人无加以保护的必要，应认为意思表示无效。亦即，依表意人的真意而无效，[2] 即采意思主义。所谓相对人不知，又称相对人善意，系指非明知而言，相对人明知，即属恶意，但其因过失而不知，仍属于不知，而为善意之人。[3] 相对人的知悉，系由于表意人的表示行为或其他原因，则非所问。又，明知或可得而知的时间，以相对人了解意思表示

---

[1] 《德国民法典》第118条规定："非诚意之意思表示，如预期其诚意之欠缺，不致为人所误解者，其意思表示无效"［参见台湾大学法律学院、财团法人台大法学基金会编译：《德国民法》（上，总则编、债编、物权编）（2016年修订第二版），元照出版有限公司2016年版，第112页］。但是，为保护善意无过失的相对人或第三人的利益，该法典又于第122条规定："意思表示依第一百一十八条规定为无效，或基于第一百一十九条及第一百二十条之原因已撤销者，如表示应向相对人为之时，表意人应对该相对人负损害赔偿责任，于其他情形，对任何第三人负赔偿责任，以填补因信其表示为有效所受之损害。但以不超过相对人或第三人因意思表示有效时所得利之数额为限。被害人明知或因过失而不知（应知）无效或可得撤销之原因者，表意人不负损害赔偿责任"［参见台湾大学法律学院、财团法人台大法学基金会编译：《德国民法》（上，总则编、债编、物权编）（2016年修订第二版），元照出版有限公司2016年版，第116页］。

[2] 例如，甲并无将某物赠与乙的意思，但为装面子，对乙作赠与的表示，乙因盛情难却而收取，乙为善意（不知）时，该赠与行为有效；乙明知或可得而知甲无赠与的意思时，赠与无效，乙须将该物返还于甲。此时，乙的恶意或过失，应由主张无效的甲负举证之责。参见刘得宽：《民法总则》（增订四版），中国政法大学出版社2006年版，第215页注释45。

[3] 郑冠宇：《民法总则》（第二版），瑞兴图书股份有限公司2014年版，第298页。

时为准。[1]

单独虚伪意思表示为相对人所明知的，无效，乃指在表意人与相对人间的法律行为，但若涉及第三人时，其效力如何，即其无效能否对抗善意第三人，则存在肯定与否定两说。通说认为，应类推适用通谋虚伪意思表示不得以其无效对抗善意第三人，以确保交易安全的规则，予以解决。[2]例如，赠与人无赠与的意思而为相对人所明知，即使赠与人仍为赠与物的交付，受赠人也不取得所有权，但若受赠人将赠与物转赠不知情的善意第三人的，赠与人即不得对该第三人主张，其所为的赠与系属单独虚伪意思表示，为相对人所明知，应为无效，而受赠人所为系属无权处分，第三人欲取得所有权须经其承认。[3]

（4）我国民法宜认可单独虚伪意思表示。我国《民法典》未对单独虚伪意思表示（真意保留、心中保留）予以规定。《民法典》第143条关于"意思表示真实"是法律行为的生效要件的规定过于粗放。为兼顾私法自治与积极信赖保护，单独虚伪意思表示原则上有效，但相对人知道该单独虚伪意思表示的，无效。

2. 戏谑表示

所谓戏谑，即开玩笑之意。戏谑表示，即因开玩笑而为的表示行为。《德国民法典》称之为非诚意表示，如其第118条规定："非诚意之意思表示，如预期其诚意之欠缺，不致为人所误解者，其意思表示无效。"此所谓非诚意表示，又称非真意的意思表示，如预期其真意的欠缺不致被误解而为之，则其意思表示无效。例如，善意的谐谑（"gutter"Scherz）表示、豪言壮语（Drahlerei）的约束等即属之。非真意的意思表示无效，对方有时受损害。在此情形，对方可请求赔偿信赖利益（Vertrauensinteresse），但其赔偿额不得超过履行利益（Erfüllensinteresse）。[4]

1　刘得宽：《民法总则》（增订四版），中国政法大学出版社2006年版，第215页。

2　刘得宽：《民法总则》（增订四版），中国政法大学出版社2006年版，第216页。

3　郑冠宇：《民法总则》（第二版），瑞兴图书股份有限公司2014年版，第299页。

4　参见台湾大学法律学研究所编译（梅仲协等编译）：《德国民法》，1965年5月印行，第122、123页。

3. 通谋虚伪意思表示

（1）基本涵义。所谓通谋虚伪意思表示（Scheingeschäft），简称虚伪意思表示，指表意人与相对人通谋而为虚伪意思表示。其与单独虚伪意思表示的区别在于，双方当事人须为虚伪意思表示，并须进而彼此互相合谋。当事人双方通谋为虚伪意思表示，通常均有其所追求的特殊目的，且以恶意损害第三人利益的情形居多。[1]例如，债务人为逃避债务，与友人通谋，制造假债权或虚伪让与财产。所谓通谋，不仅双方当事人皆欠缺内心的效果意思（非真意），且表意人此非真意的表示为对方所明知，并进一步相互故意为非真意的合意，方构成通谋虚伪意思的表示。如仅表意人一方为非真意的表示，而对方未为非真意的合意，或因而有误解或发生错误的，不成立通谋虚伪意思表示。[2]

（2）构成要件。通谋虚伪意思表示的构成要件有二：

1）须表示与真意不符（即双方为虚伪意思表示），即表意人与相对人均为虚伪意思表示。

2）须表意人与相对人通谋（即双方故意而为通谋），即相对人不仅须知表意人非真意，并须就表意人非真意的表示相与为非真意的合意，亦即双方必须互为通谋，彼此间须有意思联络，故意共同完成此虚伪意思表示。若双方仅彼此知悉对方均为虚伪意思表示，并未进而有任何意思联络与互相谋议，其虽有故意，但并不符合通谋的要件，而仅为两方个别单独为虚伪意思表示，应依前述单独虚伪意思表示的规则定其效力，而非依通谋虚伪意思表示的规则认定其行为无效。[3]

（3）法律效果。

1）通谋虚伪意思表示当事人间。通谋虚伪意思表示无效，此无效应为绝对、当然、自始及确定无效。其无效无待当事人主张，即于为其法律行为时，对任何人均不发生效力。另外，无效不仅及于债权行为，通常也包括处分行为在内。因

---

[1] 郑冠宇：《民法总则》（第二版），瑞兴图书股份有限公司 2014 年版，第 300 页。

[2] 施启扬：《民法总则》（修订第八版），中国法制出版社 2010 年版，第 243 页。

[3] 郑冠宇：《民法总则》（第二版），瑞兴图书股份有限公司 2014 年版，第 301—302 页。

此，当事人间所缔结的债权合同因通谋虚伪意思表示而无效的，其因该合同所为的给付，若为所有权移转的物权行为，也会因通谋虚伪意思表示而不发生效力，[1]原权利人得本于所有物返还请求权，请求与其通谋之人返还其给付之物。至于原权利人本于不当得利请求返还时，因通谋虚伪的不法原因而为给付的，不得请求返还其给付，但不法的原因仅于受领人一方存在的除外。[2]

2）对当事人的债权人。通谋虚伪意思表示无效，此无效乃为绝对无效，自应对当事人以外的人也同样不发生效力，当事人间如已依此无效行为为给付的，其债权人为维护自己的权利，必要时可行使代位权，使债务人的财产回复，以供清偿之用。[3]

3）对第三人的效力。通谋虚伪意思表示原则上无效，但不得以其无效对抗善意第三人，以保护交易安全。所谓不得对抗善意第三人，系指善意第三人得主张该通谋虚伪意思表示为有效，也可主张为无效，但若善意第三人主张其为有效的，通谋的当事人则不得主张其为无效。唯也有观点认为，此并非指通谋虚伪意思表示对该善意第三人为有效，而系在该善意第三人主张其为有效时，当事人不得以其无效对抗，是该善意第三人仍可不抗辩而主张其为无效，善意第三人有选择权，是为绝对无效的例外。[4]

进而言之，所谓善意，指不知情，即不知表意人与相对人通谋的事实。所谓第三人，指新取得的财产上权利因通谋虚伪意思表示而必受变动之人，故不包含双方当事人及其概括继受人，双方当事人的债权人也不包括。[5]所谓不能对抗，指善意第三人对当事人得主张该行为有效或无效，当事人对第三人则不能主张该行为无效（不能主张自己违法）。例如，某甲将其珠宝虚伪出卖于某乙，某乙又将之转卖于善意的某丙时，甲、乙间的买卖合同虽因通谋虚伪意思表示而无效，某

1　参见我国台湾地区 2005 年度台上字第 1640 号判决。

2　郑冠宇：《民法总则》（第二版），瑞兴图书股份有限公司 2014 年版，第 302 页。

3　郑冠宇：《民法总则》（第二版），瑞兴图书股份有限公司 2014 年版，第 302—303 页。

4　郑冠宇：《民法总则》（第二版），瑞兴图书股份有限公司 2014 年版，第 303 页。

5　郑冠宇：《民法总则》（第二版），瑞兴图书股份有限公司 2014 年版，第 304 页。

丙仍得主张其为有效。如珠宝并已交付，某甲不得请求某丙返还珠宝，仅可向某乙请求损害赔偿。[1]

我国《民法典》第 146 条第 1 款根据民法原理及其他国家和地区立法经验，明文规定虚伪意思表示如下："行为人与相对人以虚假的意思表示实施的民事法律行为无效。"

4. 隐藏行为

虚伪意思表示有时并非出于不良动机。表意人与相对人间因碍于情面或其他原因，所为的意思表示虽非出于真意，却隐藏他项法律行为的真正效果意思，此种行为称为隐藏行为。换言之，隐藏行为，指在虚伪意思表示中隐藏着他项法律行为，或者指在虚伪意思表示中隐藏有他项确实的法律行为。例如，名为买卖，实为赠与，即属之。所表示的买卖行为，虽因通谋虚伪而无效，但所隐藏的赠与行为则基于当事人的真意应为有效。《德国民法典》第 117 条第 2 项规定，"虚伪行为隐藏其他法律行为者，适用关于该隐藏法律行为之规定"，[2] 即在明揭斯旨。

隐藏行为是指被虚伪意思表示掩盖的依当事人真实意思成立的法律行为。隐藏行为是与虚伪意思表示联系在一起的。虚伪意思表示无效，隐藏行为是否有效，取决于隐藏行为本身是否符合该行为的生效要件。譬如伪装赠与而实为买卖，赠与属于虚伪意思表示，应当无效，所隐藏的买卖行为是否有效，应依有关买卖合同的规则判断。如隐藏行为符合法律关于买卖合同生效要件的规定，则应有效，否则即为无效。因此，虚伪意思表示所掩盖的真实意思表示，符合法律规定条件的有效。《民法典》第 146 条第 2 款规定："以虚假的意思表示隐藏的民事法律行为的效力，依照有关法律规定处理。"

须指出的是，隐藏行为的有效性仅适用于虚伪意思表示的当事人之间，虚伪

1　施启扬：《民法总则》（修订第八版），中国法制出版社 2010 年版，第 244 页。

2　参见台湾大学法律学院、财团法人台大法学基金会编译：《德国民法》（上，总则编、债编、物权编）（2016 年修订第二版），元照出版有限公司 2016 年版，第 112 页。

意思表示的当事人不能主张对于第三人也为有效。例如，某甲将其机器与某乙通谋而为虚伪买卖，实则隐藏出租行为。此时出租合同仅在甲、乙间有效，某乙如将该机器转卖于善意的某丙，则某甲不得援用隐藏行为（出租行为）的有效性，对丙主张甲自己仍为机器的所有权人。[1]亦即，隐藏行为虽于当事人间发生效力，但因仅当事人知悉该隐藏行为，对善意第三人而言，仍有可能信赖其所为的虚伪意思表示，因此当事人仍不能主张隐藏行为以对抗善意第三人。[2]

（二）意思与表示无意识的不一致

1. 错误

（1）错误的意思表示的涵义与在传统民法上的效力。错误（Geschaeftsirrtum），指表意人误解事实，致其意思与表示偶然不一致。此种对事实的误解，有的属于法律的错误，如误解连带债务为保证债务；有的为事实的错误，如误认马为羊。两者皆为意思表示，但均偶然与其真意不合而造成错误。[3]亦即，表意人为意思表示时，其内心的效果意思与表示上的效果意思不一致，而该不一致的情形为表意人所不知，即为错误的意思表示。表意人的意思与表示偶然的、无意识的不一致，系错误的特征。如系明知而故意为不一致的表示，则为心中保留或通谋虚伪意思表示。错误与单纯的不知有别，不知系单纯的不认识事实，通常为决定善意或恶意的标准；错误则须因认识不正确而为某种行为。[4]

按照传统民法，错误的意思表示仍为有效的意思表示，仅当事人得主张错误而撤销其意思表示，且得撤销的错误，仅限于内容错误、表示错误、当事人资格错误及物的性质错误，其他如动机错误则不得主张撤销。[5]

（2）错误的样态。

1）动机错误（Irrtum im Beweggrund，Motivirrtum），即表意人内心的意思与事

1　施启扬：《民法总则》（修订第八版），中国法制出版社 2010 年版，第 245 页。

2　郑冠宇：《民法总则》（第二版），瑞兴图书股份有限公司 2014 年版，第 304 页。

3　谢瑞智：《民法总则精义》，1994 年自版，第 181 页。

4　施启扬：《民法总则》（修订第八版），中国法制出版社 2010 年版，第 246 页。

5　参见我国台湾地区"民法"第 88 条；郑冠宇：《民法总则》（第二版），瑞兴图书股份有限公司 2014 年版，第 306 页。

实不一致的情形，如误认物价将会上涨而大量囤积货物，误信遗失帽子而购新帽，等等。动机存在于人的内心，非他人所得而知。因此，如使动机影响意思表示的效力，则会极大地损害交易安全。故而通说认为，动机错误原则上不构成意思表示内容的错误，其对意思表示的效力不生影响。

应值指出的是，动机为表意人形成意思表示的缘由，其究非意思表示本身，故纵动机错误为相对人所知悉，表意人事后也不得以错误为由主张撤销；唯动机本身经由当事人的讨论或商议，而具有意思表示的性质或成为法律行为的一部分，其若有错误，则表意人应得主张撤销。[1]

2）内容错误（Irrtum über Erklärungsinhalt），指表意人对其意思表示的内容在交易上所具有的意义有所误解，表意人所为的意思表示虽含有效果意思与表示意思，但其效果意思与表示意思并不一致。[2] 例如，误以甲为乙，结果将欲赠与某甲的宝石赠与给了乙。意思表示内容的错误，各国家和地区立法例有采列举主义的，如《瑞士债务法》第 24 条；有采概括主义的，如《德国民法典》第 119 条、《日本民法》第 95 条及我国台湾地区"民法"第 88 条前句。其典型情形，有以下 4 种：

第一，关于法律行为性质的错误。例如，认为连带债务与保证债务一样，而以连带债务人的身份为朋友担保贷款；误认附条件的赠与为买卖，而与人签订买卖合同。

第二，关于当事人本身的错误。例如"张冠李戴"，误以某甲为某乙而雇用或收养，误以丙为丁而赠与金钱。

第三，关于标的本身的错误。例如，误以面粉为奶粉而购买，误以食盐为白糖而购买。

第四，关于当事人资格或物的性质错误。当事人资格，包括相对人的才能、性格、职业、健康状况、刑罚前科、声望、支付能力、身份、经历、资产状况等。

1　郑冠宇：《民法总则》（第二版），瑞兴图书股份有限公司 2014 年版，第 309 页。
2　郑冠宇：《民法总则》（第六版），新学林出版股份有限公司 2019 年版，第 389 页。

当事人资格错误，例如，误认某甲大学毕业而聘其为日文教员，结果甲连简单的50音图都不会写；误以富商乙为穷人而赠与金钱等。物的性质错误，应广泛地包括标的物的性质、来历、数量、价格等的错误，但往往与买卖标的物的瑕疵担保责任相粘连。其常见的是误以赝品为真品。[1]另外，所谓标的物，应从宽解释，指交易客体，包括一般的物、权利、集合物或企业在内。[2]

应注意的是，当事人资格或物的性质错误，须在交易上具有重要性，而是否具有交易上重要性，应从客观上加以判断。客观上不具有重要性而当事人主观上认为具有重要性的，仍不得主张撤销。例如，网络上预订电影票，将座位31排误写成13排，若并不影响观赏，则不得主张13排为不吉利的号码而发生错误。[3]

物的性质错误与物的瑕疵担保于适用上有发生竞合的情形。一般言之，物的瑕疵担保责任应排除物的性质错误的规定而优先适用。在物的性质构成瑕疵时，出卖人应负瑕疵担保之责，而瑕疵担保乃买受人的权利，并非出卖人的权利，因此出卖人自不得另以性质错误为由而主张撤销，否则瑕疵担保的规定将流于形式；物之性质不构成物的瑕疵时，例如出卖之物所具有的品质较应有品质为高时，出卖人即可主张错误而撤销。[4]

当事人资格错误或物的性质错误与同一性错误的关系。当事人资格错误或物的性质错误，乃就人或物之本身是否具有某种特性发生错误，而内容错误可为同一性的错误，亦即意思表示的对象本身或标的物本身非表意人所欲的对象或标的物，例如，看错地址而向另一家具行订购家具。在同一性的错误，若对象本身或标的物本身具有特殊性质，系属于交易上重要因素，即可成为性质错误，同时也属于内容错误。[5]例如，欲委请甲水电工，却误认而请成乙水电工时，除非甲另有

1　刘得宽：《民法总则》（增订四版），中国政法大学出版社2006年版，第225页。

2　王泽鉴：《民法总则》，北京大学出版社2009年版，第298页。

3　Brox/Walker, Allgemeiner Teil des BGB, 35. Aufl. 2011, 18III, Rn. 431f.；郑冠宇：《民法总则》（第二版），瑞兴图书股份有限公司2014年版，第308页。

4　郑冠宇：《民法总则》（第二版），瑞兴图书股份有限公司2014年版，第308页。

5　参见我国台湾地区2010年度台上字第678号判决、2009年度台上字第1469号判决。

其特殊的技能，或乙并无专业证照，否则即使对当事人资格有所误认，由于其在交易上不具重要性，仍不得撤销。[1]

3）表示行为错误（Irrtum in der Erklärungshandlung），即表意人错误表示其所意欲者，如误言（欲赠与 A 书，误说 B 书）、误写（某书售价 25 元，误书为 52 元）、误取（欲赠与乞妇 50 元，误给 100 元大钞；误 A 笔财产为 B 笔财产而抛弃、放弃之）。[2]

4）传达错误。

A. 误传。传达人或传达机关传送错误，以致意思表示发生错误的，称为误传，其实质是，传达错误的风险应由何人负担。传达机关，即传送媒介之人，通称为使者，其与代理人不同，盖其仅为一传达工具而已，其对所传送的意思内容并无任何决定之权，无须有自己的意思参与其中，故无民事行为能力人也得为使者。传达机关通常均由表意人选定，原则上应为表意人的使者，其传达意思的结果，如同表意人自己为意思表示，故传达机关无意识的错误表达，其风险应由表意人承担。[3]

传达机关的传达错误，指其不知所传达的意思表示与表意人所为的意思表示不符，具体可分为：其一，传达的内容错误，例如，电信局发送文件，误 520 万元为 250 万元；使者在口头传话时的误传，如误买 A 画为买 B 画。[4]其二，传达对象的错误（形式上错误），例如，送信的使者将信误投，此乃对于已完成的意思表示的送达错误，意思表示应未到达真正相对人，而受意人非真正相对人，故该意思表示应不发生效力。[5]

传达错误的，传达人或传达机关所误传的意思表示对表意人仍为有效，但表意人得依照意思表示错误的规定而撤销。传达人或传达机关所错误传达的，实质

1　郑冠宇：《民法总则》（第二版），瑞兴图书股份有限公司 2014 年版，第 309 页。

2　王泽鉴：《民法总则》，北京大学出版社 2009 年版，第 297 页。

3　郑冠宇：《民法总则》（第二版），瑞兴图书股份有限公司 2014 年版，第 315 页。

4　王泽鉴：《民法总则》，北京大学出版社 2009 年版，第 300 页。

5　刘得宽：《民法总则》（增订四版），中国政法大学出版社 2006 年版，第 227 页；郑冠宇：《民法总则》（第二版），瑞兴图书股份有限公司 2014 年版，第 315 页。

上虽非表意人的真实意思表示，但其为表意人的使者，为表意人所使用的工具，错误的效果自应由表意人承担。因此，撤销权的行使，应由表意人为之。此外，对于因撤销而造成的相对人信赖利益的损害，表意人也应负损害赔偿责任。[1]

B. 故意传达错误。传达人或传达机关故意变更表意人的意思的，亦时有之。于此情形，应认为传达人故意违背表意人的指示，擅自变更意思表示的内容，其失实的传达，不能归由表意人承担，而对其发生效力。传达人故意误传表意人的意思，其情形与无权代理的利益状态类似，应类推适用无权代理的规定，于本人拒绝承认时，由传达人对善意相对人负损害赔偿责任。[2]

5）不合意或误解。错误系存在于表意人一方，表意人一方内心的意思与外部的表示不一致，为错误的特征。法律行为双方当事人各自的意思与表示并无错误，但双方当事人间的意思表示却不相符者，称为不合意或误解。不合意主要系因受领意思表示的当事人了解不正确，例如，某甲以食用 A 餐的意思而点叫 A 餐，餐厅则误以供应 B 餐的意思而承诺准备 B 餐。此时法律行为（合同）不成立，并非错误，根本不发生撤销问题。当事人发现误解而仍欲为该法律行为时，得再为正确的意思表示，使该法律行为（合同）有效成立。[3]

6）其他特殊错误类型[4]。除上述者外，还有一些特殊错误类型，包括：

A. 法律效果错误，即表意人对其意思表示所生的法律效果有所误认。对此可否撤销，分两种情形处理之：其一，法律效果系因当事人的法律行为直接发生的，此项法律效果错误即为内容错误，得撤销之。例如，甲不知租赁系有偿，借用（使用借贷）系无偿，内心实欲出租某屋于乙取得租金，而表示为借用（使用借贷）时，得撤销之。其二，法律效果非直接基于当事人的法律行为，而是基于法律为补充当事人意思之规定的（法定附带效果），此项法律效果错误乃属动机错误。例如，甲出卖某汽车给乙，误以为不负物的瑕疵担保责任时，并无撤销的

1　郑冠宇：《民法总则》（第六版），新学林出版股份有限公司 2019 年版，第 397 页。
2　王泽鉴：《民法总则》，北京大学出版社 2009 年版，第 300 页。
3　施启扬：《民法总则》（修订第八版），中国法制出版社 2010 年版，第 248 页。
4　王泽鉴：《民法总则》，北京大学出版社 2009 年版，第 300—302 页。

余地。

B. 计算错误，指对决定给付数额的计算基础或过程发生错误，又分为隐藏的计算错误、公开的计算错误。前者例如，甲承揽为乙油漆大厦，甲内心决定每平方米 500 元，将实为 1000 平方米的油漆面积误估为 990 平方米，表示："全部油漆费用为 49.5 万元"。此种隐藏的计算错误，内心的计算基础未成为意思表示的内容，属于动机错误，不得撤销。后者如在前举油漆大厦之例，甲告诉乙："每平方米油漆费用为 550 元，面积共 1000 平方米，费用共 50 万元"。于此情形，计算基础既已公开，得经由解释而进行认定，当事人就其油漆费用 55 万元具有合意，无适用意思表示内容错误规则的必要。

C. 签名错误。具体包括下列 5 种情形：

第一，签名之人不知其签名具有法律上的意义。例如，某歌手于演唱会后为歌迷签名，不知其中某书面载有巨额慈善捐款，此属欠缺表示意思的案例类型。

第二，签名之人认识其所为意思表示具有法律上的意义，未为阅读而签名。例如，于地震捐款簿上签名，为示大方，未进行阅读，事后发现载明"捐款 100 万元"时，不得以误认系小额捐款而主张撤销，盖签名时既不介意其表示内容，自应承担其风险也。此时签名者实已存有应负责任的概括意思，故法律对此种人应无再予保护的必要，签名人应依照文件内容负责。[1]

第三，签名之人误认 A 函为 B 函，例如女秘书于送阅文件中夹有其私人贷款保证书，签名者误认系一般文件而签名时，通说认为系属表示错误，可依意思表示错误的规定撤销其意思表示。

第四，当事人就其合同内容，事先已有口头上的意思表示一致（合意），但在书面拟就时发生错误，当事人不知而签名的，属于意思表示的解释问题，而非意思表示的错误。依"误载无害真意"的解释原则，应以口头合意的内容（例如

---

[1] Brox/Walker, Allgemeiner Teil des BGB, 35. Aufl. 2011, 18 II, Rn. 421；Palandt/Ellenberger, 71. Aufl. 2012, § 119, Rn. 9；郑冠宇：《民法总则》（第二版），瑞兴图书股份有限公司 2014 年版，第 317 页。

口头约定为出租，但却书写成出借）为准，无撤销的必要。

第五，在空白文件上签名。预先在空白文件上签名，但该文件事后填就的内容与签名人签名时所希望的内容不相符，此时也属表示错误。但若不相符的内容系由相对人故意填就的，其自不得本此内容对签名人主张其权利。至于信赖该文件的善意第三人，则应受到保护，而可主张该文件应对签名人发生效力。[1]

（3）错误的意思表示的效果：①有效但可撤销。错误的意思表示仍为有效的意思表示，但表意人可撤销其意思表示，系兼采表示主义与意思主义。②表意人须负赔偿责任。

1）表意人的撤销权。

A. 撤销权的行使。意思表示有错误时，并非无效，而是可以由表意人将其意思表示撤销（Anfechtung）。撤销权系形成权的一种，其行使应以意思表示向相对人为之。此撤销的意思表示，系非要式行为，不以"明示"撤销为必要，只要使相对人认识其有撤销的意思即为已足，提起请求返还之诉亦包括在内。[2]

B. 撤销权行使的限制。撤销意思表示，与行使其他撤销权的情形不同，表意人须受到相当的限制，具体言之如下：

第一，表意人须无过失，即就表示内容的错误，须非由于表意人自己的过失所引起。反面言之，如错误系由表意人自己的过失所引起的，则不能撤销。所谓过失，指欠缺注意之谓。民法上的过失有重大过失与轻过失两种。通说认为，此处的过失应解为抽象的轻过失。采抽象的轻过失，表意人未尽善良管理人的注意义务而有错误或不知情，即不得撤销，减少了表意人行使撤销权的机会，看起来虽似过苛，但较为公平允当。如解为具体的轻过失，则注意义务因人而异，平时注意力较高的表意人虽已尽善良管理人的注意义务，但不能撤销意思表示，似不公平；反之，平时注意力较差的表意人则多有撤销机会，也非恰当。[3]

1　郑冠宇：《民法总则》（第二版），瑞兴图书股份有限公司 2014 年版，第 317—318 页。

2　王泽鉴：《民法总则》，北京大学出版社 2009 年版，第 303 页。

3　施启扬：《民法总则》（修订第八版），中国法制出版社 2010 年版，第 249—250 页。

第二，须错误在交易上认为重要。错误的情况颇为复杂，其情节轻重不同，如数量、日期、质量、价格、履行方法等偶有轻微错误而撤销，使已发生效力的法律行为自始归于无效，对于交易安全和诚信原则都有不良影响。因此，通说认为，错误须在交易上具有客观重要性，方可撤销。[1]

第三，除斥期间。在我国台湾地区"民法"上，撤销权自为意思表示后经过一年而消灭，以使权利状态能早日确定。该一年期间为除斥期间。撤销的意思表示，应向相对人为之。错误的意思表示经撤销者，视为自始无效，但撤销前仍为有效。

C. 撤销的例外。[2]

a. 意思表示的解释先于错误。表意人固可撤销错误的意思表示，但若经由意思表示的解释可探求表意人的真意，即使表意人的意思与表示不相一致，也无错误可言，因此意思表示的解释应优先于错误而适用，仅在无法经由意思表示的解释而探求真意，以致意思与表示不相一致时，方可主张撤销。[3]

b. 用语错误无害真意。意思表示的内容为相对人所正确了解，但因其符号（文义）多意或错误，仍应以真意为准。例如，书面租赁合同将出租人与承租人的地位互相颠倒，或将租赁写成借用，并不影响该租赁合同的效力，该租赁合同仍以当事人的真实意思为准。另外，若当事人间已先有口头约定，其后即使书写错误，也不影响其真实意思。

c. 明知错误而仍为给付。错误意思表示的当事人明知已发生错误，而仍愿意依错误的意思表示为给付的，则应认为其事后已承认该错误的法律行为，丧失撤销权。[4]

d. 诚信原则排除错误的撤销。错误的意思表示有利于表意人的，或虽对表意

---

[1] 施启扬：《民法总则》（修订第八版），中国法制出版社 2010 年版，第 250 页。

[2] 此部分根据郑冠宇：《民法总则》（第二版），瑞兴图书股份有限公司 2014 年版，第 313—314 页，谨此释明。

[3] Palandt/Ellenberger，71. Aufl. 2012，119，Rn. 7.

[4] 洪逊欣：《中国民法总则》，1992 年自版，第 542 页。

人不利，但相对人知有错误的情事，却仍表示愿以表意人真正的意思所希望的内容与之发生效力的，表意人即不得再以错误为由，主张撤销其意思表示，否则即有违诚信原则。[1]

2）撤销权行使的法律效果。

A. 意思表示视为自始无效。表意人以错误为理由撤销其意思表示的，该意思表示（法律行为）视为自始无效。

B. 表意人的损害赔偿责任。意思表示因错误而被撤销时，表意人对于信其意思表示为有效而受损害的相对人或第三人，应负赔偿责任，以保护交易安全。但是，其撤销的原因，受害人明知或可得而知的，不得请求表意人赔偿。具体言之，赔偿的对象为意思表示的相对人或第三人；赔偿范围限于"信赖损害"（Vertrauensschaden），亦即信赖其意思表示为有效所受的损害（信赖利益的损害，如订约费用、准备履行合同所支付的费用或另失订约机会的损害等），又称为"消极利益"（negative Interessen），例如相信出售制冷设备为有效而准备安装所支出的费用，或为支付价款而向银行贷款所支出的利息 3000 元。至于履行利益，亦即因意思表示为有效所能获得的利益（又称为积极利益，即因合同履行所可获得的利益），则不得请求赔偿。例如，购得制冷设备后将之转卖所得的利益（转卖利益）3 万元，则不能请求赔偿。受害人明知或可得而知（即因过失而不知）撤销原因的，因其为恶意或虽善意而有过失，无保护必要，不得请求损害赔偿。[2] 例如，相对人本身为专家，依其专业的技术能力，当可得知表意人发生错误。此时，错误乃为相对人显而易见，其信赖合同有效成立的利益，已无保护必要，应认为此时错误非出于表意人的过失，而得撤销其意思表示，且不须负赔偿责任。[3]

（4）我国民法上的误解和重大误解。传统民法严格界分错误与误解两个概念。错误指表意人非故意的表示与意思不一致。误解指相对人对意思表示内容了

1　参见《瑞士债务法》第 25 条。

2　施启扬：《民法总则》（修订第八版），中国法制出版社 2010 年版，第 250 页。

3　郑冠宇：《民法总则》（第二版），瑞兴图书股份有限公司 2014 年版，第 314 页。

解之错误，如受要约人误将出租房屋的要约理解为出卖而为承诺。传统民法为保护无过失的表意人，而大体规定错误的意思表示可撤销。[1]

我国民法上的误解，不仅包括表意人无过失的表示与意思不符（错误），也包括相对人对意思表示内容的了解错误（误解）。所谓重大误解，指误解的情节重大者。《民法典》第147条规定："基于重大误解实施的民事法律行为，行为人有权请求人民法院或者仲裁机构予以撤销。"最高人民法院《关于适用〈中华人民共和国民法典〉总则编若干问题的解释》第19条第1款规定："行为人对行为的性质、对方当事人或者标的物的品种、质量、规格、价格、数量等产生错误认识，按照通常理解如果不发生该错误认识行为人就不会作出相应意思表示的，人民法院可以认定为民法典第一百四十七条规定的重大误解。"

（三）意思表示不自由

以上真意保留、虚伪意思表示、隐藏行为及错误（误解、重大误解）等，均为表意人内心的真意与外部的表示不一致。在受欺诈、受胁迫所为的意思表示中，表意人内心的意思与表示已相一致，本应有效，唯其意思表示并非基于表意人正常的自由意思决定而为之，而系他人不当干扰的结果。若无该不当干扰，或表意人知悉真实情况，即不会做出相同的决定，表意人所为的意思表示，并非出于自由。亦即，表意人在其内心效果意思的决定过程中存在瑕疵。民法为保护表意人的利益，对于被欺诈或被胁迫所为的意思表示，给予表意人自行斟酌的权利，以决定是否愿受该意思表示的拘束，其不愿的，即可行使撤销权。[2]

1. 受欺诈的意思表示

（1）欺诈的涵义。所谓欺诈（Täuschung），指故意欺骗他人（表意人），使其陷于错误并进而表示不利于自己且本来不愿意表示的意思。[3]欺诈有时得构成犯罪行为而受刑法制裁，有时得使受害人取得撤销权（或使之无效），以撤销其所

1　参见梁慧星："民法总则立法的若干理论问题"，载《暨南学报（哲学社会科学版）》2016年第1期，第31—32页。

2　郑冠宇：《民法总则》（第二版），瑞兴图书股份有限公司2014年版，第320页。

3　施启扬：《民法总则》（修订第八版），中国法制出版社2010年版，第253页。

为的有瑕疵的意思表示。对于欺诈的刑事上的制裁，以维持社会秩序为目的。民法上的撤销，以解除受害人法律上的拘束为目的，唯其损害尚未发生，得以撤销意思表示而防止之。本书所论，为民法上的欺诈及其可撤销。

（2）受欺诈的意思表示的要件。

1）须欺诈人有欺诈的故意。欺诈必须有双重的故意：有使人陷于错误的故意，并有使人基于错误而为一定表示的故意。亦即，欺诈的故意，由两个意思构成：一是使被欺诈人陷于错误判断的意思；二是使被欺诈人基于错误判断而为一定意思表示的意思。仅其中之一，不构成欺诈的故意。[1]因过失致他人陷于错误而为意思表示的，不构成欺诈。

2）须有欺诈行为。欺诈行为，即表示虚伪事实的行为。亦即，捏造虚伪的事实（如将赝品伪称真品，旧货伪称新货），或隐匿真实的事实，而使他人陷于错误、加深错误或保持错误。至于单纯的沉默是否也构成欺诈，应依法律、合同或交易习惯上是否有告知义务为断，有告知义务而不告知的，为欺诈；[2]防止对方发现错误或加深其错误的程度的，也为欺诈。[3]最高人民法院《关于适用〈中华人民共和国民法典〉总则编若干问题的解释》第21条规定："故意告知虚假情况，或者负有告知义务的人故意隐瞒真实情况，致使当事人基于错误认识作出意思表示的，人民法院可以认定为民法典第一百四十八条、第一百四十九条规定的欺诈。"求职时，对所询问的婚姻状况、党派、宗教信仰及是否怀孕等为不实的回答，非为欺诈。盖此系针对相对人所不应提出的问题，而为不实的回答。

3）欺诈与意思表示间须有因果关系，且须为双重因果关系，即表意人因欺诈而陷于错误的因果关系，及因错误而为意思表示的因果关系。若行为人虽有欺诈，但表意人并未因此陷于错误，或虽陷于错误，但并非因欺诈行为所引起，或即使因欺诈而陷于错误，但未因此而为意思表示，或虽有意思表示，但并非因欺

---

[1]　梁慧星：《民法总论》（第四版），法律出版社2011年版，第180页。

[2]　按照诚实信用原则，有告知义务而不为告知者，是为欺罔行为（欺诈）。不过，一般认为，民事生活中人们有相当程度的沉默权，不能动辄判定为欺诈。欺诈须发生在特定的场合和环境里。

[3]　刘得宽：《民法总则》（增订四版），中国政法大学出版社2006年版，第232—233页。

诈所致，则欺诈均无法成立。[1]

应注意的是，知悉欺诈的人，均不可主张被欺诈而撤销其意思表示。但若不知悉欺诈的情形存在，系因被欺诈人显然欠缺一般人应有的注意，亦即因重大过失而不知的，仍可主张撤销。[2]盖受欺诈的意思表示可撤销，系保护被欺诈人的意思决定自由，故其是否不自由，应以被欺诈人的主观意思为准，亦即因果关系的认定应以被欺诈人主观上的认定为准，而非以客观合理与否为准，更与其是否相当无关。行事精明的人与草率之人，其意思决定自由均不应受不当的影响，且均无义务注意是否有欺诈的事由存在。错误的意思表示与受欺诈所为的意思表示有所不同：错误的意思表示不仅指在主观上须有认知错误存在（意思表示与内心真意不一致），且也须有该不一致具有相当因果关系的客观事实存在（合理性）。因此，非理性的错误，例如预售屋最终门牌号码为 44 号，买受人应不得主张错误而撤销买卖契约。而受欺诈所为的意思表示，表意人主观上并无意思表示与内心真意不一致的错误，但其所为意思表示的决定，系受欺诈而从速完成者，例如业务员佯称所得利润极低，而使得买受人不便再与其议价从而直接缔约者，买受人应可主张撤销[3]。[4]

4）须被欺诈人基于错误判断而为意思表示。亦即，欺诈、错误、意思表示三者之间存在因果关联。如果被欺诈人的意思表示不是由于错误而引起，则谈不上因受欺诈而为意思表示。

5）须有违法性。欺诈行为须有违法性，才能构成欺诈。盖在近现代和当代自由竞争的社会里，存在些微虚张行为（如卖瓜者自夸其瓜甜美如蜜，化妆品专柜售货员强调使用某面霜一周，将美白如雪[5]）实属不可避免。如果社会交易观

1　郑冠宇：《民法总则》（第二版），瑞兴图书股份有限公司 2014 年版，第 321—322 页。

2　Medicus, Allgemeiner Teil des BGB, 10. Aufl. 2010, 49 IV, Rn. 804.

3　BGH NJW 1964, 811.

4　郑冠宇：《民法总则》（第六版），新学林出版股份有限公司 2019 年版，第 407—408 页。

5　王泽鉴：《民法总则》，北京大学出版社 2009 年版，第 308 页。

念上视之为平常，未至违法的程度，则不得认为属于欺诈行为。[1]

（3）受欺诈的意思表示的效力。

1）对于当事人的效力。

A. 欺诈系由相对人所为时，表意人在除斥期间内得随时撤销其意思表示。撤销的对象，系被欺诈的意思表示；撤销的结果，无论其为单独或双方行为，均不发生效力。法律行为经撤销后，溯及为行为时，视为自始无效、当然无效、绝对无效。被欺诈的意思表示若涉及已履行的合同的，通常均包含负担行为与处分行为，可将之一并撤销。[2]

B. 欺诈系由相对人以外的第三人所为时，如买受人甲因受第三人丙的欺诈而购买出卖人乙的假古董，则以相对人某乙明知欺诈的事实或可得而知者为限，表意人甲得撤销其意思表示。又如，因受主债务人 C 的欺诈，A 作为保证人与 B 债权人订立（保证）合同的场合（保证合同的当事人是 A、B，C 并非当事人），以相对人 B 明知 C 的欺诈的事实或可得而知者为限，A 得撤销保证合同。[3]反之，相对人系善意且无过失的，其法律地位也应受保护，表意人不得撤销意思表示，使相对人受损害。[4]

应注意的是，所谓相对人，系指被欺诈人对之为行为的人。所谓第三人，解释上应不包括相对人的代理人。盖代理人系以相对人的名义为行为，其行为的效果应归属于相对人，故相对人本应承担其代理人所为行为的责任。此外，相对人的受雇人、受任人或使用人所为的行为，也应作同一之解释。[5]

2）对于第三人的效力（不得对抗善意第三人）。因欺诈而为的意思表示虽然可以被撤销，但其效力不得对抗善意第三人。所谓不得对抗善意第三人，系指意思表示经撤销后虽然无效，但若善意第三人主张其为有效，欺诈人及被欺诈人均

1　刘得宽：《民法总则》（增订四版），中国政法大学出版社 2006 年版，第 233—234 页。

2　郑冠宇：《民法总则》（第二版），瑞兴图书股份有限公司 2014 年版，第 323 页。

3　[日]四宫和夫、能见善久：《民法总则》（第八版），弘文堂 2010 年版，第 234 页。

4　施启扬：《民法总则》（修订第八版），中国法制出版社 2010 年版，第 255 页。

5　郑冠宇：《民法总则》（第六版），新学林出版股份有限公司 2019 年版，第 410 页。

不得再对其主张无效，以保护善意第三人。[1]

所谓第三人，指未与表意人直接为法律行为，而与该法律行为有利害关系者。例如，某甲被某乙欺诈而将古董出卖于某乙，某乙又转卖于善意的某丙。某甲以欺诈为理由撤销甲、乙间的买卖合同，使之无效后，某丙仍得主张其为有效。古董已交付时，某甲不得向某丙请求返还，仅可向某乙请求损害赔偿。[2]

进而言之，所谓"善意第三人"，指不知道欺诈的事实、基于欺诈的法律行为而取得权利，新成为利害关系人者。例如，从欺诈出卖人 A、买受 A 的房屋的 B 那里，因不知情事而进一步买受的转得者 C 等即是。[3] 在这里，A 虽然可以以欺诈为理由而撤销其意思表示，经撤销后，法律行为（A、B 间的合同）自始无效，C 即变成从无权利人 B 处买受，但 A 不得以 A、B 间的法律行为（合同）无效而主张对抗善意第三人 C。[4]

应注意的是，因欺诈而为的意思表示不得对抗善意第三人，其法理同于通谋虚伪意思表示不得对抗善意第三人，均为表见规则的具体体现。善意第三人不包括概括继受人；因被欺诈的行为被撤销而取得利益的人也不包括在内，例如抵押人主张被欺诈而撤销其为债权人设定的第一次序抵押权，第二次序抵押权因第一次序抵押权涂销而升进为第一次序抵押权者，第二次序抵押权人并非此处所称的善意第三人，盖其所取得的利益乃当然的法律效果，非属交易安全所保护的必要范围。[5]

另外，应提及的是，上述场合，"善意"的主张在于第三人，"恶意"的举证责任在于撤销权人。

3）《民法典》对欺诈效力的规定。《民法典》第 148 条规定："一方以欺诈手

---

[1]　郑冠宇：《民法总则》（第二版），瑞兴图书股份有限公司 2014 年版，第 323 页。

[2]　施启扬：《民法总则》（修订第八版），中国法制出版社 2010 年版，第 255 页。

[3]　另外，从欺诈 A、买受 A 的不动产的 B 那里，受抵押权的设定的人 C 等，也系典型的"第三人"。

[4]　［日］四宫和夫、能见善久：《民法总则》（第八版），弘文堂 2010 年版，第 236 页。

[5]　郑冠宇：《民法总则》（第六版），新学林出版股份有限公司 2019 年版，第 409 页。

段，使对方在违背真实意思的情况下实施的民事法律行为，受欺诈方有权请求人民法院或者仲裁机构予以撤销。"第 149 条规定："第三人实施欺诈行为，使一方在违背真实意思的情况下实施的民事法律行为，对方知道或者应当知道该欺诈行为的，受欺诈方有权请求人民法院或者仲裁机构予以撤销。"

（4）欺诈与瑕疵担保责任。在买卖合同，出卖人明知标的物存在缺陷，而仍作为不存在缺陷的东西出卖给买受人时，发生欺诈与瑕疵担保责任的竞合。与错误和瑕疵担保责任竞合的场合不同，在这里，应认为买受人可选择其中之一种。买受人即使因期间限制而不能追及瑕疵担保责任，也可以欺诈为理由撤销买卖契约（但是，撤销买卖合同的场合，不得以债务不履行为理由而请求损害赔偿）。[1]

（5）与合同缔结上的过失责任的竞合。缔结合同时，合同一方当事人的欺诈使对方缔结了本来并不希望的内容的合同的，可以以合同缔结上的过失为理由而请求损害赔偿。此系《民法典》侵权责任编的侵权责任乃至诚信原则上的义务违反的责任。[2]

2. 受胁迫的意思表示

（1）胁迫的涵义。胁迫（Drohung），指以不法加害威胁他人（表意人），使其产生恐惧心理，并基于该恐惧心理而为不利于自己且本来不愿意表示的意思。胁迫与欺诈一样，属于意思表示不自由，即表意人未受欺诈或胁迫时，在客观上不可能有此表示。二者的差异在于，欺诈是因陷于错误而为意思表示，胁迫是因恐惧而为意思表示。

（2）受胁迫意思表示的要件。

1）须胁迫人有胁迫故意。胁迫故意，即胁迫意思。胁迫意思由两个意思构成：使被胁迫人产生恐惧心理的意思，及使被胁迫人基于该恐惧心理而为意思表示的意思。亦即，胁迫人有使他人内心发生压迫感与恐惧感的故意，并有使被胁

---

[1]　[日]四宫和夫、能见善久：《民法总则》（第八版），弘文堂 2010 年版，第 240 页。

[2]　[日]四宫和夫、能见善久：《民法总则》（第八版），弘文堂 2010 年版，第 240 页。

迫人基于此心理压力而为一定表示的故意。[1]

2）须有胁迫行为。胁迫行为，指使人产生恐惧的行为。亦即，以加害威胁被胁迫人，并须达到使被胁迫人产生恐惧的程度。加害的对象，不限于被胁迫人自身，亦包括其亲友；受害的客体，包括生命、身体、自由、名誉、财产、信用等有受损害的可能者。[2]最高人民法院《关于适用〈中华人民共和国民法典〉总则编若干问题的解释》第 22 条规定："以给自然人及其近亲属等的人身权利、财产权利以及其他合法权益造成损害或者以给法人、非法人组织的名誉、荣誉、财产权益等造成损害为要挟，迫使其基于恐惧心理作出意思表示的，人民法院可以认定为民法典第一百五十条规定的胁迫。"

3）须被胁迫人因被胁迫而发生恐惧，即因他人（相对人或第三人）的胁迫，表意人怀抱（或具有）恐怖心（畏怖），基此恐怖而决定、表示意思。换言之，胁迫与恐惧之间须有因果关系。因此，胁迫人虽有胁迫行为，但被胁迫人不因之发生恐惧，或相对人虽有恐惧之心，但并非由于胁迫人的胁迫行为所致等，皆不构成胁迫。恐惧的程度，不以表意者完全丧失选择的自由为必要。[3]

4）须被胁迫人因恐惧而为意思表示。恐惧与意思表示之间存在因果关系，亦即，受胁迫人因胁迫而产生恐惧，因恐惧而决定并表示意思（胁迫行为、恐惧、意思表示三者之间有因果关系），但无须至因恐惧而导致完全丧失选择自由的程度。盖受胁迫的意思表示，与被绝对强制的意思表示不同，前者属于意思表示不自由，仅其意思的决定出于不自由；而后者则属于意思表示不成立，因此时本人不过为施强人的工具，毫无本人意思的存在。例如，以暴力握住他人的手强制盖章，或押人持笔签约，皆属于欠缺意思的意思表示，属于意思表示不成立。[4]

5）须胁迫为违法。胁迫以违法为必要。违法有手段违法与目的违法，二者兼备或只要有其中之一，即构成胁迫。例如，甲对乙说"你不在伪造的文书上签

1　施启扬：《民法总则》（修订第八版），中国法制出版社 2010 年版，第 256 页。

2　梁慧星：《民法总论》（第四版），法律出版社 2011 年版，第 181 页。

3　参见日本最判 1958 年 7 月 1 日民集 12 卷 11 号 1601 页。

4　刘得宽：《民法总则》（增订四版），中国政法大学出版社 2006 年版，第 238 页。

名则杀你"，系目的与手段皆违法；或曰"你不履行债务则杀你"，系目的合法、手段违法；或曰"你不赠与我千元钱，就告发你的罪行"，系目的违法、手段合法。[1]

（3）受胁迫意思表示的效力：因胁迫的性质和违法性较欺诈更严重，所以胁迫行为不论由第三人或相对人为之，表意人均可撤销其意思表示，且此撤销得对抗善意第三人。[2]另外，被胁迫而为的意思表示，如违反强行性规定或违背公序良俗，则无待于撤销，而系当然无效。

我国《民法典》第 150 条规定："一方或者第三人以胁迫手段，使对方在违背真实意思的情况下实施的民事法律行为，受胁迫方有权请求人民法院或者仲裁机构予以撤销。"此为正确规定，应值肯定评价。

（4）与侵权行为的竞合。被欺诈或被胁迫所为的意思表示，系侵害表意人的自由意思，构成对表意人的自由（权）的侵害，得适用《民法典》侵权责任编的相关规定。因此，表意人同时得对欺诈或胁迫之人请求侵权行为损害赔偿。在被欺诈或被胁迫之人的撤销权已因较短（如 1 年）的除斥期间经过而消灭时，因侵权行为所生之损害赔偿请求权仍可自请求权人知有损害及赔偿义务人时起 3 年间不行使而消灭。又因侵权行为的损害赔偿系以恢复原状为原则，故被害人若因被欺诈或被胁迫而缔结合同尚未履行的，得行使废止请求权，以废止该债权而恢复原状。另外，损害赔偿的义务人因侵权行为受利益，致被害人受损害的，即使于废止请求权的时效完成后，仍应依关于不当得利的规定，返还其所受的利益于被害人[3]。[4]

3.《民法典》对欺诈、胁迫效力的规定[5]

如前所述，鉴于依欺诈之是否损害国家利益而规定不同的法律效果，与民法

1　刘得宽：《民法总则》（增订四版），中国政法大学出版社 2006 年版，第 238 页。

2　之所以如此，系因为胁迫行为对表意人意思自由影响甚大，应优先予以保护。

3　参见我国台湾地区"民法"第 197 条第 2 项。

4　郑冠宇：《民法总则》（第二版），瑞兴图书股份有限公司 2014 年版，第 328 页。

5　参见梁慧星："民法总则立法的若干理论问题"，载《暨南学报（哲学社会科学版）》2016年第 1 期，第 30 页。

理论及各国家和地区立法例不符，且在裁判实务中增加操作困难，故此，《民法典》统一规定欺诈的法律效果为可撤销。如法律行为的目的或者内容损害国家利益，因国家利益属于"公共秩序"的核心内容，所以人民法院或者仲裁机构自可依公序良俗原则认定其无效。至于胁迫，《民法典》也统一规定为可撤销。也就是说，依其规定，一方以胁迫手段，使对方在违背真实意思的情况下实施的法律行为，受胁迫方有权请求人民法院或者仲裁机构撤销。至于因胁迫而损害国家利益，则仍可依公序良俗原则而予以解决。

第六节 法律行为附条件、附期限与附负担

一、法律行为附条件

（一）条件的涵义

所谓条件（Bedingung），是指法律行为效力的发生或消灭，决定于将来客观上不确定事实之成否的法律行为的附款。条件系法律行为的附款、法律行为内容之一部，而非属独立的法律行为。对此概念，须说明下列几点。

1. 条件为法律行为的附款

附款，意为所附加的条款，其本身并不构成独立的意思表示，而是法律行为的意思表示内容之一部。条件为附款之一种，系由当事人任意加于法律行为效力的限制，其与法律所规定的限制不同。由法律规定的对法律行为效力的限制，称为法定条件，例如法律行为的成立条件、生效条件。法定条件出于法律的规定，不受当事人意思的左右，因此非此所谓条件。[1]

准法律行为因依法律的规定而发生一定的效力，与当事人的意思无关，故原则上不允许附条件。但是，若准法律行为系以一定意思活动为内容的，例如意思通知的催告"给付已迟延，如不在 7 日内履行即解约"，履行的请求、拒绝及为

1　梁慧星：《民法总论》（第四版），法律出版社 2011 年版，第 183 页。

感情表示的宥恕，则例外可以附条件。至于事实行为或违法行为，则不许附条件。[1]

2. 条件是以将来客观上不确定事实为内容的附款

条件须以将来客观上不确定的事实为内容。事实发生与否，于行为当时客观上尚不能确定。虽属于将来的事实，而该事实已确定发生者，应作为期限，而不能作为条件。例如，甲对乙说："你今年考上大学，我赠与你一辆自行车。"或甲对丙说："你今年如未考上大学，则自确定未考上之日起，终止生活费的给付。"乙、丙之是否能考上大学，乃属于客观上不确定的事实，赠与自行车的意思表示的生效，或给付生活费合同的终止（消灭），乃决定于该事实（乙考上大学或丙未考上大学）之是否实现。事实的实现为条件成就，事实的确定不实现为条件不成就。

条件须以将来的事实为内容，若以现在的事实为条件，则已无条件可言。如以过去客观上业已确定的事实为内容，则表意人虽主观未知之，也不得称为条件。例如，当甲对乙、丙作上述意思表示时，乙业已金榜题名，或丙已名落孙山，该事实客观上业已确定，仅表意人甲未知之而已。此时即如同一般的未附条件的意思表示，对乙赠与自行车的意思表示自始（从订约时起）有效。这种既成条件，非为真正的条件。[2]

条件须以不确定的事实为内容。若以将来客观上确定发生的事实为内容，则为期限而非条件，已如上述。例如，对某大学生说："你若离校，则给你介绍工作。"众所周知，凡学生，无论毕业或退学，总有一天会离开学校，"离校"这一事实必然会到来，因此属于期限。[3]

1　郑冠宇：《民法总则》（第一版），瑞兴图书股份有限公司 2014 年版，第 335 页。

2　刘得宽：《民法总则》（增订四版），中国政法大学出版社 2006 年版，第 248 页。

3　条件与不确定期限，二者有时很难区别。例如"将来我赚了钱，即刻返还"。此为条件或不确定期限，不无疑问。若解释为，该债务人将来很可能有清偿能力，清偿期总会到来，则属于不确定期限，盖就客观上看，该人总有一天会赚钱，有能力清偿；若就主观上看，该人将来是否有能力清偿，颇值得怀疑，也不妨视之为条件。二者并无强行区别的实益。参见刘得宽：《民法总则》（增订四版），中国政法大学出版社 2006 年版，第 248 页注释 79。

3. 条件系限制法律行为的效力

法律行为虽已成立，但条件所决定者为有关其效力的发生的，为停止条件；反之，法律行为不但已经成立，且效力既已发生，而条件所决定者为有关其效力的消灭的，为解除条件。[1]

（二）条件的种类

1. 停止条件与解除条件

停止条件为法律行为之效力发生与否的条件。附停止条件（Aufschiebende Bedingung）的法律行为，于条件成就时发生效力。例如，约定"明天若下雨，赠与雨伞一把"，"你若考取大学，赠与自行车一辆"等，皆属之。这些赠与行为，其效力系于明天是否下雨以及是否考上大学等事实。如明天真的下雨，或真的考上大学，就是条件成就，赠与行为在此时发生效力。因此所谓"停止"，乃是指法律行为成立后，直到条件成就，其效力被停止发生之意。

解除条件，是有关法律行为的效力消灭与否的条件。附解除条件（Auflösende Bedingung）的法律行为，于条件成就时丧失其效力。因此条件不成就时，其效力继续存在。例如，甲借用乙的房屋，约定乙之子归国时返还；或约定你如果考试成绩不佳，就停止学费的供应。在此等情形，因解除条件的成就，即乙之子归国，或对方的成绩不好，已生效合同的效力于此时消灭。此即条件成就，效力解除，所以称为解除条件。[2]

2. 随意条件（意定条件）、偶成条件与混合条件

随意条件，亦称意定条件，指当事人一方的意思可决定其成就与否的条件，可分为：①纯粹随意条件，指条件成否纯由当事人决定，别无其他因素，例如，"此车赠与你，我欲用时得随时取回"（由债务人一方意思决定），或"此车赠与你，不用时则返还给我"（由债权人一方意思决定）；②非纯粹随意条件，指条件成否除本于当事人的意思外，还须有某种积极事实，例如，"你如考取驾驶执照，

1　刘得宽：《民法总则》（增订四版），中国政法大学出版社 2006 年版，第 249 页。
2　刘得宽：《民法总则》（增订四版），中国政法大学出版社 2006 年版，第 250—251 页。

就将此车赠与你"。[1]

偶成条件，指条件成否无关当事人的意思，而取决于偶然事实，包括天灾、政治、经济、社会事件、第三人的行为及意思决定等，例如，出生、成年、股市指数、主管机关的核准、某一法律的公布施行等。[2]

混合条件，指条件成就与否取决于当事人意思及偶然的事实，包括第三人的意思在内，例如，"你与某女结婚时，就将此车赠与你"即属之。

混合条件、偶成条件及非纯粹随意条件，皆具有客观的不确定性，因而均为有效。对于纯粹随意条件，则应区别情形而定。纯粹随意条件中，如属于仅取决于债务人一方意思的停止条件，则其法律行为无效。例如，约定"我若愿意，将赠与某物"，因毫无受拘束的意思，而与法律行为的本质相悖。[3]

3. 积极条件与消极条件

法律行为之发生效力或消灭效力，以某事实的发生为条件者为积极条件。例如，"明天若下雨就赠与你一把雨伞"，"你今年如考上大学，则继续给付生活费"等属之。反之，以某事实不发生为条件者为消极条件，例如，约定"你若不养狗，则可继续租赁此屋"，即属之。[4]

4. 真正条件与不真正条件

真正条件，指以客观上不确定的事实为内容的条件；非真正条件，指徒具条件的形式，而实质上并非条件者，又称为非真实条件、假装条件或表见条件。此类条件颇多，主要有下列几种。

（1）法定条件，即依法律规定或在解释上当然为法律行为的效力发生或消灭的要件的，并非条件。以法定条件作为"条件"，无异于画蛇添足。例如，对于法律规定须经国家机关批准生效的合同，双方约定：本合同在获得国家机关审查

1　王泽鉴：《民法总则》，北京大学出版社 2009 年版，第 336 页。

2　王泽鉴：《民法总则》，北京大学出版社 2009 年版，第 335—336 页。

3　梁慧星：《民法总论》（第四版），法律出版社 2011 年版，第 184—185 页。

4　刘得宽：《民法总则》（增订四版），中国政法大学出版社 2006 年版，第 252 页。

批准后生效。此种条件，徒具条件的外形，因此不影响法律行为的效力。[1]

（2）不法条件，指以违反法律强制性或禁止性规定或有悖于公序良俗的事实为内容的条件，例如以杀人、伤人或买卖鸦片为内容的条件，显然违法，不得作为条件。约定以不结婚为条件则违背公序良俗，也不得作为条件。不法条件有三种：①以违法行为作为条件，例如以杀人为赠与的条件；②条件内容违反公序良俗，例如以女雇员的结婚为解除雇佣合同的条件，以姘居关系为维持赠与的条件；③以不为违法行为作为条件，《日本民法》第 132 条对此设有明文，即"附不法条件之法律行为，无效。以不作出不法行为为条件者，亦同"[2]。[3]

（3）既成条件，指在法律行为成立时，其事实已经确定发生或不发生的条件。条件的本质，要求作为条件的事实为不确定的事实。因此，已确定的事实不能作为条件。附此种条件的法律行为，其是否有效，应依下列原则决定：条件已确定成就者，如作为停止条件，则法律行为视为未附条件；如作为解除条件，则法律行为应无效。条件已确定不成就者，如作为停止条件，则法律行为无效；如作为解除条件，则法律行为视为未附条件。[4]

（4）不能条件，指以客观上不能成就（实现）的事实为内容的条件。所谓不能，并非单指物理上的不能，而系社会观念上的通常的不能，例如海底捞月或徒步登陆月球，或约定连续工作 30 日不眠不休，则给付 10 万元等，乃属于不能。并且该不能的状态，应以法律行为成立时为基准，法律行为成立时可能，而后确定为不能，则系条件不成就的问题。《日本民法》第 133 条规定："附不能停止条件之法律行为，无效。附不能解除条件之法律行为，为无条件。"[5]我国民法虽无明文规定，但应作同一解释。

1　梁慧星：《民法总论》（第四版），法律出版社 2011 年版，第 185 页。

2　参见王融擎编译：《日本民法：条文与判例》（上册），中国法制出版社 2018 年版，第 114 页。

3　梁慧星：《民法总论》（第四版），法律出版社 2011 年版，第 185 页。

4　梁慧星：《民法总论》（第四版），法律出版社 2011 年版，第 185—186 页。

5　参见王融擎编译：《日本民法：条文与判例》（上册），中国法制出版社 2018 年版，第 114 页。

（5）矛盾条件，即因附条件致法律行为的内容互相矛盾。矛盾条件，非条件存在矛盾，而系条件与法律行为的内容矛盾。因矛盾条件使法律行为效力意思不确定，所以无论以矛盾条件为停止条件或解除条件，其法律行为皆应无效。[1]

（三）不许附条件的法律行为

基于私法自治和合同自由的精神，法律行为以得附条件为原则。但在某些例外情形，为使法律关系单纯明确，基于法律规定、公序良俗或对相对人利益的保护，不许附条件。不许附条件的法律行为又称为"条件敌对行为"（Bedingungs-feindliche Rechtsgeschäfte）或"忌避条件的法律行为"，主要有下列三类[2]。

1. 违背公序良俗等公益者

具体包括：①身份行为，如结婚、离婚、收养（或终止收养）、非婚生子女的认领或否认、继承的承认或抛弃等，不许附条件。因为如允许身份行为附条件，则会影响身份秩序的安定，有害于公序良俗。②各种票据行为，不论为汇票、本票或支票，其发票人皆应无条件担任支付或委托支付，否则将阻碍票据的流通。

2. 妨害相对人私益者

行使权利的法律行为若附条件，将影响相对人的利益的，不得附条件，主要为形成权的行使。亦即，撤销、解除、追认、抵销等单独行为，原则上也是不能附条件的行为。[3]形成权的行使贵在迅速、明确，否则将严重影响相对人的利益。行使抵销权、撤销权、追认权、选择权、解除权等单独法律行为，行为人一方以意思表示行使其权利，使得现存的法律关系发生变动，若许其意思表示附条件，将使得法律行为的效力处于不确定的状态，不利于相对人。但若相对人对附加条件予以同意，或条件的成就与否系于相对人的行为，相对人既可对条件的成就与否加以决定，其利益并不因法律行为附条件而受影响，则该附条件的法律行为也得发生效力。例如，承租人违反租约的约定，出租人通知承租人，若不于所定期

1　梁慧星：《民法总论》（第四版），法律出版社 2011 年版，第 186 页。

2　施启扬：《民法总则》（修订第八版），中国法制出版社 2010 年版，第 264—265 页。

3　［日］四宫和夫、能见善久：《民法总则》（第八版），弘文堂 2010 年版，第 343 页。

限内除去违约的情事，即终止租约。[1]

法律行为不许附条件而当事人附以条件时，其效力如何，应分别论定。违背公序良俗等公益的，法律行为无效；违反形成权的行使等私益时，将使法律关系更为复杂且陷于不安定状态，对于相对人的利益有重大影响，因此原则上也为无效。不过，如上所述，如相对人同意附条件的，则其条件为有效。

（四）条件成就与不成就

附条件法律行为，其效力是否发生或是否消灭，取决于条件成就或不成就。

1. 条件成就

（1）条件成就的涵义。所谓条件成就，指作为条件内容的事实已经实现，又因属于积极条件或消极条件而不同。在积极条件，其条件事实已经发生，为条件成就；在消极条件，其条件事实不发生，为条件成就。例如约定"今年考上大学则如何如何"，届时果真考上大学，为条件成就；如约定"今年考不上大学则如何如何"，届时果真未考上大学，为条件成就。[2]

（2）条件成就的效力。条件成就的效力，在于决定法律行为效力的发生或消灭。停止条件，因条件成就，法律行为的效力当然发生；解除条件，因条件成就，法律行为的效力当然消灭。另外，须注意的是，条件成就后，法律行为随即发生效力或失其效力，无须当事人再为任何行为，且其效力仅向将来发生，无溯及效力，[3]但当事人得以特约排除，使生溯及效力。[4]

（3）条件成就的拟制。条件成就决定法律行为是否生效或失效，事关当事人的利益。因条件成就而受不利益的当事人，如以不正当行为阻碍条件成就，将损害对方当事人的利益且使法律行为附条件制度的目的落空，所以，民法特设拟制条件成就的规定：因条件成就而受不利益的当事人，如以不正当行为阻碍其

---

1 郑冠宇：《民法总则》（第二版），瑞兴图书股份有限公司 2014 年版，第 341—342 页。
2 梁慧星：《民法总论》（第四版），法律出版社 2011 年版，第 186 页。
3 梁慧星：《民法总论》（第四版），法律出版社 2011 年版，第 186 页。
4 参见我国台湾地区 2003 年度台上字第 115 号判决。

条件成就，则视为条件已成就。[1]《民法典》第159条第1句规定："附条件的民事法律行为，当事人为自己的利益不正当地阻止条件成就的，视为条件已经成就。"

条件成就的拟制须具备下列要件：①须由于因条件成就而受不利益的当事人的阻止行为；②须以不正当行为阻止条件成就；③须行为人有阻止条件成就的故意；④阻止行为与条件不成就之间须有因果关系。

2. 条件不成就

（1）条件不成就的意义。所谓条件不成就，指作为条件内容的事实确定的不实现，亦因条件之属于积极条件或消极条件而不同。在积极条件，其条件事实不发生，为条件不成就；在消极条件，其条件事实已经发生，为条件成就。例如约定"明日下雨则如何如何"，届时晴天，为条件不成就；如约定"明日不下雨则如何如何"，届时雨天，为条件不成就。[2]

（2）条件不成就的拟制。因条件成就而受利益的当事人，如以不正当行为促其条件成就，则视为条件不成就。所谓"促其条件成就"，必须有促其条件成就的故意行为。《民法典》第159条第2句规定："不正当地促成条件成就的，视为条件不成就。"

（3）条件不成就的效力。条件不成就的效力，在于决定法律行为效力的不发生或不消灭。在停止条件，因条件不成就，法律行为的效力确定的不发生；在解除条件，因条件不成就，法律行为的效力确定的不消灭。[3]

（五）条件成否未定

1. 概述

所谓条件成否未定，指条件成就与不成就均未确定。由于条件成就或不成就均未确定，附条件法律行为的效力是否发生或是否消灭，也处干不确定状态。在

1　梁慧星：《民法总论》（第四版），法律出版社2011年版，第187页。

2　梁慧星：《民法总论》（第四版），法律出版社2011年版，第186—187页。

3　梁慧星：《民法总论》（第四版），法律出版社2011年版，第187页。

此种状态下，因条件成就或不成就而受利益的一方当事人，对于该利益有一种可能性，于法律上称为期待权（Anwärtschaftsrecht）。此种期待权与继承开始前法定继承人的期待权相同。期待权既然属于权利之一种，自应受法律的保护。因此，附条件法律行为的当事人，于条件成否未定时，不得侵害相对人因条件成就依该法律行为所生的利益，否则应负损害赔偿之责。例如，甲、乙约定：如甲考上大学，则乙将自己的手表赠与甲。于甲是否考上大学未定之时，乙将其手表损毁，此种场合，如甲考上大学，则有权向乙请求损害赔偿。另外，如因第三人行为损害此期待权，也应成立侵权行为。如该手表被第三人丙毁损，则甲有权向第三人丙请求损害赔偿。[1]

2. 条件成否未定场合期待权保护的具体分析

如前所述，即使在条件成否未定期间，因条件成就而受利益的人，也抱有对该利益的期待。对于这样的利益的期待，于法律上作为期待权加以保护。此所谓条件，其无论为停止条件或解除条件，均无不可。

（1）期待权的处分、继承及被担保。期待权尽管严格而言还不是权利，但因其具有经济价值，所以除认可其处分（让与或以期待权自身为担保的对象）外，其也可成为继承的对象。为担保期待权（附条件权利），可以经由设定保证、质权或抵押权而为之。[2]

（2）对期待权侵害的救济。对期待权的侵害，包括一方当事人的侵害与第三人的侵害，分述如下。[3]

1）一方当事人对期待权的侵害。附条件法律行为的各方当事人，于条件成否尚未确定期间，不能侵害在条件成就时将会因其行为所生的相对人的利益。例如，附停止条件的买卖合同的出卖人，因故意或过失毁损标的物或出卖给第三

---

1 梁慧星：《民法总论》（第四版），法律出版社 2011 年版，第 187 页；郑玉波：《民法总则》，中国政法大学出版社 2003 年版，第 387 页。

2 ［日］四宫和夫、能见善久：《民法总则》（第八版），弘文堂 2010 年版，第 346 页。

3 ［日］藤井俊二：《民法总则》，成文堂 2011 年版，第 206 页；［日］四宫和夫、能见善久：《民法总则》（第八版），弘文堂 2010 年版，第 346—347 页。

人，将来于条件成就变为履行不能时，其对有期待权的买受人即应负债务不履行乃至侵权行为的损害赔偿责任。另外，一方当事人妨碍条件成就时，除产生债务不履行乃至侵权行为的损害赔偿责任外，相对人还受条件成就拟制之保护。

2）第三人对期待权的侵害。第三人使期待权的标的物毁损、灭失（例如在有"一旦结婚即给你手表"这一约定时，第三人毁坏手表的情形等）或妨碍条件成就时，侵害期待权的侵权行为即得以成立。

（六）第三人的利益 [1]

条件成否未定时，若当事人本于条件成就所应取得的权利与第三人取得权利的利益发生冲突，应优先保护何者？对此，在以负担行为附条件时，不致产生困难。例如买卖合同附停止条件，若出卖人将该出卖的标的物在条件成就前让与第三人的，条件成就后，买受人自不得对该第三人主张其权利，盖其所享有的仅为债权，不足以发生对抗第三人的效力。但在以处分行为附条件时，例如买卖标的物的所有权移转，系以买受人不支付买卖价金附解除条件，买受人于受交付时已取得买卖标的物的所有权，而于条件成就前，将该标的物所有权移转于第三人的，若条件确定成就，买受人已无法将该标的物为返还，出卖人可否请求第三人返还该标的物的所有权？附条件的法律行为无溯及效力，且即使当事人间约定发生溯及效力，该约定也仅在当事人间发生拘束力，因此，买受人在为所有权移转时，系属真正所有权人，即使事后解除条件成就，出卖人的所有权也无法回复，而仅可对买受人请求损害赔偿。但是，在买受人将所有权移转于第三人时，第三人明知或可得而知该解除条件存在的，出卖人可以以该第三人恶意为由，主张其不得取得所有权。盖恶意不受保护也。[2]

1　此处依据郑冠宇：《民法总则》（第二版），瑞兴图书股份有限公司 2014 年版，第 346—347 页，谨此释明。

2　关于恶意不受保护，参见《德国民法典》第 161 条第 1、2、3 项。

二、法律行为附期限

（一）期限的意义

所谓期限（Befristung），指当事人以将来确定事实的到来，决定法律行为效力的发生或消灭的一种附款。与条件一样，期限并非独立的法律行为，而系法律行为的一部分，期限与其他意思表示共同构成附期限的法律行为。例如，某甲与某乙约定租赁房屋一套，自今年3月1日起，为期2年，即为附期限的租赁合同。[1]条件与期限同，皆以将来的事实为内容，其主要区别在于：条件系针对客观上不确定的事实，期限则为确定发生的事实。附期限的法律行为，通常应用于继续性的法律关系，例如电信使用、网络服务、水电供应、保险合同、订阅报纸杂志等，至于一次性给付的法律关系，如日常生活中的买卖合同，则无此必要。[2]

1. 期限为法律行为的附款

期限为法律行为附款之一种，已如上述。

2. 期限为限制法律行为效力的附款

期限的功用，在于决定法律行为效力的发生或消灭。此点与条件相同。决定法律行为效力的发生的，称为始期，即在期限到来之前，法律行为虽然成立但未生效，其效力处于一种未定状态，须待期限到来，该法律行为才生效；决定法律行为效力的消灭的，称为终期，即在期限到来之前，法律行为效力已经发生，待期限到来时，法律行为效力即归消灭。始期类似于停止条件，终期类似于解除条件。[3]《民法典》第160条规定："民事法律行为可以附期限，但是根据其性质不得附期限的除外。附生效期限的民事法律行为，自期限届至时生效。附终止期限的民事法律行为，自期限届满时失效。"

1　施启扬：《民法总则》（修订第八版），中国法制出版社2010年版，第270页。
2　郑冠宇：《民法总则》（第二版），瑞兴图书股份有限公司2014年版，第351页。
3　梁慧星：《民法总论》（第四版），法律出版社2011年版，第188页。

3. 期限是以将来确定事实的到来为内容的附款

期限系以将来确定事实的到来为内容，此为其与条件的区别所在。例如，约定"明日下雨则如何如何"，属于条件，而约定"某月某日则如何如何"，属于期限。条件系以将来不确定的事实为内容，期限则以将来确定的事实为内容。但期限不一定用时间表示，例如约定"下雨则如何如何"，是为期限，因终有下雨之时，属于确定的事实。又如约定"某人结婚之日则如何如何"，是为条件，因某人之结婚属于不确定的事实。不过，期限中存在什么时候到来确定者（确定期限）与什么时候到来不确定者（不确定期限，例如买卖价款于父亲死亡时支付）（因继承财产）。后者与条件的判别是困难的。[1]

应特别注意的是，此所谓期限，为决定法律行为效力发生或消灭的附款，应与法律行为的履行期限相区别。履行期限，如买卖合同中的交货期限、付款期限，借款合同中的还款期限，租赁合同中的租金支付期限等，是对当事人基于已生效法律行为所负义务的履行所加的限制。因法律行为的生效，当事人的权利义务已经发生，只是在履行期限到来之前，当事人所负义务不具有强制履行的效力。换言之，履行期限到来之前，义务人可以不履行义务，权利人也不得强制义务人履行义务。但一旦履行期限到来，该义务即具有强制执行的效力，义务人如不履行，权利人有权请求法院强制其履行或要求其承担赔偿责任。[2]

（二）期限的种类

1. 始期与终期

始期，指法律行为开始发生效力的时期，始期的到来，称为期限的届至。例如，某年的 1 月 1 日，或天下雨时等。终期为消灭已生效法律行为效力的期限，终期的到来，称为期限的届满。例如，约定租赁合同至明年 12 月 31 日终止，明年 12 月 31 日即为租赁合同的终期。

1　［日］四宫和夫、能见善久：《民法总则》（第八版），弘文堂 2010 年版，第 349 页。
2　梁慧星：《民法总论》（第四版），法律出版社 2011 年版，第 189 页。

2. 确定期限与不确定期限

期限以作为内容的事实发生时间是否确定为标准，可以分为确定期限与不确定期限。发生时间确定者，属于确定期限。例如，约定某月某日则如何如何，属于确定期限；约定某人死亡之日则如何如何，因人必有一死，属于确定发生的事实，但发生时间不确定，因此属于不确定期限。[1]

3. 法定期限与裁判期限

期限由法律所规定的，称为法定期限，例如租赁合同的期限不得超过 20 年，超过 20 年的，超过部分无效（《民法典》第 705 条），即属之。期限由法院裁定的，例如债务人无为一部清偿的权利，但法院可斟酌债务人的境况，许其于无甚害于债权人利益的相当期限内分期给付或缓期清偿，[2] 是为裁判期限。法律行为附期限的规定，仅适用于约定期限，法定期限与裁判期限因非本于法律行为所为的约定而无适用的必要。[3]

（三）附期限法律行为的效力

1. 期限到来时的效力

期限到来时，若系履行期限，可请求债务的履行；若是停止期限，法律行为的效力发生；若是终止期限，法律行为的效力消灭。[4]

期限的效力，在于期限到来时，法律行为的效力当然发生或当然消灭。期限到来，法律行为随即发生效力或失其效力，无须当事人再为任何行为，且仅向将来发生效力，不发生溯及效力，但法律有特别规定的，从其规定。例如《破产法》规定，附期限的破产债权未到期的，于破产宣告时，视为已到期。[5] 所谓期限到来，指作为期限内容的事实业已发生。期限为客观上必定发生的事实，所以期限只有到来，而无不到来。此与条件之有成就与不成就，显然不同。应当注意的

1　梁慧星：《民法总论》（第四版），法律出版社 2011 年版，第 189 页。

2　参见我国台湾地区"民法"第 318 条第 1 项。

3　郑冠宇：《民法总则》（第二版），瑞兴图书股份有限公司 2014 年版，第 352 页。

4　[日] 藤井俊二：《民法总则》，成文堂 2011 年版，第 208 页。

5　郑冠宇：《民法总则》（第二版），瑞兴图书股份有限公司 2014 年版，第 353 页。

是，始期的到来，又称"届至"，终期的到来，又称"届满"。[1] 附始期的法律行为，于其成立后，期限届至前，其效力的发生被停止，期限届至，效力才发生；附终期的法律行为，于期限届满时，失其效力。[2]

2. 期限到来前的效力

附期限法律行为的当事人，于期限到来前，有将来可取得其权利的期待权，此与附条件的权利同。而且，期限一定会到来，因此较附条件的权利更为确实，自更有保护的必要。所以，当事人于期限到来前，如有损害相对人因期限到来所应得利益的行为的，应负损害赔偿责任。[3]

3. 期限利益

（1）涵义。所谓期限利益，指当事人因期限未到来而所受的利益。易言之，指至始期或履行期的到来为止，可不负义务，也不受履行的请求，或至终期的到来为止，不会丧失权利的利益。

法律行为的当事人中，由何方享有期限利益，因场合的不同而不同。具体言之：①在无偿寄存的场合，债权人为受益人；②在无利息消费借贷的场合，债务人为受益人；③在定期存款合同，双方为受益人。期限利益的受益人究系何方，属于法律行为的解释问题，一般属于债务人。《日本民法》第 136 条第 1 项规定："期限，推定为债务人利益而约定。"[4] 故此，期限利益如规定由债权人一方享有时，债权人须负举证责任。[5]

（2）期限利益的抛弃。期限利益乃属于私益性质，因此可以抛弃（例如债务人于期限前清偿），但不能由此损害相对人的利益（《日本民法》第 136 条第 2 项）。例如，金钱借贷的清偿期约定为 1 年，此时债务人可提供至清偿期为止的

1　梁慧星：《民法总论》（第四版），法律出版社 2011 年版，第 189 页。
2　刘得宽：《民法总则》（增订四版），中国政法大学出版社 2006 年版，第 264 页。
3　刘得宽：《民法总则》（增订四版），中国政法大学出版社 2006 年版，第 265 页。
4　参见王融擎编译：《日本民法：条文与判例》（上册），中国法制出版社 2018 年版，第 116 页。
5　刘得宽：《民法总则》（增订四版），中国政法大学出版社 2006 年版，第 265 页。

利息，而请求提前清偿。应注意的是，期限利益的抛弃，并无溯及效力。[1]

（3）期限利益的丧失。享有期限利益的债务人，如有违反信用的情形（例如债务人毁灭、损坏或减少担保物，债务人已被做出破产程序开始的决定，债务人本负有提供担保的义务而不提供担保），将丧失期限利益。此外，当事人之间订有期限利益丧失约款，而该事实发生时，也会丧失期限利益。

（四）不许附期限的法律行为

法律行为以允许附期限为原则，以不许附期限为例外。身份上的行为如结婚、收养及非婚生子女的认领等，债权行为如撤销、追认等（即身份行为和单独行为），如前所述，这类行为也不许附条件，属于既不许附条件也不许附期限的法律行为。但应注意的是，不许附条件的法律行为，未必不许附期限，如票据行为不许附条件，但可以附期限，[2]甚至允许"远期支票"的存在。最后，债务的免除，得附有始期，但不得附有终期。[3]

三、法律行为附负担

（一）概述

法律行为附负担，即以无偿赠与或遗赠的方式对相对人课有一定的义务，其负担与法律行为的效力无关。例如附负担的赠与，系指赠与合同附有约款，使受赠人负担应为一定给付的债务。该负担系一种附款，乃赠与合同之一部，本质上仍为赠与，以赠与为主，负担为从，并无互为对价的性质，故附负担的赠与属于单务合同、无偿合同，而非双务合同、有偿合同。附负担的赠与，是使受赠人负担应为一定给付的债务，其赠与合同已发生效力，受赠人于赠与人为给付后不履行其负担的，赠与人可撤销赠与。[4]

1　刘得宽：《民法总则》（增订四版），中国政法大学出版社 2006 年版，第 266 页。

2　梁慧星：《民法总论》（第四版），法律出版社 2011 年版，第 190 页。

3　施启扬：《民法总则》（修订第八版），中国法制出版社 2010 年版，第 271 页。

4　郑冠宇：《民法总则》（第二版），瑞兴图书股份有限公司 2014 年版，第 355 页。

（二）法律效果

负担虽与法律行为的效力无关，无停止法律行为效力的作用，但其通常具有强制性质，不履行负担者，赠与人可请求受赠人履行其负担，或撤销赠与。负担以公益为目的的，于赠与人死亡后，主管机关或检察官得请求受赠人履行其负担。另外，负担虽非对价，但相对人仍系负有义务，因此其并非全为无偿，仅赠与人在履行其赠与义务前，不得先行请求负担的履行，也不得以负担未履行而主张同时履行抗辩。[1]附负担的赠与，其赠与不足偿其负担的，受赠人仅于赠与的价值限度内，有履行其负担的责任。附负担的赠与，其赠与之物或权利如有瑕疵，赠与人于受赠人负担的限度内，负与出卖人相同的担保责任。[2]

第七节　法律行为的解释

一、法律行为解释的必要性

法律行为的解释，指阐明当事人已经表示的意思的正确涵义。法律行为的内容有时并非十分明确，当事人间可能发生疑义或争议，此时即须以解释方式确定其内容。法律行为的解释不仅在阐明不明确的意思表示，而且在补充不完备的意思表示，有时还可以订正有错误的意思表示。另外，当事人为法律行为时，由于表意人表达能力的有限性和使用语言、文字的差异性，法律行为的解释更有其必要。[3]

日本学者石田穰谓：法律行为的解释，是指明确法律行为的内容的活动。而所谓法律行为的内容，一般是指由表示行为可以推断的客观的效果意思。从而，所谓法律行为的解释，也就是明了、明确由表示行为中可以推断的客观的效果意

1　参见我国台湾地区 2005 年度台上字第 1546 号判决。

2　郑冠宇：《民法总则》（第二版），瑞兴图书股份有限公司 2014 年版，第 355—356 页。

3　施启扬：《民法总则》（修订第八版），中国法制出版社 2010 年版，第 235 页。

思的活动，因此明确、明了内心的效果意思，并不能称为法律行为的解释。[1]并且，他将法律行为的解释分为主观的解释、规范的解释、补充的解释及法审查的解释。

二、解释的原则

解释法律行为时须考量的因素很多，包括语言文字的因素、当事人的主观愿望及为法律行为时的各种客观因素等。一般而言，解释法律行为的主要原则有二。

（一）探求当事人的真意，不得拘泥于所用的文字

解释法律行为时，应探求当事人的真意，注重意思表示的目的性及法律行为的和谐性，注重各个行为具体妥当性的要求。所谓真意，非指当事人主观的意图，而是指客观上合理的意图，即根据行为全部的外在表示（语言、举动）作合理的判断，确定其内容。

所谓不得拘泥于所用的文句，指法律行为的解释主要在于探求当事人的真意，不得以辞害义，不能完全按照表面文字而为解释，因为使用相同文字可能表示不同意思，反之，使用不同文字可能表示相同意思。[2]如不拘泥于所用的文句，就可以使解释免流于机械形式的解释，致影响内容，而害及探求当事人的真意。

（二）斟酌交易习惯，依诚信原则而为解释

合同为当代社会最重要的法律行为，对于合同的解释，《德国民法典》第157条明定，"契约之解释，应斟酌交易习惯，依诚实信用原则为之"；[3]《日本民法》第92条也定有大抵相同旨趣的规定。法院在解释法律行为时，对于双方当事人的真意，应于文义和论理上详细加以推求，并斟酌其经济目的和交易上的习惯，基

1　［日］石田穣：《民法总则》，悠悠社1992年版，第264页。

2　施启扬：《民法总则》（修订第八版），中国法制出版社2010年版，第236页。

3　参见台湾大学法律学院、财团法人台大法学基金会编译：《德国民法》（上，总则编、债编、物权编）（2016年修订第二版），元照出版有限公司2016年版，第160页。

于诚信原则而为判断。[1]

三、解释的标准

（一）当事人的真意

具体言之，解释时应注意[2]：

第一，真意指当事人已经表示于外部的效果意思，而非当事人内心蕴藏的意思，因为尚未表示的意思并非"意思"，已经表示的意思方应为当事人所共同信任。解释意思表示首先以一般文义为准，如文字业已表示当事人的真意，即不得舍此文字更为解释。

第二，以双方当事人真意为准。即使双方所使用及了解的文义异于寻常，仍应作为解释依据，例如约定以珠宝作为"抵押"，依"不正确表示，不使行为无效"（falsa demonstratio non nocet）的原则，应解释真意实为"动产质权"。

第三，以当事人立约当时的真意为准，即应以立约当时的事实及其他一切证据、数据为断定的标准，不得拘泥于文字。

第四，在当事人真意中，应审慎衡量意思表示的目的及当事人的特别约定。当事人意思表示（法律行为）的目的，乃当事人所欲达成的期望，可能为经济上、精神上或道德上的目的。对当事人的目的应作合理的解释，以探求其真意。当事人的特别约定即为具体的真意，在不违背强行性规定或公序良俗的前提下，系解释意思表示的重要标准。当事人的特别约定在不违反强制性或禁止性规定的范围内，有拘束当事人的效力，并排除一般规定的适用。

（二）依事实上的习惯

法律行为的内容不明了、不完全，且当事人又不明确表示排斥事实上的习惯的适用时，可借助于习惯补充或完善法律行为。此处所称的习惯，为事实上的习

---

[1]　施启扬：《民法总则》（修订第八版），中国法制出版社 2010 年版，第 236 页。

[2]　施启扬：《民法总则》（修订第八版），中国法制出版社 2010 年版，第 237 页。

惯，得依为法律行为的场所、当事人的身份或职业而认定。该习惯的效力优于任意法规，即得排斥任意法规而优先以习惯补充法律行为。盖在社会关系中，以意思具有具体性者为优先，而事实上的习惯与任意法规相较，更接近人类具体化的意思。

（三）依任意法规

法律行为有不明了、不完全的情形，而法律行为的当事人并不排斥任意法规的适用，且无事实上的习惯时，任意法规即成为该法律行为的内容，亦即成为解释的基准。任意法规有两种：一为解释性规定，二为补充性规定。于法律行为的意思不明了，又无反证时，依解释性规定；对于意思表示有欠缺的事项，依补充性规定。[1]

（四）诚信原则

诚信原则为行使权利、履行义务的最重要的指导原则。法律行为（意思表示）通常乃行使权利或履行义务的方式，自可依诚信原则加以合理的解释与补充。

（五）法理

所谓法理，指法律的原则原理、事物的自然道理，多由法律的精神及公平正义推演而得。在解释法律行为时，如无其他标准可资依循，得以法理作为补充标准，作公平、合理的解释。[2]

四、解释意思表示的方法

解释意思表示时，因有无相对人，其解释方法有所不同。具体分述如下。

（一）无相对人时真意的探求

无相对人的意思表示，指意思表示不必向相对人为之即能发生效力，此时无相对人的信赖保护问题，其应探求的当事人的真意，指表意人内心真实意思，此

1　刘得宽：《民法总则》（增订四版），中国政法大学出版社 2006 年版，第 175 页。
2　谢瑞智：《民法总则精义》，1994 年自版，第 196—197 页。

种解释称为自然解释（natürliche Auslegung）。例如，遗嘱的解释即属之。[1]但若无相对人的意思表示系向不特定人为表示（如悬赏广告）的，则应以该范围内一般人所具有的"了解可能性"为标准，并应注重地区用语、职业术语、交易习惯等情况。[2]《民法典》第142条第2款规定："无相对人的意思表示的解释，不能完全拘泥于所使用的词句，而应当结合相关条款、行为的性质和目的、习惯以及诚信原则，确定行为人的真实意思。"

（二）有相对人时真意的探求

应斟酌订立合同当时及过去的事实与交易上的习惯，依诚信原则，从合同的主要目的及经济价值做全盘的观察。以与交易惯行不同的意思为解释时，限于对话人知其情事或可得而知，否则仍不能逸出交易惯行的意义。[3]亦即，解释向特定相对人所为的意思表示时，应斟酌特定相对人的"了解可能性"（Verständnis-möglichkeit）。相对人是否能够了解，应依其周围情况，如身份、职业、法律行为的种类、使用文字等，及其可得期待的注意程度，综合认定之。[4]《民法典》第142条第1款规定："有相对人的意思表示的解释，应当按照所使用的词句，结合相关条款、行为的性质和目的、习惯以及诚信原则，确定意思表示的含义。"

（三）合同的解释，应遵循下列基准或方针而为之

首先须确定当事人所赋予合同内容的共通的意义，即主观的意义；其次，于不能确定共通的主观的意义时，须确定当事人表示出来的客观的意义。此二种场合中所作的解释，应合于当事人所欲达成的经济或社会的目的；于当事人订立的合同存在彼此矛盾的条款时，应按照当事人所欲实现的目的而作统一解释。另外，合同的解释，应尽可能将其作有效的解释。

（四）解释遗嘱时，完全以遗嘱人的用语及意思为准，可采主观的解释方式

遗嘱与合同不同，应尽可能探求立遗嘱者的真意，进行解释。也就是说，解

1　郑冠宇：《民法总则》（第二版），瑞兴图书股份有限公司2014年版，第291页。
2　施启扬：《民法总则》（修订第八版），中国法制出版社2010年版，第238页。
3　郑冠宇：《民法总则》（第二版），瑞兴图书股份有限公司2014年版，第291页。
4　施启扬：《民法总则》（修订第八版），中国法制出版社2010年版，第238页。

释遗嘱时，不应仅对遗嘱的文句进行形式的解释，而应探求遗嘱的真意。立遗嘱人死亡，确定其真意发生困难时，应考量遗嘱做成的过程等而判定遗嘱的真意。另外，遗嘱以外的单独行为中，撤销、解除由于会影响到对象方的权利、地位，因此一般言之，应考虑对象方的利益而进行客观的解释。

第八节　民事法律行为的效力

一、民事法律行为概要

民事法律行为，又称法律行为，是以意思表示为要素的、以发生私法上的效果为目的的法律事实，系近现代和当代民法的一个基础性概念。值得注意的是，《民法典》放弃使用民事行为概念，而仅规定和主要使用民事法律行为的概念。

对于民事法律行为（以下简称"法律行为"），民法采取的规范机制有 4 种：具备法律规定的生效要件的，即为有效；违背法律的强制性规定、禁止性规定或公序良俗的，属于无效（Nichtigkeit）；如果是效力可以补正，仅属于程序问题的，则属于效力未定；如果是效力介于无效与有效之间，仅仅关系到私人利益的，则属于可以撤销（Anfechtung）。[1] 以下讨论法律行为的无效、可撤销及效力未定 3 种效力状态。

二、无效的（民事）法律行为

（一）无效的涵义

所谓无效的法律行为，指因欠缺法律行为的生效要件，于法律上绝对、自始、当然、确定不发生法律效力的行为。具体分析如下。

第一，所谓无效，指法律行为绝对不发生法律效力，即法律行为对任何人均

---

[1]　参见孙宪忠主编：《民法总论》（第二版），社会科学文献出版社 2010 年版，第 253 页。

不发生效力，任何人均可主张其为无效，毫无例外。与此相关的是相对无效，及不得对抗善意第三人的规定。例如，通谋虚伪的法律行为虽然于特定当事人之间为无效，但善意第三人仍得主张其为有效，且于善意第三人主张有效时，通谋的当事人自不得以其通谋为由，主张无效而对抗之。[1] 另外，无效尽管原则上无论对谁都可主张（绝对无效），但对第三人主张无效而被限制的场合还有：无效的效果自身虽然及于第三人，但第三人因其他制度被（受）保护时，无效的主张不能贯彻。例如，第三人因取得时效、动产善意取得及对债权的准占有人的清偿而被保护的场合，即属之。[2]

无效的法律行为，指法律行为已经具备全部成立要件，但欠缺生效要件，因而在法律上看来，虽有法律行为的外形，但实际上不发生该法律行为当事人所欲发生的法律效力。例如，订立买卖合同，因符合成立要件，合同已经成立，但因合同内容违反法律的禁止性规定而致合同无效，因此不发生买卖合同的效果。[3]

第二，所谓无效，指法律行为自始不发生法律效力。无效的法律行为因不具备生效要件，系从法律行为成立之时起就确定无效，从未发生当事人所欲发生的法律效果，而不是之后无效。此与法律行为成立即已发生完全的或不完全的法律效力，之后因解除或撤销而归于无效的情形不同。但在特殊情形，法律行为即使自始欠缺生效要件，也仅可向将来无效。例如雇主违反法律规定聘用外籍劳工，其合同本应自始无效，但若当事人双方就此种继续性合同为履行已达相当的期间，该合同即使应为无效，也不生自始无效的结果，以避免相互间返还计算的烦琐，或基于事实上的合同关系（Faktischer Vertrag），抑或基于有瑕疵的劳动合同理论，亦然。自始无效的法律行为，当事人已为给付的，可本于不当得利或所有物返还请求权的规定，请求返还所为的给付（有特殊规定的除外）。[4]

《民法典》第 155 条规定了自始不生效力的法律行为："无效的或者被撤销的

1　郑冠宇：《民法总则》（第二版），瑞兴图书股份有限公司 2014 年版，第 410—411 页。

2　[日] 四宫和夫、能见善久：《民法总则》（第八版），弘文堂 2010 年版，第 281—282 页。

3　梁慧星：《民法总论》（第四版），法律出版社 2011 年版，第 196 页。

4　郑冠宇：《民法总则》（第二版），瑞兴图书股份有限公司 2014 年版，第 408—409 页。

民事法律行为自始没有法律约束力。"

第三，所谓无效，指法律行为当然不发生法律效力。无效的法律行为，其无效属于当然无效，不问当事人意思如何当然不生效力，既不需要当事人主张其无效，也无须经过任何程序，该法律行为即为无效。此点与法律行为的撤销或解除须依当事人的意思并经一定程序并不相同。应说明的是，无效的法律行为系当然无效，不待法院或仲裁机构的裁判，但当事人对于其是否无效有争议时，不妨提起无效确认之诉，请求法院确认，或本于无效的法律行为，请求返还所为的给付。[1]

第四，所谓无效，指法律行为确定不发生法律效力。无效的法律行为，不仅于其成立时不发生法律效力，此后也绝无再发生法律效力的可能，即其不生效力，已属确定。例如不可能经由行为人事后的承认，而使无效的法律行为成为有效。此与效力未定的民事法律行为可以经过补正而生效不同。效力未定的民事法律行为，例如代理人超越代理权所订合同，如经被代理人追认，就由此变为完全有效。无效的法律行为，例如以法律禁止流通物为标的物的合同，纵然以后法律修改准予该类标的物流通，该合同也不能变为有效。因此，理论上称无效的法律行为犹如死胎，虽有妙手神医也不能使之复生。此与效力未定的法律行为完全不同。[2]

（二）全部无效与一部无效

1. 概述

法律行为，依无效原因存在于行为内容的全部或一部，可以分为全部无效与一部无效。全部无效，则该法律行为当然全部不生效力。如属于一部无效，应如何处置？《民法典》第 156 条规定："民事法律行为部分无效，不影响其他部分效力的，其他部分仍然有效。"学说认为，法律行为部分无效的，无效部分除去后，将影响其他部分的效力的，则该法律行为应全部归于无效；无效部分除去后，不

---

1 梁慧星：《民法总论》（第四版），法律出版社 2011 年版，第 197 页。
2 梁慧星：《民法总论》（第四版），法律出版社 2011 年版，第 197 页。

影响其他部分的效力的，则其他部分仍然有效。[1]

2. 全部无效与一部无效的具体判定基准

实务上具体判定是一部无效还是全部无效，通常应为各种各样的利益考量，大体上系依如下基准而为之[2]：①法律有明文规定时，依其规定。②若无效部分与残余部分被评价为存在不可分的关系，则法律行为全体变成无效。③若无效部分与残余部分不能积极地评价为不可分时，通说认为，应尽可能避免做出全部无效的判定。此时，原则上应以习惯、任意性规定及法理等补充无效部分后，维持合同。但例外地，强行（强制）仅除去无效部分后的残余部分（同时对无效部分为合理补充的部分）的合同系明确违反当事人的意思时，应系全部无效。此种处理方法，被称为一部无效理论。

（三）绝对无效与相对无效

无效的法律行为，以其无效效果的范围为标准，可以分为绝对无效与相对无效。绝对无效的法律行为，不以当事人之间为限，任何人皆可主张其无效；相对无效的法律行为，其无效效果受到限制，仅当事人之间可主张其无效，即通常不得以当事人之间的无效对抗善意第三人。无效的法律行为，以绝对无效为原则，相对无效为例外。

（四）无效法律行为的类型

依《民法典》的规定，无效法律行为的类型涵括：①行为人与相对人以虚假的意思表示实施的民事法律行为无效（《民法典》第146条第1款）；②无民事行为能力人实施的民事法律行为无效（《民法典》第144条）；③行为人与相对人恶意串通，损害他人合法权益的民事法律行为无效（《民法典》第154条）；④违反法律、行政法规的强制性规定的民事法律行为无效，但是，该强制性规定不导致该民事法律行为无效的除外；⑤违背公序良俗的民事法律行为无效（《民法典》第153条）。

1　梁慧星：《民法总论》（第四版），法律出版社2011年版，第197页。

2　［日］四宫和夫、能见善久：《民法总则》（第八版），弘文堂2010年版，第282—283页。

（五）无效法律行为的转换

无效法律行为的转换，指当事人在为法律行为时，因欠缺该法律行为发生效力的要件，以致无法达成其所希望的法律效果，但若经由解释而认为其有可能希望完成近似的法律行为的，则经由转换使该法律行为成为其他有效的法律行为；[1] 或者指无效法律行为具备其他法律行为的要件时，认可其作为后者而发生效力。此种转换只能是基于利益状况、程度之差、修正解释当事人的意思而实现或完成，系一部无效理论的特殊的应用。[2] 无效法律行为转换的方式有二 [3]。

第一，依法律规定而转换。例如关于隐藏行为，无效的通谋虚伪意思表示若隐藏他项法律行为的，则可转换为被隐藏的他项法律行为，使之仍然发生效力，故假买卖而真赠与的，买卖合同固然因通谋虚伪意思表示而无效，但赠与合同则为有效。

第二，依解释而转换。例如最高额抵押权应担保由一定法律关系所生的连续性债权，但若当事人间设立最高额抵押权仅系担保单独一笔债务，则与最高额抵押权的规定相悖，其设立应不具有效力，但应可依当事人的意思，转换成有效的一般（普通）抵押权。

三、可撤销的（民事）法律行为

（一）撤销的涵义

"撤销"一词在民法上较为常用，且有不同的涵义。例如，监护人的撤销、法人的撤销，其意义在于使某种法律资格归于消灭；失踪宣告的撤销、死亡宣告的撤销，其意义在于取消某种决定。这两种撤销，撤销权均归授予法律资格或作

1　郑冠宇：《民法总则》（第二版），瑞兴图书股份有限公司 2014 年版，第 413 页。

2　[日] 四宫和夫、能见善久：《民法总则》（第八版），弘文堂 2010 年版，第 283 页。而且，该书认为，要认可无效法律行为的转换，须具备如下要件：其一，两方的法律行为的效果具有相同的社会乃至经济的目的，按照当事人的利益状况，当事人若知道无效，也希望可以发生其他法律行为的效果；其二，若向要式行为转换，则该行为须不违反要式行为的旨趣。对此，又请参见同书第 283 页。

3　郑冠宇：《民法总则》（第二版），瑞兴图书股份有限公司 2014 年版，第 413—414 页。

出决定的国家机关，其实质属于司法权力或行政权力的活动。本节所称的撤销，与上述撤销的涵义不同，是指民事主体行使撤销权消灭法律行为的法律效力，其撤销权为民事权利之一种，所撤销的对象是法律行为。概言之，所谓撤销，指法律行为虽已发生效力，但当事人（有撤销权人）溯及地消灭法律行为效力的权利行使行为。[1]

（二）可撤销的法律行为

可撤销的法律行为，区别于完全有效的法律行为，在于法律赋予当事人一方以撤销权，该当事人据此可以请求法院撤销该法律行为，或者不请求撤销而请求变更其内容。可撤销的法律行为的效力的特点是：它已经发生了法律效力，但是这种效力取决于有撤销权的当事人对该法律行为的态度。如果有撤销权的人不行使撤销权或者撤销权消灭的，则该可撤销的法律行为就为有效的行为。但是，如果其行使撤销权而撤销的，则被撤销的行为归于无效。可见，可撤销的法律行为既区别于有效的法律行为，也区别于无效的法律行为，既存在变成有效法律行为的可能性，也存在变成无效法律行为的可能性。[2]欺诈、胁迫法律行为中的受害人，乘人之危、显失公平中的受不利益的当事人，错误（重大误解）的当事人，皆系享有撤销权的人。撤销权应当以诉讼或者仲裁方式行使。

（三）撤销权

1. 撤销权的涵义与性质

在民法上，"撤销"一语，分别在两种不同的情形使用：其一，于意思表示有瑕疵的场合，意指废弃业已发生的表意人的意思表示。据此，意思表示变成自始无效，内含该意思表示的法律行为（合同等）也被撤销，自始无效。其二，撤销限制民事行为能力人所实施的法律行为的场合。限制民事行为能力人所为的法律行为大体上有效，就此而言，其法律行为的效果归属于限制民事行为能力人，但是，以排除此点为旨趣的限制民事行为能力人方面的意思表示，也可撤销。此

---

[1]　梁慧星：《民法总论》（第四版），法律出版社 2011 年版，第 207 页。

[2]　梁慧星：《民法总论》（第四版），法律出版社 2011 年版，第 208 页。

撤销的结果是，与限制民事行为能力人关联的法律行为自始不归属于限制民事行为能力人。此两种场合中，前者称为意思表示瑕疵的场合，后者系因为表意者的判断能力不充分，故完全将意思表示的效果归属于该人并不适当。[1]

依照《民法典》的规定，撤销权为溯及地使可撤销的法律行为归于消灭的权利，性质上属于一种形成权。撤销权的发生由法律规定。撤销权无从单独让与，但可由他人行使，欲取得撤销权者，须就撤销权发生的法律关系为继受。[2]

2. 撤销权的效力

（1）概述。撤销权的效力，在于溯及地使可撤销法律行为归于消灭。《德国民法典》第142条第1项规定："得撤销之法律行为经撤销者，视为自始无效。"[3]《日本民法》第121条规定："被撤销之行为，视为自始无效。"[4]法律行为若经撤销，应溯及自法律行为成立时失其效力（《民法典》第155条），若当事人双方于法律行为成立后曾互为给付，于法律行为经撤销后，应互负回复原状的义务，亦即各受领人须将所受领的给付作为不当得利返还，不能返还或者没有必要返还的，应当折价补偿。有过错的一方应当赔偿对方由此受到的损失；各方都有过错的，应当各自承担相应的责任。法律另有规定的，依照其规定（《民法典》第157条）。撤销后的法律行为，原则上应为绝对无效，撤销的效果原则上得对所有的人主张。溯及无效的结果，即使对撤销前进入（成为）利害关系的人也可主张。但是，被欺诈而为的意思表示，其撤销不得对抗善意第三人。另外，身份行为的撤销，不发生溯及既往的效力。[5]

1　[日] 四宫和夫、能见善久：《民法总则》（第八版），弘文堂2010年版，第285—286页。

2　郑冠宇：《民法总则》（第二版），瑞兴图书股份有限公司2014年版，第416页。

3　参见台湾大学法律学院、财团法人台大法学基金会编译：《德国民法》（上，总则编、债编、物权编）（2016年修订第二版），元照出版有限公司2016年版，第144页。

4　参见王融擎编译：《日本民法：条文与判例》（上册），中国法制出版社2018年版，第104页。

5　参见我国台湾地区"民法"第92条第2项、第998条；郑冠宇：《民法总则》（第二版），瑞兴图书股份有限公司2014年版，第417页；[日] 四宫和夫、能见善久：《民法总则》（第八版），弘文堂2010年版，第289页。

（2）恶意当事人的责任与撤销权人的承认（追认）。[1]恶意当事人的责任，指恶意当事人知得撤销或可得而知的，其法律行为撤销时，应负回复原状或损害赔偿的责任。

可撤销的法律行为，也可经由撤销权人的承认（追认），使其发生确定的效力。因可撤销的法律行为于撤销前系有效的法律行为，故此承认（追认）的表示具有抛弃（放弃）撤销权的性质，[2]事后自不准许再对该法律行为主张撤销。承认（追认）由权利人以意思表示向相对人为之即发生效力，且无须具备任何形式要件。明知法律行为得撤销而仍为给付的，应认系承认（追认）得撤销的行为而丧失其撤销权。但若承认（追认）系出于错误的意思表示，或因被欺诈或被胁迫的，事后自可就该承认（追认）的意思表示主张撤销，使该经承认（追认）而确定的法律行为回复为可撤销的状态，并再对之为撤销，使其自始不发生效力。此外，对效力未定的法律行为，也可经由承认（追认），使其溯及自成立时发生效力。

3. 一部撤销

虽然可分的行为有一部撤销的可能，但不可分的行为的一部撤销，不具有作为一部撤销的效力。不能仅撤销合同中的某一条款。要否定一部条款的效力，通常依诚信原则而为之。[3]

4. 撤销权的行使

撤销权的行使，为撤销权人单方的行为，无须相对人表示同意。此从撤销权性质上属于形成权即可明了，其他国家和地区民法的规定并无不同。不过应当注意，关于撤销权之行使，英美契约法、《德国民法典》、《日本民法》、《欧洲示范

1　此处依据郑冠宇：《民法总则》（第二版），瑞兴图书股份有限公司 2014 年版，第 418 页，谨此释明。

2　［日］四宫和夫、能见善久：《民法总则》（第八版），弘文堂 2010 年版，第 28 页。一旦追认，法律行为即确定有效。可撤销的法律行为，因为从一开始（自始）即系有效，所以并无特别强调或规定溯及效力的必要。

3　［日］四宫和夫、能见善久：《民法总则》（第八版），弘文堂 2010 年版，第 289 页。

民法典草案》（DCFR）、《国际商事合同通则》及我国台湾地区相关规定，均仅要求以意思表示向相对人为之。而按照我国《民法典》的规定，撤销权人应请求"人民法院或者仲裁机构予以撤销"。换言之，撤销权的行使应采撤销之诉或仲裁申请的方式，如直接向相对人以意思表示为之，应不发生撤销权行使的效力（如相对人表示同意，则可发生协议解除的效力）。[1]

至于可否为一部撤销，通说认为原则上应为法律行为的全部撤销，但若法律行为内容可分，似宜准许其为一部撤销，较符合当事人的利益。盖为买卖标的物的数物中，一物有瑕疵的，买受人仅可就有瑕疵的物为解除，[2]应可类推适用。撤销权人或相对人有多数时，撤销权的行使（撤销的意思表示）应由其全体或向其全体为之。[3]

5. 关于无效法律行为的撤销

（1）概述。本来，撤销应以法律行为的有效为前提，法律行为若已无效，自无须再为撤销，法律行为不应同时具有无效与得撤销的双重效力，但学说上有无效法律行为之撤销（Anfechtung eines nichtigen Rechtsgeschäfts）的理论。[4]此理论认为，在某些情况下，应允许撤销无效的法律行为，以保护当事人的利益[5]。[6]

（2）无效与撤销的二重效。[7]

1）某法律行为无效的同时，也有（存在）撤销原因的场合。例如成年被监护人以无意思能力的状态为法律行为，其系无效的同时，也认为可以撤销。这样的场合，应如何考量无效与撤销的关系：是任何一个（即二个）都可主张，还是

1　梁慧星：《民法总论》（第五版），法律出版社 2017 年版，第 214 页。

2　参见我国台湾地区"民法"第 363 条第 1 项。

3　郑冠宇：《民法总则》（第六版），新学林出版股份有限公司 2019 年版，第 531—532 页。

4　此理论系德国学者特奥多尔·基普（Theodor Kipp）在 1911 年于 Festschr. f. von Martitz, 1911, S. 211 ff. 中所提出的，被德国法学界誉为百年来的发现。参见郑冠宇：《民法总则》（第二版），瑞兴图书股份有限公司 2014 年版，第 419 页注释 23。

5　此为德国的通说。参见史尚宽：《民法总论》，正大印书馆 1980 年版，第 526 页；王泽鉴：《民法学说与判例研究》（第四册），1992 年 9 月自版，第 25 页以下。

6　郑冠宇：《民法总则》（第二版），瑞兴图书股份有限公司 2014 年版，第 418—419 页。

7　［日］四宫和夫、能见善久：《民法总则》（第八版），弘文堂 2010 年版，第 280 页。

只可主张其中一个？这就是所谓无效与撤销的二重效问题。

2）比较法上的通说（如日本通说）与判例认为，仅可主张两个中的一个。

3）若不能主张两个中的任意一个，法律行为尽管符合两种效力的排除原因，但行为人只得（只有）依其一方（一个）的规范而受保护。

6. 撤销权的消灭

（1）因行使而消灭，即撤销权因有撤销权的人行使此权利而归于消灭。

（2）因除斥期间的经过而消灭。撤销权既然属于形成权，有溯及地使可撤销的法律行为归于消灭的效力，则应有除斥期间的限制。除斥期间的功用，在于促使撤销权人尽快行使权利，并保护相对人的利益，有利于交易安全。除斥期间经过，撤销权就归于消灭，可撤销的法律行为因而成为完全有效的法律行为。[1]

（3）因权利人抛弃（放弃）而消灭。撤销权既然属于民事权利，其是否行使取决于权利人的意思，所以权利人当然可以抛弃其撤销权。有撤销权的当事人，于除斥期间经过前抛弃权利，撤销权因此消灭，可撤销的法律行为就变为完全有效的法律行为。[2]

《民法典》第152条规定，有下列情形之一的，撤销权消灭：①当事人自知道或者应当知道撤销事由之日起1年内、重大误解的当事人自知道或者应当知道撤销事由之日起90日内没有行使撤销权；②当事人受胁迫，自胁迫行为终止之日起1年内没有行使撤销权；③当事人知道撤销事由后明确表示或者以自己的行为表明放弃撤销权。当事人自民事法律行为发生之日起5年内没有行使撤销权的，撤销权消灭。

（四）法律行为无效与法律行为撤销的差异或界分

1. 基本的差异或界分

民法上法律行为无效与撤销的差异或界分，有如下3点[3]。

1　梁慧星：《民法总论》（第四版），法律出版社2011年版，第210页。
2　梁慧星：《民法总论》（第四版），法律出版社2011年版，第210页。
3　[日]四宫和夫、能见善久：《民法总则》（第八版），弘文堂2010年版，第279页。

（1）无效不以特定人的行为为必要，从最初开始（自始）就当然无效，因此无论谁都可主张；而撤销仅可由特定人（撤销权人）为之，一旦撤销，其法律行为、意思表示的效力即被否定。

（2）无效不能依追认而被治愈，而应撤销的行为依追认而确定变成有效。

（3）无效不因时间的经过而有变化，但撤销权经过一定期间即消灭。

2. 二者区别或界分的相对化

上述法律行为无效与撤销的差异或界分并非绝对，于现今，其具有相对化的倾向，具体表现在如下 3 点 [1]。

（1）法律以特定的场合为无效或者撤销，并非论理的问题，而系法政策的问题。为保护一方当事人的个人利益，法律行为（被）"无效"的场合，解释上认可无效与撤销的中间效果是适当的。此即所谓撤销的无效等场合。

（2）某法律行为符合无效事由与撤销事由两者的场合，不能单纯主张即使哪一个都可自由选择，而是对二者进行规范的调整是适当的。此虽然是无效与撤销的二重效问题，但因符合无效事由与撤销事由的场合，正是（变成）无效与撤销的中间场合，所以自这样的观点的规范调整是适当的。

（3）无效从一开始（自始）就不产生法律效果、撤销引起（造成）溯及性无效这些原则，并不绝对。例如，关于团体设立行为（社团的设立）、团体加入行为，其有保护伴随团体的事实上的活动的第三人之信赖的必要，关于雇佣合同、劳动合同，其有保护事实上就业之人利益的必要，所以关于此等行为，无效、撤销的效果应认为仅朝向（面向）将来发生。

四、效力未定的（民事）法律行为

（一）效力未定的涵义

效力未定的法律行为，指效力是否发生，尚未确定，有待于其他行为使其确定

1　[日] 四宫和夫、能见善久：《民法总则》（第八版），弘文堂 2010 年版，第 280 页。

的法律行为，换言之，指法律行为效力处于不确定的状态，须经第三人的同意或拒绝，方能确定其效力，包括须得第三人同意的法律行为与无权处分。所谓同意，乃有相对人的单独意思表示，原则上无须具有任何形式，事前的同意为允许，事后的同意为承认。须得同意的法律行为，若经同意则为有效，若经拒绝则为无效，至于未经同意，也未经拒绝的，其法律行为的效力，则有可撤销、效力未定、无效但不得对抗善意第三人及无效四种情形。同意或拒绝同意系经由一方的表示，使得法律行为发生变动的效力，故同意或拒绝同意的权利，系以意思表示为之的形成权。[1]

应注意的是，效力未定的法律行为，既存在转变为无效的法律行为的可能性，也存在转变为完全有效的法律行为的可能性，因此类似于可撤销的法律行为。但二者也有差异：可撤销的法律行为，固然同时存在变为无效（撤销权人请求撤销）和变为有效（除斥期间经过或撤销权人抛弃权利）两种可能性，但不得认为可撤销的法律行为尚未发生效力。实际上，如前所述，可撤销的法律行为，自成立时起，已经发生一定的效力，只不过该效力仅能约束无撤销权的一方当事人，不能约束有撤销权的一方当事人，因此属于效力不完全。而效力未定的法律行为，其效力发生与否，尚处于悬而未决的状态。[2]

（二）效力未定法律行为的类型

《民法典》对效力未定的法律行为，未设一般规定。《民法典》就效力未定的合同设有规定，即主要见于第503条。我国学理大抵认为，效力未定的合同有三类：①限制民事行为能力人缔结的合同。②无代理权人以被代理人的名义缔结的合同。③传统民法所谓无处分权人处分他人财产的合同，也属于效力未定的合同。唯我国《民法典》第597条第1款对此已有不同立场，即依其规定，因无权处分而订立的合同，并非无效，而是有效。[3]

1　郑冠宇：《民法总则》（第二版），瑞兴图书股份有限公司2014年版，第420—422页。

2　梁慧星：《民法总论》（第四版），法律出版社2011年版，第211页。

3　梁慧星：《民法总论》（第四版），法律出版社2011年版，第211页。

（三）须第三人追认的法律行为 [1]

1. 须第三人追认的法律行为的涵义

须第三人追认的法律行为，指行为是否生效取决于第三人是否追认，主要是限制民事行为能力人实施的法律行为。《民法典》第 19 条、第 22 条所规定者大抵即属之。

2. 第三人追认的性质、效力、方式及相对人的保护

在须第三人追认的法律行为，该第三人是否追认，将决定该行为是否发生效力。所谓追认，是指有追认权的人使他人所为法律行为发生效力的单方行为。追认作为一种单方行为，其功用在于使他人所为的法律行为发生效力，因此具有补助行为的性质。

须第三人追认的法律行为，其追认的效力在于，一经该第三人的追认，即溯及于成立之时，发生完全的效力。反之，一经该第三人拒绝追认，即溯及于成立之时，成为无效的法律行为。

追认既然属于单方行为，则依单方的意思表示即可成立。在有相对人的法律行为，则可向当事人的任一方以意思表示为之。追认无须依一定的方式。例如，限制民事行为能力人所实施的法律行为，即使属于要式行为，法定代理人的追认也无须任何方式，且不论向该限制民事行为能力人或向其相对人表示，皆发生追认的效力。值得指出的是，民法为保护相对人的利益，使相对人在一定期间有催告权和撤回权。

（四）须本人追认的法律行为

须本人追认的法律行为，指行为是否生效取决于本人是否追认的法律行为，主要是无代理权人以被代理人名义实施的法律行为。《民法典》第 171 条规定："行为人没有代理权、超越代理权或者代理权终止后，仍然实施代理行为，未经被代理人追认的，对被代理人不发生效力。相对人可以催告被代理人自收到通知

---

[1] 此处根据梁慧星：《民法总论》（第四版），法律出版社 2011 年版，第 211—213 页，谨此说明。

之日起三十日内予以追认。被代理人未作表示的，视为拒绝追认。行为人实施的行为被追认前，善意相对人有撤销的权利。撤销应当以通知的方式作出。行为人实施的行为未被追认的，善意相对人有权请求行为人履行债务或者就其受到的损害请求行为人赔偿，但是，赔偿的范围不得超过被代理人追认时相对人所能获得的利益。相对人知道或者应当知道行为人无权代理的，相对人和行为人按照各自的过错承担责任。"另外，《民法典》第503条规定："无权代理人以被代理人的名义订立合同，被代理人已经开始履行合同义务或者接受相对人履行的，视为对合同的追认。"

应指出的是，有学理认为，在本人（被代理人）追认（承认）前，无权代理人继受本人的权利的，应类推适用无权处分的规则，其代理行为自始有效，无权代理人不得再拒绝承认。盖其当初既以为本人的意思为法律行为，现今取得本人的地位，自不允许再以本人的资格否认所为的行为。但若系由本人继受无权代理人的权利的，为顾及本人的权益，应允许本人拒绝承认，而负无权代理人的赔偿责任。[1] 盖若在未发生继受的情形，本人即对无权代理人的行为拒绝追认的，无权代理人应对相对人负损害赔偿责任。而在本人继受无权代理人的权利后，选择拒绝追认的，仍应对相对人负损害赔偿责任，对于相对人的权益并未有所影响。[2]

（五）传统民法上的无权处分行为

1. 传统民法上的无权处分行为的涵义

按照德国民法理论，法律行为可分为负担行为与处分行为，前者指发生债权债务的行为，因此又称为债权行为，如买卖、租赁、保管、保证等属之；后者指使某特定权利直接发生（取）得、丧（失）、变更的行为，如物权（譬如所有权）的抛弃（放弃）等属之。处分行为包括物权行为和准物权行为：物权行为，指直接引起某物权的（取）得、丧（失）或变更的行为；准物权行为指债务的免除及债权的让与等直接引起债权的（取）得、丧（失）或变更的行为。

---

1 参见我国台湾地区"民法"第110条。

2 郑冠宇：《民法总则》（第二版），瑞兴图书股份有限公司2014年版，第426—427页。

《民法典》第 595 条规定："买卖合同是出卖人转移标的物的所有权于买受人，买受人支付价款的合同。"依据此条规定，大抵可以认为，该买卖合同的定义对负担行为与处分行为一体把握，将处分行为纳入债权行为中，视标的物的所有权变动为买卖合同直接发生的效力。另外，《民法典》第 598 条规定："出卖人应当履行向买受人交付标的物或者交付提取标的物的单证，并转移标的物所有权的义务。"[1]此外，《民法典》第 597 条规定："因出卖人未取得处分权致使标的物所有权不能转移的，买受人可以解除合同并请求出卖人承担违约责任。法律、行政法规禁止或者限制转让的标的物，依照其规定。"

2. 传统民法上的无权处分行为的效力

（1）概要。传统民法大抵认为，法律为维护财产关系的静的安全，系不认可得出卖他人之物。例如《法国民法典》第 1599 条规定："出卖他人之物，无效；买受人不知出卖物属于他人时，出卖他人之物得引起损害赔偿。"[2]通常大抵认为，无权处分行为，其本属于违法，于刑事上可能构成犯罪，在民事上构成侵权行为。故此，无权处分行为本不生处分的效力，应属于无效的法律行为。但法律为照顾实际上的便利，于特定情形，作为例外，使其发生效力。例如《德国民法典》第 185 条规定："无权利人就标的物所为之处分，如经权利人之允许而为者，应为有效。无权利人所为之处分，经权利人承认、为处分之人事后取得该标的物，或权利人继承无权处分之人，且就其遗产负无限责任者，该处分亦生效力。于后二者之情形，若就标的物曾为数处分而互相抵触时，仅最早之处分为有效。"[3]

（2）效力未定与善意取得规则的适用。传统民法大抵认为，无权处分的法律行为，须经有权利人的承认，方生效力，于其承认前，系属于效力未定的状态。有权利人若为承认，则溯及于为法律行为时发生效力，若拒绝承认，则溯及无

1　梁慧星：《民法总论》（第四版），法律出版社 2011 年版，第 213 页。

2　参见罗结珍译：《法国民法典》，中国法制出版社 1999 年版，第 371 页。

3　参见台湾大学法律学院、财团法人台大法学基金会编译：《德国民法》（上，总则编、债编、物权编）（2016 年修订第二版），元照出版有限公司 2016 年版，第 188 页。

效。但此时若相对人为善意不知情，其不知无权利人所为的处分为无权处分，而信赖其具有处分权的，则涉及交易安全的保护，即应适用善意取得的规定而取得其权利。[1]需注意的是，《民法典》第311条将不动产和动产善意取得合二为一，建立不动产、动产及其他物权（《民法典》第311条第3款规定："当事人善意取得其他物权的，参照适用前两款规定"）的统一善意取得制度。有学理谓，须属于无权处分行为，且因权利人不追认或处分人事后未取得处分权而致无权处分行为无效时，该条款方有适用的余地。[2]

（3）关于事后取得权利。我国台湾地区"民法"第118条第2项前句规定："无权利人就权利标的物为处分后，取得其权利者，其处分自始有效。"另外，该"民法"118条第3项规定："前项情形，若数处分相抵触时，以其最后之处分为有效。"[3]

第九节　公序良俗原则

一、概述

一般认为，下列情形即属于违反公序良俗的行为[4]：

第一，即使在依合同自由原则而受保护的自由的交易活动领域，如一方当事人利用另一方当事人的窘迫、无知、无经验等而实施过度的不公正的交易，就会被视为暴利行为而认定为无效，进而被认为是妨碍自由的经济活动的行为，构成违反公序良俗。学说上称此为违反经济的公序。在消费者合同领域，对在信息、交涉力上处于弱势地位的消费者拟定的显著不当的合同（条款），也多数被认定为违反公序良俗。

1　郑冠宇：《民法总则》（第二版），瑞兴图书股份有限公司2014年版，第424页。
2　梁慧星：《民法总论》（第四版），法律出版社2011年版，第215页。
3　参见陈聪富主编：《月旦小六法》（第十七版），元照出版有限公司2014年版，第叁—11页。
4　参见［日］四宫和夫、能见善久：《民法总则》（第八版），弘文堂2010年版，第266页。

第二，由于社会生活的复杂化，及基于建立福利社会、福祉国家等各种因由，行政规制不断增多，这些行政规制中有很多系以保护私人为目的，因此，如所实施的行为违反其规定，多数即被认为系违反公序良俗。

第三，晚近以来，有一种倾向认为，与宪法的价值相抵触的行为，也系违反公序良俗的行为。

二、公序良俗违反行为的类型

违反公序良俗的行为，伴随时代的变迁而不断变化。于现今的比较法上，违反公序良俗的行为可以类型化为下列几种 [1]：

（一）违反人伦的行为

违反性道德、违反家族秩序、违反涉及犯罪等基本的伦理观念的行为，系被认为违反公序良俗，它们构成传统的公序良俗违反行为的最主要的方面。

1. 违反家族秩序的行为

在比较判例实务上，以下情形会成为问题，其具体的基准往往随时代的变迁而变迁。例如：①X 与有配偶者 Y 之间，订立将来 Y 的婚姻解除时，与 X 缔结以婚姻为内容的婚姻预约及婚姻入籍，Y 向 X 支付扶养费的合同，法院未支持 X 的扶养费请求；②以获得金钱利益为目的而维持婚姻外的性关系的合同，属于无效；③违反亲子间的秩序，父子之间订立母子不得同居的合同，属于无效；④约定在私通关系存续期间，债主不能请求返还金钱的消费借贷合同，属于无效。当然，在日本判例实务上，对于有妻子的男性将自己财产的三分之一遗赠给与自己有性的关系的别的女性的行为，法院认为并不违反公序良俗。

2. 与犯罪行为相关联的行为

例如，支付因赌博所欠的金钱或财物的合同，为赌博准备资金而贷给金钱的合同等，均系无效。

1　[日] 四宫和夫、能见善久：《民法总则》（第八版），弘文堂 2010 年版，第 266—272 页。

3. 违反人权、人格尊重的行为及侵害人格利益的行为

人权和人格之尊重，为当代民主、法治社会的基本特征。我国《宪法》明文规定保障人身自由和人格尊严不受侵犯。因此，依公序良俗原则规范违反人权和人格尊重的行为，具有重大意义。例如，过分限制人身自由的劳动合同，以债务人人身为抵押的约款，强制债务人于债主家做奴仆以抵偿债务的约款，企业或商店对雇员或顾客进行搜身检查的规定等，皆系违反公序良俗。[1]

（二）违反经济、交易秩序的行为（经济的公序）

此包括两个方面：①对经济、交易秩序本身的侵害行为（例如垄断、限制营业活动的自由等）；②伴随经济活动的进行而引起的违反公序良俗的行为。前者是对市场经济秩序本身的威胁，是对支撑社会的基本经济秩序的违反行为，因此无论当事人的意思如何，皆系无效。后者具有很强的救济合同的受害人的性质，因此是否绝对无效，存在诸多疑问。如果当事人以自己的意思加以追认，就存在有效的余地。另外，作为后者的发展形态，从保护消费者的观点看，应认为是对交易的自由所划的界限，此即所谓"消费者公序"。当然，在后者的场合，如果认为是个别的受害人保护的问题，则与其说应以公序良俗，还不如说应以诚信原则解决之更为恰当。

1. 对活动的自由、财产权处分的自由的限制

在公司与从业员、使用人与使用人等之间，限制从业员、使用人在退职后利用从事工作期间获得的知识、经验从事同种营业的义务（竞业避止义务）的场合，就存在限制活动的自由的问题。比较实务上的判例认为，若限制营业禁止的地域、期间，系不违反公序良俗。向他人赠与、让与（转让）财产时，附加禁止处分及其他的使用限制的合同，也系限制个人的自由，阻害财产的流通。在比较判例实务上，向他人赠与财产时，终身禁止移转，并不违反公序良俗，但永久禁止其处分，则系违法。[2]

1　梁慧星：《民法总论》（第四版），法律出版社 2011 年版，第 201 页。
2　［日］四宫和夫、能见善久：《民法总则》（第八版），弘文堂 2010 年版，第 268—269 页。

2. 暴利行为

《德国民法典》第 138 条第 2 项规定："法律行为系利用他人急迫情形、无经验、欠缺判断能力，或明显意志薄弱，使其对自己或第三人为财产利益给付之承诺或其给付显失公平者，该法律行为无效。"[1] 此规定旨在防止经济上的强者压榨经济上的弱者。高利率的利息、过大的赔偿额的预定、以不相当的高价的物而设定流担保合同等，通常即属之。暴利行为的判定，不仅合同内容的不当性，且合同当事人主观行为样态的不当性，均系必要的考量基准。[2]

3. 对公正的竞争、市场经济的侵害行为

此等行为通常被认为系阻害经济活动的行为，违反公序良俗。

4. 显著的不公正的交易方法

在消费者合同、约款，于个别的条款显著不公正时，该条款被认为系违反公序良俗。不过，这样的条款究竟应以公序良俗违反的问题予以规制，还是应依诚信原则而规制，仍有检讨的必要。值得注意的是，在日本，其自 2001 年起施行的《消费者合同法》第 8 条至第 10 条，使一定的不当条款无效的根据，是违反诚信原则。[3]

（三）违反宪法的价值、公法的政策的行为

1. 与宪法的价值抵触的行为

一般认为，宪法直接就国家的行为而适用，而对于私人间的行为不能直接适用。但是，宪法规定的价值中包含了私人的社会全体的基本的价值，因此，否定其价值的私人间的行为，可能违反公序良俗。例如，公司的就业规则中若规定女性的退休年龄比男性低，则会被认为是基于性别的不合理差别而违反公序良俗。[4]

1　参见台湾大学法律学院、财团法人台大法学基金会编译：《德国民法》（上，总则编、债编、物权编）（2016 年修订第二版），元照出版有限公司 2016 年版，第 139 页。

2　［日］四宫和夫、能见善久：《民法总则》（第八版），弘文堂 2010 年版，第 269 页。

3　［日］四宫和夫、能见善久：《民法总则》（第八版），弘文堂 2010 年版，第 270 页。

4　参见日本最判 1981 年 3 月 24 日民集 35 卷 2 号第 300 页。

2. 违反取缔规定

以往违反取缔规定的行为之无效，其根据通常是违反公序良俗。稍后，是认为应以取缔规定违反本身为根据而判定违反行为无效，在有特别的情事而仅依取缔规定违反本身不能判定是否无效时，方援用公序良俗原则而判定。但是，新近以来的学说又再度认为，应依公序良俗原则来判定取缔规定违反行为的私法上的效果。[1]

三、暴利行为与不公正交易

暴利行为系属无效或可撤销，其在法制史上可以追溯到罗马法。罗马帝政末期，贵族们为了扩大庄园，十分便宜地买取邻近的自由农民的土地。在此背景下，皇帝的"命令"规定："土地以其正当价格一半以下而买卖时，卖主可以撤销买卖契约。"此被称为"莫大损害"（laesio enormis）的法理。此"命令"是否存在尽管存在争论，但至中世纪时，根据当时的正义理论而主张"正当价格"（认为物有其正当价格）的学说出现了。往后至18世纪的启蒙主义时期，自然法论者主张，实质的对价的均衡，应系契约有效的要件。在自然法影响下制定的《法国民法典》《普鲁士普通邦法》中均有基于"莫大损害"的考量而设计的规定。不过，在之后的19世纪，由于强调经济自由主义，1900年施行的《德国民法典》并没有直接规定"莫大损害"的条文，而是将其作为违反公序良俗的一种类型，仅设计了使"暴利行为"（Wucher）无效的规定（第138条第2项）。依其规定，应对乘对方的急迫、无经验、欠缺判断能力、意思能力的减退等主观的情事和给付的不均衡这一客观的情事进行综合判断后而认定是否有暴利行为。在日本法上，暴利行为被纳入其民法典（《日本民法》）第90条的解释中，如过大的赔偿额的预定、显著超过债务额的代物清偿预约等即被认为系暴利行为，违反公序良俗。[2]

1　［日］四宫和夫、能见善久：《民法总则》（第八版），弘文堂2010年版，第271页。
2　［日］四宫和夫、能见善久：《民法总则》（第八版），弘文堂2010年版，第272页。

唯在英美契约法上，因其将商人间的交易置于首要地位，故依对价的均衡的规制是消极的。另外，也不存在像日本那样以公序良俗而介入的情形。但是，合同的成立平面（层面）上的规制（不当威压的法理）、合同成立阶段的不当性不应成为问题的"非良心性的法理"（doctrine of unconscionability）［如 UCC 2—302（《美国统一商法典》第 2—302 条）］，仍然是存在的。[1]

但是，暴利行为因要求乘相对人的急迫、穷困等状况这一主观要件，所以其适用范围未必宽泛。而且，现今社会上成问题的，是"不公正的交易"（unfair exchange），而不公正的交易存在各种各样的形态，虽然也有须使全体无效的场合，但是仅除去不公正的部分也系可以的情形，也是很多的（回复对价的均衡，仅否定约款之一部的效力等）。处理这些问题，与其使用暴利行为规则，不如说使用诚信原则予以解决更具灵活性，尽管灵活地依公序良俗的规制方法也可实现同一目的。[2]

四、显失公平与乘人之危

我国原《民法通则》将传统民法上的显失公平行为（暴利行为）一分为二：一称"乘人之危"，一称"显示公平"。乘人之危的法律行为，是指一方当事人乘对方处于危难之机，为牟取不正当利益，迫使对方做出不真实的意思表示而成立的法律行为。显失公平的法律行为，又称为"暴利行为"。[3]

《民法典》将乘人之危和显失公平加以合并，仍然称为显失公平，同时参考《德国民法典》第 138 条第 2 项和我国台湾地区"民法"第 74 条，并结合最高人民法院的有关解释，规定为一个条文，即第 151 条："一方利用对方处于危困状态、缺乏判断能力等情形，致使民事法律行为成立时显失公平的，受损害方有权

1　［日］四宫和夫、能见善久：《民法总则》（第八版），弘文堂 2010 年版，第 272—273 页。
2　［日］四宫和夫、能见善久：《民法总则》（第八版），弘文堂 2010 年版，第 273 页。
3　参见梁慧星："民法总则立法的若干理论问题"，载《暨南学报（哲学社会科学版）》2016年第 1 期，第 31 页。

请求人民法院或者仲裁机构予以撤销。"另外，一般认为，显失公平具有时间限制，仅在订立合同时显失公平的合同，方属于可撤销合同，故合同成立生效后因情事变更导致合同内容显失公平的，不能适用显失公平规则，而应直接适用诚信原则处理。[1]

五、公序良俗违反的判定时期

合同成立时（法律行为时）与履行时，关于公序良俗违反的判断基准发生变化，应如何予以判断即成为问题。具体而言，有下列各点[2]：

第一，合同成立时违反公序良俗，但之后判断基准发生变化，于履行时不违反公序良俗的场合。此种场合，原则上也应作无效考虑。因为，合同一旦被认定为无效，即当然不能变成有效。亦即，合同因违反公序良俗而变成无效时，在此之前被保护的当事人的利益因公序良俗基准的变更而当然被剥夺是不适当的。因此，公序良俗基准变更后，合同当事人也不能请求履行，如有已经给付的物，应认可得请求返还。但是，判断基准变更后，双方当事人追认，或一方当事人任意为履行的给付而对方当事人保持此种给付的，可以视为系在非公序良俗违反的时点订立新的合同，合同自此时起（变成）有效。

第二，合同成立时行为并不违反公序良俗，之后由于判断基准的变化，于履行时被判定违反公序良俗的场合。此种场合，日本判例曾判示：公序良俗违反的判断应在为法律行为时，所以合同缔结时不违反公序良俗的，于履行时也是有效的。唯日本学说认为，本于《日本民法》第90条对于违反公序良俗的行为不允许其实现的立法目的，合同成立时虽然有效，但依履行时的基准而被判定为违反公序良俗的，合同本身应作无效处理。因为，以合同的内容违反公序良俗为由而否定合同的效力，不仅应考虑合同成立时的情况，还应考虑合同履行时的情况。

1　参见梁慧星：《民法总论》（第四版），法律出版社2011年版，第202—203页。

2　[日]四宫和夫、能见善久：《民法总则》（第八版），弘文堂2010年版，第273—274页。

六、公序良俗违反的效果

依《民法典》的规定，违反公序良俗的民事法律行为系无效（第153条第2款），其无效究指何种无效，乃有必要分析和释明如下[1]。

（一）全部无效与一部无效

合同条款之一部违反公序良俗时，是合同全体变成无效（全部无效），还是仅该条款变成无效，其他部分仍然有效（一部无效）？一般言之，所谓违反公序良俗的法律行为无效，指的是合同全体无效。但是，依公序良俗违反的内容的不同，并非全部无效的场合也是有的。特别是在暴利行为中，以合同当事人间的给付不均衡作为理由的公序良俗违反场合，不全部无效也是可以的。经由认可一部无效而解决的问题是：过大的赔偿额的预定合意被达成的场合、约款的一部条项显著不适当的场合。[2]

（二）双方的无效与片面的无效

合同等违反公序良俗的场合，是当事人双方可以主张的双方的无效，还是仅值得保护的一方当事人可以为无效的主张的片面的无效？例如，经营者（事业者）对消费者以显著不公正的劝诱方法缔结的买卖合同违反公序良俗的场合，就只认可消费者的无效主张，而经营者（事业者）的无效主张系不被认可，是为片面的无效。唯在暴利行为等场合，尽管公序良俗原则确为保护一方当事人而使用（或存在），但是，以公序良俗违反为理由的规制，系因为不容许其行为违反社会的基本秩序，所以原则上应是双方的无效。[3]

（三）抗辩的无效与溯及的无效

对相对人的履行请求，以合同无效为理由而拒绝自己给付的履行的，其根据

1　关于此的翔实分析、论述，参见陈华彬："论我国《民法总则（草案）》的构造、创新与完善"，载《比较法研究》2016年第5期，第156页以下。

2　［日］四宫和夫、能见善久：《民法总则》（第八版），弘文堂2010年版，第274—275页。

3　［日］四宫和夫、能见善久：《民法总则》（第八版），弘文堂2010年版，第275页。

即是抗辩的无效。无效当然得作为抗辩而使用。与此不同，作为提出返还已为给付的请求的前提而主张合同无效的，称为溯及的无效。给付未履行时，主张抗辩的无效并无问题（尽管有双方未履行与一方未履行的情形，但无论何种情形，均可。可以拒绝未履行的给付的履行请求），但是，对于是否应认可已为给付的返还，则应考虑双方当事人的不法程度、交易安全的需要与否等，并因利益状况而不同。这其中，对双方当事人的不法程度的考量尽管应依有关不法原因给付的规则而为之，但对交易安全的考量却是不法原因给付规则中没有预定的。故此，应考量这些情事的场合，是否仅止于抗辩的无效，而不认可溯及的无效，仍然是发展中的议论或探讨。[1]

七、公序良俗违反与其他制度的关系

（一）与不法原因给付的关系

《日本民法》第 708 条规定："因不法原因而作出给付之人，不得请求返还其给付者。但不法原因仅就受益人而存在时，不在此限。"[2] 我国台湾地区"民法"第 180 条第 4 项规定：因不法之原因而为给付者，不得请求返还，但不法之原因仅于受领人一方存在时，不在此限。[3] 例如，有配偶的 A 与配偶以外的人 B 以维持性关系为目的而赠与房屋时，于 A 向 B 移转房屋的占有及完成移转登记后，即给付完了时，A 即不能以赠与合同因违反公序良俗而无效为由，请求返还房屋。[4] 但是，对于可否请求基于不法且无效的合同而为的给付的返还，比较实务上的判例与学说认为，应比较考量提出返还请求的人与相对人的不法性而定。若据此立场，即便是同样违反公序良俗的合同，就已经履行的给付，仍存在可以请求返还与不能请求返还两种情形。是否可以请求返还的基准，应系依对不法原因给付规

则（如《日本民法》第708条）的解释而定。[1]

（二）与诚实信用原则的关系

约款、合同中的一部条款因有明显不公正的内容，会违反公序良俗而使合同全体（全部无效）乃至一部条款无效（一部无效）。在仅修正一部条款即可的场合，除依公序良俗违反的一部无效解决外，基于诚信原则，即使当事人不援用该条款，也可解决。这样的解决，属于对约款中的不当条款规制的问题。依诚信原则的合同内容的规制，即使在暴利行为（公序良俗违反）的要件未充分满足、充分具备的场合也是可以的，即它可以灵活解决问题。[2]

1　［日］四宫和夫、能见善久：《民法总则》（第八版），弘文堂2010年版，第276页。

2　［日］四宫和夫、能见善久：《民法总则》（第八版），弘文堂2010年版，第276—277页。

第十章

代 理

第一节 概 说

一、代理的涵义、源起、确立及存在理由

(一) 代理的涵义

民事主体可以通过代理人实施民事法律行为 (《民法典》第 161 条第 1 款)。所谓代理 (Vertretung),系指代理人 (Vertreter) 于代理权限内,以本人 (被代理人,Vertretener) 名义向第三人为意思表示或由第三人受意思表示,而对本人发生效力的行为 (《民法典》第 162 条)。代理制度是欧洲中世纪和近代时期市场经济高度发展的产物,当代各国家和地区民法均认可之。在代理中,以他人名义实施法律行为的人,称为代理人;为代理人实施的法律行为承担法律后果的人,称为被代理人 (本人、委托人);与代理人实施法律行为的人,称为相对人 (第三人)。代理人以被代理人名义实施法律行为的资格 (行为能力),称为代理权;代理人根据其代理权以被代理人的名义或自己的名义 [间接代理是代理人以自己的名义为本人之计算 (损益归于本人) 而为法律行为,其法律效果首先对间接代理人发生,然后依间接代理人与本人之内部关系而移转于本人之制度] [1] 实施的法律行为,称为代理行为。

1　梁慧星:《民法总论》(第五版),法律出版社 2017 年版,第 226 页。

代理行为是一种法律行为，但该行为与一般法律行为又存在很大差别：①一般法律行为是行为人以自己名义实施的由自己承担法律后果的法律行为，而代理行为则是行为人以他人名义或自己名义实施的由他人承担法律后果的法律行为。在代理行为有效的情况下，代理人对其行为不承担法律后果。②一般法律行为只涉及行为人与相对人的关系，而代理行为则涉及三方面的关系，即代理人与被代理人的关系（内部关系），代理人与相对人的关系（外部关系），被代理人与相对人的关系（外部关系）。[1]

（二）代理的源起与确立

代理在法制史上发生较晚。古代罗马法并无代理制度，而且，为求法律关系的简明，反而以"非其本人不得订立契约"为原则。依此原则，意思表示的表意人与法律效果的取得人必须同一。一般认为，代理起源于欧洲中世纪时期。欧洲中世纪早期出现的国王或教皇授权他人以其名义借债，系委托代理的滥觞。12、13 世纪时，罗马帝国衰落已久的商业开始复苏，委托代理逐渐出现于商事活动中。在欧洲长达千年的整个中世纪时期，随着地中海沿岸城市商业的繁荣，在意大利、法国和德国的普鲁士，越来越多的商人将业务委托给他人管理、经营，此即商事代理。商事代理的运用，产生了规范此类活动的商事习惯。此种商事代理习惯的产生，标志着代理的起源。

大体以 1500 年前后伟大的地理大发现为标志，欧洲的历史进入了近代时期。从这一时期开始至 1640 年，英国发生了资产阶级革命，1871 年，德国实现了民族国家的统一，所有这些，都标志着欧洲进入了近代资本主义时期。在这一时期，市场经济的水平、规模以及空间范围都有很大发展，使有产者本人在时间、空间、精力乃至知识能力等方面，都难以应付日益扩大、复杂的市场交易，于是产生了对代理的进一步需求。于是，1804 年《法国民法典》、1807 年《法国商法典》（Code de commerce）和 1811 年《奥地利普通民法典》均对代理作出了规定。但是，这一时期仍然没有形成独立的代理观念，建立起统一的代理制度。在《法

---

[1] 李开国：《民法总则研究》，法律出版社 2003 年版，第 317 页。

国民法典》和《奥地利普通民法典》中,代理被视为委托契约的效力,即将代理人进行代理活动看作受托人对委托人的义务,未能厘清代理与其基础法律关系的界限。[1]

代理在民法上的正式确立,起于 1896 年的《德国民法典》。该法借助"代理权"的概念,使代理与其各种基础法律关系相分离,作为一种法律行为,规定在总则编的法律行为中,从而建立起对各种代理都能适用的统一的代理制度。1896年《日本民法》、1907 年《瑞士民法典》和 1929—1930 年的《中华民国民法》,都建立起了完整的代理制度体系。我国《民法典》于总则编专设"代理"一章(第 7 章),分别就代理的"一般规定"(第 1 节)、"委托代理"(第 2 节)及"代理终止"(第 3 节)作出规定。

(三)代理的存在理由

代理是近现代和当代民事生活中的一项重要制度,是实现私法自治的法律工具。意定代理具有扩张私法自治的功用,法定代理则具有补充私法自治的功能。在现代分工的社会,从事交易活动,事必躬亲,殆不可能,假手他人,实有必要。无论公司或个人,均可借助代理人为其实施各种法律行为,尤其是订立合同,以扩张私法自治的范围,满足社会生活的需要,[2]因此,代理是民事主体从事法律行为的重要方式,它使有产者获得"分身术"而尽量扩张其经营活动范围。一个有产者利用代理制度,不仅可以使其触角遍及全国,而且可以越过国界,遍及全球,从而获得丰厚的利益。现今的有产者,其事业遍及全国、全世界,而高枕从容、游刃有余,乃系代理制度所赐,自不待言!

总之,代理的必要性或存在理由可以归结为如下 3 点[3]:①为扩大本人(被代理人、委托人)的活动范围,有必要采用代理。在此意义上,代理系私法自治的扩张。此种场合采用的代理,系任意代理。②代理具有补充无交易能力的人的

1　李开国:《民法总则研究》,法律出版社 2003 年版,第 311 页。
2　王泽鉴:《民法总则》,北京大学出版社 2009 年版,第 349 页。
3　[日] 四宫和夫、能见善久:《民法总则》(第八版),弘文堂 2010 年版,第 293—294 页。

活动的功用。未成年人、成年被监护人等，因不能自己为交易，所以由代理人代替为交易即有必要。在此意义上，代理具有补充私法自治的功用。法定代理通常担负此种功能，此外也有以任意代理而实现此功能者，例如高龄老年人考虑到自己的判断能力低下，预先选任好任意代理人，当实际发生（出现）判断能力低下的状况时，即将诸般事务委由代理人为之。③仅系单纯的法律效果的归属主体的法人，为从事各种活动，存在需要代理人的场合。

二、代理的法律本质

代理是 17 世纪的自然法学说之后，由 19 世纪的德国潘德克吞法学确定为民法总则中的一项重要内容，并与往后的法律行为理论同时发展的制度。关于代理的法律本质，存在下列 5 说 [1]。

（一）本人行为说（Die Geschäftsherrntheorie）

该说由德国学者萨维尼最早主张。萨维尼特别指出，在任意代理，代理人系本人的法律上的机关（juristisches Organ），本人系通过代理人而行为，代理人对第三人（相对人）所为的意思，仍然是本人的意思。概言之，按照该说，代理系本人即被代理人或委托人的行为，而非代理人的行为。不过，依照该说，代理人与使者将难以作出明确的区分，此为该说最大的缺点。

（二）代理人行为说

该说认为，代理人是法律上的行为者，代理的效果直接移转于本人。亦即，代理人缔结的法律行为，仅其效果在本人的人格上发生。法律效果的发生是事实上存在的、常常是代理人的意思表示。

（三）共同行为说

该说认为，代理系分割现存于代理人与本人之间的法律行为，由两者的共同行为产生一个法律行为。并非仅代理人或仅本人为排他性的行为，而常常是二者

1　［日］远田新一：《代理法理论的研究》，有斐阁 1984 年版，1985 年第 2 刷发行，第 59—71 页。

为法律行为，使之发生法律效果。因本人的意思也虑及法律效果，所以代理权授予行为并不是单纯的单独行为，而是涵括了双方行为的东西。

（四）代表说

厄尔特曼（Oertmann）、H. 莱曼（H. Lehmann）、施陶丁格·科英（Staudinger Coing）等主张此说。该说随着潘德克吞法学的普及而被广泛接受，它将法定代理和任意代理统一在代理的概念和制度之下。《普鲁士法普通邦法》、《法国民法典》、《奥地利普通民法典》、旧《瑞士债务法》及《德国民事诉讼法》等，均广泛采用该说。

（五）综合要件说或新综合共同行为说

米勒·弗赖恩费尔斯（Müller Freienfels）主张此说。其谓：对于代理的分析，应分为代理权的承认（Einräumung）这一形式的部分与代理行为这一实质的部分，二者（即代理权授予行为和代理行为）应变成法律行为。要解明这一点，须认识代理效果的法律根据（Voraussetzung）。如果不是这样，则意即作为当事人自由的意思自治秩序体系的私法与经由他人而形成其法律状态的代理观念不一致。由此，代理效果以法律行为的效力之发生为根据，代理权授予行为和代理行为是分别作为单独的法律行为还是二者合一形成一个法律行为，必须加以解明。毫无疑义，应采取后者，是为综合要件说或新综合共同行为说。

我国民法有关代理的法律本质的理论系采代表说，本书从之。唯其他各说也能自圆其说，因此于理论上也具相当的积极意义，值得特别提及。

三、代理的三面关系与代理人的能力

（一）代理的三面关系

代理关系系由三方当事人组成，即本人（被代理人、委托人，下同）、代理人和相对人（第三人）。本人授予代理人代理权，代理人于代理权范围内以本人的名义与相对人为法律行为，所为法律行为的效果则直接归属于本人，此即代理的三面关系，如下图所示 [1]：

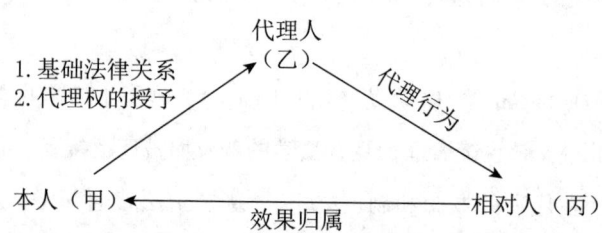

1. 本人与代理人间的关系

本人与代理人间通常有委托合同或雇佣合同等基础法律关系，称为内部关系。基于此合同关系，代理人有为本人为一定行为的义务。本人（被代理人）单独行为的授权关系，称为外部关系，其使代理人有代理权，代理人所为行为对本人直接发生效力。本人（被代理人）与代理人间的内外部双重关系，是代理关系的基本构造。[2]

2. 代理人与相对人间的关系

代理人与相对人间的关系主要为代理行为的问题。代理人与相对人直接进行法律行为，为相对人与本人（被代理人）之间产生、变更或者消灭法律关系提供可能。

3. 本人（被代理人）与相对人间的关系

本人（被代理人）与相对人间的关系主要为法律行为效力的归属问题。代理人为法律行为后，必须使其法律行为的效果（效力）直接对本人发生。此法律效果不仅指代理行为预期发生的主要效果，例如债权的成立或物权的移转，而且包括法律行为的其他附随效果，例如，由买卖合同所生的担保责任，因错误、被欺诈或被胁迫所生的撤销权等，也归属于本人。代理人有侵权行为时，不能适用代理的原则，而应依基础法律关系，依雇用人侵权责任规则负损害赔偿责任。[3]

1　刘得宽：《民法总则》（增订四版），中国政法大学出版社 2006 年版，第 269 页；施启扬：《民法总则》（第七版），三民书局 2007 年版，第 330 页。

2　施启扬：《民法总则》（修订第八版），中国法制出版社 2010 年版，第 282 页。

3　施启扬：《民法总则》（修订第八版），中国法制出版社 2010 年版，第 283 页。

（二）本人的能力问题

因代理行为的效果直接归属于本人，所以本人必须有民事权利能力，否则无法取得权利并负担义务。在意定代理，本人（被代理人）须与代理人成立基础法律关系或单独授予代理权，原则上应有意思能力和民事行为能力；在法定代理，代理关系和代理权的发生均系基于法律规定，本人（被代理人）不必有意思能力或民事行为能力。[1]

四、代理的分类

（一）意定代理、法定代理与指定代理

依代理权的发生原因的不同，代理可以分为意定代理（任意代理，gewillkürte Vertretung）、法定代理（gesetzliche Vertretung）及指定代理。基于本人的意思授予代理权的代理，为意定代理，例如，依委托、雇佣、承揽等合同授予代理权属之；法定代理，指非基于本人的意思授予代理权的代理，其大多出于法律的规定；指定代理，指代理权因法院或其他有权机关的指定而发生的代理。

（二）直接代理与间接代理

1. 概要

直接代理（unmittelbare Vertretung，direkte Vertretung）与间接代理（mittelbare Vertretung，indirekte Vertretung）的区分，系以代理行为的效果是否直接对本人发生为标准。间接代理，指代理人以自己的名义，为自己的计算而为法律行为，其法律效果首先对间接代理人发生，然后依间接代理人与本人的内部关系而移转于本人。

值得指出的是，大陆法系民法所谓代理，通常是指直接代理，间接代理被视为类似代理的制度，并非真正代理。我国《民法典》总则编规定的代理，非属间接代理，而是直接代理。唯《民法典》合同编第 925 条、第 926 条规定了间接代

1　施启扬：《民法总则》（修订第八版），中国法制出版社 2010 年版，第 283 页。

理。第 925 条规定："受托人以自己的名义，在委托人的授权范围内与第三人订立的合同，第三人在订立合同时知道受托人与委托人之间的代理关系的，该合同直接约束委托人和第三人；但是，有确切证据证明该合同只约束受托人和第三人的除外。"第 926 条规定："受托人以自己的名义与第三人订立合同时，第三人不知道受托人与委托人之间的代理关系的，受托人因第三人的原因对委托人不履行义务，受托人应当向委托人披露第三人，委托人因此可以行使受托人对第三人的权利。但是，第三人与受托人订立合同时如果知道该委托人就不会订立合同的除外。受托人因委托人的原因对第三人不履行义务，受托人应当向第三人披露委托人，第三人因此可以选择受托人或者委托人作为相对人主张其权利，但是第三人不得变更选定的相对人。委托人行使受托人对第三人的权利的，第三人可以向委托人主张其对受托人的抗辩。第三人选定委托人作为其相对人的，委托人可以向第三人主张其对受托人的抗辩以及受托人对第三人的抗辩。"可见，我国现行法业已突破了大陆法系传统民法理论，采用了包括直接代理和间接代理的广义代理概念。

2. 大陆法与英美法关于间接代理的差异 [1]

大陆法与英美法对于间接代理的认识存在差异。按照大陆法，所谓间接代理，是指代理人为了被代理人的利益，以自己的名义与第三人实施法律行为，其法律效果间接地归属于被代理人。而在英美法上，间接代理被称为"被代理人身份不公开的代理"。在此种代理关系中，代理人事实上得到了被代理人的授权、拥有代理权，但他在订立合同时不向第三人（相对人）披露代理关系存在的事实，既不明示以被代理人名义，也不明示为被代理人利益，而以自己的名义作出或接受意思表示，因此第三人并不知道被代理人的存在，往往认为代理人就是交易的对方当事人。进而言之，在大陆法，间接代理关系中的被代理人不能直接介入代理人与第三人的合同关系，第三人也不能直接对被代理人行使权利；而按英

---

[1]　此处参考、依据梁慧星："民法总则立法的若干理论问题"，载《暨南学报（哲学社会科学版）》2016 年第 1 期，第 34 页，谨此释明。

美法，未公开身份的被代理人可以行使合同介入权，直接对第三人主张权利，第三人一经发现被代理人的存在，也可以直接对被代理人主张权利。

（三）有权代理与无权代理

依代理权之有无，代理可以分为有权代理与无权代理。基于代理权所为的代理，为有权代理；非基于代理权所为的代理，为无权代理。无权代理，如前所述，属于效力未定的行为，非经本人追认，对其不生效力。

（四）积极代理与消极代理

依代理人系代为意思表示或仅代受意思表示，代理可分为积极代理与消极代理。前者又称自动化代理，后者又称被动代理。积极的代为意思表示的代理，为积极代理；消极的代受意思表示的代理，为消极代理（又称"受领代理"）。应注意的是，代理人若系代本人缔结合同的，通常自应包含为要约或承诺意思表示的积极代理，与受要约或受承诺意思表示的消极代理的权限在内。[1]

（五）概括代理与限定代理

以代理权是否被限定为标准，代理可以分为概括代理与限定代理。代理权的范围无特别限定的代理，为概括代理，又称一般代理；代理权的范围有特别限定的代理，为限定代理，又称特别代理。

（六）集合代理与共同代理

代理权授予数人，而各代理人均有独立代理权限的，为集合代理；各代理人无独立代理的权限，须全体代理人共同为之的，为共同代理。唯共同代理并未限定代理人须同时行使代理权，而仍可允许其中一人行使。例如，父母为未成年子女的法定代理人，对未成年子女的权利和义务应共同行使或负担，故其代理权限应为共同代理，但父母可约定由父亲或母亲单独行使代理权。[2]

（七）复代理

代理人为处理其代理权限内事务的全部或一部，而以自己的名义授权他人代

1　郑冠宇：《民法总则》（第二版），瑞兴图书股份有限公司 2014 年版，第 363 页。
2　郑冠宇：《民法总则》（第二版），瑞兴图书股份有限公司 2014 年版，第 365—366 页。

理的代理，为复代理（Untervollmacht，Substitution）。也就是说，代理人为本人选任第三人为代理人，将代理权授予该第三人，使第三人成为本人的代理人，得为本人为法律行为。被授权的第三人为复代理人。解释上，如经本人同意或另有特别约定，代理人可为本人选任复代理人，而复代理人所为的代理行为直接对本人发生效力，复代理人非属代理人的代理人。代理人与本人之间的代理关系，并不因存有复代理人而消灭，其未丧失代理权，仍可以代理人的身份代本人为法律行为，代理人与复代理人均为本人的代理人。本人与代理人均可撤回复代理。[1]

《民法典》第 169 条规定：“代理人需要转委托第三人代理的，应当取得被代理人的同意或者追认。转委托代理经被代理人同意或者追认的，被代理人可以就代理事务直接指示转委托的第三人，代理人仅就第三人的选任以及对第三人的指示承担责任。转委托代理未经被代理人同意或者追认的，代理人应当对转委托的第三人的行为承担责任；但是，在紧急情况下代理人为了维护被代理人的利益需要转委托第三人代理的除外。”此外，还有主代理（Hauptvollmacht）的概念，指代理权的授予出于本人者。与此相对，其出于代理人者，谓之复代理。[2]

（八）紧急代理

此又称必要代理，指在某种紧急情况下，船长、承运人、保管人根据法律规定的紧急代理权，作为货主的代理人所为的代理。[3]《民法典》对紧急代理未设明文，但类推该法第 169 条（尤其是该条第 3 款）的规定，在紧急情况下，代理人为了本人的利益，可以不经本人同意而转托他人代理，紧急代理的目的与此相

1　郑冠宇：《民法总则》（第二版），瑞兴图书股份有限公司 2014 年版，第 364—365 页。

2　台湾大学法律学研究所编译（梅仲协等编译）：《德国民法》，1965 年 5 月印行，第 184 页。

3　譬如，我国《海商法》（1992 年）第 38 条规定：“船舶发生海上事故，危及在船人员和财产的安全时，船长应当组织船员和其他在船人员尽力施救。在船舶的沉没、毁灭不可避免的情况下，船长可以作出弃船决定；但是，除紧急情况外，应当报经船舶所有人同意。弃船时，船长必须采取一切措施，首先组织旅客安全离船，然后安排船员离船，船长应当最后离船。在离船前，船长应当指挥船员尽力抢救航海日志、机舱日志、油类记录簿、无线电台日志、本航次使用过的海图和文件，以及贵重物品、邮件和现金。”

同。因此，承认紧急代理与《民法典》的立法旨趣并不相悖。[1]

（九）能动代理与受动代理

代理人为意思表示场合的代理，为能动代理；代理人受相对人的意思表示场合（承诺、解约通知等的受领）的代理，为受动代理。民法因以意思表示为单位而考量代理，所以，例如被授予出卖某物的代理权的人，就买卖的要约系能动代理，就承诺系受动代理。但是，通常单纯以买卖的代理予以表现即足矣。[2]

（十）民法上的代理与诉讼法上的代理

《民法典》规定的代理为民法上的代理，与此相对应的是诉讼法上的代理。此两种代理的主要区别如下：①代理的内容不同。民法上的代理，代理人代本人为民事法律行为，所代行的是民事权利，属私权；诉讼法上的代理，代理人代委托人为民事诉讼行为，所代行的是诉讼权利，属公权。②代理关系不同。民法上的代理为三方面的法律关系，三方当事人分别是本人、代理人、相对人，并不涉及国家机关；诉讼法上的代理为四方面的诉讼关系，涉及原告、被告、代理人及法院。其中，法院为审判机关，它与原告、被告、代理人非平等的关系。③对代理人所要求的资格不同。民法上的代理，代理人只须有民事权利能力和民事行为能力；诉讼法上的代理，代理人须有诉讼行为能力。④法人可以担任民法上的代理人，但不可担任诉讼法上的代理人。[3]

五、代理的适用范围

（一）可以代理的法律行为

1. 绝大多数法律行为都可以代理

绝大多数法律行为，或者说一般的法律行为，无论是双方法律行为或单方法

1　梁慧星：《民法总论》（第四版），法律出版社 2011 年版，第 231 页。

2　［日］四宫和夫、能见善久：《民法总则》（第八版），弘文堂 2010 年版，第 298 页。

3　梁慧星：《民法总论》（第四版），法律出版社 2011 年版，第 229 页；郑玉波：《民法总则》，中国政法大学出版社 2003 年版，第 407—408 页。

律行为，如买卖、借贷、租赁、承揽、运输、履行债务、实现债权、免除债务、接受继承、接受遗赠等，当事人都可以委托代理人代为进行。代理人的权限为代为意思表示与代受意思表示，而法律行为系以意思表示为要素，事实行为与违法行为均与意思表示无关，性质上也不适合经由代理而为之，[1]因此仅法律行为方可代理。[2]

2. 诉讼行为和非诉事件可以代理

各种民事案件的当事人，包括原告和被告，都可以委托律师或其他自然人担任代理人参加诉讼，刑事自诉案件的自诉人、公诉案件的被害人及其近亲属也可以委托律师或其他自然人担任代理人参加诉讼。无民事行为能力人、限制民事行为能力人不能亲自进行诉讼，而由他们的法定代理人代为诉讼。没有法定代理人的，或者法定代理人不能行使代理权的，则可由人民法院为他们指定代理人。以非诉途径解决民事纠纷时，当事人也可委托律师或其他自然人作为代理人参加调解或仲裁。

3. 某些财政、行政义务的履行，可以代理

财政、行政法律行为，以履行财政、行政义务为限，可以代理。例如，纳税、法人登记、专利申请、商标注册、房地产权登记、船舶登记、车辆登记等，都可以通过代理人办理。[3]

4. 准法律行为如催告、物的瑕疵通知得类推适用代理

催告、物的瑕疵通知系准法律行为，故此，通说认为，其可类推适用代理的规定，由代理人代替为之。

（二）不能代理的法律行为

1. 具有人身特性的法律行为不能代理

《民法典》第161条第2款规定："依照法律规定、当事人约定或者民事法律

1　参见我国台湾地区1995年度台上字第2402号判决。

2　郑冠宇：《民法总则》（第二版），瑞兴图书股份有限公司2014年版，第360页。

3　李开国：《民法总则研究》，法律出版社2003年版，第312—313页。

行为的性质，应当由本人亲自实施的民事法律行为，不得代理。"据此，与行为人的身份密切联系的身份行为，如结婚登记、离婚登记、订立收养合同、订立遗嘱等，不得代理。这些法律行为，由其身份行为的性质所决定，须由本人亲自进行，不能代理。在离婚诉讼中，虽然当事人双方都可以委托代理人参加诉讼，但是离与不离的意思表示必须由当事人亲自作出，不能代理。[1]

2. 履行具有人身特性的义务不能代理

所谓具有人身特性的义务，是指其发生或履行与义务人的身份、知识、技能密切联系的义务，如基于亲属身份关系而发生的人身义务、基于人身信任关系而发生的受托实施某种法律行为的义务等。这些义务，由其人身特性所决定，只能由义务人本人履行，不能由他人代理。根据预约而发生的绘画、演出等义务，也具有人身特性，须由义务人本人履行，不能由他人代为履行；绘画、演出等行为属于事实行为，而非法律行为，也不适用代理。[2]

3. 违法行为不适用代理

民法设代理制度的目的，在于使民事主体可以借助代理制度实现自己的合法权益。法律不允许利用代理制度去侵害国家利益、他人利益或社会公益。因此，违法行为不适用代理。违法行为的法律效果，非由当事人意思决定，而是基于法律的直接规定而发生。使他人代自己为违法行为，应依法承担法律责任，系与代理无关。即使违法行为人表示系代理他人为之，甚至该他人承认是其授意行为人为之，亦不能免除行为人的法律责任。《民法典》第 161 条第 1 款规定："民事主体可以通过代理人实施民事法律行为。"实施违法行为，不能适用代理。

4. 不能代理的其他法律行为

依照法律规定或当事人的约定，应当由本人实施的其他法律行为，也不能适用代理（《民法典》第 161 条第 2 款）。

1　李开国：《民法总则研究》，法律出版社 2003 年版，第 313 页。
2　李开国：《民法总则研究》，法律出版社 2003 年版，第 313—314 页。

5. 事实行为和侵权行为不能代理

占有、无主物先占、遗失物拾得、埋藏物发现等事实行为，或侵权行为，不得适用代理，而应分别适用关于占有辅助人或雇用人侵权责任的规定。[1]

六、与代理类似的制度

代理是处理他人事务的制度。处理他人事务，通常有两个问题：一是事务处理者对本人负有为怎样工作的义务，此系本人与事务处理者之间的对内关系；二是事务处理者对外具有为怎样行为的权限，此系对外的关系。代理是关于此二者中的对外关系的制度。亦即，如前所述，所谓代理权，指事务处理者可以为本人而得对外行动的地位、资格。[2] 应指出的是，处理他人事务的制度，除代理外，还有下列各项制度。

（一）代表

代表行为是指法人的法定代表人以法人名义实施的行为。法人的法定代表人以法人的名义实施的法律行为，其法律后果直接由法人承担，此点与代理类似。《民法典》第 61 条规定："依照法律或者法人章程的规定，代表法人从事民事活动的负责人，为法人的法定代表人。法定代表人以法人名义从事的民事活动，其法律后果由法人承受。法人章程或者法人权力机构对法定代表人代表权的限制，不得对抗善意相对人。"唯代表行为与代理行为也有如下区别：

第一，行为人的法律人格不同。法人的法定代表人是法人的代表机关，在法人的内部关系上，法人与其法定代表人是整体与部分的关系、全部与一部的关系、组织与组织机关的关系，或者说是一个权利主体内部的关系。法定代表人所为的法律行为、事实行为或侵权行为，均为法人的行为。除法定代表人外，法人还设有其他机关，只不过法定代表人与法人的其他机关有所不同，享有法人的代表权，可以对外代表法人。因此，在对外关系上，法定代表人代表法人，即以部

1　王泽鉴：《民法总则》，北京大学出版社 2009 年版，第 350 页。

2　［日］四宫和夫、能见善久：《民法总则》（第八版），弘文堂 2010 年版，第 295 页。

分代表整体，与法人是一个法律人格，而不是两个法律人格。而代理人与被代理人无论在内部关系或外部关系上，都是两个不同的法律人格，或者说，代理人与被代理人的关系是两个独立且个别的权利主体之间的关系。[1]

第二，代理人系自为意思表示，而其效果归属于本人。法定代表人以法人名义所为的行为，系属本人（法人）的行为。盖法人无论为社团或财团，不能自为法律行为，须由自然人为之。法定代表人为法人的机关，犹如其手足，其所为的法律行为即为法人自身行为，当然由法人承受。[2]

第三，行为性质不同。法定代表人系法人的机关，他的行为就是法人的行为，无所谓效力归属的问题；而代理人与被代理人是两个不同的法律人格，因此代理行为是代理人个人的行为，而非被代理人的行为，仅其行为的效力归属于本人（被代理人）而已。

第四，代理与代表适用的范围有所不同。如前所述，代理只适用于以意思表示为要素的法律行为、准法律行为，不适用于非以意思表示为要素的事实行为；而代表则适用于法定代表人职务上的一切行为，包括法律行为、事实行为或侵权行为，即法定代表人因履行其职务而实施的法律行为、事实行为或侵权行为，均为法人的行为。

另外，值得提及的是，关于执行法人或者非法人组织工作任务的人员与法人的关系，《民法典》第170条规定："执行法人或者非法人组织工作任务的人员，就其职权范围内的事项，以法人或者非法人组织的名义实施的民事法律行为，对法人或者非法人组织发生效力。法人或者非法人组织对执行其工作任务的人员职权范围的限制，不得对抗善意相对人。"因此条规定于《民法典》总则编第7章"代理"的"委托代理"中，故可知二者的关系是委托代理。

（二）使者

使者，是指帮助民事主体实施民事法律行为的辅助人，是将本人决定的意思

---

[1] 施启扬：《民法总则》（修订第八版），中国法制出版社2010年版，第278页。

[2] 王泽鉴：《民法总则》，北京大学出版社2009年版，第352页。

表示（效果意思）原原本本地传达给相对人的人，由此又称传达机关。换言之，使者的任务在于传达本人已经决定的意思或意思表示，或者代主体接受意思表示，其当然不能决定意思。使者因其任务之不同，可分为表示使者、传达使者、受领使者。表示使者，其任务仅为表示当事人已经决定的意思，如代为传言或实施行为，在性质上为表示机关；传达使者，其任务仅在于传达当事人已做成的意思表示，如送达书信、电报，在性质上为传达机关，亦即本人的使用人或执行人；受领使者，其任务仅系为当事人接受意思表示并传达给当事人。概言之，使者系单纯传达本人的意思，而无自己个人的意思，亦即其仅为本人的传达工具，自无权限就所传的意思表示内容加以决定，而仅能真实反映本人的意思 [1]。[2]

代理则是代理人自为意思表示，而非代为表示本人已经决定的意思表示，故代理人不得为无民事行为能力人。由于使者并不自己为意思表示，因此不必有民事行为能力。使者所为的意思表示有无错误、欺诈、胁迫、善意或恶意等情事，应就为意思表示的本人而为决定；而在代理，则应就代理人决之，即就代理人判断有无意思表示的瑕疵。[3]

身份行为不可代理者，可借使者传达其意思表示。譬如甲男欲与乙女结婚，羞于表示，得由 16 岁的幼妹传达其订婚的意思。[4]

行为人究为代理人或为使者，自须依其为行为时的名义而确定。代理人在授权范围内以使者名义为行为，或使者在传达范围内以代理人名义为行为，均不影响该法律行为的法律效果，即应认为有效。若使者以代理人的名义逾越权限，其所为的行为则为无权代理；若代理人以使者名义逾越权限，则其所为的行为与无权代理并无不同，应类推适用无权代理的规定。[5]

（三）中介人

中介是中介人按委托人的指示，为委托人与第三人实施法律行为提供信息或

1　郑冠宇：《民法总则》（第二版），瑞兴图书股份有限公司 2014 年版，第 366 页。
2　梁慧星：《民法总论》（第五版），法律出版社 2017 年版，第 223 页。
3　施启扬：《民法总则》（修订第八版），中国法制出版社 2010 年版，第 277—278 页。
4　王泽鉴：《民法总则》，北京大学出版社 2009 年版，第 351 页。
5　郑冠宇：《民法总则》（第二版），瑞兴图书股份有限公司 2014 年版，第 366 页。

进行介绍的活动。中介人有为委托人的利益而进行活动的目的，此点与代理类似。但中介人的作用仅限于为委托人介绍法律行为的相对人，将委托人与相对人引导到一起，以促进双方实施法律行为，中介人并不代任何一方为意思表示或受意思表示，因此中介也不是代理。[1]《民法典》第 961 条规定："中介合同是中介人向委托人报告订立合同的机会或者提供订立合同的媒介服务，委托人支付报酬的合同。"

（四）行纪人

《民法典》第 951 条规定："行纪合同是行纪人以自己的名义为委托人从事贸易活动，委托人支付报酬的合同。"可见，行纪为一种合同关系，依行纪合同，行纪人受他方委托，以自己的名义为委托人实施民事法律行为，并收取报酬。行纪与代理的主要区别在于：行纪人系以自己的名义为法律行为，其法律效果依据行纪合同间接地归属于委托人，因此理论上亦称为间接代理；而代理人系以委托人的名义为法律行为，其法律效果直接归属于委托人，理论上称为直接代理。行纪人须有特殊身份，系依法登记专门从事行纪营业的主体，并为一般人服务；而代理人不须有特殊身份，且仅为特定人服务。行纪行为的范围由法律规定，限于动产之买卖及法律规定的某些行为；而代理行为的范围比较广泛。[2]

（五）经销商

在进出口业务中，经销和代理两种制度的适用非常广泛，且常被混为一谈。所谓经销，系双方当事人以出卖人和买受人的身份，约定在一定的区域和期间就特定商品继续进行交易的协议。无论一般经销协议或独家经销协议，皆属于买卖合同。经销商是以自己的名义，并为自己的利益，从供货商处买进商品，然后再转卖给第三人。供货商与转卖关系的第三人不发生任何合同关系。这是经销区别于代理的主要之点。[3]

1　李开国：《民法总则研究》，法律出版社 2003 年版，第 325 页。
2　梁慧星：《民法总论》（第五版），法律出版社 2017 年版，第 224 页。
3　梁慧星：《民法总论》（第五版），法律出版社 2017 年版，第 224 页。

（六）占有辅助人

代理限于法律行为和准法律行为，占有系属一种事实，不得代理，唯对占有可成立占有辅助关系。占有辅助，指以他人名义为他人利益而占有他人财产，其占有的效果直接归属于该他人的行为。《日本民法》物权编第 2 章（即《日本民法》第 181 条）称占有辅助为代理占有，即其规定："占有权，得依代理人而取得。"[1] 此种占有，是一种以本人名义为本人利益而进行的占有，其占有的效果自然归属于本人，而不归属于占有辅助人。[2] 例如，百货公司的店员对其经售的商品、工人对其使用的机器、司机对其驾驶的汽车，均属占有辅助人，以雇主（自然人或法人）为占有人。

占有辅助，从形式上看，类似于代理，但实际上占有辅助并无代理的三面关系，只是协助本人占有物的辅助行为，它不能引起本人与第三人的权利义务关系。因此占有辅助实际上并非代理。《日本民法》将此种占有视为一种代理，实际上是对代理的误解。如前所述，占有是对物进行支配和管领的事实行为，单纯的占有在任何情况下都不能形成代理。[3]

（七）财产代管

财产代管，是指根据法律的规定、有权机关的指定或者财产所有人的授权，为实现某一既定目的而管理他人财产的行为。被监护人财产的管理、失踪人财产的管理、遗产的管理、法人终止后清算过程中的财产管理，都是财产代管。财产代管，是一种针对代管财产为他人利益而实施的综合行为，既包括对代管财产进行占有、清理、保管等事实行为，又包括在代管权限范围内对代管财产的处分行为。当财产代管人对代管财产为法律上的处分时，也能形成代理关系，如失踪人的财产代管人用失踪人的财产为失踪人纳税、清偿债务和支付其他费用时，就是代理。财产代管是一种既包括事实行为，也包括法律行为的对代管财产进行综合

1　参见王融擎编译：《日本民法：条文与判例》（上册），中国法制出版社 2018 年版，第 165 页。

2　李开国：《民法总则研究》，法律出版社 2003 年版，第 322 页。

3　李开国：《民法总则研究》，法律出版社 2003 年版，第 322 页。

管理的行为，因此不应笼统地将其视为代理。但是也应注意，在财产代管人的代管权限中，包含着为实现代管目的而对代管财产为一定处分的代理权。当财产代管人根据这种代理权将代管财产处分给第三人时，就形成了代理的三面关系，系一种代理。[1]

（八）信托

委托人 S（Settlor）移转一定的财产权（物的所有权、担保权等）给受托人 T（Trustee），受托者按照一定的目的，为受益人 B（Beneficiary）的利益对财产予以管理、处分的制度，即为信托。譬如考虑到有身体残疾的儿子 B 将来的生活，父亲 S 为 B 有生活费的原资（即为 B 将来能有生活费的保障），将一定的财产（信托财产）移转给受托人 T，信托其管理、运用的即是。作为对自己管理、保管的财产进行运用、管理的一种方式，受托人 T 以信托财产自第三人 C 处购买股票、公司债时，是受托人 T 变成当事人而与 C 进行交易。但是，在这样的交易中，受托人 T 取得的财产并不构成 T 的固有财产，而应纳入（属于）信托财产（范围）中。受益人 B 对信托财产虽有一定的权利（受益权），但当然不能直接支配信托财产。另外，因受托人 T 的对外交易而产生的对相对人 C 的债务，受益人 B 自身也当然不负直接的责任（实质上是由受托人 T 负对外的责任）。在此点上，其与代理不同。在现今比较实务上，利用信托制度的方式主要有：特别障害者扶养信托、证券投资信托、年金信托、信托贷款、公益信托等。信托的基本法律构造如下图所示[2]：

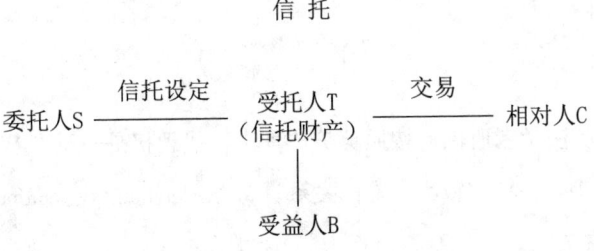

信 托

---

1 李开国：《民法总则研究》，法律出版社 2003 年版，第 322—323 页。

2 ［日］四宫和夫、能见善久：《民法总则》（第八版），弘文堂 2010 年版，第 297 页。

第二节　代理权（本人与代理人的关系）

一、代理权的地位与性质 [1]

因代理人的代理行为的效果归属于本人，所以代理人就该行为须有代理权（Vertretungsmacht）。代理权由此成为代理人的法律行为的效果归属于本人的要件（效果归属要件）。[2] 易言之，代理权为整个代理关系的基础。代理权之有无，原则上决定代理行为是否有效。而关于代理权的性质，理论上有不同的主张，计有下列各说。

（一）代理权否认说

此说为德国学者施洛斯曼（Schlossman）所倡。《法国民法典》在立法上采取了此说。该说认为，代理不过是特定法律关系如委托关系、监护关系、合伙合同关系以及雇佣合同关系的直接效力或外部效力，并无独立的代理制度，也无所谓代理权。受此思想的影响，《法国民法典》只规定委托制度，没有严格意义上的代理制度。但实际上，委托关系与代理关系是有区别的：委托关系重在当事人之间的对内关系，代理关系则重在当事人以外的对外关系；委托所处理者恒为一定的事务，代理则只须在代理权限内为之，如一般代理，并不限于某特定事项。在代理成为一项重要制度的今天，代理权否认说已为多数学者所不采。

（二）代理权肯定说

1. 权力说

此说为英美法学者所倡。按照英美法理论，代理权是一种"权力"（the power of agency），代理是一种"权力、责任关系"（a power-liability relationship）。学者道

---

[1] 本部分主要依据、参考梁慧星：《民法总论》（第四版），法律出版社 2011 年版，第 220—222 页，谨此释明。

[2] ［日］四宫和夫、能见善久：《民法总则》（第八版），弘文堂 2010 年版，第 298 页。

瑞奇（Dowrich）谓：代理人被授予改变本人与第三人之间的法律关系的"权力"，而本人则承担接受这种被改变了的关系的相应责任。

2. 权利说

此说认为代理权为一种权利。在代理权属于何种权利上又有不同，有的学者认为代理权属于形成权，有的学者认为代理权属于一种财产管理权。权利说的缺点是显而易见的，因为法律上所谓权利总是与某种利益相联系，无论何种情形，一提到权利，总是认为权利人有某种受法律保护的利益，即使非财产权也不例外。在代理关系中，代理人只负有义务，而不享有权利，即使在有偿代理，代理人获得报酬的权利和请求本人偿还垫付费用的权利也不是基于代理关系，而是基于委托合同。代理权虽称为"权"，但究其性质，与一般的权利大不相同。所谓权利，以利益为基本要素。代理权并不包含利益，其行为的效果直接归属于本人，代理人并无所谓利益或不利益可言，故代理权非权利。

3. 能力说

此说为现今的有力说，特别是在日本学界已成通说。此说认为，代理权在性质上与权利能力、行为能力相同，系一种法律上的能力。能力说虽较权利说为可采，但也有不足，尤其是难以解释下列问题：首先，法律上所谓能力，有与主体不可分离的性质。因此，无论权利能力或行为能力均不得转让。何以本人竟能够将自己的能力授予他人？其次，法律上所谓行为能力概念，其本身已包含代理能力在内，而无须他人的授予或法律特别规定。如果将代理权解释为一种能力，将如何解释这种因授权而获得的代理能力与代理人行为能力中所固有的代理能力的相互关系？最后，法律上所谓权利能力或行为能力，是民事主体据以取得某种权利或负担某种义务的资格，而代理权之目的非在使代理人取得某种权利或负担某种义务，而在于扩大本人的法律上的交易活动，故非能力。

4. 地位说

此说认为，代理权既非权利，也非能力，而属于一种法律上的地位。代理人因有此法律上的地位，其所为的法律行为的效力得直接归属于本人。主张地位说的学者指出，代理权之所以非权利，因其非为代理人的利益而存在；之所以非能力，因其非在使代理人取得某种权利或负担某种义务。其对权利说和能力说的批驳系属正确，但对于代理权的本质何以为法律上的地位的论证则系不足。应当说代理人也是一种法律上地位，将代理权解释为一种法律上地位，则何以区别代理人与代理权这两种法律上地位？而且，地位说难以解释，在某些情形，代理人没有代理权，其所为法律行为的效力何以仍能直接归属于本人。

二、代理权的性质应采权力说

在以上关于代理权性质的学说中，具有合理性的是权力说。此说将代理权解释为一种法律上之力。凭借此法律上之力，代理人可以改变本人与第三人之间的关系，而本人必须承受其后果。此法律上之力，不仅来源于本人的授权行为（如委托代理），也来源于法律的直接规定（如法定代理和表见代理）。因此，代理权于性质上也属于一种因授权行为或法律规定所产生的，可以直接改变本人与第三人之间的法律关系的权力。[1]

当然，须指明的是，代理权这一权力并不是由本人授予的，而是由法律授予的。只是由于本人或代理人的行为使法律规则发生作用，代理人才获得了这一权力。易言之，正是本人向代理人所作的授权行为，使法律规则发生作用，授予代理人代理权。在这里，本人的授权属于一种法律事实，代理人获得代理权是关于代理的法律规则适用于这一法律事实的结果。将代理权解释为由法律授予的权力，使得在缺乏本人授权情况下的代理得到了合理的说明。尽管有时本人并无授权行为，或者代理人超越了授权范围，但法律出于对公共利益的考虑，仍然赋予代理人这种权力。本人的授权行为只是能使代理人获得代理权的法律事实之一。此外，能够使法律赋予代理人代理权的法律事实还有：监护关系（法定代理）、有权机关的指定（指定代理）、外表授权（表见代理）以及某种紧急情况（紧急

1　梁慧星：《民法总论》（第四版），法律出版社 2011 年版，第 223 页。

代理）。[1]

将代理权解释为一种权力，完全符合《民法典》的规定。该法第 162 条规定："代理人在代理权限内，以被代理人名义实施的民事法律行为，对被代理人发生效力。"该条文中不使用"权利"、"能力"或"资格"的术语，而使用"权限"的术语。权限者，法律权力的界限也，解释为"能力"的界限或"资格"的界限，均不通。汉语中，权力与权限常常相互代替。因此，将代理权解释为依代理制度所发生的一种法律权力或权限，符合《民法典》的规定。[2]

此外，应指出的是，代理权在本质上系一种"资格"或"地位"，其虽为独立的法律上之力，但非属所谓的权利或能力。代理权之所以非属权利，因其非为代理人的利益而存在，而是为本人的利益而赋予；之所以非属能力，因其非在使代理人取得权利或承担义务，而在扩大本人的法律上的交易活动。[3]代理权本身并无独立的、积极的功能，不能单独成为法律行为的客体，因此不能单独让与，也不能成为侵权行为的客体。

三、共同代理权与集合代理

一般而言，数个人作为同一代理事项的代理人时，此数个人应共同行使代理权，除非数个人之间另有约定。而所谓集合代理，指同一内容的数代理权属于数人，而各代理人皆有独立的代理权。此乃单独代理的集合，各代理人均有独立的代理权，各得单独为代理行为。[4]

四、代理权发生的原因（代理权授予行为）

代理权的发生原因有下列 5 种。

1　梁慧星：《民法总论》（第四版），法律出版社 2011 年版，第 223 页。

2　梁慧星：《民法总论》（第四版），法律出版社 2011 年版，第 223 页。

3　王泽鉴：《民法总则》，北京大学出版社 2009 年版，第 355—356 页。

4　王泽鉴：《民法总则》，北京大学出版社 2009 年版，第 356 页。

（一）依法律规定当然发生

此即法定代理权的发生原因。法定代理权的发生原因多种多样，例如对本人具有（存在）一定地位的人当然成为代理人（如行使亲权的父母当然成为未成年人的法定代理人），因本人以外的私人的协议、指定而成为代理人（例如依父母的协议而决定的亲权人）。另外，依对无因管理人肯定代理权的见解，因无因管理而产生的代理系一种法定代理（无因管理人的代理权的根据因系源于法律，所以此种代理接近于法定代理）。[1]

（二）依代理权授予行为而发生 [2]

任意（意定）代理权，依本人的代理权授予行为而发生，其包括下列各点。

1. 代理权授予行为

（1）代理与委托的关系。在比较法上，《日本民法》系认为任意代理权乃从委托合同中发生。此从《日本民法》第 104 条使用"委托代理人"、第 111 条第 2 项使用"因委托终止"的表达即可明了。但是，为处理本人的事务而订立委托合同的场合，常常并不当然伴有代理权的授予。相反，在委托以外的事务处理合同（Geschäftsbesor-gungsve，trag）中，伴有代理权之授予者，却并不少见，例如伴随雇佣、承包、合伙等合同而有代理权的授予。因此，在现今，委托与代理的直接关系被否定，代理权广泛地从委托、雇佣、承包、合伙等事务处理合同中发生。[3]

（2）代理权授予行为的性质。如前所述，代理权广泛地从委托、雇佣、承包、合伙等各种事务处理合同中产生，唯成问题的是，代理权是从这些事务处理合同中直接发生（即只要有事务处理合同，作为其效果也就当然发生代理权），还是经由与事务处理合同独立的代理权授予行为而发生。在现今，后者的见解系通说。在此通说之下，存在关于代理权授予行为的性质的争论，即代理权授予行为是本人与代理人的无名合同（无名合同说），还是系本人的单独行为（即单独

1　［日］四宫和夫、能见善久：《民法总则》（第八版），弘文堂 2010 年版，第 298—299 页。

2　对此的较翔实论述，参见陈华彬："论意定代理权的授予行为"，载《比较法研究》2017 年第 2 期，第 190 页以下。

3　［日］四宫和夫、能见善久：《民法总则》（第八版），弘文堂 2010 年版，第 299 页。

行为说）。[1]

无名合同说认为，本人与代理人间缔结委托合同等"关于事务处理的合同"之同时，即缔结了"以代理权授予为目的的合同"。唯区别此两个合同是困难的，且也无区别的实益。代理权从事务处理合同中产生，可以说是充分的。而单独行为说则认为，代理权授予行为是独立于事务处理合同的单独行为。按照此说，代理人方面的行为能力的限制、意思表示的瑕疵因对代理权授予行为的效力并无影响，所以具有可以保护代理交易中的交易安全的优点。[2]

2. 代理权授予行为的认定

代理权授予一般伴有委托书的交付，它是授予代理权的证据。而且，它应以与代理人为交易的相对人为指向。实务中，交付了委托书，但实际上并未授予代理权时，相对人应受表见代理制度的保护。另外，应注意的是，代理权存在与否，不必依委托书而认定。例如，对与本人共同生活、帮助本人从事营业活动的家庭成员等，即应认为存在默示的代理权授予行为。[3]

3. 代理权授予行为的效力

代理权授予行为的效力，依本人 A 与代理人 B 的关系而判定，原则上不因代理人的代理行为的相对人 C 而受影响。唯也有必须认可例外的情形。例如，A 对 B 的代理权授予的意思表示系依心里保留（真意保留）而为之，基于此，B 与 C 为代理行为的场合，C 知道 A 的真意时，即不必使代理权授予行为有效。若分别考量代理权授予行为与代理行为，则不应以代理权授予行为的效力之判断而考量

1　应注意的是，关于代理权授予行为的性质，在现今比较法上计有四说，即委托合同说、单独行为说、无名合同说及事务处理合同说。其中，事务处理合同说认为，不应区别委托、雇佣、承包、合伙等事务处理合同（债权合同）与代理权授予行为，由每种事务处理合同中成立代理权，代理关系与事务处理合同密不可分，当事人并无分别把握和考量它们的意识。新近以来，此说在日本成为有力说。参见［日］藤井俊二：《民法总则》，成文堂 2011 年版，第 154 页。

2　［日］四宫和夫、能见善久：《民法总则》（第八版），弘文堂 2010 年版，第 299 页。此单独行为说在原本表见代理制度并不充分的德国（《德国民法典》未规定表见代理，其仅系依判例而被认可的制度）广受重视。对此，参见四宫和夫、能见善久同书，第 300 页。

3　［日］四宫和夫、能见善久：《民法总则》（第八版），弘文堂 2010 年版，第 300—301 页。

代理行为的相对人的情事，但是，因代理权授予以为代理行为为前提，所以完全分离考量二者也是不妥的。此与代理交易中的当事人是谁（对此，存在"代理人行为说""本人行为说""代理人、本人共同行为说"诸说）这一问题有关联。[1]

（三）依法院或其他有权机关的指定而发生

此即指定代理。指定监护人、法院选任代理人的场合，例如指定继承财产管理人、不在者的财产管理人等属之。

（四）依"外表授权"而发生

此即表见代理。对此，本章将设专题分析，此不赘述。

（五）依某种紧急情况而发生

此即紧急代理，前已述及，兹不赘述。

五、代理权与基础关系的分隔 [2]

（一）概要

在代理关系中，须区别基础关系与代理权授予行为，或基础关系与代理权。[3]基础关系存在于本人与代理人之间，通常为委托、雇佣、承揽或合伙等事务处理合同。由于此项合同，当事人的一方（代理人）有为他方（本人）处理事务或完成工作的义务；由于处理事务或完成工作，代理人与第三人必须为法律行为，因此须有代理权。欠缺代理权时，代理人固然可以照常为法律行为，但其效果不能直接归属于本人。简言之，基础关系因契约行为而发生，代理权则因授权行为而发生；基础关系对内发生效力，主要系规范代理人与本人间的法律关系，代理权

1　[日] 四宫和夫、能见善久：《民法总则》（第八版），弘文堂 2010 年版，第 301 页。

2　对此的翔实论述，参见陈华彬："论意定代理权的授予行为"，载《比较法研究》2017 年第 2 期，第 190 页以下。

3　应注意的是，代理权的授予及其基本法律关系（本书称"基础法律关系"或"基础关系"，以下同，谨此说明）虽以同时存在为常态，但即使有代理权的授予，也有无基本法律关系存在的情形，例如本于生活中的好意行为所为的授权，当事人间即无基本法律关系存在。参见郑冠宇：《民法总则》（第二版），瑞兴图书股份有限公司 2014 年版，第 372 页。

则对外发生效力，主要系规范本人与相对人间的法律关系。[1]早期立法及学说认为，代理权的授予，系委托或雇佣的外部关系，并不独立存在。之后经由长期的研究及德国学者保罗·拉班德的发现，终于将代理权的授予从委托或雇佣关系中分离，使其成为一个独立的行为。[2]代理权的授予乃使得代理人得以对外以本人名义为法律行为，代理人虽享有代理权，若无基本法律关系存在，则代理人对授权人并非当然有义务行使代理权。[3]

代理权与基础关系于法律效力上是否可以分离？换言之，基础关系无效或撤销时是否影响代理权授予行为？对此，有无因说与有因说两种立场。无因（abstrakt）说认为，代理权与基础关系各自独立，代理权授予行为的存立与基础关系并无附属关系，基础关系无效或撤销并不影响代理权授予行为的效力。德国民法学说及判例大抵采此无因。[4]反之，有因说则认为，代理权授予行为来自基础关系，基础关系无效或撤销自应影响代理权授予行为，因此代理权授予行为也随之消灭。[5]值得注意的是，现今的多数见解倾向于采取无因说，本书从之。

（二）对无因说系现今的通说的分析 [6]

代理权授予乃独立于其原因行为的单独行为，不受其原因行为效力的影响，即使其所由授予的基本（基础）法律关系无效，代理权授予行为仍然可独立有效而存在。故此，雇用人对于受雇人授予代理权的，于雇佣关系无效时，代理权授予行为也不当然无效。也就是说，代理权授予及其原因行为，乃分别独立的法律行为。代理权的授予乃纯为本人利益的考量，仅使代理人享有资格，并未使其负

---

[1] 施启扬：《民法总则》（修订第八版），中国法制出版社 2010 年版，第 288 页。

[2] 详细情况请参见王泽鉴："法学上之发现"，载王泽鉴：《民法学说与判例研究》（第四册），北京大学出版社 2009 年版。另外，《瑞士债务法》第 32 条采取单独行为说，此为瑞士学界的通说。

[3] 郑冠宇：《民法总则》（第二版），瑞兴图书股份有限公司 2014 年版，第 372 页。

[4] 关于德国代理权无因性的沿革及理由，请参见［日］远田新一：《代理法理论的研究》，有斐阁 1984 年版，1985 年第 2 刷发行，第 174—188 页。其分析十分详细，系这一领域的重要研究成果，值得特别提及。

[5] 施启扬：《民法总则》（修订第八版），中国法制出版社 2010 年版，第 288—289 页。

[6] 此处依据、参考郑冠宇：《民法债编总论》，新学林出版股份有限公司 2015 年版，第 70 页。

有义务，至于代理权授予的原因行为，乃规范本人与代理人间的权利与义务关系。使代理人负有义务的，为代理权授予的原因行为，例如委托合同、雇佣合同等法律关系，若代理人于行使代理权时，未能维护本人利益，本人即得本于该合同关系对其主张权利。即使代理权授予的原因行为无效，也不能据此认定本人无意愿使代理人所为的行为对其发生效力。例如，对限制民事行为能力人授予代理权，不须其法定代理人的同意即可发生效力，但其原因行为，例如委托合同，则须得到法定代理人的同意，方能生效。但若法定代理人拒绝同意的，委托合同即使无效，也并不影响本人以限制民事行为能力人为其代理人的授权行为，代理权授予行为并非当然无效。故此，代理权授予乃独立于其原因行为的单独行为，不受其原因行为效力的影响。

六、因被代理人欺诈而授予代理权

代理权的授予系基于高度的信赖关系，当本人与代理人间已不存在信赖基础时，应准许本人随时撤回其代理权的授予，但也须顾及相对人利益的保护。换言之，本人被代理人欺诈而授予代理权的，于代理人与相对人为法律行为前，可撤回其授权的意思表示，于代理人与相对人为法律行为后，本人的撤回虽应有效，但不发生溯及效力，本人仍须就该法律行为负责。[1]

七、代理权滥用的禁止

代理系高度的信赖关系，代理人所为的行为，应以维护本人的利益为考量。因此，若代理人在代理权范围内所为的行为系以损害本人为目的的，即为代理权滥用。例如，代理人与相对人以加害本人为目的而合谋为法律行为，其所为行为即使在代理权范围内，也可因违反公序良俗而无效。另外，代理人与相对人虽未合谋，但代理人于代理权范围内违反本人的利益而为法律行为，而相对人也为恶

---

[1] 郑冠宇：《民法总则》（第二版），瑞兴图书股份有限公司 2014 年版，第 374 页。

意的，其法律行为应类推适用无权代理的规定，须经本人的承认方生效力。所谓相对人恶意，指代理人违反与本人的内部关系，对相对人而言极为明显，不须详加了解即可得知。例如代理人以本人名义与相对人订立保证合同，以担保代理人自己的欠款，即属之。[1]

八、代理权的行使 [2]

(一) 忠于被代理人的利益 (忠实义务)

代理本人 (被代理人) 为法律行为，是代理人对本人的一种服务。本人使用代理人的目的，在于通过代理人的活动为自己取得或行使权利，承担或履行义务，以实现本人所追求的某种利益。代理人应专为本人的利益而行动，而非为自己或第三人的利益而行动。另外，也不能将自己的利益与本人的利益置于冲突的地位。此即忠实义务。双方代理、自己代理之禁止 (《民法典》第 168 条) 及利益相反行为的禁止，系该忠实义务的具体化。此等忠实义务的违反，即双方代理、自己代理及利益相反行为，会变成无权代理，代理行为本身的效力即被否定，同时还有可能产生代理人的义务违反责任 (例如因对相对人主张代理行为无效而支出的费用等，本人就可作为损害而对违反义务的代理人请求赔偿)。[3]

要使代理人实施代理行为的服务活动确实收到有利于本人的结果，就必须要求代理人忠实于被代理人的利益。为此，《民法典》第 164 条对代理人提出了两项要求。

第一，积极履行代理职责。代理权是代理人以被代理人的名义实施代理行为的资格，这种资格一方面使代理人具有了以被代理人的名义实施代理行为的可能性，他方面又使代理人负起了实施代埋行为的职责。为使代理人积极履行代理职

1　郑冠宇：《民法总则》(第二版)，瑞兴图书股份有限公司 2014 年版，第 379—380 页。

2　以下 (一)、(二)、(四) 中的内容，除有注释说明者外，系参考、依据李开国：《民法总则研究》，法律出版社 2003 年版，第 332—337 页，谨此释明。

3　[日] 四宫和夫、能见善久：《民法总则》(第八版)，弘文堂 2010 年版，第 301—302 页。

责，不因代理人怠于职责履行而损害被代理人的利益，《民法典》以损害赔偿的民事责任对代理人加以约束，于其第 164 条第 1 款规定："代理人不履行或者不完全履行职责，造成被代理人损害的，应当承担民事责任。"在具体事案中，代理人责任大小的确定，应考虑代理人怠于履行代理职责的具体情况和代理人履行代理职责是否有偿等情况。

第二，不得对被代理人为诈害行为。代理人诈害被代理人的典型行为，是与相对人通谋实施损害被代理人利益的行为。对此，《民法典》第 164 条第 2 款规定："代理人和相对人恶意串通，损害被代理人合法权益的，代理人和相对人应当承担连带责任。"依此规定，被代理人有权要求代理人和第三人（相对人）赔偿损失。

（二）自己代理与双方代理的禁止与例外

自己代理，是指代理人既代理被代理人，又代理自己实施同一法律行为；双方代理是指一个代理人同时代理双方当事人为同一法律行为。自己代理和双方代理的性质相同，都是同时代理被代理人和相对人为同一法律行为的代理，有所区别的仅仅在于：在自己代理，被代理的相对人是代理人自己；而在双方代理，被代理的相对人是第三人。因此，各国家和地区民法都把自己代理与双方代理放在一起予以规定，并原则上加以禁止。例如《德国民法典》第 181 条规定："非经允许，代理人不得以本人名义与自己为法律行为，亦不得为第三人之代理人，而与本人为法律行为。但其法律行为专为履行义务者，不在此限。"[1]《日本民法》第 108 条、我国台湾地区"民法"第 106 条也以同样的方式对自己代理和双方代理之禁止作了统一规定。我国《民法典》第 168 条规定："代理人不得以被代理人的名义与自己实施民事法律行为，但是被代理人同意或者追认的除外。代理人不得以被代理人的名义与自己同时代理的其他人实施民事法律行为，但是被代理的双方同意或者追认的除外。"

应当指出的是，自己代理和双方代理并非全都对被代理人不利，在被代理人

1　参见台湾大学法律学院、财团法人台大法学基金会编译：《德国民法》（上，总则编、债编、物权编）（2016 年修订第二版），元照出版有限公司 2016 年版，第 183 页。

允许代理人为自己代理或双方代理，或者代理行为的目的在于履行已有债务，或者自己代理或双方代理对被代理人完全有利时，就不违背被代理人的利益，应当为法律所认可。[1] 故此，《民法典》第 168 条设有如上所述的但书。

（三）自己执行义务

代理人虽可使用补助（辅助）人，但是就代理行为本身（关于合同内容的决定、合同缔结的意思决定）是不能由他人为之的。此称为自己执行义务。代理人受本人的委托，由此获得信赖而为代理行为，所以得自己执行义务。基此，代理权的让与（转让）除特别允许的外，应系不可。复代理人的选任（复任），其在法定代理的场合系例外（即自不用说），此外的场合一般系不允许。[2]

（四）禁止违法事项的代理和利用代理进行违法活动

《民法典》第 167 条规定："代理人知道或者应当知道代理事项违法仍然实施代理行为，或者被代理人知道或者应当知道代理人的代理行为违法未作反对表示的，被代理人和代理人应当承担连带责任。"对此规定，应说明如下 3 点。

第一，禁止违法事项的代理，禁止代理人利用合法的代理关系进行违法的代理活动。

第二，此规定虽然针对委托代理而设，但并不意即法定代理人可以代理违法事项或者可以利用合法的代理关系进行违法的代理活动。不过，此规定中的连带责任，只适用于委托代理，而不适用于法定代理。法定代理人代理违法事项或者利用合法的代理关系进行违法的代理活动的，由法定代理人负责，无民事行为能力或限制民事行为能力的被代理人不承担责任。

第三，在委托代理中，代理人对违法事项的代理承担责任的要件，是代理人接受违法事项委托而进行代理活动；被代理人对代理人利用合法代理关系进行的违法代理活动承担连带责任的要件，是被代理人知道或者应当知道代理人的代理行为违法。

1　孙宪忠主编：《民法总论》（第二版），社会科学文献出版社 2010 年版，第 273 页。

2　［日］四宫和夫、能见善久：《民法总则》（第八版），弘文堂 2010 年版，第 302 页。

九、代理权的范围（对外的权限范围）

（一）代理权的范围的原则

代理权的具体范围，法定代理一般依法律而定（例如亲权人、监护人），或其决定方法被法律规定（例如《日本民法》第 28 条的不在者的财产管理人），任意代理依代理权授予行为而决定。由代理权授予行为不能明了代理权的范围时，作为最小范围的权限，应认可有为保存行为（维持财产的现状的行为）、利用行为（在不变更客体性质的范围内，谋求财产的收益的行为）及改良行为（使财产的使用价值或交换价值增加的行为）的权限。此等行为，归纳言之，系管理行为（对应于处分行为的概念）。[1]

（二）代理权的限制

1. 自己合同、双方代理的禁止

自己合同（自己代理），指同一人分开使用其作为当事人一方代理人的资格与作为他方当事人自身的资格，而为同一法律行为。出卖人的代理人自身作为买受人而订立合同等，即属之。由于自己合同对出卖人本人利益的危害很大，民法原则上对之予以禁止。[2] 又如，本人 A 的代理人 B 为本人 A 而购入自己（B）所有的房屋，反过来却缔结将本人 A 所有的房屋出卖给自己（B）的合同，即属之。[3]再如，本人 A 为出卖自己所有的甲房屋而授予 B 代理权，A 的代理人 B 以自己作为买受人而缔结买卖合同时，即属之。[4] 如前所述，此等自己合同，因有极大损害出卖人本人的利益之虞，故民法原则上予以禁止，称为自己合同之禁止。

双方代理，指关于某法律行为（合同），而成为当事人双方的代理人，系被

1　［日］四宫和夫、能见善久：《民法总则》（第八版），弘文堂 2010 年版，第 303 页。

2　日本内阁法制局法令用语研究会编（林大编集协力）：《有斐阁法律用语辞典》，有斐阁 1993 年版，1998 年第 8 刷发行，第 572 页。

3　［日］四宫和夫、能见善久：《民法总则》（第八版），弘文堂 2010 年版，第 304 页。

4　此例出自对四宫和夫、能见善久著《民法总则》（弘文堂 2010 年第八版）第 304 页所举之例的改编。

禁止的行为。例如，A 的代理人 B 与合同的相对人 C 的代理人 B 订立合同，即属之。在此场合，作为代理人的 B 若为 A 的利益计算，就会损害 C 的利益，因此其代理权须被限制。另外，在这里，因存在代理人的忠实义务完全丧失的危险，故得禁止代理层面的利益相反行为。[1] 关于双方代理与自己合同，如下图所示 [2]：

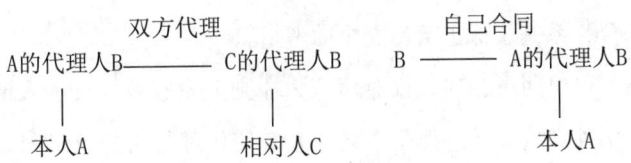

2. 共同代理

代理人有数人时，各代理人的权限依本人授予了如何的代理权而定。有复数的代理人的场合，就不同的事项而分别授予各代理人不同的权限（例如授予代理人 A 运用本人所有的股票的权限，授予代理人 B 代本人对外缔结日常生活中的合同的权限）时，一般不会产生特别的问题。与此不同，就同一事项而存在复数的代理人时，各人是否可以单独为代理行为，还是只能共同为代理行为，就会成为问题。后者的场合，称为共同代理。唯无论何种场合，原则上应依代理权授予行为的旨趣而决定。当代理权授予行为的旨趣不明确时，原则上应认为各代理人有单独为代理的权限。但是，当从代理权授予行为的内容乃至其解释可知数人若不共同就不能代理时，共同代理的拘束对各代理人而言，就变成对其代理权的限制。由此，代理人中的一人单独实施代理行为的效果就不能归属于本人。[3]

（三）代理人的权限滥用 [4]

代理人客观上应在其代理权范围内为行为，但是，当代理人非为本人的利益，而系为代理人自身或第三人的利益而为行为时，即被称为代理权滥用或权限

1 ［日］四宫和夫、能见善久：《民法总则》（第八版），弘文堂 2010 年版，第 304—305 页。

2 ［日］四宫和夫、能见善久：《民法总则》（第八版），弘文堂 2010 年版，第 304 页。

3 ［日］四宫和夫、能见善久：《民法总则》（第八版），弘文堂 2010 年版，第 307 页。

4 ［日］四宫和夫、能见善久：《民法总则》（第八版），弘文堂 2010 年版，第 307—308 页。

滥用。现今比较法上的判例与通说认为，即使是代理权滥用（权限滥用），也系代理权范围内的行为，故原则上仍系有效，仅于相对人知道代理权滥用或应当知道时，本人方可主张交易无效。对此，本人方面即变成必须证明相对人的恶意或有过失。对此，学说认为应区别任意代理与法定代理：前者的场合，对恶意或有重过失的相对人，后者的场合，对恶意或有过失的相对人，本人可以主张无效。任意代理的场合，系基于保护交易安全的考量。

综合上述，可以明了，代理权滥用行为原则上系有效，仅本人证明恶意、有过失的场合，例外变成无效。但是，代理人有使代理行为的效果归属于本人的意思，所以在此意义上严格言之，在这里，它当然并不类似于心里保留（真意保留）的现象。故此，在日本，反对类推适用《日本民法》第 93 条但书规定的学说，也是有力的。[1]

十、代理权的消灭

（一）代理权消灭的原因

《日本民法》第 111 条第 1 项规定，"代理权，因下列事由而消灭：一、本人死亡 [2]。二、代理人死亡或代理人受破产程序开始之裁定、监护开始之裁定。委托代理权，除前款各项所列事由外，因委托终止而消灭"。[3]

无论任意代理或法定代理，本人的死亡与代理人的死亡均当然使代理权消灭。在任意代理，因本人信赖代理人的能力、资质而授予其代理权，所以代理人死亡的场合，代理人的继承人当然不能承继代理人的地位。由此之故，因代理人

---

[1] ［日］四宫和夫、能见善久：《民法总则》（第九版），弘文堂 2018 年版，第 358 页。《日本民法》第 93 条（心里保留）规定："表意人知道其意思表示并非真意之时，亦不因此而碍其效力。但相对人已知或可知其意思表示并非表意人之真意时，其意思表示无效。因前款但书之规定而致意思表示之无效，不得对抗善意第三人。"参见王融擎编译：《日本民法：条文与判例》（上册），中国法制出版社 2018 年版，第 64 页。

[2] 应注意的是，因委托商行为而产生的代理权，并不因本人的死亡而消灭，是为例外。参见《日本商法典》第 506 条。

[3] 王融擎编译：《日本民法：条文与判例》（上册），中国法制出版社 2018 年版，第 95 页。

的死亡而消灭代理权，乃系当然（在日本，与本人死亡的场合不同，代理人死亡的场合，即使在商法上，代理权也消灭）。代理人的成年监护开始，或于（有）破产程序开始之裁定时，因丧失对代理人的信赖，所以代理权的继续存续即当然不适当，这些事由也成为代理权消灭的原因。在法定代理，因就有特定地位的人（亲权人的父母、由法院选任的财产管理人等）而授予代理权，所以该人死亡，代理权即当然消灭。法定代理人的成年监护开始、破产程序开始之裁定，因意味着代理人的财产管理资质丧失，所以若（原）法定代理人仍然继续存续，从本人之保护的视角看是不妥当的。由此，这些事由也使代理权消灭。[1]

我国《民法典》第173条、第175条以列举方式分别规定了委托代理、法定代理终止（消灭）的原因。

1. 委托代理终止（消灭）的原因

依《民法典》第173条的规定，委托代理终止（消灭）的原因包括：①代理期限届满或者代理事务完成；②被代理人取消委托或者代理人辞去委托；③代理人丧失民事行为能力；④代理人或者被代理人死亡；⑤作为代理人或者被代理人的法人、非法人组织终止。不过，依《民法典》第174条的规定，被代理人死亡后，有下列情形之一的，委托代理实施的代理行为有效：①代理人不知道且不应当知道被代理人死亡；②被代理人的继承人予以承认；③授权中明确代理权在代理事务完成时终止；④被代理人死亡前已经实施，为了被代理人的继承人的利益继续代理。作为被代理人的法人、非法人组织终止的，参照适用上述规定。

另外，如前所述，比较法（如日本法）上的本人受破产程序（手续）开始之裁定[2]与代理权授予之际约定的消灭事由之发生（例如仅限因病住院期间授予代

1　［日］四宫和夫、能见善久：《民法总则》（第八版），弘文堂2010年版，第308—309页。

2　《日本民法》第653条规定，本人（委托人）受破产程序开始之裁定，系委托合同的终止事由。因此，在任意代理（委托代理），即因本人的破产程序开始而使代理权消灭。盖本人破产的场合，本人丧失财产管理能力，破产财产管理人因考量债权人的利益而为财产管理，所以原为本人利益而订立的委托合同关系之终了是合理的。本人的成年监护开始并不成为委托合同、任意代理的终了事由。与破产的场合不同，成年监护开始的场合，为本人利益的事务处理合同之继续存续是适当的。对此，参见［日］四宫和夫、能见善久：《民法总则》（第八版），弘文堂2010年版，第310页。

理权、仅限出国访问期间授予代理权的场合，本人出院或回国，代理权即消灭），也均系委托代理权消灭的原因。[1]

2. 法定代理与指定代理终止（消灭）的原因

一般言之，此二种代理的终止（消灭）原因如下：①被代理人取得或者恢复民事行为能力；②被代理人或者代理人死亡；③代理人丧失民事行为能力；④指定代理的人民法院或者指定单位取消指定；⑤由其他原因引起的被代理人和代理人之间的监护关系消灭。依《民法典》第 175 条的规定，法定代理的终止（消灭）原因如下：①被代理人取得或者恢复完全民事行为能力；②代理人丧失民事行为能力；③代理人或者被代理人死亡；④法律规定的其他情形。

应注意的是，在比较法（如日本法）上，于未成年人的亲权人、监护人场合，本人若成年，法定代理即终了。于成年监护的场合，若本人恢复能力、成年监护开始的裁定被撤销，法定代理即终了。此外，也存在未成年人、成年被监护人取得、恢复行为能力前，其法定代理人丧失其地位的情形，例如亲权丧失及监护人的解任、辞任等。[2]

（二）代理权消灭的法律后果 [3]

第一，代理权消灭后，代理人不得再以被代理人的名义继续活动，否则将承担无权代理的责任。但是，代理人在得知其代理权消灭事由前所实施的代理行为仍然对被代理人或其继承人有效。

第二，代理权消灭后，被代理人负有收回授权委托书及其印发的介绍信、空白合同书等能证明代理权的法律文书的义务。违反此义务的，被代理人可能对代理人的无权代理行为承担表见代理责任。

第三，代理权消灭后，代理人对已代理的事项有进一步了结的义务，有交回授权委托书及其他能证明代理权的法律文书的义务。代理人对上述文书无留置

1　［日］四宫和夫、能见善久：《民法总则》（第八版），弘文堂 2010 年版，第 310—311 页。

2　［日］四宫和夫、能见善久：《民法总则》（第八版），弘文堂 2010 年版，第 311 页。

3　此处参考、依据李开国：《民法总则研究》，法律出版社 2003 年版，第 341—342 页，谨此释明。

权。《德国民法典》第 175 条规定："代理权消灭后，代理人应将授权书交还授权人；对授权书不得行使留置权。"[1]

第三节 代理行为

一、代理行为的地位

（一）代理行为的涵义

代理行为，指代理人所实施的具有使其效果归属于作为他人的本人的意图的意思表示。此包括两个方面：其一，代理行为是作为代理人的意思而实施的，因此须就代理人而判断意思表示的有效要件等，亦即须就代理人而判断意思表示是否有效等。其二，代理人的意思表示的效果非归属于代理人，而是直接归属于本人。因此，对于相对人，必须明示意思表示的效果是归属于代理人之外的本人。此称为显名。具备此两方面的要件的代理行为，于代理权存在时，其效果归属于本人。代理权系从本人的侧面看，是代理人的行为的效果归属于本人的根据，而代理行为系从代理人的侧面看，是使其效果归属于本人的根据。[2]

（二）代理的行为者

在代理，因实际为意思表示的人与其效果所归属的本人是分开（被区分）的，所以代理中的行为者是谁，即存在争论。但是，抽象地追问行为者是谁，是不适当的，应依意思表示的成立、内容、瑕疵之有无等每一点，考量行为者是谁。亦即，意思表示的成立、内容应就代理人而决定，关于意思表示的瑕疵，原则上也应就代理人而决定，而本人的"容态"（知、不知、过失的有无等）于一定范围内也发生影响。[3]

1　参见台湾大学法律学院、财团法人台大法学基金会编译：《德国民法》（上，总则编、债编、物权编）（2016 年修订第二版），元照出版有限公司 2016 年版，第 178 页。

2　［日］四宫和夫、能见善久：《民法总则》（第八版），弘文堂 2010 年版，第 311—312 页。

3　［日］四宫和夫、能见善久：《民法总则》（第八版），弘文堂 2010 年版，第 312 页。

二、代理行为的成立

代理行为的成立，须具备一般成立要件与特殊成立要件。一般成立要件，指代理行为作为一种法律行为所应具备的一般法律行为的成立要件；特殊成立要件，指代理行为作为一种特殊的法律行为，除一般成立要件外，还应具备的成立要件，具体包括下列两项。

（一）代理人以本人名义或自己名义为法律行为

代理人以本人名义为法律行为的，称为直接代理或显名主义。以本人名义为法律行为，表明有为本人的意思，此项意思称为"代理意思"，亦即有使代理行为的效力直接归属于本人的效果意思。至于归属结果，本人是否实际获有利益，甚或发生不利益的结果，则与代理意思无关。[1]另外，代理人径以自己名义与相对人为法律行为，也可成立间接代理行为。《民法典》规定的直接代理，要求代理行为须表示（明示或默示）以本人名义，是为"显名主义"（公开原则），其目的在于保护相对人，使其知悉本人究为何人。另外，《民法典》第 925 条、第 926 条规定，代理人非以本人名义，径以自己名义成立的代理行为，属于间接代理。

须注意假冒他人之名而为法律行为（冒名行为）。例如，甲自称为乙，而与丙订立合同。现今多数说认为，冒用他人名义所为法律行为的效果，可依行为人所欲达成的利益而区分为两种情形予以处理。

第一，为自己的利益。行为人系为自己订立合同而冒他人之名，相对人也愿与行为人订立合同，而对其法律效果究竟归属何人在所不问，即姓名不具区别性的意义（Identitätsmerkmal）时，该合同对冒名行为仍发生效力。也就是说，此种情形，行为人无论以何人名义为行为，基本上都应被认为系自己的行为（Eigengeschäfte des Handelnden），并须自负其责。例如，名作家甲向乙承租乡间小屋写作，为避免干扰，使用其弟丙的姓名订约，乙与甲间仍成立租赁关系；或投宿旅店的人，

---

[1] 施启扬：《民法总则》（修订第八版），中国法制出版社 2010 年版，第 275 页。

为避免遭受不必要的干扰，而使用他人的姓名登记住宿。这些均系为自己的利益，行为人系为自己订立合同而冒用他人之名，而相对人也愿与其订立合同，并不问其法律效果归属于何人，故又称为冒名代理（Handeln unter falscher Namensangabe）。此冒名代理的法律后果，应以使用姓名的人为实际法律行为的当事人，至于被使用姓名之人，则无关紧要，被使用姓名的人也不得主张基于无权代理的规定承认该法律行为，使其效果归属于自己。[1]

第二，为他人的利益。相对人对该被冒用姓名之人有一定的联想，并愿与该姓名之人发生该法律关系，又称为替名代理（Handeln unter fremdem Namen）。例如，甲冒某名收藏家乙之名向丙订购某画，丙因慕乙之名而同意出售该画，或行为人经由电话联络的方式，以他人的姓名购物。由于行为人系以他人名义为法律行为，且相对人也以他人为其当事人，行为人未经授权而使用他人名义，其与无权代理人未经授权而使用本人名义的情形类似，故应类推适用无权代理的规定。[2]

（二）须代理人实施法律行为

代理行为非本人的行为，而是代理人的行为，因此应由代理人实施。此所谓由代理人实施法律行为，指由代理人决定该法律行为意思表示的内容并表示之，或者受相对人的意思表示并决定是否接受（承诺）。换言之，指代理本人向相对人为意思表示（积极代理），或代理本人由相对人接受意思表示（消极代理）。依对《民法典》的解释，代理人须具有民事行为能力。

代理人得代理的，原则上为法律行为和准法律行为。事实行为和侵权行为皆不得代理。具体而言，法律行为中的财产行为，如物权行为、债权行为、准物权行为或知识产权的行使行为，以及各种准法律行为，均可代理。身份行为，如结婚、离婚、收养、认领等行为，均不得代理。不过，身份行为可以以使者作为传达机关或执行机关，代为办理手续。代理系代为或代受意思表示，事实行为本质

---

[1] 郑冠宇：《民法总则》（第二版），瑞兴图书股份有限公司 2014 年版，第 398 页。

[2] 王泽鉴：《民法总则》，北京大学出版社 2009 年版，第 357 页；郑冠宇：《民法总则》（第二版），瑞兴图书股份有限公司 2014 年版，第 399 页。

上非表示行为，其效力并非基于行为人的效果意思，而系基于法律规定而发生，与意思表示无关。因此，先占、遗失物的拾得、埋藏物的发现、添附等事实行为自不适用代理的规定。此事实行为虽不得代理，但可由他人加以协助，行为人甚至可以以他人为事实行为的行为机关，例如就占有关系而言，得以他人为占有机关，称为占有辅助人。代理以合法行为为限，违法行为不得代理，代理人不得代理本人为盗窃、欺诈等刑法上的犯罪行为，或民法上的侵权行为。在一般代理中，本人有时应负损害赔偿责任，此责任并非基于代理关系，而是基于雇佣关系而发生。[1]

三、代理行为的生效 [2]

代理行为的生效，由代理行为不同于一般法律行为的特性所决定，与代理行为的成立一样，须具备一般与特殊两方面的要件，前者指法律行为对行为人本人发生效力所应具备的要件，后者指行为人实施的法律行为要能对它所指向的被代理人产生代理效力所应具备的要件。如行为人以他人名义实施的法律行为，仅具备法律行为的一般有效要件，而不具备发生代理效力的特殊要件，则该法律行为可以对行为人本人产生法律效力，但不能对其指向的被代理人产生法律效力。

（一）代理行为的有效须具备法律行为的一般有效要件

此所谓法律行为的一般有效要件，指《民法典》第 143 条规定的要件：①行为人具有相应的民事行为能力；②意思表示真实；③不违反法律、行政法规的强制性规定，不违背公序良俗。

（二）代理行为的有效须具备发生代理效力的特殊要件

所谓发生代理效力的特殊要件，是指代理人实施的法律行为的效果直接归属于被代理人，使被代理人受其约束的要件，主要有：

---

[1] 施启扬：《民法总则》（修订第八版），中国法制出版社 2010 年版，第 276—277 页。

[2] 本部分依据、参考李开国：《民法总则研究》，法律出版社 2003 年版，第 349—355 页，谨此释明。

1. 须被代理人存在、确定并具有相应的能力

（1）被代理人存在与确定。代理行为的成立，只要求行为人有为他人实施法律行为的意思表示（包括明示的意思表示与推定的意思表示），并不要求被代理人存在与确定。亦即，代理人实施代理行为时，即使以抽象的、不确定的甚至并不存在的"他人"为被代理人，也不影响代理行为形式上的成立。但是，这种形式上成立的代理，要实际发生代理的效力，即产生被代理人依代理人实施的代理行为的内容向相对人主张权利、承担义务的效力，则非有确定的被代理人不可。

（2）被代理人应具有的能力。民法上的能力，包括权利能力、行为能力和责任能力。代理行为要发生代理的效力，须被代理人具有的能力包括：

1）承受代理行为法律效果的权利能力。代理行为的法律效果归属于被代理人而不归属于代理人，因此要求被代理人须具有承受代理行为法律效果的权利能力。至于代理人是否具有承受该行为法律效果的权利能力，则在所不问。

2）委托代理的被代理人须具有相应的行为能力。法定代理的被代理人，对代理人实施的代理行为，无须具有行为能力；而委托代理的被代理人，对代理人的代理行为则须具有相应的行为能力。在法定代理中，代理人的代理权是由法律直接规定的；而在委托代理中，代理人的代理权则是基于被代理人的授权行为而发生的，被代理人的授权行为系一种法律行为，因此要求被代理人对该法律行为具有行为能力。如果被代理人对其授权行为不具有行为能力，其授权行为便会因此而无效。被代理人的授权行为无效，代理人的代理权不能发生，其实施的代理行为也就成为无权代理，不能发生代理的效力。

2. 代理人具有代理权

在代理行为具备其他生效要件的情况下，代理人具有代理权是代理行为当然、确定、完全的发生代理效力的要件。所谓当然的发生代理效力，是指无须被代理人追认就能发生代理效力；所谓确定的发生代理效力，是指代理行为的代理效力无可争议，任何人都不能主张其无效；所谓完全的发生代理效力，是指该代理效力不仅约束被代理人，而且约束代理人和相对人。代理人的无权代理行为，

虽然在一定条件下也能发生代理效力，但其效力的发生并非当然的、确定的与完全的。例如，无权代理行为经被代理人追认后，虽可发生代理效力，但其效力并非当然发生的，而是基于被代理人的追认而发生的。无权代理中的表见代理，虽然无须被代理人的追认就能发生代理效力，但此种代理效力是不完全的，只拘束被代理人，不拘束相对人。亦即，当相对人要求表见代理的被代理人承担责任时，被代理人不得拒绝。相对人要本人承担被代理人责任，须举证证明本人的行为足以使其相信无权代理人享有代理权。

四、代理的效果

代理行为的效果归属于本人（此以本人有权利能力为前提）。除当事人依意思表示乃至法律行为而希望达成的法律效果外，作为法律行为的当事人的地位（解除权、撤销权等由此发生）也归属于本人。虽无代理行为的本来的效果，但对代理人的侵权行为即变成对本人的侵权行为（例如相对人欺骗代理人而使缔结合同，致本人于损害的场合）。当然，代理人的侵权行为被认定为本人的侵权行为的场合也是有的。也就是说，本人、代理人间若有使用人、被（使）用人的关系，即大抵产生《民法典》第1191条、第1192条的责任承担。法定代理人对本人的财产进行管理之际对第三人实施侵权行为的，应认可本人的侵权责任。[1]

第四节　委托代理 [2]

一、关于委托授权

（一）委托授权的涵义与性质

委托授权，是指委托人以委托的意思表示将代理权授予受托人的法律行为。

1　［日］四宫和夫、能见善久：《民法总则》（第八版），弘文堂2010年版，第317页。

2　本部分参考、依据李开国：《民法总则研究》，法律出版社2003年版，第356—361页，谨此释明。

经委托授权，受托人就成为委托人的代理人，委托人就成为受托人的被代理人。

委托授权是一种单独法律行为（有相对人的单独行为），仅委托人一方单方面向代理人（内部授权）或向代理人对之为代理行为的第三人（外部授权）为授予代理权的意思表示，即生授权的法律效果。代理权授予无须被授权人的同意，即可发生授权的效力，盖其仅系单方面使代理人取得代理权，享有以本人名义为法律行为的资格，并未因此使代理人负担义务。代理人是否行使代理权，仍取决于代理人的意愿，至于其是否有义务以本人（委托人）名义为行为，则须视代理权授予的基本法律关系而定。因此，代理权授予对限制民事行为能力人而言，无须获得其法定代理人的同意。但其原因行为（例如委托合同），则须得到法定代理人的同意，方能生效。但若法定代理人拒绝同意的，委托合同即使无效，也不影响本人以限制民事行为能力人为其代理人的授权行为，代理权授予行为并非当然无效。盖代理权授予行为系独立于其原因行为的单独行为，不受其原因行为效力的影响。[1]

（二）委托授权的形式和内容

《民法典》第 165 条规定："委托代理授权采用书面形式的，授权委托书应当载明代理人的姓名或者名称、代理事项、权限和期限，并由被代理人签名或者盖章。"据此，对法律没有要求采用书面形式的委托授权，虽然当事人可以自由选择书面形式或口头形式，但由于委托授权不仅对委托人、受托人双方具有法律效力，而且对与代理人为法律行为的第三人具有法律效力，它不仅是委托人取得代理效果的法律依据，也是受托人、第三人要求委托人承担法律责任的依据，因此，当事人在选择委托授权的形式时一般都应采用书面形式。

委托授权的相对人是受托人，因此委托授权须向受托人为之，才能产生授权的法律效果。委托授权的内容和范围，根据委托人所欲达到的目的，可以是代理为一次法律行为的一次性委托，如代签一份合同；可以是在一定时间内连续代理同种法律行为的特别委托，如商店营业员的委任；也可以是针对某一事业代为一

1　郑冠宇：《民法总则》（第二版），瑞兴图书股份有限公司 2014 年版，第 370 页、第 373 页。

切法律行为的总委托，如公司经理的委任。

（三）委托授权的基础法律关系

委托授权的基础法律关系，是在委托授权之前就在委托人与受托人之间存在的法律关系。在这种法律关系中，受托人负有为委托人实施法律行为、处理代理事务的义务。如果说委托授权所要解决的问题是使受托人享有代理权，取得以委托人的名义实施法律行为的资格，那么委托授权的基础法律关系所要解决的问题则是要使受托人负起为委托人实施法律行为、处理代理事务的义务。尽管委托授权是一种单方法律行为，其授权效力的发生不以受托人接受委托为条件，但是，为他人实施法律行为、处理代理事务是一种劳务付出，如果不以一种法律关系使对方负起付出这种劳务的义务，对方就不会接受委托任务，委托授权也就无从谈起。

委托授权的基础法律关系主要有劳动关系、雇佣关系、合伙关系、委托合同关系。法人委托其工作人员处理代理事务的基础法律关系，是他们之间存在的劳动关系。依劳动关系，法人的工作人员有义务完成法人交办的代理任务。如果当事人之间不存在劳动关系等基础法律关系，一方要委托他方处理代理事务，则必须先签订委托合同，使他方负起处理代理事务的义务。

（四）委托授权与委托合同

委托合同是当事人双方约定一方为另一方处理一定事务的协议。这个被处理的事务可能是法律事务，也可能是非法律事务。在当事人之间不存在劳动关系、合伙关系的情况下，委托合同作为委托授权的基础而与委托授权存在一定联系。但是，现今代理制度严格区分委托授权与委托合同。按现今的代理观念，委托授权与委托合同具有如下区别。

第一，二者的成立条件不同。委托授权是单方法律行为，只要委托人一方有授权的意思表示即告成立，不考虑受托人是否接受委托，因为受托人接受委托是由委托授权的基础法律关系去解决的。委托合同则是双方法律行为，须当事人双方意思表示一致，合同才能成立。在当事人双方对合同条款取得一致的意见之前，合同不成立。

第二，二者的效力不同。委托合同是确定委托人与受托人双方权利义务关系的法律形式，根据合同的相对性规则，其效力仅及于委托人和受托人，对委托人、受托人之外的第三人不发生法律效力。而委托授权，作为受托人代理权发生的根据，其效力不仅及于委托人和受托人，而且及于第三人（相对人）。

由于委托授权与委托合同存在是否具有外部效力的区别，当委托人拒绝为受托人承担代理责任时，须考察的是委托授权方面的问题（如委托人是否进行了委托授权、其授权范围如何、其委托授权是否撤回等），而不是委托授权基础法律关系方面的问题。作为委托授权基础的劳动关系、合伙关系、委托合同关系方面存在的瑕疵，如合同不成立、合同无效、合同被撤销、合同被解除等，原则上不影响委托授权的效力。例如，解除委托合同后，如委托人既没有收回授权委托书，又没有通知或公告撤销授权委托书，委托人仍应在授权委托书的授权范围内为受托人的代理行为负责。

第三，二者受不同法律制度的规范、调整。由于委托授权与委托合同的法律性质不同，二者受民法中不同法律制度的规范调整。委托授权作为代理权发生的重要根据，受《民法典》总则编中代理制度的规范、调整；委托合同为委托人与受托人之间的债权债务关系发生的根据，即系合同之债的一种，受《民法典》合同编第 23 章"委托合同"的规范、调整。

二、授权委托书

（一）授权委托书的涵义

授权委托书，简称委托书，是委托人制作并授予受托人的指明受托人具有一定代理权限的法律文件。委托人将制作好的授权委托书交付受托人，即构成委托授权的书面法律行为，产生委托授权的法律效果。在这里，委托授权的关键是授权委托书的交付，而不是授权委托书的制作。授权委托书一经交付受托人，就成为受托人向第三人证明自己享有代理权的证明文件。因此，授权委托书又称代理证书。由授权委托书的性质所决定，授权委托书是委托代理中的关键法律文件，在司法实务中对认定行为人代理权的有无、代理权的范围以及是否构成表见代理等皆具有重要意义。

（二）授权委托书的内容

授权委托书的内容，即授权委托书应记载的事项。根据《民法典》第165条的规定，其应载明下列事项。

第一，代理人的姓名或名称。代理人为自然人时，应载明其姓名，实务中通常还要注明其所属单位、职务及住址。代理人为法人时，应载明其名称及住址。

第二，代理事项和权限。无论委托为某一法律行为，委托连续为某种法律行为，或者委托为涉及某一事业的一切法律行为，其代理事项和权限皆应具体明确。例如，委托律师代理诉讼，其授权委托书就应载明代理哪家法院的哪个案件，是全权代理还是部分代理等。

第三，代理期限。授权委托书应载明其签发日期和有效期限。授权委托书的有效期限，既可以用期间（一定时间长度）来确定，也可以用期日（即到期的年、月、日）来确定。授权委托书有签发日期而无有效期限的应如何处理，系实务中经常遇到的问题。1964年《苏俄民法典》第67条第1项第2句曾规定："如果委托书上没有注明期限，则委托书自其发出之日起一年内有效。"[1]实务中宜以代理人完成代理事项所需要的时间为主要考虑因素，酌情确定授权委托书的有效期限。

第四，委托人的签名或盖章。委托人为自然人时，除签名或盖章外，通常还要注明其所在单位及住址；委托人为法人时，除法定代表人签名或盖章外，还应加盖法人公章。

（三）授权委托书授权不明的法律后果

对此，原《民法通则》第65条第3款规定："委托书授权不明的，被代理人应当向第三人承担民事责任，代理人负连带责任。"唯《民法典》未作规定。

---

[1] 参见中国社会科学院法学研究所民法研究室编：《苏俄民法典》，中国社会科学出版社1980年版，第25页。

第五节　法定代理与指定代理

一、法定代理

法定代理有广义与狭义之分。广义的法定代理不仅包括法律直接规定的代理，还包括有权机关指定的代理，而狭义的法定代理则仅指法律直接规定的代理，包括具有一定身份关系而发生者，例如父母对未成年子女的法定代理，夫妻于日常家务（指一般家庭通常所处理的事务，夫妻一方逾越日常家务的事项，仍属无权代理）中互为代理人，监护人为受监护人的法定代理人，清算人或遗嘱执行人于其权限范围内为本人的法定代理人。法定代理的代理人，根据法律的直接规定取得代理权，并在法律规定的代理权范围内以被代理人的名义进行代理活动。

二、指定代理 [1]

指定代理，是指法院或其他有权单位指定的代理人根据法律规定的代理权限或者指定者指定的代理权限进行的代理。指定代理权的发生原因，是法院或其他有权机关的指定。依《破产法》的规定，清算人在法律规定范围内，有指定代理权。指定代理具有如下特性。

第一，指定代理的代理人由有权为他人指定代理人的机关、单位或个人指定。谁有权为他人指定代理人，由法律直接规定。按《民法典》第 1133 条的规定，遗嘱人可以在遗嘱中指定遗嘱执行人。遗嘱执行人在法律规定或指定人指定的范围内享有一定的代理权，属于指定代理人。

第二，指定代理人的代理权限或由法律直接规定，或由指定人指定。在理论

---

[1]　本部分依据、参考李开国：《民法总则研究》，法律出版社 2003 年版，第 362—363 页，谨此释明。

上，不能排除指定代理人的代理权限由指定人指定的可能，但实际上，指定代理人的代理权限多由法律直接规定。例如，监护人，无论是法定监护人或指定监护人，其监护职责，包括对被监护人的代理权限，多由法律直接规定；失踪人的财产代管人，无论是法定的或指定的，其代管职责，包括对失踪人财产进行处分的代理权限，也大抵由法律直接规定；企业法人被撤销后或破产后，指定清算人的清算职责，包括其收取债权、清偿债务的代理权限，也由法律直接规定。

指定代理的类型大抵有下列 3 种：①指定监护人的代理；②指定财产代管人的代理，又主要有三种情况，即法院为失踪人指定的财产代管人所为的代理，法院或主管机关为破产、撤销、解散的企业指定的清算人所为的代理，指定的遗嘱执行人所为的代理；③法院或其他有权者为无民事行为能力人、限制民事行为能力人临时指定的代理人实施某一法律行为的代理。

第六节　无权代理

一、无权代理（广义与狭义的无权代理）的涵义、特征与类型

（一）无权代理的涵义

无权代理（Vertretung ohne Vertretungsmacht）乃相对于有权代理而言，指欠缺代理权的代理，换言之，无权代理是"万事（代理行为）俱备，只欠东风（代理权）"的代理行为。[1]无权代理为效力未定的民事法律行为，非经本人承认，对于本人不生效力。

无权代理有广义和狭义之分。广义的无权代理，包括所谓表见代理与狭义的无权代理。亦即，无权代理根据其是否有使相对人误信无权代理人有代理权的表象，可区分为狭义的无权代理和表见代理两类。狭义的无权代理，乃表见代理以外的无权代理，系单纯的无权代理，其情形有二，即完全未经授权的代理与授权

---

[1]　施启扬：《民法总则》（修订第八版），中国法制出版社 2010 年版，第 294 页。

行为无效的代理。在狭义的无权代理，本人并无令第三人信其为有权代理的表见事实，因此不能为交易安全而使本人负授权人的责任，无权代理行为须经本人承认方对其发生效力。表见代理虽系无权代理，但在表面上有使人相信无权代理人有代理权的授权表征（Rechtsschein），也就是"表见事实"，因而基于信赖保护的原则，使本人负授权人的责任。[1]

（二）无权代理的特性 [2]

第一，无权代理的代理人以被代理人的名义为法律行为，代理行为已经成立。如果代理行为不成立，也就不发生有权代理或无权代理的问题。无权代理，由于代理行为已经成立，于被代理人追认时可产生代理的效力。

第二，无权代理是具备法律行为一般有效要件的行为。无权代理如不能对"被代理人"发生代理效力，则可能对无权代理人自己发生本人行为的效力。也就是说，无权代理如果得不到"被代理人"的追认，无权代理人将自负履行无权代理行为或者向相对人赔偿损失的责任。

第三，在代理行为的特殊有效要件上，无权代理只欠缺代理权这一有效要件，并不欠缺被代理人存在、确定、合格等有效要件。无权代理的这一特性，使其区别于被代理人不存在、不确定、不合格的无效代理。在后一种情况下，代理行为将因无合格的被代理人承受其法律效果而不能发生代理的法律效力；而在无权代理，因行为人所指向的"被代理人"确实存在，如该人为追认行为，还可以发生代理的效力。

（三）无权代理的类型 [3]

《民法典》第171条第1款规定："行为人没有代理权、超越代理权或者代理权终止后，仍然实施代理行为，未经被代理人追认的，对被代理人不发生效力。"据此规定，无权代理包括：未经授权的无权代理、超越代理权范围的无权代理以

---

[1] 施启扬：《民法总则》（修订第八版），中国法制出版社2010年版，第294页。

[2] 李开国：《民法总则研究》，法律出版社2003年版，第372—373页。

[3] 李开国：《民法总则研究》，法律出版社2003年版，第373—374页。

及代理权终止后的无权代理。另外，学理上还认为存在其他情形的无权代理，于此也一并论及。

第一，未经授权的无权代理，包括未经他人委托授权而以他人名义进行代理活动，以及法定代理人以外的人以无民事行为能力人、限制民事行为能力人的名义进行代理活动等情形。此类无权代理发生的常见原因，是假他人之名为自己谋取好处，如盗用单位介绍信、空白合同书订立合同。但是，也有出于善意而主动代他人实施法律行为的。例如，邻人不在，见其树上的果子成熟而主动代为采摘与出售。此种情况虽可构成无权代理，但属于无因管理的一种情况。无因管理行为，可能是事实行为，也可能是法律行为。当无因管理行为为法律行为时，虽可构成无权代理，但应统一适用无因管理的规定，由本人承担无因管理的法律后果，而不应将其中的法律行为分割出来适用无权代理的规定。

第二，授权行为无效或被撤销的无权代理，此时被代理人不承担责任，而由代理人向第三人承担责任。

第三，超越代理权范围的无权代理。在超越代理权范围的情况下，代理人是享有一定的代理权的，但是其实施的代理行为部分超越了其代理权范围。

第四，代理权消灭后的无权代理。代理权消灭后，代理人仍然以被代理人的名义进行代理活动，有两种不同情况：其一，代理人不知其代理权消灭而继续进行代理活动；其二，代理人明知其代理权消灭而继续进行代理活动。在前一种情况下，代理人的无权代理行为是善意行为；在后一种情况下，代理人的无权代理行为是恶意行为。

二、本人的追认与追认拒绝

（一）本人的追认权 [1]

没有代理权的人作为他人的代理人签订的合同，非经本人追认，对本人不发

1　［日］四宫和夫、能见善久：《民法总则》（第八版），弘文堂 2010 年版，第 318—319 页；［日］藤井俊二：《民法总则》，成文堂 2011 年版，第 170—171 页。

生效力。也就是说，无权代理行为的效果原则上不能归属于本人，但是本人追认时，效果归属于本人。此称为"浮动的无效"或"相对的无效"。所谓追认，即本人承受无权代理行为的效果。此承受的资格，称为追认权。追认是使无权代理行为的效果归属于自己的意思表示，系单独行为。于追认没有特别意思表示时，一经追认，无权代理行为即溯及至成立时发生效力。另外，追认的溯及效力不能损害第三人的权利。

追认系有相对人的单独行为，其相对人无论为无权代理人或为无权代理行为的相对人均可。但对无权代理人为追认时，相对人若不知道追认的事实，则对相对人不能主张追认的效果。追认既可以明示为之，也可以默示为之。

如前所述，一经追认，无权代理行为的效果即溯及至实施无权代理行为当时归属于本人。此称为追认的溯及效力。不过，此追认的溯及效力，存在以下例外与限制：①本人与相对人存在"特别的意思表示"（特约）时，追认无溯及效力。②追认的溯及效力不能损害第三人的权利。所谓第三人的权利，指从无权代理行为发生到追认期间第三人取得的权利，具有与相对人的权利抵触的内容者。

（二）本人的追认拒绝权

《民法典》第 171 条第 2 款规定："相对人可以催告被代理人自收到通知之日起三十日内予以追认。被代理人未作表示的，视为拒绝追认。行为人实施的行为被追认前，善意相对人有撤销的权利。撤销应当以通知的方式作出。"本人及其他的追认权人若拒绝追认，无权代理行为的效果即确定的不归属于本人。追认拒绝通常对无权代理行为的相对人为之，但对无权代理人为之也是可以的。对无权代理人为拒绝追认的意思表示时，仅相对人已知其事实的，追认拒绝可对抗之。

本人一旦拒绝追认，无权代理行为的效果不能归属于本人即得以确定。因效果确定的不归属于本人，所以拒绝以后，本人也不能为无权代理行为的追认。[1]

1　参见日本最判 1998 年 7 月 17 日民集 52 卷 5 号，第 1296 页。

（三）相对人的催告权与撤销权 1

如前所述，无权代理行为的效果于被追认或追认拒绝前，系处于浮动状态。而且，最受其影响的是相对人。因此，民法规定了相对人得解除（消除）浮动状态的手段或方法。

1. 相对人的催告权

相对人对本人可以设定相当期间，向本人发出催告，要求其在此期间内明确答复是否追认，称为相对人的催告权。本人在此期间内不做明确答复的，视为拒绝追认。《民法典》第 171 条第 2 款第 1 句规定："相对人可以催告被代理人自收到通知之日起三十日内予以追认。"

2. 相对人的撤销权

相对人除合意的场合外，于本人追认前，可以撤销与无权代理人的行为。此称为相对人的撤销权。此撤销，实质上相当于意思表示的撤回，其结果是无权代理行为之效果不归属得以确定，也变成不能追及无权代理人的责任。换言之，相对人撤销无权代理合同时，合同溯及性地变成无效，以无权代理行为之存在为前提而认可的法律关系完全不发生，且也不能追及无权代理人的责任。《民法典》第 171 条第 2 款第 3、4 句规定："行为人实施的行为被追认前，善意相对人有撤销的权利。撤销应当以通知的方式作出。"

三、无权代理人的责任

（一）概要

无权代理行为因不存在代理权，所以其效果不能归属于本人。同时，因无权代理人自身也无将其行为的效果归属于自己的意思，所以其效果也不能归属于无权代理人。若效果不归属于无权代理人，则相对人将遭受极大的不利益，由此，

1　[日]四宫和夫、能见善久：《民法总则》（第八版），弘文堂 2010 年版，第 322 页；[日]藤井俊二：《民法总则》，成文堂 2011 年版，第 171—172 页。

在比较法上，《日本民法》遂规定无权代理人得对善意无过失的相对人负担责任（第117条）。对此责任，日本判例认为，它是为维持交易安全和代理制度的信用而规定的无过失责任[1]（唯《日本民法》的起草者认为是过失责任）。[2]

（二）无权代理人承担责任的要件[3]

按照《日本民法》的规定，无权代理人之承担责任的要件有两项。

第一，无权代理人作为他人的代理人签订合同。对于此点的证明责任系由相对人承担。代理人若能证明相对人撤销了无权代理行为，则该要件即不满足。无权代理行为的撤销，具有使与无权代理人的一切法律关系被解除的效果。由此，《日本民法》第117条的责任追及的前提（基础）也被解除（即不存在）。

第二，代理权之不存在。要使无权代理人承担责任，相对人须主张自称代理人的人并无代理权。对此，代理人要免除责任，必须证明其有代理权。有代理权的证明，由自称代理人的人负担。要证明有代理权以免责，也包括可以主张、证明本人曾经的追认。但是，在表见代理成立的场合，无权代理人即使主张、证明有代理权，也不能免除其责任，盖表见代理是专门用来保护相对人的制度。

（三）消极要件（免责要件）[4]

应注意的是，即使具备上述要件，若无权代理人可主张、证明如下事由，其也可免负责任。

第一，相对人知道作为他人的代理人签订合同的人没有代理权（恶意），或者因过失而不知（善意有过失）。无权代理人若证明相对人的恶意或过失，即被免责。应注意的是，此所谓"过失"，尽管日本有学说认为应系"重大的过失"，但日本通说与判例认为系指过失（轻过失）。

---

[1] 参见日本最判1987年7月7日民集41卷5号第1133页。

[2] ［日］四宫和夫、能见善久：《民法总则》（第八版），弘文堂2010年版，第323页；［日］藤井俊二：《民法总则》，成文堂2011年版，第173—174页。

[3] ［日］藤井俊二：《民法总则》，成文堂2011年版，第174页；［日］四宫和夫、能见善久：《民法总则》（第八版），弘文堂2010年版，第323—324页。

[4] ［日］藤井俊二：《民法总则》，成文堂2011年版，第175页；［日］四宫和夫、能见善久：《民法总则》（第八版），弘文堂2010年版，第324页。

第二，无权代理人是限制民事行为能力人。无权代理人若证明实施无权代理行为的当时，其行为能力被限制（即系限制民事行为能力人），即可免责。

（四）责任的内容 [1]

具备、满足上述要件时，无权代理人根据相对人的选择而须负履行或损害赔偿的责任。此选择的性质，通说认为系选择债权。[2]

1. 履行请求

相对人若选择履行的责任，则其与本人间当然成立的一切法律关系，变成与无权代理人间发生。以无权代理本人 A 的 B 将 A 所有的房屋出卖给 C 的场合为例，作为相对人的买受人 C 对无权代理人 B 取得请求移转房屋所有权、交付房屋的权利的同时，C 对 B 也负有支付价款的义务。不过，相对人 C 对没有买卖标的物（房屋）的所有权的无权代理人 B 请求履行，但 B 不能从 A 处取得标的物（房屋）的所有权时，则变为履行不能，C 的履行请求权因履行不能而转化为损害赔偿请求权。

2. 损害赔偿请求

相对人可以不提出履行请求，而请求损害赔偿。此损害赔偿，系替代合同的履行而被相对人认可。故此，相对人可请求有效合同之履行场合所可获得的利益（履行利益）的赔偿。[3]

（五）我国《民法典》的规定

在无权代理场合的责任，依《民法典》的规定，行为人实施的行为未被追认的，善意相对人有权请求行为人履行债务或者就其受到的损害请求行为人赔偿，但是赔偿的范围不得超过被代理人追认时相对人所能获得的利益。相对人知道或者应当知道行为人无权代理的，相对人和行为人按照各自的过错承担责任（《民法典》第 171 条第 3、4 款）。

1　［日］藤井俊二：《民法总则》，成文堂 2011 年版，第 175—176 页；［日］四宫和夫、能见善久：《民法总则》（第八版），弘文堂 2010 年版，第 325 页。

2　［日］四宫和夫、能见善久：《民法总则》（第八版），弘文堂 2010 年版，第 325 页。

3　参见日本最判 1957 年 12 月 5 日《新闻》第 83、84 号，第 16 页。

四、无权代理与表见代理的关系

因无权代理行为而使对合同成立的期待被损害的相对人，存在对本人可主张表见代理及追及无权代理人的责任两种救济手段。关于二者的关系，存在二说：无权代理人的责任是表见代理不成立时的补充性救济手段的"补充责任说"，与二者系独立的救济手段，其要件被满足时，相对人可选择其中任何一个的"选择责任说"。于比较判例上，日本系采取后者的立场。[1]

唯日本学说认为：第一，无权代理人即使单纯主张表见代理有成立的可能性，也不能免除其应承担的《日本民法》第 117 条的无权代理人责任。相对人即使提起对本人追及表见代理责任的诉讼，亦同。第二，对本人的诉讼之认可表见代理责任的判决（裁判）确定时，因已无认可无权代理人责任的必要，所以与追认的场合相同，应认为（变成）不满足（不符合）《日本民法》第 117 条的无权代理人责任的要件。[2]

五、无权代理与继承

无权代理人的地位与本人的地位归属于同一人时，与追认的场合相同，无权代理行为的瑕疵被治愈。由此，成为问题者有如下几种情形。

（一）无权代理人继承型 [3]

此即无权代理人继承本人的地位，具体又包括：

1. 单独继承

（1）资格同化说。本人死亡，无权代理人为单独继承时，判例认为，"本人与代理人的资格归属于同一人的场合，发生与本人自己为法律行为相同的法律上

1　参见日本最判 1958 年 6 月 17 日民集 12 卷 10 号第 1532 页；日本最判 1987 年 7 月 7 日民集 41 卷 5 号第 1133 页。

2　[日] 四宫和夫、能见善久：《民法总则》（第八版），弘文堂 2010 年版，第 324 页。

3　[日] 藤井俊二：《民法总则》，成文堂 2011 年版，第 176—178 页。

的地位"。[1] 此判例因认为无权代理人继承本人，其无权代理人的资格即与本人的资格同化，故被称为资格同化说。根据此说，本人与无权代理人的地位同化，所以经由继承，即是本人自身签订合同，其效力为有效。相对人对无权代理存在恶意时，合同也有效成立。此说在日本曾是有力说，但现今几乎无人支持此说。

（2）资格并存说。此说认为，无权代理人即使继承本人，其与本人的资格也不同化。亦即，无权代理人与本人的资格并存。但是，无权代理人单独继承本人时，关于是否认可无权代理人拒绝本人的资格上的追认，此资格并存说又分为如下二说。

1）诚信原则说。此说认为，无权代理人拒绝本人的资格上的追认，回避将代理的效果归属于自己，系违反诚信原则而不被允许。日本最高法院判例曾支持过此说。

2）资格并存贯彻说。此说认为，无权代理人继承本人的资格的场合，可以拒绝本人的资格上的追认。依据此说，无权代理人拒绝本人的资格上的追认时，相对人对无权代理人可追及《日本民法》第117条的无权代理人责任。

2. 无权代理人与其他继承人共同继承本人的场合

在此种场合，也存在资格同化说和资格并存说两种学说。其中，资格并存说又包括诚信原则说与资格并存贯彻说。

3. 本人拒绝追认后死亡的场合

日本最高法院判例判示："本人拒绝无权代理行为的追认的场合，之后无权代理人即使继承本人，无权代理行为也不变成有效。"[2] 亦即，若本人拒绝追认无权代理行为，其效力确定的不及于本人，拒绝追认之后，即使本人也不能依追认使无权代理行为有效。无权代理人即使继承本人，也无影响（即无权代理行为不变成有效）。

1　参见日本最判1965年6月18日民集4号，第986页。
2　参见日本最判1998年7月17日民集52卷5号，第1296页。

（二）本人继承型

对此，比较法上的判例认为："作为继承人的本人即使拒绝被继承人的无权代理行为的追认，也不违反诚实信用。所以，被继承人的无权代理行为一般并不因本人的继承而变成当然有效。"[1]

但是，若满足或符合《日本民法》第117条的无权代理人责任的要件，本人因承继无权代理人的责任，在结局上即负担第117条的履行义务。[2]

（三）第三人继承型

此种场合，又具体分为两种情形：①第三人继承本人之后，又继承无权代理人；②第三人先继承无权代理人，后继承本人。比较法上的判例认为，在②的场合，第三人不能拒绝本人的资格上的追认，而应产生与本人自己为法律行为相同的法律上的地位乃至效果，无权代理行为当然变成有效。[3]亦即，作与无权代理人继承本人相同的处理。而关于①的场合，尽管比较法上尚无判例，但学说认为，仍应基本上与②的场合作相同的处理。[4]

六、表见代理

（一）表见代理的涵义与存在理由

表见代理（Scheinvollmacht），是指代理人虽无代理权，但因本人与无权代理人之间的关系，具有授予代理权的外观，即所谓外表授权，致相对人信其有代理权而与其为法律行为，法律使之发生与有权代理相同的法律效果。表见代理制度之设立目的，系在于保护相对人的信赖和交易安全。[5]

所谓外表授权，指具有授权行为的外表或假象，而事实上并无授权。按照英

1　参见日本最判1962年4月20日民集16卷4号，第955页。

2　参见日本最判1973年7月3日民集27卷7号，第751页。

3　参见日本大判1942年2月25日民集21卷第164页、最判1988年3月1日《判时》第1312号第92页。

4　［日］四宫和夫、能见善久：《民法总则》（第八版），弘文堂2010年版，第327—328页。

5　梁慧星：《民法总论》（第四版），法律出版社2011年版，第239页。

美法代理制度，外表授权是产生代理权的原因之一。学者认为，因外表授权而产生代理权，使被代理人承担代理行为的效果，是英美法"禁反言原则"（原系英美法的 estoppel 理论）乃至"权利外观法理"（原系德国法的 Rechtsschein 理论）在代理关系上的具体运用。盖按照这些原则或法理，法律不允许当事人否认别的有理智的人从他的言行中得出的合理推论。一个人的言行向相对人表示他已授权给某人，而实际上他并没有授权，这就构成所谓外表授权。法律为维护交易安全、公平及善意相对人的利益，认可外表授权为产生代理权的法律事实。因此，外表授权作为一种法律事实，其效力在于使表见代理人获得代理权，尽管他并未得到被代理人的实际授权。按照大陆法系民法，代理制度为私法自治的扩张或补充，本应尊重被代理人的意思，考虑被代理人的利益。在表见代理的情形，既然被代理人未作实际授权，自应不使其发生代理的效力，以免使本人利益遭受不测的损害。但代理制度关系到本人与相对人的利益，若完全尊重本人的意思，势将置相对人的利益于不顾，则世人皆不欲与代理人为交易，不仅社会交易受其影响，代理制度也将有名无实。因此，对于本人与行为人间有特殊关系或有授权的表象的情形，承认表见代理。虽然这多少对本人有所不利，但可以保护交易安全，维持代理制度。可见，表见代理制度的存在理由，在于使个人的静态的安全与社会的动态的安全得以协调，其与民法上的善意取得制度出于同一旨趣。[1]

值得注意的是，在现今，学说认为表见代理的实质性的根据在于：①存在使本人承受无权代理行为效果的足够的归责事由，即存在本人的归责性；②存在对相对人的外观信赖（相对人的善意无过失）受保护的必要性（要保护性）。由此，在法定代理的场合一律否定表见代理是不妥当的。对于某些法定代理，当认可本人的归责性、对相对人的外观信赖时，即应认为也得成立表见代理。[2]

《民法典》第 172 条规定："行为人没有代理权、超越代理权或者代理权终止后，仍然实施代理行为，相对人有理由相信行为人有代理权的，代理行为有效。"

---

[1] 梁慧星：《民法总论》（第四版），法律出版社 2011 年版，第 240 页。

[2] ［日］四宫和夫、能见善久：《民法总则》（第八版），弘文堂 2010 年版，第 329 页。

是为表见代理的明文规定。

（二）表见代理的要件

1. 须代理人实际无代理权

表见代理成立的第一项要件是：须代理人实际无代理权。如果代理人实际上拥有代理权，则属于有权代理，不发生表见代理的问题。此所谓无代理权，指为代理行为当时无代理权或对于所实施的代理行为无代理权。至于该无权代理人此前是否曾经拥有代理权，或当时是否有实施其他法律行为的代理权，皆非所问。[1]

2. 须存在使相对人误信代理人有代理权的事由

此处所称的事由，指使相对人相信行为人有代理权的现象，即代理权的外观，或外表授权。存在外表授权，是成立表见代理的根据。即使无权代理人以被代理人名义实施法律行为，如果不存在外表授权，换言之，该无权代理人与被代理人之间不存在任何授予代理权的外表或假象，也不发生表见代理问题。实际生活中，多数情形是该无权代理人此前曾经被授予代理权，但实施代理行为当时代理权已经终止，此即代理权消灭后的表见代理；或者该代理人于实施代理行为当时仍拥有代理权，只是所实施的代理行为超越了代理权范围，是为越权的表见代理。当然，也有自始就未曾被授予代理权的情形，例如被代理人曾明示或默示授予代理权而实际并未授予代理权，称为因本人明示或默示的表见代理。以上情形，代理人曾经被授予代理权，或者实施代理行为当时拥有实施其他法律行为的代理权，或者被代理人曾有授予代理权的表示（尽管实际并未授权），即构成所谓外表授权。[2]

须说明的是，在诉讼中，相对人应对其相信行为人有代理权的事由负举证责任。相对人如不能举证证明存在使他相信行为人有代理权的事由，如不能向法庭提交被代理人的授权委托书或者向相对人为授权通知的函件、电文等，就不能成

1　梁慧星：《民法总论》（第四版），法律出版社 2011 年版，第 241 页。
2　梁慧星：《民法总论》（第四版），法律出版社 2011 年版，第 241 页。

立表见代理。[1]

3. 须相对人无过失

相对人无过失，是构成表见代理的重要条件。法律使被代理人为表见代理人的无权代理行为负责的根本原因，是要维护善意且无过失的相对人的信赖利益。如果相对人有过失，则无保护的必要。判断相对人有无过失的标准，是看相对人是否知道或应当知道行为人无代理权。所谓知道，是就事实而言，如相对人已知行为人代理权消灭；所谓应当知道，是就情理而言，如根据授权委托书的破绽而应当看出行为人无代理权。如相对人知道或者应当知道行为人无代理权而仍然与行为人实施代理行为，则相对人为恶意或有过失，不能成立表见代理。[2]

4. 表见事实须存在于法律行为成立时

表见事实须存在于法律行为成立时。本人知他人表示为其代理人而与相对人为法律行为时，即应为反对的表示，使代理行为无从成立，以保护善意的第三人。但若此时本人不为反对的意思表示，致第三人误认代理人确有代理权而与之成立法律行为的，即应负授权人的责任。如本人于法律行为成立后方知其情事而未为反对的表示的，因对业已成立的法律行为已不生影响，自难令其负表见代理人之责任。[3]

（三）表见代理的类型 [4]

1. 有代理权授予表象的表见代理

这是一类基于某种原因呈现代理权授予的表象，而实际上并无代理权授予的表见代理。在比较代理法上，得作为代理权授予表象的情形有下列几种：

（1）向特定第三人通知授予他人代理权。此种授权表象，《德国民法典》第171条、《日本民法》第109条皆有规定。《德国民法典》第171条规定："以特别

1　李开国：《民法总则研究》，法律出版社2003年版，第376页。

2　李开国：《民法总则研究》，法律出版社2003年版，第376—377页。

3　郑冠宇：《民法总则》（第二版），瑞兴图书股份有限公司2014年版，第391—392页。

4　本部分参考、依据李开国：《民法总则研究》，法律出版社2003年版，第378—382页，谨此释明。

方法通知第三人或以公告方法，表示授予代理权于他人者，于前一情形，对于特定之第三人，于后一情形，对于任何第三人，应负授权人责任。未以同一表示方式撤回其代理权前，代理权仍有效存续。"[1]《日本民法》第 109 条规定："对第三人表示已授予他人代理权之意思者，于其代理权限范围内，就该他人与第三人之间所作之行为，负其责任。但第三人知道该他人未被授予代理权，或因过失而不知时，不在此限。"[2] 授予代理权的行为，依其性质，只有向代理人本人为之，才能产生授权的效果。向第三人为授权的通知，只具有向第三人告知授权的意义，并不发生授权的效果。因此，如被代理人仅向第三人为授权的通知而未向代理人本人为授权的意思表示，就不能成立有权代理，而只能成立表见代理。

（2）公告周知授予他人代理权。此种授权表象为《德国民法典》第 171 条所规定。公告授权与通知特定第三人授权不同，对任何第三人均具有授权表象的意义。

（3）知道他人以本人名义实施代理行为而不作否认表示。

（4）单位业务介绍信、合同专用章或盖有公章的空白合同书的借用。出借单位业务介绍信、合同专用章或盖有公章的空白合同书，虽无授予代理权的意思，但足以构成授权的表象，成立表见代理。

2. 逾越权限的表见代理

此又称"权限外行为的表见代理"或"权限逾越的表见代理"，[3]《日本民法》设有规定。其第 110 条规定，"代理人作出权限外行为之情形，第三人有正当理由相信代理人有权限时，准用前条第一款正文之规定"[4]，即成立表见代理。

3. 有未越权表象的表见代理

这是一类在实际授权小于授权表象时发生的表见代理，主要有如下两种情形。

1　参见台湾大学法律学院、财团法人台大法学基金会编译：《德国民法》（上，总则编、债编、物权编）（2016 年修订第二版），元照出版有限公司 2016 年版，第 175 页。

2　参见王融擎编译：《日本民法：条文与判例》（上册），中国法制出版社 2018 年版，第 85 页。

3　［日］四宫和夫、能见善久：《民法总则》（第八版），弘文堂 2010 年版，第 327—328 页。

4　参见王融擎编译：《日本民法：条文与判例》（上册），中国法制出版社 2018 年版，第 87 页。

（1）因授权委托书不明而发生的表见代理。所谓授权委托书不明，指授权委托书授权不具体，依其文义，对代理人的代理权限可作或大或小的解释。如被代理人的意思是授予较小的代理权，就可能发生表见代理。

（2）因对代理权加以特别限制而发生的表见代理。我国台湾地区"民法"第107条规定："代理权之限制及撤回，不得以之对抗善意第三人。但第三人因过失而不知其事实者，不在此限。"[1]代理权的限制，是指被代理人对代理人原有或应有的代理权加以限制。如这种限制不为相对人所知，代理人又不顾其限制而仍按原有或应有的代理权进行代理活动，就可成立表见代理。对原有代理权的限制，如发出授权委托书后，以口头方式限制该授权委托书授予的代理权。对应有代理权的限制，如企业法定代表人或私营企业主对经理人员应有的代理权加以限制。企业经理人员对企业应有哪些代理权，得依法律及社会一般观念定之。

4. 有代理权延续表象的表见代理

此又称代理权消灭后的表见代理。[2]代理权消灭后，如有代理权继续存在的表象，则代理人在原代理权限内与相对人实施的代理行为，成立表见代理。《日本民法》第112条对此种表见代理设有规定。代理权继续存在的表象，见于比较代理法的规定的，有下列几种情况。

（1）代理权消灭后，未收回授权委托书或通知相对人，也未公告授权委托书失效的。如《德国民法典》第172条第2项规定："于授权书返还授权人或经宣告无效前，代理权仍有效存续。"[3]

（2）已向特定第三人为授权通知的，代理权消灭后未向该特定第三人为代理权消灭的通知。如《德国民法典》第170条规定："向第三人表示代理权之授予者，于授权人就其消灭通知第三人前，其代理权对第三人仍有效力。"[4]

1　参见陈聪富主编：《月旦小六法》（第十七版），元照出版有限公司2014年版，第叁—10页。

2　［日］四宫和夫、能见善久：《民法总则》（第八版），弘文堂2010年版，第334页。

3　参见台湾大学法律学院、财团法人台大法学基金会编译：《德国民法》（上，总则编、债编、物权编）（2016年修订第二版），元照出版有限公司2016年版，第176页。

4　参见台湾大学法律学院、财团法人台大法学基金会编译：《德国民法》（上，总则编、债编、物权编）（2016年修订第二版），元照出版有限公司2016年版，第174页。

（3）以公告方式通知代理权的授予的，代理权消灭后未公告代理权消灭，如前引《德国民法典》第171条即是。

应注意的是，依日本学说，《日本民法》第112条所定的代理权消灭后的表见代理的成立要件是[1]：①代理权消灭后，有代理权的外观继续存续；②系在以往存在的代理权的范围内进行代理行为；③相对人善意无过失。

（四）表见代理的效力[2]

1. 对相对人的效力

对与表见代理人为法律行为的相对人，表见代理发生有权代理的法律效力，产生相对人请求被代理人承受表见代理行为效果的效力。由于表见代理的立法目的在于保护相对人的利益，将表见代理行为的效果归属于被代理人是相对人的权利而非义务，表见代理的相对人得知表见代理人并无代理权后也可以抛弃这一权利，转而向表见代理人主张无权代理的效力，要求表见代理人承担履行责任，或者赔偿相对人的损失。

2. 对表见代理人与被代理人的效力

在表见代理中，由于相对人既可以向被代理人主张有权代理的效力，也可以向表见代理人主张无权代理的效力，被代理人与表见代理人实际上处于对相对人承担连带责任的地位。依连带责任的规定，被代理人向相对人承担责任后，有权向表见代理人追偿，追偿的多少应依双方的过错程度而定。表见代理人向相对人承担责任后，也有权向被代理人追偿，追偿的多少仍然由双方的过错程度来定。但是，代理权消灭后，代理人违反交还授权委托书的义务，故意利用授权委托书实施表见代理行为的，无权向被代理人追偿。

对表见代理的效力，需释明的还有：表见代理是一种无权代理行为，法律强制被代理人承担有权代理责任的目的在于保护善意相对人的利益，而且，在表见代理中，被代理人和代理人都知道无代理权，因此表见代理对被代理人和代理人

1　[日] 四宫和夫、能见善久：《民法总则》（第八版），弘文堂2010年版，第339—340页。

2　本部分参考、依据李开国：《民法总则研究》，法律出版社2003年版，第381—382页。

均不发生有权代理的效力。亦即,被代理人和表见代理人都不得干涉相对人对表见代理主张无权代理效力的选择,强使相对人接受被代理人为表见代理意思表示的当事人,在被代理人与相对人之间发生权利义务关系。这是表见代理的效力不同于有权代理之处。在有权代理,被代理人、相对人、代理人皆得主张代理的效力。

第十一章

民事责任

第一节 概 述

民事责任，即不履行民事义务所应承担的法律后果。在罗马法上，民事责任与民事义务并不加以区分，二者之区分系起于日耳曼法。[1] 迄至近代，义务为"当为"、责任为"强制"的界分得以正式确立。我国《民法典》于总则编第 8 章设立"民事责任"的规定，自第 176 条至第 187 条，共计 12 个条文。由此，《民法典》总则编形成如下的结构体系："民事主体"——"民事权利"——"民事法律行为"——"民事责任"——"诉讼时效"——"期日期间"。

值得指出的是，将民事责任作为独立的一章加以规定，彰示了我国《民法典》的重要特色和创新。同样的做法，于其他国家和地区民法（典）上，实难觅到。尤其是该《民法典》独创了诸多因应新时代、新潮流的制度或规则，譬如集

---

[1] 在民法史上，德国弗莱堡大学和慕尼黑大学教授、著名的北德意志法律史学者卡尔·冯·阿米拉（Karl von Amira，1848—1930 年）研究北德意志日耳曼法的结果（《北德意志债法》，Nordgermanisches Obligationenrecht，两卷本，1882 年至 1895 年），是证明了德国古代债法（日耳曼债法）是严格区分义务（债务，Schuld）与责任（Haftung）这两个概念的，即义务（债务）是法律上的"当为"（rechtliches Sollen），意即是法律上被规定的事物（rechtliches Bestimmtsein）。该概念中并不包含法律上的强制（rechtliches Müssen）。换言之，义务（债务）这一概念中并不伴有任何的强制力（Zwangsgewalt）。不履行法律上的当为义务的人尽管系"不法的人"，但其是否打算履行该法律上的义务则完全系其自由，也就是说，由该义务（债务）本身并不发生履行的强制。但是，伴随法律上的交易的发展、演进，因这样不能达成或实现债权合同的目的，遂在义务（债务）中注入"责任"，由此发生法律上的强制。对此，参见陈华彬：《债法总论》，中国法制出版社 2012 年版，第 23—24 页。

中统一规定并明确因不可抗力不能履行民事义务时，不承担民事责任（第180条），为匡正社会风气而规定见义勇为规则（第183条）与"好人法"规则（第184条），以及设立保护英烈等的人格权益的规则（第185条）等。这些皆为因应新时代的需要而明定的规则，系新时代的要求、新时代的呼唤，也是国家、社会及个人和谐发展的必然需求，故而系值得肯定与赞同。本章拟对《民法典》总则编第8章"民事责任"的内容予以分析、释明，以期为我国民法学说（理论）与司法实务的解释适用提供参考和助力。而于此之前，拟对民事责任的基本学理，即民事责任与债，及民事责任与民事义务的分隔、独立和粘连等予以分析、释明和廓清。

第二节　民事责任与债及民事责任与民事义务的
分隔、独立和粘连

自法史上看，民事责任属于债的组成部分，譬如在《德国民法典》中即是如此。换言之，按照传统民法，民事义务为"当为"，由民事义务人自觉履行，民事责任为"必为"（"强制"），由国家强制履行。唯在立法上并未严格区分民事责任与民事义务，无论违约责任或侵权责任，皆作为一种债规定于民法债法部分。特别是侵权责任，被视为因侵权行为而发生的债，与合同之债、无因管理之债和不当得利之债并立。并且，有的还将民事责任的典型形式——损害赔偿——视为一种债，称为损害赔偿之债。[1]唯我国《民法典》与原《民法通则》严格区分民事责任与债（obligatio），创建独立的民事责任制度，这无疑是对包括德国民法（典）在内的传统民法（典）的重大变革。此变革系源自对民事责任与债的重新认识，其影响及于我国整个民法体系，由此具有重要价值与意义。[2]于现今，我国民

1　李开国：《民法总则研究》，法律出版社2003年版，第103页。

2　魏振瀛：《民事责任与债分离研究》，北京大学出版社2013年版，第1页。

法于概念和体系上严格分隔民事责任与债，[1]对此应给予积极评价和重视。

如前提及，区隔或分隔民事责任与民事义务系起于日耳曼民法。于民事责任与民事义务的承担者所受的"不利益"、民事责任与民事义务的承担者的范围、法律的拘束力、法律特性及发生条件等方面，此二者均有差异，由此彰示民事责任与民事义务系为相对应的不同概念。唯应指出的是，此二概念通常也系不可分，即违反民事义务时通常发生民事责任，无民事义务的，通常也就无民事责任。仅于例外的情形，二者不相关联。譬如，诉讼时效期间经过后的债务性质上成为自然债务，债务人虽有给付义务，却并无责任；反之，在物上担保，为债务人提供不动产设定抵押权的抵押人（物上担保人），于债务人不为清偿时，尽管有以该抵押物卖得价金优先供债务清偿的责任，却并无清偿债务的义务。[2]

一言以蔽之，民事责任与民事义务的差异在于，责任属于"强制"，义务属于"当为"。民事义务是法律上应为或不为一定行为的拘束，故而义务人不履行义务，必受法律的制裁，此也系民法上的义务与道德及宗教上的义务的差异所在。进而言之，民事权利重在其行使与实现，民事义务也应促其履行与完成，而民事义务的履行通常即为民事权利内容的实现。民事义务人不履行义务时应受法律制裁，此种受制裁的地位，为民事责任，譬如，不履行债务而发生损害赔偿责任即属之。[3]另外，因民事义务的履行即系民事权利的实现，民事义务的不履行即产生民事责任，故而民事责任系履行民事义务的保障。作为不履行义务时于法律上所处的状态的民事责任，主要涵括侵权责任与债务不履行责任。前者为违反民

---

[1]　应注意的是，民事责任与债的分隔，其实际上主要是民事责任与债之关系中的债务的分隔。依当代债法法理，债务为应为给付的义务，责任为强制履行义务的手段（即履行义务的担保），故责任通常伴随债务而生，一个完全的债务（eine Vollschuld）必须是债务（Schuld）加上责任（Haftung）。尽管如此，债务与责任二者并非同一观念，有有债务而无责任者，如自然债务，也有有责任而无债务者，如物上保证人的责任。近现代及当代债法法理认为，债的责任，以财产责任为限，除特定财产责任为担保物权外，系以普通财产为总债务的担保。故此，债务人原则上应以其全部财产对其全部债务负担责任。唯也有仅就一定限度的财产负其责任者，如限定继承即属之。对此，参见陈华彬：《债法总论》，中国法制出版社 2012 年版，第 25 页。

[2]　施启扬：《民法总则》（修订第八版），中国法制出版社 2010 年版，第 37 页。

[3]　施启扬：《民法总则》（修订第八版），中国法制出版社 2010 年版，第 37 页。

事权利（含某些利益，尤其是"法益"）的不可侵义务而应负的责任，后者为债务人不履行债务所应负的责任，二者皆以赔偿他方所受的损害为主要制裁方式。[1] 此外，还应指出的是，民事责任与民事义务中的给付义务的形式系相同，[2] 由此表明二者存在相当的粘连。

应当指明的是，"责任"一语，于民法上有多种涵义，譬如指某种法律效果的归属、指履行债务的"担保"、指保证债务履行的"财产"及作"负责"解等。[3] 于此等情形使用"责任"或"民事责任"的概念时，"责任"或"民事责任"皆已失去其应有的法律意义，而与《民法典》总则编第8章所称的"民事责任"存在差异。易言之，依《民法典》的规定，民事责任是指民事主体依照法律规定或当事人的约定，为履行民事义务而所受的拘束或承受的法律后果（第176条）。概言之，《民法典》区隔、区分民事责任和债，以及民事责任和民事义务，将侵权责任规范和违约责任规范自债法中分割出来，以专章（总则编第8章）进行规定，创立统一的民事责任法，此种独树一帜的立法体例，对于完善民法体系，加强对民事权利的保护，以及于民事生活中划清合法与违法的界限，进而发挥民法的教化作用，皆具有积极的价值与功用。[4]

第三节　《民法典》对诸民事责任的厘定或明确

一、民事责任的发生因由，尤其是份额（按份）责任、连带责任的法理及规则的厘定

在民法上，民事责任是一个完整的构造体系，其涵括物权法、债法、婚姻家

1　刘得宽：《民法总则》（增订四版），中国政法大学出版社 2006 年版，第 39—40 页；王伯琦：《民法总则》，台湾省编译馆 1979 年版，第 30 页。

2　李开国：《民法总则研究》，法律出版社 2003 年版，第 105 页。

3　李开国：《民法总则研究》，法律出版社 2003 年版，第 105—106 页。

4　陈华彬：《民法总论》，中国法制出版社 2011 年版，第 227 页；李开国：《民法总则研究》，法律出版社 2003 年版，第 103 页。

庭法、继承法及其他民事特别法（如商法）上的民事责任等。就民事责任的承担因由而言，其包括依法律规定和当事人的约定而承担民事责任（《民法典》第176条）。就民事责任系由一人或由二人抑或由二人以上承担而言，其包括单独责任、份额（按份）责任及连带责任。其中，由一人承担者为单独责任，由二人或二人以上承担者，为份额（按份）责任或连带责任。这里尤其值得着重分析的，是份额（按份）责任和连带责任，盖其系属于民法上的多数人之债（责任）的问题。

这里有必要提及多数人之债（责任）的内部关系。多数债权人中的一人受清偿时，应如何向其他的债权人分与，以及多数债务人中的一人因清偿等而使债务消灭时，如何向其他的债务人求偿，系多数人之债（责任）的内部关系。[1]具体而言，多数人之债（责任）的内部关系，是复数当事人之间的内部责任的分担问题。债务人为复数时，各个人应负担的份额称为负担部分。此负担部分尽管应以债务人内部的合意定之，但也可由法律规定，且也存在负担的份额为零的情形。譬如，于欢送 C 的宴会上，A、B、C 共进晚宴的情形，C 的负担份额即为零。实施了清偿的人，可按负担份额向其他人求偿。应指出的是，负担份额不仅系内部的清算基准，而且也具有对外的意味。当然，负担份额主要仍系内部的问题，故此，应将之置于内部关系中把握。[2]

出于厘清、释明及厘定上述复杂的多数人责任（债）的需要，《民法典》设立第 177 条、第 178 条两条规定。其中，前者规定份额（按份）责任，后者规定连带责任。依其规定，"二人以上依法承担按份责任，能够确定责任大小的，各自承担相应的责任；难以确定责任大小的，平均承担责任"（第 177 条）。"二人以上依法承担连带责任的，权利人有权请求部分或者全部连带责任人承担责任。连带责任人的责任份额根据各自责任大小确定；难以确定责任大小的，平均承担

1　[日]奥田昌道、池田真朗、潮见佳男编：《民法 4 债权总论》，[日]半田吉信执笔，悠悠社2007 年版，第 178 页；陈华彬：《债法总论》，中国法制出版社 2012 年版，第 208 页。

2　[日]中田裕康：《债权总论》，岩波书店 2008 年版，2010 年第 6 刷发行，第 402—403 页；陈华彬：《债法总论》，中国法制出版社 2012 年版，第 208—209 页。

责任。实际承担责任超过自己责任份额的连带责任人，有权向其他连带责任人追偿。连带责任，由法律规定或者当事人约定"（第 178 条）。

二、民事责任的承担方式与不可抗力的界定、免责的集中统一的厘定

应指出的是，关于民事责任的承担方式，《民法典》第 179 条作出了创新性的规定，其实际上明定了 12 种承担民事责任的方式，且明确这些民事责任的承担方式既可以单独适用，也可以合并适用。唯应指出的是，此 12 种民事责任的承担方式，可以大别为补偿性与非补偿性两种类型。

尤其是《民法典》第 179 条进一步明确并增加规定了"继续履行"与"惩罚性赔偿"的责任承担方式。另外，为了落实《民法典》第 9 条所规定的"绿色原则"，根据"恢复原状"的责任承担方式，于发生损害生态环境的情形时，即可使侵害（损害）人担此责任，由此实现恢复被损害（破坏）的生态环境（面貌）的目的。至于惩罚性赔偿的责任方式，则是属于将《食品安全法》等各有关特别法所定的该种责任方式予以纳入而做出的规定。

关于不可抗力的界定及其免责，《民法典》明确，"因不可抗力不能履行民事义务的，不承担民事责任。法律另有规定的，依照其规定"（第 180 条第 1款），且明确"不能预见、不能避免且不能克服的客观情况"（第 180 条第 2 款），即是不可抗力。此种规定和明确，对于学理及实务理解和适用不可抗力规则具有实益。

三、正当防卫和紧急避险，尤其是实施二者行为过当时的民事责任

正当防卫和紧急避险属于私力救济（亦称自力救济）中的自卫行为，是私权利的公力救济方式之外的救济手段或途径。19 世纪以来的近现代及当代民法大多设有明文规定，譬如《德国民法典》第 227 条、第 228 条等皆定有明文。

按照法理，正当防卫为正对不正，是为避免自己或他人现实不法的侵害所实

施的必要的防卫。其构成要件包括 3 点 [1]：①须有不法的侵害，即存在违法的攻击，至于攻击的种类、形态，则在所不问。攻击须对人为之，但不以对为正当防卫之人为之为必要。为保护第三人也可为正当防卫，称为紧急救助。对精神病人、儿童也得为正当防卫，盖作为攻击者的人，其有无责任能力及是否有故意、过失，并非所问。唯对动物或物不得为正当防卫。此外，依比较法上的判例，对任何法益（身体、所有权、占有、自由、名誉）的攻击，包括对精神上法益的攻击，皆可实行防卫。不过，亲权人适法行使惩戒权的行为，正当防卫并不成立。②须攻击业已开始，尚未完毕，如其侵害已经完毕，则无正当防卫之可言。③须为防卫所必要，即所选的防卫行为系客观的、必然的，防卫人的主观认识不得作为衡量标准。若有多数防卫的方法，则应择其损害较轻者而实施防卫。超过防卫程度的，构成过当防卫。过当防卫虽一般不受刑罚处罚，但客观的违法，如有过失的，应负损害赔偿责任。也就是说，正当防卫的法律效果是：系非违法。故正当防卫行为为违法性阻却事由之一，其于民事、刑事上皆不发生责任问题。[2]

紧急避险为正对正，此点与正当防卫为正对不正，存在差异。按照法理，其构成要件如下 [3]：①须存在急迫的危险。此危险须由物（动物也包括在内）发生。所避免的危险，不限于自己的危险，对他人的危险也可为避免行为，唯不得违反本人的意思。另外，危险须急迫，即危险业已发生，尚未终了。②避险行为须为避免危险所必要。③须避险行为未逾越危险所能导致的损害程度。也就是说，由避险行为所生的损害不得较危险所生的损害更大（此点与正当防卫不同，称为利益均衡原则），否则行为人须负损害赔偿责任。紧急避险的法律后果是：系非违法，唯行为人对于危险的发生存在过咎或避险过当时，应负损害赔

1　台湾大学法律学研究所编译（梅仲协等编译）：《德国民法》，1965 年 5 月印行，第 242—243 页。

2　台湾大学法律学研究所编译（梅仲协等编译）：《德国民法》，1965 年 5 月印行，第 243 页。

3　台湾大学法律学研究所编译（梅仲协等编译）：《德国民法》，1965 年 5 月印行，第 244—245 页。

偿责任。[1]

立基于上述基本法理,《民法典》第181条、第182条明确了正当防卫和紧急避险,尤其是实施二者行为过当时的民事责任。其明确:"因正当防卫造成损害的,不承担民事责任。正当防卫超过必要的限度,造成不应有的损害的,正当防卫人应当承担适当的民事责任"(第181条)。"因紧急避险造成损害的,由引起险情发生的人承担民事责任。危险由自然原因引起的,紧急避险人不承担民事责任,可以给予适当补偿。紧急避险采取措施不当或者超过必要的限度,造成不应有的损害的,紧急避险人应当承担适当的民事责任"(第182条)。由此二条的内容来看,其规定准确、合理、清晰,符合法理及学理。

值得提及的是,《民法典》于侵权责任编(即第1177条)也规定了私力救济(自力救济)中的自助行为。对于自助行为的构成要件的分析等,请参见本书第四章"权利的自力救济"部分中的"自助行为",兹不赘述。

四、为匡正社会风气而厘定的民事责任规则

为了匡正社会风气,弘扬社会主义核心价值观,《民法典》反映人民、社会及国家的要求而厘定了如下规则:"因保护他人民事权益使自己受到损害的,由侵权人承担民事责任,受益人可以给予适当补偿。没有侵权人、侵权人逃逸或者无力承担民事责任,受害人请求补偿的,受益人应当给予适当补偿"(第183条),以及"因自愿实施紧急救助行为造成受助人损害的,救助人不承担民事责任"(第184条)。该二条,尤其是前条规定,是弘扬社会主义核心价值观与追究民事责任相结合的条文,其基本旨趣是鼓励人民助人或救助他人。因助人或救助他人而使自己受到损害时,侵权人应承担民事责任,受益人也可予以适当补偿;因自愿实施紧急救助而造成损害的,不承担民事责任。

《民法典》第183条的法理基础是侵权行为规则与受益人补偿的公平责任原

---

1 台湾大学法律学研究所编译(梅仲协等编译):《德国民法》,1965年5月印行,第245页。

则，适用顺序是先适用侵权行为规则，后适用受益人补偿的公平责任原则。《民法典》第184条的正当性基础是"好人法"中的保护"好人"（救助人）的原则，即作为救助人的"好人"实施救助行为而造成受助人损害时，不承担责任，也就是免责。据此规定，作为救助人的"好人"可以积极、勇敢、大胆地实施救助行为。

五、英雄烈士等的人格权益受保护规则

鉴于晚近以来我国社会生活中不时发生诋毁英烈等的人格权益的现象，为维护社会公共利益和中华民族的精神财富、自信心及自尊心等，《民法典》第185条明确规定："侵害英雄烈士等的姓名、肖像、名誉、荣誉，损害社会公共利益的，应当承担民事责任。"

值得指出的是，在现今各国法上，通常也都定有类似的保护英烈等的人格权益的法律条款，甚至还以法律明定各种英雄纪念日及保护各种英雄纪念设施等。譬如，俄罗斯颁布了《卫国烈士纪念法》《关于俄罗斯军人荣誉日和纪念日的联邦法》《关于苏联英雄、俄罗斯联邦英雄和光荣勋章等级获得者地位的联邦法》《俄罗斯联邦刑法典》（其中设有保护英烈及军人的规定）以及《军事墓地保护法》等来保护英烈的人格权益；美国颁布了《爱国者法案》《尊重美国阵亡英雄法案》来保护、宣传爱国节日，宣传英雄主义及尊重军人，并通过《全国追思时刻法案》《尊重美国阵亡英雄法案》来鼓励公众参加活动，对亵渎英烈的行为进行惩罚；于英国，在每年的一战、二战胜利纪念日，全国要举行大规模的纪念活动，敲响教堂钟声，国民要向战争英烈和遇难者默哀，表示敬意和怀念。并且，人们还会前往烈士陵园、纪念碑、纪念广场等向烈士敬献花环。[1]

依照我国《烈士褒扬条例》（2019年修订）第2条、第8条第1款及《军人抚恤优待条例》（2019年修订）第2条以下的规定，英雄烈士，即英烈，是指在

---

[1] 参见《解放军报》2015年6月14日第8版。

保卫祖国和社会主义建设事业中牺牲被评定为烈士的公民，以及符合下列情形之一被评定为烈士的人：①在依法查处违法犯罪行为、执行国家安全工作任务、执行反恐怖任务和处置突发事件中牺牲的；②抢险救灾或者其他为了抢救、保护国家财产、集体财产、公民生命财产牺牲的；③在执行外交任务或者国家派遣的对外援助、维持国际和平任务中牺牲的；④在执行武器装备科研试验任务中牺牲的；⑤其他牺牲情节特别突出，堪为楷模的。

应当指出的是，《民法典》第185条的规定，一方面具有很强的政治意义、时代意义，系时代和社会发展的需要，另一方面是对最高人民法院有关司法解释之规定的不足的克服和补充。最高人民法院的司法解释将起诉的主体限定为死者的近亲属，而对于英烈而言，此点并未妥当。也就是说，对于英烈而言，一是因年代较为久远，可能已经没有近亲属在世；二是英烈大多已成为民族精神的重要组成部分，对于每一个我国公民而言都具有极强的情感价值，由此其不同于一般的自然人，故侵害其人格权益的受害主体已不再局限于近亲属的范围。最后，对于英烈等的人格权益的侵害往往会构成对于社会公共利益的侵害。当英烈等的人格权益遭受侵害时，其近亲属自可提起诉讼请求人民法院予以保护，同时因侵害人的侵权行为系侵害公民对英烈的情感及社会公共利益，故即使英烈等的近亲属已不在世，经由国家检察机关提起公益诉讼，人民法院也可依据该第185条裁判保护英烈等的姓名、肖像、名誉、荣誉等人格权益。一言以蔽之，《民法典》的该条规定有利于为人民法院办理英烈等人格权益的保护案件提供更为直接、有力、明确的裁判依据，进而更为有效地维护英烈的人格权益，更好地维护社会公共利益。[1]

六、违约责任与侵权责任竞合时的责任承担方式选择

依民法法理，民事责任的竞合最常见的是违约责任与侵权责任的竞合。至于

---

[1] 张新宝："侵害英烈人格权益应当承担侵权责任的规定解读"，载《法制日报》（已更名为《法治日报》）2017年3月22日第12版。

二者竞合的性质，学理上则存在法条竞合说，即认为违约责任与侵权责任的竞合，实际上只是两个法律条文的竞合，而非行为的竞合，故此否定请求权的竞合。[1] 此外，还存在请求权竞合说和请求权规范竞合说等各种主张。应指出的是，上述《民法典》第 186 条所规定的两种责任的竞合，系民事责任竞合的最主要情形或形态。依该条规定及民法法理，受损害方可选择一种责任（请求权）而主张或行使其权利，主张一种责任或行使一种权利（请求权）后，另一责任（请求权）归于消灭。

七、民事主体同时承担民事责任、行政责任或刑事责任时，民事责任优先

《民法典》第 187 条规定："民事主体因同一行为应当承担民事责任、行政责任和刑事责任的，承担行政责任或者刑事责任不影响承担民事责任；民事主体的财产不足以支付的，优先用于承担民事责任。"该条规定称为民事责任优先原则。之所以如此，除民事责任的承担系最基础、最基本的责任承担外，更重要的还有如下的因由与正当性基础：它体现法律的人道和正义，由此实现法的核心价值。同时，它也是维护市场经济秩序和交易安全的需要。此外，民事责任优先并不影响责任人承担行政责任、刑事责任方面的人身责任。[2]

如前所述，《民法典》总则编第 8 章所规定的民事责任于内容上已有诸多创新、诸多发展、诸多进步，由此因应现今人民、社会及国家的需要。《民法典》（尤其是其总则编）此种于内容和结构体系上的创新，既反映了我国现今民法的特色，更具有时代气息、时代气魄以及时代特征。"周虽旧邦，其命惟新"，[3] 说

1　梁慧星：《民法总论》（第四版），法律出版社 2011 年版，第 79 页；陈华彬：《民法总论》，中国法制出版社 2011 年版，第 213 页。

2　全国人大常委会法制工作委员会民法室编：《中华人民共和国侵权责任法：条文说明、立法理由及相关规定》，北京大学出版社 2010 年版，第 15—16 页。

3　参见周振甫译注：《诗经译注》（精装本），中华书局 2019 年版，第 408 页。

的正是今天的《民法典》。"沉舟侧畔千帆过，病树前头万木春"，[1]意即《民法典》与我国人民、社会及国家一道前行，永不停歇，其必将透过学理及实务的解释、运用而不断获得充实、丰富和完善，由此为我国人民的权利、幸福、社会的和谐及国家的安定提供坚实保障和支撑。

---

1 参见（唐）刘禹锡：《酬乐天扬州初逢席上见赠》，载钱锺书选，杨绛录，人民文学出版社编辑部整理：《钱锺书选唐诗》（上），人民文学出版社 2020 年版，第 401 页。

第十二章

诉讼时效

第一节　时效概说

一、时效的涵义、性质与两种时效类型

时效（Verjährung）系民法上的一项重要概念，是指在一定期间内继续占有或不行使权利，而发生取得权利，或请求权减损效力或归于消灭的制度，[1]简言之，时效指一定事实状态继续达一定期间而发生一定法律效果的制度。民法关于时效的规定，属于强行性规定，[2]当事人不得依自由意思予以排除，时效期间不得由当事人约定予以延长或缩短，时效期间的利益不得预先抛弃，时效中断或中止（不完成）的事由和期间不得由当事人增减，时效中断的效力仅限于特定人之间。[3]

民法上的时效包括两种：取得时效（erwerbende Verjährung, Ersitzung）与诉讼时效（erlöschende Verjährung）。诉讼时效，又称消灭时效（auslöschende Verjährung）或"请求权时效"（Anspruchsverjährung）。具体言之，本无权利，因占有（公然占有、和平占有、继续占有、自主占有）而造成有权利的事实状态继续达一定的期间，即眞的取得其权利，称为取得时效；本来保有权利，但因权利不行使继续

---

[1]　施启扬：《民法总则》（修订第八版），中国法制出版社 2010 年版，第 326 页。

[2]　时效制度与公益关系密切，因此有关时效的规定，大抵均属强行性规定。参见台湾大学法律学研究所编译（梅仲协等编译）：《德国民法》，1965 年 5 月印行，第 225 页。

[3]　施启扬：《民法总则》（修订第八版），中国法制出版社 2010 年版，第 329 页。

达一定的期间，其权利即消灭，称为诉讼时效或消灭时效。各国家和地区民法对于这两种时效存在不同的立法例，即统一主义的立法例与个别主义的立法例。统一主义的立法例以《日本民法》为代表，其在第 1 编总则中设第 7 章 "时效"，包括 3 节：第 1 节为（时效）总则，第 2 节为取得时效，第 3 节为消灭时效。个别主义的立法例以《德国民法典》为代表，其对两种时效分别设立规定：在第 1 编总则中，设第 5 章 "消灭时效"；另在第 3 编 "物权" 的第 3 章 "所有权" 中，规定取得时效（第 937—945 条）。我国台湾地区 "民法" 从《德国民法典》，采个别主义。我国《民法典》总则编第 9 章仅规定诉讼时效，而未规定取得时效。《民法典》物权编也未规定取得时效。尽管如此，对取得时效与诉讼时效的差异予以比较仍具积极意义。

取得时效与诉讼时效或消灭时效的差异，主要见于下列各点：①一般认为，取得时效起源于罗马《十二铜表法》，诉讼时效起源于罗马法务官的命令；[1]②取得时效基于占有的事实状态，诉讼时效则基于权利不行使的事实状态；③取得时效为权利的取得，诉讼时效则为请求权的消灭；④关于时效的起算、时效的中断及时效的中止（不完成），我国台湾地区 "民法" 就消灭时效设有规定，对于取得时效是否得准用之则无明文规定，但就两种时效的性质而言，解释上应认为可以准用。

二、时效的肇源与演进

从法史上看，时效制度起源于罗马法。当时社会常处于长期征战的混乱情事，针对因迁移而远离家乡，以致无法就自己的权利提出相当证明的人，法律给予其时间上的抗辩，以保护其权利。[2]罗马法将取得时效与消灭时效视为两种不同

　　1　德国法上的诉讼时效制度滥觞于德国普通法上的除权制度（Verschweigung）。萨维尼曾明确指出，罗马法上无此制度。德国继受罗马法以后，除权制度仍残存于实体法或诉讼法中。民法上的时效制度属于前者，公示催告制度（Aufgebotsverfahren）属于后者。参见台湾大学法律学研究所编译（梅仲协等编译）：《德国民法》，1965 年 5 月印行，第 207 页。

　　2　郑冠宇：《民法总则》（第二版），瑞兴图书股份有限公司 2014 年版，第 447 页。

的制度。具体言之：①如前述，取得时效起于《十二铜表法》，是永久占有他人的物即取得该物所有权的制度。最初，动产规定为 1 年，不动产规定为 2 年。此为最古老的时效制度。但此制度仅适用于罗马市民。适用于非罗马市民者，则有所谓长期时效，即占有人与所有人居住于同一地区者 10 年，非居住于同一地区者 20 年。至优士丁尼时代，乃废除此种区别，而另立统一的制度，将短期时效用于动产，长期时效用于不动产。此即后世取得时效的蓝本。②消灭时效的发生于罗马法上较取得时效为晚。盖因在古代罗马，一般债权皆有永久性，但如债权经法务官特别规定的，其消灭时效最长为 1 年（但也有永久性者）。往后，东罗马帝国扩大消灭时效的范围，使其被分为两种：一为长期时效，为 30 年；一为短期时效，为 30 年以下。时效的完成，发生消灭请求权的效力。此即后世消灭时效之所由始。[1]

在我国，时效制度为旧时法律之所无［参照北洋政府大理院三年（1914 年）上字第 472 号判例］，有之，自 1920—1930 年的《中华民国民法》始。[2] 新中国成立后，于原有立法基础上，2020 年制定的《民法典》建立了较为完善的诉讼时效制度，但对于取得时效制度，《民法典》并未予以认可，进而也就未作出规定。

三、时效制度存在的理由与旨趣

时效制度有其复杂的历史背景，其存在理由或根据，主要有 4 个方面。

第一，尊重客观现存秩序，维护社会交易安全。亦即，通过尊重客观现存秩序，维持在该现存秩序上所形成的各种信赖关系，实现社会秩序的安定。一定的事实状态，无论是权利不行使的事实状态或占有的事实状态，如果长期持续存在，必定以此事实状态为基础而形成各种法律关系，时过多年之后如允许原权利人主张权利，则不仅将推翻此长期存在的事实状态，势必一并推翻多年来基于此事实状态而形成的各种法律关系，造成社会经济秩序的紊乱。实行时效制度，因

1　何孝元：《民法总则》，三民书局 1983 年版，第 237 页。
2　梅仲协：《民法要义》，中国政法大学出版社 1998 年版，第 155 页。

法定期间的经过而使原权利人丧失权利，使长期存在的事实状态合法化，有利于稳定社会经济秩序。[1]

第二，避免诉讼上举证的困难。足以证明事实的证据，会因岁月的流逝而逐渐丧失，如证物的丧失、证人之不存在或证人对事实的遗忘等。裁判事实须依证据加以认定，证据健全与否与裁判是否正确有密切关系。为了避免因日久举证困难而产生裁判上的不便，须有时效制度。例如，债务人早已在 15 年前将债务还清，唯保有的收据历经长久岁月而不知收藏何处，一道去还债的人也已死亡，无法为之作证，此时债权人如拿着债务人所开出而未收回的老借据向法院诉求债务人履行，因债权人一方有足以证明债权存在的证据，而债务人一方虽已清偿，但提不出已清偿的证据，法院只有依据既有的证据判决债务人为给付。债务人如能以诉讼时效加以抗辩，法院即能据此判决债权人败诉。而且，永续的事实状态与真实的法律关系具有一致性的盖然性很高。例如，长期的自主占有人视同所有权人，一直未行使的债权视为已受清偿。自此而论，时效制度确有其存在的根据和理由。[2]

第三，在权利上睡眠的人无须加以保护。私权的行使以权利人的意思为准，除与公益有关者外，权利人不行使权利，法律不必加以催促。[3]法谚云："法律不保护在权利上睡眠的人"，"法律保护勤勉之人，不保护懒惰之人"（Vigilantibus et non dormientibus jury subveniunt；The laws aid the vigilant，not those who slumber on their rights）[4]。国家设立公权力机关（如法院）的目的在于保护民事主体的权利。但权利人并不想行使其权利，而系在权利上睡眠的，即无加以保护的必要（jura vigilantibus，non dormientibus prosunt）。概言之，时效制度系为保护交易的安全，而将事实秩序承认或认可为法律秩序。

1　梁慧星：《民法总论》（第四版），法律出版社 2011 年版，第 244 页。
2　刘得宽：《民法总则》（增订四版），中国政法大学出版社 2006 年版，第 326 页。
3　施启扬：《民法总则》（修订第八版），中国法制出版社 2010 年版，第 327 页。
4　郑冠宇：《民法总则》（第二版），瑞兴图书股份有限公司 2014 年版，第 448 页。

时效制度存在的以上三种理由或根据可进一步列表说明如下 [1]：

取得权利的一方	保护对长期持续的事实状态的信赖的必要	取得时效	由长期的自主占有状态所产生的对取得本权的期待
		消灭时效	由长期的不催告状态所产生的对债务被免除的期待
	证明困难的救济	取得时效	所有权的证明（恶魔的证明）是困难的
		消灭时效	为了证明清偿，一生保管清偿的收据是困难的
丧失权利的一方	在权利上睡眠的人不受法律的保护	取得时效	
		消灭时效	长期不行使债权，授予了对方对免除债务等的信赖

第四，简化法律关系，减轻法院负担，降低交易成本。消灭时效具有制度性的功能，除民事外，原则上也适用于公法领域。如我国台湾地区"税捐稽征法"第 23 条第 1 项第 1 句规定："税捐之征收期间为五年，自缴纳期间届满之翌日起算；应征之税捐未于征收期间征起者，不得再行征收。"[2]

总之，以上 4 种理由中，取得时效重视第一种理由，诉讼时效重视第二种理由，第三种理由对于二者受同等的重视。当然，也有人认为，取得时效重视第一、第三种理由，消灭时效以第二种理由为据。另外，还有人采取一元论，以第三种理由作为两种时效的共同根据。[3]

四、消灭时效的效果

消灭时效若被援用，则债权消灭（是否援用时效，系当事人的自由）。因债权溯及至时效的起算日消灭，所以系作与债权于清偿期内消灭相同的把握和对

1　[日] 加贺山茂：《民法体系 1 总则·物权》，信山社 1996 年版，第 152 页。

2　王泽鉴：《民法总则》（增订新版），2014 年自版，第 582 页。

3　刘得宽：《民法总则》（增订四版），中国政法大学出版社 2006 年版，第 326 页。

待，从而债务人不负支付消灭时效起算日以后的利息、迟延利息的义务。[1]

五、与消灭时效类似的制度

（一）除斥期间

《民法典》总则编专设诉讼时效一章。所谓诉讼时效，亦称消灭时效，指权利不行使的事实状态在法定期间内持续存在，即应发生该权利人丧失权利的法律效果。近现代和当代民法除规定诉讼时效制度外，另规定除斥期间（Ausschluss-frist）。《民法典》第199条规定："法律规定或者当事人约定的撤销权、解除权等权利的存续期间，除法律另有规定外，自权利人知道或者应当知道权利产生之日起计算，不适用有关诉讼时效中止、中断和延长的规定。存续期间届满，撤销权、解除权等权利消灭。"于学理上，对所谓除斥期间，一是认为指为权利预定的存续期间，也称预定期间。[2]其系因法律行为有瑕疵或其他不正常情形，以致影响法律行为的效力时，当事人得为撤销或为其他补救行为的期间。该期间自始固定不变，期间一过，权利即行消灭，以求法律关系早日确定。[3]二是认为只适用于形成权，系对形成权的行使进行时间限制的一种期间。[4]这种观点将用益物权、知识产权等财产权利的预定存续期间排除于除斥期间之外，使除斥期间与诉讼时效更具可比性，故此，此种观点与第一种观点相较，更具可采性。[5]

按照上述第二种见解，诉讼时效与除斥期间的共同点是：它们都是限制权利行使的期间，如权利人不在期间内行使权利，期间届满即引起权利变动的法律后果。此共同点使诉讼时效和除斥期间区别于用益物权、知识产权的预定存续期间。用益物权、知识产权的预定存续期间届满，无论权利人于期间内是否行使权

1　[日] 藤井俊二：《民法总则》，成文堂2011年版，第264页。

2　王泽鉴：《民法总则》，北京大学出版社2009年版，第411页。

3　施启扬：《民法总则》（修订第八版），中国法制出版社2010年版，第329页。

4　[德] 迪特尔·梅迪库斯：《德国民法总论》，邵建东译，法律出版社2000年版，第89页。

5　李开国：《民法总则研究》，法律出版社2003年版，第426页。

利，权利皆归于消灭。但是，在诉讼时效和除斥期间这两种期间中，唯诉讼时效于民法上形成了集中的制度性规定，而除斥期间则仅零星地规定于相关民法规范中。其原因在于，作为诉讼时效适用对象的请求权直接涉及社会经济运转，其社会经济意义重要，涉及的社会面也十分宽广。[1]诉讼时效与除斥期间的区别如下[2]：

第一，二者的适用对象不同。诉讼时效适用的对象为请求权，除斥期间适用的对象为形成权。这一区别系二者最根本的区别，二者的其他区别皆源出于此。详言之，诉讼时效仅适用于请求权，避免权利人怠于行使权利，时效经过，请求权减损效力，债务人得拒绝履行；除斥期间则适用于形成权（主要为撤销权），以排除有瑕疵原因的民事法律行为，除斥期间经过，形成权归于消灭，使有瑕疵的民事法律行为确定有效。[3]

第二，二者的法律效力不同。诉讼时效与请求权不行使相结合构成法律事实。诉讼时效期间届满后，权利人还可运用申请强制执行以外的合法方式实现其权利，如唤醒义务人的道德觉悟，使其自愿履行义务。除斥期间则与形成权不行使相结合构成法律事实，产生形成权本身消灭的法律后果。由于形成权本身已经消灭，除斥期间届满后也就再无行使形成权、实现形成权之可言。

第三，二者的目的有所不同。虽然二者都有督促权利人积极行使权利的功用，但由于形成权与请求权本身的区别，除斥期间与诉讼时效于目的上仍有不同。

形成权是权利人以其单方意思表示引起民事权利义务关系发生、变更、消灭的权利，其基于当事人之间的法律行为或法律关系中的某种瑕疵而发生，其存在意味着当事人之间的法律行为或法律关系中存在某种不确定、不稳定因素。由此决定，为形成权设置除斥期间的目的就在于：要在除斥期间内消除当事人法律行为或法律关系中的不确定、不稳定因素，将当事人之间的关系于除斥期间内确定

1　李开国：《民法总则研究》，法律出版社 2003 年版，第 426—427 页。

2　以下第一、二、三点，系依据、参考李开国：《民法总则研究》，法律出版社 2003 年版，第427—428 页，谨予说明。

3　施启扬：《民法总则》（修订第八版），中国法制出版社 2010 年版，第 329 页。

下来、稳定下来。如果形成权人在除斥期间内行使形成权，当事人之间的关系就按形成权行使结果所生新状态确定下来、稳定下来；如果形成权人于除斥期间内不行使形成权，当事人之间的法律行为或法律关系中的瑕疵也就随着形成权人的形成权的消灭而被视为对法律行为或法律关系再无影响，当事人之间的关系也就按原状态确定下来、稳定下来。

请求权是一方当事人请求另一方当事人为特定给付的权利，而可适用诉讼时效的请求权，仅为财产给付请求权，诉讼时效的目的就在于督促权利人积极行使财产给付请求权。

第四，诉讼时效完成后，请求权不消灭，非经当事人援用，亦即提出抗辩，法院不得依职权援用作为裁判的依据；除斥期间经过后，形成权消灭，当事人即使不援用，法院也得依职权调查作为裁判的资料。[1]

第五，诉讼时效完成后，当事人得抛弃时效利益，使时效完成的效力归于无效；除斥期间经过后，形成权当然消灭，无利益抛弃之可言。[2]

第六，期间长短及计算上的区别。除斥期间一般短于诉讼时效期间，且固定不变，不能中止、中断和延长（《民法典》第199条）。诉讼时效期间一般长于除斥期间，且具有可变性，可中止、中断和延长。诉讼时效期间与除斥期间的这一区别主要源于形成权基于当事人之间的法律行为或法律关系中的瑕疵而产生，反映当事人关系中的不确定、不稳定因素，须通过规定较短的、固定不变的期间尽快消除当事人关系中的不确定、不稳定因素，使当事人之间的关系尽早确定、稳定下来，而请求权则并无这种急迫的需要。[3]

第七，二者于适用上的区别。对除斥期间，法官可依职权主动适用；而对诉讼时效，则只有在义务人主张时效利益时，法官才能适用。[4]

---

[1] 施启扬：《民法总则》（修订第八版），中国法制出版社2010年版，第329页。

[2] 施启扬：《民法总则》（修订第八版），中国法制出版社2010年版，第329页。

[3] 李开国：《民法总则研究》，法律出版社2003年版，第428—429页。

[4] 李开国：《民法总则研究》，法律出版社2003年版，第429页。

(二) 权利失效

权利失效，亦称失权（Verwirkung），系基于诚信原则而生，即请求权或形成权（如解除权、终止权）虽有主张的可能，但经较长的期间不行使（认为默示的抛弃）而迟延主张，使人感觉系违背诚实信用时，此项权利消灭，[1]之后不得主张，亦即不得行使。权利失效，系为不容许的权利行使（unzulässige Rechtsausübung），故发生"不正的权利行使的抗辩"（Einwand unrichtiger Rechtsausübung）。于德国，契约上虽无战争约款，但战争一旦发生，即可援用诚信原则，作为免除给付义务的原因，诚信原则可以左右给付量，由此有时给付量可化为零，从而使债务人完全免其债务。尤其是在继续的债务契约（Dauerschuldverhältnis），如一方当事人无法再为给付，则他方的给付义务可以消灭。在货币贬值、物价膨胀（Inflationszeit）时，除《增加价额法》（Aufwertungsgesetz）规定者外，当事人有自由增价之权（freie Aufwertung）。权利失效不仅适用于民法上的权利，对公法上的权利也有其适用，例如公务员的薪水请求权即是。权利失效适用于形成权时，作用甚大。特别在继续的债务关系（雇佣合同、合伙合同、继续的供给合同）、分期付款买卖等，权利失效为不可或缺的制度。[2]

理论上对权利失效的解释为：权利人于相当期间内不行使其权利，依其特别事实足以使义务人信任权利人不需要自己履行义务，且权利人再行使其权利会造成当事人利益严重失衡的，基于诚信原则，义务人可以不再履行其义务。[3]换言之，权利人于相当期间内不行使其权利，并因其行为造成特殊的情况，足以引起义务人的正当信任，认为权利人已不欲行使其权利，或不欲义务人履行其义务。于此情形，综合考量权利的性质、法律行为的种类、当事人的关系、社会经济状

---

1 需注意的是，我国台湾地区学者孙森焱谓：在权利失效，失权者并非其权利消灭，而仅系使他方享有一抗辩权而已。参见其所著"从判例看诚实信用原则的规范功能"，载杨建华教授七秩诞辰祝寿论文集编辑委员会编辑：《法制现代化之回顾与前瞻》，月旦出版社 1997 年版，第 249—250 页。

2 台湾大学法律学研究所编译（梅仲协等编译）：《德国民法》，1965 年 5 月印行，第 208—210 页。

3 徐国栋：《民法总论》，高等教育出版社 2007 年版，第 403 页；刘自正、褚卓慧："论大陆法系民法之权利失效制度"，载《武汉理工大学学报（社会科学版）》2001 年第 5 期，第 451 页。

况、当时的时空背景及其他主客观等因素，依一般社会观念，可认为其权利的再行使有违诚信原则的，自可因义务人就该有利于己的事实为举证，使权利人的权利受到一定的限制而不得行使。[1]

权利失效的构成要件有三[2]：①权利人于相当期间内不行使权利；②出现特别事实，足以让义务人正当相信权利人已不欲行使其权利，例如，买受人发现标的物瑕疵后继续使用而不提出抗辩或异议，或承租人多年修缮租赁物，却从未对出租人主张修缮费；③权利人再主张权利有违诚信原则，即义务人已对权利人不会再行使有关权利产生信赖，从而对自己的经济资源作出了另外的安排，如果权利人骤然行使其权利，会破坏义务人业已产生的信赖，造成双方权利义务的失衡。

应指出的是，对于权利失效的要件的认定和该制度的适用，应从严把握，否则，权利将被软化，义务人履行义务将成一纸具文。另外，新近以来，有学者认为，权利继续不行使的场合，要使权利消灭，从法的安定性的视点看，也应以时效制度统一解决，因此权利失效的原则并不妥当。[3]

第二节　诉讼时效的客体

一、概述

诉讼时效的客体，即诉讼时效的适用对象。对此，存在 3 种不同的立法例：①诉讼时效的客体为民事权利本身，其法律效果也为民事权利本身消灭；②诉讼时效的客体为以民事权利为母体而生的请求权，民事权利这个母体本身并非诉讼时效的适用对象；③诉讼时效的客体为实体诉权或诉讼救济请求权。依《民法典》

---

[1]　参见我国台湾地区 2008 年度台上字第 950 号判决、2010 年度台上字第 2287 号判决及 2012 年度台上字第 126 号判决；郑冠宇：《民法总则》（第二版），瑞兴图书股份有限公司 2014 年版，第 201 页。

[2]　徐国栋：《民法总论》，高等教育出版社 2007 年版，第 404 页；王泽鉴：《民法学说与判例研究》（1），中国政法大学出版社 1998 年版，第 311 页。

[3]　[日] 藤井俊二：《民法总则》，成文堂 2011 年版，第 266 页。

第 188 条的规定，我国诉讼时效的客体为实体诉权，属于第三种立法例。[1]

二、我国诉讼时效的客体

诉讼时效所能适用的权利，称为诉讼时效的客体。在我国，一般认为，诉讼时效的客体，主要限于以债权请求权为主的请求权。[2] 如下对包括债权请求权在内的各种主要的请求权是否适用诉讼时效予以分析。

（一）债权请求权

债权，是特定人得请求特定人为特定行为的权利，因此请求权乃债权的主要功用。诉讼时效主要系以债权请求权为其客体，包括买卖、赠与、租赁、借贷、雇佣、承揽等所有意定之债所生的请求权（第一次的请求权）与因债务不履行而生的损害赔偿请求权（第二次的请求权）。另外，无因管理、不当得利及侵权行为等法定之债的债之关系所生的请求权，也应适用诉讼时效。[3]

（二）物权及物权请求权

1. 概说

物权请求权是否罹于诉讼时效，从来就是一个有争议的问题。比较法上有肯定说、否定说及折中说三种主张。[4] 我国《民法典》第 196 条规定："下列请求权不适用诉讼时效的规定：（一）请求停止侵害、排除妨碍、消除危险；（二）不动产物权和登记的动产物权的权利人请求返还财产；（三）请求支付抚养费、赡养费或者扶养费；（四）依法不适用诉讼时效的其他请求权。"对于物权请求权是否适用诉讼时效，学理上主要有 3 种不同观点[5]：第一种观点认为，物权请求权是物权本身所衍生的效力，只要物权存在，物权请求权就应继续存在，而无诉讼

1　李卉国：《民法总则研究》，法律出版社 2003 年版，第 404—405 页。

2　梁慧星："民法总则立法的若干理论问题"，载《暨南学报（哲学社会科学版）》2016 年第 1 期，第 36 页。

3　郑冠宇：《民法总则》（第二版），瑞兴图书股份有限公司 2014 年版，第 451—452 页。

4　黄宗乐："物权的请求权"，载《台大法学论丛》第 11 卷 2 期，第 227 页。

5　刘家安：《物权法论》，中国政法大学出版社 2009 年版，第 53 页。

时效适用的余地；第二种观点认为，物权请求权与债权请求权一样，其在诉讼上的行使均应受诉讼时效的制约；第三种观点认为，应区分物权请求权的不同类型，有些物权请求权适用诉讼时效（如动产的原物返还请求权），而另一些则不适用（如基于登记不动产的物权请求权、排除妨碍请求权、妨害防止请求权）。

本书认为，物权请求权系由物权所产生，只要物权存在，于物权受侵害时，物权请求权即可发生，因此应大抵解为其并非诉讼时效的客体。[1]

2. 物权、物权请求权等是否适用诉讼时效的具体分析

（1）所有权。一般认为，所有权当然不罹于消灭时效，由所有权派生的权利也不罹于消灭时效。例如，基于所有权的物权请求权、共有物分割请求权、相邻权、基于所有权的登记请求权等，均不罹于消灭时效。[2]

唯需注意的是，于比较法上，所有权以外的物权，如日本民法的地上权、永佃权及地役权，得罹于消灭时效。占有权与留置权，因在一定的事实状态或法律状态范围内存续，所以无独立的消灭时效。日本民法上的优先权（先取特权）亦同。抵押权与质权因系从属于被担保债权的物权，所以也不能独自罹于消灭时效，其因被担保债权罹于消灭时效而消灭。但是，《日本民法》第396条规定，"抵押权，对债务人及抵押权设定人，非与其担保之债权同时者，不因时效而消灭"[3]。[4]

（2）担保物权、物权请求权及抗辩权。此等权利属于不独立罹于消灭时效的权利。担保物权以担保债权为目的，故此，被担保债权未消灭，而仅担保物权因

1　日本实务上也强调，物权请求权为物权的效力，应不适用诉讼时效，其理由同此。参见日本大判1916年6月23日民录22辑1161页，大判1928年11月8日民集7卷第970页。另外，加藤雅信认为，物权请求权长期不行使，其后行使如认为不相当时，可认为系权利滥用。参见其所著"物权的请求权"，载《法学教室》第261期，第63页。

2　［日］四宫和夫、能见善久：《民法总则》（第八版），弘文堂2010年版，第375页。

3　参见王融擎编译：《日本民法：条文与判例》（上册），中国法制出版社2018年版，第283页。

4　［日］藤井俊二：《民法总则》，成文堂2011年版，第259页。

时效而消灭，系不恰当。[1]

如前所述，因物权所派生的物权请求权系保护物权的手段的权利，只要物权自身不罹于时效，其也不因时效而消灭。因所有权自身不罹于时效，故由其所派生的物权（所有权）请求权也不应罹于消灭时效。

抗辩权不罹于消灭时效，称为抗辩权的永久性。例如，由买卖合同所生的"出卖人 A 的价款债权"与"买受人 B 的标的物交付请求权"是同时履行的关系，买受人 B 要求出卖人 A 交付标的物时，出卖人 A 的买卖价款债权若还未罹于消灭时效，则单纯主张同时履行抗辩就可以了。问题在于仅出卖人的买卖价款债权罹于消灭时效（买受人 B 就标的物的交付债权因采取时效中断的措施而未罹于消灭时效）的场合，此时买卖价款债权因时效而消灭，但同时履行抗辩权若不罹于消灭时效，则出卖人可主张"在买受人支付（给付）价款前，就不交付标的物。"也就是说，即便 A 的买卖价款债权罹于消灭时效，A 也可行使同时履行抗辩权。存在同时履行关系的两种权利之一被主张时，他方（他种）的权利也被推定存在，这一点正是认可同时履行抗辩权之有永久性的根据或因由。[2]

（3）返还原物请求权。《民法典》第 196 条第 2 项规定：不动产物权和登记的动产物权的权利人请求返还财产，不适用诉讼时效。易言之，我国诉讼时效对返还原物请求权的适用范围仅限于未登记的动产的返还原物请求权，不动产如房屋、土地、矿藏、水资源的所有权人或用益物权人请求无权占有人返还房屋、土地、矿藏、水资源的权利，以及国家或农村集体经济组织请求无权占有人返还土地、矿藏、水资源的权利，并不适用诉讼时效。[3]

（4）基于所有权及其他物权的排除妨碍请求权、消除危险请求权及确认权利请求权。排除妨碍请求权和消除危险请求权，为所有权及其他物权的消极功能和重要内容，基于物权的性质和效力，不应适用诉讼时效（《民法典》第 196 条第 1

1　［日］四宫和夫、能见善久：《民法总则》（第八版），弘文堂 2010 年版，第 375 页。

2　［日］四宫和夫、能见善久：《民法总则》（第八版），弘文堂 2010 年版，第 375—376 页；［日］藤井俊二：《民法总则》，成文堂 2011 年版，第 259—260 页。

3　李开国：《民法总则研究》，法律出版社 2003 年版，第 411 页以下。

项）。确认权利请求权的目的在于解决权利纷争，由其目的和性质决定，不应适用诉讼时效。[1]

（5）基于不动产相邻关系的停止侵害请求权、排除妨碍（妨害）请求权。当他人的行为非法妨碍物权人行使物权时，物权人既有权请求妨碍人排除妨碍，又有权请求法院责令妨碍人排除妨碍。学理上一般认为，排除妨碍请求权不适用诉讼时效。另外，基于不动产相邻关系的停止侵害请求权，也不应适用诉讼时效。[2]

（6）恢复原状请求权。物权的标的物被他人损坏且可修复时，物权人有权请求加害人修理，以恢复物的原状。恢复原状请求权，学理多认为应适用诉讼时效。[3]

（7）基于财产共有关系的共有物分割请求权。除业主对建筑物的共有部分不得请求分割外，其他共有，无论按份共有或共同共有，共有人都有权请求分割共有物。共有物分割请求权是共有人伴随共有关系的存在而始终享有的一项权利，由此，共有物分割请求权不适用诉讼时效。[4]

（8）寄存人请求返还保管物的权利。一般认为，寄存人领取保管物的权利不适用诉讼时效，不受诉讼时效的限制。之所以如此，其因由在于，物的保管与物的出租、出借不同，保管人对保管物无使用、收益权，其对保管物的占有，不为具有独立利益的他主占有，实处于寄存人的辅助占有人或代理占有人的地位，寄存人无论亲自提取保管物或者指示保管人将保管物交付第三人，其行使的权利虽然在形式上表现为请求权，但实际上并不是请求权，而是支配权。[5]

（9）基于投资关系的收益分配请求权。投资，是指自然人、法人或其他法律主体将一定货币或实物投入企业、公司，以取得股权并获取收益的行为。依据原物与孳息关系的法理与规则，股息、红利属于股东权的孳息，故不应适用诉讼时

1　梁慧星："民法总则立法的若干理论问题"，载《暨南学报（哲学社会科学版）》2016年第1期，第36页。

2　李开国：《民法总则研究》，法律出版社2003年版，第413页—414页。

3　李开国：《民法总则研究》，法律出版社2003年版，第415页—416页。

4　李开国：《民法总则研究》，法律出版社2003年版，第416页。

5　李开国：《民法总则研究》，法律出版社2003年版，第416—417页。

效。[1]

（10）存款人请求支付存款的权利（基于存款关系的支付存款本金和利息的请求权）。该权利不适用诉讼时效，此为我国学说与实务大抵一致的见解。[2]

（11）基于债券关系的还本付息请求权。债券是一种需要遵循严格程序于证券市场上公开发行的有价证券，由其性质和功能决定，其还本付息请求权不适用诉讼时效。[3]

（12）占有人的物上请求权。有人认为占有人的物上请求权仍应适用诉讼时效，[4]唯此已与占有规定的旨趣有相当的差异，故解为实质上系除斥期间更为恰当。[5]

（三）知识产权请求权

我国学理一般认为，知识产权受到侵害时，可发生停止侵害、消除影响、赔偿损失3项请求权。此3项请求权，除赔偿损失请求权可以适用诉讼时效外，其余2项请求权均不应适用诉讼时效。[6]

（四）人格权请求权

以人格权为基础的请求权，其权利有非具财产价值及具有财产价值之别，前者如除去妨害请求权、防止妨害请求权，系为维护人格利益所必要的方式，应无诉讼时效的适用。但是，若系具有财产价值的权利的请求权，例如因人格权遭受侵害所造成的损害，其赔偿请求权则应适用诉讼时效。[7]

（五）身份权请求权

民法上的身份权主要是指亲属间的身份权，它存在于亲属身份关系中，并不

1　梁慧星："民法总则立法的若干理论问题"，载《暨南学报（哲学社会科学版）》2016年第1期，第36页。

2　李开国：《民法总则研究》，法律出版社2003年版，第417页。

3　梁慧星："民法总则立法的若干理论问题"，载《暨南学报（哲学社会科学版）》2016年第1期，第36页。

4　参见我国台湾地区1964年度台上字第2636号判例；王泽鉴：《民法总则》（增订新版），2014年自版，第588页。

5　郑冠宇：《民法物权》（第八版），新学林出版股份有限公司2018年版，第735页。

6　李开国：《民法总则研究》，法律出版社2003年版，第417—418页。

7　郑冠宇：《民法总则》（第二版），瑞兴图书股份有限公司2014年版，第452—453页。

因时效而消灭。基于身份关系而发生的亲属法或继承法上的请求权，性质上可分为纯粹身份关系的请求权和以财产利益为内容的请求权。纯粹身份关系的请求权与公序良俗和伦理道德观念密不可分，不因时效经过而消灭，譬如夫妻间的同居请求权、父母对第三人请求交还未成年子女的请求权、亲属间的扶养请求权、人格权受侵害时的除去侵害请求权、履行婚约请求权以及判决离婚时的赡养费请求权本身等。[1]

另外，亲属间为尽扶养义务而确定的定期财产给付，如夫妻离婚时确定的一方给子女的定期给付的抚养费，子女与父母约定的定期给付的赡养费或父母对子女的扶养费等，其每期的给付请求权也不适用诉讼时效。[2]唯夫妻的一方因判决离婚对于有过失的他方的损害赔偿请求权，应适用诉讼时效。[3]

（六）继承权的请求权[4]

于继承过程中，继承人的继承权可能基于三种不同的原因而受到侵害，从而发生继承人相应的请求权。具体分析如下。

第一，遗产被他人（非继承人）非法占有。此种场合，产生继承人的遗产返还请求权。由于遗产自被继承人死亡时起即转归继承人所有，继承人的遗产返还请求权性质上属于所有人的返还原物请求权，其是否适用诉讼时效，应当适用所有人请求返还原物的有关规则。如果被非法占有的遗产是已登记的不动产，继承人请求返还的权利就不适用诉讼时效；如果被非法占有的遗产是动产或未登记的不动产，继承人请求返还的权利就应适用诉讼时效。

第二，继承过程中，继承人的继承资格没有得到确认。一般认为，继承资格确认请求权不适用诉讼时效。在继承关系中，由于继承资格系继承人取得作为财

---

1 施启扬：《民法总则》（修订第八版），中国法制出版社 2010 年版，第 333 页。

2 也就是说，基于身份关系的抚养费、扶养费和赡养费的请求权之所以不适用诉讼时效，其因由是：受抚养、扶养或赡养者一般是年幼、年老或其他缺乏劳动能力的人，抚养费、扶养费、赡养费是这些人生活的来源，若无此等费用，将严重影响他们的生活甚至生存。参见梁慧星："民法总则立法的若干理论问题"，载《暨南学报（哲学社会科学版）》2016 年第 1 期，第 36 页。

3 郑冠宇：《民法总则》（第二版），瑞兴图书股份有限公司 2014 年版，第 453 页。

4 此处参考、依据李开国：《民法总则研究》，法律出版社 2003 年版，第 420—421 页，谨予说明。

产权的继承权的前提条件，因继承资格没有被确认而致继承权受侵害的，继承人要求继承遗产的权利也不应适用诉讼时效。

第三，遗产分割违法，致合法继承人的继承权益受损。这有两种不同的情形：①按无效遗嘱分割遗产，致合法继承人的继承权益受损。此种情形，一般认为，受损的合法继承人请求确认遗嘱无效、重新分割遗产的权利不应适用诉讼时效。②遗产分配不公正，致合法继承人的继承权益受损。此种情形与继承人的继承资格无涉，所损害的继承权益是单纯的财产权益，应当适用诉讼时效。

（七）适用诉讼时效时，还应注意的其他问题

适用诉讼时效时，还应注意的其他问题有下列一些[1]：①名为请求权而实质为形成权（除斥期间）的，不适用诉讼时效的规定，如买受人的减少价金请求权、总会决议的撤销请求权、定作人的减少报酬请求权、共有物分割请求权、遗产分割请求权、离婚请求权等，在我国台湾地区"民法"上皆不适用诉讼时效的规定。②与一定法律关系相结合的请求权。如在我国台湾地区"民法"上，基于土地相邻关系而生的相邻权，就不适用诉讼时效的规定。③其他法定期间，如失踪期间、通知期间及上诉期间等，也非时效期间，不适用诉讼时效的规定。④不得以约定方式变更诉讼时效的客体。何种权利属于或不属于诉讼时效的客体，性质上属于强行性规定，当事人不得以约定方式，使不适用诉讼时效的权利适用之，反之亦然。即使有约定，其约定原则上也系无效。[2]

第三节　诉讼时效期间

一、诉讼时效期间的分类

诉讼时效期间，包括普通诉讼时效期间和长期诉讼时效期间。诉讼时效的期

1　施启扬：《民法总则》（修订第八版），中国法制出版社 2010 年版，第 333 页。
2　施启扬：《民法总则》（修订第八版），中国法制出版社 2010 年版，第 359 页。

间较长，是为了保护权利人的利益，期间过短对权利人不利。《民法典》将普通诉讼时效期间规定为 3 年（第 188 条第 1 款）。

二、普通诉讼时效期间

普通诉讼时效期间，是由《民法典》规定的适用于一般请求权的诉讼时效期间。此所谓一般请求权，是指除法律为之规定了特殊诉讼时效期间的请求权以外的、可适用诉讼时效的请求权。

普通诉讼时效期间的长短，其他国家和地区民法的规定并不一致。一般而言，民法制定时间较早的，时效期间较长。诉讼时效期间的历史，整体观察之，实乃缩短时效期间的历史。[1]

三、最长诉讼时效期间

《民法典》第 188 条第 2 款规定："诉讼时效期间自权利人知道或者应当知道权利受到损害以及义务人之日起计算。法律另有规定的，依照其规定。但是，自权利受到损害之日起超过二十年的，人民法院不予保护，有特殊情况的，人民法院可以根据权利人的申请决定延长。"本条规定的 20 年期间，称为权利的最长保护期间。

四、普通、最长及特殊诉讼时效期间的适用原则

特殊诉讼时效期间优于普通诉讼时效期间而适用。于权利人知道或应当知道权利被侵害以及义务人的情况下，凡有特殊诉讼时效期间规定的，应优先适用特殊诉讼时效期间；没有规定特殊诉讼时效期间的，方适用普通诉讼时效期间。于权利人不知道和不应当知道权利被侵害及义务人的情况下，无论是规定了特殊诉讼时效期间的或没有规定特殊诉讼时效期间的民事权利，皆可适用为期 20 年的诉讼

---

[1] Zimmermann, Die Verjährung, Jus 1984, 410。王泽鉴：《民法总则》，北京大学出版社 2009 年版，第 417 页。

时效期间。[1]

第四节　诉讼时效的起算、中止、中断和延长

一、诉讼时效期间的起算 [2]

根据《民法典》第 188 条第 2 款的规定，在两种不同的情况下，诉讼时效期间有两种不同的起算类型：①当适用为期 3 年的普通诉讼时效期间时，诉讼时效期间从权利人知道或者应当知道权利受到损害以及义务人之日起计算；②当适用 20 年的最长诉讼时效期间时，诉讼时效期间应从权利受到损害之日起计算。此两种起算类型中，第一种是诉讼时效期间起算的常态，第二种则是《民法典》基于对最长诉讼时效期间的特殊规定而于诉讼时效期间起算上作出的特殊厘定。

诉讼时效期间自权利能够行使之时计算，这是确定诉讼时效期间的一个总原则。该总原则可以具体化为以下几项规则。

第一，定有履行期间的请求权，诉讼时效期间自履行期间届满时开始计算。盖请求权人如在履行期间届满前向义务人提出请求，义务人会以履行期间尚未届满为由进行抗辩。

第二，未定履行期间的请求权，从何时起算有不同意见。一般认为，应从请求权成立时起计算，因为未定履行期间的请求权一成立，请求权人就有权请求义务人履行。

第三，附生效条件（延缓条件）的请求权，诉讼时效期间自生效条件成就和请求权可得行使之时起算；附失效条件（解除条件）的请求权，诉讼时效期间从请求权发生并能够行使之时起算。

1　李开国：《民法总则研究》，法律出版社 2003 年版，第 437—438 页。
2　此处参考、依据李开国：《民法总则研究》，法律出版社 2003 年版，第 438—440 页，谨予说明。

第四，因侵权行为而生的损害赔偿请求权，诉讼时效期间自权利人知道或者应当知道权利受到侵害和加害人（"侵害人""义务人"）之时开始计算。

第五，定期履行的给付请求权，其各期的给付请求权视为各自独立的请求权，诉讼时效期间自其履行期限届满之日起计算。

第六，以不作为为内容的请求权，诉讼时效期间自权利人知道或者应当知道义务人违背义务而作为的时候起算。也就是说，不作为也得为给付的内容。以不作为为内容的请求权，诉讼时效期间自义务人有违反行为时起算。不作为有单纯不作为（如不建筑房屋、不表演）与容忍（dulden）不作为两种形态。前者以"不作为"为给付内容，例如约定一年内不在同一地区为同种营业（约定禁止竞业），而债务人违约开设同种营业时，诉讼时效期间自开业时起算。后者乃债权人为某种行为或利用某种状态时，债务人负有容忍入侵的消极义务，例如约定在6个月内通行债务人土地，或允许为超过相邻关系程度的排气、震动，而债务人为干预行为时，诉讼时效期间自干预时起算。[1] 又如，甲与乙约定，不在某地建筑停车场时，乙的不作为请求权的诉讼时效期间于甲违约建筑停车场时起算。[2]

第七，因履行数量、质量等问题而引起的请求权，诉讼时效期间自权利人于法定或约定异议期限内提出异议的时间开始计算。

另外，公民因违法的行政处分而受损害的情形，赔偿请求权的诉讼时效期间应自请求权人实际知悉损害及其损害系由于违法的行政处分所致时起算，而非以知悉该行政处分依行政争讼程序被确认违法时为准。[3]

《民法典》还规定：当事人约定同一债务分期履行的，诉讼时效期间自最后一期履行期限届满之日起计算（第189条）；无民事行为能力人或者限制民事行为能力人对其法定代理人的请求权的诉讼时效期间，自该法定代理终止之日起计算（第190条）；未成年人遭受性侵害的损害赔偿请求权的诉讼时效期间，自受

1　施启扬：《民法总则》（修订第八版），中国法制出版社2010年版，第339页。
2　王泽鉴：《民法总则》，北京大学出版社2009年版，第422页。
3　施启扬：《民法总则》（修订第八版），中国法制出版社2010年版，第338页。

害人年满 18 周岁之日起计算（第 191 条）；诉讼时效的期间、计算方法以及中止、中断的事由由法律规定，当事人约定无效，且当事人对诉讼时效利益的预先放弃无效（第 197 条）。

二、诉讼时效的中止 [1]

（一）诉讼时效中止的涵义

诉讼时效的中止，是指在诉讼时效期间的最后 6 个月内，当阻碍权利人行使请求权的法定事由出现时，时效停止进行，至这种障碍消除后，时效再继续进行。

诉讼时效进行中，遇客观障碍致权利人不能行使其权利，以中断诉讼时效的进行时，法律应如何处理？为解决这一问题，比较法上形成了时效暂停与时效不完成两种制度。二者的主要区别在于：依时效暂停制度，阻碍权利人行使权利的客观障碍消除后，无论残余的诉讼时效期间多短，权利人均只享有残余的诉讼时效期间，法律不另给权利人优惠期间；依时效不完成制度，法律给予了权利人一个优惠期间，这个期间自阻碍权利人行使权利的客观障碍消除时计算，在优惠期间届满前，诉讼时效不完成。例如，《俄罗斯联邦民法典》第 202 条第 3 项规定："自作为时效期限中止根据的情况消除之日起，诉讼时效期限继续计算。剩余部分的期限延长到 6 个月，而如果诉讼时效期限等于或少于 6 个月，则延长为诉讼时效期限。"[2] 本条所规定者，即为时效不完成制度。我国台湾地区"民法"所实行的也是时效不完成制度，其法第 139 条规定："时效之期间终止时，因天灾或其他不可避之事变，致不能中断其时效者，自其妨碍事由消灭时起，一个月内，其时效不完成。"[3] 时效暂停与时效不完成两相比较，不完成更有利于保护权利人。例如，阻碍权利人行使权利的障碍消除时，残余的诉讼时效期间为 1 天。如果按

1　李开国：《民法总则研究》，法律出版社 2003 年版，第 440—442 页。

2　参见黄道秀、李永军、鄢一美译：《俄罗斯联邦民法典》，中国大百科全书出版社 1999 年版，第 98—99 页。

3　参见陈聪富主编：《月旦小六法》（第十七版），元照出版有限公司 2014 年版，第叁—13 页。

时效暂停制度，权利人仅有 1 天的诉讼时效期间，如果按我国台湾地区"民法"第 139 条规定的时效不完成制度，权利人则有 1 个月的诉讼时效期间，而按《俄罗斯联邦民法典》第 202 条第 3 项，权利人则享有 6 个月的诉讼时效期间。我国《民法典》第 194 条第 2 款规定："自中止时效的原因消除之日起满六个月，诉讼时效期间届满。"此所规定者，系属时效不完成制度。这样的规定，实可以更充分地保护权利人。

（二）引起诉讼时效中止的法定事由

引起诉讼时效中止的法定事由是不可抗力或使权利人不能行使请求权的其他障碍。不可抗力，是指不能预见、不能避免并不能克服的客观情况，如水灾、火灾、风灾、地震、战乱等。其他障碍，是指不可抗力之外的足以使权利人不能行使请求权的客观情况，如权利人突然罹患重病或车祸受伤等也属之。至于远行未归、判处徒刑或应召入伍，则不属之，因为此类事件通常可以预期，且必要时可由他人代为行使权利，不能中断时效。[1]《民法典》第 194 条第 1 款规定："在诉讼时效期间的最后六个月内，因下列障碍，不能行使请求权的，诉讼时效中止：（一）不可抗力；（二）无民事行为能力人或者限制民事行为能力人没有法定代理人，或者法定代理人死亡、丧失民事行为能力、丧失代理权；（三）继承开始后未确定继承人或者遗产管理人；（四）权利人被义务人或者其他人控制；（五）其他导致权利人不能行使请求权的障碍。"

比较法上可以引起诉讼时效中止的不可抗力以外的事由还有下列 4 种：①当事人之间存在夫妻关系或父母子女关系；②义务人为权利人的法定代理人；③有关遗产的权利、义务，在继承人确定前或遗产管理人选定前，或破产宣告前，诉讼时效中止；④法律或政府法令规定债务延期履行或债务人基于其他原因而暂时享有抗辩权。

法定事由发生在诉讼时效期间的哪个阶段才引起诉讼时效中止，以及法定事由消除后诉讼时效如何完成的问题，其他国家和地区民法有两种不同的规定：一

1　施启扬：《民法总则》（修订第八版），中国法制出版社 2010 年版，第 351 页。

种是规定无论法定事由发生在诉讼时效期间的哪个阶段都引起诉讼时效中止；另一种是规定法定事由只有发生于或继续存在于诉讼时效期间的最后阶段，才发生诉讼时效中止。至于中止后诉讼时效期间如何计算，如前述，有时效暂停与时效不完成两种制度。我国《民法典》所选择的是时效不完成制度，中止事由消除后，权利人享有 6 个月的优惠诉讼时效期间。

（三）诉讼时效中止的法律后果

自不可抗力或其他障碍发生之日，诉讼时效停止计算，待不可抗力或其他障碍消除后，诉讼时效再接着计算，也就是说，不可抗力或其他障碍发生前已经经过的诉讼时效期间仍然有效，待不可抗力或其他障碍消除后满 6 个月，诉讼时效期间方才届满。由于诉讼时效中止的事由并非基于权利人的个人关系，而系客观上有窒碍难行的社会事实，诉讼时效中止对任何人都有效力，具有绝对性。[1]

三、关于未成年人受性侵害的请求权的诉讼时效中止 [2]

鉴于对未成年人的性侵害行为的特殊性，其损害后果往往极为严重且受害人很难获得法律保护。因此，依德国《债法现代化法》修订后的《德国民法典》第208 条（基于性的自主决定权受侵害的请求权的时效中止）规定："基于性的自主决定权（the right to sexual self-determination）受侵害的请求权，于受害人满二十一周岁前，时效不开始进行。时效开始时受害人与加害人存在共同生活关系的，于共同生活关系解除前，诉讼时效停止进行。"[3] 据此立法成例，《民法典》第 191条规定：未成年人遭受性侵害的损害赔偿请求权的诉讼时效期间，自受害人年满18 周岁之日起计算。另外，于解释上，基于性的自主决定权受侵害的请求权，受

---

[1] 施启扬：《民法总则》（修订第八版），中国法制出版社 2010 年版，第 354 页。

[2] 此处参考、依据梁慧星："民法总则立法的若干理论问题"，载《暨南学报（哲学社会科学版）》2016 年第 1 期，第 40 页，谨予说明。

[3] 《德国民法典》该条文的中文翻译，也可参见台湾大学法律学院、财团法人台大法学基金会编译：《德国民法》（上，总则编、债编、物权编）（修订第二版），元照出版有限公司 2016 年版，第218 页。

害人与加害人处在家庭共同生活关系中的，于受害人满 18 周岁并且脱离家庭共同生活关系之前，诉讼时效也应不开始进行。

应注意的是，上述所谓"性的自主决定权"，是指性不受他人支配的权利。所谓家庭共同生活关系，是指家庭成员基于婚姻关系或者亲属关系长期共同生活在一个家庭之中。其中，前者适用于家庭关系之外的人对未成年人的性侵害案件，后者适用于家庭共同生活关系中的人对未成年人的性侵害案件。

四、诉讼时效的中断 [1]

（一）诉讼时效中断的涵义

诉讼时效的中断，指在诉讼时效进行中，因法定事由的发生，以前经过而尚未满期的时效期间统归无效，诉讼时效期间自中断事由消除之日起重新开始计算。《民法典》第 195 条规定："有下列情形之一的，诉讼时效中断，从中断、有关程序终结时起，诉讼时效期间重新计算：（一）权利人向义务人提出履行请求；（二）义务人同意履行义务；（三）权利人提起诉讼或者申请仲裁；（四）与提起诉讼或者申请仲裁具有同等效力的其他情形。"

（二）诉讼时效中断的法定事由

依据《民法典》第 195 条的规定，诉讼时效中断的法定事由主要有下列 3 种。

1. 请求

请求，即权利人向义务人请求履行义务的意思表示。请求是权利人行使权利的行为，因此列为中断诉讼时效的法定事由。请求可以书面形式，也可以口头形式，但要考虑如何证明曾提出过请求的问题。对请求，同样须作扩大解释，不仅包括直接向债务人提出的请求，还应包括通过债务人的保证人、代理人、财产代管人间接向债务人提出的请求。法人终止后，向清算人、破产管理人申报债权也

1　此处参考、依据李开国：《民法总则研究》，法律出版社 2003 年版，第 442—444 页，谨予说明。

应视为请求，有中断诉讼时效的法律效力。

2. 同意（承认）

此即义务人向权利人承认其权利存在并愿意履行义务的意思表示。义务人的承认（Anerkenntnis）使当事人之间的权利义务关系再次明确稳定，因此其也系中断诉讼时效的事由之一。承认可以是以口头形式、书面形式明确表示承认债务的意思表示，也可以是能够证明义务人承认所负义务的推定行为，如请求延期给付、分期给付、提供担保、支付利息及债的部分履行等。

3. 起诉

此即权利人向人民法院提起民事诉讼，请求法院保护自己的民事权利。起诉是行使权利的最强有力的方法，因此应引起诉讼时效的中断。如果被法院驳回诉讼或权利人自动撤诉，则等于未起诉，不能引起诉讼时效中断。但如果把诉状副本送给义务人，可视为向义务人提出请求，引起诉讼时效中断。

对作为诉讼时效中断的法定事由的起诉应作扩大解释，其不仅包括权利人向法院提起的民事诉讼，还应包括刑事附带民事诉讼、义务人的反诉、申请强制执行、向仲裁机关申请调解或仲裁、向人民调解委员会或有关单位提出保护民事权利的请求等。这些都是权利人行使权利的方式，故都应引起诉讼时效中断。

（三）诉讼时效中断的法律后果

诉讼时效中断的，中断前业已经过的时效期间归于无效，诉讼时效期间重新开始计算。至于新的诉讼时效期间从何时开始计算，《民法典》第195条规定：从中断、有关程序终结时起，诉讼时效期间重新计算。申言之，因请求、承认而中断诉讼时效时，请求、承认时既是诉讼时效中断之时，又是新的诉讼时效期间重新开始计算之时。唯因起诉、申请仲裁等而中断诉讼时效时，起诉、申请仲裁之日是诉讼时效中断之日，但不是新的诉讼时效期间开始计算之日。盖案件从起诉到作出判决、裁定有一个审理的过程，将这段时间计入新的诉讼时效期间是不合适的。新的诉讼时效期间的计算应视审理的结果而定，也就是说，应自有关判决、裁定程序终结时起计算。

（四）诉讼时效中止与中断的区别

诉讼时效中止与中断都是时效完成的障碍，合称"时效的障碍"，其目的均在于保护因时效进行而受不利益的当事人。但中断与中止有明显的区别，其区别点有：①引起诉讼时效中断与中止的法定事由不同。引起诉讼时效中止的法定事由——不可抗力和其他障碍，是当事人主观意志之外的客观情况，而引起诉讼时效中断的法定事由——起诉、承认、请求，则是权利人行使权利的行为或义务人承认履行义务的行为。②诉讼时效中止的法定事由只有发生或存续于时效期间的最后 6 个月才能引起诉讼时效的中止，而诉讼时效中断的法定事由无论发生于时效期间的哪个时刻，只要不在时效期间之外，都能引起诉讼时效中断。③法律后果不同。诉讼时效中止时，只是引起中止的法定事由的存续时间不计入时效期间，中止前已经经过的时效期间仍然有效，中止事由消除后，时效期间接着计算；时效中断时，中断前已经经过的时效期间完全无效，自中断事由消除、有关程序终结之日起，诉讼时效期间重新开始计算。④诉讼时效中止具有对世的绝对性效力，对于任何人都有效力；而诉讼时效中断的效力具相对性，仅在一定当事人之间发生。[1]

五、诉讼时效的延长 [2]

诉讼时效的延长，是指剔除诉讼时效中止、中断等因素，权利人仍未在诉讼时效期间内起诉，但法院查明权利人迟延起诉确有正当理由，从而判决延长诉讼时效，满足权利人的诉讼请求，维护权利人的正当利益。

诉讼时效的延长，从某种意义上说是对诉讼时效中止的补充，但二者也有不同：①诉讼时效中止只能出于法定事由，而诉讼时效延长则是法院根据法定事由

---

1 王泽鉴：《民法总则》，北京大学出版社 2009 年版，第 429 页。
2 此处参考、依据李开国：《民法总则研究》，法律出版社 2003 年版，第 444—445 页，谨予说明。

之外的某些正当理由（即《民法典》第 188 条所称的"特殊情况"）决定的；②诉讼时效中止时，起诉并未迟延；而诉讼时效延长时，起诉已经迟延，只是基于正当理由，法院判决延长了它。诉讼时效的延长，实际上是人民法院仍给已经超过诉讼时效期间的起诉人胜诉权。

第五节　诉讼时效完成后的法律效力

诉讼时效完成，是指剔除诉讼时效进行中的中止、中断等因素的影响，法律为权利人规定的诉讼时效期间确定的届满。因此，诉讼时效完成的法律效果，即诉讼时效期间届满的法律效果。

一、诉讼时效的援用

（一）概要

在比较法上，《日本民法》第 145 条规定："时效，当事人（消灭时效者，含保证人、物上保证人、第三取得人及就权利之消灭而有正当利益之人）不援用者，法院不得依此作出裁判。"[1]也就是说，时效期间届满，当事人若不援用，则不能享受依时效的利益。在我国，诉讼时效应当由其受益人或者受益人的代理人通过诉讼或者仲裁主张，才能适用。法院或者仲裁庭不得依职权适用诉讼时效（《民法典》第 193 条）。

（二）受时效利益的人的意思的尊重

时效虽因一定的事实状态继续达一定期间而完成，但法院非有受时效利益的当事人的援用，不得依时效而裁判。此表明，是否享受时效利益，由应当享受时效利益的人的意思决定，体现了对其意思的尊重。

1　参见王融擎编译：《日本民法：条文与判例》（上册），中国法制出版社 2018 年版，第 120 页。

（三）关于时效援用、抛弃（放弃）的性质的学说

1. 实体法说

此说认为，时效制度基本上是规定民法上的权利之得、丧原因的实体法制度。该说又分为以下各说：

（1）确定效果说（攻击、防御方法说）。该说认为，因时效的完成，权利的得、丧，即时效的效果，于实体法上乃确定产生，时效的援用只不过是诉讼上的攻击、防御方法。

（2）不确定效果说。

1）解除条件说。因时效的完成，权利的得、丧的效果即发生，但不确定。若有时效利益的放弃，则确定性的丧失时效利益，若有援用，则时效的效果确定。也就是以时效利益的放弃为解除条件。不以援用、放弃为诉讼上的程序，而是将其理解为实体法上的东西。

2）停止条件说。此说认为，以援用为停止条件，援用开始，权利的得、丧，即时效的效果，确定发生，时效利益的放弃并不使时效的效果确定发生。

2. 诉讼法说（法定证据说）

此说认为，时效单纯是诉讼法上的权利得、丧的法定证据，是纯粹从诉讼法层面理解时效制度。

（四）时效援用的方法

1. 援用的场所

以时效的援用为诉讼上的攻击、防御方法或法定证据的学说认为，时效的援用必须在法院为之。与此不同，采时效的援用系使实体性的权利关系确定的意思表示的学说（实体法说——不确定效果说）认为，于裁判上或裁判外为时效援用的意思表示均可。因此，援用权是形成权，于裁判外援用时，必须于裁判上再主张时效援用。

2. 裁判上的援用时期

时效援用作为裁判上的攻击、防御方法，须于口头辩论终结前提出，于第二

审的口头辩论终结前也可援用，但于上诉审中不能援用。

（五）援用权人

可援用时效的人是当事人，依比较法上的判例，具体指"因时效而直接受利益的人"，[1]包括[2]：①保证人、连带保证人；②物上保证人；③担保标的物的第三取得人；④诈害行为的受益人；⑤后顺位抵押权人。

（六）时效援用的相对效力

时效援用，因委诸是否享受时效利益的各个人的意思，所以仅欲援用的人方享受其效果，对不欲援用的人，其效力并不及之，称为时效援用的相对效力。

（七）援用的撤回

当认为时效援用只是诉讼上的攻击、防御方法时，时效援用的撤回是可以的；但是，依时效援用的不确定效果说，因援用使时效的效果确定，所以时效援用的撤回即不被允许。

二、时效规定的强行性与时效期间届满后义务人之抛弃（放弃）时效利益

（一）时效规定的强行性

为维护诉讼时效制度的权威性，避免债权人（如发放贷款的银行）利用其强势地位逼迫债务人做出预先抛弃时效利益的承诺，传统的诉讼时效立法一般都设有时效利益不得预先抛弃的规定。[3]易言之，时效规定属于强行性规定，不得由当事人依自由意思予以排除，时效期间不得由当事人协议予以加长或缩短，时效利益不得由当事人预先予以抛弃。当事人关于排除时效适用、变更时效期间或预先

1　参见日本大判1910年1月25日民录16辑22页、日本最判1983年12月14日民集27卷11号1586页。

2　[日]藤井俊二：《民法总则》，成文堂2011年版，第278—279页。

3　时效完成后，债务人最主要的利益为拒绝给付，如允许债务人得于时效完成前抛弃时效完成后的利益，则不仅时效制度等于虚设，债务人也可能受到债权人经济上或心理上的压力而同意抛弃时效利益，造成不公正的后果，因此必须加以禁止。债务人即使于时效完成前抛弃时效利益，其抛弃也无效。参见施启扬：《民法总则》（修订第八版），中国法制出版社2010年版，第359页。

抛弃时效利益的约定，依法当然无效。依《民法典》第 197 条第 2 款的规定，预先放弃时效利益的意思表示无效。[1]

(二) 时效期间届满后义务人之抛弃时效利益 [2]

诉讼时效期间届满后，情况已经变化（债权人再无利用其强势地位逼迫债务人抛弃时效利益的可能），如果再不允许义务人抛弃时效利益，则会发生法律与道德的紧张关系，时效利益抛弃规则遂应运而生。

时效利益的抛弃，指表明不享受完成后的时效的利益的意思，是否享受时效利益，系委诸享受利益之人的意思而定。如前所述，时效利益，于时效完成前不能抛弃。时效利益的抛弃，属于有相对人的单独行为，即使于裁判外也可为之。时效利益的抛弃因系意思表示，所以应适用关于意思表示的规定。另外，在不知道时效完成前，不得为时效利益的抛弃。而且，抛弃因属于对自己不利的处分行为，所以其与时效中断事由不同，行为人须有处分能力、处分权限。另外，时效利益的抛弃与时效利益的援用相同，也仅具相对的效力，对不为抛弃的人没有影响。[3]

《民法典》第 192 条第 2 款规定："诉讼时效期间届满后，义务人同意履行的，不得以诉讼时效期间届满为由抗辩；义务人已经自愿履行的，不得请求返还。"时效利益抛弃规则包括如下基本内容。

第一，诉讼时效期间届满后，义务人履行义务的，无论其履行基于何种原因，都发生时效利益抛弃的法律效果，权利人均有权受领义务人所为给付，其所获利益并非不当得利，义务人不得请求返还。

第二，诉讼时效期间届满后，义务人以合同承认义务或者向权利人提供担保的，无论是基于何种原因，皆发生时效利益抛弃的法律效果。权利人的请求权开始新的诉讼时效期间，义务人不得再主张原诉讼时效期间的时效利益，仅得于新

---

[1] 梁慧星："民法总则立法的若干理论问题"，载《暨南学报（哲学社会科学版）》2016 年第 1 期，第 40 页。

[2] 此处参考、依据李开国：《民法总则研究》，法律出版社 2003 年版，第 445—447 页，谨予说明。

[3] ［日］藤井俊二：《民法总则》，成文堂 2011 年版，第 281 页。

诉讼时效期间届满后就新诉讼时效期间之届满主张新的时效利益。在义务人是否以合同承认义务的判断上，应尽可能为有利于权利人的认定。义务人与权利人订立书面的或口头的义务承认合同，只要权利人未表示拒绝，即应认定义务人以合同承认了义务。义务人向权利人提供的担保，应解释为不限于义务人本人向权利人提供的物的担保，还包括义务人委托第三人向权利人提供的物的担保或保证。第三人未经义务人委托而向权利人提供担保，应认定该担保有效，但不影响义务人主张时效利益。

　　义务人抛弃时效利益的行为属单方法律行为，自义务人抛弃时效利益的意思表示到达权利人时发生时效利益抛弃的法律效果，不以权利人的同意为条件。抛弃的意思表示的形式既可以是明示的（以合同承认义务），也可以是默示的（在诉讼中不主张时效利益），还可以是推定行为（实际履行给付义务）。如果义务人是在权利人的影响下作出抛弃时效利益的意思表示的，权利人的影响行为能否构成义务人撤销其意思表示的原因，法律并无规定。唯学说认为，由于诉讼时效期间届满后，权利人的请求权仍然具有道德上的支持力，为缓和法律与道德的紧张关系，在欺诈、胁迫等规则的适用上，仍应为有利于权利人的解释，除非权利人采用绑架人质等暴力手段胁迫义务人。[1]

三、诉讼时效完成对义务人的效力 [2]

　　诉讼时效期间届满对义务人发生何种效力，对此有两种不同的立法例：一是规定免除义务人的义务。此种立法成例特别见于将诉讼时效作为债的消灭原因之一种而规定于民法典债编的国家，其往往在规定债权人的债权因时效而消灭的同时，规定债务人的债务因时效而免除。二是规定义务人因时效完成而取得拒绝给付的抗辩权。对权利人不采母体权利消灭主义的国家，往往在规定权利人的请求

---

　　[1]　李开国：《民法总则研究》，法律出版社 2003 年版，第 447 页。

　　[2]　此处参考、依据李开国：《民法总则研究》，法律出版社 2003 年版，第 447—448 页，谨予释明。

权或实体诉权（胜诉权）因时效而消灭的同时，规定义务人因时效而取得拒绝给
付的抗辩权。《民法典》第 192 条第 1 款规定："诉讼时效期间届满的，义务人可
以提出不履行义务的抗辩。"

以上两种立法成例，以第二种立法成例为科学。盖义务消灭主义立法直接与
时效利益抛弃规则相抵触。如义务人的给付义务已经免除，其向"权利人"所为
的给付即构成非债清偿，自当适用不当得利返还规则，义务人有权请求"权利
人"返还。而抗辩权发生主义立法则与时效利益抛弃规则相通。抗辩权作为一种
权利而非义务，可以行使，也可以不行使。如义务人行使抗辩权，就意味着主张
时效利益；如义务人不行使抗辩权，则意味着抛弃时效利益。

义务人因诉讼时效完成而取得的抗辩权（Einrede der Verjährung）属于永久抗
辩权。[1]

诉讼时效期间届满后，义务人可以拒绝履行；诉讼时效期间届满后，义务人
向权利人作出同意履行义务的意思表示、自愿履行义务、承认债务或者提供担保
的，不得以诉讼时效期间届满或者不知道时效为由进行抗辩或者请求返还。

四、诉讼时效完成对权利人的效力

关于诉讼时效完成对权利人发生何种效力，比较法上有 4 种主义。

第一，诉权消灭主义，由萨维尼倡导，德国普通法采之，认为诉讼时效完成
后，其实体权利本身依然存在，仅诉权（请求权）归于消灭。[2]

第二，民事权利消灭主义或强效力说（starke Wirkungstheorie），此说在德国
系由温德沙伊得倡导，也称实体权消灭主义。换言之，诉讼时效的效力为直接消
灭实体权。依此主义，诉讼时效期间届满后，不仅请求权消灭，民事权利自身也
消灭。

1　[德] 迪特尔·梅迪库斯：《德国民法总论》，邵建东译，法律出版社 2000 年版，第 102 页，
以及《德国民法典》第 813 条。

2　台湾大学法律学研究所编译（梅仲协等编译）：《德国民法》，1965 年 5 月印行，第 194 页。

第三，实体诉权（胜诉权）消灭主义。诉讼时效完成后，不仅民事权利本身不消灭，其所生的（诉讼）请求权也不消灭，而是仅消灭其内含的实体诉权（胜诉权）。

第四，抗辩权发生主义或弱效力说（schwache Wirkungstheorie），认为诉讼时效完成后，民事权利、请求权不消灭，义务人取得拒绝履行的抗辩权，如义务人自动履行的，视为抛弃其抗辩权，该履行应为有效。此主义由德国学者奥尔特曼（Örtmann）倡导。[1]

上述 4 种主义中，《民法典》第 192 条采抗辩权发生主义。

五、义务人主张诉讼时效抗辩后请求权的实现途径 [2]

义务人主张诉讼时效抗辩后，人民法院不再以强制执行的方式保护权利人的请求权。但这并不意味着权利人的请求权绝对不能实现，其仍有实现的可能，主要有以下 3 条途径。

第一，义务人主张诉讼时效抗辩虽然使权利人的请求权丧失了法律上的救济力，不能获得法院的强制保护，但权利人的请求权仍然作为自然权利而存在，具有道德上的支持力。基于道德上的支持力，权利人不仅可以继续请求义务人履行给付义务，而且可以运用道德力量唤醒义务人自觉履行义务的道德觉悟。

第二，在当事人双方既享有债权又负担债务的复合债权债务关系中，如果一方的债权请求权的实体诉权（胜诉权）虽因时效而丧失，但他依法对另一方的债

---

[1] 罹于诉讼时效的请求权，并非其本体消灭，唯于义务人主张抗辩权时，失其力量也。请求权罹于诉讼时效以后，具有效力较强的自然债务的性质，亦有受领给付的能力，因此债务人不主张抗辩权而仍为给付的，不得以不知时效为理由请求返还。其以合同承认其债务，或提供担保（即抵押权、质权或保证）的，请求权仍回复其力量。参见梅仲协：《民法要义》，中国政法大学出版社 1998 年版，第 160 页；参见台湾大学法律学研究所编译（梅仲协等编译）：《德国民法》，1965 年 5 月印行，第 195 页。

[2] 李开国：《民法总则研究》，法律出版社 2003 年版，第 451—453 页。

权请求权享有抗辩权，由于抗辩权不适用诉讼时效，即使另一方的债权请求权并未超过诉讼时效期间，他仍可通过对另一方的请求权行使抗辩权的方式来实现自己的债权请求权。例如，根据《德国民法典》第478条的规定，只要买受人在除斥期间内提出了质量异议，即使买受人的解除合同请求权或减少价金请求权超过诉讼时效期间，他仍得对出卖人的价金请求权进行质量瑕疵抗辩，以此来实现其解除合同请求权或减少价金请求权。

第三，通过行使抵销权来实现丧失实体诉权（胜诉权）的请求权。在当事人双方互负债务的情况下，如果绝对不允许丧失实体诉权一方当事人以其丧失实体诉权的请求权与对方的尚未丧失实体诉权的请求权抵销，不仅对该方当事人过苛，而且也不合理。为解决已罹时效的请求权与未罹时效的请求权的抵销问题，《德国民法典》第215条规定："请求权于首次得抵销或拒绝给付时，尚未消灭时效者，其时效完成，不影响抵销及留置权之主张。"[1] 只要对方的债权发生于己方债权的诉讼时效期间内，即使己方债权已罹时效，对方债权未罹时效，己方仍得提出与对方抵销。这一规则顾及了债权罹于时效一方当事人的利益，其所具有的正当性与合理性在于，两个债权曾经效力相当，处于可抵销状态。

六、诉讼时效的效力及于从权利

依《民法典》第419条的规定，从权利与主权利同其命运，均为时效完成效力所及。从权利附属于主权利，原则上不能独立存在，主权利因时效而消灭时，从权利也归于消灭，不受人民法院的保护。

我国台湾地区"民法"第145条第1项规定："以抵押权、质权或留置权担保之请求权，虽经时效消灭，债权人仍得就其抵押物、质物或留置物取偿。"[2] 比

---

[1] 参见台湾大学法律学院、财团法人台大法学基金会编译：《德国民法》（上，总则编、债编、物权编）（2016年修订第二版），元照出版有限公司2016年版，第224页。该页对该第215条的解释谓："依此，如抵销之要件于债权时效未完成前即已满足，则债权人于时效完成后，仍得就该债权主张抵销。"

[2] 参见陈聪富主编：《月旦小六法》（第十七版），元照出版有限公司2014年版，第叁—13页。

如，抵押权所担保的债权罹于时效，抵押权人仍得实行其抵押权，申请法院拍卖抵押物，就其卖得价金而供清偿（我国台湾地区"民法"第 873 条）。但抵押权所担保的债权，其请求权已因时效而消灭，如抵押权人于消灭时效完成后 5 年间不实行其抵押权的，其抵押权消灭（我国台湾地区"民法"第 880 条）。此一规定仅适用于抵押权，于动产质权和留置权并无准用的规定，且此 5 年期间乃抵押权的存续期间，故其为除斥期间，而非消灭时效。[1]

1　郑冠宇：《民法总则》（第二版），瑞兴图书股份有限公司 2014 年版，第 477—478 页。

第十三章
期日、期间及其计算

第一节　期日与期间的意义

一、时间的重要意义

除人的行为外，在法律上，时间是重要的法律事实，且适用也很频繁。时间的经过与许多法律效果的发生、变更或消灭有密不可分的关系。时间一方面是发生或终止法律效力的要件，例如失踪期间、消灭时效期间、除斥期间以及著作财产权的存续期间等；另一方面，时间是决定给付或行为的标准，例如于 10 月 1 日给付、租赁期间 1 年、明年 5 月 5 日满 18 周岁（成年）。时间的经过于法律上区分为期日与期间（Frist）[1]。自然人的出生、死亡，法律的施行、变更、废止，权利的发生、行使与消灭等，均与期日、期间有关。[2]

二、期日与期间的区别

期日，指一定的、不可分割的某一特定时点（Zeitpunkt），例如 9 月 18 日下午 3 时、11 月 18 日等。期日为时间进行过程中的某一个"点"，只须该时间特

---

[1]　参见 ［日］山田晟：《德国法律用语辞典》（修订增补版）（第 3 版），大学书林 1994 年版，第 248 页。该页对"期间"解释为："从某时点到某时点的时间的间隔。"

[2]　施启扬：《民法总则》（修订第八版），中国法制出版社 2010 年版，第 318 页。

定，而不问其时间的长短，属于静态的观念。[1]

期间，指某一期日与另一期日间的时间，亦即从一定时间继续到达一定时间。从某日（月）起若干日（月）——例如租赁期间自 1 月起 6 个月，或某时至某时、某日至某日、某月至某月、某年至某年，均为期间。期间于法律观念上是"线"，属于动态的观念。期间因计算方法的不同，分为连续期间与非连续期间。所谓连续期间，指自始期至终期，其间所有时日毫无间断地全部计算。所谓非连续期间，指自始期至终期，非连续计算，而是将某些时日除外。例如，自 6 月 1 日起算，约定 3 个月，将不能工作的节假日、雨天除外，只计算实际工作日，凑足 90 日为止，并非至 8 月 31 日。[2]

第二节 期日与期间的计算

一、期间的计算方法

期间的计算方法通常有两种：自然计算法与历时计算法。分述如下。

（一）自然计算法

自然计算法，指按实际时间精确计算的方法。按此计算方法，1 日为 24 小时，1 周为 7 天，1 月为算足 30 日，1 年为算足 365 日。以日或星期定期间者，因日或星期长短相同，不致有差异，如以月或年定期间，则月有大小，闰年较长，因此我国台湾地区"民法"第 123 条第 2 项规定："月或年非连续计算者，每月为三十日，每年为三百六十五日"[3]。[4]《民法典》第 202 条规定："按照年、月计算期间的，到期月的对应日为期间的最后一日；没有对应日的，月末日为期间的最后一日。"

1　施启扬：《民法总则》（第七版），三民书局 2007 年版，第 377 页。
2　梁慧星：《民法总论》（第四版），法律出版社 2011 年版，第 262 页。
3　参见陈聪富主编：《月旦小六法》（第十七版），元照出版有限公司 2014 年版，第叁—12 页。
4　施启扬：《民法总则》（修订第八版），中国法制出版社 2010 年版，第 253 页。

（二）历法计算法

历法计算法，指按日历所定之日、星期、月、年进行计算的方法。例如，约定1日的期间，则自零时迄于24时；约定1星期的期间，则从星期日至星期六；约定1月的期间，则从月之1日至月之末日；约定1年的期间，则自1月1日至12月31日。此历法计算法不论月之大小，年之平闰，皆依历之所定。其计算简便，但缺点在欠精确。[1]

二、期间的起算点

期间为自某一时点至另一时点的时间过程，计算期间须有起算点与终止点。决定起算点有以"小时"（1小时＝60分钟）定期间与以其他单位定期间两种方式。

（一）以"小时"定期间的起算点

《民法典》第201条第2款规定："按照小时计算期间的，自法律规定或者当事人约定的时间开始计算。"例如，上午10时约定于5小时内为给付，应自上午10时起算至下午3时终了时为止。至于以小时以下的单位，如"分"或"秒"定期间的，应如何计算，当事人如未特别约定，于解释上也应准用，如租用出租车30分钟或使用精密仪器30秒，应实时起算。[2]

（二）以日、星期、月、年定期间的起算点

《民法典》第201条第1款规定："按照年、月、日计算期间的，开始的当日不计入，自下一日开始计算。"一般而言，法律行为多在每日上班或营业时间内为之，当日时间无法全部利用，为求公平合理，法律行为的当日不计算在内。[3]譬如，于5月1日约定3日的期间，则应从5月2日起算至5月4日24时届满。

1　梁慧星：《民法总论》（第四版），法律出版社2011年版，第262页。
2　施启扬：《民法总则》（修订第八版），中国法制出版社2010年版，第321页。
3　施启扬：《民法总则》（修订第八版），中国法制出版社2010年版，第254页。

三、期间的终止点

关于期间的终止点，须注意的是，期间末日虽至该日的 24 时终止，唯应注意公序良俗与诚信原则的适用。于期日终止前数分钟深夜敲门为给付，是否适宜，应依具体情形认定。[1]

四、期间末日的延长

如果是星期日或其他法定休假日，按照《民法典》第 203 条第 1 款的规定，应以法定休假日结束的次日为期间的最后一日。因我国采行每星期五日工作制，应解释为如遇最后一日是星期六、星期日或其他法定休假日，应以休假日的次日为期间最后一日。[2]

1　施启扬：《民法总则》（修订第八版），中国法制出版社 2010 年版，第 323 页。
2　梁慧星：《民法总论》（第四版），法律出版社 2011 年版，第 263 页。

第十四章

民法世界的现况与其展望

一、民法处理的问题与民法和宪法

民法的世界是私的关系或私法的世界。我们每天都碰到各种各样的问题，而且都试图努力地去解决它们，在民法的世界中也是如此。例如，亲子、夫妻、继承等家庭（家族）问题，房屋、土地的所有和利用的问题，向他人融资设定抵押权、质权的问题，于债权的发生与特定动产属于同一法律关系时发生的留置权问题，商品交换等物权交易的问题，人的生命、身体、健康、名誉、隐私、肖像等受到侵害时如何予以救济的问题等，其范围十分广泛，民法每天都处理着这样的问题。[1]

在民法中，首先登场的是人（Who：W），其次是作为人的对象的物（Object：O），再其次是人的行为（Behavior：B），最后是与民法上的问题相关联的自然现象（Nature：N）和时间（Time：T）。[2]我国于 2020 年业已完成《民法典》之制定，其包括七编，即总则编、物权编、合同编、人格权编、婚姻家庭编、继承编和侵权责任编。其中，总则编系对人（W）、物（O）、行为（B）、时间（T）作出基本规定。另外，自然现象（N）是民法的要素之一，因此总则编还会对期日、期间及时效作出规定。物权编（W→O）是关于人（W）对物（O）的支配关系的规定，债法（W→W）（《民法典》中是合同编）是关于人（W）对人（W）的

1　［日］本城武雄、目崎哲久编著：《民法总则》，嵯峨野书院 1996 年版，第 285 页。
2　［日］本城武雄、目崎哲久编著：《民法总则》，嵯峨野书院 1996 年版，第 288 页。

财产的法律关系的规定，婚姻家庭编（亲属法，W+W）是对人（W）与人（W）的家庭关系的规定，继承编（O→W）对人（W）死后的物、遗产（O）如何被继承加以规定。至于侵权责任编，则是对权利乃至某些法益或利益予以保护、救济而进行的规定。[1]

民法为市民社会的构造原理，即民法是市民社会的基本法；宪法为统治机构的构造原理，即宪法为国家的基本法。民法为"Constitution of the Civil Society"，宪法为"Constitution of the Country"。在法国，其民法典以"民法宪法"（Constitution Civile）被遵守，足见民法的重要地位。不过，法有位阶性，民法应处于宪法之下，民法的诸原则必须以宪法为其根据。盖宪法系国家的基本法，即使对于人民相互间的私权关系不直接干预，对于民法也具有很大的意义，得拘束民法。虽然宪法为国家的基本法，民法为社会的基本法，宪法规定的权利为基本权利，民法规定的权利为民事权利，但二者应互相配合，以实现国家和社会的基本任务。[2]

二、近年来民法修改的国际动向

（一）近年来德国民法的修改

德国于 2001 年 11 月 26 日制定《债法现代化法》，自 2002 年 1 月 1 日起施行。以此为契机，德国对于其民法典的债编作了大幅度的修改。德国民法也受到欧盟的消费者动产买卖指令（UN richtliene）的影响，故此首先将消费者法列入于其民法典中。并入《德国民法典》中的消费者法有：①普通交易约款（《德国民法典》第 305—310 条）；②消费者信用法（含分期付款买卖法，《德国民法典》第 491 条以下）；③访问贩卖法（《德国民法典》第 312 条以下）；④通信贩卖法（含用电话或网络交易），对通信贩卖业者课予详细的情报提供义务，承认消费者

1　［日］本城武雄、目﨑哲久编著：《民法总则》，嵯峨野书院 1996 年版，第 289 页。
2　刘得宽："大陆法系民法典的立法体系与精神内涵"，载《月旦法学杂志》第 153 号（2008 年 2 月 15 日），第 1 页以下。

的广泛的撤销权。其次，对履行障碍法进行再构筑。原来债务不履行系由"给付不能"与"给付迟延"构成，但现今将之并入"债务不履行"中处理。其主要的是将瑕疵担保责任从买卖等有偿契约中的规定，并入债法总则中的债务不履行（义务违反）之内。同时，将原始的履行障碍——原始本能，纳入债务不履行中处理（本来，原始不能乃契约无效，系规定于民法总则中）。最后，将原来为特别法的租赁法也依照《租赁法修改法》（2001 年 6 月 19 日）并入民法典中，将居住使用租赁与非居住使用租赁分开规定。民法典中的租赁也分成以标的物的使用、收益为目的的用益租赁（Pacht）和以标的物的使用为目的的使用租赁（Miete）。[1]

（二）近年来法国民法的修改

1804 年制定的《法国民法典》于 2004 年迎来 200 周年。200 多年来，该民法典的基本架构尽管没有变化，但其内容多少也有一些修改（尤其是 20 世纪 70 年代的家族法的修改）。首先，2004 年以后的修改有：2006 年继承法的修改与担保法的修改，以及 2007 年依法将信托编入《法国民法典》第 2011 条以下。担保法的修改系将人的担保与物的担保集中规定于《法国民法典》第 4 编，其目的在于：①求其现代化，使担保权设定、实行的手续简化，节省费用，讲求实效性；②使易于获取信用；③使人们易于阅读，使虽非法国人也能了解。[2]其次，以皮埃尔·加泰拉（Pierre Catala）为首，设立债法修改委员会，并于 2006 年 6 月公布《债法修改草案》。最后，法国传统上也将瑕疵担保责任（民法典第 1641 条以下）与债务不履行责任（民法典第 1184 条）相区别，采取二元说，但 20 世纪后半叶，主张采一元说的声音日渐有力。以 1952 年《美国统一商法典》、1964 年《海牙国际货物买卖统一法公约》、1980 年《联合国国际货物销售合同公约》及 1999 年的欧盟指令为背景，主张一元说的雅克·谢斯坦（Jacques Chestin）认为，瑕疵担保

1　刘得宽："民法的世界与其展望"，载渠涛主编：《中日民商法研究》（第八卷），法律出版社 2009 年版，第 10—11 页。

2　［日］山野目章夫等："2006 年法国担保法修改概要"，载日本《法学家》第 1335 号（2007 年），第 32 页以下。

责任与债务不履行责任的区别不明确，二责任相重叠，因此应采取一元说。[1]迄今，《法国民法典》已有较大的更动，即"《法国民法典》现已改采'五编制'。2006 年将原第三编中的保证、质押、优先权与抵押权等三部分内容抽出，作为新增的第四编'担保'。2002 年新增第五编'适用于马约特岛的规定'，主要内容系关于前三编在新成为法国海外省的马约特岛施行的规定"[2]。

（三）近年来日本民法的修改

《日本民法》自 1898 年施行以来，迄今已然经过百余年，达一世纪以上。为适应社会变迁、发展的需要，虽然尽量以判例、学说推动之，但难免出现不合时宜的法律制度。日本因此于 2005 年 11 月成立民法修改研究会。[3]迄今，《日本民法》业已完成其诸多重要修改，以因应新的时代与社会发展的需要，显示了日本社会、国家与人民于民法典的修改上与时俱进的精神，可堪赞佩。其修改的较具体的分析，参见本书第一章中的有关内容。

三、21 世纪的民法指向的目标

我们早已迎来了 21 世纪，且 21 世纪已经过去了 20 余年的时间。在这个世纪乃至未来的近 80 年中，民法所要实现的目标是什么，或者说民法追求的价值、理念是什么，无疑是值得关注的。归纳言之，主要有下列 6 个方面。

（一）和平

21 世纪的民法首先指向的目标是人类的和平。在 20 世纪，人类遭受了两次世界大战，它们使无数人遭受了生命和财产的巨大损失。第二次世界大战结束后，在一些地区（如中东地区、非洲一些地区、南亚地区）长期存在的局部战

1　刘得宽："民法的世界与其展望"，载渠涛主编：《中日民商法研究》（第八卷），法律出版社 2009 年版，第 11—12 页。

2　梁慧星：《民法总论》（第五版），法律出版社 2017 年版，第 13 页注释［19］。

3　［日］加藤雅信："日本民法（债权法）改正及其问题"，载《中日民商法研究会第九届（2010 年）大会会议文集》（2010 年 9 月 11—12 日），第 1 页以下。

争、地区冲突或国内动荡，也以较极端残酷的方式表现出来，悲惨的境况甚至到今天也未完全消除。对人类而言，最大的不幸，莫过于陷入战争之中。在 21 世纪，应当尽力避免战争，或者说完全消除战争。[1]

如果说人类在法律领域有什么共同的语言的话，这个共同的语言就是民法。民法是规律人民的日常生活的法，它最能反映人类的本性，表现人类最根本、最本源的那部分东西。由此决定了世界各国的民法于根本上是相通的，与阶级立场、政治主张、政治观点、政治制度乃至社会制度等无涉。民法因此具有沟通人类的心灵，促进人类的交流，使人类世界结成一个"世界联邦"的功用。[2]所谓世界联邦，即马克斯·韦伯（Max Weber，1864—1920 年）所声言的"世界国家"。各国民法的发达、民法文化的弘扬以及民法的国际交流的深入和普及，使人类日益向"世界联邦"或"世界国家"的方向迈进。

（二）人权

21 世纪民法指向和追求的目标是人权。所谓人权，是人之作为人所享有的最基本的权利，包括生存权、发展权及追求幸福的权利等。民法关于人格权之保护的规定是人权的起点和基石，它们构成人权的最根本、最基础的内容。21 世纪是人格权和人权保护的世纪，作为权利宣言和权利宪章的民法，理当以保护人权、维护人权、尊重人权为其主旨和使命。

我国《宪法》第 33 条第 2 款规定："国家尊重和保障人权。"我国是一个有数千年封建专制传统的国家，1949 年新中国成立以来，尤其是 1978 年改革开放以后，我国的人权保护事业获得极大发展，人民享有的各项人权获得保护。但是，现今我国人权保护的种类和层次还有待进一步增加和提升，也就是说，应在强调保护生存权、发展权的同时，提倡和保护人民的追求美好生活的权利等。

1　［日］林毅：《法史学方法论与西洋法史》，敬文堂 2000 年版，第 165 页。应值提及的是，日本学者林毅先生的此部著作是一部具有重要参考价值的著作，本章内容的写作受其启发并参考是书的内容，谨致谢忱。另外，本书作者于 1997—1998 年在日本研修期间，得到林毅先生的照顾，其赠送多部大作于我，至今犹记忆在心，深表感念，谨记于此，以供追忆。先生之风，山高水长。

2　关于建立"世界联邦"的问题及其可能性分析，参见［日］林毅：《法史学方法论与西洋法史》，敬文堂 2000 年版，第 155 页以下。

（三）社会福祉的实现

为了使在 21 世纪生活的一切人都享有充分的人权，使所有的人都幸福地生活，实现社会福祉，切实保障人民的财产权，是十分必要的，这也是实现这些目标的物质保障。所谓福祉社会，是指使包括老人、身心障碍者、病人及其他社会弱者在内的一切人得以幸福地生活。为了实现这一目标，首先必须保障所有的人得享有与其能力相适应的劳动机会，并按照每个人的劳动贡献的大小公正地分配社会财富。其次，应广泛地实施社会福利政策，以确保社会弱者也可以过上丰裕和有尊严的生活。再其次，应缩小贫富差距，保障人民不至于在社会财富的保有上存在过大的差距。最后，为了实现福祉社会的目标，还必须透过民法上的制度设计来保障人民居有其所，使每个人都享有适宜的住房权。此点在确保福祉社会目标的实现过程中具有特别重大的意义，并且是至为重要的关键之点。盖"住宅即人权"啊！[1]"安得广厦千万间"，大庇天下人民俱欢颜，[2]实应为国家、社会及人民的理想与目标！

（四）社会正义的实现

正义是包括民法在内的法律所追求的价值。实现社会正义，是民法所追求的目标和价值。民法通过公序良俗原则、诚实信用原则等贯彻和体现民法的正义价值。

民法上的正义，主要有对等正义和分配正义。所谓对等正义，即民事关系中的当事人于地位上平等，一方不能无偿取得对方的利益，取得对方的利益以向该对方给付对等的代价为前提。民法的债法制度，尤其是其中的合同法制度，最集中地体现了对等正义。所谓分配正义，即民法中的物权法在将社会财富分配给社会成员而作制度安排时，须体现分配公正，实现正义。例如，我国《民法典》规

1　[日]吉田邦彦："从居住福利法学看灾后复兴法的诸问题与今后之课题"，陈明楷译，载叶启洲、徐婉宁主编：《民事法制之新典范》，元照出版有限公司 2016 年版，第 510、550 页。

2　参见（唐）杜甫：《茅屋为秋风所破歌》，载（唐）杜甫著，（清）仇兆鳌注：《杜诗详注》（第二册），中华书局 1979 年版，第 831—833 页。原诗为"安得广厦千万间，大庇天下寒士俱欢颜"，此处引用时，作者对后句作了改写。

定：拾得遗失物、发现埋藏物而经一年的公告期间仍无人认领时，拾得物和埋藏物就归国家所有。此种通过《民法典》物权编来分配社会财富的规定是否符合正义（分配正义），就颇值慎思。另外，还有所谓平均正义，其也主要于民法中具有积极价值、功用及意义。

（五）民主主义

在20世纪，于我们这个地球上曾经存在过各种各样的独裁国家，其中最具代表性的，是20世纪30年代建立的德国希特勒法西斯独裁国家和第二次世界大战中的日本独裁国家。它们曾经给人类造成深重的灾难，使无数人遭受不幸，并造成了巨大的财产损失。在当代，严格划分民事生活和政治生活，民事生活领域实行私法自治，有利于抑制政治国家权力的膨胀、限制国家行政干预乃至行政滥权，国家行政权力侵害人民民事权利将依法承担法律责任，这样就会最终有利于实现民主政治，建立民主主义的国家。

（六）国际交流

在法律领域，民法的国际交流于法史上发生最早。早在中世纪时期的意大利的波伦亚大学，是人类历史的第一所国际性的法科大学。当时欧洲各国（如德国、法国）的学生纷纷到那里研习罗马民法。他们学成回国后，又在自己的国家传播罗马民法，由此对近代民法的发展作出了重大贡献。欧陆民法的发展史，是一部罗马民法在各国生根、开花、结果、枝繁叶茂，最后被"现代惯用"（"现代适用"）的历史。欧洲由此成为民法的故乡。20世纪60年代以来，领导世界民法潮流的系欧洲的德国，其由此成为各国民法研习者向往的中心。今日，美国的判例民法异军突起，尤其在隐私权、宪法一般人格权、医事法、公司法、证券法及信托法等领域居于世界领先地位，其由此成为民法研习者希望去的另一个地方。另外，亚洲的日本因民法研究的昌明、资料保存的完好、对民法问题研究的精细而成为民法研习者向往的另一个重要中心。

改革开放以来，我国的民事法制不断进步，逐步迈向现代化，由此也吸引了其他国家的法律研习者来到中国研习包括民法在内的中国法律制度。这样就使今日的民法国际交流较以往任何时代都更活跃、更频繁和更国际化。这种局面，如前所述，除了将有利于世界各国迈向"世界联邦"或"世界国家"外，还将使世界各国的人民加深理解、消除隔阂、迈向世界共同体，走向法律的一体化，尤其是最终实现私法的国际统一乃至人类的"世界大同"！

主要参考文献

一、中文著作

1. 李开国:《民法总则研究》,法律出版社 2003 年版。

2. 梁慧星:《民法总论》,法律出版社 2007 年第三版、2011 年第四版、2017 年第五版。

3. 郑冠宇:《民法总则》,瑞兴图书股份有限公司 2014 年第二版,新学林出版股份有限公司 2019 年第六版。

4. 郑冠宇:《民法债编总论》,新学林出版股份有限公司 2015 年版。

5. 陈鈨雄:《民法总则新论》,三民书局 1982 年版。

6. 谢怀栻:《大陆法国家民法典研究》,中国法制出版社 2004 年版。

7. 谢怀栻:《谢怀栻法学文选》,中国法制出版社 2002 年版。

8. 陈惠馨:《德国法制史:从日耳曼到近代》,元照出版有限公司 2007 年版。

9. 王泽鉴:《民法总则》,北京大学出版社 2009 年版;增订新版 2014 年自版。

10. 施启扬:《民法总则》,中国法制出版社 2010 年修订第八版;三民书局 2007 年第七版。

11. 刘得宽:《民法总则》(增订四版),中国政法大学出版社 2006 年版;《民法总则》(修订新版),五南图书出版公司 1996 年版。

12. 姚瑞光:《民法物权论》,吉锋彩色印刷股份有限公司 2011 年版。

13. 梁慧星:《民法学说判例与立法研究》(二),国家行政学院出版社 1999 年版。

14. 谢在全:《民法物权论》(上册,修订六版),新学林出版股份有限公司 2014 年版。

15. 法学教材编辑部《罗马法》编写组:《罗马法》,群众出版社 1985 年版。

16. 谢瑞智:《民法总则精义》,1994 年自版。

17. 郑玉波：《民法总则》，中国政法大学出版社 2003 年版。

18. 王泽鉴：《侵权行为》，北京大学出版社 2009 年版。

19. 黄风：《罗马私法导论》，中国政法大学出版社 2003 年版。

20. 王泽鉴：《侵权行为法》（增订新版），2017 年自版。

21. 王泽鉴：《民法学说与判例研究》（第五册），1992 年自版。

22. 王泽鉴：《民法学说与判例研究》（第六册），1991 年自版。

23. 王泽鉴：《民法学说与判例研究》（1），中国政法大学出版社 1998 年版。

24. 王泽鉴：《民法学说与判例研究》（第四册），北京大学出版社 2009 年版。

25. 王泽鉴：《民法学说与判例研究》（第四册），1992 年 9 月自版。

26. 梅仲协：《民法要义》，中国政法大学出版社 1998 年版。

27. 王泽鉴：《民法总则》（增订版），2000 年自版。

28. 王泽鉴：《债法原理：基本理论、债之发生、契约、无因管理》（增订三版），2012 年自版。

29. 刘家安：《物权法论》，中国政法大学出版社 2009 年版。

30. 魏振瀛：《民事责任与债分离研究》，北京大学出版社 2013 年版。

31. 邓曾甲：《日本民法概论》，法律出版社 1995 年版。

32. 萨孟武：《政治学》，三民书局 1988 年版。

33. 洪逊欣：《中国民法总则》，1997 年自版。

34. 何孝元：《民法总则》，三民书局 1983 年版。

35. 史尚宽：《民法总论》，中国政法大学出版社 2000 年版，正大印书馆 1980 年印刷（版）。

36. 韩世远：《合同法总论》，法律出版社 2008 年第二版、2018 年第四版。

37. 费安玲主编：《罗马私法学》，中国政法大学出版社 2009 年版。

38. 戴东雄：《中世纪意大利法学与德国的继受罗马法》，中国政法大学出版社 2003 年版。

39. 史尚宽：《债法总论》，中国政法大学出版社 2000 年版。

40. 郑玉波著，陈荣隆修订：《民法债编总论》（修订二版），中国政法大学出版社 2004 年版。

41. 温丰文：《现代社会与土地所有权理论之发展》，五南图书出版公司 1984 年版。

42. 温丰文：《土地法》，1994 年自版。

43. 刘春堂：《民法债编通则（一）契约法总论》（增修版），三民书局 2011 年版。

44. 李雅书、杨共乐：《古代罗马史》，北京师范大学出版社 1994 年版。

45. 王伯琦：《民法总则》，台湾省编译馆 1974 年版。

46. 胡长清：《中国民法总论》，中国政法大学出版社 1997 年版。

47. 孙森焱：《民法债编总论》（上），2008 年自版；《民法债编总论》（下），2010 年自版。

48. 黄茂荣：《民法总则》，1982 年自版。

49. 邱聪智：《民法总则》（上），2005 年自版。

50. 詹森林：《民事法理与判决研究》（六），元照出版有限公司 2012 年版。

51. 黄立：《民法总则》，2005 年自版。

52. 陈自强：《民法讲义 1——契约之成立与生效》，法律出版社 2002 年版。

53. 颜厥安：《法与实践理性》，允晨文化实业股份有限公司 1998 年版。

54. 中央政法干部学校民法教研室编：《中华人民共和国民法基本问题》，法律出版社 1958 年版。

55. 郭道晖、李步云、郝铁川主编：《中国当代法学争鸣实录》，湖南人民出版社 1998 年版。

56. 梁慧星主编：《中国民法典草案建议稿附理由》（总则编），法律出版社 2013 年版。

57. 徐国栋：《民法总论》，高等教育出版社 2007 年版。

58. 王俊、林岚：《采光、日照纠纷案件裁判精要》，人民法院出版社 2012 年版。

59. 孙宪忠主编：《民法总论》（第二版），社会科学文献出版社 2010 年版。

60. 何勤华主编：《法国法律发达史》，法律出版社 2001 年版。

61. 罗智敏译：《学说汇纂》（第一卷），［意］纪蔚民校，中国政法大学出版社 2008 年版。

62. 马克垚：《西欧封建经济形态研究》（第 2 版），人民出版社 2001 年版。

63. 凌湘权、余能斌：《民法总论》，武汉大学出版社 1986 年版。

64. 廖毅：《民法（总则编）整合式案例研习》，新保成出版事业有限公司 2007 年版。

65. 最高人民法院《民法通则》培训班编辑组：《民法通则讲座》，北京市文化局出版处 1986 年 9 月印刷。

66. 王作堂、魏振瀛、李志敏、朱启超：《民法教程》，北京大学出版社 1983 年版。

67. 杨与龄主编：《民法总则争议问题研究》，清华大学出版社 2004 年版。

68. 李宜琛：《日耳曼法概说》，中国政法大学出版社 2003 年版。

69. 林诚二：《民法总则》（上册、下册），法律出版社 2008 年版。

70. 何孝元：《诚实信用原则与衡平法》，三民书局 1977 年版。

71. 上海社会科学院法学研究所编译：《法学总论》，知识出版社 1981 年版。

72. 徐家玲：《早期拜占庭和查士丁尼时代研究》，东北师范大学出版社 1998 年版。

73. 武寅主编：《简明世界历史读本》，中国社会科学出版社 2014 年版。

74. 王保树主编：《中国商事法》，人民法院出版社 1996 年版。

75. 杨建华教授七秩诞辰祝寿论文集编辑委员会编辑：《法制现代化之回顾与前瞻》，月旦出版社 1997 年版。

76. 吴友法：《德国现当代史》，武汉大学出版社 2007 年版。

77. 夏勇：《中国民权哲学》，生活·读书·新知三联书店 2004 年版。

78. 夏勇：《人权概念起源》，中国政法大学出版社 1992 年版。

79. 张新宝：《侵权责任构成要件研究》，法律出版社 2007 年版。

80. 洪汉鼎主编：《理解与解释：诠释学经典文选》，东方出版社 2001 年版。

81. 杜美：《德国文化史》，北京大学出版社 1990 年版。

82. 罗梵、冯棠、孟华：《法国文化史》，北京大学出版社 1997 年版。

83. 周辉：《变革与选择：私权力视角下的网络治理》，北京大学出版社 2016 年版。

84. 李适时主编：《中华人民共和国民法总则释义》，法律出版社 2017 年版。

85. 全国人大常委会法制工作委员会民法室编：《中华人民共和国侵权责任法：条文说明、立法理由及相关规定》，北京大学出版社 2010 年版。

86. 胡云腾主编，最高人民法院案例指导工作办公室编著：《中国案例指导》（总第 1 辑），法律出版社 2015 年版。

87. 叶启洲、徐婉宁主编：《民事法制之新典范》，元照出版有限公司 2016 年版。

88. 周振甫译注：《诗经译注》（精装本），中华书局 2019 年版。

89. 钱锺书选，杨绛录，人民文学出版社编辑部整理：《钱锺书选唐诗》（上），人民文学出版社 2020 年版。

二、日文著作等

1. ［日］四宫和夫、能见善久：《民法总则》，弘文堂 2010 年第八版，弘文堂 2018 年第九版。

2. 〔日〕松坂佐一：《民法提要（总则）》（第 3 版），有斐阁 1975 年版。

3. 〔日〕胜田有恒、森征一、山内进编著：《概说西洋法制史》，ミネルヴァ书房 2004 年版。

4. 〔日〕林毅：《法史学方法论与西洋法史》，敬文堂 2000 年版。

5. 〔日〕林毅：《西洋中世自治城市与城市法》，敬文堂 1991 年版，

6. 〔日〕石田穰：《民法总则》，悠悠社 1992 年版。

7. 〔日〕本城武雄、目﨑哲久编著：《民法总则》，嵯峨野书院 1996 年版。

8. 〔日〕穗积陈重：《法窗夜话》，岩波书店 1980 年版。

9. 〔日〕大村敦志：《法源·解释·民法学：法国民法总论研究》，有斐阁 1995 年版。

10. 〔日〕加贺山茂：《民法体系 1 总则·物权》，信山社 1996 年版。

11. 〔日〕栗生武夫：《中世私法史》，弘文堂 1932 年版。

12. 〔日〕佐藤笃士：《罗马法史》（Ⅰ），敬文堂 1982 年版。

13. 〔日〕远田新一：《代理与意思表示论》，法律文化社 1985 年版。

14. 〔日〕碧海纯一、伊藤正己、村上淳一编：《法学史》，东京大学出版会 1976 年版，1985 年第 5 刷发行。

15. 〔日〕远田新一：《代理法理论的研究》，有斐阁 1984 年版，1985 年第 2 刷发行。

16. 〔日〕四宫和夫：《民法总则》（第四版），弘文堂 1986 年版。

17. 〔日〕藤井俊二：《民法总则》，成文堂 2011 年版。

18. 〔日〕山田晟：《德国法律用语辞典》（修订增补版）（第 3 版），大学书林 1994 年版。

19. 〔日〕铃木禄弥：《民法总则讲义》（二订版），创文社 2003 年版。

20. 〔日〕铃木禄弥、筱塚昭次编：《不动产法》，有斐阁 1973 年版。

21. 〔日〕本城武雄、小胁一海编：《民法总则》，嵯峨野书院 1993 年版。

22. 〔日〕奥田昌道、池田真朗、潮见佳男编：《民法 4 债权总论》，悠悠社 2007 年版。

23. 〔日〕中田裕康：《债权总论》，岩波书店 2008 年版，2010 年第 6 刷发行。

24. 〔日〕五十岚清等：《民法讲义 1 总则》，有斐阁 1981 年版。

25. 〔日〕原田庆吉：《罗马法的原理》，清水弘文堂书房 1967 年版。

26. 〔日〕村上淳一：《德国市民法史》，东京大学出版会 1985 年版。

27. 〔日〕村上淳一：《读〈为权利而斗争〉》，岩波书店 1983 年版。

28. 〔日〕村上淳一：《日耳曼法史中的自由与诚实》，东京大学出版会 1980 年版。

29. ［日］河上伦逸：《法的文化社会史》，ミネルヴァ书房 1993 年版。

30. ［日］河上伦逸、［德］Aufsätze von M. Harder 编：《德国法律学的历史的现在》，ミネルヴァ书房 1989 年版。

31. ［日］黑田忠史：《西欧近世法的基础构造》，晃洋书房 1995 年版。

32. ［日］吉野悟：《近世私法史的时效》，日本评论社 1989 年版。

33. ［日］高森八四郎、高森哉子：《表见代理理论的再构成》，法律文化社 1990 年版。

34. ［日］久保正幡：《西洋法制史研究》，岩波书店 1973 年版。

35. ［日］村上淳一：《近代法的形成》，岩波书店 1979 年版。

36. ［日］村上淳一：《德国的近代法学》，东京大学出版会 1964 年版。

37. ［日］高岛平藏：《民法制度的基础理论》，敬文堂 1987 年版。

38. ［日］高森八四郎：《法律行为论的研究》，关西大学出版部 1992 年版。

39. ［日］安井宏：《法律行为·约款论的现代展开》，法律文化社 1995 年版。

40. ［日］林良平：《民法总则》，青林书院 1994 年初版第 7 刷发行。

41. ［日］隈崎渡：《西洋法制史》，大都书房 1936 年刊行。

42. ［日］一圆一亿：《法的解释与适用》，有斐阁 1954 年初版第 2 刷发行。

43. ［日］原岛重义编：《近代私法学的形成与现代法理论》，九州大学出版会 1987 年版。

44. ［日］赤松秀岳：《十九世纪德国私法学的实像》，成文堂 1995 年版。

45. ［日］赤松秀岳：《物权·债权区别论及其周边：以二十世纪德国的展开为中心》，成文堂 1989 年版。

46. ［日］柴田光藏：《法律拉丁语辞典》，日本评论社 1985 年版。

47. ［日］吉田克己、片山直也编集：《财的多样化与民法学》，日本商事法务 2014 年版。

48. ［日］山田晟：《法学》（新版），东京大学出版会 1964 年初版，2008 年 4 月第 42 刷发行。

49. ［日］五十岚清：《比较法手册》，劲草书房 2010 年版。

50. ［日］沢井裕：《公害的私法研究》，一粒社 1969 年版。

51. ［日］川岛武宜：《民法总则》，有斐阁 1965 年版，1978 年版第 21 刷发行。

52. ［日］川岛武宜：《所有权法的理论》，岩波书店 1949 年版。

53. ［日］星野英一：《法学入门》，日本放送大学教育振兴会 1995 年发行。

54. ［日］川岛武宜：《日本人的法意识》，岩波书店 1967 年版，岩波新书青版—630。

55. ［日］北川善太郎：《民法总则》，有斐阁 1993 年版。

56. ［日］安井宏：《法律行为·约款论的现代的展开》，法律文化社 1995 年版。

57. ［日］滝沢正：《比较法》，三省堂 2009 年版。

58. ［日］河上伦逸：《德国市民思想与法理论——历史法学及其时代》，创文社 1978 年版。

59. ［韩］郑钟休：《韩国民法典的比较法研究》（日文），创文社 1989 年版。

60. ［日］山田晟、村上淳一编：《德国法讲义》，青林书院新社 1974 年版。

61. ［日］原田庆吉：《日本民法典的历史素描》，创文社 1954 年版。

62. ［日］船田享二：《罗马法》（第 2 卷），岩波书店 1969 年版。

63. ［日］船田享二：《罗马私法提要》，有斐阁 1941 年版。

64. ［日］山田晟：《德国法概论》（第 3 版），有斐阁 1987 年版。

65. ［日］生熊长幸：《物权法》（第 2 版），三省堂 2021 年版。

66. ［日］藤冈康宏：《法的国际化与民法》，信山社 2012 年版。

67. ［日］本城武雄、月冈利男编：《物权法》，嵯峨野书院 1987 年版。

68. 日本《法学家》杂志："民法 100 年·展望新时代的民法"，1998 年 1 月 1 日、15 日合并号（第 1126 期）。

69. ［日］甲斐道太郎等编：《民法 1 总则》，苍林社 1982 年版。

70. ［日］末川博：《法学入门》，有斐阁 1980 年版，1987 年 7 月第 16 刷发行。

71. ［日］日本《法律时报》："除斥期间的展开"，2000 年第 72 卷第 11 号（通卷第 897 号）。

72. ［日］船田享二：《法律思想史》，青林书院刊 1956 年版。

73. ［日］森泉章：《民法判例研究》，文真堂 1985 年版。

74. ［日］团藤重光：《法学入门》，筑摩书房 1984 年初版第 14 刷发行。

75. ［日］水边芳郎：《民法总则》（第 2 版），法律文化社 1991 年第 3 刷发行。

76. ［日］渡辺洋三：《法社会学与法解释学》，岩波书店 1959 年版。

77. ［日］山下纯司、岛田聪一郎、宍户常寿：《法解释学入门》，有斐阁 2013 年版，2014 年第 2 刷发行。

78. ［日］碧海纯一：《法与社会》，中央公论社 1996 年 5 月 30 日 45 版。

79. ［日］津田市正：《法哲学序说》，津田学院刊行（1979 年补订版发行）。

80. ［日］恒藤武二：《法思想史》，筑摩书房 1987 年初版第 3 刷发行。

81. ［日］若原纪代子：《民法概说》（改订版），成文堂 1980 年第 3 刷发行。

82. ［日］山中永之佑编：《日本近代法论》，法律文化社 1994 年版，1995 年第 2 刷发行。

83. ［日］田畑忍编：《法学入门》，法律文化社 1979 年版。

84. ［日］甲斐道太郎、片冈曻、天野和夫编：《法学的基础》，青林书院新社 1977 年版。

85. ［日］我妻荣：《法学概论》，有斐阁 1974 年初版第 2 刷发行。

86. ［日］村上淳一、［德］Hans Peter Marutschke：《德国法入门》（改订第 2 版），有斐阁 1994 年版。

87. ［日］北川善太郎：《日本法学的历史与理论：以民法学为中心》，日本评论社 1968 年版。

88. 日本《法律时报》杂志："民法典与日本社会"，1999 年第 71 卷第 4 号（通卷第 877 号）。

89. ［日］西村重雄、儿玉宽编：《日本民法典与西欧法传统》，九州大学出版会 2000 年版。

90. ［日］石部雅亮编：《德国民法典的编纂与法学》，九州大学出版会 1999 年版。

91. 九州大学法政学会编：《法与政治：通向 21 世纪的胎动》（上、下卷），九州大学出版会 1995 年版。

92. ［日］平野裕之：《民法总则》，日本评论社 2017 年版。

93. ［日］中舍宽树：《民法总则》，日本评论社 2010 年版。

94. ［日］吉田克己：《市场·人格与民法学》，北海道大学出版会 2012 年版。

95. ［日］我妻荣：《新订民法总则》（民法讲义Ⅰ），岩波书店 1965 年版，1983 年第 19 刷发行。

96. ［日］我妻荣、有泉亨、清水诚、田山辉明：《注释民法》（总则·物权·债权）（第 7 版），日本评论社 2021 年版。

97. ［日］山野目章夫：《民法：总则·物权》（第 7 版），有斐阁 2020 年版。

98. ［日］山野目章夫：《民法概论 1 民法总则》，有斐阁 2017 年版。

99. ［日］中原太郎编著：《现代德、法民事责任法的诸相》，商事法务 2020 年版。

100. 〔日〕吉田克己编著:《物权法的现代课题与改正提案》,成文堂 2021 年版。

101. 〔日〕矢泽久纯:《民事归责范围研究》,溪水社 2013 年版。

102. 徐国栋:《民法基本原则解释:诚信原则的历史、实务及法理的研究》,〔日〕矢泽久
    纯、李伟群译,溪水社 2018 年版。

103. 〔日〕棚濑孝雄编:《现代法社会学入门》,法律文化社 1994 年版,1996 年第 3 刷
    发行。

104. 〔日〕栋居快行:《人权论的新构成》,信山社 1992 年版。[1]

105. 〔日〕平野义太郎:《民法中的罗马思想与日耳曼思想》（第 6 版）,有斐阁 1947
    年版。

106. 〔日〕田中英夫、竹内昭夫:《私人在法的实现中的作用》,东京大学出版会 1987
    年版。

107. 〔日〕内田贵:《契约的再生》,弘文堂 1990 年版。

108. 〔日〕内田贵:《契约的时代》,岩波书店 2000 年版。

109. 日本《法学家》（增刊）综合特集:《日照权》（1974 年 1 月）。

110. 〔日〕潮见俊隆、利谷信义编:《日本的法学者》,日本评论社 1975 年版。

三、英文著作与德文著作等

1. 〔英〕欧内斯特·J. 舒斯特:《德国民法原理》,中国政法大学出版社 2019 年版。

2. Jesse Dukeminier, James E. Krier, Gregory S. Alexander, Michael H. Schill, Lior Jacob Stra-
   hilevitz, *Property*（*Concise Edition*）, Second edition, Wolters Kluwer, 2017.

3. Grant Gilmore, *The Death of Contract*, Ohio State University Press, 1974.

4. 〔德〕鲁道夫·冯·耶林:《罗马法在其不同发展阶段的精神》（第 1 编）（第 5 版）,
   莱比锡 1891 年版。

5. Medicus, Allgemeiner Teil des BGB, 10. Aufl. 2010.

6. Brox/Walker, Allgemeiner Teil des BGB, 35. Aufl. 2011.

---

[1] 此著作为本书作者于 1996 年 1 月至 6 月的在日本研修期间, 由季卫东先生（时于日本神户大
学）所赠, 谨记于此, 以供感恩与忆念。

7. H. Plänitz, Deutsche Rechtsgeschichte, Graz, 1950.

8. Larenz/Wolf, Allgemeiner Teil des Bürgerlichen Rechts, Aufl. , 2004.

9. J. Unger, System des österreichischen allgemeinen Privatrechts. 1. u. 2. Bd. , 5. unveränderte Aufl. (1892).

10. L. Arndts, Lehrbuch der Pandekten 14. , unveränderte Aufl. hrsg. v. L. Pfaff u. F. Hofmann (1889).

11. B. Windscheid, Lehrbuch des Pandektenrechts 1. Bd. 9. Aufl. , bearbeitet v. T. Kipp (1906).

12. C. G. v. Wächter, Pandekten, hrsg. dch. O. v. Wächter. I Allgemeiner Teil (1880), II Besonderer Teil (1881).

四、译著、词（辞）典及法典

1. ［德］Franz Wieacker：《近世私法史》，［日］铃木禄弥译，创文社 1961 年版。

2. ［德］Hans Schlosser：《近世私法史要论》，［日］大木雅夫译，有信堂高文社 1993 年版。

3. ［德］Heinrich Mitteis：《德国私法概说》，［日］世良晃志郎、广中俊雄译，创文社 1971 年版。

4. ［德］Max Kaser：《罗马私法概说》，［日］柴田光藏译，创文社 1960 年版。

5. ［德］Philipp Heck：《利益法学》，［日］津田利治译，庆应义塾大学法学研究会 1985 年发行。

6. ［德］Heinrich Mitteis：《德国法制史概说》，［日］世良晃志郎译，创文社 1971 年版。

7. ［德］W. Ebel：《德国立法史》，［日］西川洋一译，东京大学出版会 1985 年版。

8. ［德］迪特尔·梅迪库斯：《德国民法总论》，邵建东译，法律出版社 2000 年版。

9 ［德］迪特尔·施瓦布：《民法导论》，郑冲译，法律出版社 2006 年版。

10. ［德］赫德曼（J. W. Hedemann）：《欧陆民法之探微》，刘甲一译，梅仲协校，台湾大学法学院 1952 年版。

11. ［德］卡尔·拉伦茨：《德国民法通论》（上、下册），王晓晔、邵建东、程建英、徐国建、谢怀栻译，法律出版社 2003 年版。

12. ［德］［瑞］贝蒂娜·许莉蔓-高朴、［瑞］耶尔格·施密特：《瑞士民法：基本原则与人法》（第二版），纪海龙译，中国政法大学出版社 2015 年版。

13. ［德］安雅·阿门特-特劳特：《德国继承法》，李大雪、龚倩倩、龙柯宇译，法律出版社 2015 年版。

14. ［美］劳伦斯·莱斯格：《代码 2.0：网络空间中的法律》，李旭、沈伟伟译，清华大学出版社 2009 年版。

15. ［德］汉斯·布洛克斯、沃尔夫·迪特里布·瓦尔克：《德国民法总论》，张艳译，杨大可校，中国人民大学出版社 2014 年版。

16. ［日］星野英一：《现代民法基本问题》，段匡、杨永庄译，上海三联书店 2012 年版。

17. ［日］星野英一：《私法中的人》，王闯译，中国法制出版社 2004 年版。

18. ［日］星野英一：《民法劝学》，张立艳译，北京大学出版社 2006 年版。

19. ［日］五十岚清：《人格权法》，［日］铃木贤、葛敏译，北京大学出版社 2009 年版。

20. ［日］大村敦志：《民法总论》，江溯、张立艳译，北京大学出版社 2004 年版。

21. ［德］RUDOLF VON JHERING：《法学的冗谈与真面目》，真田芳宪、矢泽久纯译，中央大学出版部 2009 年版。

22. ［日］穗积陈重：《法窗夜话》，曾玉婷、魏磊杰译，法律出版社 2015 年版。

23. ［日］山本敬三：《民法讲义Ⅰ总则》，解亘译，北京大学出版社 2004 年版。

24. ［俄］E. A. 苏哈诺夫主编：《俄罗斯民法》（第1—4册），黄道秀、王志华、李国强、丛凤玲、付荣译，中国政法大学出版社 2011 年版。

25. 《日本民法典修正案Ⅰ》（第一编 总则），日本民法改正研究会专家建议稿（代表 加藤雅信），朱晔、张挺译，北京大学出版社 2017 年版。

26. ［日］石田文次郎：《土地总有权史论》，印斗如译，土地银行研究室 1959 年印行。

27. ［美］E. 博登海默：《法理学：法律哲学与法律方法》，邓正来译，中国政法大学出版社 2017 年版。

28. ［英］梅因：《古代法》，沈景一译，商务印书馆 1959 年版。

29. ［德］格尔德·克莱因海尔、扬·施罗德主编：《九百年来德意志及欧洲法学家》，许兰译，法律出版社 2005 年版。

30. 黄风编著：《罗马法词典》，法律出版社 2002 年版。

31. ［日］田中英夫等编集：《英美法辞典》，东京大学出版会 1991 年版。

32. ［英］戴维·M. 沃克：《牛津法律大辞典》，北京社会与科技发展研究所组织翻译，光明日报出版社 1988 年版。

33. ［德］BERND GÖTZE：《和独法律用语辞典》（第 2 版），成文堂 2012 年版。

34. 日本内阁法制局法令用语研究会编（林大编集协力）：《有斐阁法律用语辞典》，有斐阁 1993 年版。

35. 《世界历史词典》编委会编：《世界历史词典》，上海辞书出版社 1985 年版。

36. 八所综合性大学《心理学词典》编写组编（主编：宋书文、孙汝亭、任平安）：《心理学词典》，广西人民出版社 1984 年版。

37. 中国社会科学院语言研究所词典编辑室编：《现代汉语词典》（第 5 版），商务印书馆 2005 年版。

38. ［日］石川利夫（责任编集）：《法学用语辞典》（新版），评论社 1984 年 5 月别册（补遗）。

39. 薛波主编：《元照英美法词典》，法律出版社 2003 年版。

40. 台湾大学法律学研究所编译（梅仲协等编译）：《德国民法》，1965 年 5 月印行。

41. 台湾大学法律学研究所编译（梅仲协等编译）：《瑞士民法》，1967 年 7 月印行。

42. 台湾大学法律学院、财团法人台大法学基金会编译：《德国民法》（上、下）（2016 年修订第二版），元照出版有限公司 2016 年版。

43. 戴永盛译：《瑞士民法典》，中国政法大学出版社 2016 年版。

44. 戴永盛译：《瑞士债务法》，中国政法大学出版社 2016 年版。

45. 戴永盛译：《奥地利普通民法典》，中国政法大学出版社 2016 年版。

46. 王融擎编译：《日本民法：条文与判例》（上册、下册），中国法制出版社 2018 年版。

47. 陈聪富主编：《月旦小六法》（第十七版），元照出版有限公司 2014 年版。

48. 罗结珍译：《法国民法典》，中国法制出版社 1999 年版。

49. 王卫国主译：《荷兰民法典》（第 3、5、6 编），中国政法大学出版社 2006 年版。

50. 尹田译：《阿尔及利亚民法典》，中国法制出版社、金桥文化出版（香港）有限公司 2002 年版。

51. 黄道秀、李永军、鄢一美译：《俄罗斯联邦民法典》，中国大百科全书出版社 1999 年版。

52. 费安玲、丁玫译:《意大利民法典》,中国政法大学出版社 1997 年版。

53. 中国社会科学院法学研究所民法研究室编:《苏俄民法典》,中国社会科学出版社 1980 年版。

54. 徐涤宇译:《智利共和国民法典》,金桥文化出版(香港)有限公司 2002 年版。

55. 徐涤宇译:《秘鲁共和国新民法典》,北京大学出版社 2017 年版。

56. 薛军译:《埃塞俄比亚民法典》,中国法制出版社、金桥文化出版(香港)有限公司 2002 年版。

57. 米良译:《泰王国民商法典》,社会科学文献出版社 2018 年版。

58. 唐晓晴等译:《葡萄牙民法典》,北京大学出版社 2009 年版。

59. 杜景林、卢谌译:《德国商法典》,中国政法大学出版社 2000 年版。

60. 黄文煌译、蒋军洲校:《埃及民法典》,厦门大学出版社 2008 年版。

61. 海棠、吴振平译:《蒙古国民法典》(新编本),中国法制出版社、金桥文化出版(香港)有限公司 2002 年版。

62. 金玉珍译:《韩国民法典 朝鲜民法》,北京大学出版社 2009 年版。

63. 崔吉子译:《韩国最新民法典》,北京大学出版社 2010 年版。

64. [日]铃木康二译:《越南民法》(条文与解说),日本贸易振兴会 JETRO1996 年版。

65. [日]宇贺克也、佐伯仁志编集(代表):《口袋六法》(2019 年版),有斐阁 2018 年版。

66. 朱晓喆编:《元照民商法律手册》,北京大学出版社 2021 年版。

67. 戴永盛校勘:《德国民法典:王宠惠英译本》,中国政法大学出版社 2019 年版。

68. [日]美浓部达吉:《公法与私法》,黄冯明译,台湾商务印书馆 1974 年版。

69. 中国社会科学院法学研究所法律辞典编委会编:《法律辞典》,法律出版社 2003 年版。

70. [英]J. H. Baker:《英国法制史概说》,[日]小山贞夫译,创文社 1975 年版,1978 年 4 月第 2 刷发行。

71. [德]G·クラインハイヤー、J·シュレーダー编:《德国法学者事典》,[日]小林孝辅监译,学阳书房 1983 年版。

后 记

这部《民法总则》（第二版）付梓之际，谨再赘数言。本书的写作多处参考了我的博士生与硕士生时代的恩师李开国先生、梁慧星先生的《民法总则研究》《民法总论》著作。于此谨向这二位先生致以敬意和谢忱。另外，也参考了日本、德国、中国台湾地区、中国大陆其他学者的相关著述，凡所参考之处，均以注释一一详细注明，并于书末以"主要参考文献"列出，于此，谨向各参考著述的作者致以敬意。

日本北九州市立大学的矢泽久纯教授、我的博士生凌尧帆、已毕业硕士唐凯为我查找、核实有关日文文献或中文文献的出处，谨致谢忱。本《民法总则》（第二版）的书名的英文翻译系由我指导的硕士（生）陈姝羽担任，我曾指导的硕士（生）朱丽及现在在读的博士生凌尧帆、在读的硕士生章晓路，帮助校对、打印本书的有关图表。朱丽硕士将本书收录的照片的纸质版转换成 word 电子版并做调整置于本书的适当之处。我的已毕业的硕士生雷悦硕士、刘欣戎硕士及周萌硕士，对于本书的出版也提供积极帮助或助益。另外，中央财经大学法学院硕士（生）张瑞佳也为本书的出版提供助益。这些同学做事踏实、认真，付出辛苦劳动，谨记于此，以表感念，并供未来之追忆。

以上数言是为后记。

陈华彬

二〇二三年四月六日